Das Verhältnis von Anlegerschutz und Kapitalschutz im Vergleich von türkischem und deutschem Rechtssystem

AF842952

Europäische Hochschulschriften Recht

European University Studies in Law

Publications Universitaires Européennes de Droit

Band/ Volume **6212**

Elif Kösedağı

Das Verhältnis von Anlegerschutz und Kapitalschutz im Vergleich von türkischem und deutschem Rechtssystem

PETER LANG

Bibliografische Information der Deutschen Nationalbibliothek
Die Deutsche Nationalbibliothek verzeichnet diese Publikation in der Deutschen Nationalbibliografie; detaillierte bibliografische Daten sind im Internet über http://dnb.d-nb.de abrufbar.

Zugl.: Tübingen, Univ., Diss., 2019

D 21
ISSN 0531-7312
ISBN 978-3-631-83345-2 (Print)
E-ISBN 978-3-631-84074-0 (E-PDF)
E-ISBN 978-3-631-84075-7 (EPUB)
E-ISBN 978-3-631-84076-4 (MOBI)
DOI 10.3726/b17815

© Peter Lang GmbH
Internationaler Verlag der Wissenschaften
Berlin 2021
Alle Rechte vorbehalten.
Peter Lang – Berlin · Bern · Bruxelles · New York · Oxford · Warszawa · Wien

Das Werk einschließlich aller seiner Teile ist urheberrechtlich geschützt. Jede Verwertung außerhalb der engen Grenzen des Urheberrechtsgesetzes ist ohne Zustimmung des Verlages unzulässig und strafbar. Das gilt insbesondere für Vervielfältigungen, Übersetzungen, Mikroverfilmungen und die Einspeicherung und Verarbeitung in elektronischen Systemen.

Diese Publikation wurde begutachtet.

www.peterlang.com

Meinen Eltern
Mustafa und Zöhre Kösedağı

Geleitwort von Prof. em. Dr. iur. Dres. h.c. Harm Peter Westermann

Die Verfasserin, türkische Juristin, die in Deutschland den Titel eines LL.M. (Tübingen) erworben hatte, hat in einer mehrjährigen intensiven Arbeit eine umfangreiche und tiefgründige Monographie zu einem in Europa wie in der Türkei und Deutschland stark zu beachtenden, exemplarisch das Verhältnis zwischen Kapitalgesellschafts- und Kapitalmarktrecht beleuchtenden Thema erstellt, die hiermit in Deutschland im Druck erscheint.

Es geht im Vordergrund um die rechtspraktischen Fragen, die sich aus einer möglichen Kollision von Anlegerschutz zugunsten beim Erwerb ihrer Beteiligungen getäuschter Aktionäre und der notwendigen, gesetzlich stark ausgebauten Kapitalerhaltung bei den betroffenen Gesellschaften, speziell mit dem Verbot des Erwerbs eigener Aktien, ergeben haben. Bisweilen wird befürchtet, dass die Rückabwicklung der Beteiligung getäuschter Anleger durch offene oder verdeckte Einlagenrückgewähr oder durch Schadensersatzansprüche gegen die Gesellschaft sich zu deren Nachteil entwickeln könnte. Andererseits hat der Schutz der Anleger im Unionsrecht wie im nationalen Recht der Türkei und Deutschlands einen hohen Stellenwert im positiven Gesetzesrecht, aber auch in der wirtschafts- und gesellschaftspolitischen Einschätzung der hier ausgebildeten Rechtsinstitute. Das hätte Anlass geben können, vor diesem Hintergrund ausführlich zur Methodik der Übernahme fremden Rechtsguts (hier also durch die Türkei) im Zuge zeitgeschichtlicher, aber auch schon allgemein-politischer Entwicklungen Stellung zu nehmen, also ein Grundproblem der Privatrechtsvergleichung anzusprechen und vertieft zu behandeln, wobei an den wirtschaftlich und sozialwissenschaftlich aufsehenerregenden Fall der türkischen Kapitalgesellschaft zu denken wäre, die in Deutschland tätige Arbeitnehmer, zum Teil unter Zurhilfenahme islamisch-nationalistischer Gedanken, veranlasste, Ersparnisse in Milliardenhöhe in diese Gesellschaft zu investieren, was mit Versprechungen verbunden wurde, die nachher – zum Nachteil der Anleger – nicht eingehalten wurden. Bekanntlich hat es auch in Deutschland an vergleichbaren heftigen Vorwürfen gegen die Organe kapitalsuchender Wirtschaftsunternehmen, wie etwa der Diesel-Skandal zeigt, nicht gefehlt. Indessen sollten diese Aspekte in der Arbeit nicht in den Mittelpunkt treten, die sich vielmehr zum Ziel setzt, unter sorgfältiger Herausarbeitung der Besonderheiten der nationalen Rechtsordnungen einen zuverlässigen Eindruck von den Möglichkeiten einer diesbezüglichen Rechtsangleichung herzustellen, was natürlich eine eingehende Auseinandersetzung mit der Judikatur und den wissenschaftlichen Stellungnahmen und Denk-Anstößen in diesen Rechtsordnungen unter Berücksichtigung des Unionsrechts erforderte, die auch den Umfang der Arbeit mit bestimmte. Es erscheint angebracht, hier auf den beträchtlichen Aufwand an Zeit und Kosten hinzuweisen, den die hauptsächlich in Deutschland tätige Verfasserin bei zahlreichen Reisen und Studien zu ihrer Arbeit in ihrer Heimat erbringen musste.

Dem deutschen Leser, der die Schrift in die Hand nimmt, wird schon beim ersten Blick die Zahl und die Ausführlichkeit der Wiedergabe türkischer Gesetzestexte, Regierungs- und Urteilsbegründungen auffallen, was einen guten Eindruck vom Umgang des „Rechtsstabs" in der Türkei mit dem auch in Deutschland wie im europäischen Richtlinienrecht relevanten Problemkreis begründet. Dies und die Art der Arbeit der Verfasserin mit Rechtsprechung und wissenschaftlichem Schrifttum in Deutschland sind musterhaft gelungen, wie auch die auf eine kurze Einleitung folgende Gliederung der Arbeit zeigt, die so vorgeht, dass Kapitalschutz aus Gesellschafter- und Gläubigersicht sowie das Streben nach umfassendem Anlegerschutz durch Kapitalmarktrecht jeweils für das deutsche, das europäische und das türkische Recht getrennt dargestellt werden. Im jeweiligen „Landesreferat" kommt es dann zu einer genauen Darstellung der den Juristen als Problem offenbar stets bewussten möglichen Konflikte zwischen den praktischen Auswirkungen dieser grundsächlichen Prinzipien und Dogmen.

Nun ist das europäische „Anlegerleitbild", wie die Verfasserin nicht verschweigt, nicht besonders griffig, eher schon der Aktionsplan für Finanzdienstleistungen der Europäischen Kommission mit einigen hieraus abgeleiteten „Rechtsakten", ebenso (jedenfalls in Deutschland) die Unterscheidung von Primär- und Sekundärmarkt unter Einbeziehung des „Freiverkehrs" für die Einzelheiten des Anlegerschutzes. Hinzu kommt zur Kennzeichnung des türkischen Rechts die dort wohl deutlich stärker ausgebildete Funktion der Kapitalmarktaufsicht, verbunden mit der relativen Häufigkeit strafrechtlicher Sanktionen gegen Personen, die auf Emittentenseite Publizitätspflichten verletzen, während aus privatrechtlicher Perspektive die durch neue türkische Gesetze begründete starke Notwendigkeit einer Billigung von Prospekten durch die dortige Aufsichtsbehörde und die Möglichkeit einer hoheitlich den Unternehmen aufzugebenden „Anlegerentschädigung" ins Gewicht fällt.

Die Arbeit geht, was auch die zahlreichen wörtlichen Zitate zum türkischen Recht und zu dortigen Rechtsfällen zeigen, der Mühe und der Bereitschaft der Juristen ihrer Heimat zur Aufarbeitung ausländischer Verpflichtungen und Vorschriften nirgends aus dem Weg, auch nicht – was ja im Thema der Dissertation angedeutet ist – bei der Frage, ob, wie vielfach gefordert wird, im konkreten Fall Anlegerschutz vor Kapitalschutz gehen soll oder umgekehrt. Dazu ist allerdings noch eine grundsätzliche Beobachtung zum Anlegerschutz zu erwähnen.

Im Ausgangspunkt geht es bekanntlich um die notwendige Information möglicher Anleger, auch unter dem Gesichtspunkt eines „funktionsfähigen Kapitalmarkts“, besonders im Hinblick auf eine rechtssichere Begründung der gesellschaftsrechtlichen oder handelsrechtlichen Informations- und Beratungspflichten, die in dem Modell des „verständigen“, des „durchschnittlichen“ wie des „privaten“ Anlegers etwas plakathaft ausgestaltet sind. Auf der anderen Seite steht die in den Rechtsformen des Kapitalgesellschaftsrechts rechtsgrundsätzlich ausgebildete Konzeption des Gesellschafts-Schutzes, der sich auf die tendenzielle Erhaltung des Kapitals (so sehr stark im deutschen Recht) und den Schutz der Gesellschaften vor Schadensersatzpflichten stützt, aber dabei auch die Haftung von Gesellschaftsorganen betonen muss. Dass bei einer Darstellung der Ansprüche (und Verteidigungsmöglichkeiten) der Gesellschaften auch nicht an den Wirkungen von Konzernverbindungen vorbeigegangen werden kann, was auch im Rechtsvergleich sichtbar wird, erschwert zwar die Entwicklung einer geschlossenen Konzeption des Verhältnisses von Anleger- und Kapitalschutz ein wenig, aber es liegt doch auf der Hand, dass etwa die rechtdogmatische und praktische Begründung von Einstandspflichten der Gesellschaft für durch die Anleger auf Grund pflichtwidrigen Organhandelns erlittene Schäden einer sauberen gesellschaftsrechtlichen Begründung bedarf, die nur dort entbehrlich sein könnte, wo – in der Türkei – eine hoheitlich verfügte Anlegerentschädigung durch die Gesellschaft in Betracht kommt.

Wie erwähnt, hat die Türkei in letzter Zeit neue Gesetze, wie etwa ein neues Handelsgesetzbuch, geschaffen, wobei offenbar europäische und sogar deutsche Regelungen und Problemlösungen durchaus gesehen worden sind. Der Verfasserin kann vor diesem Hintergrund zugebilligt werden, Rechtsvergleichung als fleet in being betrieben zu haben und vielleicht weiter zu betreiben, was bedeutet, dass weitere möglicherweise rechtstechnisch neue Einzelnormen oder Rechtsinstitute registriert, verarbeitet und auch weiterentwickelt werden müssen.

Die hiermit vorgelegte Grundsatz-Darstellung, die hoffentlich die nicht unbedeutende Zusammenarbeit türkischer und deutscher Juristen (etwa in der aktiven türkisch-deutschen Juristenvereinigung sowie einer in der Türkei ansässigen Juristischen Fakultät) befruchten kann, ist daher der deutschen und der türkischen Fachöffentlichkeit zur Lektüre zu empfehlen. Der Verfasser dieses Geleitworts, der in seiner Hochschullehrer-Laufbahn mehrere ausländische, eben auch türkische Doktoranden betreut hat, sieht hier Fortschrittschancen.

Vorwort

Die vorliegende Arbeit wurde im Wintersemester 2019/2020 von der Juristischen Fakultät der Eberhard Karls Universität Tübingen als Dissertation angenommen. Sie befindet sich auf dem Stand der Gesetzgebung, Rechtsprechung und Literatur vom Juni 2019.

Mein besonderer Dank gilt meinem Doktorvater, Herrn Professor Dr. Dres. h.c. Harm Peter Westermann für die Annahme als Doktorandin. Bei ihm promovieren zu dürfen, war für mich eine große Ehre. Ich bedanke mich für seine wertvolle Unterstützung, jederzeitige sowie hilfsbereite Betreuung und die Erstellung des ausführlichen Erstgutachtens. Auch bedanke ich mich bei Herrn Professor Dr. Jens-Hinrich Binder, der das Zweitgutachten erstellte.

Den größten Dank schulde ich meinen Eltern, Mustafa Kösedağı und Zöhre Kösedağı, die mir mit ihrem starken Rückhalt bedingungslos und uneingeschränkt zur Seite standen. Ihr Dasein und ihre Unterstützung sind für mich von unschätzbarem Wert. Ich wünschte mir, dass mein Vater die Veröffentlichung dieser Arbeit miterlebt hätte.

Insbesondere möchte ich mich bei Herrn Avukat Dr. iur. Acun Papakçı, LL.M. bedanken, der mich bei meinem beruflichen und wissenschaftlichen Werdegang stets unterstützte. Er ermutigte mich nicht nur, Deutsch zu lernen, sondern überzeugte mich auch davon, ein Aufbaustudium in Tübingen zu absolvieren und zu promovieren. Ihn als Kollegen, Freund und Familie an meiner Seite zu haben, ist für mich von besonderer Bedeutung. Die vorliegende Arbeit wäre ohne ihn nicht entstanden. Mein Dank gilt auch Herrn Dr. Zihni Papakçı, der mir während meines Berufslebens und Studiums zur Seite stand. Auch bedanke ich mich bei meiner Kollegin Frau Gamze Şahintürk, die das mühevolle Korrekturlesen übernahm.

Herzlich hätte ich mich auch bei Professor Dr. iur. Ahmet Rona Serozan und Professor Dr. iur. Ulrich Bälz bedankt, die mich zu meiner Disputation begleiten wollten. Durch sie lernte ich die wunderschöne Seite des wissenschaftlichen Lebens kennen. Dabei möchte ich mich besonders bei Frau Wiltrud Bälz bedanken, die mir während meines Studiums in Tübingen und in schwierigen Zeiten immer beistand. Zu danken habe ich auch Herrn Dr. Dr. Altan Heper, der mich mit seinen Ideen unterstützte.

Zu danken habe ich auch Herrn Dr. Reinhard Brunner für die wertvolle Betreuung und Unterstützung in meinen ersten Studienjahren in Tübingen und Frau Julia Wagner für die hilfsbereite Betreuung des Promotionsverfahrens.

Mein weiterer Dank gilt meinen Schwestern Devrim Güney und Nevin Kavak, meine Tanten Besey Karademir und Elif Yıldırım, meinen lieben Neffen Ezgi, Gizem, Mert, Mete, Taru und Arinna, für die bedingungslose Liebe und Unterstützung. Ferner bedanke ich mich bei meiner Freundin und Lehrerin Frau Deniz Tuna, die mir beim Deutsch lernen immer zur Seite stand und mich für ein Studium in Tübingen motivierte. Weiterhin möchte ich mich bei meinen guten Freunden Hande Hamarat Kasapoğlu, Övgü Bilen, Aslı Cengay Sayar, Nilgün Bilgiç, Sıla Başaran, Lâle und Cevat Tipieser, Regina und Mahdi Adibzadeh bedanken, die stets für mich da waren.

Den wohl größten Anteil am Gelingen dieser Arbeit haben meine Eltern. Ihnen ist diese Arbeit gewidmet.

Elif Kösedağı Tübingen, im Juni 2020

Inhaltsverzeichnis

Abkürzungsverzeichnis

a.A.	andere Ansicht
a.F.	alte Fassung
ABl.	Amtsblatt
Abs.	Absatz
a.E.	am Ende
AEUV	Vertrag über die Arbeitsweise der Europäischen Union
AG	Aktiengesellschaft; Zeitschrift: Die Aktiengesellschaft
AktG	Aktiengesetz
AllgM	Allgemeine Meinung
Anm.	Anmerkung
Art.	Artikel
Aufl.	Auflage
ausf.	ausführlich
BATİDER	türkische Zeitschrift für Bank- und Handelsrecht
BAWe	Bundesaufsichtsamt für den Wertpapierhandel
BB	Zeitschrift: Der Betriebsberater
Bd.	Band
Begr.	Begründung
BGB	Bürgerliches Gesetzbuch
BGBl.	Bundesgesetzblatt
BGH	Bundesgerichtshof
BGHZ	Bundesgerichtshof in Zivilsachen
BKR	Zeitschrift für Band- und Kapitalmarktrecht
BörsG	Börsengesetz
BörsZulVO	Börsenzulassungsverordnung
BT-Drucks	Drucksachen des Deutschen Bundestags
BÜHFD	Zeitschrift der Juristischen Fakultät der Bahçeşehir Universität
bzw.	beziehungsweise
CMLR	Common Market Law Review
d.h.	das heißt
DB	Zeitschrift: Der Betrieb
DCGK	Deutscher Corporate Governance Kodex
ders.	derselbe
dies.	dieselben

Diss.	Dissertation
DJT	Deutscher Juristentag
DStR	Zeitschrift: Deutsches Steuerrecht
EBOR	Zeitschrift: European Business Organisation Law Review
EGV	Vertrag zur Gründung der Europäischen Gemeinschaft
Einl.	Einleitung
EWiR	Zeitschrift: Entscheidungen zum Wirtschaftsrecht
EU	Europäische Union
EuZW	Europäische Zeitschrift für Wirtschaftsrecht
f.	folgende
ff.	fortfolgende
Fn.	Fußnote
FMFG	Finanzmarktförderungsgesetz
FS	Festschrift
G	Gesetz
GaziÜHFD	Zeitschrift der Juristischen Fakultät der Gazi Universität
gem.	gemäß
GG	Grundgesetz
GmbH	Gesellschaft mit beschränkter Haftung
GmbHG	Gesetz betreffend die Gesellschaften mit beschränkter Haftung
GroßKomm	Großkommentar
GÜHFD	Zeitschrift der Juristischen Fakultät der Galatasaray Universität
Hinweisbeschl.	Hinweisbeschluss
HGB	Handelsgesetzbuch
h.M.	herrschende Meinung
HRRS	Onlinezeitschrift für Höchstrichterliche Rechtsprechung zum Strafrecht
Hrsg.	Herausgeber
HS	Halbsatz
HÜHFD	Zeitschrift der Juristischen Fakultät der Hacettepe Universität
i.d.F.	in der Fassung
i.E.	im Ergebnis
i.H.v.	in Höhe von
InsO	Insolvenzordnung
IPO	Initial Public Offering
i.R.d.	im Rahmen der/des

i.R.v.	im Rahmen von
i.S.d.	im Sinne des
i.S.v.	im Sinne von
i.V.m.	in Verbindung mit
JuS	Zeitschrift: Juristische Zeitschrift
JW	Zeitschrift: Juristische Wochenschrift
Kap.	Kapitel
KapMuG	Kapitalanleger-Musterverfahrensgesetz
KG	Kammergericht
KölnKomm	Kölner Kommentar
KÜİİBFD	Zeitschrift der Fakultät für Wirtschafts- und Verwaltungswissenschaften der Kastamonu Universität
LG	Landgericht
MoU	Memoranda of Understanding
MÜHF	Juristische Fakultät der Marmara Universität
MÜHFD	Zeitschrift der Juristischen Fakultät der Marmara Universität
m.w.N.	mit weiteren Nachweisen
m.W.v.	mit Wirkung von
n.F.	neue Fassung
Nr.	Nummer
NJW	Zeitschrift: Neue Juristische Wochenschrift
OLG	Oberlandesgericht
OR	Obligationenrecht
RegBegr.	Regierungsbegründung
RG	Reichsgericht
RGBl.	Reichsgesetzblatt
RGZ	Reichsgericht in Zivilsachen
RL	Richtlinie
Rn.	Randnummer
S.	Seite
sog.	sogenannte
SPH	(türkisches) Kapitalmarktrecht
SPK	(türkisches) Kapitalmarktgesetz
StGB	Strafgesetzbuch
SÜHFD	Zeitschrift der Juristischen Fakultät der Selçuk Universität
tBankG	türkisches Bankengesetz
TBBD	Zeitschrift der Vereinigung der Rechtsanwaltskammern der Türkei

TFM	türkische Zeitschrift: Journal of Commercial and Intellectual Property Law
tGG	türkisches Grundgesetz
tHGB	türkisches Handelsgesetzbuch
tKMG	türkisches Kapitalmarktgesetz
tOR	türkisches Obligationenrecht
tStGB	türkisches Strafgesetzbuch
tVerbG	türkisches Verbrauchergesetz
tZGB	türkisches Zivilgesetzbuch
Urt.	Urteil
usw.	und so weiter
v.	vom
VerkProspG	Verkaufsprospektsgesetz
VO	Verordnung
WpHG	Wertpapierhandelsgesetz
WpÜG	Wertpapiererwerbs- und Übernahmegesetz
WpPG	Wertpapierprospektgesetz
WpPVO	Wertpapierprospektverordnung
WM	Zeitschrift: Wertpapiermitteilungen
WuB	Entscheidungssammlung zum Wirtschafts- und Bankrecht
vgl.	vergleich
z.B.	zum Beispiel
ZBB	Zeitschrift für Bankrecht und Bankwirtschaft
ZEuP	Zeitschrift für Europäisches Privatrecht
ZGR	Zeitschrift für Unternehmen- und Gesellschaftsrecht
ZHR	Zeitschrift für das gesamte Handels- und Wirtschaftsrecht
ZIP	Zeitschrift für Wirtschaftsrecht
ZRP	Zeitschrift für Rechtspolitik
zust.	zustimmend

Einleitung

Das Verhältnis zwischen dem aktienrechtlichen Kapitalerhaltungsgrundsatz und der Emittentenhaftung für fehlerhafte Kapitalmarktinformationen gehört zu den aktuellsten Konflikten des Kapitalmarktrechts. Der finanzielle Schwerpunkt der Aktiengesellschaft liegt überwiegend auf den Gläubigern, wobei der Kapitalerhaltungsgrundsatz eine wichtige Rolle spielt, während das Kapitalmarktrecht den Funktions- und Anlegerschutz fokussiert.[1]

Die Anlegerschutzvorschriften werden im organisierten Kapitalmarkt hauptsächlich in Marktbeteiligungsverfahren bei fehlerhaften Prospekten oder bei Ad-hoc-Publizitätspflichten, verbotenen Handlungen wie z.B. bei Insidergeschäften, bei dem Verstoß gegen das Marktmanipulationsverbot und bei fehlerhaften Anlageberatungen verletzt. Wenn Wertpapiere am Kapitalmarkt öffentlich angeboten bzw. zum Handel an einem organisierten Markt zugelassen werden, wird für das öffentliche Angebot[2] und für die Zulassung zum Handel[3] ein Prospekt benötigt, so dass sich der Anleger über die Wertpapiere und die Emittenten informieren kann. Falls die wesentlichen Angaben in dem Prospekt unrichtig oder unvollständig sind, kann der Erwerber der Wertpapiere Schadensersatz verlangen. Diese Rechtsfolge kann in einer Aktiengesellschaft möglicherweise zu einem Konflikt zwischen dem Grundsatz der Kapitalerhaltung[4] und dem Verbot des Erwerbs eigener Aktien[5] führen.

Der Kapitalerhaltungsgrundsatz ist im Aktienrecht als das Verbot der Einlagenrückgewähr kodifiziert. Wer als Anleger eine Aktie kauft, fällt als Aktionär in den Anwendungsbereich des Kapitalerhaltungsgrundsatzes. Das bedeutet, dass Zahlungen der Aktiengesellschaft an ihre Aktionäre außerhalb der Verteilung des Bilanzgewinns verboten sind. Die Schadensersatzleistung für geschädigte Anleger in Form einer Zahlung der Differenz zwischen dem Erwerbspreis und dem Veräußerungspreis kann nicht als Verteilung des Bilanzgewinns[6] bewertet werden.

---

1 *Langenbucher,* ZIP 2005, S. 239; zur gläubigerschutzorientierten Interpretation *Henze,* GroßKommAktG, § 57 Rn. 20; *Zimmer/Grotheer* in: Schwark/Zimmer, KMRK, §§ 37b, 37c WpHG Rn. 13.

2 § 3 Abs. 1 WpPG und Art. 4 tKMG und Art. 5 des Prospekterlasses.

3 § 3 Abs. 3 WpPG und Art. 4 tKMG und Art. 5 des Prospekterlasses.

4 § 57 AktG und Art. 480 tHGB.

5 § 71 AktG und Art. 379 tHGB.

6 Die Verteilung des Bilanzgewinns i.S.d. § 57 AktG und Art. 509 Abs. 2 tHGB.

Dies hat zur Folge, dass prinzipiell eine Kollision zwischen dem Kapitalerhaltungsgrundsatz und der Schadensersatzleistung der Aktiengesellschaft besteht.

Hinzu kommen auch Bedenken im Hinblick auf die Vorschriften über den Erwerb eigener Aktien durch die Aktiengesellschaft, soweit der Ersatzanspruch der Anleger zu einer Rückabwicklung einer Transaktion an die Gesellschaft führt. Diese Rechtsfolge wird nicht nur für die gesetzliche Prospekthaftung[7] vorgesehen, sondern auch bei der Haftung aufgrund vorsätzlicher sittenwidriger Schädigung[8], der Verletzung eines Schutzgesetzes wegen fehlerhafter Ad-hoc-Mitteilungen[9] und nach jüngster höchstrichterlicher Rechtsprechung auch bei spezialgesetzlichen[10] Haftungsvorschriften.[11]

Die Schadensersatzansprüche der geschädigten Anleger bedeuten einerseits aus Sicht der Gläubiger eine Schmälerung des Gesellschaftsvermögens, andererseits stellt diese auch eine Gefahr für den Fortbestand der Aktiengesellschaft dar, wenn die Schadensersatzverpflichtung der Aktiengesellschaft massenhaft ist.[12] Die Interessenkollision zwischen den Anlegern und der Aktiengesellschaft bzw. den Aktionären sowie Gläubigern der Aktiengesellschaft liegt darin, dass die getäuschten Anleger entschädigt werden müssen, da ansonsten der Anlegerschutz nur unvollkommen verwirklicht wird.[13] Jedoch verbirgt sich darin die Gefahr, dass bei einem unbegrenzten Schadensersatzanspruch die Aktiengesellschaft im schlimmsten Fall nicht mehr existieren würde, so dass auch die Aktionäre und Gläubiger der Aktiengesellschaft geschädigt werden.

Mit dieser Fragestellung beschäftigte sich in Deutschland sowohl das Reichsgericht als auch der Bundesgerichtshof. Seit den Entscheidungen des Reichsgerichts[14] verbreiten sich die kapitalmarktrechtlichen Haftungsvorschriften für Emittenten immer weiter.[15]

---

7 § 21 WpPG (auch i.V.m. § 22 WpPG), § 23 WpPG und Art. 10 und Art. 32 tKMG.

8 § 826 BGB und Art. 49 ff. tOG.

9 § 823 Abs. 2 BGB.

10 §§ 97, 98 WpHG (§§ 37b, 37c WpHG a.F.) und Art. 10 und 32 tKMG.

11 *Mülbert/Steup* in: Habersack/Mülbert/Schlitt, HdB Unternehmensfinanzierung, 2019, § 41 Rn. 5.

12 Insbesondere bei den Klagen geschädigter Kleinanleger gegen die Deutsche Telekom AG, ausf. zur Entscheidung des Bundesgerichtshofs über den dritten Börsengang der Deutschen Telekom AG und Kritik, siehe Kap. 2 C.

13 *Langenbucher,* ZIP 2005, S. 239.

14 RG Urt. v. 28.04.1909-I. 254/08, RGZ 71, 97; RG Urt. v. 02.06.1916-III. 61/16, RGZ 88, 271; RG Urt. v. 14.03.1903-I 371/02, RGZ 54, 128 und RG Urt. v. 08.11.1905-I. 154/05, RGZ 62, 29.

15 *Langenbucher,* ZIP 2005, S. 239.

Im Wesentlichen räumte der Bundesgerichtshof zum ersten Mal in seiner EM.TV-Entscheidung einen Vorrang des Anlegerschutzes vor dem Gläubigerschutz unter Bezugnahme auf die Diskussion zur Prospekthaftung des Emittenten ein. Im Rahmen der Emittentenhaftung wird neuerdings häufig diskutiert, ob bei einer Verletzung von Informationspflichten, bzw. bei der Veröffentlichung von Insiderinformationen die Kenntnis des Emittenten erforderlich ist.[16]

In einem weiteren Schritt muss der Vorrang des Anlegerschutzes gegenüber dem Kapitalerhaltungsgrundsatz auch auf der Grundlage europäischer Kapitalschutzvorschriften überprüft werden, da der Vorrang des Anlegerschutzes für fehlerhafte Informationen diesen widersprechen kann. Wie das deutsche Aktiengesetz enthält auch die Gesellschaftsrechtsrichtlinie (frühere Kapitalrichtlinie) eine Ausschüttungsbeschränkung (Art. 56 GesRRL) und eine Begrenzung des Erwerbs eigener Aktien (Art. 60 GesRRL) durch die Aktiengesellschaft. Nach dem Wortlaut des Art. 56 Abs. 4 GesRRL wird insbesondere die Zahlung von Dividenden und von Zinsen für Aktien durch den Begriff „Ausschüttung" erfasst, worunter verstanden wird, dass außer diesen auch andere Zahlungen als Ausschüttung gelten können. Ob der Richtliniengeber die Schadensersatzansprüche des geschädigten Anlegers durch Art. 56 GesRRL erfassen will, muss ausgelegt werden. Demzufolge könnte ein Konflikt zwischen dem Kapitalerhaltungsgrundsatz und der Emittentenhaftung aufgrund fehlerhafter Kapitalmarktinformationen bestehen. Ebenfalls muss geklärt werden, ob ein Verstoß gegen das Verbot des Erwerbs eigener Aktien (Art. 60 GesRRL) vorliegt, wenn die Schadensersatzleistung in Form der Rücknahme der Aktien gegen Erstattung des Erwerbspreises ausbezahlt wird.

Der Europäische Gerichtshof stand mit seiner Hirmann-Entscheidung erstmalig bei der Diskussion über das Auslegungsproblem der Schadensersatzleistung aufseiten der Anleger, so dass eine Zahlung aufgrund der Emittentenhaftung keine Kapitalausschüttung i.S.d Art. 56 GesRRL darstellt.[17]

Nicht nur im deutschen Recht, sondern auch im türkischen Recht ist das Spannungsverhältnis zwischen dem Anlegerschutz und dem Kapitalschutz bei der Emittentenhaftung und der Haftung der Vorstandsmitglieder, insbesondere aufgrund fehlerhafter Informationen aus einem Prospekt oder einem Publizitätsdokument, streitig.

---

16 Zur Diskussion Kap. 2 C. II.

17 EuGH Urt. v. 19.12.2013, Hirmann, C-174/12, EuZW 2014, 223, 225; zur Problematik Kap. 3 B.

Anlegerschutz und Kapitalschutz sind zwei Bestandteile im türkischen Recht, die inzwischen viel bearbeitet und verändert wurden, um das türkische Recht in Einklang mit dem Europäischen Recht zu bringen. Hauptmotiv war neben einer Entwicklung in Richtung der Europäischen Union auch die Einbindung der Türkei in den internationalen Markt. Nach einer fünfzigjährigen Existenz der alten Auffassung wurde erst im Jahr 2012 zur Verwirklichung dieser Ziele das türkische Handelsgesetzbuch, welches sachlich das Aktienrecht betrifft[18] und sich grundsätzlich auf den Schutz der Gläubiger und Aktionäre konzentriert, unter Berücksichtigung europäischer Rechtsvorschriften, vor allem der Kapitalrichtlinie, neu gefasst.

Die Türkei ist ein EU-Beitrittskandidat. Außerdem pflegt sie sehr enge Beziehungen zu Deutschland, insbesondere aufgrund des Anwerbeabkommens vom 30.10.1961, wodurch hunderttausende türkischstämmige Arbeiter nach Deutschland kamen. Da die türkischen Immigranten zu Anfangszeiten noch von einer Rückkehr in die Türkei ausgingen, sparten sie einen großen Teil ihrer Einnahmen. So betrugen die Ersparnisse mehrere Milliarden deutsche Mark, die Betrüger als Beute ansahen. In den 90er Jahren sammelten Muttergesellschaften mit Sitz in der Türkei durch ihre in Deutschland, Luxemburg und Liechtenstein gegründeten Scheingesellschaften Gelder von in Europa ansässigen, türkischstämmigen Anlegern, mit dem Versprechen, dass eine Rückzahlung zuzüglich hoher Zinsen jederzeit möglich sei.

Es wird davon ausgegangen, dass durch diese Gesellschaften innerhalb von 5 Jahren von ca. 300.000 Anlegern insgesamt eine Geldsumme in Höhe von 50 Milliarden deutschen Mark gesammelt wurde. Die Anleger wurden dabei als Aktionäre der türkischen Muttergesellschaften bezeichnet. Später jedoch wurde eine Rückzahlung mit der Begründung, dass der Rückerwerb der Aktien nach türkischem Recht nicht möglich sei, verweigert, so dass die Anleger in Deutschland sowie in der Türkei gegen diese Gesellschaften Klagen auf Schadensersatz erhoben.

Nicht nur die türkischen, sondern auch die deutschen Gerichte mussten seit 2001 in sogenannten „Islamische-Holdings-Fällen“ über Anleger- und Kapitalschutz entscheiden. Die berühmten sowie fehlerhaften Urteile des Bundesgerichtshofs über den Anlegerschutz vom 04.07.2013[19], welche auch in der Literatur kritisiert wurden,[20] betreffen ebenfalls diese Verfahren.

---

18 *Hirsch/Tekinalp*, Das türkische Aktien- und GmbH-Recht, S. 27.

19 BGH Urt. v. 04.06.2013, VI ZR 292/12 = BeckRS 2013, 11216; BGH Urt. v. 04.06.2013 (VI ZR 288/12, Stuttgart), WM 2013, 1310, WuB IV A. § 826 BGB 4.13.

20 BGH Urt. v. 04.06.2013 (VI ZR 288/12, Stuttgart), WM 2013, 1310, WuB IV A. § 826 BGB 4.13, S. 597 f. (m. Anm. *Buck-Heeb*).

Da es sich sowohl um inländische als auch ausländische Gesellschaften handelt und auch die Durchgriffshaftung der Gesellschafter diskutiert werden musste, waren diese Fälle sowohl für deutsches als auch für türkisches Recht sehr interessant. Durch die Entscheidungen der türkischen und deutschen Gerichte in diesen Fällen kann ein Röntgenfilm des deutschen und türkischen Anlegerschutzes aufgenommen werden.

Die vorliegende Untersuchung soll dazu beitragen, die Zweifelsfragen zu klären, inwieweit der Anlegerschutz einen Vorrang vor dem Kapitalerhaltungsgrundsatz hat und ob dieser Vorrang gegen europäische Vorschriften verstößt. Dafür müssen der Anlegerschutz und seine Beziehung zu den Kapitalschutzvorschriften im deutschen und türkischen Kapitalmarktrecht im Vergleich mit dem europäischen Recht gründlich untersucht und die Institutionen, durch die die Anleger geschützt werden sollen, näher behandelt werden. In diesem Zusammenhang wird zuerst der Anlegerschutz unter Berücksichtigung unterschiedlicher Anlegertypen in europäischen (Erstes Kapitel-A), deutschen (Erstes Kapitel-B) und türkischen Vorschriften (Erstes Kapitel-C) analysiert und existierende Schutzvorschriften zusammen mit den verbotenen Handlungen erläutert. Sodann werden die Prospekthaftung und die Ad-hoc-Publizitätshaftung mit ihrem Konfliktverhältnis zum Einlagenrückgewährverbot bzw. zum Verbot des Erwerbs eigener Aktien nach deutschem (Zweites Kapitel), europäischem (Drittes Kapitel) und türkischem Recht (Viertes Kapitel) erörtert und unter entscheidender Rechtsprechung und Literatur zitiert. Anschließend folgen eine Bewertung der Problematik und Lösungsmöglichkeiten (Schlussbetrachtung).

Erstes Kapitel: Anlegerschutz

A. Anlegerschutz nach europäischem Recht

I. Anlegerschutz als Ziel des Kapitalmarktrechts

Der Kapitalmarkt ist ein Ort für den Handel mit Kapital,[21] damit Angebot und Nachfrage von Kapital zusammentreffen können. Das Kapital dient hauptsächlich wirtschaftlichen Zwecken. Demzufolge brauchen die Unternehmen als Nachfragende das Kapital, um ihre Finanzbedürfnisse zu decken.[22] Die Anbieter des Kapitals sind die Anleger, die als Gegenleistung für ihr Kapital ein Finanzinstrument erhalten.[23] Unter dem Begriff des Finanzinstruments versteht man alle Produkte, die auf den Finanzmärkten gehandelt werden, wie z.B. Aktien, Anleihen und Derivate.[24] Da sich die Anleger immer weniger auf die staatliche Altersvorsorge verlassen können, müssen sie zur privaten Altersvorsorge verstärkt auf den Kapitalmarkt ausweichen.[25]

Funktionell kann der Kapitalmarkt in Primär- und Sekundärmarkt differenziert werden.[26] Daneben lassen sich die Kapitalmärkte aufgrund der Finanzmarktrichtlinie (MiFID II-Markets in Financial Instrument Directive II)[27]

---

21 *Spremann/Gantenbein*, Finanzmärkte, S. 63 f.; für die Kapitalmarktdefinition von Kümpel siehe *Kümpel*, Kapitalmarktrecht, Rn. 14; *Witting* in: Kümpel/Witting, Bank- und Kapitalmarktrecht, 1. Teil Rn. 1.10; dazu noch „der Kapitalmarkt als Markt für Finanzinstrumente“ *Lutter/Bayer/Schmidt*, EuropUR, § 14 Rn. 14.7.

22 *Lehmann*, § 9 Rn. 338; zu den Akteuren des Kapitalmarktes siehe *Poelzig*, Kapitalmarktrecht, § 1 Rn. 13 ff.; auch *Lutter/Bayer/Schmidt*, EuropUR, § 14 Rn. 14.1.

23 *Lehmann*, § 9 Rn. 339; vgl. Lutter/Bayer/Schmidt, EuropUR, § 14 Rn. 14.67; *Grunewald/Schlitt*, Einführung in das KapitalmarktR, § 1 S. 12.

24 *Lehmann*, § 9 Rn. 396 ff.

25 *Poelzig*, Kapitalmarktrecht, § 1 Rn. 3.

26 *Lutter/Bayer/Schmidt*, EuropUR, § 14 Rn. 14.8.

27 Richtlinie 2014/65/EU des Europäischen Parlaments und des Rates vom 15. Mai 2014 über Märkte für Finanzinstrumente sowie zur Änderung der Richtlinien 2002/92/EG und 2011/61/EU, ABl. EU L 173/349 vom 12.06.2014. Diese Richtlinie tritt an die Stelle der Richtlinie 2004/39/EG des Europäischen Parlaments und des Rates vom 21.04.2004 über Märkte für Finanzinstrumente, zur Änderung der Richtlinien 85/611/EWG und 93/6/EWG des Rates und der Richtlinie 2000/12/EG des Europäischen Parlaments und des Rates und zur Aufhebung der Richtlinie 93/22/EWG des Rates (MiFID I), ABl. EU L 145/1 vom 30.04.2004.

und der Finanzmarktverordnung (MiFIR-Markets in Financial Instruments Regulation)[28] nach ihrem Organisationsgrad in geregelte Märkte, multilaterale Handelssysteme (MTF-multilateral trading facilities) und organisierte Handelssysteme (OTF-organised trading facilities) einteilen.[29]

Die beiden Regelungsziele des Kapitalmarktrechts sind die Gewährleistung des wirksamen und ordnungsgemäßen Funktionierens der Kapitalmärkte[30] und der Anlegerschutz.[31] Die extensive Entwicklung des Kapitalmarktrechts führte in den letzten Jahren allerdings zu einer Kollision[32] mit angrenzenden Rechtsgebieten wie dem Aktienrecht.[33] Obwohl Aktien- und Kapitalmarktrecht in einigen Bereichen ähnliche Ziele haben, beispielsweise im Bereich des Anlegerschutzes, kollidieren die beiden Rechtsgebiete aufgrund unterschiedlicher Zielsetzungen.[34]

Der Anlegerschutz ist ein Interessenschutz, den die Rechtsordnung Personen gewährt, die sich durch Vermittlung des öffentlichen Kapitalmarkts direkt oder indirekt an einem Unternehmen oder einer anderen Vermögensform zu Anlagezwecken beteiligen bzw. dies bezwecken.[35] Außer den Anlegern gibt es auch andere Kapitalmarktteilnehmer wie z.B. Emittenten, Finanzintermediäre, Informationsmediäre[36] und neuerdings zunehmend Groß-Investoren wie Pensionsfonds. Das europäische Kapitalmarktverhaltensrecht regelt das Verhalten der Kapitalmarktteilnehmer durch Verhaltenspflichten und Verbote. Im Mittelpunkt stehen dabei der Schutz der Marktintegrität und die Schaffung von Transparenz.[37] In diesem Sinne etabliert der europäische Gesetzgeber ein

---

28 Verordnung (EU) Nr. 600/2014 des Europäischen Parlaments und des Rates vom 15. Mai 2014 über Märkte für Finanzinstrumente und zur Änderung der Verordnung (EU) Nr. 648/2012, ABl. EU L 173/84 vom 12.06.2014.

29 *Lutter/Bayer/Schmidt*, EuropUR, § 14 Rn. 14.9, 14.64 f.; vgl. *Buck-Heeb*, Kapitalmarktrecht, § 2 Rn. 71 ff.; *Grunewald/Schlitt*, Einführung in das KapitalmarktR, § 1 S. 6 f.

30 *Lutter/Bayer/Schmidt*, EuropUR, § 14 Rn. 14.12 ff.; *Veil*, ECML, § 2 Rn. 3; auch Erwägungsgründe 11 Satz 2, 13 Satz 3, 63 Satz 5, 67 Satz 3, 108 Satz 2, 113, 154 Satz 1, 155 Satz 1, 164 MiFID II.

31 *Lutter/Bayer/Schmidt*, EuropUR, § 14 Rn. 14.14; Klöhn/*Klöhn*, Einl. Rn. 70 ff.; zur Entwicklung und zu den Perspektiven des Anlegerschutzes *Buck-Heeb*, JZ 2017, S. 279 ff.; zur Kodifikationsidee der Wertpapierregulierung *Veil*, FS Schmidt, 2019, S. 571, 572 f.

32 Näher Kap. 2 C. I, II, Kap. 3 B. und Kap. 4 C. IV, V.

33 *Lutter/Bayer/Schmidt*, EuropUR, § 14 Rn. 14.57.

34 *Lutter/Bayer/Schmidt*, EuropUR, § 14 Rn. 14.59.

35 *Wiedemann*, BB 1975, S. 1591.

36 *Lutter/Bayer/Schmidt*, EuropUR, § 14 Rn. 14.8, 14.68.

37 *Lutter/Bayer/Schmidt*, EuropUR, § 14 Rn. 14.75.

Marktmissbrauchsregime zum Schutz der Marktintegrität, welches das Verbot des Insiderhandels nach Art. 14 Marktmissbrauchsverordnung (MAR-Market Abuse Regulation)[38] und der Marktmanipulation nach Art. 12, 15 MAR erfasst.[39] Neben dem Insiderverbot und dem Marktmanipulationsverbot enthält die Marktmissbrauchsverordnung mit der Ad-hoc-Publizität wesentliche kapitalmarktrechtliche Offenlegungspflichten.[40] Danach steht die Schaffung von Transparenz durch die Etablierung von Publizitätspflichten im Zentrum[41] des Regulierungskonzepts des Europäischen Kapitalmarktrechts.[42]

Die Verbesserung der rechtlichen und wirtschaftlichen Durchschaubarkeit einer Kapital nachfragenden Gesellschaft soll durch umfassende Registrierungs- und Bekanntmachungspflichten verwirklicht werden.[43]

Dem Problem der Informationsasymmetrien begegnen alle Marktteilnehmer (Emittenten, Anleger und Finanzintermediäre)[44] mit Publizitätsvorschriften. Auf diese Weise sollen umfassende und ausreichende Informationen erreichbar sein, damit Entscheidungen getroffen[45] und Informationsasymmetrien verhindert werden können.[46] Einheitliche Informationsregeln dienen somit der Senkung der Informationskosten und der Beseitigung von Informationsasymmetrien.[47]

---

38 Verordnung (EU) Nr. 596/2014 des Europäischen Parlaments und des Rates vom 16. April 2014 über Marktmissbrauch (Marktmissbrauchsverordnung) und zur Aufhebung der Richtlinie 2003/6/EG des Europäischen Parlaments und des Rates und der Richtlinien 2003/124/EG, 2003/125/EG und 2004/72/EG der Kommission, ABl. EU L 173/1 v. 12.06.2014.

39 *Lutter/Bayer/Schmidt,* EuropUR, § 14 Rn. 14.76.

40 Klöhn/*Klöhn*, Einl. Rn. 1.

41 *Veil,* FS Priester, 2007, S. 799, 804 f.

42 *Lutter/Bayer/Schmidt,* EuropUR, § 14 Rn. 14.78 und zu Publizitätspflichten Rn. 14.82 ff.; *Veil,* ECML, § 2 Rn. 15; Veil/*Brinckmann*, ECML, § 16 Rn. 1; die Marktmissbrauchsverordnung als „Herzstück des europäischen Kapitalmarktrechts" siehe Klöhn/*Klöhn*, Einl. Rn. 1.

43 *Jung,* GPR 2004, S. 233, 235.

44 *Lutter/Bayer/Schmidt,* EuropUR, § 14 Rn. 14.10; vgl. *Veil*, ECML, § 2 Rn. 1.

45 *Grundmann* in: Riesenhuber, Europäische Methodenlehre, § 9 Rn. 27; *Lutter/Bayer/Schmidt,* EuropUR, § 14 Rn. 14.79.

46 *Jung,* GPR 2004, S. 233, 236; *Lutter/Bayer/Schmidt,* EuropUR, § 14 Rn. 14.79; *Schön,* FS Canaris, 2007, S. 1191, 1205 ff.; Veil/*Brinckmann*, ECML, § 16 Rn. 5, 16; *Veil,* FS Baums, 2017, S. 1267, 1270; *ders.*, FS Schmidt, 2019, S. 571, 573.

47 *Kahnert,* Rechtsetzung im EuGesR, Kap. 2 S. 96; *Teichmann,* Binnenmarktkonformes Gesellschaftsrecht, S. 386; zur Harmonisierung zur Reduktion von Informationskosten *Brüggemeier,* Harmonisierungskonzepte im europäischen KapitalmarktR, Kap. 3 S. 126 ff.

Werden neue Informationen schnellstmöglich in den Wertpapierpreis eingearbeitet, ist der Kapitalmarkt informationseffizient.[48] Wenn Emittenten und ihre Beschäftigten, die über einen erheblichen Informationsvorsprung gegenüber den Anlegern verfügen, ihre Informationen zu ihren Gunsten und zu Lasten der anderen Marktteilnehmer oder zu ihrem eigenen Gewinn verwenden, verlieren die Anleger ihr Vertrauen in die Integrität des Kapitalmarkts und entziehen ihm ihre Investitionen, so dass die Funktionsfähigkeit des Kapitalmarkts gefährdet ist.[49]

Der Anleger spielt eine große Rolle auf dem Kapitalmarkt, indem er diesen durch seine Investments am Leben erhält. Aus diesem Grund ist und bleibt die Stärkung des Anlegerschutzes immer im Mittelpunkt der Regelungen.

Finanzstabilität[50] ist ein weiteres zentrales Regelungsziel des Kapitalmarkts, um die Funktionsfähigkeit der Märkte sicherzustellen.[51] Jedoch zeigte die Finanzkrise im Jahr 2008, dass ein rein nationales Aufsichtskonzept angesichts der zunehmenden globalen Verflechtung der Kapitalmärkte keine ausreichende Gewährleistung für die effektive Beaufsichtigung bieten kann.[52] Aufgrund dessen trug die Europäische Union seit der Finanzkrise neben dem Aktionsplan mit zahlreichen Maßnahmen zur Finanzmarktstabilisierung bei.[53] Zum Beispiel richtete sie europäische Aufsichtsbehörden[54] mit eigenen Befugnissen ein.[55] Im

48 *Brüggemeier,* Harmonisierungskonzepte im europäischen KapitalmarktR, Kap. 3 S. 115.

49 *Lutter/Bayer/Schmidt,* EuropUR, § 14 Rn. 14.79.

50 *Lutter/Bayer/Schmidt,* EuropUR, § 14 Rn. 14.15; *Veil,* ECML, § 2 Rn. 9.

51 Ausf. dazu *Veil,* ECML, § 2 Rn. 9 ff.; zur Finanzstabilität als ein eigenständiges Regelungsziel, siehe Art. 1 Abs. 5 S. 1 ESMA-VO und Erwägungsgrund Nr. 17 ESMA-VO.

52 *Lutter/Bayer/Schmidt,* EuropUR, § 14 Rn. 14.92; auch Erwägungsgrund Nr. 1 EBA-VO/EIOPA-VO/ESMA-VO; KOM (2009) 499, S. 2.

53 *Grunewald/Schlitt,* Einführung in das KapitalmarktR, § 1 S. 4.

54 Europäische Aufsichtsbehörden (European Supervisory Authorities-ESA): Die Europäische Bankenaufsichtsbehörde (European Banking Authority-EBA) mit Sitz in London, die Europäische Aufsichtsbehörde für das Versicherungswesen und die betriebliche Altersversorgung (European Insurance and Occupational Pensions Authority-EIOPA) mit Sitz in Frankfurt am Main, die Europäische Wertpapier- und Marktaufsichtsbehörde (European Securities and Markets Authority-ESMA) mit Sitz in Paris, Europäische Zentralbank (EZB) mit Sitz in Frankfurt am Main; Lutter/Bayer/Schmidt, EuropUR, § 14 Rn. 14.94 ff.

55 *Grunewald/Schlitt,* Einführung in das KapitalmarktR, § 1 S. 4; Klöhn/*Klöhn*, Einl. Rn. 40 ff.; *Lehmann,* § 1 Rn. 37.

Mittelpunkt der Wertpapieraufsicht steht insbesondere die Stärkung der Befugnisse der ESMA. Auch künftig wird dies eine zentrale Rolle spielen.[56]

Die Förderung des Einlagen- und Anlegerschutzes ist eine Aufgabe der europäischen Aufsichtsbehörden sowie der Bundesanstalt für Finanzdienstleistungsaufsicht (BaFin) und vieler anderer Kapitalmarktaufsichten in ganz Europa.[57] Eine wichtige Kooperationsvermittlerin zwischen den Wertpapieraufsichtsbehörden, die International Organisation of Securities Commissions (IOSCO),[58] betont in ihrem Report die Wichtigkeit des Anlegerschutzes.[59]

Sie veröffentlichte im Jahr 1998 die sog. IOSCO Principles[60], die inzwischen von allen Wertpapiermärkten als internationaler Regulierungsmaßstab angesehen werden.[61]

Zusammenfassend kann festgestellt werden, dass für die Stärkung und Verbesserung des europäischen Finanzaufsichtssystems zur Finanzmarktstabilisierung große Fortschritte gemacht wurden. Jedoch kann noch nicht von einem absoluten Erfolg gesprochen werden.

II. Das europäische Anlegerleitbild

Anleger können vollkommen divergierende Interessen haben und über unterschiedlich große Sachkompetenz verfügen.[62] Deshalb unterscheidet man zwischen verschiedenen Arten von Anlegern, unter denen dem „verständigen Anleger" als einem der Zentralbegriffe des europäischen Marktmissbrauchsrechts eine besondere Funktion zukommt.[63] Nach der h.M. wird er als Schnittstelle der Marktmissbrauchsverordnung für die Kapitalmarkteffizienz verstanden.[64]

---

56 *Döhmel* in: Assmann/Schneider/Mülbert, Wertpapierhandelsrecht, § 19 Rn. 6.

57 *Koschyk* in: Koschyk/Leible/Schäfer, S. 23.

58 Die BaFin ist ein Mitglied der 1983 gegründeten Kommission, der Internationalen Vereinigung der Wertpapieraufsichtsbehörden.

59 Drei Funktionen nach IOSCO sind; die Garantie eines fairen, effizienten und transparenten Verfahrens, der Anlegerschutz und die Reduktion systembedingter Risiken. IOSCO, Objectives and Principles of Securities Regulation, S. 3.

60 Prinzipien für Aufsichtsbehörden, Prinzipien für Marktintermediäre, Prinzipien für Sekundärmarkte und andere Märkte, Prinzipien für Emittenten usw.

61 *Lutter/Bayer/Schmidt,* EuropUR, § 14 Rn. 14.38.

62 *Lutter/Bayer/Schmidt,* EuropUR, § 14 Rn. 14.67; zu den Anlegerleitbildern im Kapitalmarkt *Möllers/Poppele,* ZGR 2013, S. 437, 445 ff.

63 *Langenbucher,* AG 2016, S. 417; vgl. *Veil,* FS Schmidt, 2019, S. 571, 579 f.

64 *Langenbucher,* AG 2016, S. 417, 419; insbesondere *Klöhn,* ZHR 2013, S. 349, 371 f.

Bei der Bestimmung der Reichweite des Insiderhandelsverbots und der Ad-hoc-Publizität ist die Perspektive des verständigen Anlegers[65] entscheidend.[66] Der Begriff findet sich in Art. 7 MAR. Der verständige Anleger stützt seine Entscheidung auf alle ihm zur Verfügung stehenden Informationen.[67] Gemäß Art. 7 Abs. 4 MAR hängt die Einschätzung eines erheblichen Kursbeeinflussungspotentials einer Information davon ab, inwiefern der verständige Anleger diese seiner Entscheidung zugrunde legen könnte.[68] Bei seiner Investitionsentscheidung werden insbesondere die Gesamtheit der Emittenten, die Verlässlichkeit der Informationsquelle und sonstige Marktvariablen berücksichtigt.[69]

Wie der Europäische Gerichtshof in seinem Geltl-Urteil[70] klarstellte, verfügt der verständige Anleger über alle öffentlich bekannten Informationen.[71]

Der verständige Anleger ist ähnlich wie in der britischen Auslegung zu verstehen („that thinks and behaves in a rational way"), d.h. ein Anleger, der jede verfügbare Information nutzt.[72] Im Fall-Geltl war es fraglich, ob die Kurserheblichkeit einer Insiderinformation nach dem Probability-Magnitude-Test zu bestimmen sei, während im Fall Lafonta[73] diskutiert wurde, ob ein verständiger Anleger auch Informationen für erheblich halte, bei denen nicht deutlich sei, ob sie eine kurssteigernde oder kurssenkende Wirkung haben.[74]

---

65 Zum verständigen Anleger *Schäfer* in: Marsch-Barner/Schäfer, HdB börsennotierte AG, 2018, § 14 Rn. 14.23; *Krausel/Brellochs,* AG 2013, S. 309, 313 ff.; *Langenbucher,* NZG 2013, S. 1401, 1405; *Klöhn,* AG 2012, S. 345, 348 ff.; *Schwark/Kruse* in: Schwark/Zimmer, KMRK, § 13 WpHG Rn. 47.

66 *Langenbucher,* AG 2016, S. 417.

67 Erwägungsgrund Nr. 14 MAR.

68 Art. 7 Abs. 4 MAR; *Hopt/Kumpan,* ZGR 2017, S. 765, 775 f.; *Langenbucher,* AG 2016, S. 417, 418; *Schäfer* in: Marsch-Barner/Schäfer, HdB börsennotierte AG, 2018, § 14 Rn. 14.22; *Thelen,* ZHR 2018, S. 62, 70 f.

69 Erwägungsgrund Nr. 14 MAR.

70 EuGH Urt. v 28.06.2012, Rs. C-19/11 (Geltl), ZIP 2012, S. 1282 Rn. 45.

71 EuGH Urt. v. 28.06.2012, Rs. C-19/11 (Geltl), ZIP 2012, S. 1282 Rn. 45; zust. etwa *Klöhn,* ZIP 2012, S. 1885, 1891; *ders.,* ZHR 2013, S. 349, 371.

72 *Langenbucher,* NZG 2013, S. 1401, 1405.

73 EuGH Urt. v. 11.03.2015, Rs. C-628/13-ECLI: EU: C:2015:162, AG 2015, 388 ff. (Lafonta); näher *Schröder,* GPR 2015, S. 246 ff.

74 *Langenbucher,* AG 2016, S. 417, 422.

Festzustellen ist, dass der verständige Anleger der zentrale Schutzadressat des Insiderverbots und der Ad-hoc-Publizität ist und dieser Anlegerbegriff mit dem System des europäischen Insiderrechts harmoniert.[75] In einer Gesamtbetrachtung verzichtet jedoch der Verordnungsgeber darauf, den Anleger genau zu präzisieren.[76] Solch eine Präzisierung wäre auch nicht leicht. Übrigens ist auch eine gemeinsame Anlegerdefinition unter Betrachtung unterschiedlicher Zielsetzungen der europäischen Rechtsakte eventuell nicht günstig für die Anleger. Die Bestimmung eines allgemeinen Rahmens für einen Adressaten kann dem Anlegerschutz besser dienen, statt eine genauere Präzisierung des Anlegerbegriffs.

III. Unionsrechtliche Vorschriften zum Anlegerschutz

Heutzutage haben die Kapitalmärkte für die Gesamtwirtschaft überaus wichtige Funktionen wie die Finanzierung von Unternehmen, die Schaffung von Arbeitsplätzen, den Informationstransfer und die effiziente Allokation von Finanzvermögen. Der europäische Gesetzgeber und die Kommission haben unter Berücksichtigung dieser Funktion der Kapitalmärkte zur Ausformung des heutigen Kapitalmarktrechts beigetragen.[77]

Der Vertrag über die Arbeitsweise der Europäischen Union (AEUV) ist das Primärrecht.[78] Als Grundfreiheiten gelten insbesondere die Kapitalverkehrsfreiheit nach Art. 63 Abs. 1 AEUV (Art. 56 Abs. 1 EGV) und die Niederlassungs-[79] und Dienstleistungsfreiheit nach Art. 49 (Art. 43 EGV), 56 (Art. 49 EGV), 57 (Art. 50 EGV) AEUV.[80] Der Aktionsplan für Finanzdienstleistungen (Financial Services Action Plan) der Europäischen Kommission aus dem Jahr 1999, der auf die Schaffung eines integrierten europäischen Kapitalmarkts

75 Klöhn/*Klöhn*, Art. 7 Rn. 279.

76 *Langenbucher*, AG 2016, S. 417, 422.

77 *Lutter/Bayer/Schmidt*, EuropUR, § 14 Rn. 14.1; vgl. *Assmann* in: Gebauer/Wiedmann, Zivilrecht unter europäischem Einfluss, Kap. 22 Rn. 1.

78 Vertrag über die Arbeitsweise der Europäischen Union, ABl. EU C 326/47 v. 26.10.2016; zur alten Fassung; Vertrag über die Europäische Union (EU-Vertrag) v. 07.02.1992.

79 Zur europäischen Niederlassungsfreiheit *Papakçı*, Die europäische Niederlassungsfreiheit, S. 21 ff.; zur Niederlassungsfreiheit von Kapitalgesellschaften *Schön*, FS Lutter, 2000, S. 685 ff.

80 *Lutter/Bayer/Schmidt*, EuropUR, § 2 Rn. 2.1; *Grunewald/Schlitt*, Einführung in das KapitalmarktR, § 1 S. 4.

und eines erhöhten Anlegerschutzes gerichtet ist, spielt eine große Rolle bei der europäischen Rechtsetzung.[81] Für das Verfahren der Sekundärrechtsetzung ist aufgrund des *Lamfalussy-Berichts* aus dem Jahr 2001 ein Vierstufen-Konzept entwickelt worden.[82] Auf der ersten Stufe werden die wesentlichen Grundsätze einer Regelung dargestellt, auf der zweiten Stufe die Durchführung der Richtlinien (Art. 288 Abs. 3 AEUV) und Verordnungen (Art. 288 Abs. 2 AEUV) erlassen, auf der dritten Stufe werden die Zusammenarbeit mit den Aufsichtsbehörden zur Entwicklung gemeinsamer Standards und auf der vierten Stufe die Umsetzung der so geschaffenen Regelungen erarbeitet.[83]

Die wichtigsten Rechtsakte zum Anlegerschutz sind die Gesellschaftsrechtsrichtlinie (GesRRL),[84] die Wertpapierprospektverordnung (WpPVO),[85] die Marktmissbrauchsverordnung (MAR)[86] und die Richtlinie über strafrechtliche Sanktionen für Insiderhandel und Marktmanipulation (CRIM-MAD),[87] die ESMA-Verordnung,[88] die Finanzmarktrichtlinie (MiFID

81 *Grunewald/Schlitt,* Einführung in das KapitalmarktR, § 1 S. 3 f.; auch Klöhn/*Klöhn*, Einl. Rn. 32.

82 *Lutter/Bayer/Schmidt,* EuropUR, § 1 Rn. 1.11 und § 14 Rn. 14.42 ff.; *Grunewald/ Schlitt,* Einführung in das KapitalmarktR, § 1 S. 4; Klöhn/*Klöhn*, Einl. Rn. 32 ff.

83 *Grunewald/Schlitt,* Einführung in das KapitalmarktR, § 1 S. 4; zur Lamfalussy II-Verfahren *Lutter/Bayer/Schmidt,* EuropUR, § 14 Rn. 14.46 ff.; dazu noch *Brüggemeier,* Harmonisierungskonzepte im europäischen KapitalmarktR, Kap. 1 S. 12; *Veil*, ZGR 2014, S. 544, 549; Klöhn/*Klöhn*, Einl. Rn. 32 ff.

84 RL (EU) 2017/1132 des Europäischen Parlaments und des Rates vom 14.06.2017 über bestimmte Aspekte des Gesellschaftsrechts (Kodifizierter Text), ABl. EU L 169/46 v. 30.06.2017. Die frühere Publizitätsrichtlinie und Kapitalrichtlinie.

85 Verordnung (EU) 2017/1129 des Europäischen Parlaments und des Rates vom 14. Juni 2017 über den Prospekt, der beim öffentlichen Angebot von Wertpapieren oder bei deren Zulassung zum Handel an einem geregelten Markt zu veröffentlichen ist und zur Aufhebung der Richtlinie 2003/71/EG, ABl. EU L 168/12 v. 30.06.2017; dazu *Lutter/Bayer/Schmidt*, EuropUR, § 34 Rn. 34.1 ff.

86 Dazu noch *Merkner/Sustmann,* AG 2012, S. 315 ff.

87 Richtlinie 2014/57/EU des Europäischen Parlaments und des Rates vom 16.04.2014 über strafrechtliche Sanktionen bei Marktmanipulation (Marktmissbrauchsrichtlinie), ABl. EU L 173 v. 12.06.2014.

88 Verordnung (EU) 1095/2010 des Europäischen Parlaments und des Rates vom 24. November 2010 zur Errichtung einer Europäischen Aufsichtsbehörde (Europäische Wertpapier- und Marktaufsichtsbehörde), zur Änderung des Beschlusses Nr. 716/2009/EG und zur Aufhebung des Beschlusses 2009/77/EG der Kommission,

II),[89] die Finanzmarktverordnung (MiFIR, sog. Grundgesetze des Europäischen Kapitalmarktrechts)[90] und die Transparenzrichtlinie (TrRL)[91].[92]

Das Marktorganisationsrecht findet sich in MiFID II, MiFIR und EMIR.[93] Zum Zweck der Schaffung eines Binnenmarkts für Wertpapierdienstleistungen und Anlagetätigkeiten durch die Verwirklichung des Anlegerschutzes von Finanzprodukten wurde die Richtlinie 2004/39/EG (MiFID) erlassen. Daraufhin akzeptierte die Kommission den Vorschlag für eine Richtlinie über Märkte für Finanzinstrumente zur Aufhebung der Richtlinie 2004/39/EC und eine Verordnung über Märkte für Finanzinstrumente und zur Änderung der Verordnung (EMIR) über OTC-Derivate, zentrale Gegenparteien und

---

ABl. EU L 331/84 v. 15.12.2010. Zuletzt geändert durch Artikel 5 die Richtlinie 2014/51/EU des Europäischen Parlaments und des Rates vom 16. April 2014 zur Änderung der Richtlinien 2003/71/EG und 2009/138/EG und der Verordnungen (EG) Nr. 1060/2009, (EU) Nr. 1094/2010 und (EU) Nr. 1095/2010 im Hinblick auf die Befugnisse der Europäischen Aufsichtsbehörde (Europäische Aufsichtsbehörde für das Versicherungswesen und die betriebliche Altersversorgung) und der Europäischen Aufsichtsbehörde (Europäische Wertpapier- und Marktaufsichtsbehörde), ABl. EU L 153 v. 22.05.2014; dazu *Lutter/Bayer/Schmidt*, EuropUR, § 31 Rn. 31.1 ff.

89 Zur Richtlinie 2014/65/EU *Cahn/Müchler*, BKR 2013, S. 45 ff.

90 *Lutter/Bayer/Schmidt*, EuropUR, § 14 Rn. 14.7, 14.62, § 32 Rn. 32.1.

91 Richtlinie 2004/109/EG des Europäischen Parlaments und des Rates vom 15. Dezember 2004 zur Harmonisierung der Transparenzanforderungen in Bezug auf Informationen über Emittenten, deren Wertpapiere zum Handel auf einem geregelten Markt zugelassen sind, und zur Änderung der Richtlinie 2001/34/EG. Zuletzt geändert durch Richtlinie 2013/50/EU des Europäischen Parlaments und des Rates vom 22. Oktober 2013 zur Änderung der Richtlinie 2004/109/EG des Europäischen Parlaments und des Rates zur Harmonisierung der Transparenzanforderungen in Bezug auf Informationen über Emittenten, deren Wertpapiere zum Handel auf einem geregelten Markt zugelassen sind, der Richtlinie 2003/71/EG des Europäischen Parlaments und des Rates betreffend den Prospekt, der beim öffentlichen Angebot von Wertpapieren oder bei deren Zulassung zum Handel zu veröffentlichen ist, sowie der Richtlinie 2007/14/EG der Kommission mit Durchführungsbestimmungen zu bestimmten Vorschriften der Richtlinie 2004/109/EG, ABl. EU L 294/13 v. 06.11.2013. Umsetzung in Deutschland: Gesetz zur Umsetzung der Transparenzrichtlinie-Änderungsrichtlinie v. 20.11.2015, BGBl. I, 2029 (sog. Transparenzrichtlinie III); *Parmentier*, AG 2014, S. 15 ff.; *Seibt/Wollenschläger*, ZIP 2014, S. 545 ff.; allg. *Lutter/Bayer/Schmidt*, EuropUR, § 36 Rn. 36.1 ff.; *Weber*, NJW 2004, S. 3674, 3676.

92 *Lutter/Bayer/Schmidt*, EuropUR, § 14 Rn. 14.2; zu den Richtlinien *Wiedmann/Gebauer* in: Gebauer/Wiedmann, Zivilrecht unter europäischem Einfluss, Kap. 1 Rn. 44.

93 Klöhn/*Klöhn*, Einl. Rn. 1.

Transaktionsregister -MiFID II.[94] Seit dem 03.01.2018 sind in Umsetzung der MiFID II viele neue Vorgaben nicht nur auf europäischer Ebene, sondern auch auf nationaler Ebene in Kraft, die vor allem den Anlegerschutz stärken sollen.[95] Um die Attraktivität der alternativen Kapitalmärkte zu verbessern, führte der europäische Gesetzgeber in der neuen Finanzmarktrichtlinie (MiFID II) die Kategorie der Wachstumsmärkte für kleine und mittlere Unternehmen (KMU-Wachstumsmärkte) ein.[96]

Eine unionsrechtliche Kernaufgabe zur Erreichung der Binnenmarktintegration besteht in der Angleichung der innerstaatlichen Rechtsvorschriften. Da die Gesellschaft als wichtige Kapitalmarktteilnehmerin und ihre Tätigkeiten für den ungestörten Waren- und Kapitalverkehr im Binnenmarkt eine große Rolle spielen, ist die Harmonisierung des Gesellschaftsrechts im Rahmen der Binnenmarktintegration von erheblicher Bedeutung.[97]

Mit Wirkung vom 20.07.2017 wurden die Bestimmungen der Kapitalrichtlinie (KapRL)[98] zusammen mit denjenigen der früheren Publizitätsrichtlinie (PubRL),[99] der Fusionsrichtlinie (FusRL),[100] der Spaltungsrichtlinie

---

94 ABI. EU L 173, S. 349.

95 *Weber*, NJW 2018, S. 995.

96 *Veil*, FS Baums, 2017, S. 1267 ff.

97 Ausf. zur Harmonisierung *Kahnert*, Rechtsetzung im EuGesR, Kap. 2 S. 5.

98 Richtlinie 2012/30/EU des Europäischen Parlaments und des Rates vom 25.10.2012 zur Koordinierung der Schutzbestimmungen, die in den Mitgliedstaaten den Gesellschaften im Sinne des Artikels 54 Absatz 2 des Vertrages über die Arbeitsweise der Europäischen Union im Interesse der Gesellschafter sowie Dritter für die Gründung der Aktiengesellschafter sowie für die Erhaltung und Änderung ihres Kapitals vorgeschrieben sind, um diese Bestimmungen gleichwertig zu gestalten, ABl. EU L 315 v. 14.11.2012, S. 74. Zuletzt geändert durch Richtlinie 2014/59/EU des Europäischen Parlaments und des Rates vom 15.05.2014, ABl. EU L 173 v. 12.06.2014, S. 190 aufgehoben durch RL (EU) 2017/1132 des Europäischen Parlaments und des Rates vom 14.06.2017 über bestimmte Aspekte des Gesellschaftsrechts (Kodifizierter Text), ABl. EU L 169/46 v. 30.06.2017. Die frühere Publizitätsrichtlinie und Kapitalrichtlinie.

99 Richtlinie 2009/101/EG des Europäischen Parlaments und des Rates vom 16.09.2009 zur Koordinierung der Schutzbestimmungen, die in den Mitgliedstaaten den Gesellschaften im Sinne des Artikels 48 Absatz 2 des Vertrages im Interesse der Gesellschafter sowie Dritter vorgeschrieben sind, um diese Bestimmungen gleichwertig zu gestalten, ABl. EU L 258 v. 01.10.2009, S. 11 geändert durch Richtlinie 2012/17/EU des Europäischen Parlaments und des Rates vom 13.06.2012, ABl. EU L 156 v. 16.06.2012, S. 1 aufgehoben durch RL (EU) 2017/1132 des Europäischen Parlaments und des Rates vom 14.06.2017 über bestimmte Aspekte des Gesellschaftsrechts (Kodifizierter Text), ABl. EU L 169/46 v. 30.06.2017. Die frühere Publizitätsrichtlinie und Kapitalrichtlinie.

100 Richtlinie 2009/133/EG des Rates vom 19.10.2009 über das gemeinsame Steuersystem für Fusionen, Spaltungen, Abspaltungen, die Einbringung von Unternehmensteilen

(SpRL),[101] der Cross-Border-Merges-Directive (CBMD)[102] und der Zweigniederlassungsrichtlinie (ZNRL)[103] in der neuen Gesellschaftsrechtsrichtlinie kodifiziert. Die Vorschriften der früheren Kapitalrichtlinie gelten nicht für alle Kapitalgesellschaften, sondern ausschließlich für Aktiengesellschaften, da diese aufgrund ihrer häufig grenzüberschreitenden Tätigkeit in der Wirtschaft der Mitgliedstaaten in der Mehrzahl sind und eine Harmonisierung in diesem Bereich auch für die Angleichung des Rechts anderer Gesellschaftstypen eine besondere Bedeutung hat.[104]

Die Ausklammerung der Gesellschaften mit beschränkter Haftung verdient in der Literatur jedoch zu Recht Kritik.[105] Zunächst ist die Verteilung der Gesellschaftsformen, d.h. ob eine Aktiengesellschaft oder Gesellschaft mit beschränkter Haftung gegründet wurde, je nach Mitgliedstaat unterschiedlich.[106] Zudem haben auch viele Mitgliedstaaten insbesondere aufgrund der Anforderungen an das Mindestkapital und den Kapitalschutz in den Art. 44 ff. GesRL als Alternative zur Aktiengesellschaft eine der GmbH vergleichbare

---

und den Austausch von Anteilen, die Gesellschaften verschiedener Mitgliedstaaten betreffen, sowie für die Verlegung des Sitzes einer Europäischen Gesellschaft oder einer Europäischen Genossenschaft von einem Mitgliedstaat in einen anderen Mitgliedstaat, ABl. EU L 310/34 v. 25.11.2009.

101 Sechste Richtlinie des Rates vom 17.12.1982 gemäß Artikel 54 Absatz 3 lit. g) des Vertrages betreffend die Spaltung von Aktiengesellschaften, ABl. EU L 378 v. 31.12.1982, S. 47.

102 Richtlinie 2005/56/EG des Europäischen Parlaments und des Rates vom 26.10.2005 über die Verschmelzung von Kapitalgesellschaften aus verschiedenen Mitgliedstaaten, ABl. EU L 310/1 v. 25.11.2005.

103 Elfte Richtlinie des Rates vom 21.12.1989 über die Offenlegung von Zweigniederlassungen, die in einem Mitgliedstaat von Gesellschaften bestimmter Rechtsformen errichtet wurden, die dem Recht eines anderen Staates unterliegen, ABl. EU L 395 v. 30.12.1989, S. 36.

104 Erwägungsgrund Nr. 2 GesRRL; *Lutter/Bayer/Schmidt,* EuropUR, § 19 Rn. 19.16.

105 *Lutter*, ZGR 2000, S. 1, 7, 9 f.; *Habersack/Verse*, EuGesR, § 4 Rn. 7; *Lutter/Bayer/Schmidt*, EuropUR, § 9 Rn. 9.55 f.

106 In Deutschland existieren über eine Million Gesellschaften mit beschränkter Haftung, während die Zahl der Aktiengesellschaften nur bei rund 15.000 liegt, näher *Habersack/Verse*, EuGesR, § 4 Rn. 7; *Lutter/Bayer/Schmidt,* EuropUR, § 9 Rn. 9.5 m.w.N.

Rechtsform eingeführt.[107] Daher wäre eine Erstreckung der Vorschriften der Gesellschaftsrechtsrichtlinien auf Gesellschaften mit beschränkter Haftung nützlich.[108]

Der Primärmarkt wird durch die Prospektrichtlinie und Prospektverordnung geregelt. Nach den Erwägungsgründen 16 und 18 der Prospektrichtlinie[109] ist das Ziel der Richtlinie vor allem der Anlegerschutz. Demnach ist der Sekundärmarkt im Wesentlichen in der Marktmissbrauchsverordnung, der CRIM-MAD und der Transparenzrichtlinie geregelt.[110] Die Marktmissbrauchsverordnung vereinheitlicht vor allem große Teile des Kapitalmarktrechts in Europa.[111] Die Insiderverbote und Marktmanipulationsverbote gelten für alle alternativen Kapitalmärkte, und die gesetzlichen Ad-hoc-Publizitätspflichten des Marktmissbrauchsrechts werden auch auf die KMU-Wachstumsmärkte angewendet.[112] Das bedeutet, dass der Freiverkehr auch im Anwendungsbereich des europäischen Marktmissbrauchsrechts liegt.[113] Der europäische Gesetzgeber will mit dieser Verordnung die Sanktionen für Marktmissbrauch vereinheitlichen und verschärfen.[114] Das Ziel der Verordnung ist ebenfalls der Ausbau eines echten Binnenmarkts für Finanzdienstleistungen.[115]

Neben dem reibungslosen Funktionieren der Wertpapiermärkte ist das Vertrauen der Öffentlichkeit in die Märkte eine weitere Voraussetzung für Wirtschaftswachstum und Wohlstand.[116] Marktmissbrauch ist der Oberbegriff, der

---

107 *Habersack/Verse*, EuGesR, § 4 Rn. 7; *Lutter*, FS 100 Jahre GmbH-Gesetz, 1992, S. 49, 53 ff.

108 *Lutter*, ZGR 2000, S. 1, 9 f.

109 Richtlinie 2003/71/EG des Europäischen Parlaments und des Rates vom 4. November 2003 betreffend den Prospekt, der beim öffentlichen Angebot von Wertpapieren oder bei deren Zulassung zum Handel zu veröffentlichen ist, und zur Änderung der Richtlinie 2001/34/EG, ABl. EU L 345/64 v. 31.12.2003.

110 Klöhn/*Klöhn*, Einl. Rn. 2.

111 *Langenbucher*, AG 2016, S. 417; auch *Sajnovits/Wagner*, WM 2017, S. 1189, 1191.

112 *Veil*, FS Baums, 2017, S. 1267, 1275.

113 *Schäfer* in: Marsch-Barner/Schäfer, HdB börsennotierte AG, 2018, § 14 Rn. 14.8; *Klöhn*, AG 2016, S. 423, 426; *Söhner*, BB 2017, S. 259; zu den Handelsplätzen zählen neben Börsen seit dem 03.07.2016 auch MTFs, ab dem 03.01.2018 wegen des Inkrafttretens der MiFID II auch OTFs; *Söhner*, BB 2017, S. 259.

114 *Teigelack/Dolff*, BB 2016, S. 387 ff.; *Schäfer* in: Marsch-Barner/Schäfer, HdB börsennotierte AG, 2018, § 14 Rn. 14.3.

115 Erwägungsgrund Nr. 1 MAR; *von der Linden*, DStR 2016, S. 1036; *Schäfer* in: Marsch-Barner/Schäfer, HdB börsennotierte AG, 2018, § 14 Rn. 14.3.

116 Erwägungsgrund Nr. 2 MAR.

Insidergeschäfte und die Marktmanipulation umfasst.[117] Ein ungerechtfertigter Vorteil, den sich der Insider zum Nachteil Dritter verschafft, ist das wesentliche Merkmal von Insidergeschäften.[118] Der Grund dafür ist die Gewissheit, dass die Investoren gleichbehandelt und vor dem Missbrauch der Insiderinformationen geschützt werden.[119]

Durch ein Manipulations- und Insiderhandelsverbot wird auch der aktienrechtliche Kapitalerhaltungsgrundsatz geschützt, von welchem der Anleger ebenfalls profitieren kann. Wenn manipulative Geschäfte bzw. Insidergeschäfte verhindert werden, wird der Anleger nicht enttäuscht bzw. nicht geschädigt, und das Gesellschaftsvermögen wird nicht aufgrund von Entschädigungsansprüchen getäuschter Anleger belastet. Wird ein durch manipulative Geschäfte oder einem Missbrauch der Insiderinformationen bedingter Kapitalabfluss verhindert, verstärkt sich zugleich das Vertrauen und der Investitionswille der Anleger.

Demnach gelten in einer börsennotierten Gesellschaft für Aktionäre Meldepflichten, die in Umsetzung der Transparenzrichtlinie I seit 1995 in Kraft sind. Mit der Offenlegung der Beteiligung an einer börsennotierten Gesellschaft wird der Anlegerschutz und die Erhöhung des Vertrauens in die Wertpapiermärkte bezweckt.[120] Die Transparenzrichtlinie II schreibt die Offenlegung der Beteiligung an einem börsennotierten Unternehmen vor und wurde im Gemeinschaftsraum als ordnungsmäßige und effiziente Binnenmarktfunktion angesehen. Sie diente bis zum Inkrafttreten der Transparenzrichtlinie III vorrangig zur Schließung von Lücken der bisherigen Rahmenregelung.[121] Während das Insiderrecht in die Marktmissbrauchsverordnung und CRIM-MAD überführt wurde, werden periodische Publizitätspflichten (Art. 4, 5 und 6 TrRL), die Beteiligungstransparenz (Art. 9, 10, 13 und 13a TrRL) und einige Wohlverhaltenspflichten (Art. 17, 18 TrRL) in der Transparenzrichtlinie vorgesehen.[122] Diese werden auch in Zukunft eine bedeutende Rolle spielen, so dass weitere umfangreiche Änderungen zu erwarten sind.[123]

---

117 Erwägungsgrund Nr. 7 MAR.
118 Erwägungsgrund Nr. 23 MAR.
119 Erwägungsgrund Nr. 24 MAR.
120 *Süßmann* in: Assmann/Schütze, HdB KapitalanlageR, § 14 Rn. 1, 3.
121 *Assmann* in: Assmann/Schütze, HdB KapitalanlageR, § 1 Rn. 78.
122 *Lutter/Bayer/Schmidt,* EuropUR, § 36 Rn. 36.1, 36.9 ff., 36.16 ff., 36.27 ff.
123 *Lutter/Bayer/Schmidt,* EuropUR, § 36 Rn. 36.45.

B. Anlegerschutz nach deutschem Recht

I. Die Regelungsziele des Kapitalmarktrechts

1. Funktionsschutz

Das Kapitalmarktrecht kann als die Gesamtheit der Normen, Grundsätze, Geschäftsbedingungen und Standards bezeichnen werden, mit denen die Organisation der Kapitalmärkte sowie die marktbezogenen Tätigkeiten und das Verhalten der Marktteilnehmer oder Drittpersonen geregelt werden.[124] Das Kapitalmarktrecht hat die Dienstleistungs- und Kapitalverkehrsfreiheit zum Ziel[125] und stellt einen der am stärksten europäisierten Rechtsbereiche dar. Das europäische Recht hat damit einen großen Einfluss auf die nationalen Rechte der Mitgliedstaaten. Insbesondere in Deutschland gehen alle kapitalmarktrechtlichen Regelungen auf europäisches Recht zurück.[126]

Der Regelungsgegenstand des Kapitalmarktrechts ist der Markt, auf dem Kapitalanlagen nachgefragt werden.[127] Obwohl sich auf der inländischen und der europäischen Ebene ständig Änderungen ergeben, bleibt der Zweck des Kapitalmarktrechts immer derselbe. Der Schutz der Funktionsfähigkeit der Märkte stellt das primäre Ziel des Kapitalmarktrechts dar.[128]

Der Kapitalmarkt umfasst zwei unterschiedliche Bereiche: „den Primärmarkt" und „den Sekundärmarkt".[129]

---

124 *Kümpel,* Kapitalmarktrecht, Rn. 14; vgl. *Hopt,* ZHR 1977, S. 389, 431; ausf. zu den Unsicherheiten zum Kapitalmarktbegriff *Assmann,* GroßKommAktG, Einl. Rn. 354 ff.; *Poelzig,* Kapitalmarktrecht, § 1 Rn. 3.

125 *Habersack,* MüKoAktG/2019, Einl. Rn. 87.

126 *Lutter/Bayer/Schmidt,* EuropUR, § 14 Rn. 14.3.

127 *Assmann,* GroßKommAktG, Einl. Rn. 354; *Schwark,* FS Stimpel, 1985, S. 1087, 1089, 1091.

128 *Poelzig,* Kapitalmarktrecht, § 1 Rn. 23, 25 ff.; *Mühle,* Das WpÜG, S. 144; *Clasen,* Die Pflichten des Bieters, S. 14; vgl. *Assmann,* ZBB 1989, S. 49, 61 ff.; zur institutionellen, operationellen und allokativen Funktionsfähigkeit des Kapitalmarktes *Kübler/Assmann,* Gesellschaftsrecht, S. 469; *Kümpel,* Kapitalmarktrecht, Rn 29 ff.; *Mühle,* Das WpÜG, S. 145; *Bode,* Anlegerschutz und Neuer Markt, S. 79.

129 *Poelzig,* Kapitalmarktrecht, § 1 Rn. 8 ff.; *Schäfer* in: Marsch-Barner/Schäfer, HdB börsennotierte AG, 2018, § 15 Rn. 15.2 f.; *Grunewald/Schlitt,* Einführung in das KapitalmarktR, § 1 S. 5 f.; *Schwark,* FS Stimpel, 1985, S. 1087, 1089, 1091.

Unter dem Primärmarkt versteht man den Markt, auf dem die Finanzinstrumente,[130] z.B. Aktien, zum ersten Mal durch Emission platziert werden.[131] Damit stehen sich auf dem Primärmarkt Personen mit Anlagewunsch und Personen mit Finanzierungsbedarf gegenüber.[132] Der Primärmarkt funktioniert ohne den Handel an der Börse. Nach dem Erwerb auf dem Primärmarkt können die Zeichner die Finanzinstrumente auf dem Sekundärmarkt an einen anderen Anleger veräußern.[133] Mit dem Sekundärmarkt befasst sich vor allem die Börse.[134] Die Aktiengesellschaft und die Börse sind die beiden zentralen Institutionen des Kapitalmarkts.[135]

2. Anlegerschutz

Der Primär- und der Sekundärmarkt bringen mehrere miteinander kollidierende Interessen zusammen. Einige Marktakteure auf dem Kapitalmarkt haben mehr Verpflichtungen und Haftungen als die andere Seite der Geschäftsbeziehung, da sie aufgrund ihrer Professionalität und Kenntnisse prävalent sind. Andere Marktakteure dagegen brauchen weitreichende legale Unterstützung, da sie weniger professionell und weniger informiert sind als die Gegenseite. Einer dieser schutzwürdigen Akteure ist der Anleger, eine natürliche oder juristische Person, die in das Finanzinstrument investiert, um in Zukunft einen Gewinn zu erzielen. Sie können die Finanzinstrumente auch erwerben, um in eine Geldanlage, in die Altersvorsorge oder in ein gewerbliches Objekt

130 Der Finanzinstrumentsbegriff umfasst die Wertpapiere i.S.d. § 2 Abs. 1 WpHG (u.a. Aktien, mit Aktien vergleichbare Anlagewerte und Zertifikate, die Aktien vertreten, Schuldtitel, insbesondere Inhaberschuldverschreibungen und Orderschuldverschreibungen einschließlich Genussscheine, Optionsscheine und Zertifikate, die Schuldtitel vertreten), Geldmarktinstrumente i.S.d. § 2 Abs. 2 WpHG, Derivate i.S.d. § 3 Abs. 1 WpHG sowie Rechte auf Zeichnung von Wertpapieren (Bezugsrechte) und Vermögensanlagen i.S.d. § 1 Abs. 2 des Vermögensanlagengesetzes, siehe *Grunewald/Schlitt,* Einführung in das KapitalmarktR, § 1 S. 2.

131 Die ersten Erwerber nennt man Zeichner, da sie sich verpflichten, den Betrag des Finanzinstruments zu bezahlen. Die Zeichnung findet individuell over the counter (OTC) statt, ausf. dazu *Lehmann,* § 9 Rn. 341, 350; *Poelzig,* Kapitalmarktrecht, § 1 Rn. 8 ff.; *Schäfer* in: Marsch-Barner/Schäfer, HdB börsennotierte AG, 2018, § 15 Rn. 15.2; *Grunewald/Schlitt,* Einführung in das KapitalmarktR, § 1 S. 5.

132 *Spremann/Gantenbein,* Finanzmärkte, S. 38 f.

133 *Lehmann,* § 9 Rn. 351; *Poelzig,* Kapitalmarktrecht, § 1 Rn. 9; *Spremann/Gantenbein,* Finanzmärkte, S. 39.

134 *Buck-Heeb,* Kapitalmarktrecht, § 2 Rn. 69; *Lehmann,* § 9 Rn. 351; *Poelzig,* Kapitalmarktrecht, § 1 Rn. 9, 11; auch *Grunewald/Schlitt,* Einführung in das KapitalmarktR, § 1 S. 1, 5 f.

135 *Assmann* in: Assmann/Schütze, § 1 Rn. 7.

zu investieren.[136] Bezüglich der Aktiengesellschaft ist der Anleger diejenige Person, die Geld investiert und im Gegenzug dazu Vermögenswerte in Gestalt einer Beteiligung an der Gesellschaft über Wertpapiere erhält.[137]

Dem Anleger steht eine wachsende Zahl von Marktteilnehmern gegenüber, die Finanzprodukte und damit verbundene Dienstleistungen anbieten. Banken, Sparkassen, Kapitalanlagegesellschaften, Pensionskassen und Wertpapierdienstleistungsunternehmen gewinnen immer mehr an Bedeutung, obwohl die Anleger nicht fähig sind, die sogenannten Anbieter und die Grenzen ihrer Verantwortung einzuschätzen.[138] Zudem ist es schwierig, eine vertrauenswürdige, sichere, steuerlich günstige Kapitalanlage mit hohem Wertziel zu finden. Deswegen geht es bei der Anlageentscheidung auch immer um eine Risikoabschätzung.[139]

Wie der kapitalmarktrechtliche Anlegerschutz zur Steigerung des Vertrauens hinsichtlich der Aktiengesellschaften führt, ist auch die Funktionsfähigkeit des Kapitalmarkts von der innergesellschaftlichen Verhaltenssteuerung und den innergesellschaftlichen Schutzvorkehrungen abhängig.[140] Daher sind Funktionsschutz und Anlegerschutz keine Gegensätze, sondern voneinander abhängige Zielsetzungen.[141] Wenn der Kapitalmarkt gut funktioniert, weckt er Vertrauen und lockt weitere Anleger an, so dass sich der Anlegerschutz und der Funktionsschutz gegenseitig verstärken.[142] Ohne das Vertrauen der Anleger kann eine Kapitalanlage ihren Zweck nicht erfüllen und der Kapitalmarkt auch nicht ordnungsgemäß funktionieren.[143] Dieser Zusammenhang wird in der Literatur als ein System kommunizierender Röhren beschrieben.[144]

Das Recht soll funktionierende Märkte fördern, indem Hindernisse beseitigt werden und den Marktineffizienzen entgegengewirkt wird.[145] Vor diesem

---

136 *Poelzig,* Kapitalmarktrecht, § 1 Rn. 16.

137 *Dimke/Heiser,* NZG 2001, S. 241, 252.

138 Bultmann/Hoepner/*Lischke,* § 1 Rn. 13; *Caspari* in: Grundmann/Schwintowski/Singer/Weber, Kap. 2 S. 11.

139 *Edelmann* in: Assmann/Schütze, HdB KapitalanlageR, § 4 Rn. 50.

140 *Schwark,* FS Lutter, 2000, S. 1529, 1535; *Mühle,* Das WpÜG, S. 147; *Assmann,* GroßKommAktG, Einl. Rn. 365 ff.

141 *Lehmann,* § 1 Rn. 8.

142 *Hopt,* Der Kapitalanlegerschutz im Recht der Banken, 1975, S. 52.

143 *Bamberger* in: Derleder/Knops/Bamberger, § 52 Rn. 3; auch *Poelzig,* Kapitalmarktrecht, § 1 Rn. 28 ff.

144 *Hopt,* Der Kapitalanlegerschutz im Recht der Banken, 1975, S. 52.

145 *Langenbucher,* ZHR 2013, S. 679, 681.

Hintergrund sind „Transparenz“[146] und „Fairness“[147] die Mindestvoraussetzungen, um den Anleger bei seiner Entscheidung effektiv schützen zu können.[148] Zur Sicherung des Anlegervertrauens muss der Staat erforderliche Maßnahmen ergreifen, um einen Missbrauch und die Übervorteilung der Anleger auszuschließen,[149] da sonst die Gefahr besteht, dass sich die Anleger vom Markt abwenden (sog. *The Market for Lemons*)[150] und die Liquidität zerstört wird.[151]

Eine Versorgung des Kapitalmarkts mit korrekten Informationen wird gewährleistet, wenn Informationspflichten gesetzlich reguliert werden und bei einer Unterlassung, Unvollständigkeit oder Unrichtigkeit dieser Informationen Schadensersatzansprüche geltend gemacht werden können.[152] Das Insiderhandelsverbot zusammen mit der Verpflichtung zur Veröffentlichung von Insiderinformationen auf dem Wege der Ad-hoc-Publizität, die Pflicht zur Führung von Insiderverzeichnissen und das Marktmanipulationsverbot sind wichtige marktbezogene Verhaltenspflichten.[153]

II. Der Bedarf von Anlegerschutz

1. Begründung

Die Notwendigkeit des Anlegerschutzes ist unstreitig. Zur Erreichung dieses Schutzziels in Deutschland wurden anlegerschützende Gesetze kodifiziert, wobei festgestellt werden kann, dass das deutsche Recht keine einheitliche Kodifikation des Kapitalmarktrechts kennt, so dass die einzelnen Teilbereiche des Rechtsgebiets vielmehr durch einzelne, gesetzliche und untergesetzliche Vorschriften geregelt sind.[154]

---

146 Ausf. zur Transparenz *Schwark,* FS Lutter, 2000, S. 1529, 1535; *Hopt,* ZHR 1977, S. 389, 414; *Berding,* WM 2002, S. 1149, 1156; *Çekin,* S. 49.

147 Der Kapitalmarkt ist effizient, wenn er fair abläuft; die Preise sind wahr oder richtig, wenn sie in einem fairen Marktverfahren zustandegekommen sind, siehe *Weber,* Kapitalmarktrecht, S. 383.

148 Bultmann/Hoepner/*Lischke,* § 1 Rn. 12; auch *Caspari* in: Grundmann/Schwintowski/Singer/Weber, Kap. 2 S. 9.

149 *Schwark,* Anlegerschutz durch Wirtschaftsrecht, S. 245, 369.

150 Zum „The Market for Lemons“ *Akerlof,* The Quarterly Journal of Economics 1970, S. 488 ff.

151 *Fleischer,* ZGR 2001, S. 1, 30; *Poelzig,* Kapitalmarktrecht, § 10 Rn. 233; *Caspari* in: Grundmann/Schwintowski/Singer/Weber, Kap. 2 S. 9.

152 *Mülbert/Steup* in: Habersack/Mülbert/Schlitt, HdB Unternehmensfinanzierung, 2019, § 41 Rn. 2.

153 *Assmann* in: Assmann/Schütze, HdB KapitalanlageR, § 1 Rn. 116.

154 *Poelzig,* Kapitalmarktrecht, § 1 Rn. 4; auch *Grunewald/Schlitt,* Einführung in das KapitalmarktR, § 1 S. 2 f.

Die wichtigste Quelle im Bereich des Kapitalmarktrechts ist das Wertpapierhandelsgesetz, das sogenannte „Grundgesetz des Kapitalmarktrechts“.[155] Das Ziel des Wertpapierhandelsgesetzes bei der Übertragung der europäischen Richtlinien ist die Sicherstellung der Verhaltenspflichten, um einen funktionsfähigen Kapitalmarkt zu verwirklichen.[156] Das Wertpapierprospektgesetz enthält ebenfalls Schutzvorschriften zum Anlegerschutz. Da der Prospekt die wichtigste Grundlage für die Anlageentscheidung darstellt, soll die Erstellung und Veröffentlichung eines Wertpapierprospekts den Anlegern ermöglichen, sich vor dem Erwerb umfassend und vollständig über die betreffenden Wertpapiere und deren Emittenten zu informieren.[157] Dadurch wird eine Verringerung des Informationsgefälles zwischen dem Anleger und Emittent erzielt.[158]

2. *Analyse des Anlegerschutzes*

Den Anlegerschutz kann man unter zwei verschiedenen Aspekten analysieren: von Seiten des Anbieters und von Seiten des Anlegers.

a. Anbieterseite

Der Anlegerschutz, insofern er sich auf die Anbieterseite konzentriert, überprüft, ob die Anbieter angesichts ihrer Verpflichtungen den Anlegern eine ausreichende Risikoabschätzung ermöglichen. In der Literatur wurden die typischen Anlegerrisiken herausgearbeitet, die im Zusammenhang mit Erwerb, Besitz und Veräußerung von Aktien stehen und wegen ihres Einflusses auf die Anlageentscheidung auch im Hinblick auf das Zustandekommen von Finanzierungsbeziehungen zu beachten sind.[159]

---

155 *Hopt,* ZHR 1995, S. 135; *Assmann* in: Gebauer/Wiedmann, Zivilrecht unter europäischem Einfluss, Kap. 22 Rn. 49; *Hirte/Heinrich,* KölnKommWpHG, 2014, Einl. Rn. 3.

156 Bultmann/Hoepner/*Lischke,* § 1 Rn. 31.

157 *Seiler/Singhof* in: Frankfurter Kommentar, WpPG/EU-ProspektVO, Vor §§ 21 ff. Rn. 1.

158 *Singhof,* MüKoHGB, Bd. 6, Emissionsgeschäft, Rn. 269; *Leuering,* NJW 2012, S. 1905 m.w.N.

159 *Mülbert,* GroßKommAktG, Vor §§ 118–147 Rn. 199; zu Gruppen von Anlegerrisiken *Hopt,* Der Kapitalanlegerschutz im Recht der Banken, 1975, S. 53 f., 82 ff.; *Wiedemann,* BB 1975, S. 1591, 1594; *Schwark,* Anlegerschutz durch Wirtschaftsrecht, S. 10 f.

Es handelt sich dabei um einen Anleger, dem alle wesentlichen Informationen für seine Anlageentscheidung zur Verfügung stehen.[160] Der Anleger wählt daher unter mehreren angebotenen Produkten ein geeignetes und seinem Bedarf angemessenes Produkt aus. Es ist für den einzelnen Anleger sinnvoll und gesellschaftlich wohlfahrtssteigernd, wenn durch Drittpersonen eine Analyse der auf dem Markt verfügbaren Anlageprodukte gemacht wird. Für den Fall, dass der Anleger Fachwissen benötigt, um das Anlageprodukt beurteilen zu können, kommt eine Anlageberatung in Betracht. Insbesondere im Kundengeschäft der Banken kommt der Anlageberatung große Bedeutung zu.[161]

Die Anlageberatung im engeren Sinne bezweckt vor allem den Schutz des Anlegers, der der Bank bzw. dem Wertpapierdienstleistungsunternehmen, deren er sich für seine Anlageziele bedient, strukturell unterlegen ist,[162] da er weniger Kenntnisse und Erfahrungen bezüglich Wertpapieren aufweist als die professionellen Vermittler (Anlageberater, Anlagevermittler, Anlageverkäufer).[163] Beim Vertrieb von Kapitalanlagen übernehmen die Anlageberater und Anlagevermittler viele Aufklärungs- und Beratungspflichten.[164] Durch die Verpflichtung zu umfassender Aufklärung, Beratung, Empfehlung und gegebenenfalls Warnung wird der Schutz der Anleger und Verbraucher leidlich gewährleistet.[165]

Was die Risiken und Chancen des Produkts betrifft[166], muss durch die Aufklärung sichergestellt werden, dass der Anleger über den gleichen Kenntnis- und Wissensstand verfügt wie die beratende Bank.[167] Allerdings ist es fraglich,

---

160 *Heineke,* Anlegerschutz in der KGaA, S. 50; vgl. *Clasen,* Die Pflichten des Bieters, S. 18 f.

161 *Bracht,* Schwintowski/Bankrecht, Kap. 19 Rn. 1.

162 *Müller-Christmann,* Anlegerschutz im Wertpapiergeschäft, S. 2.

163 *Bamberger* in: Derleder/Knops/Bamberger, § 52 Rn. 2.

164 Bei der Anlageberatung kommen vor allem die §§ 63 ff. WpHG (§ 31 ff. WpHG a.F. Verhaltenspflichten, Organisationspflichten, Transparenzpflichten), Art. 14 MAR (§ 14 WpHG a.F. Verbot von Insidergeschäften), § 58 ff WpHG (§ 33 WpHG a.F. (Organisationspflichten), § 88 WpHG (§ 35 WpHG a.F. Überwachung der Meldepflichten und Verhaltensregeln) und die §§ 99, 100 WpHG (§§ 37e, 37g WpHG a.F. Finanztermingeschäfte) in Betracht, siehe *Edelmann* in: Assmann/Schütze, HdB KapitalanlageR, § 3 Rn. 1; näher *Bamberger* in: Derleder/Knops/Bamberger, § 52 Rn. 86, 89 ff.

165 *Bamberger* in: Derleder/Knops/Bamberger, § 52 Rn. 2, 31.

166 *Bamberger* in: Derleder/Knops/Bamberger, § 52 Rn. 2; vgl. *Koch,* BKR 2012, S. 485; *Bracht,* Schwintowski/Bankrecht, Kap. 19 Rn. 22.

167 BGH Beschl. v. 09.03.2011-XI ZR 191/10 (LG Hannover, OLG Celle) BKR 2011, 293.

ob der Anleger den gleichen Kenntnis- und Wissenstand haben kann. Der Anleger ist schutzwürdig, da er unerfahrener ist, auch wenn er sich für Anlagegeschäfte interessiert. Daher sind die Kriterien des Bundesgerichtshofs nicht realistisch und wohl nicht erreichbar. Ebenfalls bringt so ein Erfordernis große Belastungen für die Banken mit sich.

aa. Informationsasymmetrie

Zwischen dem Anleger und der Gegenseite gibt es allerdings eine Informationsasymmetrie, weshalb der Informationslevel des Anlegers insbesondere gegenüber den Banken oder anderen Finanzdienstleistungsunternehmen erhöht werden sollte.[168]

Der Anlegerschutz wurde stark auf das Informationsmodell aufgebaut,[169] wobei die Publizitätspflichten auf den Abbau von Informationsasymmetrien und -defiziten abzielen.[170] Somit werden die informationelle Marktmacht und die Missbrauchsgefahr durch die Vermeidung von Informationsasymmetrien beseitigt.[171]

Wenn die Transparenz gewährleistet ist, kann der Anleger frühzeitig auf die Veränderungen der Aktionärsstruktur reagieren und seine Entscheidung ändern.[172] Wenn die kapitalmarktrechtlichen Informationspflichten zu spät oder gar nicht veröffentlicht werden, laufen die kapitalmarktrechtlichen Publizitätsbestimmungen ins Leere.[173]

ab. Interessenkonflikte

Der Anlageberater muss angesichts der Kunden Interessenkonflikte[174] und opportunistisches Verhalten[175] vermeiden und ggf. die Kunden darüber auf-

---

168 *Habersack,* Anlegerschutz im Wertpapiergeschäft, S. 7; *Bamberger* in: Derleder/Knops/Bamberger, § 52 Rn. 140.

169 *Grigoleit,* ZHR 2013, S. 264 f.

170 *Clasen,* Die Pflichten des Bieters, S. 19; *Caspari* in: Grundmann/Schwintowski/Singer/Weber, Kap. 2 S. 9; *Binder,* ZEuP 2017, S. 569, 572 f.

171 *Weber,* Kapitalmarktrecht, S. 372 ff.; *Poelzig,* Kapitalmarktrecht, § 17 Rn. 473.

172 *Mühle,* Das WpÜG, S. 154; vgl. *Bott/Schleef,* ZBB 1998, S. 330, 331.

173 Vgl. *Möllers,* ZGR 1997, S. 334, 345; *Mülbert,* Aktiengesellschaft, Unternehmensgruppe und Kapitalmarkt, S. 122; *Mühle,* Das WpÜG, S. 152.

174 *Bamberger* in: Derleder/Knops/Bamberger, § 52 Rn. 100 ff.; *Bracht,* Schwintowski/Bankrecht, Kap. 19 Rn. 34; vgl. *Reiter/Methner,* WM 2013, 2053 ff.; dazu noch BGH NJW 2011, 1949, Rn. 32 (CMS Spread Ladder Swap); *Koller,* ZBB 2007, S. 193, 197; *Hanten/Hartig,* EWiR 2007, S. 217; BGH NJW 2009, 1416, Rn. 12 f.; *Dörfler,* EWiR 2009, S. 193.

175 *Schäfer/Ott,* Ökonomische Analyse, S. 510 ff.

klären.[176] Die Wertpapierdienstleistungsunternehmen müssen im größtmöglichen Interesse des Kunden handeln.[177] Dabei ist zu beachten, dass das Interesse des Kunden nur gewahrt werden kann, wenn das Unternehmen kein anderes, dem erkennbaren Interesse des Kunden entsprechendes Geschäft findet.[178]

Vom Anlageberater wird erwartet, dass er die Erfahrungen und den Kenntnisstand des Anlegers unter Berücksichtigung der Risiken des empfohlenen Produkts beachtet.[179] In diesem Zusammenhang muss der Anlageberater die Anlageziele des Kunden (z.B. Angaben über den Anlagezeitraum, die Risikopräferenz, das Risikoprofil und den Anlagezweck), seine Risikotoleranz und bisherigen Kenntnisse und Erfahrungen (z.B. Art der Finanzinstrumente, Art und Umfang der getätigten Geschäfte, sein Bildungsstand, Beruf usw.) sowie seine finanziellen Verhältnisse (z.B. Einkommenswerte, Vermögenswerte, regelmäßige finanzielle Verpflichtungen usw.) ermitteln, um geeignete Finanzinstrumente für diesen zu finden.[180] Folglich muss ein Wertpapierdienstleistungsunternehmen nach § 64 Abs. 2 S. 1 WpHG (§ 31 Abs. 3a WpHG a.F.) bei der Anlageberatung vor dem Zustandekommen eines Vertrages ein kurzes, leicht verständliches Informationsblatt über jedes Finanzinstrument vorlegen, damit sich der Anleger über die Anlage informieren kann.[181]

Eine objektgerechte Anlageberatung muss vor allem richtig und vollständig sein und die Wirkungen der Beratung auf den Kapitalmarkt berücksichtigen. Den Kunden müssen die allgemeinen und speziellen Risiken deutlich vor Augen

---

176 *Langenbucher,* ZHR 2013, S. 679, 693; *Bamberger* in: Derleder/Knops/Bamberger, § 52 Rn. 92, 100 ff.; auch *Wieneke* in: Grundmann/Schwintowski/Singer/Weber, Kap. 4 S. 50 f.; Bultmann/Hoepner/*Lischke*, § 1 Rn. 27; *Kirchhartz* in: Claussen, Bank- und Börsenrecht, § 3 Rn. 72; BGH NJW 2011, S. 1949, 1952; BGH NJW 2010, S. 2339 f.; BGH NJW 2007, S. 1876 f.

177 *Bamberger* in: Derleder/Knops/Bamberger, § 52 Rn. 97 f.; vgl. *Reiter/Methner,* WM 2013, S. 2053, 2054 f.; *Koller* in: Assmann/Schneider/Mülbert, Wertpapierhandelsrecht, § 64 Rn. 43.

178 *Bamberger* in: Derleder/Knops/Bamberger, § 52 Rn. 98.

179 *Spindler,* FS Säcker, 2011, S. 469, 484; *ders.* in: Langenbucher/Bliesener/Spindler, Kap. 33 Rn. 56 f.; *Bracht,* Schwintowski/Bankrecht, Kap. 19 Rn. 22, 42.

180 *Bracht,* Schwintowski/Bankrecht, Kap. 19 Rn. 22 ff. m.w.N.; Bultmann/Hoepner/*Lischke*, § 1 Rn. 24 ff.; *Koller* in: Assmann/Schneider/Mülbert, Wertpapierhandelsrecht, § 64 Rn. 29 ff.

181 *Assmann* in: Assmann/Schütze, HdB KapitalanlageR, § 1 Rn. 103; *Bracht,* Schwintowski/Bankrecht, Kap. 19 Rn. 32; *Koller* in: Assmann/Schneider/Mülbert, Wertpapierhandelsrecht, § 64 Rn. 52 ff.

geführt werden.[182] All diese Anforderungen über die Anleger und Anlageberatung gleichzeitig zu verwirklichen, ohne eine Informationsüberlastung zu verursachen, ist jedoch kompliziert, schwierig und kann in der Praxis zur Benachteiligung der Anbieterseite führen. Der Anbieter, als ebenfalls wichtiger Akteur des Kapitalmarkts, sollte nicht mit sehr strengen Anforderungen überlastet werden.

Unter einer Anlageberatung wird eine umfängliche und verständliche Beratung verstanden, die sich nicht durch „Informationsüberlastung"[183] auszeichnet.[184] Allerdings ist die Verwirklichung solch einer Anlageberatung schwierig. Wann eine Beratung als verständlich bzw. umfänglich einzustufen ist oder wann eine Beratung mit vielen unnötigen oder zu detaillierten Informationen überlastet ist, ist nicht einfach zu bestimmen.

Offenlegungs- und Aufklärungspflichten müssen nur dann bejaht werden, wenn sie für den Anleger wesentlich sind, da der Anleger, auch wenn er aufgeklärt ist und viele Informationen erhält, nach den Forschungsergebnissen der *behavioral finance* nicht immer eine rationale Anlageentscheidung trifft.[185] Der Anleger hat die Freiheit, auch irrationale Entscheidungen zu treffen.[186] Ein Wertpapierdienstleistungsunternehmen muss seine Kunden nicht durch die Beschränkung ihrer freien Entscheidung vor sich selbst schützen.[187]

ac. Inhalt und Umfang der Aufklärungspflichten

Inhalt und Umfang der Informations- und Beratungspflichten hängen vom Einzelfall ab.[188] Die sog. Bond-Urteile des Bundesgerichtshofs vom 06.07.1993[189]

---

182 *Kindl*, ErmanKommBGB, § 311 Rn. 69; *Bamberger* in: Derleder/Knops/Bamberger, § 52 Rn. 169 ff.; *Bracht*, Schwintowski/Bankrecht, Kap. 19 Rn. 22, 43.

183 Auch „Informationsüberflutung" oder „Information Overload".

184 *Bracht*, Schwintowski/Bankrecht, Kap. 19 Rn. 31; *Langenbucher*, ZHR 2013, S. 679, 692; allgemein zur Informationsüberlastung am Kapitalmarkt *Möllers/Kernchen*, ZGR 2011, S. 1 ff.; *Lutter/Bayer/Schmidt*, EuropUR, § 14 Rn. 14.80; *Grigoleit*, ZHR 2013, S. 264, 282 f.

185 *Habersack*, Anlegerschutz im Wertpapiergeschäft, S. 7; *Lutter/Bayer/Schmidt*, EuropUR, § 14 Rn. 14.80.

186 *Langenbucher*, ZHR 2013, S. 679, 683; nach *Loss* soll einerseits das Gesetz die Kapitalanleger gegenüber schlechten Geschäften schützen. Andererseits sollte es aber nicht so weit gehen und die Gewinne der Banken bestimmen, siehe *Loss*, ZHR 1967, S. 197, 208.

187 *Edelmann*, in: Assmann/Schütze, HdB KapitalanlageR, § 3 Rn. 52.

188 *Kindl*, ErmanKommBGB, § 311 Rn. 69; *Bamberger* in: *Derleder*/Knops/Bamberger, § 52 Rn. 146.

189 BGH Urt. v. 06.07.1993-XI ZR 12/93, BGHZ 123, 126, 128 f, NJW 1993, 2433 (Bond-Anleihe).

legen Grundsätze fest, die bei einer Anlageberatung und bei der Richtigkeitsprüfung einer Anlageempfehlung zu berücksichtigen sind.[190]

i. Emittentenrisiko

Ein Beratungsgespräch muss das Emittentenrisiko, d.h. die enge Verbindung der Rückzahlungsmöglichkeit mit dem Bonitätsrisiko des Emittenten,[191] erfassen und sicherstellen, dass auch der durchschnittliche Anleger versteht, dass das Unternehmen für eine Rückzahlung unter Umständen unfähig sein kann.[192] Im Rahmen einer objektgerechten Beratung muss die Bank den Anleger darüber informieren, dass er das eingesetzte Kapital sicher verliert, wenn der Emittent zahlungsunfähig ist oder wird.[193]

Der Bundesgerichtshof wies zudem in seinem Lehman-Brothers-Urteil vom 27.09.2011 darauf hin, dass die Bank dem Anleger das Kapitalverlustrisiko im Falle der Zahlungsunfähigkeit der Emittenten erklären muss. Somit kann der Anleger erkennen, dass die Rückzahlung generell von der Bonität der Emittenten abhängig ist und dieses Risiko während der gesamten Laufzeit des Zertifikats besteht.[194]

Im Bond-Urteil vom 06.07.1993 informierte eine Bank bei einer Anlageberatung die Anleger, die ihre Ersparnisse seit über 20 Jahren in sicheren Anlageformen angelegt und jedes Verlustrisiko vermieden haben, darüber, dass kurz zuvor aufgrund eines Prospekts mit dem darin enthaltenen Test eines Wirtschaftsprüfers die Anleihe an der Frankfurter Börse zum amtlichen Handel zugelassen worden war, und hatte sich den Börsenprospekt beschafft. Nach der Auffassung des Bundesgerichtshofs ist es für die Bank nicht ausreichend, allein die Börsenzulassung und den Zulassungsprospekt zum Maßstab für ihre

190 *Buck-Heeb,* ZHR 2013, S. 310, 312; *Bracht,* Schwintowski/Bankrecht, Kap. 19 Rn. 38 ff.

191 *Bamberger* in: Derleder/Knops/Bamberger, § 52 Rn. 176; *Bracht,* Schwintowski/Bankrecht, Kap. 19 Rn. 54.

192 *Edelmann* in: Assmann/Schütze, HdB KapitalanlageR, § 3 Rn. 53; BGH Urt. v. 27.09.2011-XI ZR 182/10, ZIP 2011, 2237, 2239 f., BKR 2011, 514, 517; auch *Wiechers,* WM 2012, 477, 484.

193 *Kindl,* ErmanKommBGB, § 311 Rn. 69.

194 BGH BKR 2011, 514, 516 f.: *„Auch wenn bezogen auf die Emittentin z. Ztp. der Beratung keine Anhaltspunkte für eine drohende Zahlungsunfähigkeit bestehen, kann es für die Entscheidung des Anlegers dennoch von wesentlicher Bedeutung sein, dass er dieses Risiko – anders als bei anderen Anlageformen – bezogen auf die gesamte Laufzeit des Zertifikats übernimmt.“*

Beratung zu machen und vor der Aufnahme in ihr Beratungsprogramm auf weitere Informationsbeschaffungen zu verzichten.[195] Zudem habe der Anlageberater außer dem Börsenzulassungsprospekt und der Börsenzulassung keine Kenntnisse, aus denen er auf die Bonität des Emittenten schließen könne. Ganz in Gegenteil wurde der ersichtlich nicht risikobereite Anleger über kritische Zeitungsartikel bzw. Berichte aus Börsenzeitungen, die warnende Hinweise beinhalteten und in solch einem Fall nicht verschwiegen werden durften, nicht unterrichtet.[196]

Falls der Anleger über das Emittentenrisiko bereits informiert wurde, wird die Einlagensicherung laut dem Bundesgerichtshof nicht mehr als eigenständiger Anhaltspunkt für die Anlageentscheidung bewertet,[197] da in diesem Fall keine allgemeine Aufklärungspflicht über einen möglichen Totalverlust besteht.[198] Jedoch ist dies kaum überzeugend, da das Informieren des Anlegers nicht unbedingt bedeutet, dass dieser auch risikobewusst wird. Deswegen

---

195 BGH NJW 1993, 2433, 2434: *„Eine Bank,…, muss sich selbst aktuelle Informationen über das Anlageobjekt verschaffen. Dazu gehört bei privaten Anleihen die eigene Unterrichtung über die für die Beurteilung des Risikos wesentliche Bonität des Emittenten, und zwar unter Auswertung der dazu vorhandenen Veröffentlichungen in der Wirtschaftspresse…Die Anforderungen an die Prüfungspflicht der Bank sind nicht deshalb geringer, weil es sich bei der empfohlenen Anlage um eine Auslandsanleihe handelt. Bei einer solchen Anleihe ist der Beratungsbedarf des Kunden wegen der erschwerten Zugänglichkeit der Quellen eher höher… Wenn eine Bank den mit der Informationsbeschaffung im Ausland verbundenen gesteigerten Aufwand und die Gefahren einer lückenhaften Unterrichtung scheut, muss sie auf eine Empfehlung verzichten und entsprechende Fragen des Kundens nach dieser Anleihe mit dem Hinweis auf das Risiko der von ihr nicht einzuschätzenden Bonität des Emittenten beantworten…“*

196 BGH NJW 1993, 2433, 2434: *„Der Anlageberater hat die Kläger auch nicht über die kritischen Stimmen in der Wirtschaftspresse unterrichtet,…Beginnend im Juli 1988 hatte die Börsen-Zeitung mit unterschiedlichen Bewertungen über die Einschätzung der Gewinn- und Verlustchancen der Bond-Gruppe durch Finanzanalysten berichtet:…berichtete das Handelsblatt über den Schuldenstand…die FAZ hatte….herausgestellt, dass die Finanzierung der Bond-Gruppe wegen der hohen Fremdverschuldung für fragwürdig gehalten werde…“*

197 *Müller-Christmann*, Anlegerschutz im Wertpapiergeschäft, S. 8.

198 *„Weiß der Kunde um die Möglichkeit eines Totalverlusts, kann er nicht gleichzeitig auf das Eingreifen einer Einlagensicherung vertrauen.“* BGH Urt. v. 27.09.2011-XI ZR 182/10 (OLG Hamburg), ZIP 2011, 2237, 2240 (m. Anm. *Klöhn*, ZIP 2011, S. 2244); OLG Hamburg Urt. v. 23.04.2010-13 U 117/09, BKR 2010, 250; *Bausch*, BKR 2010, S. 257, 259.

entspricht eine allgemeine Annahme, dass der Anleger nach der Kenntnis eines Totalverlustes sein Vertrauen in die Anlage verliert, nicht immer der Realität.

Ob eine Beratung auf eine ernsthafte Gefahr eines Totalverlusts hinweisen muss, ist vom Einzelfall abhängig, ein entsprechender Hinweis muss jedoch klar und unmissverständlich sein.[199] Eine Aufklärung über das allg. Emittentenrisiko ist nicht verpflichtend, wenn der Anleger das Risiko aufgrund seines vorherigen Anlageverhaltens kennt.[200]

Die Aufklärungspflicht bezüglich eines konkreten Emittentenrisikos kommt nur in Betracht, wenn deutliche Indizien für eine Insolvenzgefahr vorliegen.[201] Bei der Zahlungsunfähigkeit der Investmentbank Lehman Brothers zum Beispiel waren solche Indizien bis Oktober 2007 nicht erkennbar.[202] In einem Lehman-Brothers-Urteil vertritt der Bundesgerichtshof die Auffassung, dass es ausreicht, wenn der Kunde im Beratungsgespräch über die dem Berater bekannte Zahlungsunfähigkeit des Emittenten informiert wurde.[203]

ii. Rückvergütungen (Kick-Backs)

Weiterhin verlangt die Rechtsprechung, dass der Anlageberater den Kunden auch über die Rückvergütungen (sog. „Kick-Backs") aufklären muss.[204] In einem Verfahren entschied der Bundesgerichtshof, dass eine Bank, die Fondsanteile empfiehlt, den Kunden über Rückvergütungen aus den Ausgabeaufschlägen und jährlichen Verwaltungskosten der Fondsgesellschaft informieren muss, damit Interessenkonflikte offengelegt werden können und der Kunde

---

199 *Edelmann* in: Assmann/Schütze, HdB KapitalanlageR, § 3 Rn. 54; *Bracht,* Schwintowski/Bankrecht, Kap. 19 Rn. 54; BGH Urt. v. 27.09.2011-XI ZR 178/10, BGH WM 2011, 2261, 2263.

200 BGH Urt. v. 27.11.2012-XI ZR 384/11 (OLG Düsseldorf), NJW 2013, 1223, 1226.

201 *Edelmann* in: Assmann/Schütze, HdB KapitalanlageR, § 3 Rn. 53; BGH Urt. v. 27.09.2011-XI ZR 182/10, BGH ZIP 2011, 2237, 2239 f.

202 *Edelmann* in: Assmann/Schütze, HdB KapitalanlageR, § 3 Rn. 53; *Bamberger* in: Derleder/Knops/Bamberger, § 52 Rn. 196 f.; OLG Köln Urt. v. 23.06.2010-13 U 222/09, WM 2010, 2035, 2036; OLG Frankfurt a.M. Urt. v. 2.03.2011-19 U 248/10, WM 2011, 880, 882; vgl. *Buck-Heeb,* DB 2011, S. 2825 f.

203 BGH Urt. v. 27.09.2011-XI ZR 178/10 (OLG Hamburg), NJW-RR 2012, 43, 45; *Bamberger* in: Derleder/Knops/Bamberger, § 52 Rn. 197.

204 *Bracht,* Schwintowski/Bankrecht, Kap. 19 Rn. 58, 81. Hintergrund der Aufklärungspflicht ist die Überlegung, dass die Bank durch die Annahme von Provisionen einem schwerwiegenden Interessenkonflikt unterliegt, siehe *Bracht,* Schwintowski/Bankrecht, Kap. 19 Rn. 47, 81; *Wiechers,* WM 2012, S. 477, 481.

selbst beurteilen kann, ob die Anlageempfehlung nur in seinem Interesse oder im Interesse der Bank zwecks Erhaltung hoher Rückvergütungen erfolgt ist.[205]

Die Pflicht zur Aufklärung über Rückvergütungen gilt nur bei Vorliegen eines Anlageberatungsvertrages, nicht jedoch bei Auskunfts- und Vermittlungsverträgen oder beim Vertrieb von Anlageprodukten ohne Beratung durch eine Bank.[206] Der von der Bank abhängige Mitarbeiter muss bei der Anlageberatung den Anleger über den Empfang von Innenprovisionen von dritter Seite informieren.[207] Der Kunde muss sowohl über die Provision in der Rechnung für die Wertpapierberatung durch die Bank, als auch über die Vertriebsvergütung für die Emittenten des Wertpapiers – sog. „Doppelprovision" – informiert werden.[208] Anders als bei der früheren Rechtslage[209] gilt seit dem 01.08.2014 die Aufklärungspflicht über Innenprovisionen unabhängig von ihrer Höhe.[210]

iii. Gewinnmarge

Die Frage, ob die Bank zur Aufklärung über die Gewinnmarge verpflichtet ist, ist umstritten.[211] In einem Verfahren bezüglich eines Verkaufs von Lehman-Brothers-Zertifikaten beanspruchte ein Anleger Schadensersatz wegen einer fehlerhaften Anlageberatung von der beklagten Bank, da er aufgrund eines Beratungsgesprächs die genannten Zertifikate der Emittentin erwarb, obwohl die Bank die Zertifikate von der Emittentin zu einem niedrigeren Stückpreis

---

205 BGH Urt. v. 19.12.2006-XI ZR 56/05, NJW 2007, 1876, 1878: „*...Erst durch die Aufklärung wird der Kunde in die Lage versetzt, das Umsatzinteresse der Bank selbst einzuschätzen...und zu beurteilen, ob die Bank ihm einen bestimmten Titel nur deswegen empfiehlt, weil sie selbst daran verdient...*"

206 *Edelmann* in: Assmann/Schütze, HdB KapitalanlageR, § 3 Rn. 26: vgl. BGH Urt. v. 29.11.2011, XI ZR 220/10, WM 2012, 30, 36 f.

207 *Edelmann* in: Assmann/Schütze, HdB KapitalanlageR, § 3 Rn. 28; *Bamberger* in: Derleder/Knops/Bamberger, § 52 Rn. 205; BGH Urt. v. 03.06.2014-XI ZR 147/12, WM 2014, 1382 (m. Anm. *Weck*, BKR 2014, 374 ff.); *Balzer/Lang*, BKR 2014, S. 377 ff.

208 *Edelmann* in: Assmann/Schütze, HdB KapitalanlageR, § 3 Rn. 26; *Bamberger* in: Derleder/Knops/Bamberger, § 52 Rn. 202 ff.; BGH Urt. v. 24.09.2013-XI ZR 204/12, WM 2013, 2065, 2067; *Wiechers*, WM 2014, S. 145, 147; BGH Urt. v. 03.06.2014-XI ZR 147/12, NJW 2014, 2947; BGH Urt. v. 24.09.2013-XI ZR 204/12, NJW 2013, 3574, 3575; offen gelassen BGH Urt. v. 26.06.2012-XI ZR 316/11 (OLG Köln), NJW 2012, 2873, 2877.

209 BGH WM 2004, 631, 635.

210 BGH WM 2014, 1382, 1385 f.; *Bracht*, Schwintowski/Bankrecht, Kap. 19 Rn. 53, 84.

211 BGH Urt. v. 17.09.2013-XI ZR 332/13, DB 2013, 2385 f.; BGH BB 2012, 3036 f.; BGH Urt. v. 27.09.2011-XI ZR 182/10, ZIP 2011, 2237, 2241 f.; *Spindler*, WM 2009, S. 1821, 1825; *Schäfer*, WM 2012, S. 197; *Buck-Heeb*, DB 2011, S. 2825, 2827 ff.

erwarb und dieser Einkaufsrabatt im Beratungsgespräch nicht offengelegt wurde.[212]

Die mittlerweile gefestigte Rechtsprechung ist der Auffassung, dass die Bank nicht erklären muss, dass sie mit dem Anlageprodukt Gewinne erzielt, da es schon zur Natur der Sache gehöre und nicht darauf hingewiesen werden müsse.[213] Der Bundesgerichtshof verneinte eine Pflichtverletzung bei einer anleger- und objektgerechten Beratung, insbesondere eine auf einem Beratungsvertrag beruhende Verpflichtung zur Information über die Gewinnmarge beim Verkauf eines fremden Anlageprodukts auf dem Weg des Eigengeschäfts.[214]

Es besteht auch kein Interessenkonflikt bezüglich der Gewinnerzielung oder der Höhe der Gewinnmarge, der unbedingt aufgeklärt werden müsste,[215] da es für den Kunden offensichtlich ist, dass die Bank mit den empfohlenen Produkten Gewinn erzielt.[216] In einem weiteren Lehman-Brothers-Urteil wird betont, dass ein beratungsvertraglich maßgeblicher Interessenkonflikt ohnehin nicht allein in der generellen Gewinnerzielungsabsicht der Bank liegen könne.[217] Zusammenfassend ist zu sagen, dass die Bank grundsätzlich nicht dazu verpflichtet ist, über Gewinne aufzuklären, die durch das empfohlene Produkt erzielt werden, wobei dies dennoch in Einzelfällen nötig sein kann.[218]

b. Anlegerseite

Der zweite Aspekt des Anlegerschutzes konzentriert sich auf den Anleger und dient der Überprüfung, inwieweit dieser die komplizierten Finanzprodukte richtig bewerten kann. Da die Finanzprodukte komplex sind und sich zudem ständig verändern, ist der Anleger nicht immer in der Lage, die Risiken richtig einzuschätzen. Auch kann er die stark vereinfachten Informationen nicht

---

212 BGH Urt. v. 17.09.2013-XI ZR 332/12 (OLG Karlsruhe), NJW 2013, 1226, 1227.

213 BGH Urt. v. 26.06.2012-XI ZR 316/11 (OLG Köln, LG Köln), BKR 2012, 421 ff.; *Tiedemann*, BKR 2012, S. 426 ff.; BGH Urt. v. 22.03.2011-XI ZR 33/10 (Frankfurt a.M.), WM 2011, 682; BGH Urt. v. 15.07.2011-V ZR 21/11 (LG Köln), NJW 2012, 66, 70.

214 BGH Urt. v. 27.09.2011-XI ZR 182/10, JZ 2012, 255 ff.; kritisch dazu *Köndgen,* JZ 2012, S. 260, 261 f.; ausf. zu den Lehman-Zertifikate-Entscheidungen im Lichte des Unionsrechts *Roth,* ZBB 2012, S. 429 ff.

215 BGH Urt. v. 22.03.2011 (XI ZR 33/10, Frankfurt a.M.), WM 2011, 682 Rn. 38.

216 *Bracht,* Schwintowski/Bankrecht, Kap. 19 Rn. 85.

217 BGH BKR 2012, 421, 424.

218 *Kindl,* ErmanKommBGB, § 311 Rn. 75.

immer richtig verarbeiten.[219] Ferner sind richtige Informationen keine Gewähr für eine rational getroffene Anlageentscheidung.[220]

Die Anleger stellen eine heterogene Gruppe dar. Deshalb gilt es, eine Abstufung nach Schutzwürdigkeit und Professionalität zu treffen. Institutionelle oder professionelle Anleger verfügen über mehr Kenntnisse und Erfahrungen mit Finanzinstrumenten als z.B. private Anleger.[221]

§ 67 WpHG (§ 31a WpHG a.F.) teilt die Empfänger von Wertpapierdienstleistungen nach ihrer Schutzbedürftigkeit in verschiedene Kundenkategorien ein. Die Wohlverhaltensregeln der §§ 63 ff. WpHG (§§ 31 ff. WpHG a.F.) richten sich an die hier aufgeführten Kundengruppen und bieten ihnen unterschiedliche Schutzstandards. Der Grund für eine solche Kategorisierung ist die Gewährleistung einer anleger- und anlagerechten Beratung, damit Kunden mit Aufklärungsbedarf mit genügend detaillierten Informationen versorgt werden.[222]

III. Zum Begriff des „Anlegers“

1. Definition

Ein wichtiger Akteur auf dem Kapitalmarkt ist der Anleger. Er tritt als Groß- oder Kleinanleger, privater oder institutioneller,[223] professioneller oder unerfahrener, Dauer- oder Einmalanleger usw. auf.[224] Wer genau unter den Anlegerschutz fällt, ist weder in den Gesetzen noch in der Rechtsprechung genauer definiert.

Aus diesem Grund gibt es unterschiedliche, mehr oder weniger ausgearbeitete Anlegerbegriffe[225] in Gesetzen, in der Rechtsprechung oder in anderen relevanten Quellen (z.B. im Emittentenleitfaden der BaFin).

---

219 *Langenbucher,* ZHR 2013, S. 679, 692; ähnlich *Buck-Heeb,* ZHR 2012, S. 66, 78 f.

220 *Langenbucher,* ZHR 2013, S. 679, 692; *Köndgen,* BKR 2011, S. 283, 285; *Schön,* FS Canaris, 2007, S. 1191, 1208.

221 *Poelzig,* Kapitalmarktrecht, § 1 Rn. 17.

222 *Koch* in: Schwark/Zimmer, KMRK, § 31a WpHG Rn. 1; *Kasten,* BKR 2007, S. 261 f.

223 *Hopt,* Der Kapitalanlegerschutz im Recht der Banken, 1975, S. 79 ff.

224 *Hopt* in: Systembildung, S. 307, 322.

225 *Ekkenga,* Anlegerschutz, S. 15 ff.; *Fleischer,* ZIP 2006, S. 451, 454.

2. *Anlegerdefinitionen*

a. Der verständige Anleger

Der Ausdruck „verständiger Anleger“ ist ein Rechtsbegriff,[226] dessen Inhalt durch Auslegung zu ermitteln ist.[227] Die Frage, welcher Grad von Erfahrung und Professionalität bei einem verständigen Anleger vorausgesetzt werden soll, wird sowohl in Zusammenhang mit der Prospekthaftung als auch im Wertpapierhandelsrecht diskutiert.[228]

In der Rechtsprechung finden sich zu diesem Punkt divergierende Auffassungen.[229] Einerseits geht das Oberlandesgericht Stuttgart in seinem zweiten Daimler-Chrysler-Urteil davon aus, dass der verständige Anleger im Unterschied zum spekulativen Anleger rational handelt und aufgrund zuverlässiger Informationen entscheidet.[230] Andererseits betonte der XI. Senat des Bundesgerichtshofs in seinem IKB Urteil[231], dass der verständige Anleger auch irrationale Reaktionen anderer Marktteilnehmer zu beachten habe.[232]

In der Literatur wird der verständige Anleger zum Teil als objektiv-genereller Maßstab zugrunde gelegt.[233] Nach der h.M. ist der verständige Anleger derjenige, der börsenkundig ist, d.h. mit den Gegebenheiten des Kapitalmarkts vertraut ist und über alle Informationen bezüglich seiner Anlageentscheidung im Markt verfügt.[234]

---

226 *Klöhn,* ZHR 2013, S. 349, 367; Klöhn/*Klöhn*, Art. 7 Rn. 268; *Schwark/Kruse* in: Schwark/Zimmer, KMRK, § 13 WpHG Rn. 47.

227 *Klöhn,* ZHR 2013, S. 349, 367; *ders.*, ZHR 2008, S. 388, 393.

228 *Klöhn,* ZHR 2013, S. 349, 367.

229 Zum verständigen Anleger *Veil,* ZBB 2006, S. 162 ff.; *Langenbucher,* AG 2016, S. 417 ff.

230 OLG Stuttgart, NZG 2009, S. 624, 628; *Klöhn,* NZG 2011, S. 166, 168; Klöhn/*Klöhn*, Art. 7 Rn. 270; BGH Urt. v. 18.09.2012-XI ZR 344/11 (OLG Frankfurt a.M.), NZG 2012, S. 1262, 1264 (Wohnungsbau Leipzig-West).

231 BGH Urt. v. 13.12.2011-XI ZR 51/10 (OLG-Düsseldorf), NJW 2012, 1800 = BGH ZIP 2012, 318 (IKB-Urteil).

232 BGH NJW 2012, 1800 = BGH ZIP 2012, 318 (IKB-Urteil); a.A. *Klöhn*, ZHR 2013, S. 349, 380; zust. *Schmolke,* ZBB 2012, S. 165, 172 f.; *Bachmann,* ZHR 2008, S. 597, 603.

233 Klöhn/*Klöhn*, Art. 7 Rn. 281; *ders.*, ZHR 2013, S. 349, 377.

234 *Fleischer,* NZG 2007, S. 401, 405; *Harbarth,* ZIP 2005, S. 1898, 1901 f.; *Pawlik,* Köln-KommWpHG, 2007, § 13 WpHG Rn. 93.

Ebenfalls definiert die BaFin den verständigen Anleger in ihrem Emittentenleitfaden[235] als einen solchen, der zum Zeitpunkt seines Handelns alle verfügbaren Informationen kennt.[236]

b. Der durchschnittliche Anleger

In der Rechtsprechung existiert „der durchschnittliche Anleger" als ein weiterer Begriff.[237]

Der Bundesgerichtshof bestimmte die Verständnismöglichkeiten eines durchschnittlichen Anlegers als Maßstab für eine relevante Entscheidung auf der Grundlage eines Börsenzulassungsprospekts.[238] Demnach erfasst der prospekthaftungsrechtliche Anlegerbegriff einen durchschnittlichen Anleger, der eine Bilanz zu lesen versteht, aber nicht unbedingt mit der in eingeweihten Kreisen gebräuchlichen Schlüsselsprache vertraut zu sein braucht.[239]

Der Maßstab „eine Bilanz zu lesen" verdient in der Literatur zu Recht starke Kritik.[240] Es erscheint zweifelhaft, ob ein durchschnittlicher Anleger eine Bilanz zu lesen vermag, d.h. ob er die Eigenkapitalquote einer Gesellschaft im Branchenvergleich deuten oder die sonstige Finanzierungsstruktur, die geltenden Bewertungsmethoden oder deren Änderungen qualifizieren bzw. stille Reserven entdecken kann, und ob er zudem fähig ist, einen Jahresabschluss nach IFRS[241] mit dem erforderlichen Sachverstand zu lesen.[242]

---

235 Die BaFin hat am 08.11.2013 die vierte Fassung ihres Emittentenleitfadens veröffentlicht (BaFin, Emittentenleitfaden, 4. Aufl., 2013, abrufbar von der Website der BaFin: www.bafin.de, unter Eingabe des Suchbegriffs Emittentenleitfaden.). Die Neufassung enthält eine Überarbeitung der Abschnitte über die Beteiligungstransparenz nach §§ 21 ff. WpHG und über notwendige Informationen für die Wahrnehmung von Rechten aus Wertpapieren nach §§ 30a-30e WpHG.

236 BaFin, Emittentenleitfaden, Stand: 15.07.2005, sub. III. 2.1.4.

237 BGH NZG 2012, S. 1262, 1265 Rn. 25 (Wohnungsbau Leipzig-West).

238 *Assmann* in: Assmann/Schütze, HdB KapitalanlageR, § 5 Rn. 138; *ders.* in: Assmann/Schlitt/von Kopp-Colomb, §§ 21–23 WpPG Rn. 37 ff.; von vornhin krit. *Schwark,* ZGR 1983, S. 168; *ders.* in: Schwark/Zimmer, KMRK, §§ 44, 45 BörsG Rn. 22.

239 BGH Urt. v. 12.07.1982-II ZR 175/81, WM 1982, 862 f. (Beton- und Monierbau); *Meyer* in: Frankfurter Kommentar, WpPG/EU-ProspektVO, § 5 Rn. 10, 39; *Krämer/Gillessen* in: Marsch-Barner/Schäfer, HdB börsennotierte AG, 2018, § 10 Rn. 10.318.

240 *Fleischer,* Gutachten F 64. DJT, 2002, F 43 f.; *Groß,* Kapitalmarktrecht, 2002, §§ 45, 46 BörsG Rn. 25; *Schwark* in: Schwark/Zimmer, KMRK, §§ 44, 45 BörsG Rn. 22.

241 International Financial Reporting Standards.

242 *Schwark* in: Schwark/Zimmer, KMRK, §§ 44, 45 BörsG Rn. 22; *Groß,* Kapitalmarktrecht, 2002, §§ 45 46 BörsG Rn. 25.

Die Begriffe „der verständige Anleger“ und „der durchschnittliche Anleger“ werden manchmal zusammen verwendet[243], und manchmal wird der verständige Anleger als ein sachkundigerer Anleger als der durchschnittliche Anleger angenommen.[244] Eigentlich handelt es sich bei beiden Anlegertypen um einen Anleger, der zumindest ökonomische Grundkenntnisse hat.[245] Eine Harmonisierung der Begrifflichkeiten von Prospekt- und Ad-hoc-Publizität wäre in Hinsicht auf den Anleger und Publizitätsverpflichteten sinnvoller.[246] In diesem Sinne soll als einheitlicher Maßstab von einem verständigen Anleger ausgegangen werden.[247]

c. *Der private Anleger*

Der Privatanleger wird in § 1 Abs. 19 Nr. 31 Kapitalanlagegesetzbuch (KAGB)[248] definiert. Gemäß dieser Definition ist der Privatanleger derjenige, der weder professioneller noch semiprofessioneller Anleger ist. Ferner gibt es im Wertpapierhandelsgesetz drei Kundengruppen: professionelle Kunden nach § 67 Abs. 2 WpHG (§ 31a Abs. 2 WpHG a.F.), Privatkunden nach § 67 Abs. 3 WpHG (§ 31a Abs. 3 WpHG a.F.) und die geeignete Gegenpartei nach § 67 Abs. 4 WpHG (§ 31a Abs. 4 WpHG a.F.).

Unter dem Begriff „geeignete Gegenpartei“ sind Unternehmen im Sinne des § 67 Abs. 2 Nr. 1 lit. a bis 1 lit. e WpHG und Einrichtungen gem. § 67 Abs. 2 Nr. 3 und 4 WpHG zu verstehen. Der Privatkunde ist gemäß § 67 Abs. 3 WpHG derjenige, der kein professioneller Kunde ist, d.h. er wird nur negativ von diesem abgegrenzt.[249]

Zu beachten ist, dass das Wertpapierhandelsgesetz in diesen Vorschriften anstatt den Begriff des „Anlegers“ den Begriff des „Kunden“ verwendet, da „Kunde“ auch derjenige sein kann, der bei einer Beratung kein Investment tätigt und kein Anleger im eigentlichen Sinne ist.[250] Dies hat aber nicht zur

---

243 *Schwark* in: Schwark/Zimmer, KMRK, §§ 44, 45 BörsG Rn. 22.

244 *Oulds* in: Kümpel/Wittig, 15. Teil Rn. 15.198.

245 *Meyer* in: Frankfurter Kommentar, WpPG/EU-ProspektVO, § 5 Rn. 10.

246 *Meyer* in: Frankfurter Kommentar, WpPG/EU-ProspektVO, § 5 Rn. 10.

247 Vorschlag von *Fleischer*, Gutachten F 64. DJT, 2002, F 44; zust. *Meyer* in: Frankfurter Kommentar, WpPG/EU-ProspektVO, § 5 Rn. 40; *Groß*, Kapitalmarktrecht, § 21 WpPG Rn. 41.

248 Kapitalanlagegesetzbuch v. 04.07.2013 (BGBl. I, 1981), das zuletzt durch Artikel 6 des Gesetzes v. 17.07.2017 (BGBl. I, 2394) geändert worden ist.

249 *Koch* in: Schwark/Zimmer, KMRK, § 31a WpHG Rn. 2, 23; *Koller* in: Assmann/Schneider/Mülbert, Wertpapierhandelsrecht, § 67 WpHG Rn. 17.

250 *Buck-Heeb*, ZHR 2012, S. 66, 71.

Folge, dass der Kunde im Vergleich zum Anleger weniger schutzwürdig oder weniger zu beraten ist.

d. Der semiprofessionelle Anleger

Zwischen dem Privatanleger und dem professionellen Anleger führt das Kapitalanlagegesetzbuch noch den semiprofessionellen Anleger mit mittlerer Schutzbedürftigkeit an, während das Wertpapierhandelsgesetz in der geeigneten Gegenpartei eine Kundengruppe erblickt, die noch weniger schutzbedürftig ist als der private Kunde.[251]

Die Anlegerkategorie des semiprofessionellen Anlegers ist eine durch das Kapitalanlagegesetzbuch eingeführte Neuigkeit, die das Wertpapierhandelsgesetz so nicht kennt.[252] Der semiprofessionelle Anleger wird in § 1 Abs. 19 Nr. 33 KAGB definiert und in vier Kategorien unterteilt. Dieser Anlegertyp bezeichnet erstens den gewissenhaften Privatkunden, der sich verpflichtet mindestens 200.000 EURO zu investieren. Dabei kann es sich beispielsweise um natürliche und auch juristische Personen wie kleine Unternehmen, Trusts und Kommanditgesellschaften handeln.[253] Der semiprofessionelle Anleger ist sich der Risiken seiner Anlageentscheidung sowie der genannten Verpflichtung bewusst.[254] Dessen Sachverstand, Kenntnisse und Erfahrungen bezüglich seiner Anlageentscheidung und die damit verbundenen Risiken müssen von der AIF-Verwaltungsgesellschaft oder von der von ihr beauftragten Vertriebsgesellschaft als ausreichend angesehen werden.[255]

Das Kapitalanlagegesetzbuch bewertet in § 1 Abs. 19 Nr. 33 lit b KAGB Geschäftsleiter, Risikoträger und bestimmte andere Mitarbeiter der Kapitalverwaltungsgesellschaft (KVG) als semiprofessionelle Anleger.[256] Ebenfalls

---

251 *Koch* in: Schwark/Zimmer, KMRK, § 31a WpHG Rn. 24; *Koller* in: Assmann/Schneider/Mülbert, Wertpapierhandelsrecht, § 67 WpHG Rn. 14 f.; *Schubert/Schuhmann*, BKR 2015, S. 45, 46 f.

252 *Eckhold/Balzer* in: Assmann/Schütze, HdB KapitalanlageR, § 22 Rn. 72 ff.

253 *Zetzsche* in: Assmann/Wallach/Zetzsche, KAGB, 2019, § 1 Rn. 234 ff.

254 *Zetzsche* in: Assmann/Wallach/Zetzsche, KAGB, 2019, § 1 Rn. 232.

255 *Zetzsche* in: Assmann/Wallach/Zetzsche, KAGB, 2019, § 1 Rn. 237.

256 *Eckhold/Balzer* in: Assmann/Schütze, HdB KapitalanlageR, § 22 Rn. 75 f.; *Zetzsche* in: Assmann/Wallach/Zetzsche, KAGB, 2019, § 1 Rn. 240.

semiprofessionelle Anleger sind Großanleger[257] und öffentliche Anleger[258] nach § 1 Abs. 19 Nr. 33 KAGB.[259] Die Einstufung als semiprofessioneller Anleger ist im Ergebnis mit der Einstufung als professioneller Anleger gleichgestellt.[260]

e. Der professionelle Anleger

Der professionelle Anleger ist in § 1 Abs. 19 Nr. 32 KAGB definiert.[261] Zum professionellen Kunden gehören gemäß § 67 Abs. 2 S. 2 Nr. 1 WpHG beispielsweise der zulassungs- oder aufsichtspflichtige und der institutionelle Anleger.[262] Die sogenannte geeignete Gegenpartei ist eine Untergruppe des professionellen Kunden, dessen Schutz reduziert ist.[263]

f. Der Verbraucher

Ein mit dem des Anlegers eng verwandter Begriff findet sich im europäischen Privatrecht: das Leitbild des mündigen, informierten und rational agierenden Verbrauchers,[264] der zur Vollendung des Binnenmarkts beiträgt, indem er sich grenzüberschreitend absichert und ausgewogen für das beste Produkt entscheidet.[265]

---

257 Gem. § 1 Abs. 19 Nr. 33 lit. c KAGB ist ein semiprofessioneller Anleger jeder Anleger, der sich verpflichtet, mindestens 10 Millionen Euro in ein Investmentvermögen zu investieren.

258 Gem. § 1 Abs. 19 Nr. 33 lit. d KAGB ist ein semiprofessioneller Anleger jeder Anleger in der Rechtsform einer Anstalt des öffentlichen Rechts, einer Stiftung des öffentlichen Rechts oder einer Gesellschaft, an der der Bund oder ein Land mehrheitlich beteiligt ist, wenn der Bund oder das Land zum Zeitpunkt ihrer Investition in den betreffenden Spezial-AIF investiert oder investiert ist.

259 *Zetzsche* in: Assmann/Wallach/Zetzsche, KAGB, 2019, § 1 Rn. 243 f.

260 *Zetzsche* in: Assmann/Wallach/Zetzsche, KAGB, 2019, § 1 Rn. 221, 232.

261 Die in Anhang MiFID II ausdrücklich genannten (geborene professionelle Anleger) oder aufgrund der dort angegebenen Kriterien als solche eingestuften Anleger werden als professionelle Anleger bezeichnet.

262 *Bracht,* Schwintowski/Bankrecht, Kap. 19 Rn. 21.

263 *Bracht,* Schwintowski/Bankrecht, Kap. 19 Rn. 20.

264 *Langenbucher,* ZHR 2013, S. 679, 681; zum Verhältnis von Anleger- und Verbraucher *Riesenhuber,* ZBB 2014, S. 134 ff.; *Moloney,* EBOR 2012, S. 169, 173 ff.; zum Verbraucherleitbild *Steindorff,* EG-Vertrag und Privatrecht, S. 195 ff.

265 *Langenbucher,* ZHR 2013, S. 679, 681; *Gsell,* JZ 2012, S. 809, 811; *Wagner,* BKR 2003, S. 649, 652.

Die Verbraucherrechterichtlinie (VerbRRL)[266] definiert den Verbraucher in Art. 2 Nr. 1 als eine natürliche Person, die bei von der Richtlinie erfassten Verträgen zu Zwecken handelt, die außerhalb ihrer gewerblichen, geschäftlichen, handwerklichen oder beruflichen Tätigkeit liegen. Eine entsprechende Verbraucherdefinition enthält § 13 BGB. Der Verbraucher ist gem. § 13 BGB eine natürliche Person, die ein Rechtsgeschäft zu Zwecken abschließt, die weder ihrer gewerblichen noch ihrer selbständigen beruflichen Tätigkeit zugerechnet werden können.

Die Begriffe des Anlegers und des Verbrauchers bilden zwei unterschiedliche Kreise, die sich zwar überschneiden, aber nicht konzentrisch und nicht deckend sind. Anders als der Anlegerschutz soll der Verbraucherschutz nicht nur der Beseitigung von Informationsasymmetrien, sondern auch dem Schutz des Kunden vor unüberlegten oder irrationalen Entscheidungen dienen.[267] Der weitergehende Verbraucherschutz nach dem allgemeinen Zivilrecht ist hier nicht gemeint.

Weiterhin bedeutet der Anlegerschutz auch Verbraucherschutz, soweit er auch Schutzmöglichkeiten für Verbraucher bei der Vermögensanlage bietet.[268] Der Verbraucher als ein Vertragspartner bei Wertpapierdienstleistungsverträgen kann als schutzbedürftiger Privatkunde bewertet werden. § 37d WpHG a.F. enthielt speziell verbraucherschützende Anlegerschutzvorschriften. Ferner ist das Widerrufsrecht von § 305 KAGB (§ 126 InvG a.F.) eine Regelung für außerhalb von Geschäftsräumen geschlossene Verträge über den Erwerb von Anteilen eines offenen Investmentvermögens. Somit ist in diesem Fall der Anlegerschutz unmittelbar mit dem Verbraucherschutz in rechtstechnischer Weise verbunden.[269] Der Bundesgerichtshof führte in seiner Entscheidung aus, dass die Schwächen des Verbraucherverhaltens, insbesondere soweit sie auf einer unzureichenden Information beruhen, beim Interpretieren der §§ 31 ff. WpHG nicht ausgenutzt

---

266 Richtlinie 2011/83/EU des Europäischen Parlaments und des Rates vom 25. Oktober 2011 über die Rechte der Verbraucher, zur Abänderung der Richtlinie 93/13/EWG des Rates und der Richtlinie 1999/44/EG des Europäischen Parlaments und des Rates sowie zur Aufhebung der Richtlinie 85/577/EWG des Rates und der Richtlinie 97/7/EG des Europäischen Parlaments und des Rates, ABl. EU L 304/64 v. 22.11.2011.

267 *Buck-Heeb,* ZHR 2012, S. 66, 73.

268 *Riesenhuber,* ZBB 2014, S. 134, 147 f.; vgl. *Edelmann* in: *Assmann* in: Assmann/Schütze, HdB KapitalanlageR, § 2 Rn. 23.

269 *Riesenhuber,* ZBB 2014, S. 134, 137, 139 m.w.N.

werden dürfen.[270] Somit verwendete der Bundesgerichtshof das Verhalten eines Verbrauchers als Kriterium für eine Regelung zum Anlegerschutz.[271]

Schutzbereiche für Anleger, insbesondere für Finanzdienstleistungen nach Art. 2 Nr. 12 VerbRRL, worunter Dienstleistungen im Zusammenhang mit einer Geldanlage fallen, sind aus dem Anwendungsbereich der Richtlinie nach Art. 3 Abs. 3 lit. d VerbRRL ausgeklammert. Das Gleiche gilt auch für Verträge über Wertpapiere gem. Art. 3 Abs. 2 lit. e der Haustürgeschäfterichtlinie.[272] Obwohl die Finanz-Fernabsatzrichtlinie[273] für Finanzdienstleistungen spezielle Schutzmöglichkeiten zum Verbraucherschutz bietet, sind diese Schutzvorschriften für Verträge, die außerhalb von Geschäftsräumen geschlossen wurden, gem. Art. 2 Nr. 8 VerbRRL ausgeschlossen. Allerdings werden Bestimmungen der Finanz-Fernabsatzrichtlinie bei der Umsetzung der Verbraucherrichtlinie berücksichtigt und auf außerhalb von Geschäftsräumen geschossene Verträge erstreckt (insbesondere § 312 g Abs. 1 und 357a BGB). Ausgeschlossen ist das Widerrufsrecht bei Finanzdienstleistungen gem. § 312g Abs. 2 Nr. 8 BGB (z.B. Dienstleistungen im Zusammenhang mit handelbaren Wertpapieren, Anteilen an Anlagegesellschaften usw.), deren Preis von Schwankungen auf dem Finanzmarkt abhängt, auf die der Anbieter keinen Einfluss hat und die innerhalb der Widerrufsfrist auftreten können.[274]

Schließlich vertreten einige Ansichten in der Literatur, dass heutzutage eine Neigung im Anlegerschutzrecht vom Schutz des Anlegers als Investor zum Schutz des Anlegers als Verbraucher zu beobachten sei.[275]

Zusammenfassend kann jedoch gesagt werden, dass trotz der Ähnlichkeit beider Begriffe und dem Aspekt, dass die Begriffe in Einzelfällen den gleichen gesetzlichen Regelungen unterliegen, nicht angenommen werden kann, dass der Begriff des Anlegers und der des Verbrauchers inhaltlich identisch sind.

---

270 BGH Urt. v. 08.05.2001-XI ZR 192/00 (OLG München), ZIP 2001, 1580, 1582: „*§§ 31 ff. WpHG sind so zu interpretieren, dass die Schwächen des Verbraucherverhaltens, insbesondere soweit sie auf unzureichender Information beruhen, nicht ausgenutzt werden dürfen…*“, EWiR 2001, 837 (m. Anm. *Tilp*).

271 Näher *Riesenhuber*, ZHR 2012, S. 134, 138.

272 *Edelmann* in: *Assmann* in: Assmann/Schütze, HdB KapitalanlageR, § 2 Rn. 4.

273 Richtlinie 2002/65/EG des Europäischen Parlaments und des Rates vom 23. September 2002 über den Fernabsatz von Finanzdienstleistungen an Verbraucher und zur Änderung der Richtlinie 90/619/EWG des Rates und der Richtlinie 97/7/EG und 98/27/EG, ABl. EG L 271/16 v. 09.10.2002.

274 Ausf. *Riesenhuber*, ZBB 2014, S. 134, 138.

275 *Buck-Heeb*, ZHR 2012, S. 66, 94.

3. *Die Doppelrolle des Kleinaktionärs*

Es kann festgestellt werden, dass sich das Leitbild des Aktionärs einer Aktiengesellschaft, insbesondere des Klein- oder Minderheitsaktionärs, in letzter Zeit verändert hat.[276]

Anders als die Mehrheitsaktionäre können die Minderheitsaktionäre[277] weder die Entscheidungen bzw. die Verwaltung der Aktiengesellschaft direkt beeinflussen noch auf die Unternehmenspolitik in bemerkenswerter Weise einwirken, obwohl sie von der wirtschaftlichen Entwicklung des Unternehmens in derselben Weise direkt betroffen sind.[278] Die Minderheitsaktionäre besitzen nur wenige Aktien eines Unternehmens und haben kaum ein eigenes unternehmerisches Interesse.[279] Der Grund für die Beteiligung des Aktionärs an einer Gesellschaft besteht nicht darin, zusammen mit den anderen Aktionären ein gemeinsames Ziel zu verwirklichen, sondern als Anleger eine hohe Rendite zu erzielen.[280]

Es ist kaum wahrscheinlich, dass die Interessenwahrnehmung durch die gestiegene Beteiligung von Publikums-Anlegern intensiver wird.[281] Meistens interessiert sich der Anleger nur für die Erzielung von Kursgewinnen und Dividenden[282], unabhängig vom Anlageobjekt, Anlageziel und Anlagezeitraum,[283] weshalb der Bestandteil der gemeinsamen Zweckverfolgung fehlt.[284]

Die Eigenschaft als Aktionär tritt gegenüber der Anlegereigenschaft zurück, wenn die unternehmerische Miteigentümerschaft für den Aktionär nicht

---

276 Vgl. *Obst*, Der Schutz des Kleinaktionärs, S. 47 ff.; *Marsch-Barner* in: Marsch-Barner/Schäfer, HdB börsennotierte AG, 2018, § 1 Rn. 1.4; *Herkenroth*, Konzernierungsprozesse, S. 306.

277 Zur Präzisierung des Minderheitsaktionärsbegriffs *Obst*, Der Schutz des Kleinaktionärs, S. 49.

278 *Obst*, Der Schutz des Kleinaktionärs, S. 49; *Wedell*, Minderheitenschutz, S. 20.

279 *Obst*, Der Schutz des Kleinaktionärs, S. 49; *Bode*, Anlegerschutz und Neuer Markt, S. 113.

280 *Bode*, Anlegerschutz und Neuer Markt, S. 113, 130; *Möllers*, ZGR 1997, S. 334, 347; *Schwark*, Anlegerschutz durch Wirtschaftsrecht, S. 153; *Leinekugel*, Sachdividende, S. 1.

281 *Westermann* in: 25 Jahre Aktiengesetz, S. 79, 86.

282 *Ekkenga*, Anlegerschutz, S. 15.

283 *Riesenhuber*, ZBB 2014, S. 134 f.

284 *Bode*, Anlegerschutz und Neuer Markt, S. 130; vgl. *Mülbert*, Aktiengesellschaft, Unternehmensgruppe und Kapitalmarkt, S. 138; *Herkenroth*, Konzernierungsprozesse, S. 306 f.

vorrangig ist.[285] Deswegen kann man sagen, dass heutzutage eine Verschiebung des Leitbilds des Aktionärs vom Gesellschafter zum Anleger-Aktionär zu beobachten ist. Bei der Erwägung einer Beteiligung an einer Gesellschaft wird zunächst die Börsenkursentwicklung und die Gewinnausschüttung der Gesellschaft berücksichtigt.[286] Viele Aktionäre wären überfordert, wenn sie außerdem die Unternehmensentscheidungen einbeziehen müssten. Der Aufwand, sich über die Einzelheiten der Unternehmensführung zu informieren und das Stimmrecht auszuüben, steht in keinem Verhältnis zur Möglichkeit, auf die Zukunft des Unternehmens Einfluss zu nehmen oder daraus finanziellen Nutzen zu ziehen.[287] Aus diesem Grund wird der Kleinaktionär in der Literatur häufig in einer Doppelrolle als Verbandsmitglied und Kapitalanleger beschrieben.[288]

IV. Den Anlegerschutz betreffende Verbote

1. Verbot der Marktmanipulation

Die wesentlichen Bestimmungen zum Marktmanipulationsverbot wurden in den Art. 12 und 15 MAR niedergeschrieben. Mit dem Finanzmarktnovellierungsgesetz verzichtete der Gesetzgeber ganz auf eine eigene Regelung des Verbotstatbestands und verweist an geeigneter Stelle auf die Marktmissbrauchsverordnung.[289]

Nach Art. 15 MAR sind nicht nur die vollendete Marktmanipulation, sondern auch der Versuch verboten. Daneben beschreibt Art. 12 MAR weitere vom Marktmanipulationsverbot betroffene Praktiken. Diese Vorschriften sind vollharmonisiert, so dass abweichendes und strengeres nationales Recht nicht zulässig ist.[290] Da die Ausdehnung des Verbots auf Bereiche, die von der

---

285 *Fleischer,* ZIP 2006, S. 451, 454.

286 *Obst,* Der Schutz des Kleinaktionärs, S. 210; vgl. *Bode,* Anlegerschutz und Neuer Markt, S. 113, 130.

287 KG Beschl. v. 24.08.1995- 2 W 1255/95, KG ZIP 1995, S. 1585, 1587; *Bode,* Anlegerschutz und Neuer Markt, S. 130; vgl. *Mülbert,* Aktiengesellschaft, Unternehmensgruppe und Kapitalmarkt, S. 114; *Mühle,* Das WpÜG, S. 149; zur *Wall-Street Rule* (vote with management or sell your shares) *Herkenroth,* Konzernierungsprozesse, S. 307; vgl. *Würdinger,* Aktien- und Konzernrecht, S. 13.

288 *Assmann,* GroßKommAktG, Einl. Rn. 379; *Mühle,* Das WpÜG, S. 147; *Wiedemann,* BB 1975, S. 1591, 1594; vgl. *Mülbert,* GroßKommAktG, Vor §§ 118–147 Rn. 199.

289 *Schmolke,* AG 2016, S. 434, 439.

290 *Schmolke,* AG 2016, S. 434, 437; wohl unst. siehe etwa *Bator,* BKR 2016, S. 1, 4.

Marktmissbrauchsverordnung nicht erfasst waren, zulässig war, hat der deutsche Gesetzgeber die Anwendung der Marktmissbrauchsverordnung in § 12 WpHG n.F. auf Waren, Emissionsberechtigungen und ausländische Zahlungsmittel erweitert.[291]

Eine wichtige Ausweitung betrifft die vom Manipulationsverbot gemäß Art. 15 MAR erfassten Tatbestände, indem der Verordnungsgeber das Verbot nach allen Seiten gegen Umgehungsversuche absichern und für kommende, nicht bekannte Entwicklungen offen halten möchte.[292] In Folge dieser Ausweitung werden neue unscharf konturierte Tathandlungen eingeführt.[293]

Die wichtigsten Neuigkeiten für das deutsche Recht werden in den §§ 4, 38 f., 40d WpHG n.F. sowie §§ 35, 36 Abs. 2, 36a Abs. 1 KWG n.F. umgesetzt. In der Literatur besteht weitgehende Einigkeit, dass Art. 12 Abs. 1 lit a und b MAR die Grundtatbestände der handelsgeschützten Manipulation und Art. 12 Abs. 1 lit. c MAR diejenigen der informationsgeschützten Manipulation erfassen.[294] Das Manipulationsverbot gemäß Art. 12 Abs. 1 lit. b MAR gilt, wenn falsche Tatsachen vorgespiegelt oder sonstige Kunstgriffe angewandt werden, um den Kurs der betreffenden Finanzinstrumente zu beeinflussen. Art. 12 Abs. 1 lit. c MAR bezieht sich auf als „informationsgeschützte Marktmanipulation" bezeichnete Handlungen zur Verbreitung von falschen oder irreführenden Informationen unter der Bedingung, dass die Person, die die Informationen verbreitet, wusste oder mindestens hätte wissen müssen, dass die Informationen falsch oder irreführend waren.

Ob zur Erhebung des Manipulationstatbestandes der Nachweis eines Vorsatzes erforderlich ist, ist nicht klar. Gemäß Erwägungsgrund Nr. 23 der Richtlinie 2014/57/EU[295] ist für strafrechtliche Sanktionen bei Verstößen gegen

---

291 *Schmolke,* AG 2016, S. 434, 437; *Poelzig,* NZG 2016, S. 528, 530.

292 *Schmolke,* AG 2016, S. 434, 439.

293 *Schmolke,* AG 2016, S. 434, 439 f.; *De Schmidt* in: JVRB WpHG, 2015, § 20a WpHG Rn. 380 ff.; Krit. *Zetzsche* in: Gebauer/Teichmann, Europäisches Privat- und Unternehmensrecht, § 7 C Rn. 62, 64, 65.

294 *Schmolke,* AG 2016, S. 434, 441; *De Schmidt* in: JVRB WpHG, 2015, § 20a WpHG Rn. 380 f.; *Sajnovits/Wagner,* WM 2017, S. 1189, 1192; *Kiesewetter/Parmentier,* BB 2013, S. 2371, 2375; *Zetzsche* in: Gebauer/Teichmann, Europäisches Privat- und Unternehmensrecht, § 7 C Rn. 65; zur Abgrenzung der Tatbestände in Art. 12 Abs. 1 lit. a und b von den anderen Tatbeständen in Art. 12 Abs. 1 lit c und d *Schmolke,* AG 2016, S. 434, 441, 443 f.; *Stoll,* KölnKommWpHG, 2014, § 20a Rn. 205.

295 Richtlinie 2014/57/EU des Europäischen Parlaments und des Rates vom 16. April 2014 über strafrechtliche Sanktionen bei Marktmanipulation (Marktmissbrauchsrichtlinie), ABl. EU L 173/179 v. 12.06.2014.

die Marktmissbrauchsverordnung kein Nachweis eines Vorsatzes oder eines schweren Falles erforderlich. Ein allgemeines kapitalmarktrechtliches Vorsatzerfordernis, wie der am 30.06.2016 aufgehobene § 20a WpHG a.F. vorgesehen hatte, kommt für die Marktmanipulation gemäß Art. 12 MAR nicht mehr in Betracht.[296]

2. *Insidergeschäfte*

Das oberste Prinzip des Insiderrechts ist der gleichberechtigte Informationszugang für alle, wie in den Entscheidungen des Europäischen Gerichtshofs zur Insider- und Marktmissbrauchsrichtlinie immer wieder betont wurde.[297]

Als Insidergeschäft kann beispielsweise die Offenlegung einer geplanten Fusion und der damit zu erwartende Kursanstieg, bzw. eine Offenlegung eines Geheimnisses gesehen werden[298], wenn der Insider beteiligt ist.

Die Verhinderung des Insiderhandels wird durch Maßnahmen zum Insiderhandelsverbot (Art. 17 MAR: Ad-hoc-Publizität, Art. 19 MAR: Meldepflichten von Directors' Dealings[299], Art. 18 MAR: Pflicht zur Führung von Insiderverzeichnissen und Belehrung der Insider) und durch die Insiderüberwachung (Art. 22 bis Art. 25 MAR) flankiert. Die Meldepflichten der Personen mit Führungskraft sollen wie alle kapitalmarktrechtlichen Publizitätspflichten der Kapitalmarkteffizienz und dem Anlegerschutz dienen.[300]

Der Schwerpunkt des Insiderrechts besteht hauptsächlich aus den Sanktionsanordnungen verwaltungsrechtlichen (§§ 4 Abs. 3h-3k, 39 WpHG n.F.), strafrechtlichen (§ 38 WpHG n.F.) und zivilrechtlichen (§§ 37b, 37c WpHG a.F., §§ 97, 98 WpHG n.F.) Charakters, aus den Vorschriften über die Bedingungen der Übermittlung von Insiderinformationen und Eigengeschäften durch

---

296 *Schmolke,* AG 2016, S. 434, 442; *Sajnovits/Wagner,* WM 2017, S. 1189, 1196.

297 Dieser Grundsatz verortet sich nur in den Erwägungsgrund 24 MAR; EuGH Urt. v. 22.11.2005, Rs. C-384/02 (Grøngaard und Bang), WM 2006, 612, 615 Rn. 33; EuGH Urt. v. 10.05.2007-Rs. C-391/04 = AG 2007, S. 542 Rn. 37 f. (Georgakis); EuGH Urt. v. 23.12.2009-Rs. C-45/08 = AG 2010, S. 74 Rn. 47 f. (Spector Photo Group); EuGH Urt. v. 28.06.2012-Rs. C-19/11, AG 2012, S. 555 (Geltl/Daimler); EuGH Urt. v. 11.03.2015-Rs. C-628/13-ECLI: EU: C:2015:162, AG 2015, 388 ff. (Lafonta).

298 EuGH WM 2006, 612 (Grøngaard und Bang).

299 Zur Directors' Dealings bei Erwerbs- und Übernahmeangeboten *Kraack,* AG 2016, S. 57 ff.

300 *Kraack,* AG 2016, S. 57, 61; zum Ziel-Dualismus *Veil,* ECML, § 2 Rn. 3 ff.

den Emittenten gemäß § 15 WpHG n.F. sowie aus den Aufzeichnungspflichten gemäß § 16 WpHG n.F.[301]

Eine Insiderinformation gemäß Art. 7 MAR ist als eine nicht öffentlich bekannte präzise Information definiert, die sich direkt oder indirekt auf einen/mehrere Emittenten oder ein/mehrere Finanzinstrumente bezieht und die geeignet ist, im Falle ihres öffentlichen Bekanntwerdens den Kurs dieser Finanzinstrumente oder den Kurs damit verbundener derivativer Finanzinstrumente erheblich zu beeinflussen. Um von der öffentlichen Bekanntheit einer Information ausgehen zu können, muss die breite Öffentlichkeit unterrichtet worden sein.[302]

Die Definition einer präzisen Information findet sich in Art. 7 Abs. 2 MAR. Laut Marktmissbrauchsverordnung sind zwei Bedingungen für eine präzise Information erforderlich. Zum einen muss ein existierender Umstand oder ein eingetretenes Ereignis oder ein künftiger Umstand oder ein künftiges Ereignis, dessen Eintritt *vernünftigerweise* erwartet werden kann, vorhanden sein. Zum anderen muss die Information spezifisch genug sein, um einen Schluss auf die mögliche Auswirkung der genannten Umstände oder Ereignisse auf die Kurse der Finanzinstrumente oder des damit verbundenen derivativen Finanzinstruments zuzulassen.[303] Gemäß § 13 Abs. 1 S. 3 WpHG a.F. sind auch Umstände und Ereignisse maßgeblich, die *mit hinreichender Wahrscheinlichkeit*[304] eintreten werden. Allerdings war nicht klar, was darunter zu verstehen ist. Auch die Marktmissbrauchsverordnung bringt keine Klarheit darüber, wann ein Ereignis vernünftigerweise zu erwarten ist.[305]

Als Zwischenschritt kann eine Insiderinformation angenommen werden, wenn sie für sich genommen den in der Marktmissbrauchsverordnung beschriebenen Kriterien für Insiderinformationen entspricht. Ein Insidergeschäft liegt gemäß Art. 8 Abs. 1 MAR dann vor, wenn eine Person über

---

301 *Klöhn,* AG 2016, S. 423, 424; *Szesny,* BB 2017, S. 515.

302 *Hopt/Kumpan,* ZGR 2017, S. 765, 775; keine Kenntnis der Information der allgemeinen breiten Öffentlichkeit *Schäfer* in: Marsch-Barner/Schäfer, HdB börsennotierte AG, 2018, § 14 Rn. 14.17.

303 *Sethe* in: Assmann/Schütze, HdB KapitalanlageR, § 8 Rn. 38; *Langenbucher,* AG 2016, S. 417; EuGH Urt. v. 23.12.2009, Rs. C-45/08 (Spector Photo Group), WM 2010, 65, 70; BGH ZIP 2008, 639, 641; OLG Stuttgart ZIP 2009, 962, 964.

304 Nach deutscher Sprachfassung bedarf es einer hinreichenden Wahrscheinlichkeit, siehe EuGH WM 2012, 1807, 1810 (Geltl-Daimler).

305 *Schäfer* in: Marsch-Barner/Schäfer, HdB börsennotierte AG, 2018, § 14 Rn. 14.15; laut dem EuGH ist eine hohe Wahrscheinlichkeit dafür nicht nötig, siehe EuGH WM 2012, 1807, 1811 (Geltl-Daimler); BGH ZIP 2013, 1165, 1169.

Insiderinformationen verfügt und unter deren Nutzung Finanzinstrumente, auf die sich die Informationen beziehen, erwirbt oder veräußert.[306]

Demnach regelt Art. 14 MAR das Verbot von Insidergeschäften. Hierunter fallen sowohl das Tätigen als auch der Versuch (lit. a) sowie die Empfehlung und Anstiftung von Insidergeschäften (lit. b) wie auch die unrechtmäßige Offenlegung von Insiderinformationen (lit. c i.V.m. Art. 10 MAR).[307]

Eine Offenlegung ist weniger weitgehend als eine Veröffentlichung[308] und die rechtmäßige Weitergabe ist entsprechend der Grøngaard und Bang-Entscheidung[309] des Europäischen Gerichtshofs eng auszulegen.[310]

---

306 Die in dem Artikel genannten Anstiftung ist keine Anstiftung i.S.v. § 26 StGB, ausf. dazu *Klöhn*, AG 2016, S. 423, 424; Schäfer in: Marsch-Barner/Schäfer, HdB börsennotierte AG, 2018, § 14 Rn. 14.35. Der deutsche Gesetzgeber formulierte in § 38 Abs. 3 Nr. 2 WpHG a.F., dass die Anstiftung strafbar ist, was er jedoch mit dem 2. FiMaNoG in § 120 Abs. 3 Nr. 2 WpHG mit Wirkung ab dem 03.01.2018 korrigierte.

307 Zum Verbot der Offenlegung *Schäfer* in: Marsch-Barner/Schäfer, HdB börsennotierte AG, 2018, § 14 Rn. 14.48.

308 *Klöhn*, WM 2016, S. 1665, 1670; *Hopt/Kumpan*, ZGR 2017, S. 765, 779.

309 Obwohl es sich vorliegend nicht um deutsches Recht handelt, ist der Fall sehr aufschlussreich, EuGH WM 2006, 612 (Grøngaard und Bang): *„Herr B. ist Vorsitzender des Finansforbund, der Gewerkschaft der Arbeitnehmer des Finanzsektors…Herr G. war ein von der Arbeitnehmerschaft gewähltes Mitglied des Verwaltungsrats der Gesellschaft RealDanmark, eines größeren börsennotierten Finanzinstituts…Gleichzeitig war er vom Finansforbund als Mitglied des Ausschusses für konzerninterne Zusammenarbeit des RealDanmark-Konzerns (im Folgenden: Verbindungsausschuss) ernannt worden. Dieser Ausschuss war aufgrund einer Vereinbarung des Finansforbund und der RealDanmark eingerichtet worden. Herr G. verrat die Gewerkschaft in diesem Ausschuss…Nach einer außerordentlichen Sitzung des Verwaltungsrats der RealDanmark gab Herr G. am 23. August 2000 an Herrn B. Informationen weiter, die die geplante Aufnahme von Fusionsverhandlungen mit der Danske Bank,…, betrafen. Zwischen dem 28. August und dem 4. September 2000 beriet sich Herr B. mit seinen zwei Stellvertreterinnen,…, und mit Herrn C., einem seiner Mitarbeiter im Sekretariat des Finansforbund, und gab an sie dieselben Informationen weiter, die er von Herrn G. erhalten hatte. Am 31. August 2000 kaufte Herr C. Aktien der RealDanmark etwa 48.000 Euro….Herr G…wandte sich am 26. September 2000 erneut an Herrn B.…Sie besprachen insbesondere den für die Fusion vorgesehenen Zeitplan sowie den zu erwartenden Kursanstieg der Aktien der RealDanmark um 60 bis 70 %. Am 27. und 28. September 2000 gab Herr B., an …und an seinen Mitarbeiter C. Informationen weiter…Am 29. September 2000 kaufte Herr C. weitere Aktien der RealDanmark für etwa 214.000 Euro. Am 2. Oktober 2000 wurde die Fusion zwischen…bekannt gegeben,…Herr C. verkaufte seine Aktien…und erzielte einen Gesamtgewinn von etwa 180.000 Euro..Herr G. und Herr B. werden…wegen Weitergabe von Insiderinformationen strafrechtlich verfolgt…“*

310 *Hopt/Kumpan*, ZGR 2017, S. 765, 779; EuGH WM 2006, 612, 615 (Grøngaard und Bang).

C. Anlegerschutz nach türkischem Recht

I. Anleger

1. Der Anleger als Marktakteur

Vor Erlass des Kapitalmarktgesetzes von 1982 existierte keine einheitliche Regelung des Kapitalmarkts.[311] Bankkredite als Mittel zur Finanzierung von Investitionen waren daher von wesentlicher Bedeutung. Dennoch erwiesen sie sich mit der Stärkung der freien Marktwirtschaft ab den 1950er Jahren zunehmend als ungeeignete und unzureichende Finanzierungsmittel von Investitionen. Infolgedessen ordnete und entwickelte sich der türkische Kapitalmarkt seit den 1980er Jahren weiter.[312]

Der Anleger ist ein unerlässlicher Teilnehmer des Kapitalmarktes.[313] Einerseits beeinflusst er das Funktionieren des Kapitalmarktes, in dem er Finanzbedürfnisse der Gesellschaften durch Investitionen befriedigt und andererseits bietet der Kapitalmarkt dem Anleger ständige Renditen und einen hohen Wohlstand. Ferner wird das Vertrauen des Anlegers gebildet bzw. gefördert und Anreize für die Kapitalmärkte geschaffen.[314] Das Funktionieren des Kapitalmarktes hängt vom Vertrauen des Anlegers ab. Fehlt das Interesse des Anlegers, dann ist der Kapitalmarkt weder aktiv noch gesund.[315] Ohne Anleger werden keine Kapitalmarkttätigkeiten geführt und der Wirtschaft keine Ressourcen übertragen.[316]

---

311 *Hirsch/Tekinalp,* Das türkische Aktien- und GmbH-Recht, S. 52.

312 Ausf. *Nomer Ertan,* Annales 2016, S. 171 f.

313 *Tanör,* Türk Sermaye Piyasası, Cilt II, Halka Arz, 2000, S. 584 f.

314 *Ünal,* Sermaye Piyasası Hukuku ve Mevzuatı, S. 9 f.

315 *Tanör,* Türk Sermaye Piyasası, Cilt I, Taraflar, 1999, S. 136; auch *Nomer Ertan,* Annales 2016, S. 171, 173; *Aydoğan,* BATİDER 2017, S. 231, 241.

316 *Tanör,* Türk Sermaye Piyasası, Cilt II, Halka Arz, 2000, S. 585; *Yanlı,* Sermaye Piyasası Hukuku Çerçevesinde Halka Açık Anonim Şirketler ve Kamunun Aydınlatılması, S. 96; auch Kassationshof, 19. Strafkammer, Urt. v. 25.10.2016, E. 2016/11171 K. 2016/21824.

2. *Schutz der Rechte und Interessen der Anleger*

Das Kapitalmarktrecht soll die Rechte und Interessen der Anleger schützen und eine effektive und verbreitete Teilnahme des Anlegers am Kapitalmarkt ermöglichen.[317]

So hat der Gesetzgeber in Art. 1[318] des türkischen Kapitalmarktgesetzes (tKMG)[319] den Schutz der „Rechte und Interessen der Anleger" als den Zweck des Kapitalmarktgesetzes bezeichnet. Die Regelung sowie die Kontrolle des Kapitalmarktes sollen dem Schutz der Rechte und Interessen der Anleger dienen. Folglich muss für den Anleger sichergestellt werden, dass dieser keinen weiteren Rechtverlust, außer normale Geschäftsrisiken, erleidet.[320]

Vor allem müssen dem Anleger alle wichtigen Informationen bezüglich seiner Anlageentscheidung angeboten werden. Um zu vermeiden, dass der Anleger durch falsche, unrichtige, unvollständige usw. Informationen übervorteilt wird, werden an unterschiedlichen Teilen des Gesetzes anlegerschützende Regelungen vorgesehen. Insbesondere muss der Prospekt, der eine wichtige Ausprägung des Anlegerschutzes darstellt, gemäß Art. 3 lit. j tKMG alle notwendigen Informationen für eine Anlageentscheidung enthalten, ohne den Anleger mit irrelevanten Informationen zu überlasten, um ihm eine rationale Beurteilung für die Anlage zu ermöglichen. Übrigens haben die Emittenten Publizitätspflichten für Insiderinformationen gemäß Art. 15 tKMG bzw. für die finanziellen Tabellen und Berichte gem. Art. 14 tKMG. Wurden die Anleger durch die angebotenen Informationen im Prospekt oder in anderen Publizitätsdokumenten getäuscht und geschädigt, kommt gemäß Art. 32 tKMG i.V.m. Art. 10 tKMG eine Schadensersatzpflicht des Emittenten und der anderen Haftungsverpflichteten in Betracht.

---

317 *Turanboy,* Halka Açık Banka ve Hissedarının Korunması, 2002, S. 5 f.; *Nomer Ertan,* Annales 2016, S. 171, 183; Kassationshof, 19. Strafkammer, Urt. v. 25.10.2016, E. 2016/11171 K. 2016/21824; Kassationshof, 19. Strafkammer, Urt. v. 25.10.2016, E. 2015/4724 K. 2016/16728; Kassationshof, 19. Strafkammer, Urt. v. 25.10.2016, E. 2016/11171 K. 2016/21824.

318 Art. 1 tKMG (Zweck): *„1) Zweck dieses Gesetzes ist es die Durchführung des Kapitalmarktes in einem vertrauensvollen, transparenten, effektiven, stabilen, fairen und konkurrenzfähigen Umfeld zu schaffen, und zum Schutz der Rechte und Interessen der Anleger den Kapitalmarkt zu ordnen und zu überwachen."*

319 Türkisches Kapitalmarktgesetz, Gesetz Nr. 6362 v. 06.12.2012, ABl. 28513 v. 30.12.2012.

320 *Tanör,* Türk Sermaye Piyasası, Cilt II, Halka Arz, 2000, S. 585.

Die Kapitalmarktaufsicht kann zur Verwirklichung dieser Ziele, also zum Schutz der Rechte und Interessen der Anleger, vielzählige Möglichkeiten ausschöpfen. In diesem Zusammenhang kann die Kapitalmarktaufsicht gemäß Art. 12 Abs. 4 tKMG beim Verkauf von Finanzinstrumenten[321] fordern, dass der Emittent oder diejenigen, die das öffentliche Angebot führen, Verkäufer oder betreffende Börsen, Maßnahmen zum Schutz der Rechte und Interessen der Anleger treffen. Mit diesen Maßnahmen wird ebenfalls bezweckt, dass die Finanzinstrumente für Anleger gemäß Art. 12 Abs. 4 tKMG zugänglicher werden.

Allerdings ist fraglich, was genau unter „Maßnahmen zum Schutz der Rechte und Interessen" zu verstehen ist. Auch in Art. 96 tKMG ist ähnlich von „jeglichen Maßnahmen" und in Art. 97 tKMG von „erforderlichen Maßnahmen" die Rede.

Bei rechtswidrigen Tätigkeiten der Kapitalmarktinstitutionen kann die Kapitalmarktaufsicht gem. Art. 96 tKMG diese Tätigkeiten begrenzen bzw. aufhalten, die Lizenz der verantwortlichen Geschäftsleiter annullieren, ihre Zeichnungsbefugnis aufheben und jegliche Maßnahmen über diese Kapitalmarktinstitutionen und ihre Geschäftsleiter treffen. Ferner kann die Kapitalmarktaufsicht für Kapitalmarktinstitutionen im Falle einer Verschlechterung ihrer Finanzlage gem. Art. 97 tKMG Maßnahmen[322] treffen, die jenen aus Art. 96 tKMG ähneln, z.B. wenn eine Anlageinstitution ihre Verpflichtung zur Rückzahlung von Geldern oder zur Herausgabe von Finanzinstrumenten nicht erfüllen kann oder keine Aussicht auf eine kurzfristige Erfüllung besteht.

Diese Maßnahmen haben jedoch weniger vorbeugendere als strafrechtliche Eigenschaften, werden sehr scharf gehandhabt und eröffnen große staatliche Angriffsmöglichkeiten in der Gesellschaftspraxis.[323]

---

321 Finanzinstrumente sind gemäß Art. 3 Abs. 1 lit. ş tKMG „Wertpapiere", „derivative Instrumente", „Anlageverträge" und „sonstige Finanzinstrumente", ausf. *Adıgüzel*, TFM 2017, S. 1 ff.

322 In Art. 97 tKMG sind die Befugnisse der Kapitalmarktaufsicht umfangreicher gefasst als in Art. 96 tKMG: Die Kapitalmarktaufsicht kann vom Kapitalmarktinstitut verlangen, dass es seine finanzielle Lage innerhalb von spätestens 3 Monaten verstärkt. Daneben kann sie seine Tätigkeiten vorübergehend aufhalten, seine Befugnisse für alle oder bestimmte Finanzinstrumente aufheben, Lizenzen der Vorstandsmitglieder vorübergehend oder endgültig annullieren, für eine Entschädigung der Anleger entscheiden, Zeichnungsbefugnisse der Vorstandsmitglieder aufheben bzw. begrenzen, die Vorstandsmitglieder abberufen und bis zur nächsten Hauptversammlung neue Vorstandsmitglieder einberufen.

323 Für Krit. zu diesen Maßnahmen s. Kap. 4 C. III. 4.

Gerichte beschäftigten sich in der Praxis mit Anfechtungsklagen wegen solcher Maßnahmen der Kapitalmarktaufsicht. Beispielsweise wurden in einem Fall, nachdem die Kapitalmarktaufsicht einen Verstoß gegen Art. 96 und 97 tKMG feststellte, die Tätigkeiten einer Anlageinstitution vorübergehend gesperrt. Darüber hinaus wurde gem. Art. 82 tKMG für die Entschädigung der Anleger entschieden. Zudem entschied das erstinstanzliche Gericht entsprechend dem Antrag der Anlegerentschädigungseinrichtung gem. Art. 86 Abs. 7 tKMG für den Erlass einer einstweiligen Verfügung, um eine Übertragung von diversen Konten bei Banken, Anlagevermittlern und anderen privaten Finanzinstituten, Wertpapieren, Geldern, Finanzinstrumenten, beweglichen und unbeweglichen Sachen, Rechten, Forderungen und Sicherheiten an dritte Personen zu verhindern.[324]

Weiterhin wird der Kapitalmarktaufsicht durch Art. 91 Abs. 3, Art. 99 Abs. 1 tKMG ein großer Spielraum eingeräumt, wie z.B. im Fall von gesetzwidrigen Emissionen die Klageerhebung durch die Kapitalmarktaufsicht zur

---

324 İstanbuler Berufungsgericht, 13. Zivilkammer, Urt. v. 10.01.2018, E. 2017/1078 K. 2018/14: *„Der Rechtsanwalt der Kläger trug in der Klageschrift vor, dass die Beklagten Vorstandsmitglieder und Aktionäre der …AG seien, und dass die Kapitalmarkttätigkeiten der AG am 01.12.2015 ab 18.00 Uhr durch den Beschluss Nr. 33/1543 der Kapitalmarktaufsicht v. 01.12.2015 gem. Art. 96 (Unter dem Titel: Maßnahmen bei rechtswidrigen Tätigkeiten von Kapitalmarktinstituten) und gem. Art. 97 (Unter dem Titel: Maßnahmen bei einer Verschlechterung der Finanzlage) vorübergehend gesperrt wurden, außerdem beantragte er, indem er vorbrachte, dass gegen diese Personen zudem durch die Kapitalmarktaufsicht gem. Art. 110 Abs. 1 lit. a tKMG und gem. Art. 155 des Gesetzes Nr. 5237 (tHGB) zum Zwecke der Durchführung von Ermittlungen für die Erstellung einer Strafanzeige entschied, dass ebenfalls gem. Art. 112 Abs. 2 lit. a und c tKMG in Verbindung mit den genannten Vorschriften des Gesetzes Nr. 5237 für die Erstellung einer Strafanzeige entschied, dass sich die Anlegerentschädigungseinrichtung gem. Art. 82 tKMG für die Entschädigung der Anleger entschied,… den Erlass einer einstweiligen Verfügung und die Anordnung eines Reiseverbots ins Ausland, um eine Übertragung von diversen Konten bei Banken, Anlagevermittlern und anderen privaten Finanzinstituten, Wertpapieren, Geldern, … Finanzinstrumenten, beweglichen und unbeweglichen Sachen, Rechten, Forderungen und Sicherheiten an dritte Personen zu verhindern. Mit dem Urteil des erstinstanzlichen Gerichts v. 13.01.2016 wird der Antrag auf Erlass einer einstweiligen Verfügung angenommen und gem. Art. 86 Abs. 7 tKMG (Gesetz Nr. 6362) … entschieden, eine einstweilige Verfügung zu erlassen, um eine Übertragung von diversen Konten auf Banken, Anlagevermittlern und anderen privaten Finanzinstituten, Wertpapieren, Geldern, Finanzinstrumenten, beweglichen und unbeweglichen Sachen, Rechten, Forderungen und Sicherheiten an dritte Personen zu verhindern.“*

Rückerstattung der Gelder an Anspruchsberechtigte oder zur Liquidation der Gesellschaft (Art. 91 Abs. 3 tKMG) oder im Fall von unerlaubten Kapitalmarkttätigkeiten die Möglichkeit einer Klageerhebung durch die Kapitalmarktaufsicht (Art. 99 Abs. 1 tKMG), um die Rechte und Interessen der Anleger in ihrem Namen schützen zu können.[325]

Allgemein enthält das Kapitalmarktgesetz solche unklaren Formulierungen, die einerseits keine Einzelheiten über deren Inhalt haben und daher zu weit ausgelegt werden können und andererseits Unsicherheiten für die Gesellschaften verursachen. Um einen funktionierenden und vertrauensvollen Kapitalmarkt zu schaffen, müssen die Regelungen auch für die Gesellschaften klar formuliert sein. Ebenfalls sollte das Gesetz die Regelung nicht pauschal an staatliche Organisationen übergeben.

Allgemeine Bestimmungen, wie „erforderliche Maßnahmen", „Schutzmaßnahmen", „vorbeugende Maßnahmen" bringen keine Rechtssicherheit, sondern nur Anfechtungsklagen durch Gesellschaften oder andere Verantwortlichen, die wegen überschreitender Eingriffe durch die Kapitalmarktaufsicht auch geschädigt werden.

Diese Verwendung wird auch in der Literatur zu Recht kritisiert, da die Maßnahmen der Kapitalmarktaufsicht vielmehr eine Sanktionseigenschaft haben, als die Eigenschaft einer vorbeugenden Maßnahme.[326] Das Verfassungsgericht spricht jedoch in einer Entscheidung davon, dass mit dieser Anwendung bei Tätigkeiten des Unternehmens eine Anpassung an die Gesetze, Satzung und gesellschaftsinterne Richtlinien bezweckt werde und es unmöglich sei, die Maßnahmen zum Anlegerschutz für jeden Fall einzeln zu bestimmen.[327]

Schließlich werden die Rechte und Interessen der Anleger vor verbotenen Handlungen, wie Marktbetrug gemäß Art. 107 tKMG (sog. Manipulationsverbot") oder Missbrauch von Informationen gemäß Art. 106 tKMG (sog. „Insidertrading") geschützt.[328] Ebenfalls befinden sich in den sekundären Quellen des Kapitalmarktgesetzes weitere Vorschriften zum Anlegerschutz.

---

325 Krit. *Kağıtçıoğlu,* MÜHFD 2016, S. 3323, 3338.

326 *Kağıtçıoğlu,* MÜHFD 2016, S. 3323, 3335.

327 Türkisches Verfassungsgericht, Urt. v. 26.12.2003, E. 2000/8 K. 2003/104: *„Wie lit. a des gleichen Artikels bestimmt, wird die Befugnis„„jede Art von Maßnahmen" zu treffen, eingeräumt, um ein Funktionieren des Unternehmens gemäß den Gesetzen, der Satzung und den gesellschaftsinternen Richtlinien zu gewährleisten. Dass einzelne Maßnahmen der Kapitalmarktaufsicht im Gesetz nicht jeweils einzeln aufgezählt werden, wird damit begründet, dass es unmöglich sei, jede Maßnahme, die jeweils im Einzelfall zum vollständigen Schutz der Anleger geboten ist, zu benennen."*

328 Kassationshof, 19. Strafkammer, Urt. v. 09.01.2017, E. 2016/108 K. 2017/37.

3. *Anlegerkategorien*

Im türkischen Recht handelt es sich beim Anleger meistens auch um eine unerfahrene Person, die wenig Kenntnis und Beurteilungsfähigkeit über Finanzinstrumente hat. Eine Risikoabschätzung ist generell kompliziert für den Anleger. Der Anleger präferiert den kurzfristigen Handel eher als langfristige Investments. Deswegen entwickeln sich die kapitalmarktrechtlichen Vorschriften über den Anlegerschutz immer weiter.

Hinsichtlich der Schutzwürdigkeit und Professionalität lässt sich im Ergebnis feststellen, dass das Anlegerleitbild über den Kleinanleger hinausgeht.

Für eine Anlegerdefinition ist eine detaillierte Betrachtung der Vorschriften des Kapitalmarktgesetzes und der sekundären Vorschriften des Kapitalmarktgesetzes, wie z.B. der Erlasse der Kapitalmarktaufsicht, Direktiven und Richtlinien, erforderlich.

Funktionell kann man den Anleger in drei Gruppen klassifizieren. Der Anleger ist ein Partizipant, wenn er Wertpapiere eines Emittenten gekauft hat. Daneben ist er ein Marktakteuer, wenn er auf dem Sekundärmarkt investiert. Schließlich kann ein Anleger als Kunde bei der Anlageberatung bezüglich seiner Anlageentscheidung angesehen werden.[329] Ferner darf die Kapitalmarktaufsicht gemäß Art. 45 Abs. 4 die Anleger kategorisieren, um unterschiedlichen Rechtsschutz durch sekundäre Vorschriften für sie zu gestatten.[330]

Demzufolge werden Anleger durch Art. 4 des Erlasses Nr. II-5.2 über den Kauf von Finanzinstrumenten[331] in fünf Gruppen eingestuft.

a. Der institutionelle Anleger

Der institutionelle Anleger ist gemäß Art. 4 Abs. 1 lit. j des Erlasses[332] ein professioneller Kunde, der in den Vorschriften der Kapitalmarktaufsicht als professioneller Kunde definiert oder im Zusammenhang mit seinem Antrag als professioneller Kunde angenommen wird.

---

329 Näheres zur Klassifizierung der Anleger *Çetin*, Investor Protection, S. 4 ff.

330 *Çetin*, Yatırımcıların Korunması, in: SPH Sempozyumu 2013, S. 437, 463; zur Kategorisierung der Kunden (als professioneller Anleger, individueller Anleger, geeignete Gegenpartei) durch das MiFID *Çetin/Töremiş*, GaziÜHFD 2010, S. 45, 54 ff.

331 Erlass Nr. II-5.2 über den Kauf von Finanzinstrumenten, ABl. 28691 v. 28.06.2013.

332 Art. 4 Abs. 1 lit. j: *„Der institutionelle Anleger: Der professionelle Kunde, der in den Vorschriften der Kapitalmarktaufsicht definiert oder auf Antrag als professionell behandelt wird."*.

b. *Der individuelle Anleger*

Der individuelle Anleger wird im Gesetz nicht positiv definiert. Gemäß Art. 4 Abs. 1 lit. a des Erlasses[333] ist der individuelle Anleger die natürliche oder juristische Person, die nicht von der Definition „Institutionellanleger" erfasst wird.

Der individuelle Anleger ist der wichtigste Bestandteil des Marktes, unabhängig davon, ob dieser sich für kurzfristige Investitionen oder an einer langfristigen Teilnahme an einer Gesellschaft interessiert.[334]

c. *Der qualifizierte Anleger*

Der qualifizierte Anleger ist gemäß Art. 4 Abs. 1 lit. m des Erlasses[335] der professionelle Kunde, der in den Vorschriften der Kapitalmarktaufsicht über die Anlageinstitutionen als qualifizierter Anleger definiert und im Zusammenhang mit seinem Antrag als professioneller Kunde angenommen wird.

d. *Die Anlegergruppe*

Die Anlegergruppe ist gemäß Art. 4 Abs. 1 lit. r des Erlasses[336] eine Gruppe von Anlegern, die im Erlass als solche definiert oder im Prospekt ausdrücklich bestimmt wird und der ein gewisser Betrag oder Anteil von Finanzinstrumenten zugeteilt wird.

e. *Der inländische Anleger*

Schließlich existiert eine finale Definition des Anlegers. Der inländische Anleger ist gemäß Art. 4 Abs. 1 lit. ş des Erlasses[337] eine Person, die sich gemäß Einkommensteuergesetz[338] in der Türkei niedergelassen hat.

---

333 Art. 4 Abs. 1 lit. a: „*Der individuelle Anleger: Die neutrale oder juristische Person, die von der Definition des "Institutionellanlegers" nicht erfasst wird.*".

334 *Tanör*, Türk Sermaye Piyasası, Cilt I, Taraflar, 1999, S. 136 ff.

335 Art. 4 Abs. 1 lit. m: „*Der qualifizierte Anleger: Der professionelle Kunde, der in den Vorschriften der Kapitalmarktaufsicht über die Anlageinstitutionen definiert wird und auf Antrag als professionell behandelt wird.*".

336 Art. 4 Abs. 1 lit. r: „*Die Anlegergruppe: Die Gruppe, die in diesem Erlass definiert oder in dem Prospekt ausdrücklich qualifiziert wird, der Finanzinstrumente in Höhe von einem Betrag oder ein Anteil zugeteilt wird.*".

337 Art. 4 Abs. 1 lit. ş: „*Der inländische Anleger: Eine Person, die sich gemäß Einkommensteuergesetz Nr. 193 vom 31/12/1960 in der Türkei niedergelassen hat,*".

338 Einkommensteuergesetz, Gesetz Nr. 193 v. 31.12.1960, ABl. 10700 v. 06.01.1961.

f. Anleger und Verbraucher

Es bestehen keine Zweifel über die Ähnlichkeiten beider Begriffe.[339] Während der Anleger in den Gesetzen nicht definiert wird, enthält das türkische Verbrauchergesetz (tVerbG)[340] eine Definition für den Verbraucher. Ein Verbraucher ist gem. Art. 3 Abs. 1 lit. k tVerbG eine natürliche oder juristische Person, die weder zum Zwecke ihrer gewerblichen noch ihrer beruflichen Tätigkeiten handelt.

Anleger und Verbraucher sind Rechtsfiguren, die gegenüber professionellen Anbietern vor fehlerhaften Produkten und Missbräuchen geschützt werden müssen. Da beide wenig Erfahrung und Kenntnis haben, brauchen sie umfassende Informationen in leicht verständlicher Form. Allerdings ist der Anleger ein aktiver Marktakteuer und investiert nicht um zu konsumieren, sondern üblicherweise, um mehr Renditen und einen hohen Gewinn zu erhalten.

Diese Rechtsfigur trägt ein höheres Risiko im Vergleich zum Verbraucher. Ferner haben Verbraucher die Möglichkeit die Ware zu prüfen bzw. zu kontrollieren. Dagegen können sich Anleger durch die periodische Veröffentlichung von Jahresberichten, finanziellen Tabellen der Gesellschaft oder durch Ad-hoc-Mitteilungen über ihre Anlage informieren.[341] Ein anderer Unterschied ist, dass der Anleger nach seiner Erfahrung, Kenntnis oder Professionalität bewertet wird, während alle Verbraucher gleich zu behandeln sind.[342]

Zu beachten ist jedoch, dass es viele verschiedene Anlegertypen gibt und unter diesen nur individuelle Anleger (Kleinanleger), ähnlich wie Verbraucher, Schwierigkeiten bei ihrer Anlageentscheidung haben. Daher kann davon ausgegangen werden, dass Verbraucher nur mit individuellen Anlegern Ähnlichkeiten haben. In der Literatur wird vertreten, dass ein Anleger auch von den Vorschriften des Verbraucherschutzgesetzes profitieren könne, wenn er keinen Willen zur Gewinn- oder Renditeerhaltung hat und der Gegenseite des Rechtsgeschäfts als Verkäufer auftritt.[343] Bei dem Kauf oder der Veräußerung von Anteilen gelte dies jedoch nicht.[344] Dagegen wird vertreten, dass der Anleger

---

339 Zu den Meinungen *Çetin*, Investor Protection, S. 6.

340 Türkisches Verbraucherschutzgesetz, Gesetz Nr. 6502 v. 07.11.2013, ABl. 28835 v. 28.11.2013.

341 *Özer*, BATİDER 2018, S. 37, 43 f.

342 *Özer*, BATİDER 2018, S. 37, 41.

343 *Özer*, BATİDER 2018, S. 37, 73 ff.; *Çetin*, GaziÜHFD 2011, S. 1, 9.

344 *Özer*, BATİDER 2018, S. 37, 81 f.

insbesondere bei der Anlageberatung gem. Art. 37 Abs. 1 lit. d tKMG wie ein Verbraucher zu schützen sei.[345]

Aufgrund komplizierter Finanzinstrumente und des niedrigen Risikobewusstseins werden neue Modelle des Anlegerschutzes entwickelt. Der Financial Stability Board erstellte zu diesem Zweck die „Strategie zum finanziellen Zugriff, zur finanziellen Ausbildung[346], zum Schutz des finanziellen Verbrauchers und Aktionspläne“[347], welche durch den Runderlass Nr. 2014/10 des Ministerpräsidiums[348] in Kraft getreten ist. Infolgedessen veröffentlichte die Banking Regulation and Supervision Agency (sog. „BDDK“) den „Aktionsplan über den Schutz des finanziellen Verbrauchers – ein Hintergrundsdokument“.[349] Hier ist der Begriff des „finanziellen Verbrauchers“ zu beachten. Der finanzielle Verbraucher wird als eine natürliche Person, die weder zu Zwecken ihrer gewerblichen noch ihrer beruflichen Tätigkeiten von den Waren und Dienstleistungen der Finanzinstitutionen profitiert oder diese verwendet, definiert.[350]

Der Begriff des finanziellen Verbrauchers ähnelt dem Anlegerbegriff und ist die Folge eines besseren Schutzbedarfs für Anleger.[351] Jedoch führt diese Ähnlichkeit nicht dazu, dass der Anleger als Verbraucher bewertet werden kann. Das Kapitalmarktgesetz enthält keine Vorschriften darüber, dass der Anleger wie ein Verbraucher zu behandeln ist.

II. Der Schutz des Anlegers

1. *Gesetzliche Schutzvorschriften*

a. *Einklang mit dem europäischen und dem türkischen Recht*

Das bevorzugte Ziel des neuen türkischen Kapitalmarktgesetzes ist die Anpassung an das europäische Recht. Damit wurde *der acquis communautaire* im

---

345 *Çetin,* Investor Protection, S. 7; *ders.*, GaziÜHFD 2011, S. 1, 9; *Özer,* BATİDER 2018, S. 37, 83.

346 Die Zielgruppe der finanziellen Ausbildung sind Anleger und Verbraucher.

347 ABl. 29021 v. 05.06.2014.

348 ABl. 27958 (wiederholte Veröffentlichung) v. 08.06.2011.

349 Aktionsplan über den Schutz des finanziellen Verbrauchers, Hintergrundsdokument, November 2014, abrufbar unter: https://www.bddk.org.tr/ContentBddk/dokuman/mevzuat_0124.pdf (abgerufen am 20.11.2018).

350 Aktionsplan über den Schutz des finanziellen Verbrauchers, Hintergrundsdokument, S. 19.

351 *Özer,* BATİDER 2018, S. 37, 61 f.

Zusammenhang mit dem Kapitalmarktrecht in das türkische Recht umgesetzt. Im Rahmen von *Pre-Accession Assistance* wurde ein Entwurf des *EU-Twinning-Projekts*[352] beim Prozess der Gesetzgebung zugrunde gelegt.[353]

Da das neue Kapitalmarktgesetz erst nach der Finanzkrise im Jahr 2008 (aufgrund Toxischer-Immobilien-Papiere) kodifiziert wurde, konnten die Schwächen des Finanzsystems beobachtet und somit erforderliche Maßnahmen getroffen werden.[354]

Zudem ist der Einklang mit dem türkischen Handelsgesetzbuch (tHGB) auch ein Ziel des Kapitalmarktgesetzes. Es besteht kein Zweifel daran, dass der Kapitalmarkt eng mit dem Handelsrecht verbunden ist.[355] Erst im Jahr 1982 wurden die auf dem Handelsgesetzbuch von 1957 beruhenden Rechte der Aktiengesellschaft durch das Kapitalmarktgesetz reformiert, da die allgemeinen Normen des Aktienrechts (Handelsgesetzbuch) nicht ausreichend waren, um die Vermögensbildung in Aktien zu fördern, die Gewährleistung des Anlagenschutzes durch Erweiterung der Publizität zu ermöglichen und die Kapitalbeschaffungsmittel für die Gesellschaften zu schaffen.[356]

Beachtlich hierbei ist die Kritik darüber, ob das Handelsgesetzbuch und das Kapitalmarktgesetz, die die Vorschriften über die Aktiengesellschaften regeln, gegenseitig in ihre Bereiche eingreifen und ob das Kapitalmarktgesetz die Grenzen des Handelsgesetzbuchs überschreitet.[357] Der Gesetzbegründung nach ist das Handelsgesetzbuch eine umfassendere Reform für Aktiengesellschaften,

---

352 EU-Twinning-Projekte sind landübergreifende Partnerschaftsprojekte, die auf Initiative der Europäischen Kommission im Jahr 1998 geschaffen wurden, um künftige Mitgliedstaaten an die Europäische Union heranzuführen und sie bei ihren Vorbereitungen auf einen bevorstehenden EU-Beitritt zu unterstützen. Seit dem Jahr 2002 wird das Twinning-Konzept jedoch auch in Ländern ohne Beitrittsperspektive genutzt und hat sich somit zu einem Instrument des Institutionenaufbaus (engl. „Institution Building") weiterentwickelt."

353 *Tekinalp/Çamoğlu,* Sermaye Piyasası Hukukunun Temel İlkeleri, Rn. 4.

354 *Tekinalp/Çamoğlu,* Sermaye Piyasası Hukukunun Temel İlkeleri, Rn. 6; *Grundmann/Atamer* in: Financial Services, Financial Crisis and General European Contract Law, S. 3 ff.; *Tekinalp* in: Financial Services, Financial Crisis and General European Contract Law, S. 165, 169, 175 ff.

355 *Nomer Ertan,* Annales 2016, S. 171, 188.

356 *Hirsch/Tekinalp,* Das türkische Aktien- und GmbH-Recht, S. 52 f.

357 Zur Kritik *Tanör,* Türk Sermaye Piyasası, Cilt I, Taraflar, 1999, S. 42 ff.; *Manavgat,* İÜHFM 2013, S. 287 f.

weshalb eine Anpassung des türkischen Rechts an das Europäischen Recht gemeinsam mit der Nachverfolgung weltweiter Entwicklungen erzielt wird.[358]

Das Kapitalmarktgesetz spielte eine große Rolle bei der Erneuerung des Handelsgesetzbuchs, insbesondere im Bereich des Gesellschaftsrechts, da viele neue Institutionen des Kapitalmarktgesetzes, wie z.B. die Abschlussprüfer, ein eingetragenes Kapitalsystem und ein Dividendenvorschuss in das Handelsgesetzbuch umgesetzt wurden.[359]

Obwohl der Gesetzgeber einen Einklang mit dem Handelsgesetzbuch bezweckt, besteht bei der Anwendung des Handelsgesetzbuchs ein grundsätzliches Problem. Das Handelsgesetzbuch als „allgemeines" Gesetz wird gemäß Art. 2 Abs. 2 tKMG[360] erst dann angewendet, wenn keine Vorschriften in den Erlassen der Kapitalmarktaufsicht existieren. Dies ist zu Recht zu kritisieren, da weder die Satzungen gemäß Art. 115 des türkischen Grundgesetzes (tGG)[361] noch die Rechtsverordnungen nach Art. 124 tGG gegenüber den Gesetzen einen Vorrang haben.[362]

---

358 RegBegr. tKMG, S. 12.

359 *Manavgat,* Halka Arz ve Sermaye Artırımı, in: SPH Sempozyumu 2013, S. 117.

360 Art. 2 Abs. 2 tKMG: *„Allgemeine Vorschriften sind dann zu verwenden, wenn keine Vorschriften in diesem Gesetz und in den sekundären Vorschriften, die auf Grund dieses Gesetzes in Kraft getreten sind, vorhanden sind, und wenn in den anderen Gesetzen angegeben wird, dass dieses Gesetz in bestimmten Fällen nicht verwendet wird…"*

361 Türkisches Grundgesetz, Gesetz Nr. 2709 v. 18.10.1982, ABl. 17863 v. 09.11.1982.

362 Nach einer Ansicht sei die Vorschrift folgendermaßen zu formulieren; *„…und in den sekundären Vorschriften, die nicht gesetzwidrig sind,…" Moroğlu,* Anonim Ortaklıklarda Sermaye Artırımı, S. 27; dagegen vertreten andere Meinungen, dass die Aktiengesellschaften, die den Vorschriften des Kapitalmarktgesetzes oder Bankgesetzes unterliegen, i.S.d. Art. 330 tHGB Gesellschaften sind, die den Vorschriften der speziellen Gesetze unterliegen. Damit soll der Begriff „spezielle Vorschriften" im weiteren Sinne auch die sekundären Vorschriften umfassen und einen Vorrang gegenüber dem Handelsgesetzbuch haben. Art. 330 tHGB: *„Außer den speziellgesetzlichen Vorschriften sind bei den Gesellschaften, die den Vorschriften der speziellen Gesetze unterliegen, die Vorschriften dieses Teils zu verwenden."* Der Gesetzgeber stellte mit der Begründung des Art. 330 tHGB klar, dass mit dem Begriff „Vorschriften" nur Gesetze gemeint sind und die Umfassung sekundärer Vorschriften gegen den Sinn und Zweck des Gesetzes verstößt, siehe Kırca/Manavgat/*Şehirali Çelik,* Anonim Şirketler Hukuku, S. 235 f.; eine andere Meinung geht davon aus, dass die zeitliche Anwendung der Gesetze in dem Fall zu beachten ist. Eine ältere spezialgesetzliche Vorschrift soll nicht angewendet werden, wenn das Handelsgesetzbuch eine neue Vorschrift regelt, die die spezielle Vorschrift deutlich außer Kraft setzt, siehe Kırca/Manavgat/*Şehirali Çelik,* Anonim Şirketler Hukuku, S. 237 f.; ausf. zur Diskussion über die Zwangsvorschrifteigenschaft der Vorschriften des Handelsgesetzbuchs, siehe *Manavgat,* İÜHFM 2013, S. 287, 288 ff.; *Turanboy,* 6102 Sayılı Türk Ticaret Kanunu'nun Sermaye Piyasası Hukuku Bakımından Değerlendirilmesi, S. 11, 12 f.

b. Änderungen und Neuigkeiten

Dagegen enthält das Kapitalmarktgesetz im Zusammenhang mit dem Anlegerschutz einige neue Definitionen, neue Institutionen und Änderungen der jeweiligen Definitionen.

Von großer Bedeutung sind die Regelungen über die Billigung des Prospekts. Ein Prospekt muss gemäß Art. 4 bis 10 tKMG durch die Kapitalmarktaufsicht gebilligt werden. Damit wurde das amtliche Notierungssystem des außer Kraft getretenen Kapitalmarktgesetzes[363] ersetzt. Nach dem neuen Kapitalmarktgesetz gibt es zwei Arten von Publizitätsdokumenten: „der Prospekt" und „das Emissionsdokument". Gemäß Art. 11 Abs. 1 tKMG wird bei der Emission der Finanzinstrumente, die nicht öffentlich angeboten werden, ein Emissionsdokument erstellt.[364]

Nach der Finanzkrise wurden insbesondere im Bereich der zentralen Institutionen wichtige Regelungen getroffen. Nach einer neuen Definition im Kapitalmarktgesetz ist „der Marktbetreiber (Art. 3 Abs. 1 lit. r tKMG)" eine Aktiengesellschaft, die die Börse oder Börsenmärkte, wie z.B. die Aktienbörse, Anleihenbörse, Fondsbörse usw., betreibt oder steuert.[365] Weiterhin wird das Rechtssubjekt „die zentralen Kontrahenten (Central Counterparty)[366]" in Art. 3 Abs. 1 lit. ö tKMG zum ersten Mal definiert.[367]

---

363 Türkisches Kapitalmarktgesetz, Gesetz Nr. 2499 v. 28.07.1981, ABl. 17416 v. 30.07.1981.

364 Die Emission von Finanzinstrumenten, die nicht öffentlich angeboten werden, bleibt in Nichtpublikumsgesellschaften außerhalb des Bereichs des Art. 2 Abs. 1 tKMG. Deswegen wird das Emissionsdokument bei der Emission der Verschuldungsmittel, welche nicht öffentlich angeboten werden, erstellt. Auch wird ein Emissionsdokument in einer Publikumsgesellschaft bei der Emission der Anteile, welche nicht öffentlich angeboten werden, erstellt, siehe *Manavgat,* Halka Arz ve Sermaye Artırımı, in: SPH Sempozyumu 2013, S. 117, 121.

365 Ausf. *Tekinalp/Çamoğlu,* Sermaye Piyasası Hukukunun Temel İlkeleri, Rn. 13.

366 Art. 3 Abs. 1 lit. ö tKMG.

367 Die zentralen Kontrahenten sind auf dem Kapitalmarkt von großer Bedeutung, da die Geschäfte zwischen den Käufern und Verkäufern durch diese Unternehmen durchgeführt werden. Der zentrale Kontrahent ist der Käufer für jeden Verkäufer, und der Verkäufer für jeden Käufer.

Die Institutionen des Kapitalmarktgesetzes sind auch von großer Bedeutung, insbesondere bei der Entschädigung und der Durchführung des Entschädigungssystems beim Anlegerschutz. Im Besonderen zu nennen ist bei der außergerichtlichen Entschädigung des Anlegers gemäß Art. 83 ff. tKMG „die Anlegerentschädigungseinrichtung". Die Anlegerentschädigungseinrichtung ist gemäß Art. 3 Abs. 1 lit. y tKMG eine öffentliche juristische Person, die die Entschädigung im Zusammenhang mit einem Beschluss der Kapitalmarktaufsicht gemäß Art. 83 ff. tKMG durchführt.[368]

Erfüllen Anlageinstitute ihre Verpflichtungen zur Rückzahlung von Geldern oder zur Herausgabe von Finanzinstrumenten nicht, so kommt ein Entschädigungsfall der Anlegerentschädigungseinrichtung in Betracht.[369] Diese Einrichtung wird im deutschen Recht unter dem Namen „Entschädigungseinrichtung für Wertpapierhandelsunternehmen" organisiert und bietet den Anlegern eine Entschädigung in dem Fall, wenn Wertpapierhandelsunternehmen ihre Verbindlichkeiten aus Wertpapiergeschäften nicht erfüllen können.

Da Wertpapiergeschäfte auf dem Markt eine gewisse Sachkenntnis, Erfahrung und Professionalität erfordern, bieten Anlageinstitutionen sowohl den Emittenten als auch den Anlegern große Unterstützungen.[370] Die Anlageinstitutionen sind im außer Kraft getretenen Kapitalmarktgesetz unter dem Namen „Anlagevermittler" geregelt. Die Terminologie des Kapitalmarktgesetzes wurde angesichts der europäischen Vorschriften modernisiert und Tätigkeiten dieser Institutionen auf Anlagetätigkeiten und Anlagedienstleistungen ausgedehnt.[371]

Jedoch enthalten viele Vorschriften des Kapitalmarktgesetzes über Anlageinstitutionen noch immer den Begriff „Anlagevermittler".[372] Es kann festgestellt werden, dass die Anlageinstitutionen des heutigen Kapitalmarktgesetzes hauptsächlich weiterhin von Anlagevermittlung und Wertpapiergeschäften der Banken (keine Bankgeschäfte wie z.B. Einlagen) sprechen.

Unter dem Begriff der Anlageinstitution werden gem. Art. 3 Abs. 1 lit. v tKMG und Art. 4 Abs. 1 lit. r des Erlasses (III-39.1)[373] Anlagevermittler, Banken

---

368 *Tekinalp/Çamoğlu*, Sermaye Piyasası Hukukunun Temel İlkeleri, Rn. 24; *Kaytaz*, MÜHFD 2016, S. 1625 ff.

369 *Kaytaz*, MÜHFD 2016, S. 1625, 1641.

370 *Ünal*, Sermaye Piyasası Hukuku ve Mevzuatı, S. 459.

371 *Kaytaz*, MÜHFD 2016, S. 1625, 1638 f.

372 Auch *Ünal* betont das Terminologieproblem des Kapitalmarktgesetzes, siehe *Ünal*, Sermaye Piyasası Hukuku ve Mevzuatı, S. 455.

373 Erlass Nr. III-39.1 über die Grundsätze der Anlageinstitutionen bezüglich ihrer Gründung und Tätigkeiten, ABl. 28854 v. 17.12.2013.

bei Anlagedienstleistungen und -Tätigkeiten nach dem Kapitalmarktgesetz, und weitere Kapitalmarktinstitutionen verstanden.[374]

Anlageinstitutionen dürfen im türkischen Recht gem. Art. 43 Abs. 1 lit a. tKMG und Art. 5 Abs. 1 lit. a des Erlasses (III-39.1) nur in Form der Aktiengesellschaft[375] tätig sein. Vergleicht man die „Anlagevermittlung" mit den Institutionen des deutschen Rechts, ähnelt sie dem Wertpapierhandelsunternehmen bzw. der Wertpapierhandelsbank. Ihre Tätigkeiten sind z.B. die Anschaffung und Veräußerung von Finanzinstrumenten in eigenem oder fremdem Namen und auf eigene oder fremde Rechnung und damit verbundene Herausgabepflichten dieser Finanzinstrumente, die Vermittlung des öffentlichen Angebots, die Anlageberatung usw. Ferner ist die Anlagevermittlung dazu verpflichtet, ihre Verbindlichkeiten durch die Zugehörigkeit zur Anlegerentschädigungseinrichtung zu sichern.

Die Kapitalmarktaufsicht muss diesen Institutionen zur Erbringung von Finanzdienstleistungen eine Erlaubnis erteilen und zudem müssen sie Beitragspflichten erfüllen. Ebenfalls sind Anlageinstitute gemäß Art. 45 Abs. 5 tKMG dazu verpflichtet, die Kontrollsysteme unter Berücksichtigung der Anlagerisiken, Rechte und Interessen der Anleger zu erstellen. In diesem Zusammenhang müssen Interessenkonflikte gem. Art. 11 des Erlasses (III-39.1) vermieden und, falls doch welche existieren, dargelegt werden.

c. Anlegerschutz im Rahmen der Corporate-Governance-Prinzipien

Die Schaffung einer transparenten und verlässlichen finanziellen Kontrolle der Gesellschaft im Rahmen einer Balance der Interessengruppen sind die wesentlichen Ziele der Corporate Governance. Weitere Ziele sind die Regulierung des Arbeitsablaufs, das Informieren des Publikums und das Risikomanagement.[376]

---

374 Nach einigen Ansichten seien mit weiteren Kapitalmarktinstitutionen noch nicht bestehende Institutionen gemeint, die in der Zukunft gegründet werden könnten, siehe *Çetin/Töremiş/Cantimur*, 6362 Sayılı Sermaye Piyasası Kanunu'nun Sistematik Analizi, S. 92; *Kaytaz*, MÜHFD 2016, S. 1625, 1638. Diese Auslegung bzw. dieser substanzlose Begriffsbedarf ist nicht nachvollziehbar. Bei der Modernisierung des Gesetzes muss auch beachtet werden, ob sich die Regelungen und Begriffe mit den nationalen Umständen decken. Die Einführung eines Begriffs für potenzielle Institutionen genügt allerdings nicht als Modernisierung.

375 Deutsche Wertpapierhandelsunternehmen werden nicht nur als AG, sondern öfter als GmbH oder GmbH&Co. KG gegründet.

376 *Pulaşlı*, Corporate Governance, Anonim Şirket Yönetiminde Yeni Model, S. 4 f.; *Yaşar*, TFM 2016, S. 69, 73 f.

Die börsennotierten Aktiengesellschaften sind gemäß Art. 17 Abs. 2 tKMG ganz oder teilweise verpflichtet, sich den Corporate-Governance-Regelungen[377] anzupassen. Neben dem Kapitalmarktgesetz enthält der Corporate-Governance-Erlass Nr. II-17.1[378] die Hauptregeln, die unter den Überschriften „die Aktionäre", „Publizität und Transparenz" und „Interessenten" und „der Vorstand" geregelt sind. Die vier wichtigen Elemente der Corporate Governance sind die „Gerechtigkeit/Fairness", „Publizität und Transparenz", „Rechenschaft" und „Verantwortung".[379]

Das „Gerechtigkeitsprinzip" sichert die Führung der Gesellschaft, die Überwachung der Geschäftsleiter und das Zusammenbringen der Interessen im Einklang mit dem Gleichbehandlungsgrundsatz.[380]

Im Zusammenhang mit dem Gleichbehandlungsgrundsatz verpflichtet sich bei der Durchführung der Corporate Governance gemäß Art. 17 Abs. 1 S. 2 tKMG auch die Kapitalmarktaufsicht dazu, die gleichgestellten Gesellschaften gleich zu behandeln. Unter dem Stichwort „der Transparenz"[381] werden alle fundamentalen Informationen über die finanzielle Lage oder die Leistung der Gesellschaft erfasst, welche für die Aktionäre und die anderen Interessenten richtig, vollständig, verständlich, leicht analysierbar und mit wenig

---

377 Diese Regelungen werden gem. Art. 17 tKMG durch die Kapitalmarktaufsicht bestimmt.

378 Corporate-Governance-Erlass Nr. II-17.1, ABl. 28871 v. 03.01.20014; Erlass Nr. IV-56 über die Bestimmung und Durchführung der Corporate-Governance-Prinzipien, ABl. 28158 v. 30.12.2011.

379 RegBegr. tHGB, E) Welt- und europaweite Doktrin und Berichte, I. Corporate Governance Nr. 89; Kırca/Manavgat/*Şehirali Çelik*, Anonim Şirketler Hukuku, S. 200; *Yanlı*, FS Ülgen, 2007, S. 1581, 1584.

380 *Bahar Sayın*, Pay Sahibi Haklarının Korunması Kapsamında Anonim Şirket Yönetim Kurulu Kararlarının Butlanı, S. 280 f.; *ders.*, Kurumsal Yönetim İlkeleri Açısından Türk Ticaret Kanunu Tasarısı'nın Değerlendirilmesi, S. 47 ff.; *Eminoğlu*, TFM 2015, S. 79, 80 f.

381 RegBegr. tHGB, Nr. 68: *„Bei der Aktiengesellschaftsdoktrin werden die Begriffe „Publizität" und „Transparenz" meistens synonym verwendet. Die Publizität, die den Ausgangspunkt als den Jahresabschluss festlegt, ist weiterentwickelt worden. Ferner hat sich ihre Anwendung in der Aktiengesellschaft auch auf jeden Tatbestand erstreckt. Statt der Publizität findet heute der Begriff der „Transparenz" in hohem Maße Anwendung. Transparenz richtet sich an ein breites Publikum. Transparenz ist nicht die Folge eines Verständnisses der Publikumsgesellschaft, das sich lediglich auf diese konzentriert, sondern die Folge eines Ansatzes der Informationsgesellschaft."*

Kosten erreichbar sind.[382] Publizitätspflichten sind bezüglich der Transparenz im Mittelpunkt der Corporate Governance.[383] Damit werden eine transparente Gesellschaftsführung und gerechtfertigte, professionelle Beschlüsse der Geschäftsleiter ermöglicht. Das Verantwortungsprinzip beruht auf einer Zusammenfassung von gesetzlichen, ökonomischen und politischen Aspekten.[384]

Es existieren keine Bedenken darüber, dass die Anleger auch von der guten Gesellschaftsleitung profitieren. In einem erstinstanzlichen Urteil, welchem der Kassationshof zustimmte, wird ausgeführt, dass die Freiheitsstrafe und die Anschuldigungen der Vorstandsmitglieder das Merkmal für ein Missmanagement der Gesellschaft sei.[385]

d. Schutzmechanismen des Kapitalmarktgesetzes zum Anlegerschutz

Um die Anleger schützen zu können, enthält das Kapitalmarktgesetz außergerichtliche und alternative Mechanismen. Somit können die Konflikte schneller, effektiver und kostengünstiger gelöst werden.[386] Eine außergerichtliche Lösung für Interessenkonflikte zwischen Anlegern und der Anlageinstitution wurde mit Art. 70 Abs. 1 tKMG[387] bestimmt. Gemäß Art. 70 Abs. 2 S. 1 tKMG wird

382 *Bahar Sayın,* Pay Sahibi Haklarının Korunması Kapsamında Anonim Şirket Yönetim Kurulu Kararlarının Butlanı, S. 280 f.; *Yanlı,* Kurumsal Yönetim İlkeleri Açısından Türk Ticaret Kanunu Tasarısı'nın Değerlendirilmesi, in: İTO 2007, S. 45, 47 ff; *Özkorkut,* Finansal Raporlama, Bağımsız Denetim-Kamuyu Aydınlatma İlişkisi ve Sorumluluk, in: SPH Sempozyumu 2013, S. 153, 156 ff.

383 *Özkorkut,* Finansal Raporlama, Bağımsız Denetim-Kamuyu Aydınlatma İlişkisi ve Sorumluluk, in: SPH Sempozyumu 2013, S. 153, 156; Kırca/Manavgat/*Şehirali Çelik,* Anonim Şirketler Hukuku, S. 201; *Poroy/Tekinalp,* Ortaklıklar Hukuku I, S. 289, Rn. 471b.

384 *Bahar Sayın,* Pay Sahibi Haklarının Korunması Kapsamında Anonim Şirket Yönetim Kurulu Kararlarının Butlanı, S. 280 f.

385 Konya Handelsgericht, 4. Zivilkammer, Urt. v. 05.11.2013, E. 2013/253 K. 2013/291: *„Das Gericht entschied aus den Gründen, dass der Beklagte unter Betrachtung der gegen ihn gerichteten Strafverfahren und Art. 336 tHGB a.F. die beklagte Gesellschaft nicht ordentlich führte und für den Schaden der Kläger verantwortlich ist …das zulässige und rechtmäßige Urteil zu bestätigen,…"*

386 *Çetin,* Yatırımcıların Korunması, in: SPH Sempozyumu 2013, S. 437, 464; *ders.,* GaziÜHFD 2009, S. 21 f.

387 Art. 70 Abs. 1 S. 1 tKMG: *„Der Vorstand der Börsen bestimmt die Art und Weise der Lösung der Konflikte, die aufgrund von Börsengeschäften gem. Art. 67 Abs. 1 lit. b und lit. c zwischen den Anlageinstitutionen untereinander oder mit den Kunden entstehen."*

eine zuverlässige, transparente, effektive, stabile, gerechte, richtige und konkurrierende Ausführung der Geschäfte erstrebt.[388]

Demzufolge löst der Vorstand der Börse Konflikte zwischen dem Anleger und der Anlageinstitution oder der Anlageinstitutionen untereinander. Die Entscheidung zur Lösung des Konflikts, wie z.B. das Unterlassen einer Verpflichtung über die Börsengeschäfte, wird durch die Kapitalmarktaufsicht geprüft. Die für die Einbringung der Wertpapierdienstleistungen Zuständigen müssen gem. Art. 29 Abs. 1 der Richtlinie[389] Kundenaufträge über den Kauf oder Verkauf einer Anlage ausführen. Wenn das Wertpapierhandelsunternehmen eine Weisung eines Anlegers über einen Aktienkauf schuldhaft unterlässt und dies zu einem Konflikt mit dem Anleger führt, wird die Lösung des Konflikts durch die Kapitalmarktaufsicht geprüft.

Die Anlegerentschädigungseinrichtung ist ein weiterer Mechanismus, der zum Anlegerschutz dient und mit Art. 83 tKMG[390] geregelt wird. Diese Anlegerentschädigung ist erforderlich, da die Anleger ansonsten wegen einer Insolvenz oder einer anderen Zahlungsunfähigkeit der Gegenseite nicht entschädigt werden könnten.[391] Der Entschädigungsfall tritt gemäß Art. 82 Abs. 1 tKMG[392] ein, wenn die Kapitalmarktaufsicht feststellt, dass eine Anlageinstitution nicht in der Lage ist, die Zahlung oder Abgabepflicht aus den Finanzinstrumenten zu erfüllen und keine Aussicht auf eine kurzfristige Erfüllung besteht.[393]

Nach der Feststellung eines solchen Falles entscheidet die Kapitalmarktaufsicht gem. Art. 82 Abs. 1 S. 2 tKMG innerhalb von 3 Monaten über die Entschädigung der Anleger. Der Entschädigungsanspruch ist gemäß Art. 85 Abs. 1 S. 1

---

388 Art. 70 Abs. 2 S. 1 tKMG: „*Die Börsen haben eine Überwachungsstelle als Börsenorgan einzurichten und die jeweiligen Maßnahmen zu treffen, um vertrauensvolle, transparente, effektive, stabile, faire, treue und konkurrenzfähige Geschäfte verwirklichen zu können und gesetzwidrige Geschäfte zu bestimmen…*“

389 Richtlinie über die Börsentätigkeiten der Istanbuler Börsen, ABl. 29150 v. 19.10.2014.

390 Art. 83 Abs. 1 S. 1 tKMG: „*1) Um Anleger im Rahmen der Voraussetzungen dieses Gesetzes zu entschädigen, wird die Anlegerentschädigungseinrichtung, die eine öffentliche juristische Rechtspersönlichkeit besitzt, begründet.*“

391 *Çetin*, Yatırımcıların Korunması, in: SPH Sempozyumu 2013, S. 437, 466; *ders.*, İnvestor Protection, S. 25 ff.; *Kaytaz*, MÜHFD 2016, S. 1625, 1628.

392 Art. 82 Abs. 1 S. 1 tKMG: „*1) Stellt die Kapitalmarktaufsicht fest, dass die Anlageinstitutionen ihre Barzahlungspflichten oder Abgabepflichten der Finanzinstrumente nicht erfüllen oder nicht in kurzer Zeit erfüllen werden, entscheidet sie sich dazu, die Anleger zu entschädigen.*“

393 Die Wirtschaftskrise kann auch als ein Beispiel für einen Zahlungsmangel genannt werden.

tKMG[394] schriftlich bei der Anlegerentschädigungseinrichtung anzumelden. Das Anlegerentschädigungssystem entschädigt den Schaden der Anleger durch die Beiträge, die durch Anlageinstitutionen gem. Art. 20, 21, 22 der Richtlinie über die Anlegerentschädigungseinrichtung[395] bezahlt werden.[396]

Die Anlegerentschädigungseinrichtung muss sich so bald wie möglich für die Entschädigung der Anleger vorbereiten. Demzufolge müssen gem. Art. 85 Abs. 2 S. 1 tKMG die Ansprüche der Anleger spätestens drei Monate, nachdem die Berechtigung und die Höhe der Ansprüche festgestellt wurden, erfüllt werden. Für die Berechnung der Höhe des Entschädigungsanspruchs sind gem. Art. 85 Abs. 3 S. 1 tKMG der Betrag der nicht erfüllten Gelder und der Abgabepflichten des Finanzinstruments maßgeblich. Im Übrigen unterrichtet die Anlegerentschädigungseinrichtung und die Kapitalmarktaufsicht die Anleger durch Wochenmitteilungen bzw. Bekanntmachungen auf der Internetseite der Kapitalmarktaufsicht bzw. der Anlegerentschädigungseinrichtung über den Eintritt des Entschädigungsfalls und über weitere Prozesse (z.B. über die Verjährung, die Höhe der Entschädigung).

Die außergerichtliche Anlegerentschädigungseinrichtung hilft gemäß Art. 83 Abs. 1 tKMG bei der Entschädigung der Anleger, die aufgrund der Nichterfüllung einer in Art. 82 Abs. 1 tKMG genannten Zahlung oder Abgabepflicht einer Anlageinstitution erfolgt.[397] Gemäß Art. 84 Abs. 5 tKMG[398] dürfen den Anlegern als Entschädigung maximal hunderttausend türkische Lira durch die Anlegerentschädigungseinrichtung bezahlt werden. Zudem liegen auch die Schäden wegen einer Anlageberatung oder wegen den Marktpreisschwankungen gemäß Art. 84 Abs. 2 S. 2 tKMG außer dem Bereich der Entschädigung. Im

394 Art. 85 Abs. 1 S. 1 tKMG: *„1) Der Entschädigungsanspruch ist schriftlich bei der Anlegerentschädigungseinrichtung zu melden. Der Entschädigungsanspruch verjährt nach einem Jahr nach der Unterrichtung über den Entschädigungsfall.“*

395 Richtlinie zur Anlegerentschädigungseinrichtung, ABl. 29280 v. 27.02.2015.

396 Weitere Finanzquellen stellen die fünfzig Prozent der Ordnungsgelder der Kapitalmarktaufsicht, die Forderungen, die Erträge des eigenen Vermögens, die verjährten Forderungen sowie Aufbewahrungen bei der Anlegerentschädigungseinrichtung und Gewinne durch den Verkauf von Finanzinstrumenten, deren Eigentum an die Anlegerentschädigungseinrichtung übertragen wurde, dar; *Kaytaz*, MÜHFD 2016, S. 1625, 1634.

397 *Çetin*, GaziÜHFD 2009, S. 21 f.; *ders.*, Yatırımcıların Korunması, in: SPK Sempozyumu 2013, S. 437, 464; Kassationshof, 11. Zivilkammer, Urt. v. 26.01.2015, E. 2014/1434 K. 2015/971.

398 Art. 84 Abs. 5 S. 1 tKMG: *„Der höchste Entschädigungsbetrag der jedem berechtigten Anleger auszuzahlen ist, liegt bei hunderttausend Türkische Lira.“*

Übrigen werden die Konfliktlösungen nur mit den Konflikten auf Grund eines Börsengeschäfts gemäß Art. 70 Abs. 1 tKMG begrenzt.

Diese Regelung wird in der Literatur ebenfalls richtigerweise kritisiert, da Nicht-Börsengeschäfte außer dem Bereich des Art. 70 tKMG bleiben und den Entschädigungsanspruch auf den Gegenwert von hunderttausend Türkische Lira begrenzt.[399] Solche Beschränkungen (als Börsengeschäft oder nicht Börsengeschäft, Entschädigungslimit) dienen jedoch dem Anlegerschutz nur mangelhaft. Ferner sollen Anleger diese Schutzmöglichkeiten zur Kenntnis nehmen. Jedoch ist im Gesetz unklar, wie die Anleger über diese informiert werden.[400]

2. *Verbotene Handlungen*

Vertrauen und Stabilität in den Kapitalmärkten sind die wesentlichen Merkmale für die Anleger und Emittenten.[401] Demzufolge stellt der Schutz der Kapitalmärkte vor Missbräuchen sowohl für die Anleger als auch für die Anbieter eine wichtige Maßnahme dar.[402] Daher haben die Gleichbehandlung der Anleger sowie Regelungen über die Beseitigung von Privilegierungen große Bedeutung.[403]

Zu beachten ist, dass aufgrund technologischer Entwicklungen die Anzahl der kapitalmarktrechtlichen Straftaten gestiegen ist bzw. deren Begehung vereinfacht wurde.[404] Der Gesetzgeber maß dem richtigen Funktionieren des Kapitalmarktes große Wichtigkeit bei.[405] Daher wurden Schutzvorschriften vorgeschrieben, wie z.B. die Sperrung der Webseite, um gegen die Straftaten im Internet anzukämpfen und den Missbrauch der Anleger zu beseitigen.[406] Zudem wurden auch die kapitalmarktrechtlichen Strafvorschriften unter Berücksichtigung europäischer Vorschriften geregelt.[407] Zur Sicherstellung des

---

399 *Çetin,* Yatırımcıların Korunması, in: SPH Sempozyumu 2013, S. 437, 465 f.

400 *Çetin,* 6362 Sayılı Kanun'da Yatırımcıların Korunması, S. 466.

401 RegBegr. tKMG, Nr. 4 (Allgemeine Bewertung) Abs. 2: *„Wie allgemein bekannt ist, sind die Stabilität und das Vertrauen in die Wirtschaft wichtige Bestandteile des Kapitalmarkts sowohl für die Emittenten als auch für die Anleger…“* dazu noch *Tanör,* Türk Sermaye Piyasası, Cilt I, Taraflar, 1999, S. 138 f.

402 *İsfen,* FS Özsunay, 2004, S. 499, 507; *Manavgat,* TFM 2016, S. 43, 51.

403 *Hacımahmutoğlu,* FS Kalpsüz, 2003, S. 147 f.; *Tanör,* Türk Sermaye Piyasası, Cilt I, Taraflar, 1999, S. 179.

404 *İsfen,* FS Özsunay, 2004, S. 499, 505.

405 Kassationshof, 19. Strafkammer, Urt. v. 25.10.2016, E. 2016/11171 K. 2016/21824.

406 RegBegr. tKMG, Nr. 6 (bezüglich der Überwachung und Maßnahmen).

407 RegBegr. tKMG, Nr. 7 (Straftaten auf dem Markt und Sanktionen).

Anlegerschutzes hat der Gesetzgeber neben den Schutzvorschriften auch verbotene Handlungen wie z.B. das Manipulationsverbot (Art. 106), das Verbot von falschen Informationen oder das Verbot des Insiderhandels (Art. 107) vorgesehen.

Eine wichtige Aufgabe der Behörden, vor allem der Kapitalmarktaufsicht, ist die Überwachung der Missbräuche, die den potenziellen Anleger vom Markt abwenden und die vorhandenen Anleger täuschen können.[408] Die Kapitalmarktaufsicht ist gem. Art. 101 tKMG dafür zuständig, notwendige Maßnahmen zum Schutz der Rechte und Interessen der Anleger zu treffen, wie z.B. das Handlungsverbot an der Börse gem. Art. 101 Abs. 1 lit. a tKMG, wenn berechtigte Zweifel an einer Verletzung der Art. 106 (Manipulationsverbot) und 107 tKMG (Verbot des Insiderhandels) bestehen.

Das türkische Oberverwaltungsgericht hob auch ein Urteil eines erstinstanzlichen Gerichts bezüglich der Anfechtung eines Beschlusses der Kapitalmarktaufsicht über ein Börsenverbot für eine Dauer von 2 Jahren auf und wies es zur Neuverhandlung zurück, so dass ein vorübergehendes Börsenverbot für Kläger, die ihre Konten den tatsächlichen Marktbetrügern zum Gebrauch überlassen haben, nicht rechtswidrig ist.[409]

---

408 *Tanör*, Türk Sermaye Piyasası, Cilt I, Taraflar, 1999, S. 153.

409 Türkisches Oberverwaltungsgericht, 13. Kammer, Urt. v. 02.07.2015, E. 2015/2016 K. 2015/2815: *„Die Kapitalmarktaufsicht stellt fest, dass die Verdächtigten des Marktbetrugs grundsätzlich Konten von mehreren Personen verwenden, die tatsächlichen Verdächtigten dabei ihre eigenen Konten nicht oder selten verwenden und die Straftatbestände durch die Konten ihrer Hilfspersonen begehen. Die Marktbetrüger stören das aktive und gesunde Funktionieren des Marktes durch die Konten, die sie selbst nutzen oder nutzen lassen, gefährden die Marktsicherheit indem sie diese Methoden anwenden und camouflieren sich gleichzeitig dadurch. Aus diesem Grund unterscheidet die Kapitalmarktaufsicht zwischen den Personen, die den Marktbetrug begehen und den Personen, die ihre Konten den Marktbetrügern zum Gebrauch überlassen, und erstattete gegen die tatsächlichen Verdächtigten eine Strafanzeige, jedoch nicht gegen diejenigen, die ihre Konten lediglich für die Erhaltung des Börsengewinns ohne Vorsatz den tatsächlichen Marktbetrügern zum Gebrauch überließen oder …Geschäfte durchführten. Bei diesen Personen entschied sie sich lediglich für ein Börsenverbot. Im vorliegenden Verfahren wird das Marktvertrauen der Anleger und des Kapitalmarktes verletzt, wenn Personen, deren marktmissbräuchlichen Tätigkeiten festgestellt wurden, ihre Tätigkeiten auf dem Markt fortführen;… der Kläger ebenfalls mit den Marktbetrügern zusammen agierte, … In diesem Zusammenhang ist der Beschluss der Kapitalmarktaufsicht über ein vorübergehendes Börsenverbot für die Kläger zu einer Dauer von 2 Jahren nicht rechtswidrig…“*

Ferner ist die Kapitalmarktaufsicht für die Bestimmung der notwendigen Maßnahmen und der Art und Weise ihrer Ausführung zum Schutz des Kapitalmarkts zuständig. In diesem Sinne enthält „der Erlass über die Durchführung der Maßnahmen beim Informationsmissbrauch und Marktbetrug (V-101.1)[410]" weitere Maßnahmen. Die Kapitalmarktaufsicht kann auch andere Maßnahmen ergreifen, die der Erlass nicht ausdrücklich vorschreibt.

Inzwischen ist festzustellen, dass die unklare und weitgehende Zuständigkeit der Kapitalmarktaufsicht unter dem Ausdruck „weitere Maßnahmen" auch bei verbotenen Handlungen in Betracht kommt.[411]

a. Marktmanipulationsverbot

Im türkischen Recht ist keine vollständige und einheitliche Definition der Marktmanipulation vorhanden, da diese mit unterschiedlichen Methoden und Mitteln begangen wird und situationsabhängig ist. Das Unwissen der Anleger über Finanzinstrumente ermöglicht einen günstigen Standort für die Manipulation. Die Annahme der manipulativen Gerüchte, ohne ihre Hauptursache zu hinterfragen, vereinfacht Manipulationen auf dem Markt.

Die manipulativen Tatbestände sind in Art. 107 tKMG[412] unter dem Namen „Marktbetrug" geregelt und umfassen Straftaten, die mit einer Freiheitsstrafe von zwei bis fünf Jahren oder Geldstrafe sanktioniert werden.[413]

---

410 Erlass über die Durchführung der Maßnahmen beim Informationsmissbrauch und Marktbetrug (V-101.1), ABl. 28889 v. 21.01.2014.

411 In diesem Fall ist die Erhebung einer Anfechtungsklage nach allgemeinen Vorschriften möglich.

412 Art. 107 Abs. 1 S. 1, Abs. 2 *tKMG: „1) Diejenigen, die Finanzinstrumente kaufen oder verkaufen, anweisen, eine Anweisung annullieren oder ändern oder Kontobewegungen wahrnehmen, um einen falschen oder irreführenden Eindruck bezüglich des Preises, der Preisänderungen oder des Angebots und der Nachfrage des Finanzinstruments zu erwecken, werden mit einer Freiheitsstrafe von 2 bis 5 Jahren bestraft und mit einer Geldstrafe in Höhe von fünftausend bis zehntausend Tagessätzen verhängt. 2) Diejenigen, die unwahr, falsch oder irreführend informieren, spekulieren, benachrichtigen, kommentieren oder einen Bericht erstellen oder diesen verbreiten und davon Gebrauch machen, um den Preis und Wert des Finanzinstruments oder die Anlageentscheidung des Anlegers zu beeinflussen, werden mit einer Freiheitsstrafe von 2 bis 5 Jahren bestraft oder mit einer Geldstrafe in Höhe von fünftausend bis zehntausend Tagessätzen verhängt."*

413 Kassationshof, 19. Strafkammer, Urt. v. 09.01.2017, E. 2016/108 K. 2017/37.

Straftatbestände sind gem. Art. 107 Abs. 1 S. 1 tKMG die Erweckung des falschen oder irreführenden Eindrucks über den Kurs, Kursänderungen des Finanzinstruments sowie über deren Angebot und Nachfrage.

Der Kassationshof entschied in einem Urteil, dass eine Beeinflussung des Angebots und der Nachfrage auf dem Markt durch massenhafte Aktienkäufe und Verkäufe, um Kursänderungen zu bewirken, unter den falschen oder irreführenden Eindruck i.S.d. Art. 107 Abs. 1 tKMG fällt.[414] Hierdurch werden Anleger geschützt, die wegen dem herrschenden Kauf und Verkauf über den tatsächlichen Wert der Finanzinstrumente irren und folglich denken, dass eine Investition in diese Finanzinstrumente rentabel sein könnte.

Einen falschen oder irreführenden Eindruck zu erwecken aus Art. 107 Abs. 1 tKMG erfasst die Tatbestände der Marktmanipulation, während Art. 107 Abs. 2 tKMG die Tatbestände der informationsgeschützten Manipulation erfasst.[415] Falsch oder irreführend zu informieren, spekulieren oder ähnliche Handlungen durchzuführen, um den Preis und Kurs des Finanzinstruments oder die Anlageentscheidung des Anlegers zu beeinflussen, und davon Gebrauch zu machen, verletzt Art. 107 Abs. 2 tKMG.

Problematisch erscheint die Tatbestandsvoraussetzung „davon Gebrauch zu machen". Wird nach der Veröffentlichung einer falschen Information von dieser kein Gebrauch gemacht, so wird der Tatbestand des Art. 107 Abs. 2 tKMG nicht erfüllt. Demnach kommt in diesem Fall eine Informationsasymmetrie zwischen den Anlegern, die falsch informiert sind, und denjenigen, die richtige Informationen haben, in Betracht. Diese Voraussetzung führt folglich zur Gefahr der Informationsasymmetrie und der negativen Auswirkung auf den Markt.[416]

Der Kassationshof stellte auch mit einer aktuellen Entscheidung fest, dass große Anfragen nach Anteilen der Aktiengesellschaft aufgrund von

---

414 Kassationshof, 5. Strafkammer, Urt. v. 09.11.2016, E. 2016/8614 K. 2016/8871: „… *Dass die Verdächtigten bei der Bestimmung des Anteilswerts der …AG, deren Anteile auf der Anteilsbörse gehandelt werden, zwischen dem 03.01.2017 und dem 27.05.2013 gemeinsam als Gruppe durch Kauf- und Verkaufsgeschäfte den Markt beherrschten, und dass diese Geschäfte, die für die Änderung des Anteilswerts ausreichen, und diese Handlungen, die Angebot und Nachfrage auf dem Markt beeinflussen können, im Rahmen der Vorschriften in Art. 107 Abs. 1 tKMG (Gesetz Nr. 6362) bewertet werden müssen…*"

415 *Çetin*, Yatırımcıların Korunması, in: SPH Sempozyumu 2013, S. 437, 455; näher zu informationsgeschützter Manipulation *Manavgat*, BATİDER 2017, S. 29 ff.

416 *Manavgat*, BATİDER 2017, S. 29, 32 f.

massenhaftem Aktienverkauf einen falschen Eindruck auf einem aktiven Markt hervorrufen, wodurch gutgläubige Dritte getäuscht werden und gegen Vorschriften des Kapitalmarktgesetzes verstoßen wird.[417]

b. Insiderhandelsverbot und Veröffentlichung von Insiderinformationen

Aufgrund unterschiedlicher Erfahrungen oder einer besseren Prognose kommt eine Informationsasymmetrie[418] unter den Anlegern zustande. Insiderinformationen können für Anleger in Form einer unrechtmäßigen Offenlegung von Insiderinformationen oder eines Insiderhandels nachteilig sein. Mit der „Markteffizienzhypothese" (sog. „the efficient capital market theory")[419] wird der Vorgang erklärt, wie Anleger durch Insiderinformationen einen Vorsprung zu anderen Anlegern erhalten und diesen nutzen, um Renditen zu bekommen.[420]

Wenn der Anleger die Informationen nicht unter den gleichen Umständen wie die anderen Anleger erreicht, wendet er sich vom Kapitalmarkt ab und das Gleichgewicht geht verloren. Zuständige, wie z.B. der Emittent oder die Vorstandsmitglieder, haben jedoch Zugang zu diesen Informationen, bevor sie öffentlich bekannt werden. Somit besteht das Risiko, dass sie die Insiderinformationen zu ihren Gunsten nutzen können.

---

417 Kassationshof, 19. Strafkammer, Urt. v. 20.09.2017, E. 2017/1927 K. 2017/7133: *„In dem Fall, in dem behauptet wurde, dass die Verdächtigten über die Aktien der…AG auf der Istanbuler Wertpapierhandelsbörse durch verschiedene Handlungen zwischen dem 26.01.2007 und dem 15.02.2007 künstliche Preise und einen künstlichen Markt verursacht haben, wurde … folgend auf die oben detailliert erläuterten Geschäfte… deutlich festgestellt, dass der Anschein erweckt wurde, dass eine hohe Nachfrage nach den Aktien bestünde, dass gutgläubige Dritte in die Irre geführt wurden, dass die Preise stufenweise und künstlich erhöht wurden, dass versucht wurde, einen Anschein über das Bestehen eines aktiven Markts zu erwecken, dass zwischen dem 26.01.2007 und dem 15.02.2007 auf der Aktienbörse außer dem normalen Börsenindex eine außergewöhnliche Preis- und Anzahlbewegung existierte, dass die in dem genannten Zeitraum durchgeführten Kauf- und Verkaufsgeschäfte durch die Verdächtigten anhand der kontrollierten Konten eine Höhe und Intensivität erreichten, womit der Aktienmarkt beeinflusst werden konnte, und dies zu einer Beherrschung auf dem Markt führen konnte..“*

418 *Kara*, SÜHFD 2015, S. 131, 133.

419 Näher Klöhn/*Klöhn*, Vor Art. 7 Rn. 76 Fn. 140.

420 Ausf. zu den Theorien *Hacımahmutoğlu*, FS Kalpsüz, 2003, S. 147, 149 ff.; *Tanör*, Türk Sermaye Piyasası, Cilt I, Taraflar, 1999, S. 179.

Um diese Gefahr zu vermeiden, ist der Insiderhandel gemäß Art. 106 tKMG verboten.

Bei einem Insidergeschäft handelt es sich meistens um die Weitergabe oder das Nutzen einer Information, z.B. noch nicht veröffentlichte Investitionen der Emittenten, mögliche Investitionsentscheidungen, Projekte, zu erwartende Gewinnerfolge von den Investitionen, Fusionsverhandlungen usw. Zudem müssen die zuständigen Personen, um die Voraussetzungen des Art. 106 tKMG zu erfüllen, einen Zugang zu diesen Informationen vor ihrer Veröffentlichung haben, um von diesen Informationen für sich oder für eine Dritten Gebrauch machen zu können.[421]

Die Insiderinformation wird nach ihrer gesetzlichen Begründung unter Berücksichtigung der europäischen Vorschriften definiert und unter der Überschrift „Informationsmissbrauch" geregelt.[422] Das gleiche Informationsniveau wird allerdings nicht durch das Insiderverbot bezweckt. Das Ziel des Insiderverbotes ist die gleichzeitige Verfügbarkeit der Informationen unter gleichen Umständen und die Schaffung und Weiterführung des Vertrauens am Kapitalmarkt.[423]

Es ist daher wichtig zu betonen, dass Geschäftsleiter -vor allem Vorstandsmitglieder- bei der Verwendung von Informationen dazu verpflichtet sind, gleichzeitig den Markt zu schützen.[424] Es drohen Haft- und Geldstrafen für Emittenten und andere Personen, die nicht öffentlich bekannte Informationen direkt oder indirekt nutzen, die den Kurswert der Finanzinstrumente usw. oder die Anlageentscheidung des Anlegers beeinflussen können oder aus diesen Informationen für eigene oder fremde Rechnung Vorteile ziehen. So sind die Geschäfte mit Drittbezug auch vom Insiderverbot erfasst.

Obwohl der Erwerb eigener Anteile grundsätzlich verboten ist, können der Kurswert und Marktpreis innerhalb der zulässigen Grenzen des Erwerbs durch den Erwerb eigener Anteile manipuliert und Insidergeschäfte durchgeführt werden.[425] Mit dem Gedanken des Wertzuwachses der eigenen Anteile beim

---

421 *Ünal,* Sermaye Piyasası Hukuku ve Mevzuatı, S. 392.

422 RegBegr. tKMG, Art. 105 Abs. 3.

423 *Hacımahmutoğlu,* FS Kalpsüz, 2003, S. 147, 152 f.; *Tanör,* Türk Sermaye Piyasası, Cilt I, Taraflar, 1999, S. 179; ähnlich *Ünal,* Sermaye Piyasası Hukuku ve Mevzuatı, S. 392.

424 *Manavgat,* TFM 2016, S. 43, 51.

425 *Doğan,* Der Erwerb eigener Aktien, S. 79 ff.

Erwerb kommt die mögliche Verwendung der Anteile zugunsten der Geschäftsleiter (Insider Trading) in Betracht.[426]

Der Erwerb eigener Anteile wirkt sich negativ auf die Aktienkurse aus, da das Vermögen der Anleger aufgrund des mit dem Kursrückgang verbundenen Wertverlustes verletzt wird, das Vertrauen der Anleger an den Börsen und an den Investitionsmitteln des Kapitalmarkts verloren geht und die Anleger, die möglicherweise einen Vorbehalt gegenüber zukünftigen Investitionen haben, ebenfalls ein Misstrauen in den internationalen Märkten spüren.[427]

In diesem Zusammenhang darf die Gesellschaft keine Preisschwankungen verursachen, keinen falschen oder irreführenden Eindruck erwecken, sich nicht strafbar machen und muss Abstand von spekulativen Geschäften nehmen.[428]

Die Kapitalmarktaufsicht betont auf ihrer Internetseite die Rücksicht und Sorgfalt für eine rechtzeitige und vollständige Veröffentlichung und macht auf die Wichtigkeit der Insiderinformationen für den Kapitalmarkt und die Anleger aufmerksam.[429]

Ein Handelsverbot ist im Handelsgesetzbuch jedoch nicht ausdrücklich geregelt wie in § 71 Abs. 1 Nr. 8 AktG. Der Gesetzgeber wollte dadurch Umgehungen durch alternative Erwerbsformen verhindern und betont außerdem, dass das Handelsverbot in eigenen Anteilen schon Natur des Artikels ist.[430]

c. *Sonstige verbotene Handlungen*

Sonstige Handlungen, die nicht unter den Informationsmissbrauch oder den Marktbetrug gefasst werden, sind ebenfalls Marktmissbräuche gemäß Art. 104 tKMG[431] und werden mit Verwaltungs- und Geldstrafen sanktioniert, auch wenn

---

426 *Çeliktaş*, Anonim Ortaklığın Kendi Paylarını İktisabı, S. 152 ff.; *Aydın*, Anonim Ortaklığın Kendi Paylarını Edinmesi, S. 113.

427 *Aydın*, Anonim Ortaklığın Kendi Paylarını Edinmesi, S. 112; ähnlich *Doğan*, Der Erwerb eigener Aktien, S. 80 f.

428 Poroy/Çamoğlu/*Tekinalp*, Ortaklıklar Hukuku I, S. 656 f. Rn. 838a.

429 Die Ankündigung der Kapitalmarktaufsicht vom 08.09.2017 über die Art. 11 und 12 des Erlasses Nr. II-15.1; abrufbar unter: http://www.spk.gov.tr/Duyuru/Goster/20170908/2 (abgerufen am 26.10.2018).

430 Begründung des Art. 379 Abs. 2.

431 Art. 104 Abs. 1 S. 1 tKMG: „*1) Taten und Geschäfte, die durch keine angemessene ökonomische oder finanzielle Begründung erklärt werden können, die das vertrauensvolle, transparente und stabile Funktionieren der Börsen oder anderer organisierter Märkte missbrauchen, sind marktmissbräuchliche Taten, es sei denn, sie stellen Straftaten dar.*“

sie keine Straftat darstellen. Der Begriff der „marktmissbräuchlichen Taten“ wurde im türkischen Recht zum ersten Mal in Art. 104 tKMG angewandt.[432]

Bei Publikumsgesellschaften sind Geschäfte des Vorstands während des Zeitraums von der Erstellung von Publizitätsdokumenten, wie Finanzberichte, finanzielle Tabellen, bis hin zu ihrer Veröffentlichung als „marktmissbräuchliche Taten“ gem. Art. 4 Abs. 3 und 4[433] des Erlasses über marktmissbräuchliche Taten[434] definiert.

Parallel befindet sich diese Regelung in Art. 19 Abs. 11 MAR. Der Geschäftsleiter darf gemäß Art. 19 Abs. 11 MAR keine Eigengeschäfte oder Geschäfte für Dritte im Zusammenhang mit den Anteilen des Emittenten während eines geschlossenen Zeitraums von 30 Kalendertagen vor Ankündigung eines Zwischenberichts oder eines Jahresabschlussberichts tätigen. Der türkische Gesetzgeber könnte auch statt der Begrenzung „Geschäfte durch Ehegatten, Kinder oder Zusammenlebenden“ den Maßstab „Geschäfte für Dritte“ oder den Begriff „Drittpersonen“ wie in Art. 19 Abs. 11 MAR verwenden, da dieser einen umfassenderen Schutzbereich ohne Begrenzung der Personen bietet. Die Kapitalmarktaufsicht bestimmt, welche Handlungen unter den Marktmissbrauch fallen. Gemäß Art. 109 tKMG[435] drohen dem gesetzwidrigen

---

432 *Çetin*, Yatırımcıların Korunması, in: SPH Sempozyumu 2013, S. 437, 455 f.

433 Art. 4 Abs. 3 und 4 des Erlasses: *„3) Geschäfte bezüglich der Finanzinstrumente, die durch Personen getätigt werden, die über Insiderinformationen oder periodische Informationen verfügen, oder durch ihre Ehegatten, Kinder oder Personen mit denen sie zusammen leben getätigt werden sind, innerhalb eines geschlossenen Zeitraums ab dem Tag des Rechnungsabschlusses, in welchem eine finanzielle Tabelle, ein Finanzbericht oder ein unabhängiger Prüfungsbericht durch Emittenten erstellt wurde, bis zu ihrer gesetzmäßigen Veröffentlichung als marktmissbräuchliche Taten zu bewerten. 4) Nach dem Eintritt der Rechtskraft einer Insiderinformation oder periodischer Informationen bis hin zu ihrer gesetzmäßigen Veröffentlichung wird die Durchführung der Geschäfte bezüglich der Finanzinstrumente durch die Personen, die über Insiderinformationen oder periodische Informationen verfügen, oder deren Ehegatten, Kinder oder Personen, mit denen sie zusammenleben, als marktmissbräuchliche Tat bewertet.“*

434 Erlass über marktmissbräuchliche Taten (VI-104.1), ABl. 28889 v. 21.01.2014. Der Rechtsgrund für diesen Erlass ist Art. 104 tKMG.

435 Art. 109 Abs. 1 und Abs. 2 S. 1 tKMG: *„1) Diejenigen, die ohne die Billigung des Prospekts Finanzinstrumente öffentlich anbieten oder ohne ein gebilligtes Emissionsdokument ein Finanzinstrument verkaufen, werden mit einer Freiheitsstrafe von 2 bis 5 Jahren bestraft und mit einer Geldstrafe in Höhe von fünftausend bis zehntausend Tagessätzen verhängt. 2) Diejenigen, die unzulässige Kapitalmarkttätigkeiten durchführen, werden mit einer Freiheitsstrafe von 2 bis 5 Jahren bestraft und mit einer Geldstrafe in Höhe von fünftausend bis zehntausend Tagessätzen verhängt.“*

Börsengang und den unzulässigen Kapitalmarkttätigkeiten[436] strafrechtliche Sanktionen.

Tatbestand des gesetzwidrigen Börsengangs ist gem. Art. 109 Abs. 1 tKMG das Fehlen eines gebilligten Prospekts bzw. Emissionsdokuments. Daneben werden als unzulässige Kapitalmarkttätigkeiten gem. Art. 34 tKMG[437] die Tätigkeiten der Anlageinstitutionen im Rahmen der Vorschriften des Kapitalmarktgesetzes genannt. Diese Tätigkeiten sind im Wesentlichen gem. Art. 4 Abs. 1 des Erlasses über Anlagedienstleistungen und Anlagetätigkeiten zusammen mit den Nebendienstleistungen (III-37.1)[438] der Kauf und Verkauf von Finanzinstrumenten oder die Anlageberatung.[439]

Das türkische Oberverwaltungsgericht bestätigte ein Urteil eines erstinstanzlichen Gerichts bezüglich der Anfechtung eines Beschlusses der Kapitalmarktaufsicht, das von marktmissbräuchlichen Taten der Kläger durch einen Aktienverkauf ohne die Erfüllung der Erstellungspflicht eines Informationsdokuments handelt.[440]

---

436 Die Kapitalmarktaufsicht hob die Lizenzen einer Person, gegen die eine Strafanzeige für die unzulässige Geldansammlung von den Anlegern gem. Art. 109 Abs. 2 und Art. 115 tKMG erstattet wurde, vorübergehend und bis zum Ende des Verfahrens vor dem Gericht auf, siehe Wochenmitteilung (Nr. 2019/19), abrufbar unter: http://www.spk.gov.tr/Bulten/Goster?year=2019&no=19 (abgerufen am 07.05.2019).

437 Art. 34 tKMG: *„Kapitalmarkttätigkeiten setzen sich zusammen aus Tätigkeiten der Anlageinstitutionen im Rahmen dieses Gesetzes, Anlagetätigkeiten und Anlagedienstleistungen im Rahmen dieses Gesetzes und der nachträglichen Nebendienstleistungen.“*

438 Erlass über Anlagedienstleistungen und Anlagetätigkeiten zusammen mit Nebendienstleistungen (III-37.1), ABl. 28704 v. 11.07.2013.

439 Art. 4 Abs. 1 des Erlasses (Anlagedienstleistungen und Anlagetätigkeiten): *„Unter Voraussetzung einer Billigung durch die Kapitalmarktaufsicht stellen die im Folgenden genannten Tätigkeiten und Dienstleistungen Anlagedienstleistungen und Anlagetätigkeiten dar: …c) der Kauf und Verkauf von Finanzinstrumenten im eigenen Namen,…d) die Anlageberatung, e) die Vermittlung des Kaufs bzw. Verkaufs von Finanzinstrumenten bei dem öffentlichen Angebot mit einem Übernahmeangebot, f) die Vermittlung des Kaufs bzw. Verkaufs von Finanzinstrumenten bei dem öffentlichen Angebot ohne Übernahmeangebot.“*

440 Türkisches Oberverwaltungsgericht, 13. Kammer, Urt. v. 28.03.2017, E. 2016/2259 K. 2017/844: *„Die Klage handelt von der Anfechtung des Beschlusses (Nr. 32/1100) der Kapitalmarktaufsicht v. 05.11.2014 über ein Bußgeld in Höhe von 560.702 TL gem. Art. 104 tKMG (Gesetz Nr. 6362) wegen marktmissbräuchlichen Taten durch den Verkauf von 1.689.628 Aktien der … AG an der Börse ohne die Erfüllung der Erstellungspflicht des Informationsdokuments und ohne die Billigung der*

Ferner sind vorsätzlich inkorrekte finanzielle Tabellen und Finanzberichte, die wesentlich für die Anlageentscheidung des Anlegers sind, gemäß Art. 112 Abs. 2 tKMG[441] zu bestrafen.

Hier ist zu beachten, dass diese finanziellen Tabellen und Berichte Publizitätsdokumente i.S.d. Art. 14 tKMG sind. Der Prospekt stellt ebenfalls das wichtigste Publizitätsdokument dar. Es kann festgestellt werden, dass Art. 112 tKMG zusammen mit Art. 109 Abs. 1 tKMG im Rahmen der Publizitäts- und Prospekthaftung dem Anlegerschutz dient.

Schließlich sind diejenigen, die ihre Amtsgewalt durch die Verwendung eines abgegebenen oder anvertrauten Finanzinstruments oder Bargelds missbrauchen, um sich oder einem anderen einen unrechtmäßigen Vorteil zu schaffen, gemäß Art. 110 Abs. 1 lit. a tKMG[442] mit einer Freiheitsstrafe im Höchstmaß von mindestens drei Jahren zu versehen. Auch sind gemäß Art. 110 Abs. 1 lit.

Kapitalmarktaufsicht...das Gericht wies die Klage aus den Gründen ab, dass der Kläger vor dem Aktienverkauf der ...AG ein Informationsdokument gem. Art. 27 des Anteilserlasses erstellen musste, das durch die beklagte Kapitalmarktaufsicht gebilligt werden musste, dass der Verkaufsprozess, ohne dies zu beachten, geschehen ist, der Kläger vor dem Aktienverkauf die Kontrolle der Gesellschaft mit den anderen Personen innehatte und die genannte Verletzung eine der marktmissbräuchlichen Taten darstellt, die in Art. 7 Abs. 3 des Erlasses über marktmissbräuchliche Taten genannt wird, dass der Gegenstand der Klage, also das Bußgeld für die Kläger gem. Art. 104 tKMG in Höhe von 560,702 TL nicht gesetzwidrig ist...dem genannten Urteil ist zuzustimmen.."

441 Art. 112 Abs. 2 S. 1 tKMG: „*Nach den betreffenden Vorschriften des Gesetzes Nr. 5237 werden a) diejenigen, die finanzielle Tabellen und Finanzberichte vorsätzlich wahrheitswidrig erstellen, b) diejenigen, die vorsätzlich wahrheitswidrig ein Konto eröffnen, c) diejenigen, die bei jeglichen Tätigkeiten im Rahmen der Buchhaltung vorsätzlich arglistig täuschen, ç) diejenigen, die vorsätzlich einen falschen oder irreführenden unabhängigen Prüfungsbericht und Wertbestimmungsbericht erstellen zusammen mit den verantwortlichen Vorstandsmitgliedern oder dem verantwortlichen Geschäftsleiter der Emittenten, die diese Berichte erstellen lassen, bestraft.*"

442 Art. 110 Abs. 1 lit. a tKMG: „*1) Die unten genannten Taten sind die qualifizierte Form des Vertrauensmissbrauchsdelikts; ...: a) Das Verkaufen, Verwenden, Verpfänden, Verstecken oder Leugnen zu eigenen oder anderen Gunsten von Finanzinstrumenten, Bargeld und jeglichen Instrumenten, die an einer Anlageinstitution,...aufgrund von Kapitalmarkttätigkeiten oder als anvertraute Person...abgegeben oder verwahrt wurden.*"

b tKMG[443] Personen verantwortlich, die die verdeckten Zuwendungen an diejenigen ermöglichen, die mit dem Kapital, der Gesellschaftsführung oder der Aufsicht mittelbar oder unmittelbar in Beziehung stehen.

Verantwortlich sind auch Personen, die den Gewinn oder das Vermögen der Publikumsgesellschaft durch verdeckte Zuwendungen mindern. Wenn Publikumsgesellschaften und ihre verbundenen Unternehmen durch bevorzugte Verträge ihre Vermögen oder Gewinne mindern, oder verhindern, diese zu vergrößern, sind sie wegen Missbrauchs von Treu und Glauben, Marktgewohnheiten und Umsichtigkeit gemäß Art. 110 Abs. 1 lit. c tKMG[444] zu bestrafen. Hinzu kommt, dass das Gesellschaftsvermögen gegenüber Eingriffen zugunsten der Anleger geschützt wird.

Die verdeckt ausgeschütteten Gelder müssen gem. Art. 21 Abs. 4 tKMG an die Gesellschaft mit Zinsen zurückbezahlt werden. Ebenfalls müssen die Aktionäre gem. Art. 94 tKMG auf einem Weg informiert werden, den die Kapitalmarktaufsicht bestimmt (meistens durch die Benachrichtigungen oder Wochenmitteilungen der Kapitalmarktaufsicht). Die Kapitalmarktaufsicht kann zudem eine Klage für die Rückerstattung dieser Gelder erheben.

An dieser Stelle ist es fraglich, ob Personen, denen verdeckte Gewinne ausgeschüttet wurden, weiterhin in der Gesellschaft tätig sein können. Bezüglich dieser Frage verweist Art. 94 Abs. 2 tKMG auf Art. 92 Abs. 1 tKMG. Ist das Gesellschaftsvermögen aufgrund von verdeckten Gewinnausschüttungen gemindert, und wird dies durch ein Gericht in einem Urteil festgestellt, kann die Kapitalmarktaufsicht die Zeichnungsbefugnisse dieser Personen aufheben oder sie vorübergehend bis zum Ende des Verfahrens aus dem Dienst nehmen und bis zur nächsten Hauptversammlung neue Vorstandsmitglieder bestellen.

---

443 Art. 110 Abs. 1 lit. b: „*1) Die unten genannten Taten sind die qualifizierte Form des Vertrauensmissbrauchsdelikts;…: b) Mit einem Unternehmen oder einer Person, mit welchem/welcher bezüglich der Gesellschaftsführung, der Aufsicht oder des Kapitals, mittelbar oder unmittelbar eine Beziehung besteht, durch den Vergleich mit Präzedenzfällen einen offenbar unterschiedlichen Differenzbetrag, eine Vergütung oder Preis zu verlangen, durch verdeckte Zuwendungen den Gewinn oder das Vermögen der Publikumsgesellschaft zu mindern…*"

444 Art. 110 Abs. 1 lit. c tKMG: „*1) …c) Mit einer juristischen oder natürlichen Person, mit der die Publikumsgesellschaft und die kollektive Anlageinstitution zusammen mit ihren Beteiligungen und abhängigen Unternehmen in Hinsicht auf die Gesellschaftsführung, die Aufsicht oder das Kapital, mittelbar oder unmittelbar in Beziehung stehen, im Vergleich zu Präzedenzfällen und entgegen Umsichtigkeit und Treu und Glauben durch Rechtsgeschäfte wie mit unterschiedlichem Differenzbetrag, Vergütung, Preis oder Voraussetzung angeschlossenen Verträge oder Handelsgeschäfte oder mittels Handelsvolumen den Gewinn oder das Vermögen der Publikumsgesellschaft zu mindern oder deren Anstieg zu verhindern…*"

Für die Wahrung der Rechtssicherheit sollten diese Maßnahmen jedoch durch ein Gerichtsurteil gemäß einer gesetzlichen Regelung getroffen werden und nicht stattdessen durch einen Beschluss der Kapitalmarktaufsicht.

Die Kapitalmarktaufsicht kann gem. Art. 92 tKMG (Art. 46 Abs. 1 lit. c tKMG a.F.) Klage erheben, um gegen Geschäfte und Taten der Emittenten vorzugehen, die gegen das Gesetz, die Satzung oder Geschäftsordnung verstoßen, wenn daraus die Herabminderung bzw. der Verlust[445] des Kapitals oder Gesellschaftsvermögens resultiert.

Problematisch ist, dass die Kapitalmarktaufsicht nach den Vorschriften des Handelsgesetzbuches nicht zu den Berechtigten gehört, die den Beschluss der Vorstandsmitglieder anfechten können.

Der Kassationshof entschied in einem Urteil[446], dass die Kapitalmarktaufsicht bei einer Herabminderung bzw. einem Verlust des Kapitals i.S.d. Art. 46 Abs. 1 lit. v tKMG a.F. eine Anfechtungsklage erheben kann (keine allgemeine Klagemöglichkeit für die Anfechtung des Beschlusses der Hauptversammlung), obwohl sie für die Anfechtung eines Beschlusses des Vorstands gem. Art. 381 tHGB a.F. nicht berechtigt ist.

---

445 Nach *Manavgat* erfasst Art. 46 Abs. 1 lit. c tKMG a.F. (Art. 92 tKMG n.F.) auch Geschäfte, die die Steigerung des Gesellschaftsvermögens verhindern, siehe *Manavgat*, BATİDER 2011, S. 43, 48. Diese Meinung steht im Einklang mit dem neuen Kapitalmarktgesetz, da der Gesetzgeber mit dem Verbot verdeckter Gewinnausschüttungen in Art. 21 Abs. 1 tKMG auch Geschäfte erfasst, die Vermögenssteigerungen verhindern.

446 Kassationshof, 11. Zivilkammer, Urt. v. 17.06.2008, E. 2006/14900 K. 2008/8035: „*Der Rechtsanwalt der Kläger trug vor, dass in der Hauptversammlung der beklagten Gesellschaft v. 29.07.2004 beschlossen wurde, dass ein künftiges und rechtskräftiges Bußgeld der Kapitalmarktaufsicht für die Vorstandsvorsitzenden oder Vorstandsmitglieder von der Gesellschaftskasse bezahlt werden soll, dass solch ein Beschluss zur Herabminderung und zum Verlust des Gewinns zu Lasten der Aktionäre führt, und beantragte die Feststellung der Gesetzwidrigkeit dieses Beschlusses der Hauptversammlung der beklagten Gesellschaft gem. Art. 46 Abs. 1 lit. c tKMG und dessen Anfechtung. Personen, die zur Anfechtung der Beschlüsse der Hauptversammlung einer Aktiengesellschaft berechtigt sind, werden in Art. 381 tHGB aufgezählt. Im genannten Artikel wird die Kapitalmarktaufsicht nicht genannt. Jedoch besagt Art. 46 Abs. 1 lit. c tKMG, dass… Mit der genannten Norm wird die Kapitalmarktaufsicht zur Anfechtung bzw. Feststellung der Gesetzwidrigkeit der Rechtsgeschäfte, die zur Herabminderung bzw. zu einem Verlust des Kapitals der Aktiengesellschaft, die den Vorschriften des Kapitalmarktgesetzes unterliegt, führen können, berechtigt.*“

D. Zusammenfassung

Sowohl nationale Vorschriften als auch europäische Rechtsakte stellen klar, dass das Funktionieren des Kapitalmarkts und der Anlegerschutz ohne einander nicht denkbar ist.[447] Der europäische Gesetzgeber hat bezüglich dieser engen Verbindung zahlreiche Rechtsakte[448] geregelt, die wichtige Verpflichtungen (z.B. Verhaltenspflichten und Veröffentlichungspflichten) und Verbote (z.B. Ausschüttungsverbot, Verbot des Erwerbs eigener Aktien, Insidertrading, Marktmanipulationsverbot) für die Marktteilnehmer, vor allem für die Aktiengesellschaften, auf dem Primär- und Sekundärmarkt enthalten, um das Vertrauen des Anlegers in das Funktionieren der Kapitalmärkte zu stärken und etwaige Investitionen anzuziehen. In diesem Zusammenhang werden europäische Aufsichtsbehörden[449] mit vielen Aufgaben und Überwachungsbefugnissen eingerichtet.[450]

Die Staaten müssen auch gesetzliche Maßnahmen in Einklang mit europäischen Regelungen bringen, um einen funktionierenden und vertrauensvollen Markt zu schaffen. Das Regulieren des Verhältnisses zwischen den Marktakteuren des Kapitalmarktes bzw. die Verhinderung von Missbräuchen sind daher von großer Bedeutung. Da Marktakteure unterschiedliche Professionalität und Kenntnisse besitzen, begründet dies insbesondere bei Anlageberatungsgesprächen die Gefahr von Informationsasymmetrien sowie Interessenkollisionen. Zur Beseitigung von Informationsasymmetrien sowie Interessenkonflikten sind zahlreiche Informationspflichten – ohne Informationsüberlastung- durch die nationalen Gesetzgeber vorgeschrieben.[451] Durch die Regulierung der Informationspflichten und Schadensersatzpflichten des Emittenten wegen Verletzung dieser Pflichten wird die Versorgung des Kapitalmarkts mit den korrekten Informationen gewährleistet.[452] Dies hat zur Folge, dass der Anleger in einem vertrauensvollen Markt investiert und der Kapitalmarkt lebendig bleibt.

Zur Verwirklichung der obengenannten Ziele des Kapitalmarktes, also zur Sicherung des Anlegervertrauens und zum Funktionieren des Kapitalmarktes, wird den Wohlverhaltensregeln der Organmitglieder bei der Führung und

---

447 *Binder*, ZEuP 2017, S. 569 f.

448 GesRRL, WpPVO, MAR, CRIM-MAD, MiFID II, MiFIR, TrRL, EMIR.

449 ESA, EBA, EIOPA, ESMA.

450 Siehe oben Kap. 1 A. I.

451 Siehe oben Kap. 1 B. II. 2. a.

452 *Mülbert/Steup* in: Habersack/Mülbert/Schlitt, HdB Unternehmensfinanzierung, 2019, § 41 Rn. 1.

Überwachung der Gesellschaft große Wichtigkeit beigemessen. Allerdings muss dabei beachtet werden, dass die Balance zwischen den Interessen beider Gruppen nicht gestört wird. Nur eine Seite zu schützen und große Anforderungen an die Gegenseite zu richten, sorgt auch nicht für Marktsicherheit.

Obwohl der Anleger ein wichtiger Akteur des Kapitalmarkts ist, existiert für ihn keine Definition. Zumindest kann aber bestimmt werden, welcher Anlegertyp schutzwürdig ist und welche Kenntnisse und welchen Erfahrungsgrad er haben soll. Es ist an dieser Stelle festzustellen, dass der Begriff „Anleger" mit dem Begriff „Verbraucher" viele Ähnlichkeiten hat.[453] Im Mittelpunkt des Anlegerschutzkonzepts steht ein rationaler, vernünftig und überlegt handelnder Anleger mit einem Informationsbedürfnis.[454]

In diesem Zusammenhang geht man grundsätzlich von der Kenntnis und Erfahrung eines „verständlichen" und „durchschnittlichen" Anlegers aus. Was genau unter diesen Anlegerbegriffen zu verstehen ist, ist weder im europäischen noch im deutschen oder türkischen Recht ganz klar. Die fehlende Präzisierung des Begriffs könnte eine bewusste Entscheidung der Gesetzgeber gewesen sein, um einen Nachteil aufgrund einer Begrenzung der Definition zu verhindern. Bei moderner Entwicklung der Gesetzestechnik und der europäischen Vorschriften kann es sinnvoller sein, keine genaue Definition zu haben, die in die Bedürfnisse in diesem Bereich in Zukunft eventuell nicht decken könnte.

Hinzuzufügen ist schließlich, dass sich das Leitbild des Aktionärs einer Aktiengesellschaft in letzter Zeit in eine Doppelrolle als Kapitalanleger gewandelt hat, da den Anlegern die Aktionärseigenschaft fehlt und das Interesse für die Erzielung von Kursgewinnen und Dividenden im Vergleich zu der gemeinsamen Zweckverfolgung im Vordergrund steht.[455]

---

453 Siehe oben Kap. 1 B. III. 2. f. und C. I. 3. f.

454 *Buck-Heeb*, ZHR 2012, S. 66, 70.

455 *Obst,* Der Schutz des Kleinaktionärs, S. 49; *Bode,* Anlegerschutz und Neuer Markt, S. 113: *Bode,* Anlegerschutz und Neuer Markt, S. 113, 130; *Möllers,* ZGR 1997, S. 334, 347; *Schwark,* Anlegerschutz durch Wirtschaftsrecht, S. 153; *Leinekugel,* Sachdividende, S. 1.; *Westermann* in: 25 Jahre Aktiengesetz, S. 79, 86.

Zweites Kapitel: Das Verhältnis des Anlegerschutzes zum Kapitalschutz nach deutschem Recht

A. Problematik

Die Kollision zwischen dem Anlegerschutz und der kapitalgesellschaftsrechtlichen Vermögensbindung bedarf zu Recht einer Abwägung.[456] Von dem Verhältnis zwischen dem Anlegerschutz und dem Kapitalerhaltungsgrundsatz sind vor allem die Prospekthaftung und die Ad-hoc-Publizitätshaftung betroffen.

Die Prospekthaftung der §§ 21 bis 25 WpPG ist die Hauptanspruchsgrundlage auf dem Primärmarkt, während die Informationsversorgung auf dem Sekundärmarkt durch verschiedener Pflichten aus mehreren Gesetzen (AktG, HGB, WpHG) gewährleistet wird.[457] Wenn Finanzinstrumente erstmals öffentlich angeboten und in den Verkehr gebracht werden, kommt der Bereitstellung der relevanten Informationen große Bedeutung zu, um potentiellen Anlegern eine informierte und sachgerechte Anlageentscheidung zu ermöglichen.[458] Die Prospekthaftung soll den Anleger vor einem rechtswidrigen Wertpapierangebot schützen.[459] Daneben sorgt die Ad-hoc-Publizitätspflicht für angemessene Informationen auf dem Sekundärmarkt für das Anlegerpublikum.[460]

Im Fall, dass bei einer Kapitalerhöhung über die Börse oder aufgrund von Werbe-Aktionen der Aktiengesellschaft Anleger als Aktionäre geworben und dabei getäuscht wurden, wird die Aktiengesellschaft aus dem Gesichtspunkt der gesetzlichen Prospekthaftung nach §§ 21 ff. WpPG, aus *culpa in contrahendo (c.i.c)* oder aus kapitalmarktrechtlichen Gesichtspunkten bei verspäteter

---

456 *Westermann* in: Bürgers/Körber, § 57 AktG Rn. 19.

457 *Mülbert/Steup* in: Habersack/Mülbert/Schlitt, HdB Unternehmensfinanzierung, 2019, § 41 Rn. 1.

458 *Poelzig*, Kapitalmarktrecht, § 10 Rn. 233; *Krämer/Gillessen* in: Marsch-Barner/Schäfer, HdB börsennotierte AG, 2018, § 10 Rn. 10.310.

459 *Bröcker* in: Claussen, Bank- und Börsenrecht, § 6 Rn. 119.

460 *Schäfer* in: Marsch-Barner/Schäfer, HdB börsennotierte AG, 2018, § 15 Rn. 15.4; *Poelzig*, Kapitalmarktrecht, § 17 Rn. 473.

oder versäumter Ad-hoc-Publizität nach §§ 97, 98 WpHG (§§ 37b, 37c WpHG a.F.) auf Schadensersatz in Anspruch genommen.[461]

Die Inkompatibilitäten zwischen dem Kapitalmarktrecht und dem Aktienrecht konzentrieren sich auf das Verhältnis von Emittentenhaftung und Kapitalerhaltung. Es besteht kein Zweifel daran, dass das Verbot der Einlagenrückgewähr als grundsätzlicher Baustein des Kapitalerhaltungsgrundsatzes vor allem dem Gläubigerschutz dient.[462] Demzufolge ist zu klären, ob die Schadensersatzleistung der Aktiengesellschaft einen Verstoß gegen § 57 AktG darstellt, und aus Gründen des Gläubigerschutzes und der Aktionärsgleichbehandlung verboten ist.[463]

Grundsätzlich sind der Erwerb eigener Aktien (§ 71 AktG) und die Einlagenrückgewähr (§ 57 AktG) – mit einer Ausnahme gemäß § 57 Abs. 1 S. 2, 71 AktG – verboten.[464] Daraus ergibt sich eine Normenkollision zwischen dem Kapitalschutz nach § 57 AktG und dem Interessenausgleich für den geschädigten Aktionär.[465] Weiterhin soll das Verbot des Erwerbs eigener Aktien durch § 71 AktG, welcher unstreitig dem Kapitalerhaltungsgrundsatz dient, den Kapitalrückfluss an die Aktionäre verhindern.[466] Die Vorschriften über den Erwerb eigener Aktien können bei der Informationshaftung ebenfalls problematisch sein, insofern der Ersatzanspruch des Anlegers zur Rückabwicklung einer Transaktion an die Aktiengesellschaft führt, sei es als eine nach § 57 Abs. 1 S. 2 AktG zulässige Einlagenrückgewähr oder unter einer neben der Dividendenausschüttung stehenden weiteren Form.[467]

Die Anleger, die aufgrund bestimmter Fehlinformationen am Kapitalmarkt ein Finanzinstrument zu teuer gekauft oder zu billig verkauft haben, sollen

---

461 *Westermann* in: Bürgers/Körber, § 57 AktG Rn. 19; *Marsch-Barner* in: Marsch-Barner/Schäfer, HdB börsennotierte AG, 2018, § 1 Rn. 1.5.

462 *Schwark,* FS Raisch, 1995, S. 269, 281.

463 *Servatius* in: Wachter/AktG, § 57 Rn. 27.

464 *Poelzig,* Kapitalmarktrecht, § 17 Rn. 529; *Krämer/Gillessen* in: Marsch-Barner/Schäfer, HdB börsennotierte AG, 2018, § 10 Rn. 10.365.

465 *Westermann* in: Bürgers/Körber, § 57 AktG Rn. 19; zur Problematik aufgrund von prospekthaftungsspezifischem Schadensersatz *Krämer/Gillessen* in: Marsch-Barner/Schäfer, HdB börsennotierte AG, 2018, § 10 Rn. 10.365.

466 *Gätsch* in: Marsch-Barner/Schäfer, HdB börsennotierte AG, 2018, § 50 Rn. 50.3.

467 *Mülbert/Steup* in: Habersack/Mülbert/Schlitt, HdB Unternehmensfinanzierung, 2019, § 41 Rn. 5; *Gätsch* in: Marsch-Barner/Schäfer, HdB börsennotierte AG, 2018, § 50 Rn. 50.3; *Wieneke* in: Bürgers/Körber, § 71 AktG Rn. 1.

dafür entschädigt werden. Grundsätzlich bedeutet die Emittentenhaftung eine Schadensverlagerung auf Aktionäre, die nicht anspruchsberechtigt sind.[468]

Liegt der Anleger als Aktionär im Anwendungsbereich des Kapitalerhaltungsgrundsatzes, darf außer dem Bilanzgewinn keine Zahlung an ihn zurückgegeben werden. Verneint man generell eine Haftung der Gesellschaft mit Rücksicht auf den Vermögensbindungsgrundsatz, wird der Anlegerschutz verwässert.[469] Einerseits wird der Kapitalerhaltungsgrundsatz eingeschränkt, wenn die Schadensersatzansprüche keine Grenze haben, andererseits wird der Anlegerschutz unvollkommen verwirklicht, wenn die Entschädigung des getäuschten Anlegers verboten wird.[470]

Die Zahlungsverpflichtungen der Gesellschaft aufgrund manipulativer Geschäfte und potenzieller Schadensersatzansprüche können existenzgefährdend hoch sein. Diese Zahlungsverpflichtungen haben auch zur Folge, dass der potenziell ausschüttungsfähige Bilanzgewinn der Gesellschaft und somit die Chancen der Aktionäre auf Dividendenzahlungen in entsprechender Höhe negativ beeinflusst werden.[471] Demnach muss geprüft werden, inwieweit das Verbot des Erwerbs eigener Aktien und das Einlagenrückgewährverbot als Hauptvorschriften des Kapitalerhaltungsgrundsatzes durch die gesetzliche Haftungsanordnung betroffen sind.

B. Aktienrechtlicher Kapitalerhaltungsgrundsatz

I. Gesetzliche Grundlagen

Zu den wichtigen Funktionen einer Aktiengesellschaft gehören die Aufbringung und Erhaltung des Grundkapitals. Im Interesse der Gläubiger soll gewährleistet werden, dass das im Handelsregister ausgewiesene Kapital aufgebracht wird und nicht willkürlich an die Aktionäre zurückkehrt.[472] Die Vermeidung

468 *Maier-Reimer/Seulen* in: Habersack/Mülbert/Schlitt, HdB Kapitalmarktinformation, § 30 Rn. 27; *Maier-Reimer/Webering,* WM 2002, S. 1857, 1863; *Hutter/Leppert,* NZG 2002, S. 649, 654; *Rudolph,* BB 2002, S. 1036, 1039.

469 *Henze* in: Grundmann/Schwintowski/Singer/Weber, Kap. 5 S. 71.

470 *Langenbucher,* ZIP 2005, S. 239.

471 LG Stuttgart, Urt. v. 19.12.2017-31 O 33/16 KfH, NZG 2018, 665, 671 (Dieselgate).

472 *Bayer,* MüKoAktG/2019, § 57 Rn. 1; *Bitter/Heim,* Gesellschaftsrecht, 2018, § 3 Rn. 187.

existenzvernichtender Eingriffe ist neben der Einlagepflicht ebenfalls verpflichtend.[473]

§ 57 AktG ist die Hauptvorschrift zur Kapitalerhaltung und zur aktienrechtlichen Vermögensbindung.[474] Gemäß § 57 Abs. 1 S. 1 AktG dürfen die Einlagen nicht an die Aktionäre zurückgewährt werden. Die Vorgängervorschriften des heutigen § 57 AktG sind Art. 216, 217 ADHGB, Art 213 HGB 1897 und §§ 52 und 54 AktG 1937.[475] Ergänzende Vorschriften zu § 57 AktG sind die §§ 59, 62, 66 Abs. 2 und 71 ff. AktG, welche zum Teil einen Hintergrund im Europarecht und ihren Ursprung bereits im früheren Aktienrecht haben.[476]

Die Vermögensbindung gemäß § 57 AktG verwirklicht zwei Schutzziele: Die aktienrechtliche Vermögensbindung dient zunächst der Kapitalerhaltung und damit dem Gläubigerschutz.[477] Daneben schützt § 57 AktG auch die Aktionäre, da die Vermögensbindung aus dem Grundkapital und den gebundenen Rücklagen (vgl. §§ 150, 300 AktG) entsteht.[478] Die Kapitalerhaltungsregeln sind eine Abschirmung des Gesellschaftsvermögens gegenüber dem Zugriff der Gesellschafter und deren Gläubigern. Insbesondere kommt die Gefahr in Betracht, dass die Gesellschafter das Verhalten der Gesellschaft in einer Weise steuern können, wie es den Gläubigern unmöglich ist.[479]

Allerdings soll der Gläubigerschutz, vor allem bei der Konzernfinanzierung, die Absicherung von ökonomisch für sinnvoll gehaltenen Möglichkeiten der konzerninternen Fremdfinanzierung nicht ausnahmslos verhindern.[480]

Die Verteilung des Bilanzgewinns gemäß § 57 Abs. 3 AktG ist durch den Beschluss der Hauptversammlung gebunden, da gemäß § 174 Abs. 1, Abs. 2

---

473 *Hirte,* Kapitalgesellschaftsrecht, Rn. 5.32; *Bitter/Heim,* Gesellschaftsrecht, 2018, § 3 Rn. 188.

474 *Westermann* in: Bürgers/Körber, § 57 AktG Rn. 1; *Bayer,* MüKoAktG/2019, § 57 Rn. 1, 11; *Schwintowski* in: Frodermann/Jannott, Kap. 6 Rn. 40.

475 Ausf. zur historischen Entwicklung- und Entstehungsgeschichte Spindler/Stilz/*Cahn/v. Spannenberg,* AktG, § 57 Rn. 2, 7.

476 Zum europarechtlichen Hintergrund *Bayer/Schmidt* in: Bayer/Habersack, Bd. I, Kap. 18 Rn. 46 ff.; vgl. *Grundmann,* EuGesR, § 10 Rn. 363; *Habersack/Verse,* EuGesR, § 6 Rn. 38 ff., 51, 58; zum aktienrechtlichen Ursprung *Bayer,* MüKoAktG/2019, § 57 Rn. 1.

477 *Laubert* in: Hölters/AktG, § 57 Rn. 2; *Westermann* in: Bürgers/Körber, § 57 AktG Rn. 1.

478 *Servatius* in: Wachter/AktG, § 57 Rn. 5.

479 *Kuntz,* ZGR 2017, S. 917, 925.

480 *Westermann* in: Bürgers/Körber, § 57 AktG Rn. 2; *Wand/Tillmann/Heckenthaler,* AG 2009, S. 148 f.

Nr. 2 AktG ohne wirksamen Ausschüttungsbeschluss keine Leistungen aus den freien Rücklagen erbracht werden dürfen.[481] Dadurch wird einerseits Transparenz realisiert, indem verdeckte Vermögenszuwendungen ausgeschlossen sind, und andererseits wird der Gleichbehandlungsgrundsatz des § 53a AktG wahrgenommen, indem der Gewinnverwendungsbeschluss der Hauptversammlung bei Verletzungen gemäß § 243 Abs. 1 AktG anfechtbar ist.[482] Durch den Gleichbehandlungsgrundsatz werden auch Begünstigungen der (Groß-)Aktionäre verhindert.[483]

Nach dem MoMiG[484] zählen die Rückgewähr von Aktionärsdarlehen, die für den Finanzierungsbedarf der Aktiengesellschaft einen schnelleren und einfacheren Weg darstellen,[485] und Leistungen auf Forderungen aus Rechtshandlungen gemäß § 57 Abs. 1 S. 4 AktG nicht als verbotene Einlagenrückgewähr.[486] Auch hat das MoMiG den Aktiengesellschaften durch § 57 Abs. 1 S. 3 AktG eine Möglichkeit gegeben, Sicherheitenbestellungen zu legitimieren.[487] Aufgrund der Rückkehr zur bilanziellen Betrachtungsweise wird mit dem MoMiG eine Auszahlung für zulässig erklärt, wenn sie durch einen vollwertigen Gegenleistungs- oder Rückgewähranspruch gedeckt ist.[488]

Was genau unter dem Begriff „Deckung" zu verstehen ist, ist jedoch nicht klar.[489] Maßgeblich für die Vollwertigkeit der Darlehensforderung ist die

481 *Westermann* in: Bürgers/Körber, § 57 AktG Rn. 4; *Bayer,* MüKoAktG/2019, § 57 Rn. 8; AllgM: Hüffer/Koch/*Koch*, AktG, § 57 Rn. 2; *Henze,* GroßKommAktG, § 57 Rn. 9; Spindler/Stilz/*Cahn/v. Spannenberg*, AktG, § 57 Rn. 18; *Lutter,* KölnKommAktG. 2. Aufl. 1988, § 57 Rn. 6; *Bitter,* ZHR 2004, S. 302, 308 ff.; a.A. differenzierend *Drygala,* KölnKommAktG, § 57 Rn. 19.

482 *Servatius* in: Wachter/AktG, § 57 Rn. 5; *Bayer,* MüKoAktG/2019, § 57 Rn. 2.

483 *Bayer,* MüKoAktG/2019, § 57 Rn. 2; *Grunewald,* Gesellschaftsrecht, 2017, § 10 Rn. 46 ff.; wie auch hier *Bitter,* ZHR 2004, S. 302, 308; *Drygala,* KölnKommAktG, § 57 Rn. 13; Hüffer/Koch/*Koch*, AktG, § 57 Rn. 1; Grigoleit/*Grigoleit/Rachlitz*, AktG, § 57 Rn. 2.

484 Gesetz zur Modernisierung des GmbH-Rechts und zur Bekämpfung von Missbräuchen (MoMiG) vom 23.10.2008, BGBl. I, 2026.

485 *Grunewald,* Gesellschaftsrecht, 2017, § 10 Rn. 206.

486 *Westermann* in: Bürgers/Körber, § 57 AktG Rn. 1.

487 *Kuntz,* ZGR 2017, S. 917, 919 ff.

488 BGH Urt. v. 21.03.2017-II ZR 93/16 (OLG Dresden), BGH ZIP 2017, 971, 972; Begr. RegE MoMiG, BT-Drucks, 16/6140, S. 41; *Kuntz,* ZGR 2017, S. 917, 927 ff.; *Westermann* in: Bürgers/Körber, § 57 AktG Rn. 16 f; *Drygala,* KölnKommAktG, § 57 Rn. 46.

489 *Westermann* in: Bürgers/Körber, § 57 AktG Rn. 15.

vernünftige kaufmännische Beurteilung im Rahmen des § 311 AktG.[490] Nach der Entscheidung des Bundesgerichtshofs ist ein Freistellungsanspruch auch im Rahmen von § 57 AktG vollwertig, wenn nach solch einer vernünftigen Beurteilung ein Forderungsausfall für den Darlehensrückzahlungsanspruch unwahrscheinlich ist.[491]

Sowohl Cash Pools als auch die Drittrechtsbeziehungen sind hierbei zu beachten.[492] Ziel ist die Erweiterung von Finanzierungsmöglichkeiten und die Schaffung dafür notwendiger Rechtssicherheiten im Aktionärs- und Konzerninteresse.[493] Insbesondere im Unternehmensverbund ist es sinnvoll, dass die Muttergesellschaft ein Darlehen aufnimmt und dieses an eine Tochtergesellschaft weiterleitet.[494] Allerdings wird in der Literatur die reale Kapitalaufbringung bei der korrekten Erfüllung von Einlagepflichten beim Cash-Pooling (insb. Hin- und Herzahlen und verdeckte Sacheinlagen) wegen seines Umgehungspotentials als problematisch angesehen und hierfür vorgeschlagen, dass diese durch das MoMiG neu geordnet werden sollte.[495]

II. Verbot der Einlagenrückgewähr

1. Tatbestände verbotener Einlagenrückgewähr

a. Objektive Reichweite

Es ist generell akzeptiert, dass Leistungen aus dem Vermögen der Aktiengesellschaft an einen Aktionär, die außerhalb der ordnungsgemäßen Ausschüttung des Bilanzgewinns erfolgt sind und keinen speziellen gesetzlichen Grund haben, gemäß § 57 Abs. 1 S. 1 AktG unzulässig sind.[496]

---

490 BGH Urt. v. 01.12.2008-II ZR 102/07 (OLG Jena), NJW 2009, 850, 852 (MPS-Urteil); *Kuntz,* ZGR 2017, S. 917, 929 f.; *Westermann* in: Bürgers/Körber, § 57 AktG Rn. 17, 38.

491 BGH Urt. v. 10.01.2017-II ZR 94/15 (OLG Frankfurt/M.), BGH ZIP 2017, 472, 473; *Kuntz,* ZGR 2017, S. 917, 929.

492 *Servatius* in: Wachter/AktG, § 57 Rn. 2; zum Cash-Pool *Drygala*, KölnKommAktG, § 57 Rn. 83 ff.

493 *Westermann* in: Bürgers/Körber, § 57 AktG Rn. 1.

494 *Westermann* in: Bürgers/Körber, § 57 AktG Rn. 23, 25, 38.

495 *Westermann* in: Bürgers/Körber, § 57 AktG Rn. 2.

496 *Westermann* in: Bürgers/Körber, § 57 AktG Rn. 1; *Bayer*, MüKoAktG/2019, § 57 Rn. 8; Hüffer/Koch/*Koch*, AktG, § 57 Rn. 2; *Henze*, GroßKommAktG, § 57 Rn. 9; Schmidt/Lutter/*Fleischer*, AktG, § 57 Rn. 9; *Drygala*, KölnKommAktG, § 57 Rn. 16; *Thümmel/Burkhardt,* AG 2009, S. 885, 886 f.

Allerdings wird die gesetzliche Formulierung des Verbots in der Literatur zu Recht als unvollkommen und missverständlich bewertet, da das Rückgewährverbot nicht nur die Einlagen i.S.v. § 54 Abs. 1 AktG erfasst, sondern alles, was im Zusammenhang mit der Gründung oder einer Kapitalerhöhung als Einlagepflicht begründet und an die Aktiengesellschaft geleistet wurde.[497] Das Verbot in § 57 AktG gilt nicht nur für das Grundkapital und die gesetzlichen Rücklagen, sondern auch für die offenen[498] und verdeckten Zuwendungen, die in verdeckter Form (in Form eines grundsätzlich zulässigen marktüblichen Drittgeschäfts) an den Aktionär erbracht werden.[499] Deswegen wurde die Regelung des § 57 AktG im Vergleich zu den Vorschriften der GmbH[500] als Prinzip einer umfassenden Vermögensbindung der Aktiengesellschaft akzeptiert, so dass nach allgemeiner Meinung nicht der tatsächliche Einlagegegenstand, sondern das Vermögen der Aktiengesellschaft in seinem Wert gebunden ist.[501]

Der Verstoß gegen das Rückgewährverbot begründet eine Erstattungspflicht aus § 62 AktG. Hier spielt es keine Rolle, ob die Leistung das Grundkapital (§§ 1 Abs. 2, 7, 23 Abs. 3 Nr. 3 AktG) oder die gesetzlichen Rücklagen (§§ 150, 300 AktG) angreift,[502] ob sie eine Geldleistung ist, ob die Einlage bei dem

---

497 *Westermann* in: Bürgers/Körber, § 57 AktG Rn. 4; *Bayer*, MüKoAktG/2019, § 57 Rn. 10; Hüffer/Koch/*Koch*, AktG, § 57 Rn. 2; *Henze*, GroßKommAktG, § 57 Rn. 8; *Drygala*, KölnKommAktG, § 57 Rn. 17; Schmidt/Lutter/*Fleischer*, AktG, § 57 Rn. 9.

498 *Bayer*, MüKoAktG/2019, § 57 Rn. 47; *Westermann* in: Bürgers/Körber, § 57 AktG Rn. 5; Hüffer/Koch/*Koch*, AktG, § 57 Rn. 7; *Drygala*, KölnKommAktG, § 57 Rn. 34 ff.; Schmidt/Lutter/*Fleischer*, AktG, § 57 Rn. 10; Grigoleit/*Grigoleit/Rachlitz*, AktG, § 57 Rn. 10.

499 *Westermann* in: Bürgers/Körber, § 57 AktG Rn. 14, 19a ff.; *Bayer*, MüKoAktG/2019, § 57 Rn. 47; Hüffer/Koch/*Koch*, AktG, § 57 Rn. 8 ff.; *Drygala*, KölnKommAktG, § 57 Rn. 37 ff.; *Henze*, GroßKommAktG, § 57 Rn. 25 ff., 35 ff.; Schmidt/Lutter/*Fleischer*, AktG, § 57 Rn. 10 f.; *Bitter/Heim*, Gesellschaftsrecht, 2018, § 3 Rn. 191; *Grunewald*, Gesellschaftsrecht, 2017, § 10 Rn. 170.

500 Gesetz betreffend die Gesellschaft mit beschränkter Haftung (GmbHG) vom 20.04.1892, RGBl. I S. 477. Zuletzt geändert durch Gesetz vom 17.07.2017, BGBl. I, 2446 m.W.v. 22.07.2017.

501 *Westermann* in: Bürgers/Körber, § 57 AktG Rn. 3; *Servatius* in: Wachter/AktG, § 57 Rn. 9; *Bayer*, MüKoAktG/2019, § 57 Rn. 10 f.; *Laubert* in: Hölters/AktG, § 57 Rn. 5; *Hirte*, Kapitalgesellschaftsrecht, Rn. 5.20; *Bitter/Heim*, Gesellschaftsrecht, 2018, § 3 Rn. 189; Hüffer/Koch/*Koch*, AktG, § 57 Rn 2; *Drygala*, KölnKommAktG, § 57 Rn. 17; Spindler/Stilz/*Cahn/v. Spannenberg*, AktG, § 57 Rn. 15 f.; *Henze*, GroßKommAktG, § 57 Rn. 5, 8, 11.

502 *Bayer*, MüKoAktG/2019, § 57 Rn. 8.

Aktionär schon erbracht wurde,[503] ob das sogenannte Vermögensobjekt durch Zwangsversteigerung oder Insolvenz zugunsten des Gläubigers benutzt werden könnte[504] oder ob sie dem Aktionär zurückgewährt wird.[505]

b. Subjektive Reichweite

Die h.M. versteht § 57 AktG im Sinne eines objektiven Tatbestands.[506] Ergänzend werden auch subjektive Kriterien erwogen, aus welchen, nachdem die objektiv vorliegende Begünstigung des Aktionärs *causa societatis* zustande kam, ein verdeckter Verstoß gegen die Kapitalbindung folgen würde.[507] Erforderlich ist zumindest, dass die auf Seiten der Gesellschaft handelnde Person die Gesellschaftereigenschaft des Vertragspartners kannte.[508]

c. Zeitliche Reichweite

Es ist unstreitig, dass die Vermögensbindung jeden Zeitraum ab der Eintragung der Aktiengesellschaft erfasst.[509] Für die Beurteilung der Vollwertigkeit einer Gegenleistung- oder Rückzahlungsforderung ist der Zeitpunkt der Auszahlung oder der sonstigen Einlagenrückgewähr entscheidend.[510]

2. Formen der verbotenen Rückgewähr

Zunächst sind grundsätzlich alle nicht als Gewinn festgestellten oder auf Grund eines wirksamen Hauptversammlungsbeschlusses ausgeschütteten

---

503 *Westermann* in: Bürgers/Körber, § 57 AktG Rn. 4; *Bayer*, MüKoAktG/2019, § 57 Rn. 10; *Drygala*, KölnKommAktG, § 57 Rn. 22; *Henze*, GroßKommAktG, § 57 Rn. 8.

504 *Servatius* in: Wachter/AktG, § 57 Rn. 9; Schmidt/Lutter/*Fleischer*, AktG, § 57 Rn. 9.

505 *Bayer*, MüKoAktG/2019, § 57 Rn. 10; Hüffer/Koch/*Koch*, AktG, § 57 Rn. 3; Schmidt/Lutter/*Fleischer*, AktG, § 57 Rn. 9; *Henze*, GroßKommAktG, § 57 Rn. 8.

506 *Drygala*, KölnKommAktG, § 57 Rn. 88; *Henze*, GroßKommAktG, § 57 Rn. 47.

507 *Westermann* in: Bürgers/Körber, § 57 AktG Rn. 20; *Gessler*, FS Fischer, 1979, S. 131, 135 f.; *Drygala*, KölnKommAktG, § 57 Rn. 89 f.; weiteres zum Diskussionsstand: *Henze*, GroßKommAktG, § 57 Rn. 47; *Lutter*, KölnKommAktG, 2. Aufl., 1988, § 57 Rn. 27; Grigoleit/*Grigoleit/Rachlitz*, AktG, § 57 Rn. 16; Hüffer/Koch/*Koch*, AktG, § 57 Rn. 11; *Bayer*, MüKoAktG/2019, § 57 Rn. 65 f.

508 *Westermann* in: Bürgers/Körber, § 57 AktG Rn. 20.

509 *Westermann* in: Bürgers/Körber, § 57 AktG Rn. 7; Hüffer/Koch/*Koch*, AktG, § 57 Rn. 1; *Drygala*, KölnKommAktG, § 57 Rn. 22; Spindler/Stilz/*Cahn/v. Spannenberg*, AktG, § 57 Rn. 50; *Bayer*, MüKoAktG/2019, § 57 Rn. 14.

510 *Westermann* in: Bürgers/Körber, § 57 AktG Rn. 7; *Wand/Tillmann/Heckenthaler*, AG 2009, S. 148, 152.

Zuwendungen an einen Aktionär oder eine aktionärsgleiche Drittperson aus dem Vermögen der Aktiengesellschaft verboten. Wie bereits oben erwähnt, sind offene Zuwendungen und unter einigen Voraussetzungen auch verdeckte Zuwendungen an den Aktionär unzulässig.

Akzeptiert wird in der Literatur, dass die Aktiengesellschaft grundsätzlich auch mit ihren Aktionären marktübliche Geschäfte tätigt.[511] Diese Geschäfte würden ein großes Risiko mit sich bringen, da sie nicht zu marktüblichen Konditionen („dealing at arm's lenght[512]") abgewickelt werden könnten.[513]

Allerdings sind Zuwendungen nach der Rechtsprechung zulässig, wenn sie keine Relevanz für die Aktionärsstellung des Aktionärs haben und von einem ordentlichen und gewissenhaften Geschäftsleiter zu identischen Bedingungen auch mit einer Drittperson abgeschlossen worden wären.[514] Unter diesen Umständen ist es gefahrlos, wenn die Aktiengesellschaft z.B. wegen einer Fehlkalkulation oder einer veränderten Marktsituation aus dem normalen Umsatzgeschäft Verluste erleidet, solange der Aktionär die Aktien zu den Marktpreisen erwirbt und den Vermögensverlust der Aktiengesellschaft vollständig ausgleicht, da der Verlust der Aktiengesellschaft allgemein in der Literatur als eine unwirtschaftliche Herstellung des Produkts bewertet wird.[515]

Sonderkonditionen für Aktionäre durch die Aktiengesellschaft sind auch zulässig und unschädlich, wenn der Aktiengesellschaft aus dieser vermögenswerten Zuwendung keine Verluste entstehen.[516] Sonderkonditionen für Aktionäre sind untereinander gleich zu behandeln und ferner muss die vom Aktionär erbrachte Gegenleistung angemessen sein.[517]

---

511 *Bayer*, MüKoAktG/2019, § 57 Rn. 48; *Hirte*, Kapitalgesellschaftsrecht, Rn. 5.81 ff.; *Drygala*, KölnKommAktG, § 57 Rn. 41; *Henze*, GroßKommAktG, § 57 Rn. 35; *Grunewald*, Gesellschaftsrecht, 2017, § 10 Rn. 170; *Schwintowski* in: Frodermann/Jannott, Kap. 6 Rn. 184.

512 Drittgeschäft nach Maßgabe eines Fremdvergleichs.

513 *Hirte*, Kapitalgesellschaftsrecht, Rn. 5.81; *Grunewald*, Gesellschaftsrecht, 2017, § 10 Rn. 170 f.

514 BGH Urt. v. 13.11.1995-II ZR 113/94 (KG), NJW 1996, 589, 590; OLG Köln AG 2009, 584, 587; OLG Hamburg Urt. v. 31.08.2005-11 U 55/04, ZIP 2005, 1968, 1969.

515 *Bayer*, MüKoAktG/2019, § 57 Rn. 52; *Henze*, GroßKommAktG, § 57 Rn. 36, 58; Schmidt/Lutter/*Fleischer*, AktG, § 57 Rn. 15; Spindler/Stilz/*Cahn/v. Spannenberg*, AktG, § 57 Rn. 21; a.A. wohl *Lutter*, KölnKommAktG, 2. Aufl., 1988, § 57 Rn. 15.

516 *Bayer*, MüKoAktG/2019, § 57 Rn. 53; *Westermann* in: Bürgers/Körber, § 57 AktG Rn. 20.

517 *Westermann* in: Bürgers/Körber, § 57 AktG Rn. 20.

Außer bei normalen Umsatzgeschäften kommt auch eine verbotene Rückgewähr in Form einer verdeckten Vermögenszuwendung zwischen der Aktiengesellschaft und dem Aktionär in Betracht, z.B. ein objektives Missverhältnis zum Nachteil der Aktiengesellschaft,[518] wenn die gegenseitig erbrachten Leistungen nicht äquivalent sind.[519] Darüber hinaus ist zu differenzieren, ob ein Marktpreis vorhanden ist oder nicht. Wenn ein Marktpreis existiert, dann darf dieser durch die Aktiengesellschaft als Erwerber nicht überschritten[520] bzw. als Veräußerer nicht unterschritten[521] werden.[522] Wenn kein Marktpreis vorhanden ist, dann besteht ein Verstoß gegen § 57 AktG, wenn der Wert der Leistung und Gegenleistung im Rahmen eines unternehmerischen Ermessens in unvertretbarer Weise über- oder unterschritten wird.[523] Im Falle einer Abgabe der Gegenstände des Anlagevermögens wird der mit Hilfe von betriebswirtschaftlichen Methoden festgestellte Wiederbeschaffungswert beachtet.[524] Statt abgeschriebener Vermögenswerte wird der echte Verkehrswert akzeptiert.[525]

518 *Bayer*, MüKoAktG/2019, § 57 Rn. 55 f.

519 BGH AG 2012, 680, 681; *Henze*, GroßKommAktG, § 57 Rn. 40; Hüffer/Koch/*Koch*, AktG, § 57 Rn. 8; *Bayer*, MüKoAktG/2019, § 57 Rn. 56.

520 Nur wenn die Aktiengesellschaft weitere Vorteile bekommt *Henze*, GroßKommAktG, § 57 Rn. 41; Hüffer/Koch/*Koch*, AktG, § 57 Rn. 10.

521 *Bayer*, MüKoAktG/2019, § 57 Rn. 58; *Drygala*, KölnKommAktG, § 57 Rn. 61; Spindler/Stilz/*Cahn/v. Spannenberg*, AktG, § 57 Rn. 21; Hüffer/Koch/*Koch*, AktG, § 57 Rn. 10; *Henze*, GroßKommAktG, § 57 Rn. 41.

522 *Bayer*, MüKoAktG/2019, § 57 Rn. 58; *Drygala*, KölnKommAktG, § 57 Rn. 61; *Henze*, GroßKommAktG, § 57 Rn. 41; Hüffer/Koch/*Koch*, AktG, § 57 Rn. 10.

523 *Bayer*, MüKoAktG/2019, § 57 Rn. 60; kein unternehmerisches Ermessen, sondern ein „Beurteilungsspielraum" *Drygala*, KölnKommAktG, § 57 Rn. 56 f.; Spindler/Stilz/*Cahn/v. Spannenberg*, AktG, § 57 Rn. 22; *Henze*, GroßKommAktG, § 57 Rn. 42; Schmidt/Lutter/*Fleischer*, AktG, § 57 Rn. 13; Grigoleit/*Grigoleit/Rachlitz*, AktG, § 57 Rn. 13. Von der Aktiengesellschaft getätigte Drittgeschäfte sind maßgeblich, ausf. Spindler/Stilz/*Cahn/v. Spannenberg*, AktG, § 57 Rn. 22; *Henze*, GroßKommAktG, § 57 Rn. 42; Schmidt/Lutter/*Fleischer*, AktG, § 57 Rn. 13; Grigoleit/*Grigoleit/Rachlitz*, AktG, § 57 Rn. 13.

524 Hüffer/Koch/*Koch*, AktG, § 57 Rn. 10; *Henze*, GroßKommAktG, § 57 Rn. 42; *Fleischer*, WM 2007, S. 909, 914.

525 *Westermann* in: Bürgers/Körber, § 57 AktG Rn. 15; Schmidt/Lutter/*Fleischer*, AktG, § 57 Rn. 17; Grigoleit/*Grigoleit/Rachlitz*, AktG, § 57 Rn. 13; *Thümmel/Burkhardt*, AG 2009, S. 885, 889; *Wand/Tillmann/Heckenhaler*, AG 2009, S. 148, 152. In der Literatur wird eine bilanzielle Betrachtungsweise nicht für ausreichend gehalten, siehe Schmidt/Lutter/*Fleischer*, AktG, § 57 Rn. 17; Grigoleit/*Grigoleit/Rachlitz*, AktG, § 57 Rn. 13; Hüffer/Koch/*Koch*, AktG, § 57 Rn. 10; *Fleischer*, WM 2007, S. 909, 914.

3. *Leistungen unter Beteiligungen Dritter*

a. *Ehemalige und künftige Aktionäre*

Auch wenn eine Person zum Zeitpunkt der Auszahlung kein Aktionär ist, verhindert dies die Geltung des Einlagenrückgewährverbots nicht.[526] Falls die Leistung zeitlich und sachlich in Beziehung zu einem ehemaligen oder künftigen Mitglied steht, ist es ausreichend, den Zweck des Verbots zu erreichen.[527]

b. *Leistungen unter Beteiligung Dritter*

Zunächst sind die Gesellschafter einer Kapitalgesellschaft bei dem Kapitalerhaltungsgrundsatz zu berücksichtigen. Das Vermögen der Kapitalgesellschaft kann allerdings, wie oben beschrieben, nicht nur wegen der Aktionäre, sondern auch wegen Drittpersonen vermindert werden.

Auch der Wortlaut des § 57 Abs. 1 S. 2 AktG begrenzt das Verbot nicht nur mit der Rückgewähr an den Aktionär, sondern auch durch die mittelbare Beteiligung von Gesellschaftern durch einen in den Vorgang eingeschalteten Dritten, der von der Aktiengesellschaft eine Leistung erhält oder an den Aktionär leistet, und somit eine Vermögensminderung der Gesellschaft begründen kann.[528] Um Umgehungen zu vermeiden, wird allgemein akzeptiert, dass Leistungen an Dritte vom Verbot des § 57 AktG erfasst werden.[529] Jedoch ist zu unterscheiden, ob die Leistung zwischen dem Dritten und einem Aktionär oder zwischen dem Dritten und der Aktiengesellschaft erbracht wird. Wenn eine Leistung der

---

526 *Servatius* in: Wachter/AktG, § 57 Rn. 33.

527 *Westermann* in: Bürgers/Körber, § 57 AktG Rn. 7, 10; Grigoleit/*Grigoleit/Rachlitz*, AktG, § 57 Rn. 28; *Bayer*, MüKoAktG/2019, § 57 Rn. 113; *Servatius* in: Wachter/AktG, § 57 Rn. 33; *Schwintowski* in: Frodermann/Jannott, Kap. 6 Rn. 199; vgl. zeitliche Reichweite Schmidt/Lutter/*Fleischer*, AktG, § 57 Rn. 33; zur Einbeziehung künftiger Aktionäre BGH Urt. v. 13.11.2007-XI ZR 294/07 (OLG München), BGH ZIP 2008, 118.

528 *Westermann* in: Bürgers/Körber, § 57 AktG Rn. 8 ff.; *Henze*, GroßKommAktG, § 57 Rn. 11, 72 ff.; *Drygala*, KölnKommAktG, § 57 Rn. 120 ff.; *Servatius* in: Wachter/AktG, § 57 Rn. 3.

529 *Servatius* in: Wachter/AktG, § 57 Rn. 3; *Bayer*, MüKoAktG/2019, § 57 Rn. 13; Hüffer/Koch/*Koch*, AktG, § 57 Rn. 3; *Henze*, GroßKommAktG, § 57 Rn. 11, 72 ff.; *Drygala*, KölnKommAktG, § 57 Rn. 123 ff.

Aktiengesellschaft für die Rechnung des Aktionärs gilt, dann spricht man vom Verbot der Einlagenrückgewähr.[530]

Zu beachten sind insbesondere Fälle mit Umgehungscharakter, in welchen der Dritte kein Adressat des Kapitalerhaltungsverbots ist, d.h. dass er nicht Empfänger einer Leistung der Gesellschaft oder Urheber von Leistungen an einen Aktionär ist.[531] Während die Anwendung auf Leistungen an einen atypischen Pfandgläubiger in der Literatur wegen geringerer Nähe zu einer Mitgliedschaft umstritten ist, ist § 57 AktG für einen typischen Pfandinhaber anwendbar, wenn der Pfandgläubiger aufgrund seiner Gläubigereigenschaft Einflussmöglichkeiten auf die Gesellschaft wie ein Gesellschafter hat.[532] Das gleiche gilt auch für den Nießbraucher.[533]

Zuwendungen an z.B. einen Strohmann, Treuhänder oder anderen, der dem Gesellschafter nahesteht, können auch einen Umgehungscharakter der Kapitalbindung haben, wenn eine Leistung von der Gesellschaft an einen Nichtgesellschafter erbracht wird, die aufgrund der Gesellschaftereigenschaft dem Aktionär einen Vorteil gebracht hat.[534]

Ferner ist ein Verbot der Einlagenrückgewähr nach der Literatur zu bejahen, wenn ein gleichartiges Verhältnis (vgl. §§ 89 Abs. 5, 115 Abs. 2 AktG)[535] zwischen einem Aktionär oder von einem Aktionär abhängigen Unternehmen i.S.v. § 15 AktG und dem Dritten besteht.[536]

Zudem können Zuwendungen eines Dritten an einen Aktionär eine Umgehung der Kapitalbindung darstellen, wenn die Zuwendung zur Kapitalminderung der Gesellschaft führt.[537] Auch eine Leistung an ein verbundenes Unternehmen -insbesondere die Wertungen der §§ 56 Abs. 2 und 71d AktG-,

---

530 *Servatius* in: Wachter/AktG, § 57 Rn. 35; BGH Urt. v. 13.11.2007-XI ZR 294/07 (OLG München), BGH ZIP 2008, 118.

531 *Westermann* in: Bürgers/Körber, § 57 AktG Rn. 8.

532 *Westermann* in: Bürgers/Körber, § 57 AktG Rn. 8; Grigoleit/*Grigoleit/Rachlitz*, AktG, § 57 Rn. 32; *Servatius* in: Wachter/AktG, § 57 Rn. 35.

533 *Westermann* in: Bürgers/Körber, § 57 AktG Rn. 8; *Drygala*, KölnKommAktG, § 57 Rn. 125; *Servatius* in: Wachter/AktG, § 57 Rn. 35.

534 *Westermann* in: Bürgers/Körber, § 57 AktG Rn. 9 f.; Grigoleit/*Grigoleit/Rachlitz*, AktG, § 57 Rn. 32.

535 *Servatius* in: Wachter/AktG, § 57 Rn. 35; *Canaris*, FS Fischer, 1979, S. 31 ff.

536 *Servatius* in: Wachter/AktG, § 57 Rn. 35; Grigoleit/*Grigoleit/Rachlitz*, AktG, § 57 Rn. 32.

537 *Westermann* in: Bürgers/Körber, § 57 AktG Rn. 8 ff.; *Drygala*, KölnKommAktG, § 57 Rn. 120; *Henze*, GroßKommAktG, § 57 Rn. 75.

die von einer Aktiengesellschaft erhalten und in Bezug auf die Kapitalerhaltung einem Aktionär zugerechnet wird, kann eine Umgehung darstellen.[538]

Bei Leistungen an ein Unternehmen, das der Aktionär allein oder als Mehrheitsgesellschafter beherrscht oder mit dem er durch einen Beherrschungsvertrag gem. § 291 AktG verbunden ist, kann ein Verstoß gegen § 57 AktG in Betracht kommen, wenn eine ausschließliche oder so hohe Beteiligung vorhanden ist, dass der zugleich an der auszahlenden Gesellschaft beteiligte Gesellschafter einen Zugriff auf die Leistung im Empfängerunternehmen hat und ihm die Drittleistung zugerechnet werden kann.[539]

4. *Einzelfälle verbotener Rückgewähr*

a. Verbotene Auszahlungen

Erfasste Auszahlungen werden nach einer funktionalen Betrachtung des Auszahlungsbegriffes bestimmt, das heißt, die Begriffe in § 57 AktG wie z.B. „die Einlagenrückgewähr", „die Zahlung", „die Leistung" sind nicht einschränkend zu benutzen.[540]

Dividendenzahlungen sind unzulässig, wenn ihnen kein wirksamer Gewinnverwendungsbeschluss der Hauptversammlung gemäß § 174 AktG zugrunde liegt, da für einen Zahlungsanspruch gegen die Aktiengesellschaft ein wirksamer Beschluss vorausgesetzt wird.[541] Lieferungen, Dienst- und Werkleistungen sind Fälle der verdeckten Einlagenrückgewähr, wie z.B. der Verkauf von Vermögensgegenständen der Aktiengesellschaft an den Aktionär unter Marktpreis[542] bzw. der Kauf über Marktpreis[543], die Herausgabe von Warenzeichen

---

538 *Westermann* in: Bürgers/Körber, § 57 AktG Rn. 12 f.; *Drygala*, KölnKommAktG, § 57 Rn. 121; *Henze*, GroßKommAktG, § 57 Rn. 76; *Bayer*, MüKoAktG/2019, § 57 Rn. 105.

539 *Westermann* in: Bürgers/Körber, § 57 AktG Rn. 13 m.w.N.; *Bayer*, MüKoAktG/2019, § 57 Rn. 108; *Drygala*, KölnKommAktG, § 57 Rn. 124.

540 *Servatius* in: Wachter/AktG, § 57 Rn. 10.

541 *Bayer*, MüKoAktG/2019, § 57 Rn. 68; *Westermann* in: Bürgers/Körber, § 57 AktG Rn. 14; *Henze*, GroßKommAktG, § 57 Rn. 26; Spindler/Stilz/*Cahn/v. Spannenberg*, AktG, § 57 Rn. 30; Schmidt/Lutter/*Fleischer*, AktG, § 57 Rn. 10.

542 Hüffer/Koch/*Koch*, AktG, § 57 Rn. 12; *Henze*, GroßKommAktG, § 57 Rn. 48; *Bayer*, MüKoAktG/2019, § 57 Rn. 73.

543 *Bayer*, MüKoAktG/2019, § 57 Rn. 73; BGH Urt. v. 10.03.1997-II ZR 339/95 (OLG Jena), ZIP 1997, 927, 928; OLG Celle Urt. v. 18.08.1992-18 U 3/92 (Hildesheim), NJW 1993, 739, 740; *Drygala*, KölnKommAktG, § 57 Rn. 61; *Henze*, GroßKommAktG, § 57 Rn. 48; Spindler/Stilz/*Cahn/v. Spannenberg*, AktG, § 57 Rn. 32.

an den bisherigen Hauptaktionär bei dessen Ausscheiden ohne ausreichendem finanziellen Ausgleich[544], eine Vertragsklausel (§ 328 Abs. 2 BGB), nach der schuldbefreiend an einen Aktionär zu Lasten der Aktiengesellschaft geleistet werden darf,[545] die Anweisung an einen Dritten, die Zahlung von grundlosen oder überhöhten Gehältern[546] oder die vorzeitige Rückzahlung eines mangels Kündigung nicht fälligen Darlehens.[547]

Grundsätzlich ist eine Zusage über die Erstattung der Kursdifferenzen[548] oder eine feste Kursgarantie[549] durch die Aktiengesellschaft bzw. jede Art von Wiederkaufspflichten (h.M.)[550] unzulässig.[551] Jedoch kann eine Option auf Wiederveräußerung der Aktien an die Gesellschaft zu einem festen Kurs eingeräumt werden.[552] Solch eine Zusage oder Garantie soll durch eine Ad-hoc-Mitteilung veröffentlicht werden. Ansonsten wären die übrigen Aktionäre gegenüber den Aktionären, die für ihre Aktien eine Zusage für eine Erstattung der Kursdifferenzen oder eine feste Kursgarantie bekommen haben, nachteilig betroffen. Ebenfalls könnte ein Problem auftreten, wenn die von der Gesellschaft erworbenen Aktien verkauft werden müssen. In diesem Fall könnten Verluste entstehen und die im Besitz der Anleger befindlichen Aktien Kursnachteile erleiden.[553]

---

544 *Westermann/Wilhemi,* DZWiR 1996, S. 244, 249; Hüffer/Koch/*Koch*, AktG, § 57 Rn. 12; *Henze*, GroßKommAktG, § 57 Rn. 48.

545 *Bayer*, MüKoAktG/2019, § 57 Rn. 73; *Henze*, GroßKommAktG, § 57 Rn. 48; Hüffer/Koch/*Koch*, AktG, § 57 Rn. 12.

546 *Bayer*, MüKoAktG/2019, § 57 Rn. 73; *Henze*, GroßKommAktG, § 57 Rn. 48; Schmidt/Lutter/*Fleischer*, AktG, § 57 Rn. 68; *Drygala*, KölnKommAktG, § 57 Rn. 93 f.

547 *Bayer*, MüKoAktG/2019, § 57 Rn. 73; *Henze*, GroßKommAktG, § 57 Rn. 48; Spindler/Stilz/*Cahn/v. Spannenberg,* AktG, § 57 Rn. 32.

548 BFH Urt. v. 17.10.1984, WM 1985, 537, 539; Schmidt/Lutter/*Fleischer,* AktG, § 57 Rn. 22; *Henze*, GroßKommAktG, § 57 Rn. 68; *Bayer*, MüKoAktG/2019, § 57 Rn. 78.

549 *Westermann* in: Bürgers/Körber, § 57 AktG Rn. 14, 21; Grigoleit/*Grigoleit/Rachlitz*, AktG, § 57 Rn. 10; Schmidt/Lutter/*Fleischer,* AktG, § 57 Rn. 22; *Henze*, GroßKommAktG, § 57 Rn. 68; *Bayer*, MüKoAktG/2019, § 57 Rn. 78.

550 *Lutter*, KölnKommAktG, 2. Aufl., 1988, § 57 Rn. 28, 31; *Henze*, GroßKommAktG, § 57 Rn. 69; MüKoAktG/2019, § 57 Rn. 78; a.A. Spindler/Stilz/*Cahn/v. Spannenberg,* AktG, § 57 Rn. 44.

551 Diese Fälle passen mehr zum eigentlichen Thema der Arbeit als die Fälle im vorherigen Paragrafen.

552 Spindler/Stilz/*Cahn/v. Spannenberg,* AktG, § 57 Rn. 44.

553 *Westermann*, ZHR 2008, S. 144, 160; zum Doppelschaden *Oechsler*, ZHR 2006, S. 72, 75.

Ferner ist ein Wiederkaufsrecht zwischen der Aktiengesellschaft und einem Aktionär zulässig, solange der Rückerwerbspreis marktüblich ist.[554] Das „Abkaufen“ einer Anfechtungsklage wird ebenfalls grundsätzlich als verbotene Einlagenrückgewähr qualifiziert.[555] Halte- und Präsenzboni[556], der Gründerlohn in der Satzung nach § 26 Abs. 1, 2 AktG[557], die Ausgleichzahlungen nach § 243 Abs. 2 S. 2 AktG[558], „Down Stream Merger“, d.h. die Verschmelzung einer Muttergesellschaft in eine Tochtergesellschaft (soweit die übernehmende Gesellschaft eine Aktiengesellschaft ist, ist die Übernahme der Schulden, die das Aktivvermögen der Muttergesellschaft übersteigen, ein Verstoß gegen das Einlagenrückgewährverbot, da die Tochtergesellschaft keinen angemessenen Ausgleich erhält,[559]), Venture-Capital-Beteiligungen gegen Falschbewertungen im Rahmen des Unternehmenskaufs[560], Übernahmeprämien nach § 31 Abs. 1 WpÜG[561], Finanzierungsgebühren im Rahmen von Equity-Line-Finanzierungen („SEDA“)[562] und Break-Fee-Vereinbarungen[563] und Festbezugs- und

---

554 *Bayer*, MüKoAktG/2019, § 57 Rn. 79, 10f.; *Lutter*, KölnKommAktG, 2. Aufl., 1988, § 57 Rn. 30.

555 *Westermann* in: Bürgers/Körber, § 57 AktG Rn. 18; BGH NJW 1992, 2821, 2822; Hüffer/Koch/*Koch*, AktG, § 57 Rn. 7, 13; *Henze*, GroßKommAktG, § 57 Rn. 70; Spindler/Stilz/*Cahn/v. Spannenberg*, AktG, § 57 Rn. 45; Schmidt/Lutter/*Fleischer*, AktG, § 57 Rn. 23; a.A. *Schlaus*, AG 1988, S. 113, 116; *Martens*, AG 1988, S. 118 ff.

556 Für Halteboni: *Bayer*, MüKoAktG/2019, § 57 Rn. 81; Schmidt/Lutter/*Fleischer*, AktG, § 57 Rn. 10; Grigoleit/*Grigoleit/Rachlitz*, AktG, § 57 Rn. 10. Für Präsenzboni: *Bayer*, MüKoAktG/2019, § 57 Rn. 81; *Fleischer*, WM 2007, S. 909, 914; Grigoleit/*Grigoleit/Rachlitz*, AktG, § 57 Rn. 10; a.A. *Singhof*, NZG 1998, S. 670, 674; wohl auch *Drygala*, KölnKommAktG, § 57 Rn. 35.

557 *Bayer*, MüKoAktG/2019, § 57 Rn. 93; Hüffer/Koch/*Koch*, AktG, § 57 Rn. 4; *Henze*, GroßKommAktG, § 57 Rn. 198; a.A. *Drygala*, KölnKommAktG, § 57 Rn. 117; die Leistung und die Gegenleistung dürfen nicht zu Lasten der Aktiengesellschaft unausgeglichen sein, dazu noch *Lutter*, KölnKommAktG, 2. Aufl., 1988, § 57 Rn. 83.

558 *Bayer*, MüKoAktG/2019, § 57 Rn. 94; *Henze*, GroßKommAktG, § 57 Rn. 199.

559 *Bayer*, MüKoAktG/2019, § 57 Rn. 95; *Westermann* in: Bürgers/Körber, § 57 AktG Rn. 24; Hüffer/Koch/*Koch*, AktG, § 57 Rn. 2; a.A. *Enneking/Heckschen*, DB 2006, S. 1099, 1100; *Söhner*, ZIP 2011, S. 2085, 2089; *Riegger*, ZGR 2008, S. 233, 246 f.

560 *Bayer*, MüKoAktG/2019, § 57 Rn. 96; *Mellert*, NZG 2003, S. 1096, 1099.

561 *Bayer*, MüKoAktG/2019, § 57 Rn. 58, 97; Hüffer/Koch/*Koch*, AktG, § 57 Rn. 10.

562 *Bayer*, MüKoAktG/2019, § 57 Rn. 98; *Rust/Hennig*, AG 2011, S. 485, 492.

563 Schmidt/Lutter/*Fleischer*, AktG, § 57 Rn. 28.

Übernahmegarantien[564] sind ebenfalls als verbotene Einlagenrückgewähr zu qualifizieren.

b. Unzulässiger Erwerb eigener Aktien

Der entgeltliche Erwerb eigener Aktien ist die Ausschüttung des Gesellschaftsvermögens an die veräußernden Aktionäre, wobei der Grundgedanke die Ausschüttungsschranken der Kapitalerhaltung und der Gleichbehandlungsgrundsatz der Aktionäre darstellt.[565] Gemäß § 57 Abs. 1 S. 1 ist die Zahlung des Erwerbspreises beim zulässigen Erwerb eigener Aktien kein Verbot der Einlagenrückgewähr. Hiermit schafft der Gesetzgeber Raum für die in § 71 AktG verorteten Ausnahmen vom allgemeinen Einlagenrückgewährverbot.[566] Da auch der zulässige Erwerb nicht zulasten des gebundenen Kapitals gehen darf, gewährleistet § 57 Abs. 2 S. 2 AktG, dass der Erwerb nur aus ausschüttungsfähigem Vermögen erfolgt.[567]

Der Erwerb eigener Aktien durch die Aktiengesellschaft ist ebenfalls unzulässig, wenn dieser nicht nach §§ 71 ff. AktG gestattet oder durch den Vorrang der kapitalmarktrechtlichen Haftung begründet ist.[568]

Erwirbt ein von der Aktiengesellschaft abhängiges oder in ihrem Mehrheitsbesitz stehendes Unternehmen von einem Aktionär der Aktiengesellschaft dessen Aktien zu teuer oder veräußert an diesen Aktien der Aktiengesellschaft zu billig, ist der Erwerb oder die Veräußerung gemäß § 71d S. 2 Hs. 1 AktG unzulässig.[569] Hinzu kommt, dass eine Unterstützung, die die Gewährung eines Vorschusses oder eines Darlehens oder die Bestellung einer Sicherheit als

---

564 Schmidt/Lutter/*Fleischer*, AktG, § 57 Rn. 28; a.A. Grigoleit/*Grigoleit/Rachlitz*, AktG, § 71a Rn. 15.

565 Ausf. *Bezzenberger*, ZHR 2016, S. 8, 10 ff.; *Gätsch* in: Marsch-Barner/Schäfer, HdB börsennotierte AG, 2018, § 50 Rn. 50.40; *Wieneke* in: Bürgers/Körber, § 71 AktG Rn. 1, 36 ff.; *Merkt*, GroßKommAktG, § 71 Rn. 3, 65 ff., 142, 330; auch *Westermann* in: Bürgers/Körber, § 57 AktG Rn. 14; *Hirsch*, Der Erwerb eigener Aktien, S. 104 ff.

566 *Grunewald*, Gesellschaftsrecht, 2017, § 10 Rn. 175; *Oechsler*, MüKoAktG/2019, § 71 Rn. 66.

567 *Wieneke* in: Bürgers/Körber, § 71 AktG Rn. 1, 54 ff.; *Merkt*, GroßKommAktG, § 71 Abs. 4, 330.

568 *Bayer*, MüKoAktG/2019, § 57 Rn. 74; *Wieneke* in: Bürgers/Körber, § 71 AktG Rn. 1.

569 *Henze*, GroßKommAktG, § 57 Rn. 66; Spindler/Stilz/*Cahn/v. Spannenberg*, AktG, § 57 Rn. 43; *Gätsch* in: Marsch-Barner/Schäfer, HdB börsennotierte AG, 2018, § 50 Rn. 50.60.

Zweck des Aktienerwerbs zum Gegenstand hat, gemäß § 71a AktG verboten und folglich nichtig ist.[570]

c. *Ausnahmen vom Verbot der Einlagenrückgewähr*

Die Zahlung des Erwerbspreises beim zulässigen Erwerb eigener Aktien gemäß § 57 Abs. 1 S. 2 AktG und der Bilanzgewinn gemäß § 174 AktG und § 57 Abs. 3 AktG sind weit zu verstehende Ausnahmefälle des Einlagenrückgewährverbots.[571]

Obwohl nach § 271 AktG die Vermögensverteilung unter den Aktionären möglich ist, wird § 57 AktG nach § 271 AktG bei der Gläubigerbefriedigung und beim Ablauf des Sperrjahres nicht verletzt.[572]

Das Verbot in § 57 AktG wird ebenfalls nicht bei der Herabsetzung des Grundkapitals nach § 225 Abs. 2 AktG verletzt. Übrigens sind nicht marktübliche Geschäfte zwischen der Aktiengesellschaft und dem Aktionär gemäß § 57 Abs. 1 S. 3 Hs. 2 AktG zulässig, wenn der Leistung ein vollwertiger Gegenleistungs- oder Rückgewähranspruch gegen den Aktionär – insbesondere für Fälle der Darlehensgewährung oder Sicherheitenbestellung – gegenübersteht.[573]

Bei der Beurteilung, ob eine Sicherheit eine verbotene Auszahlung ist, kommen drei mögliche Ansatzpunkte in Betracht: die Begründung der Verpflichtung zur Sicherheitenbestellung, die Sicherheitenbestellung und Sicherheitenverwertung.[574] Der Bundesgerichtshof hat in seinem MPS-Urteil erläutert, dass die Verwertung einer Sicherheit eine Auszahlung i.S.v. § 57 Abs. 1 S. 1 AktG ist.[575] Laut der jungen Entscheidung des Bundesgerichtshofs haben die übrigen Gläubiger mit der Bestellung einer Grundschuld im Umfang der Sicherheit keinen Zugriff mehr auf das Gesellschaftsvermögen. Außerdem käme es für die Beurteilung der Sicherheitenbestellung als Auszahlung i.S.v.

---

570 *Bitter/Heim*, Gesellschaftsrecht, 2018, § 3 Rn. 196; dazu BGH ZIP 2017, 472 Rn. 25 ff.

571 *Servatius* in: Wachter/AktG, § 57 Rn. 2.

572 *Servatius* in: Wachter/AktG, § 57 Rn. 2; RG Urt. v. 27.02.1913-II 534/12, RGZ 81, 404, 412.

573 Hüffer/Koch/*Koch*, AktG, § 57 Rn. 22; *Drygala*, KölnKommAktG, § 57 Rn. 115; *Westermann* in: Bürgers/Körber, § 57 AktG Rn. 15; *Servatius* in: Wachter/AktG, § 57 Rn. 2; *Grunewald*, Gesellschaftsrecht, 2017, § 10 Rn. 170.

574 Für eine Maßgeblichkeit der Verpflichtung Habersack in: Ulmer/Habersack/Löbbe, GroßKommGmbHG, Band II, 2014, § 30 Rn. 96; für eine Maßgeblichkeit der Bestellung *Drygala*, KölnKommAktG, § 57 Rn. 79; Schmidt/Lutter/*Fleischer*, AktG, § 57 Rn. 59; Hüffer/Koch/*Koch*, AktG, § 57 Rn. 27.

575 BGH Urt. v. 01.12.2008-II ZR 102/07 (OLG Jena), NJW 2009, 850 (MPS-Urteil).

§ 57 Abs. 1 S. 1 AktG nicht darauf an, dass sich diese Maßnahme in der Bilanz auswirkt.[576]

III. Rechtsfolgen der Verstöße gegen den Kapitalerhaltungsgrundsatz

Leistungen, die das Verbot aus § 57 AktG verletzen, sind von den Gesellschaftern der Gesellschaft zurückzuerstatten. Allerdings werden das Verpflichtungs- und Erfüllungsgeschäft nicht nichtig, da sich sonst Konflikte mit den andernfalls entstehenden bereicherungsrechtlichen Rückgewähransprüchen ergeben könnten.[577]

Bei den Rechtsfolgen in Drittfällen können sich Besonderheiten ergeben, da der nicht als Aktionär geltende Dritte nicht Adressat des § 57 AktG ist, es sei denn, er ist bösgläubig.[578] Wenn der Dritte dem Aktionär nahe steht, ist der Aktionär zur Erstattung der Leistung verpflichtet.[579] Das Verbot des § 57 AktG findet ebenfalls Anwendung, wenn ein Handeln des Dritten auf Rechnung der Gesellschaft, der derartige Geschäfte verboten wären, oder ein Handeln als Strohmann der Gesellschaft vorliegt, und damit die Gesellschaft dem Dritten seine Aufwendungen nicht ersetzen darf.[580]

IV. Haftung aufgrund eines Verstoßes gegen Kapitalerhaltungsvorschriften

Der Geschäftsleiter haftet gemäß § 93 Abs. 2, 3 Nr. 1 AktG aufgrund unerlaubt zurückgewährter Einlagen persönlich gegenüber der Gesellschaft. Die Folgen im Verhältnis der Gesellschaft zu Aktionären und gleichgestellten Empfängern von Vermögenszuwendungen und der Organverantwortlichkeit sind unterschiedlich. Die Vorstands- und Aufsichtsratsmitglieder

---

576 BGH Urt. v. 21.03.2017-II ZR 93/16 (OLG Dresden), ZIP 2017, 971, 972.

577 *Westermann* in: Bürgers/Körber, § 57 AktG Rn. 48; *Hirte*, Kapitalgesellschaftsrecht, Rn. 5.87; BGHZ 196, 312 Rn. 16 ff., BGH ZIP 2013, 819, BGH NZG 2013, 496, BGH NJZ 2013, 1742; *Bitter/Heim*, Gesellschaftsrecht, 2018, § 3 Rn. 192; *Grunewald*, Gesellschaftsrecht, 2017, § 10 Rn. 172.

578 *Westermann* in: Bürgers/Körber, § 57 AktG Rn. 50; *Canaris*, FS Fischer, 1979, S. 31, 43; *Michalski*, AG 1980, S. 261, 269.

579 *Westermann* in: Bürgers/Körber, § 57 AktG Rn. 50; *Bayer*, MüKoAktG/2019, § 57 Rn. 238; Spindler/Stilz/*Cahn/v. Spannenberg*, AktG, § 57 Rn. 94.

580 *Westermann* in: Bürgers/Körber, § 57 AktG Rn. 50; *Canaris*, FS Fischer, 1979, S. 31, 36.

haften für schuldhaft getätigte Zuwendungen bei Verstoß gegen § 57 Abs. 1 S. 1 AktG den Aktionären nach § 93 Abs. 3 Nr. 1, 2 und 5 AktG bzw. § 116 S. 1 AktG i.V.m. § 93 Abs. 3 Nr. 1, 2 und 5 AktG.[581] Die Organmitglieder haften für unzulässig an den Aktionär erbrachte Vermögenszuwendung in voller Höhe.[582]

Beträge, die in die Haftung einfließen, können überdies nicht von Aktionären oder von einem hierzu verpflichteten Dritten auf dem Weg über § 62 AktG zurückgeholt werden.[583] Wenn Aktionäre oder Dritte wegen einer verbotenen Leistung geschädigt wurden, kommt die Haftung der Vorstandsmitglieder nicht aus §§ 93, 116 AktG, sondern aus anderen Anspruchsgrundlagen (*c.i.c*, §§ 823, 826 BGB) in Betracht.[584]

Im Falle eines Gesellschaftsdarlehens wird die Gesellschaft gemäß § 39 Abs. 1 Nr. 5 InsO[585] i.V.m. § 135 Abs. 1 Nr. 2 InsO erst nach den übrigen Insolvenzgläubigern befriedigt.[586] Ferner existiert eine Insolvenzverursachungshaftung der Geschäftsleiter nach § 64 Satz 3 GmbHG bzw. § 92 Abs. 2 Satz 3 AktG, so dass die Gläubiger gegen die Insolvenzgefahr und die Schmälerung ihrer Befriedigung wegen möglichen Vermögensabflüssen geschützt werden.[587]

---

581 *Bayer*, MüKoAktG/2019, § 57 Rn. 239; *Drygala*, KölnKommAktG, § 57 Rn. 137 ff.; *Henze*, GroßKommAktG, § 57 Rn. 226.

582 *Bayer*, MüKoAktG/2019, § 57 Rn. 239; *Drygala*, KölnKommAktG, § 57 Rn. 137; vgl. Spindler/Stilz/*Cahn/v. Spannenberg*, AktG, § 57 Rn. 97; *Laubert* in: Hölters/AktG, § 57 Rn. 29.

583 *Westermann* in: Bürgers/Körber, § 57 AktG Rn. 47; *Drygala*, KölnKommAktG, § 57 Rn. 135; *Henze*, GroßKommAktG, § 57 Rn. 226; a.A. *Bayer*, MüKoAktG/2019, § 57 Rn. 239; Schmidt/Lutter/*Fleischer*, AktG, § 57 Rn. 76.

584 *Henze*, GroßKommAktG, § 57 Rn. 226.

585 Insolvenzordnung, Gesetz vom 05.10.1994, BGBl. I, 2866. Zuletzt geändert durch Gesetz vom 23.06.2017, BGBl. I, 1693 m.W.v. 03.01.2018.

586 *Hirte*, Kapitalgesellschaftsrecht, Rn. 5.105 ff.; *Grunewald*, Gesellschaftsrecht, 2017, § 10 Rn. 208; vgl. *Westermann* in: Bürgers/Körber, § 57 AktG Rn. 17, 28, 36.

587 *Servatius* in: Wachter/AktG, § 57 Rn. 7; *Westermann* in: Bürgers/Körber, § 57 AktG Rn. 28.

C. Das Spannungsverhältnis zwischen der Haftung für fehlerhafte Informationen und dem Kapitalerhaltungsgrundsatz

I. Das Verhältnis der kapitalmarktrechtlichen Prospekthaftung zum Kapitalerhaltungsgrundsatz nach § 57 AktG

1. Die Prospekthaftung

a. Der Prospekt

aa. Prospektpflicht

Der Prospekt ist das zentrale Informationsdokument für die Investitionsentscheidung der Anleger beim Erwerb auf dem Primär- oder Sekundärmarkt.[588] Das Wertpapierprospektgesetz enthält Regelungen über die Erstellung, Billigung und Veröffentlichung von Prospekten für das öffentliche Angebot von Wertpapieren sowie für Wertpapiere, die nach dem Börsengesetz (BörsG)[589] und der Börsenzulassungs-Verordnung (BörsZulV)[590] an einem organisierten Markt zugelassen werden.[591]

Ein Prospekt muss gemäß Art. 3 Abs. 1 WpPG erstellt und gemäß § 13 WpPG gebilligt und veröffentlicht werden, wenn es sich um ein öffentliches Angebot[592] von Wertpapieren i.S.v. § 2 Nr. 4 WpPG handelt.[593] § 3 Abs. 4 WpPG knüpft an die Zulassung (Börsenzulassung) von Wertpapieren an einem organisierten Markt an. Ist ein Angebot an ein Publikum gerichtet, das aus einer unbestimmten oder nicht bestimmbaren Zahl von Personen besteht, liegt ein

588 *Meyer* in: Frankfurter Kommentar, WpPG/EU-ProspektVO, § 5 Rn. 3.

589 Börsengesetz (BörsG) vom 16.07.2007 BGBl. I, 1330, 1351.

590 Verordnung über die Zulassung von Wertpapieren zum regulierten Markt einer Wertpapierbörse (Börsenzulassungsverordnung – BörsZulV) vom 15.04.1987, BGBl. I, 1234; BörsZulV in der Fassung der Bekanntmachung vom 9. September 1998 (BGBl. I, 2832), die zuletzt durch Artikel 1 der Verordnung vom 12. Juli 2017 (BGBl. I, 2359) geändert worden ist.

591 *Assmann* in: Assmann/Schütze, HdB KapitalanlageR, § 5 Rn. 15; *Poelzig*, Kapitalmarktrecht, § 10 Rn. 239 ff.

592 Zu Abgrenzungsschwierigkeiten zwischen öffentlichen und nicht-öffentlichen Angeboten, siehe *Krämer/Gillessen* in: Marsch-Barner/Schäfer, HdB börsennotierte AG, 2018, § 10 Rn. 10.310 Fn. 1.

593 *Poelzig*, Kapitalmarktrecht, § 10 Rn. 239 f.

öffentliches Angebot vor.[594] Die Prospektpflicht gemäß § 3 Abs. 4 WpPG liegt vor, sobald die Zulassung an einem organisierten Markt i.S.d. § 2 Nr. 16 WpPG beantragt wird.[595]

Die Mindestangaben für Wertpapierprospekte wurden aufgrund der Verordnung (EG) Nr. 809/2004 vom 29.04.2004 zur Umsetzung der Richtlinie 2003/71/EG des Europäischen Parlaments und des Rates in § 7 WpPG transferiert. Davon betroffen sind die in den Prospekten enthaltenen Informationen, das Format,[596] die Aufnahme von Informationen mittels Verweises, die Veröffentlichung der Prospekte und die Verbreitung von Werbung.[597]

Zur Sanktionierung von Pflichtverletzungen sieht das Wertpapierprospektgesetz in §§ 21-25 WpPG eine spezielle Haftungsregelung vor.[598] Die Prospekthaftungsnormen sind allerdings im Vergleich mit den Regelungen über den Wertpapierprospektinhalt im Rahmen der Wertpapierprospektverordnung nicht europaweit harmonisiert.[599] Mit der Umsetzung der Wertpapierprospektverordnung in das Wertpapierprospektgesetz wird ab dem 21.07.2019 auch eine breite Harmonisierung in diesem Bereich erreicht.

ab. Prospektinhalt

Der Prospekt muss gemäß § 5 WpPG dem Anleger ein zutreffendes Urteil ermöglichen. Dem Anleger muss die Gelegenheit geboten werden, die Chancen und Risiken der Anlage richtig einzuschätzen, um eine seinem Anlageplan

---

594 *Buck-Heeb*, Kapitalmarktrecht, § 4 Rn. 184; *Poelzig*, Kapitalmarktrecht, § 10 Rn. 241.

595 *Poelzig*, Kapitalmarktrecht, § 10 Rn. 242.

596 Der Prospekt kann gemäß § 12 WpPG aus einem Einzeldokument, welches das Registrierungsformular, die Wertpapierbeschreibung und die Zusammenfassung sind, entstehen, dazu noch *Poelzig*, Kapitalmarktrecht, § 10 Rn. 251 f.

597 *Assmann* in: Assmann/Schütze, HdB KapitalanlageR, § 5 Rn. 15; die Verordnung ist durch Art. 1 der Delegierten Verordnung (EU) Nr. 486/2012 vom 30. März 2012 zur Änderung der Verordnung (EG) Nr. 809/2004 in Bezug auf Aufmachung und Inhalt des Prospekts, des Basisprospekts, der Zusammenfassung und der endgültigen Bedingungen und in Bezug auf Angabepflichten (ABl. L 150/1 v. 09.06.2012) in wesentlichen Punkten geändert worden.

598 Zu den Verantwortlichen siehe Kap. 2 C. I. 1. d. da.

599 *Krämer/Gillessen* in: Marsch-Barner/Schäfer, HdB börsennotierte AG, 2018, § 10 Rn. 10.312.

entsprechende Entscheidung treffen zu können.[600] Notwendig sind gemäß § 5 WpPG Angaben, die für die Beurteilung der Wertpapiere wesentlich sind.[601]

Gegenstand der Prospekterstellung sind die angebotenen bzw. zuzulassenden Wertpapiere und deren Emittenten bzw. Garantiegeber. § 21 Abs. 1 S. 1 WpPG stellt nur auf die zur Beurteilung der Wertpapiere wesentlichen Angaben ab.[602]

Daneben zählt § 5 Abs. 1 S. 1 WpPG als Gegenstand der Beurteilung mit den Begriffen „Vermögenswerte“, „Verbindlichkeiten“, „Finanzlage“, „Gewinne und Verluste“, „Zukunftsaussichten“ und „mit den Wertpapieren verbundene Rechte“ vorwiegend emittentenbezogene Kriterien auf.[603]

Mit dem letzten Kriterium werden die Ausstattung und die Wirkungsweise des Prospekts beschrieben, während etwa Angaben zur Durchführung und zum Umfang eines Prospekts für ein öffentliches Angebot fehlen.[604] Vielfach wird vertreten, dass die allgemeinen inhaltlichen Anforderungen an Prospekte nicht auf die lückenhaften Kriterien des Wortlauts von § 5 Abs. 1 S. 1 WpPG beschränkt werden sollten.[605]

b. Rechtsnatur der Prospekthaftung

Prospekthaftung bezeichnet die Haftung der prospektverantwortlichen Personen für die Richtigkeit und Vollständigkeit eines Prospekts, der im Rahmen der gesetzlichen Veröffentlichungspflicht oder als freiwillige Unterstützung bei der Platzierung von Aktien erstellt und verbreitet wird.[606]

---

600 *Meyer* in: Frankfurter Kommentar, WpPG/EU-ProspektVO, § 5 Rn. 7; *Poelzig*, Kapitalmarktrecht, § 10 Rn. 253; *Krämer/Gillessen* in: Marsch-Barner/Schäfer, HdB börsennotierte AG, 2018, § 10 Rn. 10.310, 10.320.

601 *Meyer* in: Frankfurter Kommentar, WpPG/EU-ProspektVO, § 5 Rn. 9; *Krämer/Gillessen* in: Marsch-Barner/Schäfer, HdB börsennotierte AG, 2018, § 10 Rn. 10.320 ff.; *Poelzig*, Kapitalmarktrecht, § 10 Rn. 253 ff.

602 *Meyer* in: Frankfurter Kommentar, WpPG/EU-ProspektVO, § 5 Rn. 19.

603 *Meyer* in: Frankfurter Kommentar, WpPG/EU-ProspektVO, § 5 Rn. 20 ff. m.w.N.; *Krämer/Gillessen* in: Marsch-Barner/Schäfer, HdB börsennotierte AG, 2018, § 10 Rn. 10.321; *Poelzig*, Kapitalmarktrecht, § 10 Rn. 253.

604 *Meyer* in: Frankfurter Kommentar, WpPG/EU-ProspektVO, § 5 Rn. 35.

605 Aufgrund der Zielsetzung der Prospektrichtlinie, siehe *Meyer* in: Frankfurter Kommentar, WpPG/EU-ProspektVO, § 5 Rn. 36; welche Angaben aufzunehmen sind, richtet sich nach den Besonderheiten des Einzelfalles, siehe *Krämer/Gillessen* in: Marsch-Barner/Schäfer, HdB börsennotierte AG, 2018, § 10 Rn. 10.326.

606 *Assmann* in: Assmann/Schütze, HdB KapitalanlageR, § 5 Rn. 1.

Bei der allgemeinen zivilrechtlichen Prospekthaftung im engeren Sinne, die durch die Rechtsprechung entwickelt wurde,[607] geht es um die Haftung für Emissionsprospekte von nicht wertpapiermäßigen Risikokapitalanlagen, die der Anleger außerhalb des geregelten Kapitalmarkts, auf dem sogenannten „grauen Kapitalmarkt“, erworben hat.[608] Die allgemeine zivilrechtliche Prospekthaftung kann als vertragsähnliche Haftung und damit als Reflexion der Vertrauenshaftung bestimmt werden.[609]

Die Inanspruchnahme eines besonderen persönlichen Vertrauens aufgrund der Aufklärungspflicht, beispielsweise unter Prospektverwendung auf Seiten des Anlageberaters oder Anlagevermittlers, zählt man zur Prospekthaftung im weiteren Sinne.[610] Hier gilt die durch die Rechtsprechung entwickelte Vertrauenshaftung aus *c.i.c.*[611] gemäß §§ 311 Abs. 3 S. 2, 280 Abs. 1, 241 Abs. 2 BGB.[612] Ferner existieren eine spezialgesetzliche Prospekthaftung und die Informationshaftung, die in §§ 97, 98 WpHG (§ 37b, 37c WpHG a.F.) normiert sind.[613] Weitergehende Ansprüche, die nach den Vorschriften des bürgerlichen Rechts aufgrund von Verträgen oder unerlaubten Handlungen erhoben werden können, bleiben von der Prospekthaftung gemäß § 25 Abs. 2 WpPG unberührt.[614] Nach der h.M. handelt es sich bei der Prospekthaftung um eine bürgerlichrechtliche Vertrauenshaftung.[615]

---

607 *Bamberger* in: Derleder/Knops/Bamberger, § 52 Rn. 50; *Poelzig*, Kapitalmarktrecht, § 10 Rn. 337 f.

608 *Fleischer*, BKR 2004, S. 339; *Poelzig*, Kapitalmarktrecht, § 10 Rn. 348.

609 *Kort*, AG 2005, S. 21; *Poelzig*, Kapitalmarktrecht, § 10 Rn. 338.

610 *Bamberger* in: Derleder/Knops/Bamberger, § 52 Rn. 54.

611 Gegenüber dem aus Kap. 2 C. I. 1. d. da. bezeichnete Schuldner.

612 *Assmann* in: Assmann/Schütze, HdB KapitalanlageR, § 5 Rn. 3, 24; *Bamberger* in: Derleder/Knops/Bamberger, § 52 Rn. 52; *Krämer/Gillessen* in: Marsch-Barner/Schäfer, HdB börsennotierte AG, 2018, § 10 Rn. 10.381; *Poelzig*, Kapitalmarktrecht, § 10 Rn. 337 ff.; BGHZ 74, 103, 108 f. zur Prospekthaftung im weiteren Sinne BGH NZG 2009, 430, 431 Rn. 8; BGH WM 2011, 792; OLG München WM 2008, 22 Rn. 42 f.; OLG Oldenburg BKR 2009, 477; KG WM 2011, 1938; KG WM 2012, 127.

613 *Wackerbarth* in: Holzborn/WpPG, §§ 21–23 Rn. 1.

614 *Poelzig*, Kapitalmarktrecht, § 10 Rn. 305; *Krämer/Gillessen* in: Marsch-Barner/Schäfer, HdB börsennotierte AG, 2018, § 10 Rn. 10.377 ff.

615 BGH Urt. v. 31.05.2011-II ZR 141/09, NJW 2011, 2719, 2720 (Deutsche Telekom III); *Seiler/Singhof* in: Frankfurter Kommentar, WpPG/EU-ProspektVO, § 21 Rn. 121; *Groß*, Kapitalmarktrecht, § 21 WpPG Rn. 9; *Schwark* in: Schwark/Zimmer, KMRK, §§ 44, 45 BörsG Rn. 6; Einordnen als Sonderdeliktsrecht *Poelzig*, Kapitalmarktrecht, § 10 Rn. 270; *Sethe* in: Assmann/Schneider, WpHG, §§ 37b, 37c Rn. 23.

c. Haftungstatbestände bei der spezialgesetzlichen Prospekthaftung

ca. Gegenstand der Prospekthaftung

Das Gesetz schweigt zur Frage, was unter einem Prospekt zu verstehen ist, da die §§ 21, 22 WpPG keine Legaldefinition des Prospektbegriffs enthalten.[616] Gegenstand der in den §§ 21, 22 WpPG formulierten Prospekthaftung sind Prospekte für Wertpapiere, die öffentlich angeboten oder zum Handel an einem organisierten Markt zugelassen werden, und ihnen gleichgestellte schriftliche Darstellungen.[617] § 22 WpPG normiert die Haftung für alle gemäß § 3 Abs. 1 S. 1 WpPG veröffentlichten Prospekte (z.B. Prospekte für ein öffentliches Angebot von Wertpapieren oder freiwillige Prospekte), die nicht Grundlage für eine Börsenzulassung sind.[618]

cb. Unrichtigkeit und Unvollständigkeit des Prospekts

Der Prospekt muss sämtliche Angaben enthalten, die für das vorstehend erläuterte, zutreffende Urteil erforderlich sind.[619] Voraussetzung für die Prospekthaftung ist, dass die für die Bewertung der Wertpapiere wesentlichen Angaben des Prospekts unrichtig oder unvollständig sind oder der Prospekt einen falschen Gesamteindruck[620] vermittelt.[621] Dieses Kriterium gilt für die Haftung sowohl bei einem fehlerhaften Börsenzulassungsprospekt nach § 21 Abs. 1 WpPG als auch bei einem sonstigen fehlerhaften Prospekt nach § 22 Abs. 1 WpPG.[622]

Wenn die in einem Prospekt fehlenden Angaben für die Wahl von Wertpapieren entscheidend sind oder sein können, wird der Prospekt als unvollständig

---

616 *Groß*, Kapitalmarktrecht, § 21 WpPG Rn. 23.

617 *Groß*, Kapitalmarktrecht, § 21 WpPG Rn. 23 ff.; *Seiler/Singhof* in: Frankfurter Kommentar, WpPG/EU-ProspektVO, § 21 Rn. 2; *Wackerbarth* in: Holzborn/WpPG, §§ 21–23 Rn. 19.

618 *Seiler/Singhof* in: Frankfurter Kommentar, WpPG/EU-ProspektVO, § 22 Rn. 1.

619 *Meyer* in: Frankfurter Kommentar, WpPG/EU-ProspektVO, § 5 Rn. 9.

620 *Seiler/Singhof* in: Frankfurter Kommentar, WpPG/EU-ProspektVO, § 21 Rn. 76; *Assmann* in: Assmann/Schütze, HdB KapitalanlageR, § 5 Rn. 61, 143; *Mülbert/Steup* in: Habersack/Mülbert/Schlitt, HdB Unternehmensfinanzierung, 2019, § 41 Rn. 41; *Krämer/Gillessen* in: Marsch-Barner/Schäfer, HdB börsennotierte AG, 2018, § 10 Rn. 10.323, 10.326; *Poelzig*, Kapitalmarktrecht, § 10 Rn. 281; *Groß*, Kapitalmarktrecht, § 21 WpPG Rn. 40.

621 *Seiler/Singhof* in: Frankfurter Kommentar, WpPG/EU-ProspektVO, § 21 Rn. 36; *Groß*, Kapitalmarktrecht, § 21 WpPG Rn. 39 f.

622 *Assmann* in: Assmann/Schütze, HdB KapitalanlageR, § 5 Rn. 131.

bezeichnet.[623] Die Unvollständigkeit ist begrifflich ein Unterfall der Unrichtigkeit.[624] Nicht der Wahrheit entsprechende Angaben führen zur Unrichtigkeit des Prospekts.[625] Angaben im Sinne des § 21 Abs. 1 S. 1 WpPG sind zunächst alle im Prospekt enthaltenen Tatsachen.[626]

Die Prospekthaftung erfasst jedoch nicht nur Tatsachen, sondern auch Meinungen, Werturteile und zukunftsbezogene Informationen wie z.B. Prognosen und Informationen über Vorhaben.[627] Fehler oder Auslassungen in Bezug auf Detailangaben verursachen keinen Schaden, solange sie nicht ein anderes Gesamtbild des Emittenten und/oder der angebotenen oder zuzulassenden Wertpapiere ergeben, das zu einer anderen Entscheidung des Anlegers führen könnte.[628] Darstellungen im Prospekt, beispielsweise, ob das Immobilienvermögen im Börsenprospekt zu hoch ausgewiesen war[629], oder eine fehlerhafte Darstellung der Übertragbarkeit der Anteile, sind als Prospektfehler denkbar.[630]

Es ist wichtig zu betonen, dass die Billigung durch die BaFin unrichtige oder unvollständige Angaben in einem Prospekt nicht richtig oder mangelfrei

---

623 BGH Urt. v. 21.10.1991-II ZR 204/90, BGHZ 116, 7, 12; BGH Urt. v. 29.05.2000 (II ZR 280/98, Celle), WM 2000, 1503, 1504.

624 *Groß*, Kapitalmarktrecht, § 21 WpPG Rn. 45; *Singhof*, MüKoHGB, Bd. 6, Emissionsgeschäft, Rn. 278.

625 *Seiler/Singhof* in: Frankfurter Kommentar, WpPG/EU-ProspektVO, § 21 Rn. 46 ff.; *Habersack* in: Habersack/Mülbert/Schlitt, HdB Kapitalmarktinformation, § 29 Rn. 18.

626 *Groß*, Kapitalmarktrecht, § 21 WpPG Rn. 40; *Wackerbarth* in: Holzborn/WpPG, §§ 21–23 Rn. 69; *Mülbert/Steup* in: Habersack/Mülbert/Schlitt, HdB Unternehmensfinanzierung, 2019, § 41 Rn. 40.

627 *Assmann* in: Assmann/Schütze, HdB KapitalanlageR, § 5 Rn. 140; *Groß*, Kapitalmarktrecht, § 21 WpPG Rn. 40; *Seiler/Singhof* in: Frankfurter Kommentar, WpPG/EU-ProspektVO, § 21 Rn. 45; *Wackerbarth* in: Holzborn/WpPG, §§ 21–23 Rn. 69; *Mülbert/Steup* in: Habersack/Mülbert/Schlitt, HdB Unternehmensfinanzierung, 2019, § 41 Rn. 40.

628 *Meyer* in: Frankfurter Kommentar, WpPG/EU-ProspektVO, § 5 Rn. 9; *Holzborn/Mayston* in: Holzborn/WpPG, § 5 Rn. 10, 12; *Seiler/Singhof* in: Frankfurter Kommentar, WpPG/EU-ProspektVO, § 21 Rn. 74.

629 BGH Beschl. v. 21.10.2014-XI ZB 12/12 (OLG Frankfurt a.M.), NZG 2015, 20 Rn. 103 ff.; in der Literatur und Rechtsprechung wird von einem Toleranzbereich von 20 % bis 30 % ausgegangen, und Abweichungen im Rahmen des Toleranzbereichs stellen keinen Prospektfehler dar, siehe OLG Frankfurt a.M., NZG 2012, 747; BGH Beschl. v. 21.10.2014-XI ZB 12/12 (OLG Frankfurt a.M.), NZG 2015, 20.

630 *Möllers/Steinberger*, NZG 2015, S. 329 f.

macht.[631] In diesem Fall ist zu beachten, ob die Angaben im Prospekt noch zum Zeitpunkt ihrer Billigung unrichtig oder unvollständig sind.[632]

d. Haftungsadressaten

da. Prospektverantwortliche

Die Adressaten der Haftung für einen unrichtigen oder unvollständigen Prospekt sind gemäß § 21 Abs. 1 WpPG diejenigen, „die für den Prospekt die Verantwortung übernommen haben"[633], bzw. diejenigen, „von denen der Erlass des Prospekts ausgeht". Für den „Erlass" ist derjenige verantwortlich, der nach außen erkennbar Prospekterlasser ist.[634] Darunter sind zum einen die Unterzeichner des Prospekts zu verstehen und zum anderen die Personen, die nach § 5 Abs. 4 WpPG im Prospekt als die für dessen Inhalt Verantwortlichen aufgeführt werden.[635]

Die Unterzeichner sind in erster Linie die Emittenten der zuzulassenden Wertpapiere, die Anbieter und die Zulassungsantragssteller.[636] Festzuhalten

---

631 *Assmann* in: Assmann/Schütze, HdB KapitalanlageR, § 5 Rn. 133, 147; *Mülbert/Steup* in: Habersack/Mülbert/Schlitt, HdB Unternehmensfinanzierung, 2019, § 41 Rn. 51; *Seiler/Singhof* in: Frankfurter Kommentar, WpPG/EU-ProspektVO, § 21 Rn. 37; *Krämer/Gillessen* in: Marsch-Barner/Schäfer, HdB börsennotierte AG, 2018, § 10 Rn. 10.331; *Poelzig*, Kapitalmarktrecht, § 10 Rn. 257, 291; *Oulds* in: Kümpel/Wittig, 15. Teil Rn. 15.199; *Schwark* in: Schwark/Zimmer, KMRK, §§ 44, 45 BörsG Rn. 35; *Groß*, Kapitalmarktrecht, § 21 WpPG Rn. 39.

632 *Groß*, Kapitalmarktrecht, § 21 WpPG Rn. 57; *Habersack* in: Habersack/Mülbert/Schlitt, HdB Kapitalmarktinformation, § 29 Rn. 23 f.; *Mülbert/Steup* in: Habersack/Mülbert/Schlitt, HdB Unternehmensfinanzierung, 2019, § 41 Rn. 57.

633 Zur Übernahme der Verantwortung für den Börsenzulassungsprospekt *Assmann* in: Assmann/Schütze, § 5 Rn. 153 ff. m.w.N.; *Groß*, Kapitalmarktrecht, § 21 WpPG Rn. 30; *Habersack* in: Habersack/Mülbert/Schlitt, HdB der Kapitalmarktinformation, § 29 Rn. 26 f.; *Mülbert/Steup* in: Habersack/Mülbert/Schlitt, HdB Unternehmensfinanzierung, 2019, § 41 Rn. 71.

634 *Assmann* in: Assmann/Schütze, HdB KapitalanlageR, § 5 Rn. 153; *Mülbert/Steup* in: Habersack/Mülbert/Schlitt, HdB Unternehmensfinanzierung, 2019, § 41 Rn. 70.

635 *Groß*, Kapitalmarktrecht, § 21 WpPG Rn. 30; *Seiler/Singhof* in: Frankfurter Kommentar, WpPG/EU-ProspektVO, § 21 Rn. 81 ff.; *Assmann* in: Assmann/Schütze, HdB KapitalanlageR, § 5 Rn. 155 f.; *Sittmann*, NZG 1998, S. 490, 493; *Krämer/Gillessen* in: Marsch-Barner/Schäfer, HdB börsennotierte AG, 2018, § 10 Rn. 10.349 ff.; *Poelzig*, Kapitalmarktrecht, § 10 Rn. 273 ff.

636 *Seiler/Singhof* in: Frankfurter Kommentar, WpPG/EU-ProspektVO, § 21 Rn. 81; *Krämer/Gillessen* in: Marsch-Barner/Schäfer, HdB börsennotierte AG, 2018, § 10 Rn. 10.350; *Poelzig*, Kapitalmarktrecht, § 10 Rn. 274.

ist, dass, je näher der Haftungsadressat den Prospektinformationen ist, desto höhere Sorgfaltspflichten für die richtige und vollständige Darstellung dieser Informationen an ihn gestellt werden.[637] Vom Emittenten ist eine besonders hohe Sorgfalt zu erwarten,[638] weil er selbst Gegenstand der Informationen im Prospekt und primärer Informationsschuldner ist.[639] Einerseits verfügt er über die genauesten Kenntnisse[640] und andererseits ist er in der Lage, die in seiner Bilanz existierenden Risiken zu beurteilen.[641] Die Haftung der Vorstandsmitglieder ist nach der h.M. abzulehnen, da die unterzeichnenden Vorstandsmitglieder nicht *per se* als Prospekterlasser anzusehen sind.[642]

---

637 *Groß*, Kapitalmarktrecht, § 21 WpPG Rn. 76; *Seiler/Singhof* in: Frankfurter Kommentar, WpPG/EU-ProspektVO, § 23 Rn. 8; *Schwark* in: Schwark/Zimmer, KMRK, §§ 44, 45 BörsG Rn. 48; *Mülbert/Steup* in: Habersack/Mülbert/Schlitt, HdB Unternehmensfinanzierung, 2019, § 41 Rn. 109; *Habersack* in: Habersack/Mülbert/Schlitt, HdB Kapitalmarktinformation, § 29 Rn. 38; *Wackerbarth* in: Holzborn/WpPG, §§ 21–23 Rn. 91; *Hopt/Voigt* in: Hopt/Voigt, S. 9, 86.

638 *Mülbert/Steup* in: Habersack/Mülbert/Schlitt, HdB Unternehmensfinanzierung, 2019, § 41 Rn. 110; *Habersack* in: Habersack/Mülbert/Schlitt, HdB Kapitalmarktinformation, § 29 Rn. 39; *Groß*, Kapitalmarktrecht, § 21 WpPG Rn. 75, 77; *Seiler/Singhof* in: Frankfurter Kommentar, WpPG/EU-ProspektVO, § 23 Rn. 11; *Poelzig*, Kapitalmarktrecht, § 10 Rn. 290.

639 *Groß*, Kapitalmarktrecht, § 21 WpPG Rn. 77; *Seiler/Singhof* in: Frankfurter Kommentar, WpPG/EU-ProspektVO, § 23 Rn. 11; *Habersack* in: Habersack/Mülbert/Schlitt, HdB Kapitalmarktinformation, § 29 Rn. 39; zu gleichlaufenden Sorgfaltsanforderungen für Prospektveranlasser (insbesondere Großaktionäre) *Mülbert/Steup* in: Habersack/Mülbert/Schlitt, HdB Unternehmensfinanzierung, 2019, § 41 Rn. 110.

640 *Groß*, Kapitalmarktrecht, § 21 WpPG Rn. 77; *Poelzig*, Kapitalmarktrecht, § 10 Rn. 290.

641 *Mülbert/Steup* in: Habersack/Mülbert/Schlitt, HdB Unternehmensfinanzierung, 2019, § 41 Rn. 110; *Krämer/Gillessen* in: Marsch-Barner/Schäfer, HdB börsennotierte AG, 2018, § 10 Rn. 10.335.

642 *Mülbert/Steup* in: Habersack/Mülbert/Schlitt, HdB Unternehmensfinanzierung, 2019, § 41 Rn. 91; *Wackerbarth* in: Holzborn/WpPG, §§ 21–23 Rn. 45; für die Haftung im Fall einer ausdrücklichen Bezeichnung als Prospektveranlasser oder einer Einstufung als prospektverantwortliche Hintermänner *Seiler/Singhof* in: Frankfurter Kommentar, WpPG/EU-ProspektVO, § 21 Rn. 85; *Heidelbach* in: Schwark/Zimmer, KMRK, § 13 VerkProspG Rn. 20; *Mülbert/Steup* in: Habersack/Mülbert/Schlitt, HdB Unternehmensfinanzierung, 2019, § 41 Rn. 91.

Unter dem Prospektveranlasser versteht man den tatsächlichen Urheber des Prospekts.[643] So sollen Haftungslücken aufgehoben werden, wenn eine Person auf die Prospekterstellung einwirkt, ohne durch Unterschrift oder Bezeichnung nach § 5 Abs. 4 S. 1WpPG als Verantwortlicher[644] für den Prospekt zu erscheinen.[645] Die h.M. geht davon aus, dass die Person oder Gesellschaft ein eigenes wirtschaftliches Interesse an der Emission hat.[646] Der Empfänger ist für eine Haftung des Prospektadressaten entscheidend, um die Richtigkeit und Vollständigkeit der Angaben und die Wesentlichkeit der fraglichen Angaben im Prospekt zu bewerten.[647] Maßgeblich ist, welcher Adressatenkreis sich durch den Prospekt beeinflussen lässt.[648] Allgemein wird ein typisierter Empfängerhorizont zugrunde gelegt. Der in der Rechtsprechung entwickelte Maßstab geht von einem durchschnittlichen Anleger aus[649], der eine Bilanz zu lesen versteht.[650] Zu überlegen bleibt allerdings, ob der Bundesgerichtshof in seinem

643 *Assmann* in: Assmann/Schütze, HdB KapitalanlageR, § 5 Rn. 157; *Schwark* in: Schwark/Zimmer, KMRK, §§ 44, 45 BörsG Rn. 9; *Groß*, Kapitalmarktrecht, § 21 WpPG Rn. 35; *Seiler/Singhof* in: Frankfurter Kommentar, WpPG/EU-ProspektVO, § 21 Rn. 90; *Poelzig*, Kapitalmarktrecht, § 10 Rn. 275; *Krämer/Gillessen* in: Marsch-Barner/Schäfer, HdB börsennotierte AG, 2018, § 10 Rn. 10.354.

644 Also auch ein Anlageberater.

645 *Seiler/Singhof* in: Frankfurter Kommentar, WpPG/EU-ProspektVO, § 21 Rn. 90.

646 *Habersack* in: Habersack/Mülbert/Schlitt, HdB Kapitalmarktinformation, § 29 Rn. 29; *Mülbert/Steup* in: Habersack/Mülbert/Schlitt, HdB Unternehmensfinanzierung, 2019, § 41 Rn. 80; *Schwark* in: Schwark/Zimmer, KMRK, §§ 44, 45 BörsG Rn. 9; *Assmann* in: Assmann/Schütze, HdB KapitalanlageR, § 5 Rn. 157.

647 *Mülbert/Steup* in: Habersack/Mülbert/Schlitt, HdB Unternehmensfinanzierung, 2019, § 41 Rn. 36; *Assmann* in: Assmann/Schütze, HdB KapitalanlageR, § 5 Rn. 136; *Groß*, Kapitalmarktrecht, § 21 WpPG Rn. 41.

648 *Assmann* in: Assmann/Schütze, HdB KapitalanlageR, § 5 Rn. 136; „Publikum" bedeutet nicht die Sicht eines einzelnen anspruchstellenden Anlegers, sondern bestimmt sich nach der Art der jeweiligen Anleger. *Mülbert/Steup* in: Habersack/Mülbert/Schlitt, HdB Unternehmensfinanzierung, 2019, § 41 Rn. 36.

649 BGH Urt. v. 14.06.2007-III ZR 300/05, WM 2007, 1507; NZG 2012, 1262, 1265, Rn. 25 m.w.N.

650 *Krämer/Gillessen* in: Marsch-Barner/Schäfer, HdB börsennotierte AG, 2018, § 10 Rn. 10.318 f., 10.321; *Mülbert/Steup* in: Habersack/Mülbert/Schlitt, HdB Unternehmensfinanzierung, 2019, § 41 Rn. 36 ff.; *Schlitt/Wilczek* in: Habersack/Mülbert/Schlitt, HdB Kapitalmarktinformation, § 5 Rn. 16; Kritik zum BGH-Urteil im Fall Deutsche Telekom; BGH Urt. v. 21.10.2014-XI ZB 12/12, NZG 2015, 20; *Krämer/Gillessen* in: Marsch-Barner/Schäfer, HdB börsennotierte AG, 2018, § 10 Rn. 10.319; *Poelzig*, Kapitalmarktrecht, § 10 Rn. 283; *Möllers/Steinberger*, NZG 2015, S. 329, 331.

Urteil vom 18.09.2012[651] von diesem Empfängerhorizont abweicht.[652] Der Bundesgerichtshof geht in diesem Urteil nicht von einem durchschnittlichen Anleger aus, der eine Bilanz lesen kann, sondern von einem Kleinanleger, von dem gerade nicht erwartet werden kann, dass er eine Bilanz zu lesen versteht. Die Rechtsprechung nimmt im Hinblick auf den maßgeblichen Adressatenkreis eine Differenzierung[653] zwischen Börsenzulassungsprospekten und Verkaufsprospekten für Wertpapiere, die nicht an der Börse gehandelt werden, vor.[654]

Falls die Empfänger zu den unkundigen und börsenunerfahrenen Personen (zweite Fallgruppe) gehören, sind die Fähigkeiten und Erkenntnismöglichkeiten des durchschnittlichen Kleinanlegers, der keine detaillierten Kenntnisse über die Kapitalanlage hat und die Kapitalanlage nur aus den Prospektangaben kennt, für die Prospektmitteilungen maßgeblich.[655] Der Bundesgerichtshof dagegen bleibt in Bezug auf die Börsenzulassungsprospekte beim alten Empfängerhorizont.[656]

db. Anspruchsberechtigte

Falls der Anspruchsberechtigte Inhaber der Wertpapiere ist, kann er gemäß §§ 21 Abs. 1 Satz 1, 22 WpPG von dem Prospektverantwortlichen die Übernahme der Wertpapiere und die Rückzahlung des Erwerbspreises fordern, wobei der Erwerbspreis den ersten Ausgabepreis nicht überschreiten darf.[657] Falls der Erwerber nicht mehr der Inhaber der Wertpapiere ist, kann er nach §§ 21 Abs. 2 Satz 1, 24 Abs. 2 WpPG die Erstattung des Unterschiedsbetrags

---

651 BGH Urt. v. 18.09.2012-XI ZR 344/11, NZG 2012, 1262 (Wohnungsbau Leipzig-West).

652 *Groß*, Kapitalmarktrecht, § 21 WpPG Rn. 41a.

653 Kritik zu dieser Unterscheidung *Zech/Hanowski*, NJW 2013, S. 510 ff.; *Wieneke*, NZG 2012, S. 1420, 1421; *Mülbert/Steup* in: Habersack/Mülbert/Schlitt, HdB Unternehmensfinanzierung, 2019, § 41 Rn. 37 f.

654 *Assmann* in: Assmann/Schütze, HdB KapitalanlageR, § 5 Rn. 137; BGH NZG 2012, 1262, 1265 (Wohnungsbau Leipzig-West); *Möllers/Steinberger*, NZG 2015, S. 329, 331; *Poelzig*, Kapitalmarktrecht, § 10 Rn. 283.

655 *Assmann* in: Assmann/Schütze, HdB KapitalanlageR, § 5 Rn. 137; BGH NZG 2012, 1262, 1265 Rn. 25 (Wohnungsbau Leipzig-West); *Habersack* in: Habersack/Mülbert/Schlitt, HdB Kapitalmarktinformation, § 29 Rn. 14 f.; *Wieneke*, NZG 2012, S. 1420, 1421; *Poelzig*, Kapitalmarktrecht, § 10 Rn. 283.

656 *Groß*, Kapitalmarktrecht, § 21 WpPG Rn. 41a.

657 *Assmann* in: Assmann/Schütze, HdB KapitalanlageR, § 5 Rn. 189 ff.; *Krämer/Gillessen* in: Marsch-Barner/Schäfer, HdB börsennotierte AG, 2018, § 10 Rn. 10.362.

zwischen dem Erwerbspreis und dem Veräußerungspreis der Wertpapiere und der mit dem Erwerb und der Veräußerung verbundenen üblichen Kosten, vor allem die Provisionen und Transaktionskosten, verlangen.[658]

Anspruchsberechtigt aufgrund eines fehlenden Prospekts ist nach § 24 Abs. 1 Satz 1 WpPG nur der Erwerber von Wertpapieren, für die entgegen § 3 Abs. 1 Satz 1 WpPG kein Prospekt veröffentlicht wurde.[659]

Unter Berücksichtigung des Zwecks der Prospekthaftung, die Richtigkeit und Vollständigkeit der Angaben zu garantieren, die ein durchschnittlicher Anleger für seine informierte, Chancen und Risiken erkennende Anlageentscheidung braucht, lassen sich alle Angaben über Umstände als wesentlich bezeichnen, die objektiv wertbildende Faktoren für eine Anlage sind und die ein durchschnittlicher, verständiger Anleger bei seiner Anlageentscheidung „eher als nicht" berücksichtigen würde.[660]

dc. Kausalität und Beweiserleichterung

Die Prospektverantwortlichen und Prospektveranlasser haften gemäß §§ 21 Abs. 1, 22 WpPG als Gesamtschuldner. Wer nachweist, dass er die Unrichtigkeit oder Unvollständigkeit der Prospektangaben nicht kannte und diese Unkenntnis nicht auf Vorsatz oder grober Fahrlässigkeit beruht, haftet gemäß § 23 Abs. 1 WpPG nicht.[661] Die Unkenntnis eines Prospektmangels ist grob fahrlässig, wenn der Prospektverantwortliche die erforderliche Sorgfalt besonders schwer verletzt und ganz naheliegende Überlegungen, die jedem hätten einleuchten müssen, nicht anstellt oder missachtet.[662]

---

658 *Assmann* in: Assmann/Schütze, HdB KapitalanlageR, § 5 Rn. 194 ff.; *Krämer/Gillessen* in: Marsch-Barner/Schäfer, HdB börsennotierte AG, 2018, § 10 Rn. 10.362; *Poelzig*, Kapitalmarktrecht, § 10 Rn. 299 f.

659 Näher *Assmann* in: Assmann/Schütze, HdB KapitalanlageR, § 5 Rn. 214 ff.; *Poelzig*, Kapitalmarktrecht, § 10 Rn. 295 ff.

660 *Assmann* in: Assmann/Schütze, HdB KapitalanlageR, § 5 Rn. 141; *Poelzig*, Kapitalmarktrecht, § 10 Rn. 279.

661 *Seiler/Singhof* in: Frankfurter Kommentar, WpPG/EU-ProspektVO, § 23 Rn. 3; *Krämer/Gillessen* in: Marsch-Barner/Schäfer, HdB börsennotierte AG, 2018, § 10 Rn. 10.346; *Poelzig*, Kapitalmarktrecht, § 10 Rn. 285, 290.

662 *Groß*, Kapitalmarktrecht, § 21 WpPG Rn. 75; *Seiler/Singhof* in: Frankfurter Kommentar, WpPG/EU-ProspektVO, § 23 Rn. 7; *Schwark* in: Schwark/Zimmer, KMRK, §§ 44, 45 BörsG Rn. 48; *Mülbert/Steup* in: Habersack/Mülbert/Schlitt, HdB Unternehmensfinanzierung, 2019, § 41 Rn. 109; *Habersack* in: Habersack/Mülbert/Schlitt, HdB Kapitalmarktinformation, § 29 Rn. 38.

Die von der Rechtsprechung entwickelten Grundsätze zur Anlagestimmung werden in § 23 Abs. 2 Nr. 1 WpPG kodifiziert.[663] In diesem Zusammenhang muss der Anspruchsteller nachweisen, dass die Wertpapiere innerhalb des durch die §§ 21 Abs. 1 S. 1, 22 Nr. 1 WpPG bestimmten Zeitraums erworben wurden; also nach der Veröffentlichung des fehlerhaften Prospekts und im Übrigen innerhalb von sechs Monaten nach der erstmaligen Einführung der Wertpapiere und innerhalb von sechs Monaten nach dem Zeitpunkt des ersten öffentlichen Angebots der Wertpapiere.[664] Somit wird von der tatsächlichen Vermutung ausgegangen, dass ein ursächlicher Zusammenhang zwischen den Angaben im Prospekt und dem Wertpapiererwerb besteht, wenn der Erwerb nach der Veröffentlichung des Prospekts erfolgte.[665]

Bei der Beurteilung einer groben Fahrlässigkeit werden auch subjektive Elemente wie z.B. der persönliche Kenntnisstand und die individuelle Fach- und Sachkunde der in Anspruch genommenen Person beachtet.[666]

2. *Diskussionsstand*

a. Vorrang der Kapitalerhaltung

Die ersten Entscheidungen für einen Vorrang der Kapitalerhaltung wurden vom Reichsgericht verkündet.[667] Folglich gehen einige Autoren von einem

---

663 Begr. RegE 3. FFG, BT-Drucks. 13/8933, 76; *Assmann* in: Assmann/Schütze, HdB KapitalanlagenR, § 5 Rn. 171; *Habersack* in: Habersack/Mülbert/Schlitt, HdB Kapitalmarktinformation, § 29 Rn. 35; *Poelzig*, Kapitalmarktrecht, § 10 Rn. 285, 298; *Krämer/Gillessen* in: Marsch-Barner/Schäfer, HdB börsennotierte AG, 2018, § 10 Rn. 10.346 f.

664 *Assmann* in: Assmann/Schütze, HdB KapitalanlagenR, § 5 Rn. 161; *Poelzig*, Kapitalmarktrecht, § 10 Rn. 285.

665 Begr. RegE 3. FFG, BT-Drucks. 13/8933, 76; BGH Urt. v. 12.07.1982-II ZR 175/81 (Beton- und Monierbau), WM 1982, 862, 867; OLG Frankfurt a.M. Urt. v. 01.02.1994-5 U 213/92 (Bond), WM 1994, 291, 298; OLG Frankfurt a. M. Urt. v. 27.03.1996-21 U 92/95 (Bond-Anleihe), WM 1996, 1216, 1218.

666 *Mülbert/Steup* in: Habersack/Mülbert/Schlitt, HdB Unternehmensfinanzierung, 2019, § 41 Rn. 109; *Groß*, Kapitalmarktrecht, § 21 WpPG Rn. 75; *Seiler/Singhof* in: Frankfurter Kommentar, WpPG/EU-ProspektVO, § 23 Rn. 8; *Schwark* in: Schwark/Zimmer, KMRK, §§ 44, 45 BörsG Rn. 48.

667 RGZ 71, 97, 99 f.; RGZ 88, 271 f.

grundsätzlichen Vorrang der Kapitalerhaltung aus.[668] Ihrer Ansicht nach müsse, wenn der Gesetzgeber die Ausweitung der Haftung auch auf Emittenten gewünscht hätte, eine Klarstellung des Verhältnisses zwischen Kapitalerhaltung und Prospekthaftung gemacht worden sein. Da dies nicht erfolgt sei, gingen die Vorschriften der Kapitalerhaltung jenen der Prospekthaftung vor. Sie gehen zudem davon aus, dass die Vorschriften der §§ 57 ff. AktG durch die Kapitalrichtlinie 77/91/EWG[669] neu gefasst worden seien und die alten börsenrechtlichen Vorschriften nach dem Grundsatz *lex posterior derogat legi priori* verdrängt werden würden.[670]

b. Vorrang der Prospekthaftung

Das Reichsgericht und die ihm folgende Literatur vertreten, dass die spezialgesetzliche Prospekthaftung des Emittenten einen Vorrang vor den Kapitalerhaltungsvorschriften habe, wenn der Erwerb im Rahmen eines Umsatzgeschäfts stattfand.[671] Nach der h.M. hat die Prospekthaftung einen generellen Vorrang, unabhängig davon, ob ein originärer oder derivativer Erwerb vorliegt. Die h.M. geht im Anschluss an das EM.TV-Urteil von einer generellen kapitalmarktrechtlichen Haftung der Aktiengesellschaft und einer Verdrängung des § 57 AktG aus.[672] Gegenüber dem Grundsatz der Vermögensbindung gemäß § 57 AktG und den Vorschriften über den Erwerb eigener Aktien gemäß §§ 71 ff. AktG habe die Prospekthaftung als speziellere und jüngere Vorschrift einen

---

668 Für einen generellen Vorrang siehe *Lutter*, KölnKommAktG, 2. Aufl., 1988, § 57 Rn. 22 und § 71 Rn. 69; *Zöllner/Winter*, ZHR 1994, S. 59, 78.

669 Zweite Richtlinie 77/91/EWG vom 13. Dezember 1976 zur Koordinierung der Schutzbestimmungen, die in den Mitgliedstaaten den Gesellschaften im Sinne des Artikels 58 Absatz 2 des Vertrages im Interesse der Gesellschafter sowie Dritter für die Gründung der Aktiengesellschaft sowie für die Erhaltung und Änderung ihres Kapitals vorgeschrieben sind, um diese Bestimmungen gleichwertig zu gestalten, ABl. EU L 26/1 v. 31.01.1977; im Folgenden Kapital-RL.

670 *Lutter*, KölnKommAktG, 2. Aufl., 1988, § 71 Rn. 69.

671 *Mülbert/Steup* in: Habersack/Mülbert/Schlitt, HdB Unternehmensfinanzierung, 2019, § 41 Rn. 6; RGZ 71, 97, 99; RGZ 88, 271, 272; OLG Frankfurt a.M. Urt. v. 17.03.1999 – 21 U 260/97, AG 1999, 325, 327 f.; *Henze*, GroßKommAktG, § 57 Rn. 20 f.; *Schwark* in: Schwark/Zimmer, KMRK, §§ 44, 45 BörsG Rn. 13; *ders.*, FS Raisch, 1995, S. 269, 287 ff.

672 *Zimmer/Grotheer* in: Schwark/Zimmer, KMRK, §§ 37b, 37c WpHG Rn. 11 ff.; Spindler/Stilz/*Cahn/v. Spannenberg*, AktG, § 57 Rn. 47 f.; *Möllers*, BB 2005, S. 1637, 1640; i.E. zust. Schmidt/Lutter/*Fleischer*, AktG, § 57 Rn. 37; *ders.* in: Assmann/Schütze, HdB des Kapitalanlagerechts, § 6 Rn. 58.

Vorrang.[673] Nach der Rechtsprechung gilt ein Vorrang unabhängig davon, ob der Zeichner die Aktien direkt von der Aktiengesellschaft oder von einer Emissionsbank erworben hat.[674]

c. *Vermittelnde Lösungen*

Weiterhin wird vertreten, dass zwischen der kapitalmarktrechtlichen Prospekthaftung und dem Kapitalerhaltungsgrundsatz aus § 57 AktG kein Zielkonflikt bestehe.[675] Nach dieser Sichtweise sei der Gesellschafter gegenüber den Akteuren des Kapitalmarkts von seiner Eigenschaft als Aktionär und vom eigentlichen Haftungsgrund unabhängig, da die schuldhaft unrichtige oder unvollständige Prospektpublikation zeitlich noch vor dem Erwerb der Aktionärsstellung liege.[676] Die Aktionärstellung sei nur eine regelmäßige Bedingung, um den Anspruch geltend machen zu können und der Grund des Anspruchs sei nicht die Aktionärsstellung des Anlegers, sondern das Gesetz.[677]

Nach einer anderen vermittelnden Ansicht sei die Haftung der Aktiengesellschaft umfangsmäßig auf Leistungen aus ihrem freiem Vermögen zu beschränken, wodurch das Grundkapital und die gesetzlichen Rücklagen gegenüber einem Schadensersatzanspruch unberührt blieben.[678] Demzufolge könnten die Ansprüche des Anlegers lediglich auf die freien Mittel der Gesellschaft zugreifen. Infolgedessen liege, wenn die Befriedigung von Schadensersatzansprüchen der Aktiengesellschaft die gesetzlichen Rücklagen und das Grundkapital angreift, ein Verstoß gegen § 57 AktG vor.[679]

---

673 *Groß*, Kapitalmarktrecht, § 21 Rn. 14; *Seiler/Singhof* in: Frankfurter Kommentar, WpPG/EU-ProspektVO, § 21 Rn. 121; *Ellenberger*, Prospekthaftung im Wertpapierhandel, S. 74; *Krämer/Baudisch*, WM 1998, S. 1161, 1164; *Mülbert/Steup* in: Habersack/Mülbert/Schlitt, HdB Unternehmensfinanzierung, 2019, § 41 Rn. 7; *Poelzig*, Kapitalmarktrecht, § 10 Rn. 303; *Krämer/Gillessen* in: Marsch-Barner/Schäfer, HdB börsennotierte AG, 2018, § 10 Rn. 10.365.

674 BGH Urt. v. 09.05.2005-II ZR 287/02 (EM.TV), ZIP 2005, 1270 = NZG 2005, 672, 674; BGH Hinweisbeschl. v. 28.11.2005-II ZR 80/04 (OLG München), NZG 2007, 345 (ComROAD I).

675 *Schwark*, FS Raisch, 1995, S. 269, 287; *Bayer*, MüKoAktG/2019, § 57 Rn. 27 f.

676 *Schwark*, FS Raisch, 1995, S. 269, 287.

677 *Schwark*, FS Raisch, 1995, S. 269, 287; *Hommelhoff/van Aerssen*, EWiR 1998, S. 579, 580.

678 *Veil*, ZHR 2003, S. 365, 395 f.; *Henze*, NZG 2005, S. 115, 118 ff. für den derivativen Erwerb.

679 *Reichert/Weller*, ZRP 2002, S. 49, 56; *Renzenbrink/Holzner*, BKR 2002, S. 434, 438; *Zöllner/Winter*, ZHR 1994, S. 59, 78.

Nach dieser Lösung kann die Aktiengesellschaft fortbestehen. Da die Befriedigung der Anleger in einem Kapitalmarkt ebenfalls wie die Funktionsfähigkeit des Kapitalmarktes von wesentlicher Bedeutung ist, ist es problematisch, wenn die Anleger ihren Schaden nicht komplett ersetzt bekommen. Die Gesellschaft bzw. die anderen Verantwortlichen beeinflussen die Anlageentscheidung des Anlegers aufgrund der unrichtigen oder unvollständigen Angaben im Prospekt, die wesentlich für die Beurteilung der Wertpapiere oder Emittenten sind, und begünstigen somit eine falsche Beurteilung. Den Anleger wenig zu schützen oder seinen Schaden zu begrenzen wäre daher nicht gerechtfertigt.

Diese Lösung könnte nur unter der Voraussetzung angenommen werden, dass den Anlegern der Restbetrag, d.h. der Betrag, der vom Emittenten nicht ersetzt werden konnte, da das freie Vermögen der Gesellschaft ausgeschöpft wurde und das Grundkapital und die gesetzlichen Rücklagen unberührt bleiben sollen, durch andere Wege, wie z.B. durch die persönliche Haftung der verantwortlichen Organmitglieder für den nicht ersetzten Teil der Schadensersatzansprüche, kompensiert wird. Diesem Problem sollte der Gesetzgeber nicht weniger Wichtigkeit beimessen als dem Anlegerschutz, wenn das Fortbestehen sowie der Schutz der Gesellschaft gegenüber diesen weitgehenden Leistungen ebenfalls angestrebt wird.

Hier ist zu klären, ob die Anspruchsberechtigten Gläubiger sind oder einem Nachrang gegenüber sonstigen Gläubigern unterliegen.[680] Vertreten wird, dass der partielle Vorrang der Gläubigerinteressen vor den Interessen fehlinformierter oder getäuschter Aktionäre ein Produkt der dogmatischen Entwicklung sei, da das Vertrauen des Gläubigers, dass das gezeichnete Kapital keinesfalls an die Aktionäre zurückfließen dürfe, seit den Zeiten des Reichsgerichts für den originären Erwerb, im Gegensatz zum derivativen Erwerb, anerkannt sei.[681] Zur Klärung der Frage ist die Entscheidung des Bundesgerichtshofs zu beachten. Nach der Entscheidung, die oben bereits detailliert aufgeführt wurde, erhalten die Anspruchsberechtigten die Schadensersatzleistung nicht als Aktionäre.[682]

Somit vertritt die Ansicht richtig, dass kein Grund für einen Nachrang der Anspruchsberechtigten gegenüber den Gläubigern in der Insolvenz gegeben ist.[683] Schließlich sei ein Nachrang der Anlegerhaftungsansprüche in der

680 *Maier-Reimer/Seulen* in; Habersack/Mülbert/Schlitt, HdB Kapitalmarktinformation, § 30 Rn. 29; *Hopt/Voigt* in: Hopt/Voigt, S. 9, 118.

681 *Bayer*, MüKoAktG/2019, § 57 Rn. 35.

682 BGH ZIP 2005, 1270, 1273 (EM.TV); auch *Ehricke* in: Hopt/Voigt, S. 187, 285.

683 *Maier-Reimer/Seulen* in; Habersack/Mülbert/Schlitt, HdB Kapitalmarktinformation, § 30 Rn. 29.

Insolvenz gemäß § 39 InsO nach der *lex lata* nicht begründet[684], vielmehr sei dies eine Frage *de lege ferenda*.[685] Im Übrigen könnte ein Nachrang der Kapitalmarktinformationshaftungsansprüche insbesondere in Krisenzeiten[686] ein Leerlaufen des Anlegerschutzes verursachen.[687]

3. *Haftungsfreistellung bei der Platzierung von Aktien und das Verhältnis zum Kapitalerhaltungsgrundsatz*

Leistungen im Zusammenhang mit der Platzierung von Aktien sind detailliert zu betrachten. Der Bundesgerichtshof hat mit Urteil vom 31.05.2011[688] (Deutsche Telekom/Dritter Börsengang)[689] entschieden, dass zur Verhinderung einer Umgehung und eines Unterlaufens der Kapitalbindungsvorschriften gemäß §§ 57, 62 AktG eine Ersatzpflicht lediglich für gesetzliche Schadensersatzansprüche anzuerkennen ist, vor allem aus Delikt. Für eine reine Umplatzierung hat der Bundesgerichtshof verkündet, dass die Übernahme des Prospekthaftungsrisikos durch den Emittenten als unzulässige Einlagenrückgewähr an den abgebenden Aktionär zu qualifizieren ist, es sei denn, ihr steht eine kompensierende Gegenleistung gegenüber.[690]

Die Haftungsfreistellung eines Emissionsunternehmens durch die Aktiengesellschaft bei der Platzierung neuer Aktien ist nach der h.M. keine verbotene

---

684 Der Vorschlag von *Baums*, ZHR 2003, S. 139, 170; zust. *Hopt/Voigt* in: Hopt/Voigt, S. 9, 118; ablehnend *Zimmer*, WM 2004, S. 9, 11.

685 *Bayer*, MüKoAktG/2019, § 57 Rn. 45; *Hopt/Voigt* in: Hopt/Voigt, S. 9, 118; *Möllers*, BB 2005, S. 1637, 1642; *Baums*, ZHR 2003, 139, 167 ff.: *Hellgardt*, Kapitalmarktdeliktsrecht, S. 408.

686 *Hellgardt*, Kapitalmarktdeliktsrecht, S. 388 f.; auch *Bayer*, MüKoAktG/2019, § 57 Rn. 45.

687 Zweifelhaft *Zimmer*, WM 2004, S. 9, 11 f; *Bayer*, MüKoAktG/2019, § 57 Rn. 45.

688 BGH Urt. v. 31.05.2011-II ZR 141/09 (Dritter Börsengang), NJW 2011, 2719; a.A. OLG Köln ZIP 2009, 1267, 1282 (2. Instanz); *Just/Voß*, EWiR 2009, S. 559; Krit. *Westermann/Paefgen*, FS Hoffmann-Becking, 2013, S. 1363 ff.

689 Es handelt sich nicht um einen dritten Börsengang, da die von der KfW (die Kreditanstalt für Wiederaufbau, die Großaktionärin der Deutschen Telekom AG) zum Kauf angebotenen Aktien zum Zeitpunkt des Angebots bereits zum Börsenhandel (an der Frankfurter Wertpapierbörse, der Börse in Tokio und an der New York Stock Exchange) zugelassen waren, ausf. *Westermann/Paefgen*, FS Hoffmann-Becking, 2013, S. 1363 Fn. 1; *Arbeitskreis zum „Deutsche Telekom III-Urteil" des BGH*, CFL 2011, S. 377, 378; *Krämer/Gillessen* in: Marsch-Barner/Schäfer, HdB börsennotierte AG, 2018, § 10 Rn. 10.366 Fn. 2.

690 BGH NJW 2011, 2719 (Dritter Börsengang).

Einlagenrückgewähr, wenn die Aktiengesellschaft die Verantwortung für die Unrichtigkeit des Prospekts trägt,[691] denn so hätte das Emissionsunternehmen im Innenverhältnis einen vollen Gesamtschuldnerausgleichsanspruch nach § 426 Abs. 1 S. 1 i.V.m § 254 BGB.[692] Wenn die Aktiengesellschaft die Haftungsfreistellung für die Verantwortung des Emissionsunternehmens für den Prospektmangel gewährt, liegt ein Verstoß gegen § 57 AktG vor.[693]

Als verdeckte Zuwendung an den Aktionär gilt es, wenn die Aktiengesellschaft bei der Umplatzierung des Aktien-Altbestands im Wege eines Börsengangs auf Veranlassung des Aktionärs ganz oder zum Teil die in diesem Zusammenhang anfallenden Transaktionskosten übernimmt.[694] Gleiches gilt auch für die Haftungsübernahme der Aktiengesellschaft für das Prospekthaftungsrisiko.[695]

Darüber hinaus folgt die h.M. dem Urteil des Bundesgerichtshofs.[696] Der Bundesgerichtshof entschied, dass eine Vermögenszuwendung an den Aktionär nicht durch eine gleichwertige Gegenleistung kompensiert worden ist, sondern hierfür konkrete, bilanziell messbare Vorteile erforderlich sind.[697] Laut dem Urteil sind nicht bilanziell erfassbare Interessen der Deutsche Telekom AG an der Umplatzierung der von ihrer Großaktionärin gehaltenen Aktien nicht ausreichend, um dem Vermögenschutz nach § 57 Abs. 1 S. 1 und Abs. 3 AktG zu

---

691 *Hoffmann-Becking*, FS Lieberknecht, 1997, S. 25 ff., 36 f.; Spindler/Stilz/*Cahn/v. Spannenberg*, AktG, § 57 Rn. 40; *Krämer/Gillessen* in: Marsch-Barner/Schäfer, HdB börsennotierte AG, 2018, § 10 Rn. 10.359; *Groß*, Kapitalmarktrecht, § 21 WpPG Rn. 17 ff.; *Heider*, FS Sigle, 2000, S. 251, 263; Schmidt/Lutter/*Fleischer*, AktG, § 57 Rn. 24; *ders.*, ZIP 2007, S. 1969, 1972 f.; *Singhof*, MüKoHGB, Bd. 6, Emissionsgeschäft, Rn. 182 f.; *Nodoushani*, ZIP 2012, S. 97, 103; bei der Platzierung neuer Aktien auch *Henze*, GroßKommAktG, § 57 Rn. 55; *Fleischer/Thaten*, NZG 2011, S. 1081, 1085; *Mülbert/Steup* in: Habersack/Mülbert/Schlitt, HdB Unternehmensfinanzierung, 2019, § 41 Rn. 11.

692 Schmidt/Lutter/*Fleischer*, AktG, § 57 Rn. 24; *Henze*, GroßKommAktG, § 57 Rn. 55.

693 Schmidt/Lutter/*Fleischer*, AktG, § 57 Rn. 24; Spindler/Stilz/*Cahn/v. Spannenberg*, AktG, § 57 Rn. 40; Heider, FS Sigle, 2000, S. 251, 263.

694 *Bayer*, MüKoAktG/2019, § 57 Rn. 83 ff.; Schmidt/Lutter/*Fleischer*, AktG, § 57 Rn. 26a.

695 Ausf. *Klöhn*, FS Hoffmann-Becking, 2013, S. 679 ff.; *Wink*, AG 2011, S. 569, 571 ff.

696 *Fleischer/Thaten*, NZG 2011, S. 1081, 1082; *Habersack*, FS Hommelhoff, 2012, S. 303, 306 f.; *Hoffmann-Theinert/Dembski*, EWiR 2011, S. 517, 518; *Leuschner*, NJW 2011, S. 3275; insgesamt dem Bundesgerichtshof zustimmend *Bayer*, MüKoAktG/2019, § 57 Rn. 83, 87; *Tröger*, FS Baums, 2017, S. 1249, 1266.

697 BGH NJW 2011, 2719 Rn. 26 (Dritter Börsengang); *Arnold/Aubel*, ZGR 2012, S. 113, 120 ff.; *Fleischer*, ZIP 2007, S. 1969 ff.; *ders./Thaten*, NZG 2011, S. 1081; *Schäfer*, ZIP 2010, S. 1877, 1879 ff.; *Bayer*, MüKoAktG/2019, § 57 Rn. 85.

genügen.[698] Weiterhin sei die Rückgewähr des unzulässigen Vermögensvorteils nur durch eine Freistellung seitens des Aktionärs möglich.[699] Falls der Aktiengesellschaft wegen einer Unterlassung der Freistellung Schaden zukomme, sei eine Haftung nach §§ 311, 317 AktG begründet.[700]

Diese Rechtsprechung wurde aufgrund ihrer Formulierung zu Recht kritisiert.[701] Als Kompensation komme grundsätzlich nur eine Freistellungsvereinbarung in Betracht.[702] Allerdings seien die Freistellungsansprüche bilanzrechtlich erst aktivierbar, wenn die betreffenden Verbindlichkeiten entstanden und bezifferbar sind.[703] Deshalb könne die Übernahme des Prospekthaftungsrisikos nicht als vermögenswerte Leistung an die Großaktionärin der Aktiengesellschaft bewertet werden, da diese sich nicht als Rückstellung wegen ungewisser Verbindlichkeiten nach § 249 Abs. 1 S. 1 HGB auf die Bilanz der Aktiengesellschaft auswirke, solange sich das Prospekthaftungsrisiko nicht in Gestalt überwiegender Wahrscheinlichkeit der Inanspruchnahme der Gesellschaft durch die geschädigten Anleger verwirklicht habe.[704] Die Aussage des Bundesgerichtshofs, dass nur bilanziell messbare Vorteile als Kompensation in Betracht kämen, wird in der Literatur als eine unglückliche Formulierung bewertet, und daher vorgeschlagen, dass die Aktiengesellschaft als Gegenleistung einen konkreten und bezifferbaren Vorteil zusammen mit einer vollwertigen Gegenleistung erhalten soll.[705]

---

698 *Westermann/Paefgen*, FS Hoffmann-Becking, 2013, S. 1363, 1368.

699 BGH NJW 2011, 2719 Rn. 50 (Dritter Börsengang).

700 BGH NJW 2011, 2719 Rn. 29 ff. (Dritter Börsengang).

701 *Westermann/Paefgen*, FS Hoffmann-Becking, 2013, S. 1363, 1368 m.w.N.; *Fleischer/Thaten*, NZG 2011, S. 1081, 1082; *Arnold/Aubel*, ZGR 2012, S. 113, 131 ff.; ausf. *Arbeitskreis zum „Deutsche Telekom III-Urteil" des BGH*, CFL 2011, S. 377, 378.

702 BGH NJW 2011, 2719 Rn. 25 (Dritter Börsengang).

703 *Westermann/Paefgen*, FS Hoffmann-Becking, 2013, S. 1363, 1369; *Krämer/Gillessen/Kiefner*, CFL 2011, S. 328, 330; *Nodoushani*, ZIP 2012, S. 97, 105; *Habersack*, FS Hommelhoff, 2012, S. 303, 307 f.; *Arbeitskreis zum „Deutsche Telekom III Urteil" des BGH*, CFL 2011, S. 377, 378 (These 2).

704 *Westermann/Paefgen*, FS Hoffmann-Becking, 2013, S. 1363, 1369; *Krämer/Gillessen/Kiefner*, CFL 2011, S. 328, 330; *Nodoushani*, ZIP 2012, 97, 100, 104 f.; *Habersack*, FS Hommelhoff, 2012, S. 303, 307; *Arnold/Aubel*, ZGR 2012, S. 113, 132.

705 *Westermann/Paefgen*, FS Hoffmann-Becking, 2013, S. 1363, 1368 f.; *Fleischer/Thaten*, NZG 2011, 1081, 1082; *Tröger*, FS Baums, 2017, S. 1249, 1261; *Bayer*, MüKoAktG/2019, § 57 Rn. 88; *Singhof/Weber* in: Habersack/Mülbert/Schlitt, HdB Unternehmensfinanzierung, 2019, § 3 Rn. 101; ausf. *Arbeitskreis zum „Deutsche Telekom III Urteil" des BGH*, CFL 2011, S. 377, 378 (These 2); *Habersack*, FS Hommelhoff, 2012, S. 303, 310; zur Frage der Beweislast der konkreten und bezifferbaren Vorteile *Bayer*, MüKoAktG/2019, § 57 Rn. 89; zu den verbesserten Finanzierungskonditionen für die Aktiengesellschaft als Folge der Umplatzierung *Arbeitskreis zum „Deutsche Telekom III Urteil" des BGH*, CFL 2011, S. 377, 378 (These 3); zust. *Arnold/Aubel*, ZGR 2012, S. 113, 133.

Beachtlich ist dabei, dass § 57 Abs. 1 AktG keinen bilanzierbaren Vorteil, sondern einen konkreten und bezifferbaren Vorteil verlangt. Unter diesen Umständen können ebenfalls Zuwendungen der Gesellschaft an einen Aktionär durch nicht bilanzwirksame Gegenleistungen (z.B. Gebrauchsüberlassungen oder Dienstleistungen) ausgeglichen werden, sofern ihr Wert bezifferbar ist und der Höhe nach den Leistungen der Gesellschaft mindestens entspricht.[706] Wenn eine öffentliche Platzierung von Altaktionären veranlasst wird und die Nachteile der Gesellschaft aus der Übernahme des Prospekthaftungsrisikos die Vorteile überwiegen, die ihr aus der Transaktion entstehen, muss die Gesellschaft durch den Aktionär vom Prospekthaftungsrisiko freigestellt werden und der Wert der Freistellung sich dem übernommenen Prospekthaftungsrisiko decken.[707] Wie gemischte Platzierungen zu behandeln sind, hat der Bundesgerichtshof jedoch nicht entschieden. Bei einem Börsengang aufgrund einer Kapitalerhöhung und einer Umplatzierung von Altaktien (sog. „gemischte Platzierung") ziehen aus der Übernahme des Prospektrisikos sowohl die Aktiengesellschaft selbst als auch die Altaktionäre Vorteile.[708] Fraglich ist hier, ob bei der Qualifikation als Einlagenrückgewähr das Veranlasserprinzip in Betracht kommt[709] oder ob das Haftungsrisiko nur anteilig entsprechend seiner Platzierungsquote verteilt wird.[710] In der Literatur wird entgegen dem Bundesgerichtshof vertreten, dass die Kompensation nicht nur

---

706 *Arbeitskreis zum „Deutsche Telekom III Urteil" des BGH,* CFL 2011, S. 377, 378 (These 2).

707 Die Höhe des Freistellungsanspruchs bestimmt sich aus den zu erwartenden Kosten einer Rechtsverteidigung zuzüglich eines Restrisikozuschlags in Höhe der realistischerweise zu erwartender Zahlungsverpflichtung im Fall einer Inanspruchnahme, ausf. *Arbeitskreis zum „Deutsche Telekom III Urteil" des BGH,* CFL 2011, S. 377, 379 f. (These 7) m.w.N.

708 *Bayer,* MüKoAktG/2019, § 57 Rn. 90.

709 So *Arbeitskreis zum „Deutsche Telekom III Urteil" des BGH,* CFL 2011, S. 377, 378 ff. (Thesen 4 ff.).

710 Dafür wohl die aktuell h.M.: *Habersack,* FS Hommelhoff, 2012, S. 303, 312; *Fleischer/Thaten,* NZG 2011, S. 1081, 1084; *Krämer/Gillessen/Kiefner,* CFL 2011, S. 328, 334 ff.; *Arnold/Aubel,* ZGR 2012, S. 113, 143 ff.; *Wink,* AG 2011, S. 569, 578; *Groß,* Kapitalmarktrecht, § 21 WpPG Rn. 22d; *Seiler/Singhof,* Frankfurter Kommentar, WpPG/EU-ProspektVO, § 21 Rn. 120.

durch eine Freistellungsvereinbarung erfolge, sondern dass der Nachteil der Aktiengesellschaft auch durch eine entsprechende Versicherung des ermittelten Prospekthaftungsrisikos kompensiert werde, deren Prämien der Aktionär leiste.[711]

Um den beteiligten Aktionär bei der öffentlichen Umplatzierung zu unterstützen und die dafür erforderliche Prospekthaftung zu übernehmen, ist eine unternehmerische Ermessensentscheidung i.S.v. § 93 Abs. 1 S. 2 AktG[712] seitens des Vorstands unter Beachtung der Mitwirkungsbefugnisse des Aufsichtsrats nach § 111 Abs. 4 AktG im besten Interesse der Gesellschaft[713] zu fällen, für deren Folgen die Gesellschaft einzustehen hat.[714] Nach § 76 Abs. 1 AktG führt der Vorstand die Leitung der Aktiengesellschaft unter eigener Verantwortung.[715] Daher würde § 76 Abs. 1 AktG gestört werden, wenn die Entscheidungen des Vorstands unternehmerischer Natur, die mindestens auch für die Interessen eines bestimmten Aktionärs förderlich sind, § 57 Abs. 1 S. 1 und Abs. 3 AktG verletzen.[716]

Falls die Eingehung des Prozesshaftungsrisikos durch den Vorstand, unter Einhaltung der Voraussetzungen der Business Judgement Rule, für angemessen erachtet wird, werden die Interessen der Gesellschaft gefördert,[717] so dass ein Anspruch wegen einer Einlagenrückgewähr aufgrund eines verbotenen Vermögenstransfers

---

711 *Arbeitskreis zum „Deutsche Telekom III Urteil" des BGH*, CFL 2011, S. 377, 379 f. (These 7); ebenso *Habersack*, FS Hommelhoff, 2012, S. 303, 311; *Fleischer/Thaten*, NZG 2011, S. 1081, 1083; *Bayer*, MüKoAktG/2019, § 57 Rn. 92; *Arnold/Aubel*, ZGR 2012, S. 113, 134, 137 ff.; *Krämer/Gillessen/Kiefner*, CFL 2011, S. 328, 338.

712 *Arnold* in: Marsch-Barner/Schäfer, HdB börsennotierte AG, 2018, § 19 Rn. 19.27 und § 22 Rn. 22.3, 22.18, 22.20.

713 *Arnold* in: Marsch-Barner/Schäfer, HdB börsennotierte AG, 2018, § 19 Rn. 19.25 und § 22 Rn. 22.20.

714 *Westermann/Paefgen*, FS Hoffmann-Becking, 2013, S. 1363, 1374 ff; *Arbeitskreis zum „Deutsche Telekom III-Urteil" des BGH*, CFL 2011, S. 377, 378; *Wackerbarth*, WM 2011, S. 193, 203 f.; *Habersack*, FS Hommelhoff, 2012, S. 303, 309 f; BGH NZG 2011, 829, 832 Rn. 23 (Dritter Börsengang); OLG Köln NZG 2009, 951, 953.

715 *Arnold* in: Marsch-Barner/Schäfer, HdB börsennotierte AG, 2018, § 19 Rn. 19.1, 19.8; *Bitter/Heim*, Gesellschaftsrecht, 2018, § 3 Rn. 51.

716 *Westermann/Paefgen*, FS Hoffmann-Becking, 2013, S. 1363, 1374; *Wackerbarth*, WM 2011, S. 193, 203 f.

717 *Westermann* in: Bürgers/Körber, AktG, § 57 Rn. 19a; *ders./Paefgen*, FS Hoffmann-Becking, 2013, S. 1363, 1377; *Krämer/Gillessen/Kiefner*, CFL 2011, S. 328, 342.

nicht hinreichend begründet werden kann.[718] Dies bedeutet jedoch auch, dass die Gesellschaft, insbesondere wenn sie die Prospekthaftung aufgrund einer unternehmerischen Ermessensentscheidung des Vorstands übernommen hat, wegen massenhaften Schadensersatzansprüche der Anleger resultierend aus Prospektmangeln wirtschaftlich scheitern kann, da sie für die Schäden der getäuschten Anleger trotzdem verantwortlich sein kann, obwohl der Vorstand unter Einhaltung der Voraussetzungen der Business Judgement Rule gehandelt hat. Aufgrund des in § 57 Abs. 1 S. 1 und Abs. 3 AktG gebotenen Vermögensschutzes ist dabei erforderlich, dass der Vorstand seine Entscheidung mit Informationen, aus denen die Gesellschaft die Vorteile, die für sie geltend gemacht werden, konkret und bezifferbar sehen kann, begründet. Das Gebot der Artikulation des Gesellschaftsinteresses aus der Business Judgement Rule steht somit einem Fehlgebrauch des unternehmerischen Ermessens entgegen. So kann im Einzelfall eine Risikoübernahme durch den Abschluss einer Versicherung, die die Prospekthaftung abdeckt, vermindert werden.[719] Nach den gewöhnlichen Regeln des Aktienrechts muss in diesem Fall auch der Aufsichtsrat eingeschaltet werden.

II. Das Verhältnis der Ad-hoc-Publizitätshaftung zum Kapitalerhaltungsgrundsatz nach § 57 AktG

1. Ad-hoc-Publizitätshaftung

Die Ad-hoc-Publizität ist ein Teil der Informationstransparenz bei kapitalmarktnahen Unternehmen und ergänzt die Regelpublizität.[720] Das Ziel der Informationstransparenz[721] ist die Schaffung der Chancengleichheit für Anleger, so dass diese ihre Investitionsentscheidungen auf Basis eines gleichen Informationsniveaus und in Reaktion auf Ad-hoc-Mitteilungen treffen können.[722]

Obwohl im Primärmarktrecht für die Emittenten direkte Anforderungen gelten, werden im Sekundärmarktrecht einzelne und indirekte Regelungen,

---

718 *Westermann* in: Bürgers/Körber, § 57 AktG Rn. 19; *ders./Paefgen*, FS Hoffmann-Becking, 2013, S. 1363, 1375 f.

719 *Westermann/Paefgen*, FS Hoffmann-Becking, 2013, S. 1363, 1376.

720 *Assmann* in: Assmann/Schneider, WpHG, § 15 Rn. 2; *ders.* in: Assmann/Schneider/Mülbert, Wertpapierhandelsrecht, Art. 17 VO Nr. 596/2014 Rn. 9; *Frowein* in: Habersack/Mülbert/Schlitt, HdB Kapitalmarktinformation, § 10 Rn. 1; *Poelzig*, Kapitalmarktrecht, § 17 Rn. 473; *Hopt*, ZHR 1995, S. 135, 147 f.

721 *Seibt*, ZHR 2013, S. 388, 394; zur Informationsasymmetrie *Poelzig*, Kapitalmarktrecht, § 17 Rn. 473.

722 *Seibt*, ZHR 2013, S. 388, 394; *Assmann* in: Assmann/Schneider/Mülbert, Wertpapierhandelsrecht, Art. 17 VO Nr. 596/2014 Rn. 8.

insbesondere bei den Ad-hoc-Publizitätspflichten, beobachtet.[723] Die Marktmissbrauchsverordnung und die Richtlinie über strafrechtliche Sanktionen für Insiderhandel und Marktmanipulation mit Wirkung zum 02.07.2016 wurden durch das Erste Finanzmarktnovellierungsgesetz (1. FiMaNoG)[724] in das deutsche Recht umgesetzt. Die in den §§ 12 bis 15b WpHG a.F. stehenden Regelungen des Insiderrechts, der Ad-hoc-Publizität, des Directors' Dealings und der Führung von Insiderverzeichnissen sind entfallen und finden sich nunmehr in der Marktmissbrauchsverordnung und in den anderen Verordnungen wieder.[725]

Die Marktmissbrauchsverordnung brachte wichtige Änderungen in den Bereichen Ad-hoc-Publizität und Insiderrecht gegenüber der Rechtslage gemäß §§ 12–15 ff. WpHG.[726] Zunächst ist zu beachten, dass die Marktmissbrauchsverordnung den Begriff der Ad-hoc-Publizität nicht verwendet.[727]

Der Emittent verpflichtet sich, Insiderinformationen und regelmäßige Informationen auf dem Sekundärmarkt zu publizieren. In Hinsicht auf die regelmäßigen Publizitätspflichten müssen einige Informationen in bestimmten Abständen wiederholt veröffentlicht werden. Nach §§ 114, 115 WpHG (§§ 37v, 37w WpHG a.F.) ist ein Unternehmen verpflichtet, in jedem Geschäftsjahr einen Halbjahres- und einen Jahresfinanzbericht zu erstellen. Die Vorschriften der Ad-hoc-Publizität des § 15 WpHG a.F.[728]/Art. 17 MAR, den Directors' Dealings (§15a WpHG a.F./Art. 19 MAR), der Beteiligungstransparenz (§§ 21 ff. WpHG) und der Übernahmepublizität (z.B. §§ 10, 11, 35 WpÜG) erfassen auch anlassbezogene Publizitätspflichten.[729]

Nach Art. 17 Abs. 1 MAR sind Insiderinformationen, die den Emittenten betreffen, von diesem so bald wie möglich zu veröffentlichen. Bei der Bekanntgabe der Insiderinformationen an die Öffentlichkeit muss der Emittent gemäß

---

723 *Grundmann*, EuGesR, § 4 Rn. 122.

724 Erstes Gesetz zur Novellierung von Finanzmarktvorschriften auf Grund europäischer Rechtsakte (Erstes Finanzmarktnovellierungsgesetz-1. FiMaNoG) vom 30.06.2016, BGBl. I, 1514 ff.

725 *Schäfer* in: Marsch-Barner/Schäfer, HdB börsennotierte AG, 2018, § 14 Rn. 14.3.

726 Zum Überblick über die Änderungen *Klöhn,* AG 2016, S. 423 ff.; *Poelzig,* NZG 2016, S. 528 ff.; *Schmolke,* AG 2016, S. 434 ff.

727 Sondern „Veröffentlichung von Insiderinformationen". Da sich der Begriff der Ad-hoc-Publizität etablierte, wird er in dieser Arbeit weiterverwendet, siehe *Klöhn*, AG 2016, S. 423, 429; *Schäfer* in: Marsch-Barner/Schäfer, HdB börsennotierte AG, 2018, § 15 Rn. 15.9 f.; ausf. zur Ad-hoc-Publizität nach dem Final Report ESMA *Krämer/ Kiefner,* AG 2016, S. 621 ff.

728 § 15 WpHG wurde durch die Marktmissbrauchsverordnung mit Wirkung zum 03.07.2016 modifiziert.

729 *Schäfer* in: Marsch-Barner/Schäfer, HdB börsennotierte AG, 2018, § 15 Rn. 15.3.

Art. 17 Abs. 1 Unterabs. 2 MAR sicherstellen, dass die Insiderinformationen in einer Art und Weise veröffentlicht werden, die es der Öffentlichkeit ermöglicht, schnell auf sie zuzugreifen und sie vollständig, korrekt und rechtzeitig zu bewerten.[730] Der Mindestinhalt der Veröffentlichung nach Art. 17 Abs. 1, 7 oder 8 MAR wird durch § 4 WpAV detailliert vorgegeben.[731] Gemäß Art. 2 Abs. 1 lit. a der Durchführungsverordnung (DVO) 2016/1055[732] müssen die Informationen mit technischen Mitteln unentgeltlich und nichtdiskriminierend an eine möglichst breite Öffentlichkeit europaweit veröffentlicht werden.[733] Damit soll ein breites Publikum erreicht,[734] gegen den Missbrauch von Insiderinformationen gekämpft und die Markttransparenz erhöht werden.[735]

Die Insiderinformationen müssen gem. Art. 21 Abs. 1 S. 1 TrRL durch den Emittenten in einer Form bekannt gegeben werden, die in nichtdiskriminierender Weise einen schnellen Zugang zu diesen Insiderinformationen gewährleistet. In diesem Zusammenhang verpflichtet sich der Emittent, die Insiderinformationen im zentralen Speichersystem gemäß Art. 21 TrRL[736] und auf seiner Website[737] zu veröffentlichen.[738] In der Praxis erfolgt die Veröffentlichung regelmäßig

---

730 ESMA Final Report-Draft technical standards on the Market Abuse Regulation Rn. 185 ff.

731 *Schäfer* in: Marsch-Barner/Schäfer, HdB börsennotierte AG, 2018, § 15 Rn. 15.43 f.

732 Durchführungsverordnung (EU) 2016/1055 der Kommission vom 29. Juni 2016 zur Festlegung technischer Durchführungsstandards hinsichtlich der technischen Mittel für die angemessene Bekanntgabe von Insiderinformationen und für den Aufschub der Bekanntgabe von Insiderinformationen gemäß Verordnung (EU) Nr. 596/2014 des Europäischen Parlaments und des Rates, ABl. EU L 173/47 v. 30.06.2016.

733 *Poelzig*, Kapitalmarktrecht, § 17 Rn. 481; *Assmann* in: Assmann/Schneider/Mülbert, Wertpapierhandelsrecht, Art. 17 VO Nr. 596/2014 Rn. 185.

734 *Söhner*, BB 2017, S. 259; *Poelzig*, Kapitalmarktrecht, § 17 Rn. 481; *Klöhn*, AG 2016, S. 423, 427; *ders.*, ZHR 2016, S. 707, 714 ff.; *Schäfer* in: Marsch-Barner/Schäfer, HdB börsennotierte AG, 2018, § 14 Rn. 14.17 ff.

735 *Köndgen*, FS Druey, 2002, S. 791, 795.

736 Durch die Richtlinie 2013/50/EU wurde Art. 21a TrRL eingefügt. Gemäß Art. 21a TrRL musste bis zum 01.01.2018 ein europäisches elektronisches Zugangsportal (EEZP) eingerichtet werden, welches von der ESMA entwickelt und betrieben wird.

737 Art. 21 Abs. 1 S. 3, 4 TrRL schreibt die Benutzung von Medien – die Anwendung heimischer Medien ist definitiv verboten – vor, bei welchen von einem Weiterleiten der Informationen an die Öffentlichkeit in der gesamten Union ausgegangen wird. Zu denken ist beispielsweise an elektronisch betriebene Informationsverbreitungssysteme, News Provider, Nachrichtenagenturen oder europaweit verbreitete Printmedien und entsprechende Internetseiten, ausf. *Lutter/Bayer/Schmidt*, EuropUR, § 36 Rn. 36.33.

738 *Lutter/Bayer/Schmidt*, EuropUR, § 35 Rn. 35.56 und § 36 Rn. 36.33 ff.

über ein elektronisch betriebenes Informationssystem (§ 5 S. 1 Nr. 1 WpAV) wie „Reuters“ oder „Bloomberg“.[739] Zu berücksichtigen ist hier jedoch, dass solche Informationssysteme hauptsächlich von professionellen Anlegern genutzt werden. Deswegen kann durch eine Veröffentlichung in bundesweit erscheinenden Tageszeitungen (wie die Börsen-Zeitung oder das Handelsblatt, jedoch keine Lokal- oder Regionalzeitung) sowie vor deren Erscheinen in Papierform auf deren Website eine öffentliche Bekanntheit erreicht werden.[740]

Wegen der Verletzung der Ad-hoc-Publizitätspflicht haftet der Emittent nach §§ 97, 98 WpHG i.d.F. des 2. FiMaNoG[741] (§§ 37b, 37c WpHG a.F.), die im Bereich der Ad-hoc-Publizität spezialgesetzliche Haftungsnormen sind.[742] Durch die §§ 97, 98 WpHG (§§ 37b, 37c WpHG a.F.) wird die Einhaltung der Pflicht zur unverzüglichen und zutreffenden Veröffentlichung von Insiderinformationen der Emittenten nach Art. 17 MAR gesichert.[743] Daneben führt die Unterlassung der rechtzeitigen Ad-hoc-Mitteilung zu Sanktionen wie z.B. zu Bußgeldern in Millionenhöhe[744] gemäß § 39 Abs. 4a WpHG und zum sog. „naming and shaming“ auf der Internetseite der BaFin gem. § 40 d WpHG.[745]

---

739 *Poelzig*, Kapitalmarktrecht, § 17 Rn. 481; *Assmann* in: Assmann/Schneider/Mülbert, Wertpapierhandelsrecht, Art. 17 VO Nr. 596/2014 Rn. 188; *Söhner*, BB 2017, S. 259.

740 *Schäfer* in: Marsch-Barner/Schäfer, HdB börsennotierte AG, 2018, § 14 Rn. 14.19.

741 Zweites Gesetz zur Novellierung von Finanzmarktvorschriften auf Grund europäischer Rechtsakte (Zweites Finanzmarktnovellierungsgesetz-2. FiMaNoG) vom 23.06.2017, BGBl. I 2017, 1693.

742 Vgl. 4. Finanzmarktförderungsgesetz, BGBl. I 2002, 2010; dazu noch *Fleischer* NJW 2002, 2977 ff.

743 Zur Vertrauenshaftung *Zimmer/Grotheer* in: Schwark/Zimmer, KMRK, §§ 37b, 37c WpHG Rn. 6 ff.; *Mülbert/Steup*, WM 2005, S. 1633, 1637 f.; *Veil*, ZHR 2003, S. 365, 392; *Baums*, ZHR 2003, S. 139, 165 f.; zur Deliktshaftung *Poelzig*, Kapitalmarktrecht, § 17 Rn. 513; *Sethe* in: Assmann/Schneider, WpHG, §§ 37b, 37c Rn. 23; *Möllers/Leisch*, KölnKommWpHG, 2014, §§ 37b, 37c Rn. 14 ff.; *Hopt/Voigt* in: Hopt/Voigt, S. 9, 130 ff.; *Ihrig*, ZHR 2017, S. 381, 393 f.

744 In einem anderen Fall hat die Staatsanwaltschaft Braunschweig am 13.06.2018 einen Bußgeldbescheid in Höhe von insgesamt EUR 1 Mrd., das sich aus dem gesetzlichen Höchstmaß einer Ahndung in Höhe von EUR 5 Mio. sowie einer Abschöpfung wirtschaftlicher Vorteile in Höhe von EUR 995 Mio. zusammensetzt, gegen die VW AG als Nebenbetroffene gem. § 30 Abs. 1, 130 Abs. 1 OWiG bezüglich des Dieselskandals erlassen, abrufbar unter: http://www.dgap.de/dgap/News/adhoc/volkswagen-bussgeldbescheid-durch-die-staatsanwaltschaft-braunschweig-gegen-volkswagen-zusammenhang-mit-der-dieselkrise-erlassen/?newsID=1078853 (abgerufen am 25.03.2019).

745 Einzelheiten des Sanktionsregimes *Veil*, ZGR 2016, S. 305 ff.; *Szesny*, DB 2016, S. 1420, 1423; vgl. *Hellgardt* in: Assmann/Schneider/Mülbert, Wertpapierhandelsrecht, §§ 97, 98 WpHG Rn. 54.

Im Übrigen betreffen einige Entscheidungen des Bundesgerichtshofs in Sachen Informatec[746], EM.TV[747], Comroad[748] und IKB[749] die Ad-hoc-Publizität und die Sekundärmarkthaftung. Unter Berücksichtigung dieser Urteile muss das Verhältnis des Kapitalschutzes zum Anlegerschutz ebenfalls geprüft werden, da eine Schadensersatzleistung der Aktiengesellschaft als eine Folge der Verletzung von Ad-hoc-Publizitätspflichten zu einem Konflikt mit dem Einlagenrückgewährverbot nach § 57 AktG und dem Verbot des Erwerbs eigener Aktien nach § 71 AktG führen kann.[750]

a. Haftung des Emittenten

aa. Unterlassene unverzügliche oder unwahre Veröffentlichung von Insiderinformationen

Eine Haftung für unterlassene oder fehlerhafte Ad-hoc-Publizität nach §§ 97, 98 WpHG (§§ 37b, 37c WpHG a.F.) gilt nur für Emittenten von Finanzinstrumenten.[751] Nach Art. 17 Abs. 1 Unterabs. 3 MAR erstrecken sich die Ad-hoc-Publizitätspflichten auch auf Emittenten von Finanzinstrumenten, die nur an einem organisierten Handelssystem (OTF) bzw. multilateralen Handelssystem (MTF) gehandelt werden.[752] Am 03.01.2018 wurde § 48 Abs. 3 S. 2 BörsG eingeführt, wonach der Freiverkehr als multilaterales Handelssystem gilt. Sämtliche

---

746 BGHZ 160, 134 (Informatec I); BGHZ 160, 149 (Informatec II); BGH NJW 2004, S. 2668; näher *Fleischer* in: Assmann/Schütze, HdB KapitalanlageR, § 6 Rn. 11; *ders.*, DB 2004, S. 2031; *Möllers*, JZ 2005, S. 75.

747 BGH NZG 2005, 672 (EM.TV).

748 BGH Hinweisbeschl. v. 28.11.2005-II ZR 80/04 (OLG München), NZG 2007, 345 (ComROAD I); BGH Hinweisbeschl. v. 28.11.2005-II ZR 246/04 (OLG Nürnberg), NZG 2007, 346 (ComROAD II); BGH Urt. v. 26.06.2006-II ZR 153/05 (OLG München), NZG 2007, 269 (ComROAD III); BGH Urt. v. 04.06.2007-II ZR 147/05 (OLG München), NZG 2007, 708 (ComROAD IV); BGH Urt. v. 04.06.2007-II ZR 173/05 (OLG München), NZG 2007, 711 (ComROAD V); BGH Urt. v. 07.01.2008-II ZR 229/05 (OLG Frankfurt a.M.), NZG 2008, 382 (ComROAD VI); BGH Urt. v. 07.01.2008-II ZR 68/06 (OLG Frankfurt a.M.), NZG 2008, 385 (ComROAD VII); BGH Urt. v. 03.03.2008-II ZR 310/06 (OLG Frankfurt a.M.), NZG 2008, 386 (ComROAD VIII).

749 BGH Urt. v. 13.12.2011-XI ZR 51/10 (OLG Düsseldorf), NJW 2012, 1800.

750 Zum Konflikt Kap. 2 C. II. 2 und III.

751 *Schäfer* in: Marsch-Barner/Schäfer, HdB börsennotierte AG, 2018, § 17 Rn. 17.6 ff.

752 *Schäfer* in: Marsch-Barner/Schäfer, HdB börsennotierte AG, 2018, § 15 Rn. 15.14 ff.; *Hellgardt* in: Assmann/Schneider/Mülbert, Wertpapierhandelsrecht, §§ 97, 98 WpHG Rn. 59.

Emittenten aus Deutschland, den Mitgliedsstaaten und Drittstaaten werden erfasst und die Differenzierung zwischen Inlandsemittenten und Emittenten aus Drittstaaten gemäß § 15 WpHG a.F. entfällt.[753] Gemäß §§ 97, 98 WpHG (§§ 37b Abs. 2, 37c Abs. 2 WpHG a.F.) haftet der Emittent für Vorsatz oder grobe Fahrlässigkeit. Dass die Unterlassung der Ad-hoc-Mitteilung nicht auf Vorsatz oder grober Fahrlässigkeit beruht, muss gem. § 97 Abs. 2 WpHG (§ 37b Abs. 2 WpHG a.F.) durch den Emittenten nachgewiesen werden.[754] Die Haftungsvoraussetzung für eine unterlassene unverzügliche Veröffentlichungspflicht von Insiderinformationen findet sich in Art. 17 Abs. 1 Unterabs. 1 MAR.[755] So ist der Emittent verpflichtet, die ihn unmittelbar betreffenden Insiderinformationen *sobald wie möglich* (unverzüglich a.F.)[756] über geeignete Medien der Öffentlichkeit bekannt zu machen.[757]

Im Falle der Unterlassung einer unverzüglichen Veröffentlichung kommt ein Schadensersatzanspruch nach § 97 WpHG zustande. Ein Unterlassen i.S.d. § 97 WpHG ist haftungsbegründend, wenn die Veröffentlichung nach Art. 17 Abs. 1 MAR (§ 15 Abs. 1 Satz 1 WpHG a.F.) unterbleibt[758] oder verspätet erfolgt.[759]

Das Unterlassen der Veröffentlichung einer negativen Insiderinformation, das zu einem Absinken des Kurses der Finanzinstrumente führt, sind insbesondere bei den Compliance-Pflichten von großer Bedeutung. Daher ist der

---

753 *Schäfer* in: Marsch-Barner/Schäfer, HdB börsennotierte AG, 2018, § 15 Rn. 15.11; *Poelzig*, NZG 2016, S. 761, 763.

754 *Schäfer* in: Marsch-Barner/Schäfer, HdB börsennotierte AG, 2018, § 17 Rn. 17.11; vgl. *Sethe* in: Assmann/Schneider, WpHG, §§ 37b, 37c Rn. 104; *Fleischer*, NJW 2002, Rn. 2977, 2980; *ders.* in: Assmann/Schütze, HdB KapitalanlageR, § 6 Rn. 47; *Maier-Reimer/Seulen* in: Habersack/Mülbert/Schlitt, HdB Kapitalmarktinformation, § 30 Rn. 80.

755 *Schäfer* in: Marsch-Barner/Schäfer, HdB börsennotierte AG, 2018, § 17 Rn. 17.7.

756 Inhalt der beiden Normen dürfte das Gleiche bedeuten, siehe *Klöhn*, AG 2016, S. 423, 430; *Hellgardt* in: Assmann/Schneider/Mülbert, Wertpapierhandelsrecht, §§ 97, 98 WpHG Rn. 87; „baldmöglichst" *Schäfer* in: Marsch-Barner/Schäfer, HdB börsennotierte AG, 2018, § 15 Rn. 15.21; „unverzüglich" *Poelzig*, Kapitalmarktrecht, § 17 Rn. 478.

757 *Söhner*, BB 2017, S. 259; ausf. zum Emittentenbezug und Insiderpapierbezug *Caspari*, ZGR 1994, S. 530, 539; *Schwark/Kruse* in: Schwark/Zimmer, KMRK, § 13 WpHG Rn. 38 f.; *Hopt*, ZHR 1995, S. 135, 153; Fuchs/*Pfüller*, § 15 WpHG Rn. 160 ff.

758 *Fleischer* in: Assmann/Schütze, HdB KapitalanlageR, § 6 Rn. 43; vgl. *Sethe* in: Assmann/Schneider, WpHG, §§ 37b, 37c Rn. 56.

759 Vgl. Begr. RegE 4. FMFG, BT-Drucks. 14/8017, S. 93; *Sethe* in: Assmann/Schneider, WpHG, §§ 37b, 37c Rn. 56; *Mülbert/Steup* in: Habersack/Mülbert/Schlitt, HdB Unternehmensfinanzierung, 2019, § 41 Rn. 187.

Emittent dazu verpflichtet, unverzüglich der Öffentlichkeit den nicht-kapitalmarktrechtlichen Gesetzverstoß der Gesellschaft, der die Verhängung eines hohen Bußgelds, Schadensersatzansprüche der geschädigten Anleger oder einen Reputationsschaden als kursrelevante Auswirkungen hat, bekannt zu geben.[760]

Eine falsche Ad-hoc-Publizität ist das Gegenstück zur unterlassenen oder verspäteten Ad-hoc-Publizität.[761] Ein Tun i.S.d. § 98 Abs. 1 (§ 37c WpHG a.F.) ist haftungsbegründend, wenn eine unwahre Insiderinformation, sei sie inhaltlich unrichtig oder unvollständig, nach Art. 17 MAR veröffentlicht wird, die den Emittenten unmittelbar betrifft.[762] Während § 97 Abs. 2 WpHG (§ 37b Abs. 2 WpHG a.F.) das Verschulden auf die Unterlassung bezieht, wählt § 98 Abs. 2 WpHG (§ 37c Abs. 2 WpHG a.F.) als Bezugspunkt der Schuldbefreiung nur die Unrichtigkeit der Insiderinformation.[763]

Falls der Emittent innerhalb der Verpflichtung zu einer Ad-hoc-Mitteilung einzelne Umstände offenzulegen unterlässt, kommen zwei Varianten in Betracht: Gilt für die nichtveröffentlichten Umstände eine Ad-hoc-Publizitätspflicht, kommt eine Informationspflichtverletzung nach § 37b Abs. 1 WpHG a.F. (§ 97 Abs. 1 WpHG) in Betracht, geht es dagegen um die Veröffentlichung einer unwahren Information, liegt eine Informationspflichtverletzung nach § 37c Abs. 1 WpHG a.F. (§ 98 Abs. 1 WpHG) vor.[764] Um eine unwahre und pflichtwidrig unterlassene Veröffentlichung voneinander abzugrenzen, wird in der Literatur vorgeschlagen, auf den Schwerpunkt des Lebenssachverhalts abzustellen.[765]

---

760 *Hellgardt* in: Assmann/Schneider/Mülbert, Wertpapierhandelsrecht, §§ 97, 98 WpHG Rn. 85; *Sajnovits*, WM 2016, S. 765, 769.

761 *Schäfer* in: Marsch-Barner/Schäfer, HdB börsennotierte AG, 2018, § 17 Rn. 17.8.

762 *Fleischer* in: Assmann/Schütze, HdB KapitalanlageR, § 6 Rn. 44; *Mülbert/Steup* in: Habersack/Mülbert/Schlitt, HdB Unternehmensfinanzierung, 2019, § 41 Rn. 192; *Schäfer* in: Marsch-Barner/Schäfer, 2018, § 17 Rn. 17.8; *Hellgardt* in: Assmann/Schneider/Mülbert, Wertpapierhandelsrecht, §§ 97, 98 WpHG Rn. 99.

763 *Zimmer/Grotheen* in: Schwark/Zimmer, KMRK, §§ 37b, 37c WpHG Rn. 60; *Maier-Reimer/Webering*, WM 2002, S. 1857, 1860.

764 *Zimmer/Grotheen* in: Schwark/Zimmer, KMRK, §§ 37b, 37c WpHG Rn. 31; *Hellgardt* in: Assmann/Schneider/Mülbert, Wertpapierhandelsrecht, §§ 97, 98 WpHG Rn. 100 f.; *Möllers/Leisch*, KölnKommWpHG, 2014, §§ 37b, 37c Rn. 119; vgl. Fuchs/*Fuchs*, §§ 37b, 37c WpHG Rn. 10.

765 *Fleischer* in: Assmann/Schütze, HdB KapitalanlageR, § 6 Rn. 44; vgl. *Schäfer* in: Marsch-Barner/Schäfer, 2018, § 17 Rn. 17.9.

Die Wahrheit oder Unwahrheit der Information ist in einer Ex-ante-Betrachtung durch den Vergleich mit der in der Realität vorliegenden Sachlage zu überprüfen. Dazu muss die Übereinstimmung des Aussagegehalts der Veröffentlichung mit einem einheitlichen objektiven Empfängerleitbild festgestellt werden.[766] In diesem Zusammenhang wird auf einen durchschnittlichen Anleger abgestellt.[767]

ab. Fehlerhafte Regelpublizität und sonstige Veröffentlichungen von Fehlinformationen

Die Emittentenhaftung gem. §§ 97, 98 WpHG (§§ 37b, 37c WpHG a.F.) betrifft nur unterlassene und falsche Ad-hoc-Mitteilungen. Der Gesetzgeber wollte zur Stärkung des Anlegerschutzes eine Anspruchsgrundlage für Schadensersatzansprüche bei verspäteter, unterlassener oder unrichtiger Veröffentlichung kursbeeinflussender Tatsachen schaffen.[768]

Jedoch kann bezüglich der fehlerhaften Regelpublizität eine Lücke existieren.[769] Um diese Lücke zu schließen, wird eine analoge Anwendung von §§ 97, 98 WpHG (§§ 37b, 37c WpHG a.F.) vorgeschlagen.[770] Zu überlegen ist, ob der Gesetzgeber die fehlerhafte Kapitalmarktinformation des Emittenten vom Anwendungsbereich des § 97 WpHG (§ 37b WpHG a.F.) ausnahm, weil er keine allgemeine Haftung für diesen Bereich regeln wollte. Solch ein Wille des Gesetzgebers ergibt sich jedoch weder aus § 15 Abs. 1 S. 1 WpHG a.F., noch aus § 13 Abs. 1 WpHG a.F. oder § 37b WpHG a.F.[771]

Der Bundesgerichtshof entschied im IKB-Urteil bezüglich der Analogiefähigkeit des § 37c Abs. 1 Nr. 1 WpHG a.F. für sonstige Veröffentlichungen der Fehlinformationen, beispielsweise einer Pressemitteilung, dass es an einer planwidrigen Regelungslücke fehle.[772] Verallgemeinernd gilt die Begründung für

---

766 *Zimmer/Grotheen* in: Schwark/Zimmer, KMRK, §§ 37b, 37c WpHG Rn. 35; *Möllers/Leisch*, KölnKommWpHG, 2014, §§ 37b, 37c Rn. 137 ff.; *Poelzig*, Kapitalmarktrecht, § 17 Rn. 515.

767 *Zimmer/Grotheen* in: Schwark/Zimmer, KMRK, §§ 37b, 37c WpHG Rn. 35; *Möllers/Leisch*, KölnKommWpHG, 2014, §§ 37b, 37c Rn. 138; *Poelzig*, Kapitalmarktrecht, § 17 Rn. 515; „durchschnittlich verständiger Anleger“ *Mülbert/Steup* in: Habersack/Mülbert/Schlitt, HdB Unternehmensfinanzierung, 2019, § 41 Rn. 193.

768 BT-Drucks. 14/8017, S. 2.

769 *Wagner*, ZGR 2008, S. 495, 500; *Mülbert/Steup*, WM 2005, S. 1633, 1651, 1655; *Veil*, ZBB 2006, S. 162, 169.

770 *Mülbert/Steup*, WM 2005, S. 1633, 1651.

771 *Wichmann*, Haftung am Sekundärmarkt, S. 121 f.

772 BGH Urt. v. 13.12.2011-XI ZR 51/10 (OLG-Düsseldorf), NJW 2012, 1800 = ZIP 2012, 318 (IKB-Urteil).

sämtliche Haftungstatbestände der §§ 37b, 37c WpHG sowie für die Analogiefähigkeit der Vorschriften bezüglich einer Emittentenhaftung im Rahmen der fehlerhaften Regelpublizität.[773]

Wenn eine konkrete den Emittenten betreffende, aber nicht veröffentlichte Information mit Kursrelevanz durch die freiwillige Verlautbarung verschleiert oder nicht nach den Vorgaben des § 15 WpHG a.F. und der WpAV veröffentlicht wird, kann § 37b Abs. 1 Nr. 1 WpHG a.F. angewendet werden.[774]

Fraglich und umstritten ist zudem, ob auch unmittelbar aus der freiwilligen Verlautbarung einer kurserheblichen fehlerhaften Falschinformation eine Richtigstellungspflicht durch eine Ad-hoc-Mitteilung und eine Haftung nach § 97 WpHG (§ 37b WpHG a.F.) folgen.[775] Gemäß dem IKB-Urteil des Bundesgerichtshofs wird bei einer sonstigen fehlerhaften Kapitalmarktinformation eine unverzügliche Richtigstellungspflicht in Gestalt einer Ad-hoc-Mitteilung ausgelöst.[776] Dies kann aber nicht mehr angenommen werden, da Art. 17 MAR keine Berichtigungspflicht einer unwahren Ad-hoc-Mitteilung voraussetzt. Die Pflicht der Berichtigung besteht jedoch gem. §§ 4 Abs. 3, 8 Abs. 2 WpAV. Vorausgesetzt wird daher, dass Veröffentlichungsfehler Insiderinformationen i.S.d. Art. 17 MAR darstellen.[777] Zudem wird hier § 98 Abs. 1 WpHG als *lex specialis* angewendet, wenn die Voraussetzungen des § 98 Abs. 1 WpHG erfüllt sind. Werden die Voraussetzungen des § 98 Abs. 1 WpHG nicht erfüllt, kommt es zur unverzüglichen Berichtigung unter Betrachtung der Voraussetzungen des Art. 17 MAR.[778]

---

773 BT-Drucks. 14/8017, S. 93 f.; *Schmolke*, ZBB 2012, S. 165, 168; *Mülbert/Steup* in: Habersack/Mülbert/Schlitt, HdB Unternehmensfinanzierung, 2019, § 41 Rn. 285; *Mülbert/Steup*, NZG 2007, S. 761, 766; *Hellgardt* in: Assmann/Schneider/Mülbert, Wertpapierhandelsrecht, §§ 97, 98 WpHG Rn. 57; a.A. *Zimmer/Grotheer* in: Schwark/Zimmer, KMRK, §§ 37b, 37c WpHG Rn. 20f, 22; *Maier-Reimer/Seulen* in: Habersack/Mülbert/Schlitt, HdB Kapitalmarktinformation, § 30 Rn. 9 ff.

774 BGH NJW 2012, 1800, 1803 = BGH ZIP 2012, 318 Rn. 16f., 30 ff. (IKB-Urteil); zust. *Klöhn*, AG 2012, S. 345, 347; *Hellgardt* in: Assmann/Schneider/Mülbert, Wertpapierhandelsrecht, §§ 97, 98 WpHG Rn. 58, 98; *ders.*, DB 2012, S. 673, 678; *Bachmann*, JZ 2012, S. 578, 580.

775 Bejahend *Schmolke*, ZBB 2012, S. 165, 168; a.A. *Klöhn*, AG 2012, S. 345, 347 f.; *Hellgardt*, DB 2012, S. 673, 678; *Hannich*, WM 2013, S. 449, 450.

776 BGH NJW 2012, 1800, 1803 = BGH ZIP 2012, 318 (IKB-Urteil).

777 *Hellgardt* in: Assmann/Schneider/Mülbert, Wertpapierhandelsrecht, §§ 97, 98 WpHG Rn. 94; *Assmann* in: Assmann/Schneider/Mülbert, Wertpapierhandelsrecht, Art. 17 VO Nr. 596/2014 Rn. 202 m.w.N.

778 Näher *Hellgardt* in: Assmann/Schneider/Mülbert, Wertpapierhandelsrecht, §§ 97, 98 WpHG Rn. 94; zust. *Wichmann*, Haftung am Sekundärmarkt, S. 121.

ac. Emittentenwissen und Wissenzurechnung

i. Art. 17 MAR als Wissensnorm oder Wissensorganisationspflicht

In einem weiteren Schritt ist herauszuarbeiten, ob das Emittentenwissen für die Veröffentlichung der Insiderinformationen erforderlich ist. In der Literatur ist stark umstritten, ob das Vorliegen an sich oder erst das Wissen einer Insiderinformation die Ad-hoc-Publizitätspflicht des Emittenten mitbringt.

Die Frage bezüglich der Wissenzurechnung der Emittenten für die Ad-hoc-Publizitätshaftung kommt zunächst mit dem Vorlagebeschluss des LG Stuttgarts gegen die Porsche SE[779] im *Dieselgate-Verfahren*[780] in Betracht.[781]

779 Die Porsche SE ist eine börsennotierte Gesellschaft in der Rechtsform der Europäischen Gesellschaft (SE). Sie hält 52,2 % der Stammaktien und 30,8 % des gezeichneten Kapitals an der Volkswagen AG (VW AG). Die Beklagte Porsche SE als Holdinggesellschaft investiert über 90 % ihrer Bilanzsumme in die Beteiligung am börsennotierten Konzern (VW AG), siehe LG Stuttgart, Urt. v. 19.12.2017-31 O 33/16 KfH, NZG 2018, 665, 670.

780 LG Stuttgart Urt. v. 28.02.2017-22 AR 1/17 Kap, WM 2017, 1451.

781 Im Jahr 2005 wurden in der VW AG für den Motortyp EA 189 ein neues leistungsstarkes Dieselaggregat entwickelt, das die strengen US-Grenzwerte für Schadstoffemissionen erfüllt. Der Hintergrund dieses Skandals ist die Umgehung von Abgasnormen, vor allem des US-amerikanischen Rechts, mittels einer Motorsteuerungssoftware. Diese Motorsteuerungssoftware erkannte, ob ein Fahrzeug gerade auf dem Prüfstand getestet wurde oder nicht. Der Motor schaltete beim Prüfstand in einen Modus, in dem die US-grenzwerte bezüglich NOx eingehalten wurden. Daneben schaltete der Motor in einen anderen Modus mit geringerer Effektivität des Emissionskontrollsystems, wenn das Fahrzeug nicht im Testbetrieb war. Obwohl im Jahr 2006 ein Ingenieur intern vor der Verwendung der Software warnte (auch entgegen Warnungen und Bedenken von Mitarbeitern), entschlossen sich die Führungskräfte der VW AG dazu, die Software mit dem Defeat-Device einzusetzen. Schließlich waren die Emissionen mehrfach über den NOx-Grenzwerten. 585.000 Fahrzeuge wurden zwischen 2009 und 2015 in den USA als „clean diesel-Fahrzeuge" vermarktet. Am 22.09.2015, nach einer Notice of Violation und Einräumung gegenüber US-Behörden vom 03.09.2015, das „Defeat Device" implementiert zu haben, gab die VW AG eine Ad-hoc-Mitteilung und Pressemitteilung heraus. Die VW AG informierte mit dieser Mitteilung darüber, dass weltweit rund 11 Mio. Fahrzeuge mit Motoren vom Typ EA 189 „auffällig" seien, dass im dritten Quartal ergebniswirksame Rückstellungen von rund 6,5 Mrd. Euro beabsichtigt seien und dass die Ergebnisziele des Konzerns für 2015 angepasst würden; Ende September 2015 beauftragte der Aufsichtsrat die US-amerikanische Anwaltssozietät JD mit einer Untersuchung. Allerdings werden die Untersuchungsergebnisse nicht veröffentlicht. Die VW AG teilte jedoch am 22.04.2016 der Presse mit, dass eine Veröffentlichung

Gegenstand des Verfahrens sind die gegen die Porsche SE als Muttergesellschaft der Volkswagen AG (VW AG) gerichteten Schadensersatzklagen wegen unterlassener Ad-hoc-Mitteilung aus § 37b WpHG a.F.[782] In diesem Verfahren entschied das LG Stuttgart, dass Insiderinformationen in der Sphäre der VW AG dafür geeignet seien, den Aktienkurs der Porsche SE zu beeinflussen, da ein verständiger Anleger sämtliche Informationen bei seiner Entscheidung berücksichtigen würde. Nach der Feststellung des Gerichts stellt jeder einzelne Compliance- bzw. Rechtsverstoß in diesem Zusammenhang eine Insiderinformation dar.[783]

Das LG Stuttgart stellte ebenfalls in einem anderen Verfahren[784], in dem der Kläger die Anfechtung des Entlastungsbeschlusses der Hauptversammlung geltend machte, fest, dass es sich bei allen Rechtsverstößen bis zur Aufdeckung der Erkenntnisse der US-Behörden um Insiderinformationen i.S.d. § 13 Abs. 1 WpHG a.F. handelt.[785] Dieses Urteil des LG Stuttgarts enthält insbesondere wichtige Feststellungen über den Umfang und die Grenzen einer konzernbezogenen Risikofrüherkennung (§ 91 Abs. 2 AktG) und Compliance.[786]

Gemäß Art. 17 MAR ist das Vorliegen einer Insiderinformation, die den Emittenten unmittelbar betrifft, für eine Kapitalmarktinformationshaftung ausreichend. Dies hat zur Folge, dass das Vorliegen objektiver Umstände für die Ad-hoc-Pflicht des Emittenten ohne Emittentenwissen genügt.[787]

In der Literatur wird allgemein akzeptiert, dass ein die Ad-hoc-Publizitätspflicht begründender Tatbestand gem. Art. 17 MAR objektiv zu bestimmen ist und die Veröffentlichungspflicht ohne dessen Kenntnis ab dem Zeitpunkt des Vorliegens der Insiderinformation begründet wird.[788]

---

von Zwischenergebnissen von JD mit unvertretbaren Risiken verbunden sei und zum gegenwärtigen Zeitpunkt unterbleibe, zur Ad-hoc-Mitteilung der VW AG, abrufbar unter: https://www.dgap.de/dgap/News/adhoc/volkswagen-volkswagen-informiert/?newsID=899395 (abgerufen am 25.03.2019), näher m.w.N. LG Stuttgart, Urt. v. 19.12.2017-31 O 33/16 KfH (Dieselgate), NZG 2018, 665; LG Stuttgart, WM 2017, 1451 ff.= juris Rn. 8 ff.; ausf. *Nietsch*, ZIP 2018, S. 1421 ff.

782 Der Beschluss betrifft das vor dem Inkrafttreten der Marktmissbrauchsverordnung geltende Recht. In diesem Sinne wurden § 15 WpHG a.F. und Art. 5, 6 der Marktmissbrauchs-RL 2003 berücksichtigt.

783 LG Stuttgart, WM 2017, 1451, 1462 = juris Rn. 161.

784 LG Stuttgart, Urt. v. 19.12.2017-31 O 33/16 KfH, NZG 2018, 665.

785 LG Stuttgart, NZG 2018, 665, 672.

786 Näher *Kort*, NZG 2018, S. 641 ff.

787 *Ihrig*, ZHR 2017, S. 381, 383 f.; *Thomale*, NZG 2018, S. 1007, 1010.

788 *Schäfer* in: Marsch-Barner/Schäfer, HdB börsennotierte AG, § 15 Rn. 15.20; *Spindler/Speier*, BB 2005, S. 2031, 2032; *Hellgardt*, DB 2012, S. 673, 678; *ders.* in: Assmann/

Nach dem LG Stuttgart knüpfe ebenfalls Art. 17 MAR „rein objektiv“ an die Ad-hoc-Publizität.[789] Somit genügt das Vorliegen einer Insiderinformation ohne Emittentenwissen.

Dass die Ad-hoc-Publizitätspflicht kenntnisunabhängig besteht, hat nicht gleichzeitig zur Folge, dass die Deliktshaftung gem. §§ 97, 98 WpHG keine Kenntnis des Emittenten voraussetzt.[790] In der Literatur wird zum Teil die Meinung vertreten, dass es sich bei Art. 17 MAR um eine „Wissensnorm“ handele. Wissen stelle ein ungeschriebenes, pflichtenbegründendes Tatbestandsmerkmal des Art. 17 MAR dar.[791] Das Argument für die Bejahung des Wissensnormcharakters des Art. 17 MAR ist, dass dem Emittenten nichts Unmögliches abverlangt werden dürfe *(ultra posse nemo obligatur)*.[792] Ein Emittent kann tatsächlich nicht über unbekannte Tatbestände entscheiden.[793] Hat der Emittent keine Kenntnis über die haftungsbegründenden Tatbestände, kann er weder sorgfältig handeln und dazu erforderliche Maßnahmen treffen, noch seine Veröffentlichungspflicht erfüllen. Daher müsse das Emittentenwissen über das objektive Vorliegen der Umstände, die eine Insiderinformation begründen, zu diesen Umständen hinzukommen, bevor die Ad-hoc-Publizitätspflicht entstehe.[794] Im Übrigen stütze § 21 WpHG diese Argumentation, da gem. § 21 WpHG die Meldepflicht die Kenntnis von der Schwellenberührung voraussetzt, wenn nach neuer Gesetzeslage diese Kenntnis zwei Tage nach Abschluss des Geschäfts, das zu der Schwellenberührung geführt hat, unwiderleglich vermutet wird.[795]

Schneider/Mülbert, Wertpapierhandelsrecht, §§ 97, 98 WpHG Rn. 89; *Bachmann*, JZ 2012, S. 578, 580; wohl für möglich haltend aber im Ergebnis offenlassend *Buck-Heeb*, WM 2016, S. 1469, 1472; dagegen zutr. *Leyendecker-Langner/Kleinhenz*, AG 2015, S. 72, 76; *Ihrig*, ZHR 2017, S. 381, 385 ff.; *Assmann* in: Assmann/Schneider/Mülbert, Wertpapierhandelsrecht, Art. 17 VO Nr. 596/2014 Rn. 50; *Sajnovits*, WM 2016, S. 765 f.; *Habersack*, DB 2016, S. 1551, 1554; Art. 17 MAR als Wissensorganisationspflicht *Nietsch*, ZIP 2018, S. 1421, 1423; für eine strikt objektive Betrachtung Klöhn/*Klöhn*, Art. 15 Rn. 98.

789 LG Stuttgart, WM 2017, 1451, 1461 = juris Rn. 158.

790 *Thomale*, NZG 2018, S. 1007, 1009 f.

791 *Ihrig*, ZHR 2017, S. 381, 385 f.; *Assmann* in: Assmann/Schneider/Mülbert, Wertpapierhandelsrecht, Art. 17 VO Nr. 596/2014 Rn. 34, 51.

792 *Ihrig*, ZHR 2017, S. 381, 385.

793 *Nietsch*, ZIP 2018, S. 1421 f.; *Assmann* in: Assmann/Schneider/Mülbert, Wertpapierhandelsrecht, Art. 17 VO Nr. 596/2014 Rn. 50.

794 *Ihrig*, ZHR 2017, S. 381, 385.

795 *Ihrig*, ZHR 2017, S. 381, 385; *Habersack*, DB 2016, S. 1551, 1556.

Diesbezüglich ist festzustellen, dass mit Art. 17 eine „Wissensorganisationspflicht" vorgeschrieben ist, deren Verletzung den Pflichtentatbestand der Vorschrift erfüllt.[796] Somit muss sich der Emittent um Informationen zum eigenen Hause bemühen. Nach den Grundsätzen der Wissenzurechnung ist die Kenntnis der Insiderinformationen des Vorstands bzw. seiner Mitglieder, die über die Qualifikation einer Information als Insiderinformation entscheiden und zur Erfüllung der Veröffentlichungspflicht tätig sind, auch dem Emittenten zurechenbar.[797] Die Wissenszurechnung ist entsprechend den wissensbezogenen Organisationspflichten vorzunehmen.[798]

ii. Kenntnis oder Kennenmüssen der Insiderinformation für die Ad-hoc-Publizität

An dieser Stelle ist zu beachten, dass die Marktmissbrauchsverordnung nicht die subjektiven Anforderungen an die Entstehung der Ad-hoc-Publizitätspflicht klärt. Ebenfalls enthält der Begriff „Unverzüglichkeit" kein Indiz für die Bestimmung dessen Inhalts.[799] Nach der h.M. liegen die Ad-hoc-Publizitätspflichten der Marktmissbrauchsverordnung im Bereich der Vollharmonisierung. Deswegen dürfen die Mitgliedstaaten den Pflichttatbestand des Art. 17 MAR nicht schriftlich oder unschriftlich ergänzen.[800]

Als Grund für die Ablehnung einer Wissenzurechnung wird die Vollharmonisierungswirkung des Marktmissbrauchsrechts genannt, bzw. dessen direkte Anwendung in EU-Verordnungen unmittelbar als geltendes Recht.[801] Die Ansicht, dass der Emittent gem. Art. 17 MAR potentiell ad-hoc-pflichtige Tatsachen ermitteln, innerhalb des Unternehmens weiterleiten bzw. speichern, auf ihre Veröffentlichungspflicht untersuchen und schließlich veröffentlichen müsse[802], überzeugt nicht, da der Begriff „zögern" nicht die Suche nach ad-hoc-pflichtigen Informationen bedeutet, sondern ein Maßstab für das Wissenmanagement ist.[803] Zudem kann eine Insiderinformation jederzeit und an jeder Stelle eines Konzerns auftreten und in diesem Fall muss der Emittent immer nach Insiderinformationen

796 *Nietsch*, ZIP 2018, S. 1421, 1423; LG Stuttgart, WM 2017, 1451, 1464 f.=juris Rn. 178 ff.

797 *Assmann* in: Assmann/Schneider/Mülbert, Wertpapierhandelsrecht, Art. 17 VO Nr. 596/2014 Rn. 34, 51, 54.

798 BGH Urt. v. 02.02.1996-V ZR 239/94, AG 1996, 220; *Assmann* in: Assmann/Schneider/Mülbert, Wertpapierhandelsrecht, Art. 17 VO Nr. 596/2014 Rn. 52; *Ihrig*, ZHR 2017, S. 381, 392 f.

799 *Nietsch*, ZIP 2018, S. 1421, 1425.

800 *Nietsch*, ZIP 2018, S. 1421, 1425; *Seibt/Wollenschläger*, AG 2014, S. 593, 600; *Veil*, ZBB 2014, S. 85, 92.

801 *Klöhn*, NZG 2017, S. 1285, 1286 f.

802 *Klöhn*, NZG 2017, S. 1285, 1288.

803 *Nietsch*, ZIP 2018, S. 1421, 1426.

suchen.[804] Im Ergebnis vertritt die Gegenansicht zu Recht die Meinung, dass die Vollharmonisierung kein Hindernis für die Herausbildung von Wissenorganisationsregeln im nationalen Recht sei.[805]

Es ist zu entscheiden, ob die Erfassung und Verarbeitung der Insiderinformation oder die Prüfung der Veröffentlichung oder der Aufschub nebst Durchführung der Veröffentlichung im Vordergrund steht. Das Schlüsselwort hier ist die „Prüffrist" durch den Emittenten.[806]

Gemäß der Empfehlung der CESR[807] dürfe der Zeitraum für die Veröffentlichung nicht größer sein als für die Entscheidung über das Vorliegen einer Insiderinformation. Der Emittent dürfe diese Entscheidung nicht vorsätzlich oder fahrlässig hinauszögern.[808] Dem Emittenten ist folglich ein angemessener Zeitraum für eine Beurteilung einzuräumen, in welchem er die Möglichkeit hat, zu prüfen, ob es sich um eine veröffentlichungspflichtige Insiderinformation handelt[809] und ob er von seinem Recht zur Selbstbefreiung gem. § 15 Abs. 3 WpHG a.F. Gebrauch machen kann.[810]

Das Problem liegt hauptsächlich in der Bewertung bekannter Umstände als kursrelevante Informationen.[811] Ob und wann eine Information als Insiderinformation zu veröffentlichen ist, richtet sich hier nach der Geltl-Entscheidung des Europäischen Gerichtshofs.[812] Laut der Geltl-Entscheidung stellt jeder Zwischenschritt eines mehrstufigen Entscheidungsvorgangs ein für sich genommen konkretes Ereignis und damit eine potentielle Insiderinformation

---

804 *Nietsch*, ZIP 2018, S. 1421, 1427.

805 *Nietsch*, ZIP 2018, S. 1421, 1426.

806 *Nietsch*, ZIP 2018, S. 1421, 1426 f.; *Sajnovits*, WM 2016, S. 765 f.; vgl. *Hellgardt* in: Assmann/Schneider/Mülbert, Wertpapierhandelsrecht, §§ 97, 98 WpHG Rn. 88.

807 The Committee of European Securities Regulators (CESR).

808 CESR, Advice on Level 2 Implementing Measures for the proposed Market Abuse Directive, CESR/02-089d, Nr. 63 *S. 22: „In meeting this objective, it is essential that the time lapse between the event to which the information refers is not longer than strictly necessary for the issuer to decide whether the event involves inside information that is subject to publication. However, this decision may not be delayed intentionally or negligently."*; *Dirigo*, Haftung für fehlerhafte Ad-hoc-Publizität, 2012, S. 67; *Nietsch*, ZIP 2018, S. 1421, 1426.

809 Zur Möglichkeit eines Ad-hoc-Gremiums für die Beurteilung, ob eine ad-hoc-publizitätspflichtige Insiderinformation vorliegt, siehe *Peters*, FS Vetter, 2019, S. 563, 581 ff.

810 *Sajnovits*, WM 2016, S. 765 f.; *Assmann* in: Assmann/Schneider/Mülbert, Wertpapierhandelsrecht, Art. 17 VO Nr. 596/2014 Rn. 69.

811 *Nietsch*, ZIP 2018, S. 1421; BGH ZIP 2012, 318 (IKB-Urteil).

812 *Assmann* in: Assmann/Schneider/Mülbert, Wertpapierhandelsrecht, Art. 17 VO Nr. 596/2014 Rn. 66.

dar.[813] Der Bundesgerichtshof und die h.M. haben für die Wahrscheinlichkeit eine Begrenzung in Höhe von fünfzig Prozent determiniert.[814]

Auf nationalrechtlicher Ebene der Sanktionsvorschriften stellt insbesondere § 120 Abs. 15 Nr. 6-11 WpHG einen Filter dar, dessen vorgesehene subjektive Tatbestandsvoraussetzungen in Verbindung mit Art. 17 Abs. 1 MAR stehen.[815] Das Wissen und das Vorliegen der Insiderinformation als vorsätzliche Ordnungswidrigkeit kommen gem. § 120 Abs. 15 Nr. 6 WpHG in Betracht, wenn die Insiderinformation nicht, nicht richtig, nicht in der vorgeschriebenen Weise oder nicht rechtzeitig bekannt gegeben wird. Da es sich um keine Wissenzurechnung im zivilrechtlichen Sinne handelt, sondern um eine organschaftliche Verbandstäterschaft, sog. Eigendelinquenz des Verbandes, sind nur die in § 30 Abs. 1 Nr. 1-5 OWiG genannten Personen zu beachten.[816] Demnach muss gem. § 30 Abs. 1 Nr. 1 OWiG mindestens ein Vertretungsorgan Kenntnis vom Vorliegen einer Insiderinformation i.S.d. straf- und ordnungswidrigkeitenrechtlichen Vorsatzbegriffs haben.

Wichtig sind gem. § 30 Abs. 1 Nr. 5 OWiG die für die Leitung bzw. Überwachung des Unternehmens verantwortlichen Personen. Folglich muss mindestens ein Vorstandsmitglied an der Ad-hoc-Mitteilung mitgewirkt haben.[817] Im europäischen Raum spricht man vom „Compliance-Officer".

---

813 *„1. Art. 1 Nr. 1 der Richtlinie 2003/6/EG des Europäischen Parlaments und des Rates vom 28.01.2003 über Insider-Geschäfte und Marktmanipulation (Marktmissbrauch) und Art. 1 I der Richtlinie 2003/124/EG der Kommission vom 22.12.2003 zur Durchführung der Richtlinie 2003/6/EG betreffend die Begriffsbestimmung und die Veröffentlichung von Insider-Informationen und die Begriffsbestimmung der Marktmanipulation sind dahin auszulegen, dass bei einem zeitlich gestreckten Vorgang, bei dem ein bestimmter Umstand verwirklicht oder ein bestimmtes Ereignis herbeigeführt werden soll, nicht nur dieser Umstand oder dieses Ereignis präzise Informationen im Sinne der genannten Bestimmungen sein können, sondern auch die mit der Verwirklichung des Umstands oder Ereignisses verknüpften Zwischenschritte dieses Vorgangs."*

814 *Hopt/Kumpan*, ZGR 2017, S. 765, 775; *Bingel*, AG 2012, S. 685, 689; *Hitzer*, NZG 2012, S. 860, 862; *Schall*, ZIP 2012, S. 1286, 1288; *Kocher/Widder*, BB 2012, S. 2837 f; abweichend *Ihrig* in: VGR, Gesellschaftsrecht in der Diskussion, 2012, S. 113, 122.

815 *Nietsch*, ZIP 2018, S. 1421, 1427; a.A. *Assmann* in: Assmann/Schneider/Mülbert, Wertpapierhandelsrecht, Art. 17 VO Nr. 596/2014 Rn. 64.

816 *Nietsch*, ZIP 2018, S. 1421, 1427; *Rogall*, KK/OWiG, § 30 Rn. 2 ff., 8.; *Sajnovits*, WM 2016, S. 765 f.

817 *Nietsch*, ZIP 2018, S. 1421, 1428; *Sajnovits*, WM 2016, S. 765, 770; *Assmann* in: Assmann/Schneider, WpHG, § 15 Rn. 50; *ders.* in: Assmann/Schneider/Mülbert, Wertpapierhandelsrecht, Art. 17 VO Nr. 596/2014 Rn. 52; zur Notwendigkeit der Kenntnis aller Vorstandsmitglieder *Thomale*, NZG 2018, S. 1007, 1011 f.

iii. Wissenzurechnung

Es ist weiterhin zu prüfen, wann und unter welchen Voraussetzungen die Kenntnis der Insiderinformation für juristische Personen (Emittent als juristische Person) konkretisiert wird. Hier ist der Wille des Verordnungsgebers zu berücksichtigen. Entscheidend ist die Auslegung des Normzwecks unter Berücksichtigung des *Effet-Utile-Grundsatzes*.[818]

Art. 17 MAR bezweckt die sofortige Offenlegung nicht öffentlich bekannter, kursrelevanter Insiderinformationen möglichst umfassend ausnahmslos zu garantieren, um Informationsungleichkeiten zu beseitigen. Der Emittent muss mit all seinen Möglichkeiten sicherstellen, die entstandenen Insiderinformationen unmittelbar zu veröffentlichen.[819] Jedoch wäre es nach einer Meinung in der Literatur mit dieser Zielsetzung unvereinbar, wenn die Emittentenhaftung mit dem Vorliegen der Ad-hoc-Publizität verbunden wird, da der Vorstand als zuständiges Organ für die Erfüllung der Publizitätspflichten Kenntnis von dem Vorliegen der Insiderinformation habe,[820] und der Adressat der Ad-hoc-Publizitätspflicht der Emittent und nicht der Vorstand sei.[821]

Die Wissenzurechnung der juristischen Person wird nach den Urteilen des Bundesgerichtshofs aufgrund der „Organtheorie“ an die Anerkennung von Organisationspflichten geknüpft.[822] Um über eine Wissenszurechnung sprechen zu können, muss die im jeweiligen Vorschriftentext relevante Information bei ordnungsgemäßer Wissensorganisation den Entscheidungsträgern zur Verfügung gestellt werden.[823]

Demzufolge ist die Wissenszurechnung für den Emittenten in dem Umfang gegeben, in dem sie bei einer ordnungsgemäßen, normzweckgerechten Wissensorganisation im Unternehmen für den Vorstand verfügbar ist.[824] Der Emittent muss bei potenziellen kursrelevanten Umständen die Wissensorganisation so etablieren, dass diese schnellstmöglich an die Stellen gemeldet werden, die diese auf einen Insiderinformationscharakter

---

818 *Ihrig*, ZHR 2017, S. 381, 386 f.; zur Effet Utile *Seibt/Cziupka*, AG 2015, S. 93, 100.

819 *Ihrig*, ZHR 2017, S. 381, 387.

820 *Leyendecker-Langner/Kleinhenz*, AG 2015, S. 72, 76; *Ekkenga*, NZG 2013, S. 1081, 1085.

821 *Ihrig*, ZHR 2017, S. 381, 387 f.

822 BGH Urt. v. 06.04.1964-II ZR 75/62, BGHZ 41, 282, 287; m.w.N. *Buck-Heeb*, AG 2015, S. 801, 802; *Werner*, WM 2016, S. 1474, 1475 f.

823 BGH Urt. v. 02.02.1996-V ZR 239/94, BGHZ 132, 30, 35, 36 f.; BGH Urt. v. 08.12.1989-V ZR 246/87, BGHZ 109, 327; *Bott*, Wissenzurechnung bei Organisationen, S. 13; *Sajnovits*, WM 2016, S. 765, 766 f.; *Werner*, WM 2016, S. 1474 f.

824 *Ihrig*, ZHR 2017, S. 381, 390 f.

prüfen können.[825] Bei einer ex ante-Betrachtung ist eine Erkennbarkeit, ob der Wissensträger die ihm bekannten Umstände als Insiderinformation qualifizieren kann oder für die Entstehung einer Insiderinformation eine Rolle spielen kann, ausreichend.[826]

iv. Wissenzurechnung im Konzernverhältnis

Insiderinformationen im Konzern können unerwartet an jeder Stelle und auf jeder Hierarchiestufe auftreten.[827] Die Existenz, Reichweite sowie Schranken konzernweiter Organisationspflichten des Organs des herrschenden Unternehmens sind schon seit geraumer Zeit ein wichtiges Thema.[828] Grundsätzlich existiert kein allgemeiner Informationsdurchgriff im Unternehmensverbund im deutschen Aktienkonzernrecht.[829] Eine konzernweite Zurechnung des Wissens ist allein aufgrund der Beherrschung ausgeschlossen.[830] Gleiches gilt auch für faktische Konzerne.[831]

Der Bundesgerichtshof hat unterdessen festgestellt, dass eine konzernweite Wissenzurechnung ausnahmsweise gilt, wenn die Wahrnehmung der Aufgaben der juristischen Person so organisiert ist, dass ein Teil ihres Aufgabenbereichs von einer selbstständigen juristischen Einheit übernommen wird.[832] Die Wissenzurechnung in Konzerngesellschaften hängt entscheidend davon ab, ob und inwieweit der Emittent die Herrschaftsmacht hat, die von Art. 17 MAR geforderte Wissensorganisation auf andere Konzernunternehmen zu erstrecken und diese in das Identifizierungs- und Weiterleitungssystem insiderrelevanter Informationen einzubeziehen.[833]

---

825 *Ihrig*, ZHR 2017, S. 381, 392 f.; *Assmann* in: Assmann/Schneider/Mülbert, Wertpapierhandelsrecht, Art. 17 VO Nr. 596/2014 Rn. 52, 54; *Habersack*, DB 2016, S. 1551 f.

826 Ein durchschnittlicher Mitarbeiter ist das Vorbild für diese Prüfung, näher *Ihrig*, ZHR 2017, S. 381, 385.

827 *Ihrig*, ZHR 2017, S. 381, 388.

828 *Habersack/Zickgraf*, ZHR 2018, S. 252.

829 *Mayer/Richter*, AG 2018, S. 220 f.; *Kort*, ZGR 1987, S. 46, 53.

830 *Habersack*, DB 2016, S. 1551, 1553; *Spindler*, ZHR 2017, S. 311, 333; *Assmann* in: Assmann/Schneider/Mülbert, Wertpapierhandelsrecht, Art. 17 VO Nr. 596/2014 Rn. 59.

831 *Assmann* in: Assmann/Schneider/Mülbert, Wertpapierhandelsrecht, Art. 17 VO Nr. 596/2014 Rn. 59.

832 BGH Urt. v. 13.10.2000-V ZR 349/99 (Rostock), NJW 2001, 359, 360: *„Etwas anderes gilt nur, wenn die Wahrnehmung der Aufgaben der juristischen Person oder Gesamthandsgesellschaft so organisiert ist, dass ein Teil ihres Aufgabenbereichs auf eine natürliche Person oder eine selbstständige juristische Einheit ausgegliedert ist.“*

833 *Ihrig*, ZHR 2017, S. 381, 411; *Spindler*, ZHR 2017, S. 311, 333; ausf. zur „Informationsweiterleitungspflicht“, „Informationsspeicherungspflicht“ und „Informationsabfragepflicht“ im Rahmen von wissensbezogener Organisationspflichten *Assmann*

ad. Die Anspruchsberechtigten

Die Anspruchsberechtigung ist im Gesetz unklar geregelt.[834] In der Literatur werden zwei Anlegergruppen unterschieden. Auf der einen Seite stehen die Neuanleger mit „zu teuer" gekauften Wertpapieren und auf der anderen Seite die Altanleger mit „zu billig" verkauften Wertpapieren.[835]

In § 97 Abs. 1 Nr. 1 WpHG (§ 37b Abs. 1 Nr. 1 WpHG a.F.) geht es um den Erwerb eines Finanzinstruments nach einer unterlassenen unverzüglichen Ad-hoc-Mitteilung, wenn der Erwerber bei Bekanntwerden der Insiderinformation noch Inhaber des Finanzinstruments ist.[836] Der Dritte ist bei einer negativen Insiderinformation schadensersatzberechtigt, wenn er zum Zeitpunkt der nachgeholten Ad-hoc-Publizität noch Inhaber des Finanzinstruments ist, da er aufgrund der Unterlassung negativer Ad-hoc-Publizität das Finanzinstrument zu teuer erworben hat und eine nachgeholte Ad-hoc-Publizität zur Verminderung des Börsenkurses des Finanzinstruments führt.[837] Hier ist die wahre Lage schlechter als es dem Markt bekannt ist, da nach der Veröffentlichung der negativen unterlassenen Insiderinformation ein Kursverlust erwartet wird.[838]

Neben dem Erwerber des Finanzinstruments sind diejenigen Anleger gemäß § 97 Abs. 1 Nr. 2 WpHG (§ 37b Abs. 1 Nr. 2 WpHG a.F.) aktivlegitimiert, die

---

in: Assmann/Schneider/Mülbert, Wertpapierhandelsrecht, Art. 17 VO Nr. 596/2014 Rn. 52, 59; *Werner*, WM 2016, S. 1474, 1478 f.

834 Ausf. zur Anspruchsberechtigung *Fleischer*, ZIP 2005, S. 1805, 1808; *Ehricke* in: Hopt/Voigt, S. 187, 281 f.; *Hopt/Voigt* in: Hopt/Voigt, S. 9, 111; *Hellgardt*, Kapitalmarktdeliktsrecht, S. 343 f.; *ders.* in: Assmann/Schneider/Mülbert, Wertpapierhandelsrecht, §§ 97, 98 WpHG Rn. 70 ff.

835 Begr. RegE 4. FMFG, BT-Drucks. 14/8017, S. 93; *Schäfer* in: Marsch-Barner/Schäfer, HdB börsennotierte AG, 2018, § 17 Rn. 17.15; *Fleischer* in: Assmann/Schütze, HdB KapitalanlageR, § 6 Rn. 48; *ders.*, BB 2002, S. 1869; *Zimmer/Grotheer* in: Schwark/Zimmer, KMRK, §§ 37b, 37c WpHG Rn. 64 ff.; *Poelzig*, Kapitalmarktrecht, § 17 Rn. 517 f.; *Hellgardt* in: Assmann/Schneider/Mülbert, Wertpapierhandelsrecht, §§ 97, 98 WpHG Rn. 70.

836 *Schäfer* in: Marsch-Barner/Schäfer, HdB börsennotierte AG, 2018, § 17 Rn. 17.14; *Fleischer* in: Assmann/Schütze, HdB KapitalanlageR, § 6 Rn. 49; *ders.*, BB 2002, S. 1869; *Poelzig*, Kapitalmarktrecht, § 17 Rn. 517; *Sethe* in: Assmann/Schneider, WpHG, §§ 37b, 37c Rn. 55; *Zimmer/Grotheer* in: Schwark/Zimmer, KMRK, §§ 37b, 37c WpHG Rn. 65.

837 *Schäfer* in: Marsch-Barner/Schäfer, HdB börsennotierte AG, 2018, § 17 Rn. 17.15 f.; *Poelzig*, Kapitalmarktrecht, § 17 Rn. 517.

838 *Maier-Reimer/Seulen* in: Habersack/Mülbert/Schlitt, HdB Kapitalmarktinformation, § 30 Rn. 87; *Sethe* in: Assmann/Schneider, WpHG, §§ 37b, 37c Rn. 55.

vor dem Entstehen der Insiderinformation die Finanzinstrumente erworben und diese nach der unterlassenen unverzüglichen Ad-hoc-Mitteilung wieder veräußert haben.[839] Hier ist die wahre Lage günstiger als es dem Markt bekannt ist, bzw. eine mögliche kurssteigernde Information ist nicht veröffentlicht worden.[840]

Im Falle einer Veröffentlichung von unwahren Insiderinformationen nach § 98 Abs. 1 WpHG sind zwei Gruppen aktivlegitimiert.[841] § 98 Abs. 1 Nr. 1 WpHG (§ 37c Abs. 1 Nr. 1 WpHG a.F.) erfasst den Erwerb der Finanzinstrumente nach der Veröffentlichung einer unwahren positiven Insiderinformation, wenn der Erwerber bei Bekanntwerden der Unrichtigkeit der Insiderinformation noch Inhaber der Finanzinstrumente ist.[842] In diesem Fall ist die wahre Lage schlechter als es dem Markt bekannt ist und der Anleger hat die Finanzinstrumente wegen einer unrichtigen positiven Veröffentlichung einer Insiderinformation „zu teuer" gekauft.[843]

Im Gegensatz zu § 97 Abs. 1 Nr. 2 WpHG (§ 37b Abs. 1 Nr. 2 WpHG a.F.) erfasst § 98 Abs. 1 Nr. 2 WpHG (§ 37c Abs. 1 Nr. 2 WpHG a.F.) die Veräußerung der unrichtigen Insiderinformation vor der Veröffentlichung bzw. vor dem Bekanntwerden. Anspruchsberechtigt sind die Veräußerer des Finanzinstruments bei einer Informationspflichtverletzung durch die Veröffentlichung unwahrer Insiderinformationen. Der Anleger verkaufte in diesem Fall die Finanzinstrumente wegen der unwahren negativen Insiderinformationen „zu billig".[844] Hier ist die wahre Lage günstiger als auf dem Markt,

---

839 *Fleischer* in: Assmann/Schütze, HdB KapitalanlageR, § 6 Rn. 50; *ders.*, BB 2002, S. 1869; *Sethe* in: Assmann/Schneider, WpHG, §§ 37b, 37c Rn. 60; *Zimmer/Grotheer* in: Schwark/Zimmer, KMRK, §§ 37b, 37c WpHG Rn. 70; *Schäfer* in: Marsch-Barner/Schäfer, HdB börsennotierte AG, 2018, § 17 Rn. 17.15.

840 *Maier-Reimer/Seulen* in: Habersack/Mülbert/Schlitt, HdB Kapitalmarktinformation, § 30 Rn. 88.

841 *Schäfer* in: Marsch-Barner/Schäfer, HdB börsennotierte AG, 2018, § 17 Rn. 17.17.

842 *Fleischer* in: Assmann/Schütze, HdB KapitalanlageR, § 6 Rn. 49; *ders.*, BB 2002, S. 1869; *Sethe* in: Assmann/Schneider, WpHG, §§ 37b, 37c Rn. 76; *Zimmer/Grotheer* in: Schwark/Zimmer, KMRK, §§ 37b, 37c WpHG Rn. 69; *Schäfer* in: Marsch-Barner/Schäfer, HdB börsennotierte AG, 2018, § 17 Rn. 17.17; *Poelzig*, Kapitalmarktrecht, § 17 Rn. 517.

843 *Maier-Reimer/Seulen* in: Habersack/Mülbert/Schlitt, HdB Kapitalmarktinformation, § 30 Rn. 87; *Sethe* in: Assmann/Schneider, WpHG, §§ 37b, 37c Rn. 76.

844 *Fleischer* in: Assmann/Schütze, HdB KapitalanlageR, § 6 Rn. 50; *ders.*, BB 2002, S. 1869; *Sethe* in: Assmann/Schneider, WpHG, §§ 37b, 37c Rn. 73; *Zimmer/Grotheer* in: Schwark/Zimmer, KMRK, §§ 37b, 37c WpHG Rn. 72; *Schäfer* in: Marsch-Barner/Schäfer, HdB börsennotierte AG, 2018, § 17 Rn. 17.18; *Poelzig*, Kapitalmarktrecht, § 17 Rn. 518.

das heißt, dass eine unrichtige kurssenkende Information bekanntgemacht wurde.[845]

Anspruchsberechtigt sind gem. §§ 97, 98 WpHG (§§ 37b, 37c WpHG a.F.) lediglich Anleger, die während der Desinformationsphase des Marktes eine Transaktion in Finanzinstrumenten getätigt haben.[846] Die anspruchsbegründende Transaktion muss daher während des Zeitraums erfolgen, in dem die Abweichung des Kurses des Finanzinstruments von dem hypothetischen Kurs des Finanzinstruments aufgrund der unterlassenen oder unwahren Ad-hoc-Mitteilung entstand, die bei pflichtgemäßem Verhalten des Emittenten nicht entstanden wäre.[847]

Diese Paragrafen erfassen keine Altanleger, die wegen der falschen Ad-hoc-Mitteilung auf die beabsichtigte Veräußerung ihrer Aktien verzichten.[848] Nach der h.M. ist diese Situation nicht gesetzlich geregelt, weil sich diese Altanleger noch nicht für eine Transaktion ihrer Aktien entschieden haben.[849] Von §§ 97, 98 WpHG (§§ 37b, 37c WpHG a.F.) nicht erfasst werden auch potentielle Neuanleger, die wegen einer unrichtigen, negativen oder pflichtwidrig unterlassenen positiven Ad-hoc-Mitteilung auf den bezweckten Erwerb der Aktien verzichten.[850]

Zu beachten ist, dass nach der EM.TV-Entscheidung eine Anspruchsberechtigung für zwei Fallgruppen in Betracht kommt, obwohl diese keine Transaktion getätigt haben. Nach der EM.TV-Entscheidung kann ein Altanleger, der wegen einer unerlaubten Handlung der Vorstandsmitglieder auf einen

845 *Maier-Reimer/Seulen* in: Habersack/Mülbert/Schlitt, HdB Kapitalmarktinformation, § 30 Rn. 88.

846 *Hellgardt* in: Assmann/Schneider/Mülbert, Wertpapierhandelsrecht, §§ 97, 98 WpHG Rn. 70; *Maier-Reimer/Seulen* in: Habersack/Mülbert/Schlitt, HdB Kapitalmarktinformation, § 30 Rn. 86; *Zimmer/Grotheer* in: Schwark/Zimmer, KMRK, §§ 37b, 37c WpHG Rn. 70; *Sethe* in: Assmann/Schneider, WpHG, §§ 37b, 37c Rn. 63; zum Zweck des Transaktionserfordernisses und zur Kritik *Florstedt*, AG 2017, S. 557, 565 f.

847 *Hellgardt* in: Assmann/Schneider/Mülbert, Wertpapierhandelsrecht, §§ 97, 98 WpHG Rn. 75.

848 *Poelzig*, Kapitalmarktrecht, § 17 Rn. 518; *Fleischer* in: Assmann/Schütze, HdB KapitalanlageR, § 6 Rn. 51; *ders.*, BB 2002, S. 1869 f.; *Sethe* in: Assmann/Schneider, WpHG, §§ 37b, 37c Rn. 63.

849 *Fleischer* in: Assmann/Schütze, HdB KapitalanlageR, § 6 Rn. 51; *Baums*, ZHR 2002, S. 375, 379; *Maier-Reimer/Webering*, WM 2002, 1857, 1859; *Schäfer* in: Marsch-Barner/Schäfer, HdB börsennotierte AG, § 17 Rn. 19; *Zimmer/Grotheer* in: Schwark/Zimmer, KMRK, §§ 37b, 37c WpHG Rn. 75.

850 *Poelzig*, Kapitalmarktrecht, § 17 Rn. 518; *Fleischer* in: Assmann/Schütze, HdB KapitalanlageR, § 6 Rn. 51; *ders.*, ZIP 2005, S. 1805, 1808; *Hopt/Voigt* in: Hopt/Voigt, S. 9, 11; *Veil*, BKR 2005, S. 91, 95; *Schäfer* in: Marsch-Barner/Schäfer, HdB börsennotierte AG, 2018, § 17 Rn. 17.19.

zu einem bestimmten Zeitpunkt fest beabsichtigten Aktienverkauf nachweisbar verzichtet, den hypothetischen Verkaufspreis zum Kurs am ursprünglich geplanten Verkaufstermin verlangen.[851]

Diese Rechtsprechung dürfte auch auf Neuanleger angewendet werden, die wegen einer unrichtigen negativen oder pflichtwidrig unterlassenen positiven Ad-hoc-Mitteilung von einem Aktienerwerb Abstand genommen haben.[852]

b. Haftung der Vorstandsmitglieder

ba. Gesetzliche Grundlagen

Aus der Sicht der geschädigten Anleger spielt die Haftung der Vorstandsmitglieder eine wichtige Rolle im Bestreben, das Vermögen und die Haftungsmasse der Gesellschaft zu erhöhen.[853]

Die §§ 826, 823 Abs. 2 BGB richten sich gegen das stellvertretend für den Emittenten handelnde Organ, welches in der Aktiengesellschaft regelmäßig der Vorstand ist, der gemäß § 76 Abs. 1 AktG zur Wahrnehmung der Ad-hoc-Publizität verpflichtet ist.[854] Nach § 31 BGB analog haftet der Emittent für deliktische Handlungen seiner Organmitglieder, insbesondere für die von seinen Vorstandsmitgliedern durch falsche Ad-hoc-Mitteilungen begangenen sittenwidrigen Schädigungen (§ 826 BGB)[855] und vorsätzlichen Verstöße gegen ein Schutzgesetz (§ 823 Abs. 2 BGB i.V.m. § 400 AktG).[856]

Diese Auffassung ist nachvollziehbar, weil nach dem eindeutigen Wortlaut und der Entstehungsgeschichte der §§ 97, 98 WpHG eine Schadensersatzpflicht für fehlerhafte Ad-hoc-Publizität grundsätzlich ausgeschlossen und nur

---

851 BGH NZG 2005, 672, 675; krit. aufgrund Fehlens einer Transaktionsentscheidung *Schäfer* in: Marsch-Barner/Schäfer, HdB börsennotierte AG, 2018, § 17 Rn. 17.19; *Zimmer/Grotheer* in: Schwark/Zimmer, KMRK, §§ 37b, 37c WpHG Rn. 75; *Baums*, ZHR 2002, S. 375, 379.

852 *Fleischer* in: Assmann/Schütze, HdB KapitalanlageR, § 6 Rn. 31; auch *Hopt/Voigt* in: Hopt/Voigt, S. 9, 111.

853 *Zimmer/Grotheer* in: Schwark/Zimmer, KMRK, §§ 37b, 37c WpHG Rn. 119.

854 *Kocher/Schneider*, ZIP 2013, S. 1607 f. m.w.N.; *Arnold* in: Marsch-Barner/Schäfer, HdB börsennotierte AG, 2018, § 19 Rn. 19.28.

855 Die Voraussetzungen des § 826 BGB sind nach der Rechtsprechung von den Umständen des Einzelfalls, insbesondere vom Zustandekommen der Anlageentscheidung abhängig, vgl. BGH NJW 2005, 2450, 2453 (EM.TV).

856 BGH NZG 2007, 345 Rn. 5 (ComROAD I); BGH NZG 2007, 708 Rn. 11 (ComROAD IV); *Fleischer* in: Assmann/Schütze, HdB KapitalanlageR, § 6 Rn. 57; *ders.*, ZIP 2005, S. 1805, 1810; *Poelzig*, Kapitalmarktrecht, § 17 Rn. 535 f.; BGH NZG 2005, 672, 673 (EM.TV); *Ihrig*, ZHR 2017, S. 381, 394.

der Emittent Haftungsadressat ist.[857] § 15 Abs. 6 Satz 1 WpHG schließt eine Schadensersatzpflicht für eine fehlerhafte Ad-hoc-Publizität abseits der §§ 97, 98 WpHG (§§ 37b, 37c WpHG a.F.) grundsätzlich aus, es sei denn, es bleiben gemäß § 15 Abs. 6 Satz 2 WpHG Ersatzansprüche, die auf anderen Rechtsgrundlagen – vor allem die auf betrügerischer oder sittenwidriger Schädigung Dritter – beruhen, unberührt.[858] Diese Restverantwortung passt zur Einstandspflicht des Emittenten für betrügerische Handlungen seines Organs und veranlasst die Gesellschaft, ihre Organwalter gründlicher zu überwachen.[859]

Das OLG Köln[860] hat neulich in einem Verfahren gegen die VW AG entschieden, dass sich der Vorstand der VW AG sittenwidrig verhalten hat und die VW AG den dadurch entstandenen Schaden gem. § 826 BGB[861] i.V.m. § 31 BGB[862] ersetzen muss.

Mit Blick auf die eingeschränkte Haftung für Ad-hoc-Mitteilungen nach Art. 17 MAR wird von Seiten der Rechtspolitik eine Haftungslücke beklagt, da der

---

857 *Schäfer* in: Marsch-Barner/Schäfer, HdB börsennotierte AG, 2018, § 15 Rn. 15.54 und § 17 Rn. 17.6 ff., 17.35 f.; *Sethe* in: Assmann/Schneider, WpHG, §§ 37b, 37c Rn. 25 ff.; *Zimmer/Grotheer* in: Schwark/Zimmer, KMRK, §§ 37b, 37c WpHG Rn. 20d, 21; *Fleischer* in: Assmann/Schütze, HdB KapitalanlageR, § 6 Rn. 41; *Mülbert/Steup* in: Habersack/Mülbert/Schlitt, HdB Unternehmensfinanzierung, 2019, § 41 Rn. 256; *Duve/Basak*, BB 2005, S. 2645.

858 *Fleischer*, ZIP 2005, S. 1805, 1810; dazu auch *Renzenbrink/Holzner*, BKR 2002, S. 434, 438.

859 *Fleischer*, ZIP 2005, S. 1805, 1810.

860 OLG Köln, Beschl. v. 01.03.2019-16 U 146/18 = juris.

861 OLG Köln, Beschl. v. 01.03.2019-16 U 146/18 = juris: „*…Soweit die Beklagte sich in diesem Zusammenhang darauf beruft, dass Gewinnstreben im Wirtschaftsleben nicht verwerflich sei und der Vorwurf der Sittenwidrigkeit die Haftung aus § 826 BGB auf alle Fälle eines mangelhaften Verkaufsgegenstands ausdehnen würde, verkennt sie, dass sie den maßgeblichen Mangel der von ihr produzierten Fahrzeuge bewusst herbeigeführt und sodann vor staatlichen Stellen verschleiert hat, um zum Zwecke der Gewinnerzielung in großem Umfang Fahrzeuge zu verkaufen, welche als besonders umweltfreundlich gelten und beworben werden sollten. Dies ist mit dem Fall des vereinzelten Verkaufs einer als mangelhaft erkannten Sache nicht zu vergleichen, sondern geht in seinem Unrechtsgehalt weit darüber hinaus.*“

862 OLG Köln, Beschl. v. 01.03.2019-16 U 146/18 = juris: „*b. Das damit als sittenwidrig einzustufende Verhalten ist der Beklagten nach § 31 BGB zuzurechnen. Nach dem Sach- und Streitstand steht fest, dass der Vorstand der Beklagten, jedenfalls aber die Mitarbeiter des oberen Managements der Beklagten nicht nur über umfassende Kenntnisse von dem Einsatz der Software zur Motorsteuerung verfügten, sondern die Herstellung und die Inverkehrgabe der entsprechend ausgerüsteten Motoren in der Vorstellung veranlasst haben, dass diese unverändert und ohne entsprechenden Hinweis weiter veräußert werden würden.*“

Grund einer Fehlhandlung oder des Unterlassens in Wahrheit die Handlungen der Vorstandsmitglieder sind. Aus diesem Grund wird in einem 10-Punkte-Programm mit dem vierten Finanzmarktförderungsgesetz eine persönliche Haftung der Organmitglieder angekündigt.[863]

bb. Haftung des Vorstands bei Wissenorganisationen

Der Vorstand sorgt gem. Ziff. 4.1.3 S. 1 des Deutschen Corporate Governance Kodexes für die Einhaltung der gesetzlichen Bestimmungen und der unternehmensinternen Richtlinien und wirkt auf deren Beachtung durch die Konzernunternehmen hin. Er soll gem. Ziff. 4.1.3 S. 2 des Kodexes Maßnahmen treffen, die an der Risikolage des Unternehmens ausgerichtet sind und deren Grundzüge offenlegen. Im Rahmen der Wissensorganisation müssen die Vorstandsmitglieder bei Kenntnis der Insiderinformationen den Gesamtvorstand darüber unterrichten.[864] Der Vorstand einer Konzernholding muss sowohl aus konzernrechtlicher Sicht als auch wegen der Erfüllung kapitalmarktrechtlicher Pflichten über Insidertatsachen informiert sein, um konzernleitend tätig sein zu können.[865] Der Umfang der Leitungsaufgaben des Konzernvorstands kann jedoch im faktischen und im Vertragskonzern unterschiedlich sein.[866]

---

863 *Arnold* in: Marsch-Barner/Schäfer, HdB börsennotierte AG, 2018, § 22 Rn. 22.93 Fn. 5; Maßnahmenkatalog zur Stärkung der Unternehmensintegrität und des Anlegerschutzes, Pressemitteilung des Bundesministeriums der Justiz Nr. 10/03 v. 25.02.2003: *„Künftig soll nicht nur der Emittent von Wertpapieren, d.h. das Unternehmen selbst, den Anlegern gegenüber haften, sondern zusätzlich auch die verantwortlichen Vorstands- und Aufsichtsratsmitglieder persönlich…“*, *„Geprüft wird ferner, inwieweit Schadensersatzansprüche nicht nur bei falschen oder unterlassenen Ad-hoc-Mitteilungen, sondern auch bei anderen Falschinformationen, z.B. hinsichtlich der Angaben in Abschlüssen, Lageberichten und Zwischenberichten oder etwa auch bei irreführenden Aussagen in Reden oder Interviews eingeräumt werden sollten.“*

864 Zur Zurechnung „privat“ erlangten Wissens der Vorstandsmitglieder: privat erlangtes Wissen ist von der Wissenzurechnung ausgeschlossen *Thomale*, AG 2015, S. 641, 649; bejaht, nur wenn das Wissen des Vorstandsmitglieds für die Gesellschaft nützlich zu machen ist *Spindler*, ZHR 2017, S. 311, 325; Wissenzurechnung hängt von der Beteiligung des Rechtsgeschäfts ab *Habersack*, DB 2016, S. 1551, 1552; differenzierend je nachdem, ob das Vorstandsmitglied die Kenntnis von einer Insiderinformation außerhalb seiner Dienstgeschäfte privat erlangt oder die Information zur Privatsphäre des Vorstandsmitglieds gehört, siehe *Ihrig*, ZHR 2017, S. 381, 396 ff.

865 LG Stuttgart, WM 2017, 1451, 1467 = juris Rn. 203 f.

866 Näher *Mayer/Richter*, AG 2018, S. 220 f.; *Habersack* in: Emmerich/Habersack/Schürnbrand, § 311 AktG Rn. 87.

In diesem Sinne verpflichtet sich der Vorstand der Obergesellschaft gem. § 91 Abs. 2 AktG eine konzerndimensionale Risikoerfassung und -auswertung auszuführen (Frühwarnsystem)[867] und Entwicklungen der Beteiligungsgesellschaft in das eigene Überwachungssystem[868] einzubeziehen, insbesondere wenn sie zu bestandsgefährdenden Entwicklungen auch bei der Obergesellschaft führen können.[869] Daneben können die Compliance-Pflichten auch im bloß faktischen Konzern auftreten.[870] Im Rahmen der Interessen der Muttergesellschaft bzw. der Holding haften die Vorstandsmitglieder der Muttergesellschaft nach § 93 oder § 116 AktG. Dagegen kommen die Compliance-Pflichten der Vorstandsmitglieder der Muttergesellschaft nicht für die Tochterangelegenheiten in Betracht.[871]

In der Literatur wird zu Recht die Auffassung vertreten, dass, wenn die publizitätspflichtige Information der Tochtergesellschaft wegen ihrer Auswirkung auf den Beteiligungswert der Muttergesellschaft auch für die Muttergesellschaft kursrelevant ist, auch die Muttergesellschaft darüber in Kenntnis setzen und diese Auswirkungen dem Kapitalmarkt veröffentlichen müsse. Jedoch liege keine Insiderinformation und keine Veröffentlichungspflicht der Muttergesellschaft vor, wenn die Information bereits durch die Tochtergesellschaft veröffentlicht wurde.[872]

Die Diskussion im Dieselgate-Verfahren beruhte auf der Frage, ob die Obergesellschaft ad-hoc-publizitätspflichtig als Emittent für das Vorliegen einer Insiderinformation auf der Ebene des verbundenen Unternehmens ist.[873] Das LG Stuttgart entschied in diesem Verfahren, dass eine Informationsbeschaffungspflicht der Obergesellschaft für diejenigen bei den Konzerntöchtern anfallenden Informationen besteht, bei deren Bekanntwerden der Kurs der

---

867 *Leyendecker-Langner/Kleinhenz*, AG 2015, S. 72, 74; *Kort*, NZG 2018, S. 641, 645; zur Anwendbarkeit der Business Judgement Rule bei der Einrichtung des Frühwarnsystems gem. § 92 Abs. 2 AktG *Kort*, NZG 2018, S. 641, 646.

868 *Habersack* in: Emmerich/Habersack/Schürnbrand, § 311 AktG Rn. 11.

869 *Bürgers/Israel* in: Bürgers/Körber, 3. Aufl., § 91 AktG Rn. 8; *Mayer/Richter*, AG 2018, S. 220, 221 f.; vgl. Hüffer/Koch/*Koch*, AktG, § 76 Rn. 49; *Spindler*, ZHR 2017, S. 311, 339.

870 *Kort*, NZG 2018, S. 641, 647.

871 *Kort*, NZG 2018, S. 641, 647; Hüffer/Koch/*Koch*, AktG, § 76 Rn. 21.

872 *Sajnovits*, WM 2016, S. 765, 771; *Habersack*, DB 2016, S. 1551, 1556 f.; *Assmann* in: Assmann/Schneider/Mülbert, Wertpapierhandelsrecht, Art. 17 VO Nr. 596/2014 Rn. 49; LG Stuttgart, WM 2017, 1451, 1471 = juris Rn. 239.

873 LG Stuttgart, WM 2017, 1451, 1471 = juris Rn. 237 ff.; auch LG Stuttgart, NZG 2018, 665, 669.

Obergesellschaft erheblich beeinflusst wird.[874] Das LG Stuttgart bestätigte diese Ansicht auch im Dieselgate-Verfahren über die Anfechtung des Entlastungsbeschlusses. Es betonte diesbezüglich, dass der Vorstand und Aufsichtsrat der Obergesellschaft eine Befassungspflicht für bekanntgewordene Geschehnisse in dem Beteiligungsunternehmen haben, die sich auch erheblich auf den Marktwert der Beteiligung auswirken und mögliche gegenwärtige sowie zukünftige Dividendenerträge der Gesellschaft zur Folge haben.[875]

Zusammenfassend muss der Vorstand der Muttergesellschaft eigene Nachforschungen anstellen, um mehr über bestandsgefährdende Risiken auf der Tochter- oder Beteiligungsgesellschaftsebene in Erfahrung zu bringen. Die Aufgabe des Vorstands der Obergesellschaft sei nach der Entscheidung des LG Stuttgart vor allem die Prüfung möglicher Belastungen auf Ertrags- und Eigenkapitalsituation der Beteiligungsgesellschaft aus seinerseits zu erwartenden Geldstrafen, Bußgeldern und Prozesskosten wegen begangener Betrugshandlungen und sonstiger Rechtsverstöße im Zusammenhang mit dem Dieselskandal sowie die Prüfung der wirtschaftlichen Konsequenzen für die Obergesellschaft, also der Wahrnehmung des Vermögensinteresses der Obergesellschaft.[876]

Schließlich stellen die Verschwiegenheitspflichten nach § 116 Abs. 1 S. 1 i.V.m. § 93 Abs. 1 S. 3 AktG nach den Urteilen des Bundesgerichtshofs und nach der überwiegenden Meinung in der Literatur die Schranke der Wissenzurechnung dar.[877]

---

874 LG Stuttgart, WM 2017, 1451, 1471 = juris Rn. 239.

875 LG Stuttgart, NZG 2018, 665, 670; nach einer Ansicht in der Literatur komme es nicht darauf an, inwieweit diese Risiken realisiert waren. Ferner habe für die Organe der Obergesellschaft die Pflicht bestanden, im Vermögensinteresse ihrer Gesellschaft Möglichkeiten zur Sicherung und Durchsetzung von Ansprüchen der Beteiligungsgesellschaft gegen ihre Organe bis hin zur Einleitung eines Klagezulassungsverfahrens gem. § 148 Abs. 1 AktG zu prüfen, da objektiv der Eindruck bestehe, dass die primär zuständigen Organe der Beteiligungsgesellschaft pflichtwidrig untätig bleiben. Das Gericht lasse in dem Fall eine genaue Prüfung des konzerndimensionalen Pflichtenkreises von Vorstand und Aufsichtsrat der Obergesellschaft vermissen, ausf. zur *Kritik Mayer/Richter*, AG 2018, S. 220, 222 f.

876 LG Stuttgart, NZG 2018, 665, 670, 677; LG Stuttgart, WM 2017, 1451, 1462 = juris Rn. 161 f.; eingehend zum Konzernbezug der Pflicht zur Risikofrüherkennung *Kort*, NZG 2018, S. 641, 646.

877 BGH Urt. v. 26.04.2016-IX ZR 108/15, BB 2016, 1421, 1423 Rn. 32 ff.; *Mülbert/Sajnovits*, NJW 2016, S. 2540 f.; *Verse*, AG 2015, S. 413, 417 f.; *Buck-Heeb*, AG 2015, S. 801, 810 f.; *Habersack*, DB 2016, S. 1551, 1554 f.; *Sajnovits*, WM 2016, S. 765, 771 f.; *Ihrig*, ZHR 2017, S. 381, 399.

bc. Innere- und Außenhaftung des Vorstands

Die Haftung der Vorstandsmitglieder im Innenverhältnis kann folgendermaßen zusammengefasst werden: Die Vorstandsmitglieder, die für die Verbreitung kapitalmarktbezogener Falschinformationen verantwortlich sind, verstoßen gegen ihre organschaftliche Legalitätspflicht[878] und müssen den entstandenen Schaden der eigenen Gesellschaft gemäß § 93 Abs. 2 AktG[879] ersetzen.[880] Die Außenhaftung der Organmitglieder gegenüber dem geschädigten Anleger gilt *de lege lata* nur in bestimmten Fallkonstellationen bei einzelnen Tatbeständen.[881] Die Rechtsprechung klärte die Fragen über die Informationsdeliktshaftung des Vorstands bei Verstößen gegen Vorschriften des Kapitalmarktrechts aus § 826 BGB, also wegen vorsätzlicher, sittenwidriger Schädigung.[882]

Das Ziel dieses Paragrafen ist nach Ansicht des Bundesgerichtshofs die Wahrung der Integrität der Willensentschließung des potenziellen Anlegers vor einer unlauteren, irreführenden Beeinträchtigung durch einen falschen Prospekt oder falsche Ad-hoc-Publizität.[883]

---

878 Zur „Legalitätspflicht" *Graewe/Freiherr von Harder*, BB 2017, S. 707, 710 f.

879 Zur „Business Judgement Rule" *Merkt*, ZGR 2017, S. 129 ff.; *Ott*, ZGR 2017, S. 149 ff.; *Verse*, ZGR 2017, S. 174 ff.; *Arnold* in: Marsch-Barner/Schäfer, HdB börsennotierte AG, 2018, § 22 Rn. 22.3, 22.18.

880 *Fleischer* in: Assmann/Schütze, HdB KapitalanlageR, § 6 Rn. 7; vgl. *Möllers/Leisch*, KölnKommWpHG, 2014, §§ 37b, 37c Rn. 513; *Zimmer/Grotheer* in: Schwark/Zimmer, KMRK, §§ 37b, 37c WpHG Rn. 120; *Duve/Basak*, BB 2005, S. 2645.

881 *Maier-Reimer/Seulen* in: Habersack/Mülbert/Schlitt, HdB Kapitalmarktinformation, § 30 Rn. 32; zu einer allgemeinen Außenhaftung der Organe *de lege ferenda Sethe* in: Assmann/Schneider, WpHG, §§ 37b, 37c Rn. 24 ff.

882 BGH NJW 2004, 2971, 2972 (Informatec I); BGH NJW 2004, 2668, 2669 (Informatec II); BGH NZG 2005, 672, 673 (EM.TV); BGH NZG 2007, 345 (ComROAD I); BGH NZG 2007, 346 (ComROAD II); BGH NZG 2007, S. 269 (ComROAD III); BGH NZG 2007, 708 (ComROAD IV); BGH NZG 2007, 711 (ComROAD V); BGH NZG 2008, 382 (ComROAD VI); BGH NZG 2008, 385 (ComROAD VII); BGH NZG 2008, 386 (ComROAD VIII); näher *Kort*, NZG 2005, S. 496 ff.; *Arnold* in: Marsch-Barner/Schäfer, HdB börsennotierte AG, 2018, § 22 Rn. 22.90 ff.; ausf. zur Haftung wegen vorsätzlicher sittenwidriger Schädigung *Fleischer* in: Assmann/Schütze, HdB KapitalanlageR, § 6 Rn. 19 ff.; *ders.*, AG 2008, S. 265 ff.; *Schäfer* in: Marsch-Barner/Schäfer, HdB börsennotierte AG, 2018, § 15 Rn. 15.54, § 17 Rn. 17.36; *Maier-Reimer/Seulen* in: Habersack/Mülbert/Schlitt, HdB Kapitalmarktinformation, § 30 Rn. 192 ff.

883 BGH NZG 2007, S. 711 Rn. 30 (ComROAD IV); BGH NZG 2008, S. 387, Rn. 15 (ComROAD VIII).

Der Bundesgerichtshof betont in seiner Informatec-Entscheidung, dass die Falschmeldungen den Vorstandsmitgliedern zu einem Vorteil gereicht hätten, weil diese als Gründungsgesellschafter Aktien in Millionenhöhe besaßen und von den Kurssteigerungen infolge der falschen Ad-hoc-Mitteilungen profitiert hätten.[884]

Nach einer Entscheidung des VI. Zivilsenats erfordert § 826 BGB die Verwirklichung der zur Begründung des Vorwurfs der Sittenwidrigkeit benötigten Kenntnisse, Absichten und Gründe des Handelnden in der Person des Vorstands oder eines sonstigen verfassungsmäßigen Vertreters.[885] Daher kann im Rahmen der subjektiven Tatbestandsmerkmale des § 826 BGB auf das Organwalterwissen abgestellt werden.[886]

Eine Haftung der Personen, die mit der Weiterleitung von Insiderinformationen verbunden sind, wird auch in der Literatur aufgrund von § 831 BGB bejaht.[887] Wenn der Emittent darlegt, dass er die Etablierung der Wissensorganisationspflichten erfüllt, d.h. für eine angemessene und überwachte Compliance-Organisation sorgt, und es trotzdem zur Verletzung einer Ad-hoc-Publizitätspflicht aufgrund des Fehlverhaltens eines Wissensträgers kommt, dessen Wissen dem Emittenten zurechenbar ist, haftet er unter den Voraussetzungen der § 31 BGB (für die Organmitglieder) und § 831 BGB (für nachgeordnete Mitarbeiter) und ihm wird deren Verschulden wie eigenes Verschuldens zugerechnet.[888] Ein Entlastungsbeweis ist unter diesen Umständen schwierig.

In diesem Fall ist aber an die Versagung bzw. Anfechtung der Entlastung des Vorstands als Rechtsfolge seines mangelhaften Risikomanagements zu denken.[889] Insbesondere kommt die Entlastung des Vorstands der Obergesellschaft i.R.d. Auskunftsrechts nach § 131 AktG und bei Compliance Verstößen, die in der verbundenen Gesellschaft geschehen sind und auch zu erwartende negative Auswirkungen auf die Obergesellschaft i.S.d. Risikofrüherkennung nach § 91 Abs. 2 AktG haben, in Betracht. Die Entlastungsbeschlüsse für den Vorstand und Aufsichtsrat für das Geschäftsjahr 2015 wurden im Dieselgate-Verfahren für nichtig erklärt.[890]

---

884 Vgl. BGHZ 160, 149, 158 (Informatec II); kritisch dazu *Kort*, AG 2005, S. 21, 25.

885 BGH Urt. v. 28.06.2016-VI ZR 536/15 (KG), ZIP 2016, 2023, Rn. 16, 27; dazu *Frisch*, EWiR 2016, S. 761 f.; a.A. KG Urt. v. 27.08.2015-2 U 57/09 (nicht rechtskräftig), ZIP 2016, 626; dazu *Fuchs/Ossendot*, EWiR 2016, 77 f.

886 *Nietsch*, ZIP 2018, S. 1421, 1428; auch *Wagner*, ZHR 2017, S. 203, 210.

887 *Nietsch*, ZIP 2018, S. 1421, 1428; *Ihrig*, ZHR 2017, S. 381, 409 f.

888 *Ihrig*, ZHR 2017, S. 381, 394; *Sajnovits*, WM 2016, S. 765, 770.

889 *Bachmann* in: Kremer/Bachmann/Lutter/v. Werder, DCGK, 4.1.5 Rn. 876.

890 LG Stuttgart, Urt. v. 19.12.2017-31 O 33/16 KfH, NZG 2018, 665; *Kort*, NZG 2018, S. 641 ff.

Für die Wissenzurechnung oder gar Wissenzusammenrechnung wird das Wissen anderer Mitarbeiter nicht berücksichtigt.[891] Allerdings neigt das LG Stuttgart in dem Dieselgate-Verfahren bei der Frage, ob auch das Wissen unterer Arbeitsebenen und dadurch unerkannt gebliebener Berichtsebenen haftungsbegründend ist, zur Berücksichtigung nachgeordneter Beschäftigter.[892]

Nach der Feststellung des LG Stuttgart handelten die Mitarbeiter der Beteiligungsgesellschaft für einen langen Zeitraum im Bereich des Kerngeschäfts der Gesellschaft (Automobilproduktion) betrügerisch und erschwindelten in einer Vielzahl von Fällen das Inverkehrbringen der Fahrzeuge und die Fahrzeugzulassung im In- und Ausland durch Manipulationen der Motorsteuerungssoftware.[893] Daher wäre die Überprüfung des Wissens der Mitarbeiter im Einzelfall, insbesondere in Fällen wie der des Dieselskandals, erforderlich. Schließlich ist ein vorsätzliches, mit dem Schaden verknüpftes Handeln für die Haftung der Vorstandsmitglieder notwendig.[894]

In der Literatur wird die Auffassung vertreten, dass sich bei einem leichtfertigen und gewissenlosen Verhalten Fehlinformationen ergeben können.[895] Zudem gilt nach der h.M. die Sittenwidrigkeit des Verhaltens auch für fehlerhafte Meldungen unabhängig vom Selbstnutzungswillen.[896]

c. *Schadensmodelle*

ca. Vertragsabschlussschaden oder Kursdifferenzschaden

In der Literatur wird von zwei konkurrierenden Schadensmodellen gesprochen. Nach der h.M. wird nur der Kursdifferenzschaden im Rahmen der §§ 97, 98 WpHG (§§ 37b, 37c WpHG a.F.) ersetzt, welcher durch einen zu teuren Erwerb der Papiere oder die Erzielung eines zu billigen Verkaufspreises entstanden

---

891 BGH ZIP 2016, 2023, Rn. 16, 28.

892 LG Stuttgart WM 2017, 1451, 1470 = juris Rn. 227; *Ihrig*, ZHR 2017, S. 381, 409 f.

893 LG Stuttgart Urt. v. 19.12.2017-31 O 33/16 KfH, NZG 2018, 665, 671.

894 *Fleischer* in: Assmann/Schütze, HdB KapitalanlageR, § 6 Rn. 23 f.

895 *Krause*, ZGR 2002, S. 799, 823 f.; *Rieckers*, BB 2002, S. 1213, 1217; Bedenken dagegen *Zimmer/Grotheer* in: Schwark/Zimmer, KMRK, §§ 37b, 37c WpHG Rn. 118b; Fuchs/*Fuchs*, Vor §§ 37b, 37c WpHG Rn. 41.

896 *Fleischer*, DB 2004, S. 2031, 2033; *ders.* in: Assmann/Schütze, HdB KapitalanlageR, § 6 Rn. 21; Fuchs/*Fuchs*, Vor § 37b, 37c WpHG Rn. 34; *Hellgardt* in: Assmann/Schneider/Mülbert, Wertpapierhandelsrecht, §§ 97, 98 WpHG Rn. 161; *Möllers*, JZ 2005, S. 75 f.; *Reichert/Weller*, ZRP 2002, S. 49, 53; a.A. *Rützel*, AG 2003, S. 69, 73; *Spindler*, WM 2004, S. 2089, 2092.

ist.[897] Nach der Gegenansicht erfassen §§ 97, 98 WpHG (§§ 37b, 37c WpHG a.F.) auch die Rückgängigmachung des Wertpapiergeschäfts (sog. Vertragsabschlussschaden[898] oder Transaktionsschaden).[899]

In seinem IKB-Urteil folgte der Bundesgerichtshof der zweiten Ansicht.[900] Nach dieser kommt sowohl bei den nachteiligen Einwirkungen auf die Vermögenslage als auch bei jeder Beeinträchtigung eines rechtlich anerkannten Interesses und bei jeder Belastung mit einer ungewollten Verpflichtung ein Schaden in Betracht.[901] Ein Anleger, der auf die Richtigkeit der Ad-hoc-Mitteilung vertraute, ist im Rahmen eines Schadensersatzanspruches gegen die Gesellschaft aus § 826 BGB wegen fehlerhafter Ad-hoc-Publizität so zu stellen, wie er bei wahrheitsgemäßer Kapitalmarktinformation stehen würde, wenn die Verantwortlichen ihrer Pflicht zur wahrheitsgemäßen Mitteilung nachgekommen wären.[902] In seiner Begründung stellt der XI. Zivilsenat auf § 249 BGB ab, der als Basisnorm des gesamten Schadensrechts den Grundsatz der Totalreparation statuiere.[903] Der Grundsatz der uneingeschränkten Totalreparation gelte nicht nur bei Schadensersatzansprüchen wegen der Verletzung vorvertraglicher Aufklärungspflichten,

---

897 *Fleischer* in: Assmann/Schütze, HdB KapitalanlageR, § 6 Rn. 52; *ders.*, BB 2002, S. 1869, 1870 ff.; *ders./Kalss*, AG 2002, S. 329, 331 ff.; *Sethe* in: Assmann/Schneider, WpHG, §§ 37b, 37c Rn. 88; *Fuchs/Dühn*, BKR 2002, S. 1063, 1069; Fuchs/*Fuchs*, §§ 37b, 37c WpHG Rn. 38; *Hopt/Voigt* in: Hopt/Voigt, S. 9, 130 ff.; *Klöhn*, AG 2012, S. 345, 352 ff.; *Langenbucher*, ZIP 2005, S. 239, 240 f.; *Maier-Reimer/Webering*, WM 2002, S. 1857, 1860 f.; *Mülbert/Steup*, WM 2005, S. 1633, 1635 ff.; *Zimmer/Grotheer* in: Schwark/Zimmer, KMRK, §§ 37b, 37c WpHG Rn. 86 ff.; *Hellgardt* in: Assmann/Schneider/Mülbert, Wertpapierhandelsrecht, §§ 97, 98 WpHG Rn. 127 ff.; differenzierend *Veil*, ZHR 2003, S. 365, 387 ff.

898 Der BGH nannte im IKB-Urteil (BGH ZIP 2012, 318, 325) diese Schadensart „Vertragsabschlussschaden".

899 *Möllers/Leisch*, KölnKommWpHG, 2014, §§ 37b, 37c Rn 266 ff.; *Rössner/Bolkart*, ZIP 2002, S. 1471, 1475; *Leisch*, ZIP 2004, S. 1573, 1575.

900 BGH Urt. v. 13.12.2011-XI ZR 51/10 (IKB-Urteil), JZ 2012, 571; dazu noch *Schäfer* in: Marsch-Barner/Schäfer, HdB börsennotierte AG, 2018, § 17 Rn. 17.25 ff.; *Bachmann*, JZ 2012, S. 578 ff.; *Hopt*, WM 2013, S. 101, 105 ff.; *Hellgardt*, DB 2012, S. 673 ff.; *Klöhn*, AG 2012, S. 345 ff.; *Schmolke*, ZBB 2012, S. 165 ff.; *Wiechers*, WM 2013, S. 341, 345 ff.

901 BGH Urt. v. 19.07.2004-II ZR 402/02 (Informatec), NJW 2004, 2971, 2972.

902 *Schäfer* in: Marsch-Barner/Schäfer, HdB börsennotierte AG, 2018, § 17 Rn. 17.21; *Langenbucher*, ZIP 2005, S. 239, 240; vgl. BGHZ 160, 149 (Informatec II), 153; BGH NZG 2005, S. 672, 673; *Zimmer/Grotheer* in: *Schwark/Zimmer*, KMRK, §§ 37b, 37c WpHG Rn. 86, 91; *Poelzig*, Kapitalmarktrecht, § 17 Rn. 526.

903 BGH JZ 2012, 571 (IKB-Urteil).

sondern auch beim Verstoß gegen Publizitätspflichten aufgrund von § 400 Abs. 1 Nr. 1 AktG.[904] Somit kann der Anleger nach § 249 Abs. 1 BGB die Naturalrestitution in Form der Erstattung des gezahlten Kaufpreises und bei der Veräußerung der erworbenen Aktien in Form der Erstattung des Veräußerungspreises fordern, wobei er die erworbenen Aktien rückübertragen muss.[905]

Übrigens muss der Geschädigte erlangte Vorteile, wie z.B. Dividenden oder Zinszahlungen, anrechnen.[906] Hat der Anleger die Finanzinstrumente aufgrund der Informationspflichtverletzung verkauft und ist somit nicht mehr Inhaber, kann er vom Emittenten die gleiche Zahl von Finanzinstrumenten geliefert erhalten und muss dabei Zug um Zug die Herausgabe von der beim vorherigen Verkauf erhaltenen Gegenleistung herausgeben. Auch kann er die Differenz zwischen dem erzielten Verkaufserlös und die aktuellen Wiederbeschaffungskosten verlangen.[907] Ersatzfähig sind die Kosten all derjenigen Transaktionen, die ohne die Pflichtverletzung nicht vorgenommen worden wären und die zum Ausgleich des dadurch entstandenen Nachteils erforderlich sind.[908]

Jedoch enthalten die §§ 97, 98 WpHG keine ausdrückliche Erklärung zur Schadensberechnung.[909] In der Literatur wird teilweise vertreten, dass der Schaden im Falle der §§ 97, 98 WpHG (§§ 37b, 37c WpHG a.F.) wie im Falle des Schadens nach § 826 BGB zu berechnen sei.[910] Diese Ansicht wird jedoch im Rahmen der Geltendmachung der Naturalrestitution zu Recht kritisiert, da der Schädiger (Emittent) auf dem Sekundärmarkt nicht Vertragspartner des

---

904 BGH ZIP 2012, 318, 325; BGH NJW 2012, 1800, 1806, Rn. 58.

905 BGH Urt. v. 19.07.2004-II ZR 402/02 (Informatec I), NJW 2004, 2971, 2972; dem folgend BGH NJW 2005, 2450, 2451 (EM.TV); BGH ZIP 2007, 1564, Rn. 10 (ComROAD V); BGH ZIP 2008, 410 Rn. 10 (ComROAD VII); BGH ZIP 2008, 829 Rn. 10 (ComROAD VIII); zust. *Leisch*, ZIP 2004, S. 1573, 1575; *Edelmann*, BB 2004, S. 2031, 2034; *Schäfer* in: Marsch-Barner/Schäfer, HdB börsennotierte AG, 2018, § 17 Rn. 17.21; zur Unterscheidung im Rahmen der §§ 37b, 37c WpHG *Fleischer*, BB 2002, S. 1869, 1870 f.

906 *Hellgardt* in: Assmann/Schneider/Mülbert, Wertpapierhandelsrecht, §§ 97, 98 WpHG Rn. 131; *Möllers/Leisch*, KölnKommWpHG, 2014, §§ 37b, 37c Rn. 340 f.

907 *Hellgardt* in: Assmann/Schneider/Mülbert, Wertpapierhandelsrecht, §§ 97, 98 WpHG Rn. 132; *Möllers/Leisch*, KölnKommWpHG, 2014, §§ 37b, 37c Rn. 365 a.E.

908 *Hellgardt* in: Assmann/Schneider/Mülbert, Wertpapierhandelsrecht, §§ 97, 98 WpHG Rn. 133.

909 *Hellgardt* in: Assmann/Schneider/Mülbert, Wertpapierhandelsrecht, §§ 97, 98 WpHG Rn. 120 ff.

910 *Möllers*, ZBB 2003, S. 390, 400 f.; *Möllers/Leisch*, WM 2001, S. 1648, 1655; *Leisch*, ZIP 2004, S. 1573, 1578 f.; *Rössner/Bolkart*, ZIP 2002, S. 1471, 1475; *Rieckers*, BB 2002, S. 1213, 1217; differenzierend *Veil*, ZHR 2003, S. 365, 387 ff.

Anlegers sei und in diesem Fall der Schädiger eine Anlage übernehmen müsse, die er niemals selbst inne habe.[911] Ferner wird vertreten, dass der Schädiger im Falle der Aktienübernahme den Anleger von dem allgemeinen Kapitalmarktrisiko entlasten werde, ohne das dafür eine Rechtfertigung bestünde.[912] Jedoch geht es nicht um eine Rückabwicklung im eigentlichen Sinne, sondern um eine Befreiung von den belastenden Wirkungen des ungewollten Vertrags.[913] Die Naturalrestitution sollte daher nicht scheitern, da mit § 249 BGB nicht die Korrektur der Güterlage des Schädigers erreicht wird, sondern die Widerherstellung der Rechtsgüter des Geschädigten.[914]

Dem Kapitalanleger steht es übrigens frei, im Rahmen seines Schadensersatzbegehrens von der Naturalrestitution[915] zum alternativ möglichen Ersatz des Kursdifferenzschadens überzugehen.[916] Unter dem Kursdifferenzschaden versteht man den Unterschiedsbetrag zwischen dem tatsächlich gezahlten Transaktionspreis und dem Preis, der sich bei pflichtgemäßem Publizitätsverhalten gebildet hätte.[917]

Da die vom Bundesgerichtshof für den Nachweis der haftungsbegründenden Kausalität aufgestellten Beweisanforderungen schwierig zu erfüllen sind, wird in der Praxis zu Recht eher der Kursdifferenzschaden ersetzt.[918]

---

911 *Fuchs/Dühn*, BKR 2002, S. 1063, 1068; *Hellgardt* in: Assmann/Schneider/Mülbert, Wertpapierhandelsrecht, §§ 97, 98 WpHG Rn. 124.

912 Fuchs/*Fuchs*, §§ 37b, 37c WpHG Rn. 33 ff., 41 f.; *Zimmer/Grotheer* in: Schwark/Zimmer, KMRK, §§ 37b, 37c WpHG Rn. 89, 91; *Fleischer*, BB 2002, S. 1869, 1872 f.; *Mülbert/Steup* in: Habersack/Mülbert/Schlitt, HdB Unternehmensfinanzierung, 2019, § 41 Rn. 220.

913 *Hellgardt* in: Assmann/Schneider/Mülbert, Wertpapierhandelsrecht, §§ 97, 98 WpHG Rn. 122.

914 *Wagner*, ZGR 2008, S. 495, 509 f.; *Fleischer*, ZIP 2005, S. 1805, 1809.

915 Ausf. zur Terminologie der verschiedenen Schadensbegriffe *Maier-Reimer/Seulen* in: Habersack/Mülbert/Schlitt, HdB Kapitalmarktinformation, § 30 Rn. 104.

916 BGH JZ 2012, 571 (IKB-Urteil); BGH NZG 2005, 672, 675 (EM.TV); *Schäfer* in: Marsch-Barner/Schäfer, HdB börsennotierte AG, 2018, § 17 Rn. 17.21 ff.; *Arnold* in: Marsch-Barner/Schäfer, HdB börsennotierte AG, 2018, § 22 Rn. 22.92; *Fleischer*, ZIP 2005, S. 1805, 1808 f.

917 BGH NJW 2004, 2971, 2972 (Informatec I); BGH NJW 2004, 2668, 2669 (Informatec II); *Fleischer* in: Assmann/Schütze, HdB KapitalanlageR, § 6 Rn. 53; *ders*., BB 2002, S. 1869 f.; *Zimmer/Grotheer* in: Schwark/Zimmer, KMRK, §§ 37b, 37c WpHG Rn. 91; *Schäfer* in: Marsch-Barner/Schäfer, HdB börsennotierte AG, 2018, § 17 Rn. 17.21; *Poelzig*, Kapitalmarktrecht, § 17 Rn. 525.

918 *Hellgardt* in: Assmann/Schneider/Mülbert, Wertpapierhandelsrecht, §§ 97, 98 WpHG Rn. 124.

Schließlich wird die Geltendmachung eines Kollateralschadens,[919] die auf dem Reputationsverlust beruht, durch Anleger als Teil des Kursdifferenzschadens nach §§ 97, 98 WpHG (§§ 37b, 37c WpHG a.F.) in der Literatur überwiegend, wenn auch mit verschiedenen Argumentationen, bejaht.[920]

cb. Kausalität und Beweislast

Der Bundesgerichtshof erklärt im IKB-Urteil, dass der Anleger die Darlegungs- und Beweislast trägt, falls er die Erstattung des Vertragsabschlussschadens (Transaktionsschaden) verlangt, der durch die Investition bzw. Desinvestition entstanden ist.[921] So kann der Anleger den Transaktionsschaden verlangen, wenn er die Kausalität nachweist.[922]

Die Begründung dieser Entscheidung wird in der Literatur kritisiert.[923] Dem Urteil zufolge muss der Anleger beweisen, dass die unrichtige oder unterlassene Ad-hoc-Mitteilung für den Erwerb der Finanzinstrumente entscheidend war.[924] Der Bundesgerichtshof sieht einen Kausalitätszusammenhang zwischen der Anlageentscheidung und der fehlerhaften Ad-hoc-Mitteilung auch für extrem unseriöse Kapitalmarktinformationen als erforderlich an.[925] Obwohl eine

---

919 Der getäuschte Anleger kann einen zusätzlichen Schaden erleiden, da aufgrund der Schmälerung des Werts des Gesellschaftsvermögens ebenfalls der Wert seiner Beteiligung sinken kann, zum Begriff *Klöhn*, ZIP 2015, S. 53, 55; zum „Kursdifferenzschaden", „Reflexschaden" *Baums*, ZHR 2003, S. 139, 167; *Hopt/Voigt* in: Hopt/Voigt, S. 9, 116.

920 Bejahend *Maier-Reimer/Seulen* in: Habersack/Mülbert/Schlitt, HdB Kapitalmarktinformation, § 30 Rn. 132; *Schäfer/Weber/Wolf*, ZIP 2008, S. 197, 202; differenzierend *Hellgardt*, Kapitalmarktdeliktsrecht, S. 507; a.A. *Klöhn*, ZIP 2015, S. 53 ff.; *Hopt/Voigt* in: Hopt/Voigt, S. 9, 112 f.

921 *Maier-Reimer/Seulen* in: Habersack/Mülbert/Schlitt, HdB Kapitalmarktinformation, § 30 Rn. 102, 106, 129 f.

922 BGH NJW 2012, 1800 (IKB-Urteil); *Engelhardt*, BKR 2006, 443, 447 f.; *Leisch*, ZIP 2004, S. 1573, 1578 f.; *Möllers/Leisch*, BKR 2002, S. 1071, 1077 ff.

923 *Fleischer* in: Assmann/Schütze, HdB KapitalanlageR, § 6 Rn. 52; *Hellgardt*, DB 2012, S. 673, 677 f.; *Hopt*, WM 2013, S. 101, 107; *Klöhn*, AG 2012, S. 345, 352 ff.; *Schmolke*, ZBB 2012, S. 165, 175 f.; i.E. zust. *Bachmann*, JZ 2012, S. 578, 581.

924 BGH JZ 2012, 571 (IKB-Urteil); dazu *Bachmann*, JZ 2012, S. 578 ff.; *Hellgardt*, DB 2012, 673 ff.; *ders.* in: Assmann/Schneider/Mülbert, Wertpapierhandelsrecht, §§ 97, 98 WpHG Rn. 103 f., 140 f.; *Hopt*, WM 2013, 101, 106 f.; *Klöhn*, AG 2012, 345 ff.; *Schmolke*, ZBB 2012, 165 ff.; *Wiechers*, WM 2013, S. 341, 345 ff.

925 BGH ZIP 2007, 679 (ComROAD I); BGH ZIP 2007, 1560, 1561 (ComROAD IV).

solche Voraussetzung zu unerfüllbaren Beweisanforderungen führen muss,[926] sieht das Gesetz keine Beweiserleichterungen vor.[927]

Als Beweiserleichterung ist an die zur Prospekthaftung etablierte Anlagestimmung zu denken. Der Begriff der Anlagestimmung wird generell nicht für Ansprüche aus § 97 WpHG (§ 37b WpHG a.F.) verwendet, da es bei einer unterbliebenen Ad-hoc-Mitteilung an positiven Signalen und damit an einem Anknüpfungspunkt für eine einzelfallbezogene konkrete Anlagestimmung fehlt.[928]

In Ausnahmefällen hält es der Bundesgerichtshof für möglich, dass sich je nach Umstand und für einen nicht genau bestimmbaren Zeitraum auch durch eine Ad-hoc-Mitteilung eine konkrete Anlagestimmung ergibt.[929] Deswegen ist festzustellen, dass im Rahmen von § 98 WpHG (§ 37c WpHG a.F.) zwar eine Anlagestimmung im Einzelfall möglich, eine pauschale Betrachtung aber ausgeschlossen ist.

Umstritten sind die Ansichten über die Anforderungen an die haftungsbegründende Kausalität. Einige Autoren gehen davon aus, dass §§ 97, 98 WpHG (§§ 37b, 37c WpHG a.F.) eine konkrete Kausalität zwischen Pflichtverletzung und Anlegerentscheidung erfordern.[930] Anstatt auf dem Nachweis der konkreten Kausalität im Einzelfall zu bestehen, ist nach der h.M. die Enttäuschung des Anlegers in seinem Vertrauen auf eine ordnungsgemäße Preisbildung ausreichend.[931]

---

926 Übereinstimmend BGH NJW 2012, 1800, 1807, Rn. 63 (IKB-Urteil); auch *Hopt/Voigt* in: Hopt/Voigt, S. 9, 136; *Maier-Reimer/Seulen* in: Habersack/Mülbert/Schlitt, HdB Kapitalmarktinformation, § 30 Rn. 124.

927 Übereinstimmend BGH NJW 2012, 1800, 1807, Rn. 61 ff. (IKB-Urteil).

928 BGHZ 192, 90 Rn. 64 mit Verweis auf BGHZ 160, 134, 144 ff.; BGH NJW 2012, 1800, 1807, Rn. 64 (IKB-Urteil); *Möllers/Leisch*, BKR 2002, S. 1073, 1077; *Rützel*, AG 2003, S. 69, 74; a.A. *Hopt/Voigt* in: Hopt/Voigt, S. 9, 109, 138; *Maier-Reimer/Seulen* in: Habersack/Mülbert/Schlitt, HdB Kapitalmarktinformation, § 30 Rn. 124; *Sethe* in: Assmann/Schneider, WpHG, §§ 37b, 37c Rn. 98.

929 BGH NJW 2004, 2971, 2972 (Informatec I); BGH NJW 2004, 2668, 2671 (Informatec III); BGH NZG 2007, 345 (ComROAD I); BGH NZG 2007, 347 (ComROAD II); BGH NZG 2007, S. 709 (ComROAD IV).

930 *Veil*, ZHR 2003, S. 365, 370; *Mülbert/Steup*, WM 2005, S. 1633, 1636 f.; *Leisch*, ZIP 2004, S. 1573, 1576 f.

931 *Sethe* in: Assmann/Schneider, WpHG, §§ 37b, 37c Rn. 97 f.; *Hopt/Voigt* in: Hopt/Voigt, S. 9, 133 ff.; *Maier-Reimer/Webering*, WM 2002, S. 1857, 1860 f.; *Möllers/Leisch*, BKR 2002, S. 1071, 1079; *Schäfer* in: Marsch-Barner/Schäfer, HdB börsennotierte AG, 2018, § 17 Rn. 17.27; *Rössner/Bolkart*, ZIP 2002, S. 1471, 1475 f.; *Zimmer/Grotheer* in: Schwark/Zimmer, KMRK, §§ 37b, 37c WpHG Rn. 90.

Das LG Stuttgart hat im Dieselgate-Verfahren entschieden, dass der nach § 97 WpHG Schadensersatz begehrende Anleger nur die Insiderinformation und den Zeitpunkt ihres Vorliegens beweisen muss. Dagegen muss der Emittent darlegen und beweisen, dass er keine Kenntnis von einer eintretenden veröffentlichungspflichtigen Insiderinformation im verbundenen Unternehmen hatte oder ihm auch keine grobe Fahrlässigkeit bei ihrer Ermittlung aus dem konzernangehörigen Unternehmen unterlaufen ist. Somit kann eine Bewertung über die Angemessenheit der Zeitdauer für die Veröffentlichung gemacht werden.[932]

2. Diskussionsstand

a. Entstehung

Das Reichsgericht hatte zunächst dem Kapitalerhaltungsgrundsatz einen Vorrang eingeräumt. Allerdings hob es seine Rechtsprechung im Jahr 1909 auf und begann zwischen Zeichnungs- und Umsatzerwerb zu unterscheiden.[933] Nach dem Reichsgericht sei es einem Aktionär in jedem Fall verwehrt, seine Aktienbeteiligung in ein Gläubigerrecht umzuwandeln.[934]

Der Bundesgerichtshof entschied mit der EM.TV-Entscheidung in der Diskussion zwischen dem Anlegerschutz und Kapitalschutz, dass die Grundlage des Kapitalschutzgedankens des § 57 AktG zugunsten des Anlegerschutzes zurücktreten müsse.[935] Durch das Urteil des Bundesgerichtshofs wird den deliktischen Ansprüchen aufgrund von fehlerhafter Sekundärmarktinformation aus §§ 823 Abs. 2, 826 BGB i.V.m. § 400 AktG, im vorliegenden Fall aufgrund von fehlerhaften Ad-hoc-Mitteilungen, ein umfassender Vorrang vor den Regeln

---

932 LG Stuttgart, WM 2017, 1451, 1471 = juris Rn. 240; *Nietsch*, ZIP 2018, S. 1421, 1428 f.

933 RGZ 71, 97, 98 ff.

934 RGZ 54, 128, 132; RGZ 62, 29, 31.

935 BGH NZG 2005, 672, 674 (EM.TV): „*Die Ersatzforderungen der in sittenwidriger Weise geschädigten Kl. gegen die Gesellschaft beruhen daher in erster Linie nicht auf ihrer – durch unerlaubten Handlungen des Vorstands erst begründeten – mitgliedschaftlichen Sonderrechtsbeziehung als Aktionäre, sondern auf ihrer Stellung als Drittgläubiger;… Das Gesellschaftsvermögen wird also durch die Belastung mit einer derartigen Schadenersatzverbindlichkeit nicht anders als bei sonstigen Deliktsansprüchen außerstehender Gläubiger in Anspruch genommen. Angesichts dessen besteht bei der kapitalmarktbezogenen sittenwidrigen Beeinträchtigung der Willensfreiheit des Anlegers durch das Leitungsorgan kein Anlass, die Gesellschaft wegen des aktienrechtlichen Vermögensbindungsgrundsatzes von jeglicher Ersatzverpflichtung freizustellen oder auch nur die Haftung auf das sog. freie vermögen, d.h. auf einen das Grundkapital und die gesetzliche Rücklage übersteigenden Betrag, zu beschränken…*“

der Kapitalerhaltung (§§ 57, 71 AktG) eingeräumt.[936] Laut der Entscheidung wird die als Schadensausgleich gemäß § 249 BGB vorrangig geschuldete Naturalrestitution nicht durch die aktienrechtlichen Gläubigerschutzvorschriften über das Verbot der Einlagenrückgewähr (§ 57 AktG) und das Erwerbsverbot eigener Aktien (§ 71 AktG) ausgeschlossen bzw. begrenzt, da die Ersatzforderungen der Anleger nicht vorrangig auf ihrer Aktionärsstellung, sondern auf ihrer Stellung als Drittgläubiger beruhten.[937]

Der Kapitalschutz kann dennoch verletzt werden, auch wenn die geschädigten Anleger nicht als Aktionäre, sondern als Drittpersonen bewertet werden, da das Verbot der Einlagenrückgewähr zusammen mit dem Verbot des Erwerbs eigener Aktien als Kapitalschutzschranken das Gesellschaftsvermögen schützen. Somit macht es keinen Unterschied, ob sich der Schadensersatz auf den Schaden des Aktionärs oder den Schaden eines Dritten bezieht. Im Ergebnis wird das Gesellschaftsvermögen beeinträchtigt. Der Bundesgerichtshof bietet keine umfassende Lösung zum Konflikt zwischen dem Anlegerschutz und Kapitalschutz. Stattdessen begründet er einen Vorrang des Anlegerschutzes. Inwiefern die Existenz der Gesellschaft beeinflusst wird, bleibt somit weiterhin eine offene Frage.

b. Vorrang der Kapitalerhaltung

Einige Autoren gehen von einem Vorrang der Kapitalerhaltung vor der kapitalmarktrechtlichen Informationshaftung aus, so dass eine Haftung der Gesellschaft ausgeschlossen wäre.[938] Einer Ansicht nach habe der Gesetzgeber dem Gläubigerschutz mit § 57 AktG einen Vorrang eingeräumt, wodurch sich infolge einer Publizitätspflicht die wirtschaftliche Situation der Gesellschaft, aufgrund eines nicht kalkulierbaren Ausmaßes an Schadensersatzansprüchen, verschlimmere.[939] Das Risiko von Fehlinformationen des Kapitalmarkts werde durch Organe der Gesellschaft den verbleibenden Aktionären zugewiesen.[940]

---

936 *Mülbert/Steup* in: Habersack/Mülbert/Schlitt, HdB Unternehmensfinanzierung, 2019, § 41 Rn. 6.

937 BGH NJW 2005, 2450, 2452 (EM.TV); BGH NZG 2007, 345 (ComROAD I); BGH NZG 2007, 346 (ComROAD II); BGH NZG 2007, 269 (ComROAD III); BGH NZG 2007, 708 (ComROAD IV); BGH NZG 2007, 711 (ComROAD V); BGH NZG 2008, 382 (ComROAD VI); BGH NZG 2008, 385 (ComROAD VII); BGH NZG 2008, 386 (ComROAD VIII).

938 *Abram*, NZG 2003, S. 307, 312; *Rieckers*, BB 2002, S. 1213, 1220.

939 *Rieckers*, BB 2002, S. 1213, 1220.

940 *Baums*, ZHR 2003, S. 139, 166; a.A. (Verstoß gegen § 53a AktG) *Horn*, FS Ulmer, 2003, S. 817, 827 f.

Die Vertreter dieser Ansicht lehnen eine Haftung der Gesellschaft ab und bejahen eine direkte Außenhaftung der Verwaltung gegenüber geschädigten Anlegern.[941]

Dieser Ansicht ist allerdings nicht zu folgen, da sie weder dem Willen des Gesetzgebers noch dem Anlegerschutz gerecht wird. Der Gesetzgeber regelte ausdrücklich mit den §§ 97, 98 WpHG eine Haftung für Emittenten. Ebenfalls bringt eine direkte Außenhaftung viele Probleme bezüglich der Leitung der Gesellschaft mit sich. Bei einem ständigen Bedenken potenzieller Haftungsklagen wird den Vorstandsmitgliedern bei der Erfüllung ihrer Aufgaben weniger Spielraum bleiben. Die Vorstandsmitglieder sollten die Möglichkeit haben, die bestmögliche Entscheidung ohne Druck zu treffen, um die Gesellschaft richtig zu leiten.

Allerdings ist zu beachten, dass der Emittent bei massenhaften Schadensersatzansprüchen aufgrund von Fehlverhalten seiner Organe insolvent gehen oder nicht über ausreichende finanzielle Mittel verfügen kann und somit an der Grenze des wirtschaftlichen Scheiterns stehen kann.[942] Aus diesen Gründen sind die Folgen der Schadensersatzansprüche zu Lasten der restlichen Aktionäre und Gesellschaft *de lege ferenda* zu beseitigen. Eine Haftungsausweitung auf die Vorstände und Aufsichtsrate ist zumindest denkbar.[943]

c. *Vorrang des Anlegerschutzes*

Einige Autoren gehen von einem grundsätzlichen Vorrang der Haftung der Gesellschaft aus, da die Vorschriften der §§ 97, 98 WpHG (§§ 37b, 37c WpHG a.F.) im Vergleich zu den Vorschriften zur Kapitalerhaltung, neuere Regelungen seien und nach dem *lex posterior*-Grundsatz einen Vorrang hätten.[944] Andere Autoren gehen weiter davon aus, dass die Vorschriften über die Adhoc-Informationshaftung *lex specialis* zu den aktienrechtlichen Normen zur Kapitalerhaltung seien, obwohl im Gegensatz zur Prospekthaftung keine ausdrückliche Intention des Gesetzgebers im Gesetz existiert.[945]

---

941 *Horn*, FS Ulmer, 2003, S. 817, 827.

942 *Wagner*, ZGR 2008, S. 495, 501; *Fleischer*, BKR 2003, S. 608, 612; *Möllers*, JZ 2005, S. 75, 82.

943 So *Möllers*, ZBB 2003, S. 390, 409.

944 *Fuchs/Dühn*, BKR 2002, S. 1063, 1070; *Renzenbrink/Holzner*, BKR 2002, S. 434, 439; *Maier-Reimer/Webering*, WM 2002, S. 1857, 1863; *Rössner/Bolkart*, ZIP 2002, S. 1471, 1476; *Zimmer/Grotheer* in: Schwark/Zimmer, KMRK, §§ 37b, 37c WpHG Rn. 11.

945 *Horn*, FS Ulmer, 2003, S. 817, 827; *Keusch/Wankerl*, BKR 2003, S. 744, 746; *Fuchs/Dühn*, BKR 2002, S. 1063, 1070.

Ein anderes Argument ist, dass die Leistung von Schadensersatz an Aktionäre nicht *causa societatis* erfolge, da die Pflichtverletzung der Aktiengesellschaft in einem Zeitraum begangen worden sei, bevor der Anleger eine Aktionärstellung erhielt. Da der Anleger seine Kaufentscheidung ohne einen Publizitätsverstoß gar nicht getroffen hätte und nicht Aktionär geworden wäre, sei ein Schadensersatzanspruch wegen der Aktionärsstellung nicht abzulehnen.[946] Diese Ansicht ist nicht überzeugend, da nach dieser Argumentation, dass die Pflichtverletzung der Aktionärstellung zeitlich vorgeht, Aktaktionäre schutzlos bleiben.[947]

Die h.M.[948] löst diesen Normkonflikt richtigerweise zugunsten der kapitalmarktrechtlichen Haftung, indem die kapitalmarktrechtliche Informationshaftung den Anleger nicht im Rahmen seiner mitgliedschaftlichen Stellung schütze, sondern wegen der Verletzung gesetzlicher Pflichten, die der Aktiengesellschaft als Emittentin zum Schutz der Funktionsfähigkeit des Kapitalmarktes auferlegt wurden.[949] Der Anleger, der durch eine unterbliebene oder fehlerhafte Publizität kurserheblicher Umstände ein Finanzinstrument kauft oder verkauft, mache daher seinen Schadensersatzanspruch gegenüber der Gesellschaft nicht in seiner Aktionärseigenschaft, sondern wie ein Drittgläubiger geltend.[950]

Hier kann jedoch an eine Beschränkung auf das freie Vermögen der Gesellschaft zusammen mit der Haftung der verantwortlichen Organmitglieder gedacht werden, da die Schadensersatzleistung für Anleger, auch wenn diese keine Aktionäre sind, im Ergebnis vom Gesellschaftsvermögen ausgeglichen wird. Dies könnte insbesondere bei massenhaften Schadensersatzklagen der geschädigten Anleger wegen des Fehlverhaltens der Organmitglieder die

---

946 *Hommelhoff/van Aerssen*, EWiR 1998, S. 579 f.; *Kalss*, Anlegerinteressen, 2001, S. 220; *Schwark*, FS Raisch, 1995, S. 269, 287; a.A. *Fleischer*, ZIP 2005, S. 1805, 1810.

947 *Fleischer*, ZIP 2005, S. 1805, 1810.

948 *Mülbert/Steup* in: Habersack/Mülbert/Schlitt, HdB Unternehmensfinanzierung, 2019, § 41 Rn. 6: *Sethe* in: Assmann/Schneider, WpHG, §§ 37b, 37c Rn. 6 ff.; *Möllers/Leisch*, KölnKommWpHG, 2014, §§ 37b, 37c Rn. 38 ff.; *Zimmer/Grotheer* in: Schwark/Zimmer, KMRK, §§ 37b, 37c WpHG Rn. 11 ff.; *Maier-Reimer/Seulen* in: Habersack/Mülbert/Schlitt, HdB Kapitalmarktinformation, § 30 Rn. 23 ff.; *Renzenbrink/Holzner*, BKR 2002, S. 434, 439.

949 *Zimmer/Grotheer* in: Schwark/Zimmer, KMRK, §§ 37b, 37c WpHG Rn. 12; *Zimmer*, WM 2004, S. 9, 11; *Dühn*, Schadenersatz börsennotierter Aktiengesellschaften, S. 97; vgl. auch *Sethe* in: Assmann/Schneider, WpHG, §§ 37b, 37c Rn. 6.

950 *Zimmer/Grotheer* in; Schwark/Zimmer, KMRK, §§ 37b, 37c WpHG Rn. 12; *Möllers*, BB 2005, S. 1637, 1639 ff.; *Casper*, Konzern 2006, S. 32, 36 f.; a.A. *Maier-Reimer/Webering*, WM 2002, S. 1857, 1863; *Rieckers*, BB 2002, S. 1213, 1220; *Schäfer*, NZG 2005, S. 985, 989 f.

Existenz der Gesellschaft gefährden. Einerseits kann dadurch der Schadensersatz des getäuschten Anlegers trotz der Begrenzung mit dem freien Vermögen der Aktiengesellschaft komplett kompensiert werden und andererseits verringert sich das Existenzrisiko der Aktiengesellschaft durch die Mithaftung anderer Organmitglieder.

Schließlich ist der Vorrang der deliktischen Emittentenhaftung trotz geäußertem Zweifel in der Literatur[951] auch mit den Vorschriften des Unionsrecht vereinbar.[952]

d. *Differenzierende Lösungen*

In der Literatur gehen einige Autoren davon aus, dass eine Einlagenrückgewähr nicht gegeben sei und in diesem Zusammenhang nicht von einem Konflikt mit § 57 AktG gesprochen werden könne, da sich die Ansprüche – insbesondere bei der Sekundärmarkthaftung – nicht auf die Rückgängigmachung der Aktionärsstellung, sondern auf einen Kursdifferenzschaden richten.[953]

Nach dem unbedingten Vorrang des Anlegerschutzes ist die Aktiengesellschaft zur Schadensersatzleistung verpflichtet, obwohl die vollständige und sofortige Befriedigung der Anlegeraktionäre die Insolvenz der Aktiengesellschaft verursachen kann.[954] Um solche existenzgefährdenden Konsequenzen abzumildern, wird eine Haftungshöchstgrenze vorgeschlagen.[955] Allerdings würde der Anlegerschutz in dieser Konstellation leer laufen, da der Anleger nicht vollständig befriedigt werden würde, obwohl die finanzielle Lage der Aktiengesellschaft für eine Befriedigung des Anlegers geeignet ist.[956]

Ebenfalls wird vorgeschlagen, die Haftung der Aktiengesellschaft auf ihr freies Vermögen zu beschränken. Nach dieser Ansicht greift die

---

951 Für die Notwendigkeit einer Schadenersatzbegrenzung auf das freie Vermögen im Hinblick auf Art. 15 KapRL etwa *Veil*, ZHR 2003, S. 365, 395.

952 *Fleischer* in: Assmann/Schütze, HdB KapitalanlageR, § 6 Rn. 58; *ders.*, ZIP 2005, S. 1805, 1811; Schmidt/Lutter/*ders.*, AktG, § 57 Rn. 67; i.E. ebenso *Langenbucher*, ZIP 2005, S. 239, 242; eingehend *Fleischer/Schneider/Thaten*, NZG 2012, S. 801 ff. m.w.N.; ausf. zur Entscheidung des EuGH NZG 2014, S. 215 ff. *Kalss*, EuZW 2014, S. 227 f.

953 *Maier-Reimer/Seulen* in: Habersack/Mülbert/Schlitt, HdB Kapitalmarktinformation, § 30 Rn. 25; *Zimmer*, WM 2004, S. 9, 11; *Zimmer/Grotheer* in: Schwark/Zimmer, §§ 37b, 37c WpHG Rn. 12; *Brellochs*, Publizität und Haftung, S. 245.

954 *Langenbucher*, ZIP 2005, S. 239, 242.

955 *Fleischer*, Gutachten F 64. DJT, 2002, F 74.

956 *Langenbucher*, ZIP 2005, S. 239, 243.

Schadensersatzleistung der Gesellschaft die gesetzlichen Rücklagen und das Grundkapital an und verletzt folglich § 57 AktG.[957]

Jedoch werde das Gesellschaftsvermögen durch die Belastung mit ähnlichen Ersatzansprüchen wie bei sonstigen Deliktansprüchen außenstehender Gesellschaftsgläubiger in Anspruch genommen, somit werde keine Beschränkung der Freistellung der Gesellschaft von jeglicher Ersatzverpflichtung bzw. Haftung auf das freie Vermögen benötigt.[958] Die Haftungsbegrenzung werde daher nicht nur an rechtspraktischen und bilanzrechtlichen Umständen scheitern.[959]

III. Erwerb eigener Aktien als Folge von Schadensersatzansprüchen und der Kapitalerhaltungsgrundsatz

Ansprüche von Aktionären aufgrund fehlerhafter Informationen einer Aktiengesellschaft und ihrer Effekte werden in der Literatur und Rechtsprechung seit Jahren sowohl bezüglich der Kapitalerhaltungsregeln nach §§ 57 ff. AktG als auch der Regeln des zulässigen Erwerbs eigener Aktien nach §§ 71 ff. AktG diskutiert.

Nach § 21 Abs. 1 S. 1 WpPG kann der Erwerber von Wertpapieren von denjenigen, die Verantwortung für den Prospekt die übernommen haben sowie von denen der Erlass des Prospekts ausgeht, die Übernahme der Wertpapiere gegen Erstattung des Erwerbspreises nach § 249 BGB verlangen. Die Aktiengesellschaft müsste in diesem Fall ihre eigenen Aktien i.S.d. § 71 AktG erwerben. Eine Rückgängigmachung des Aktiengeschäfts kommt daneben gem. §§ 97, 98 WpHG nicht in Betracht, da dem getäuschten Anleger nur der Kursdifferenzschaden zu ersetzen ist, es sei denn, dieser verlangt Schadensersatz aufgrund einer Deliktshaftung.[960]

Problematisch ist damit, dass der Erwerb eigener Aktien nach den §§ 71 ff. AktG grundsätzlich unzulässig ist.[961] Wenn sich der Prospekthaftungsanspruch

---

957 Für eine Beschränkung auf das freie Vermögen *Reichert/Weller*, ZRP 2002, S. 49, 56; *Veil*, ZHR 2003, S. 365, 395; *Henze*, NZG 2005, S. 115, 121; krit. *Baums*, ZHR 2003, S. 139, 171.

958 BGH ZIP 2005, 1270, 1273.

959 *Bayer*, MüKoAktG/2019, § 57 Rn. 43; *Fleischer*, ZIP 2005, S. 1805, 1811; *Langenbucher*, ZIP 2005, S. 239, 244; zust. *Möllers*, BB 2005, S. 1637, 1641.

960 *Hellgardt* in: Assmann/Schneider/Mülbert, Wertpapierhandelsrecht, §§ 97, 98 WpHG Rn. 53.

961 Spindler/Stilz/*Cahn/v. Spannenberg*, AktG, § 57 Rn. 41; *Gätsch* in: Marsch-Barner/Schäfer, HdB börsennotierte AG, 2018, § 50 Rn. 50.46 ff.; *Merkt*, GroßKommAktG, § 71 Rn. 1 ff.; *Wieneke* in: Bürgers/Körber, § 71 AktG Rn. 2.

gegen die emittierende Aktiengesellschaft richtet, handelt es sich auch um einen unzulässigen Erwerb eigener Aktien, bei dem keine zulässigen Tatbestände im Sinne des § 71 ff. AktG geltend gemacht werden können.[962]

Ebenfalls sind die §§ 97, 98 WpHG nicht in den zulässigen Fällen in § 71 Abs. 1 AktG aufgelistet.[963] Deswegen könnte möglicherweise ein Konflikt zwischen dem Kapitalerhaltungsgrundsatz und der Kapitalmarktinformationshaftung bezüglich der Rechtsfolge der Übernahme von Aktien durch die Aktiengesellschaft gegenüber der Erstattung des Erwerbspreises zustandekommen.

Infolgedessen könnte an Ausnahmen nach § 71 Abs. 1 Nr. 1, Nr. 6 und Nr. 8 AktG gedacht werden.[964] Nach § 71 Abs. 1 Nr. 1 ist der Erwerb eigener Aktien zulässig, wenn er notwendig ist, um einen schweren, unmittelbar bevorstehenden Schaden von der Gesellschaft abzuwenden. Ist eine Prospekthaftung begründet, so ist die Gesellschaft verantwortlich. Allerdings ist die Leistung der Gesellschaft kein Schaden im Sinne der Regelung nach § 71 Abs. 1 Nr. 1 AktG.[965]

Im Übrigen kann die Gesellschaft gem. § 71 Abs. 1 Nr. 6 AktG eigene Aktien erwerben, wenn die Hauptversammlung beschließt, dass die Aktien nach den Vorschriften über die Herabsetzung des Grundkapitals einzuziehen sind. Jedoch hat der Geschädigte keinen Anspruch auf solch einen Hauptversammlungsbeschluss.[966] Deswegen bietet der Ausnahmefall des § 71 Abs. 1 Nr. 6 AktG auch keine Lösung für den Konflikt. Die Ermächtigung der Hauptversammlung nach § 71 Abs. 1 Nr. 8 AktG löst den Konflikt ebenfalls aus demselben Grund wie Nr. 6 der Regelung nicht. Da Hauptversammlungsbeschlüsse durch eine über die Verhandlung notariell aufgenommene Niederschrift zu beurkunden sind und damit ergänzend auszulegen und schriftlich zu protokollieren sind, sind sie schwer zugänglich.[967] Vertreten wird, dass die Aktionäre, die einen Börsengang oder eine Kapitalerhöhung beschließen, gleichzeitig nicht wollen, dass ihre Gesellschaft eigene Aktien erwerben soll.[968]

---

962 *Groß*, Kapitalmarktrecht, § 21 WpPG Rn. 10; vgl. *Lutter*, KölnKommAktG, 2. Aufl., 1988, § 57 Rn. 22 und § 71 Rn. 69; *Krämer/Baudisch*, WM 1998, S. 1161, 1163 m.w.N.

963 *Hellgardt* in: Assmann/Schneider/Mülbert, Wertpapierhandelsrecht, §§ 97, 98 WpHG Rn. 53.

964 *Gebauer*, Börsenprospekthaftung und Kapitalerhaltungsgrundsatz, S. 200.

965 *Schwark*, FS Raisch, 1995, S. 269, 278 f.

966 *Moos*, ZHR 1911, S. 184, 194 ff.; *Gebauer*, Börsenprospekthaftung und Kapitalerhaltungsgrundsatz, S. 200.

967 Ausf. *Gebauer*, Börsenprospekthaftung und Kapitalerhaltungsgrundsatz, S. 200.

968 *Gebauer*, Börsenprospekthaftung und Kapitalerhaltungsgrundsatz, S. 201.

Damit ist festzuhalten, dass die Rücknahme der eigenen Aktien gegen Erstattung des Erwerbspreises aufgrund fehlerhafter Kapitalmarktinformationen keine der in § 71 AktG aufgezählten Ausnahmen ist.

Ein sachgerechter Ausgleich zwischen den Vorschriften des Anleger- und Gläubigerschutzes müsse bei der Aktienemission gefunden werden.[969] Ein uneingeschränkter Vorrang jeglicher Haftung wegen Fehlinformationen durch die unionsrechtlichen Vorgaben als auch durch die nationalen Rechtsvorschriften wird bestätigt, indem der Gesetzgeber in der Regierungsbegründung zum 3. Finanzmarktförderungsgesetz eindeutig den Vorrang der Prospekthaftungsbestimmungen gegenüber den Kapitalschutzregeln erwähnt.[970] Deswegen sei §§ 71 ff. AktG nicht anzuwenden, da die Rückübertragung an die Aktiengesellschaft ein Ausfluss des schadensrechtlichen Bereicherungsverbots sei, und somit kein primärer Inhalt des Ersatzanspruchs des Anlegers.[971]

Nach der h.M. besteht ebenfalls kein Konfliktverhältnis zwischen dem Erwerb eigener Aktien und fehlerhaften Ad-hoc-Mitteilungen.[972] Die Aktiengesellschaft erwerbe eigene Aktien aufgrund einer Schadensersatzforderung wegen der Verletzung der Ad-hoc-Mitteilungspflichten nicht freiwillig, vielmehr sei sie in diesem Fall zur Rücknahme verpflichtet.[973]

Besondere Aufmerksamkeit zum Konflikt zwischen dem Erwerb eigener Aktien und der Kapitalmarktinformationshaftung verdient die Entscheidung des Europäischen Gerichtshofs. Im Fall Hirmann hat der Europäische Gerichtshof die Rechtsprechung, die einen Vorrang zur Kapitalmarktinformationshaftung eingeräumt hat, bestätigt und entschieden, dass der mit der Emittentenhaftung

---

969 *Servatius* in: Wachter/AktG, § 57 Rn. 27; vgl. *Henze*, GroßKommAktG, § 57 Rn. 55 f.; *Casper*, BKR 2005, S. 83, 89; auch aus europarechtlicher Sicht *Fleischer/Schneider/Thaten*, NZG 2012, S. 801.

970 *Mülbert/Steup* in: Habersack/Mülbert/Schlitt, HdB Unternehmensfinanzierung, 2019, § 41 Rn. 7; Begr. RegE 3. FFG, BT-Drucks. 13/8933, S. 78.

971 *Mülbert/Steup* in: Habersack/Mülbert/Schlitt, HdB Unternehmensfinanzierung, 2019, § 41 Rn. 7; BGH Urt. v. 09.05.2005-II ZR 287/02, AG 2005, 609 (EM.TV).

972 *Bayer*, MüKoAktG/2019, § 57 Rn. 29 ff.; *Maier-Reimer/Seulen* in: Habersack/Mülbert/Schlitt, HdB Kapitalmarktinformation, § 30 Rn. 23 ff.; *Mülbert/Steup* in: Habersack/Mülbert/Schlitt, HdB Unternehmensfinanzierung, 2019, § 41 Rn. 6 ff.; *Zimmer/Grotheer* in: Schwark/Zimmer, §§ 37b, 37c WpHG Rn. 11 ff.; i.E. zust. *Hellgardt* in: Assmann/Schneider/Mülbert, Wertpapierhandelsrecht, §§ 97, 98 WpHG Rn. 53; a.A. *Baums*, Bericht der Regierungskommission Corporate Governance, 2001, S. 182; *Horn*, FS Ulmer, 2003, S. 817, 826 ff.

973 *Hellgardt* in: Assmann/Schneider/Mülbert, Wertpapierhandelsrecht, §§ 97, 98 WpHG Rn. 53.

verbundene Erwerb eigener Aktien außer dem Anwendungsbereich des Art. 60 GesRRL (Art. 20 KapRL) liegt.[974]

D. Zusammenfassung

Im deutschen Recht konzentriert sich die kapitalmarktrechtliche Informationshaftung zum Schutz der Anleger bezüglich des Wertpapierhandels der Aktiengesellschaften auf die spezialgesetzliche Prospekthaftung in §§ 21-25 WpPG und die Ad-hoc-Publizitätshaftung in §§ 97, 98 WpHG.

Die Entschädigung der getäuschten Anleger bei der Prospekthaftung steht jedoch nicht im Einklang mit der Ad-hoc-Publizitätshaftung. Unterschiede bestehen insbesondere bei der Schadensberechnung und bei Beweismöglichkeiten bezüglich der Kausalität.

Erstens kann der Anleger als Inhaber der Wertpapiere gemäß §§ 21 Abs. 1 Satz 1, 22 WpPG von dem Prospektverantwortlichen die Übernahme der Wertpapiere und die Rückzahlung des Erwerbspreises fordern, wobei der Erwerbspreis den ersten Ausgabepreis nicht überschreiten darf. Hat der Anleger jedoch die Wertpapiere bereits veräußert, kann er nach §§ 21 Abs. 2 Satz 1, 24 Abs. 2 WpPG die Erstattung des Unterschiedsbetrags zwischen dem Erwerbspreis und dem Veräußerungspreis der Wertpapiere und der mit dem Erwerb und der Veräußerung verbundenen üblichen Kosten (z.B. Provisionen und Transaktionskosten) verlangen.[975]

Dagegen sind die §§ 97, 98 WpHG bezüglich der Schadensberechnung nicht deutlich zu verstehen. Der geschädigte Anleger hat nach der Rechtsprechung des Bundesgerichtshofs im IKB-Urteil ein Wahlrecht für den Schadensersatz, womit er entweder den Vertragsabschlussschaden oder den Kursdifferenzschaden geltend machen kann. Es bestehen jedoch für Anleger bei der Geltendmachung des Vertragsabschlusschadens vor allem Beweisschwierigkeiten für den Nachweis der haftungsbegründenden Kausalität. Vorzugswürdig ist daher die Ersetzung des Kursdifferenzschadens.[976]

Zweitens ist die zur Prospekthaftung in § 23 Abs. 1 WpPG etablierte Anlagestimmung als eine sehr wichtige Beweiserleichterung dem Anleger bei der haftungsbegründenden Kausalität zuzubilligen. Dies gilt jedoch nicht für Pflichtverletzungen nach § 98 WpHG, bei welchen eine Beweiserleichterung

974 EuGH EuZW 2014, 223 (Hirmann); dazu *Verse/Wiersch*, EuZW 2014, S. 375 ff.; vgl. *Kalss*, EuZW 2014, S. 227, 228; i.E. zust. *Hellgardt* in: Assmann/Schneider/Mülbert, Wertpapierhandelsrecht, §§ 97, 98 WpHG Rn. 53.

975 Siehe oben Kap. 2 C. I.

976 Siehe oben Kap. 2 C. II.

nur in Ausnahmefällen möglich ist.[977] Einerseits ist die Ausschließung einer pauschalen Bejahung nachvollziehbar, da ansonsten die Gefahr bestünde, dass die Schranken der Haftung aufgrund der Verletzung der Veröffentlichungspflichten verloren gehen könnten. Andererseits besteht kein Anlass, die getäuschten Anleger je nach Art der Verletzung von Prospekt- oder Ad-hoc-Publizitätspflichten zu unterscheiden. Der Gesetzgeber muss diese Diskrepanz zwischen den beiden Schutzbereichen ausräumen.

Drittens kann eine umfassendere Anlegergruppe bei der Verletzung von Veröffentlichungspflichten im Vergleich zur Prospekthaftung geschädigt werden. In diesem Sinne sollen als Anspruchsberechtigte gem. §§ 97, 98 WpHG (§§ 37b, 37c WpHG a.F.) nicht nur Anleger, die während der Desinformationsphase des Marktes eine Transaktion in Gestalt eines „zu billigen Verkaufs" oder „zu teuren Kaufs" getätigt haben, sondern auch die Altanleger, die wegen der falschen Ad-hoc-Mitteilung auf die beabsichtigte Veräußerung ihrer Aktien verzichten, und auch potentielle Neuanleger, die wegen einer unrichtigen, negativen oder pflichtwidrig unterlassenen positiven Ad-hoc-Mitteilung auf den bezweckten Erwerb der Aktien verzichten, einbezogen werden.[978]

Ein weiterer Handlungsbedarf besteht bezüglich der Analogiefähigkeit der §§ 97, 98 WpHG. Die Emittentenhaftung gem. §§ 97, 98 WpHG betrifft nur unterlassene und falsche Ad-hoc-Mitteilungen. Die Haftung für fehlerhafte oder unterlassene Ad-hoc-Mitteilungen bietet weder für die Regelpublizität noch für die freiwilligen Verlautbarungen Schutzmöglichkeiten.

Im Ergebnis ist aber die Analogiefähigkeit der §§ 97, 98 WpHG für sämtliche Haftungstatbestände bezüglich einer Emittentenhaftung anzunehmen. Zudem kommt auch ein Verstoß gegen § 97 Abs. 1 Nr. 1 WpHG analog in Betracht, wenn eine konkrete, den Emittenten betreffende, aber nicht veröffentlichte kursrelevante Information durch die freiwillige Verlautbarung, etwa einer Pressemitteilung, verschleiert oder nicht nach den gesetzlichen Vorgaben veröffentlicht wird.[979]

Im Übrigen ist das Verhältnis der Ad-hoc-Publizität und Insiderinformationen bezüglich der Fragen, ob diese Insiderinformationen dem Tatbestand des Art. 17 MAR oder der §§ 97, 98 Abs. 2 und § 120 Abs. 15 Nr. 6-11 WpHG zuzuordnen sind, und das Vorliegen an sich oder erst das Wissen einer Insiderinformation die Ad-hoc-Publizitätspflicht des Emittenten begründet, im deutschen Recht nicht ganz klar und stark umstritten.

---

977 Siehe oben Kap. 2 C. I. 1. d. dc. und II. 1. c. cb.

978 Siehe oben Kap. 2 C. II. 1. a. ad.

979 Siehe oben Kap. 2 C. II. 1. a. ab.

Übereinstimmend mit der zutreffenden Ansicht ist gemäß Art. 17 als eine Wissensorganisationspflicht dem Emittenten ein angemessener Zeitraum für eine Beurteilung einzuräumen, in dem er die Möglichkeit bekommt, zu prüfen, ob es sich um eine veröffentlichungspflichtige Insiderinformation handelt. Daher muss der Emittent bei potenziellen kursrelevanten Umständen die Wissensorganisation so einleiten, dass diese schnellstmöglich an die Stellen gemeldet werden, die sie auf ihren Insiderinformationscharakter prüfen können.[980]

Im Ergebnis kann festgestellt werden, dass die Haftung der Emittenten bei beiden kapitalmarktrechtlichen Regelungen zur Informationshaftung besteht. Die Haftung der Vorstandsmitglieder ist allerdings nicht ohne Weiteres zu bejahen, obwohl der Emittent primär verantwortlich ist. Die Vorstandshaftung ist insbesondere bei der Veröffentlichung von Insiderinformationen für das für die Veröffentlichung zuständige Organ einschlägig, das die fehlerhafte Informationspflichtverletzungen begeht, da nach dem Wortlaut der §§ 97, 98 WpHG eine Schadensersatzpflicht für die fehlerhafte Ad-hoc-Publizität grundsätzlich ausgeschlossen, und nur der Emittent Haftungsadressat ist.[981]

Diesbezüglich muss darauf aufmerksam gemacht werden, dass der Emittent bei massenhaften Schadensersatzansprüchen tatsächlich aufgrund des Fehlverhaltens oder des Unterlassens seine Organe mit einer Insolvenzgefahr konfrontieren oder ein wirtschaftliches Scheitern verursachen kann, das aus dem Fehlen ausreichender finanzieller Mittel für die neuen Investitionen resultiert.

Die Rechtsprechung fasst die Informationsdeliktshaftung der Vorstandsmitglieder unter § 826 BGB, also wegen vorsätzlicher, sittenwidriger Schädigung. Die Haftungsregelung für die fehlerhafte Ad-hoc-Publizität nach §§ 97, 98 WpHG sollte jedoch stattdessen auf eine allgemeine Haftung erweitert werden und somit nicht nur auf den Emittenten, sondern auch auf deren Organe erstreckt werden.[982]

Folglich stehen beide Bereiche, also die Prospekthaftung und die Ad-hoc-Publizitätshaftung, dem Kapitalerhaltungsgrundsatz entgegen.[983] Der Kapitalerhaltungsgrundsatz erfasst das Einlagenrückgewährverbot (§ 57 AktG) und das Verbot des Erwerbs eigener Aktien (§ 71 AktG) und folglich nicht nur das Grundkapital der Aktiengesellschaft, sondern ihr gesamtes Vermögen durch ein Ausschüttungsverbot offener und verdeckter Leistungen ab der Eintragung

---

980 Siehe oben Kap. 2 C. II. 1. a. ac.

981 Siehe oben Kap. 2 C. II. 1. b.

982 So *Möllers*, ZBB 2003, S. 390, 409; *Baums*, ZHR 2003, S. 139, 145 f., 171 ff.; *Riekers*, BB 2002, S. 1213 ff.

983 Siehe oben Kap. 2 C. II. 2.

der Aktiengesellschaft, die außerhalb der ordnungsgemäßen Ausschüttung des Bilanzgewinns und nicht *causa societatis* erfolgt sind.[984]

Allgemein anerkannt ist, dass die Aktiengesellschaft auch mit ihren Aktionären marktübliche Geschäfte tätigen darf, solange diese Geschäfte weder die Gläubiger der Gesellschaft gefährden noch diese Aktionäre gegenüber den übrigen Aktionären begünstigen.[985] In diesem Sinne verstoßen sämtliche nicht *causa societatis* erfolgende Individualgeschäfte zwischen der Gesellschaft und einem Aktionär, die einem Missverhältnis zum Vorteil des Aktionärs unterliegen, gegen § 57 AktG.[986]

Das Verbot gilt jedoch nicht nur für Aktionäre, sondern erfasst auch die mittelbare Beteiligung von Aktionären durch Drittgeschäfte, insbesondere in Form einer Leistung an Dritte sowie Leistungen durch Dritte, um die Umgehung des Verbots zu verhindern.[987]

Allgemein lässt sich feststellen, dass Schadensersatzleistungen seitens der Gesellschaft eine Minderung des Gesellschaftsvermögens bewirken. Seit den Urteilen des Reichsgerichts steht der gläubigerschützende Kapitalerhaltungsgrundsatz im Konfliktverhältnis mit der anlegerschützenden Kapitalmarktinformationshaftung. Daher existieren viele Ansichten zu diesem Konflikt, die entweder den Vorrang der Kapitalerhaltung vertreten oder im Gegensatz dazu, so auch die h.M., den Vorrang des Anlegerschutzes mit unterschiedlichen Argumenten annehmen. Übrigens werden auch differenzierende Lösungen, wie eine Haftungshöchstgrenze oder eine Beschränkung der Schadensersatzansprüche mit dem freien Vermögen der Gesellschaft, vorgeschlagen.[988]

In diesem Spannungsverhältnis muss zunächst zweifelsfrei der Schutzbedarf der Anleger bejaht werden. Ein Konfliktverhältnis zu §§ 71 ff. AktG ist aber auch abzulehnen, da der Erwerb eigener Aktien der Aktiengesellschaft auf einer Schadensersatzforderung wegen der Verletzung der Ad-hoc-Mitteilungspflichten bzw. Prospekthaftungspflichten beruht. Somit soll der Erwerb nicht als ein freiwilliger Erwerb, sondern als Verpflichtung bewertet werden.[989] Es sollte jedoch *de lege ferenda* auch an die Schaffung eines Rahmens für diesen Schutzvorrang oder an die Mithaftung von anderen Verantwortlichen gedacht werden, um auch die Existenz der Aktiengesellschaften auf dem Kapitalmarkt erhalten zu können.

---

984 Siehe oben Kap. 2 B. II.

985 *Bayer*, MüKoAktG/2019, § 57 Rn. 48.

986 *Westermann* in: Bürgers/Körber, § 57 AktG Rn. 5.

987 Siehe oben Kap. 2 B. II. 3.

988 Siehe oben Kap. 2 C. I. 2 und II. 2.

989 Siehe oben Kap. 2 C. III.

Drittes Kapitel: Der Vorrang der kapitalmarktrechtlichen Informationshaftung vor dem Kapitalerhaltungsgrundsatz nach Europäischem Kapitalmarktrecht

A. Der Kapitalerhaltungsgrundsatz auf der europäischen Ebene

I. Der Kapitalerhaltungsgrundsatz nach der Gesellschaftsrechtsrichtlinie

1. Grundlagen

Der Kapitalerhaltungsgrundsatz wurde durch Art. 15 Abs. 1 der sog. zweiten Kapitalrichtlinie 77/91/EWG vom 13.12.1976[990] europarechtlich festgeschrieben.[991] Der Aktionärsschutz und der Gläubigerschutz sind die Hauptintentionen der heutigen Gesellschaftsrechtsrichtlinie (frühere Kapitalrichtlinie).[992]

Die Schutz- und Garantiefunktion des eingebrachten Grundkapitals kann für die Gläubiger gewährleistet werden, wenn sichergestellt wird, dass das real eingebrachte Kapital nicht wieder an die Aktionäre zurückfließt.[993] Gemäß dem Erwägungsgrund Nr. 40 der Gesellschaftsrechtsrichtlinie ist, um das Kapital als Sicherheit für die Gläubiger zu erhalten, das Erlassen von Unionsvorschriften notwendig, in welchen eine Verringerung des Kapitals durch verdeckte

---

990 Ursprünglich RL 77/91/EWG, ABl. EG L 26/1 v. 31.01.1977; geändert durch RL 2006/68/EG, ABl. EG L 264 v. 25.09.2006, S. 32; neugefasst durch RL 2012/30/EU, ABl. EU L. 315/74 v. 14.11.2012.

991 *Lutter/Bayer/Schmidt,* EuropUR, § 19 Rn. 19.3; vgl. auch *Bayer/Schmidt* in: Bayer/Habersack, Bd. I, Kap. 18 Rn. 24 ff., 35 ff.; *Grundmann,* EuGesR, § 10 Rn. 314 ff.; *Habersack/Verse,* EuGesR § 6 Rn. 1 ff.

992 Erwägungsgrund 3 GesRRL (Erwägungsgrund 3 KapRL); *Lutter/Bayer/Schmidt,* EuropUR, § 19 Rn. 19.4; zum Verhältnis zwischen dem Anlegerschutz und Gläubigerschutz *Merkt* in: Müller-Graff/Teichmann, S. 81 ff.

993 *Lutter/Bayer/Schmidt,* EuropUR, § 19 Rn. 19.94; *Drinkuth,* Kapitalrichtlinie, S. 183; *Habersack/Verse,* EuGesR, § 6 Rn. 42; *Schwarz,* EuropGesR Handbuch, S. 595.

Vermögensverlagerungen an die Aktionäre untersagt wird.[994] Die Begrenzung von Ausschüttungen, eine Konsultationspflicht bei schweren Verlusten und Restriktionen bezüglich eigener Aktien der Gesellschaft stellen die wesentlichen Schutzinstrumente der Gesellschaftsrechtsrichtlinie dar.[995]

Die gemeinschaftliche Grundlage für die aktienrechtliche Vermögensbindung ist Art. 56 Abs. 1 GesRRL (Art. 17 Abs. 1 KapRL).[996]

Folglich enthält die Regel die Anordnung eines Mindeststandards und verpflichtet gleichzeitig zu einem bilanzbezogenen Gläubigerschutzsystem für Aktiengesellschaften europaweit.[997]

Ein weiteres Ziel des Kapitalerhaltungsgrundsatzes ist der Schutz der Aktionäre. Dieser wurde in den Erwägungsgründen der 2. Richtlinie ausdrücklich erwähnt.[998] Heute wird der Schutz der Aktionäre mit Art. 68 GesRRL (Art. 29 KapRL umgesetzt in § 186 Abs. 1 AktG) über das Bezugsrecht bei der Kapitalerhöhung und Art. 85 GesRRL (Art. 46 KapRL) über den Gleichbehandlungsgrundsatz auf europäischer Ebene abgesichert.[999]

Hinzuzufügen ist, dass die entgegen Art. 56 GesRRL (Art. 17 KapRL) erbrachten Leistungen der Gesellschaft von den Aktionären zurückzuerstatten sind. Gegenstand dieses Anspruchs ist die Rückgabe des verbotswidrig weggegebenen Vermögensgegenstands.[1000]

2. *Der Ausschüttungsumfang an Aktionäre*

Die Ausschüttung an Aktionäre ist gemäß Art. 56 Abs. 1 GesRRL (Art. 17 Abs. 1 KapRL) möglich, soweit bei Abschluss des letzten Geschäftsjahres das Nettoaktivvermögen, wie es der Jahresabschluss ausweist, den Betrag des gezeichneten Kapitals zuzüglich kraft Gesetzes oder Satzung nicht ausschüttungsfähiger

994 Erwägungsgrund 40 GesRRL.

995 *Lutter/Bayer/Schmidt,* EuropUR, § 19 Rn. 19.94.

996 *Servatius* in: Wachter/AktG, § 57 Rn. 1; *Lutter/Bayer/Schmidt,* EuropUR, § 19 Rn. 19.96 und § 9 Rn. 9.18.

997 *Servatius* in: Wachter/AktG, § 57 Rn. 1.

998 Erwägungsgrund 2 der KapRL; dazu *Bayer,* MüKoAktG/2019, § 57 Rn. 2; *ders./Schmidt* in: Bayer/Habersack, Bd. I, Kap. 18 Rn. 84; *Grundmann,* EuGesR, § 10 Rn. 319.

999 *Bayer,* MüKoAktG/2019, § 57 Rn. 2; dazu *Bayer/Schmidt* in: Bayer/Habersack, Bd. I, Kap. 18 Rn. 84; *Grundmann,* EuGesR, § 10 Rn. 319, 325; *Habersack/Verse,* EuGesR, § 6 Rn. 4, 59, 69, 79.

1000 *Hirte,* Kapitalgesellschaftsrecht, Rn. 5.87; BGH Urt. v. 17.03.2008-II ZR 24/07 (OLG Celle), EWiR 2008, 495 (m. Anm. *Westermann*).

Rücklagen, durch eine solche Ausschüttung nicht unterschreitet oder unterschreiten würde. (sog. „Bilanztest").[1001]

So ist gemäß Art. 56 Abs. 1 GesRRL (Art. 17 Abs. 1 KapRL) eine Ausschüttung nur dann möglich, wenn das Nettoaktivvermögen das Grundkapital übersteigt. Hier gilt eine Ergänzung des Art. 56 Abs. 1 GesRRL (Art. 17 Abs. 1 KapRL) durch Art. 56 Abs. 2 GesRRL (Art. 17 Abs. 2 KapRL). Gemäß Art. 56 Abs. 2 GesRRL (Art. 17 Abs. 2 KapRL) wird das gezeichnete Kapital um den noch nicht eingeforderten Betrag vermindert, sofern der Betrag nicht auf der Aktivseite der Bilanz ausgewiesen wird.

Obwohl eine einheitliche Festlegung des ausschüttbaren Betrages in Art. 56 GesRRL (Art. 17 KapRL) nicht existiert, enthält Art. 56 Abs. 1 GesRRL (Art. 17 Abs. 1 KapRL) den Betrag, der nach der Ausschüttung als Gesellschaftsvermögen bleiben muss. Das gesamte Vermögen, das nicht als Bilanzgewinn qualifiziert wird, bleibt unter dieser Vermögensbindung.[1002]

Ähnlich regelt Art. 56 Abs. 3 GesRRL (Art. 17 Abs. 3 KapRL) eine Ausschüttungsobergrenze an Aktionäre.[1003] Im Sinne des Art. 56 Abs. 3 GesRRL (Art. 17 Abs. 3 KapRL) darf an die Aktionäre, vorbehaltlich des zulässigen Erwerbs eigener Aktien und der Vornahme neutraler Drittgeschäfte aufgrund eines Gewinnverwendungsbeschlusses, nur der Bilanzgewinn ausgezahlt werden.[1004]

II. Erwerb eigener Aktien und dessen finanzielle Unterstützung

Die Vorschriften der Gesellschaftsrechtsrichtlinie über den Erwerb eigener Aktien sind darüber hinaus auch beim Kapitalschutz zu beachten.

Grundsätzlich ist der Erwerb eigener Aktien gemäß Art. 60 f. GesRRL (Art. 21 f. KapRL) verboten.[1005] Während bei einem originären Erwerb die Gesellschaft keine Vermögenswerte enthält, so dass die Kapitalaufbringung gefährdet ist, bedeutet bei einem derivativen Erwerb die Zahlung des Erwerbspreises eine verbotene Einlagenrückgewähr.[1006] Dies betrifft den Schutz der

---

1001 Zum Bilanztest Dauses/*Kalss/Klampfl* E. III. Rn. 335.

1002 *Schwarz,* EuropGesR Handbuch, Rn. 596.

1003 *Habersack/Verse,* EuGesR, § 6 Rn. 34; *Leinekugel,* Sachdividende, S. 19 f.; *Bezzenberger,* Das Kapital der Aktiengesellschaft, S. 27.

1004 *Schwarz,* EuropGesR Handbuch, Rn. 596; *Grundmann,* EuGesR, § 10 Rn. 342.

1005 *Lutter/Bayer/Schmidt,* EuropUR, § 19 Rn. 19.124; *Schwarz,* EuropGesR Handbuch, S. 601; *Drinkuth,* Kapitalrichtlinie, S. 198.

1006 *Lutter/Bayer/Schmidt,* EuropUR, § 19 Rn. 19.116 ff. und § 9 Rn. 19.21; *Drinkuth,* Kapitalrichtlinie, S. 196; Dauses/*Kalss/Klampfl* E. III. Rn. 343.

Gläubiger, wonach Art. 60 Abs. 1 Unterabs. 1 lit. b (Art. 21 Abs. 1 Unterabs. 1 lit. b KapRL) bestimmt, dass die Zahlung des Erwerbspreises nur aus dem freien Vermögen der Gesellschaft und nicht aus dem zur Deckung des Kapitals oder der Rücklagen erforderlichen Vermögen erbracht werden darf.[1007]

In der Umsetzung des Art. 60 Abs. 1 Unterabs. 1 lit. b (Art. 21 Abs. 1 Unterabs. 1 lit. b KapRL) fordert § 71 Abs. 2 S. 2 AktG, dass die Gesellschaft im Zeitpunkt des Erwerbs aus dem freien Vermögen eine Rücklage in Höhe der Aufwendungen für den Erwerb bilden könnte.[1008]

Im Übrigen gilt für den Erwerb eigener Aktien eine Höchstgrenze von zehn Prozent. Diesbezüglich ist zu erwähnen, dass das Aktiengesetz in § 71 Abs. 2 S. 1 bei der bisherigen Grenze von zehn Prozent bleibt, obwohl die Mitgliedstaaten gemäß Art. 60 Abs. 1 Unterabs. 2 lit. b (Art. 21 Abs. 1 Unterabs. 2 lit. i KapRL) eine Höchstgrenze für das von der Gesellschaft erworbene Kapital vorsehen können.[1009] Ferner bestehen für den Erwerb eigener Aktien neben einem grundsätzlichen Verbot auch diverse Ausnahmefälle, welche den Mitgliedstaaten einen weiten Gestaltungsspielraum ermöglichen.[1010]

Als ein weiterer Zweck des Verbots kann auf den Aktionärsschutz abgestellt werden. Ein grundlegender Gedanke, auch beim Erwerb eigener Aktien, ist der Gleichbehandlungsgrundsatz des Art. 85 GesRRL (Art. 46 KapRL), in dem die Aktionäre unter gleichen Bedingungen gleich zu behandeln sind.[1011]

Problematisch ist, dass das Erwerbsverbot dadurch umgangen werden könnte, wenn die Gesellschaft den Aktienerwerb finanziell unterstützt. Die finanzielle Unterstützung des Erwerbs eigener Aktien wird nur nach Maßgabe des Art. 64 GesRRL (Art. 25 KapRL) zugelassen. Art. 64 GesRRL (Art. 25 KapRL) nennt als finanzielle Unterstützung die Zahlung von Vorschüssen, die Gewährung von Darlehen oder die Leistung von Sicherheiten. Nach der h.M. seien diese nur Regelbeispiele, weshalb sämtliche Formen finanzieller Unterstützungsleistungen auch vom Anwendungsbereich des Art. 64 GesRRL

1007 *Habersack*, MüKoAktG/2019, Einl. Rn. 131; *Lutter/Bayer/Schmidt*, EuropUR, § 19 Rn. 19.129; *Westermann*, ZHR 2008, S. 144, 157.

1008 *Habersack*, MüKoAktG/2019, Einl. Rn. 131.

1009 *Habersack*, MüKoAktG/2019, Einl. Rn. 131; *Lutter/Bayer/Schmidt*, EuropUR, § 19 Rn. 19.144.

1010 *Lutter/Bayer/Schmidt*, EuropUR, § 19 Rn. 19.124.

1011 *Lutter/Bayer/Schmidt*, EuropUR, § 19 Rn. 19.258 f.; *Bayer/Schmidt* in: Bayer/Habersack, Bd. I, Kap. 18 Rn. 84; *Grundmann*, EuGesR, § 10 Rn. 325.

(Art. 25 KapRL) umfasst seien.[1012] Ferner müssen auch bei der finanziellen Unterstützung Interessenkonflikte vermieden werden.[1013]

Eine typische Umgehung des Erwerbsverbots ist die Zwischenschaltung einer Tochtergesellschaft.[1014] Denn gemäß Art. 67 Abs. 1 Unterabs. 1 GesRRL (Art. 28 Abs. 1 Unterabs. 1 KapRL) sind Zeichnung, Erwerb und Besitz von Aktien durch eine abhängige Gesellschaft nur dann zulässig, wenn die Gesellschaft die Aktien auch selbst zeichnen, erwerben oder besitzen könnte.[1015]

III. Einberufung der Hauptversammlung bei schweren Verlusten

Die Pflicht zur Einberufung der Hauptversammlung bei schweren Verlusten des gezeichneten Kapitals nach Art. 58 (Art. 19 KapRL) ist mit dem Ausschüttungsverbot des Art. 56 (Art. 17 KapRL) eng verbunden. Damit sollen einerseits die Aktionäre die Möglichkeit haben, über die Zukunft der Gesellschaft zu entscheiden,[1016] wie etwa über deren Auflösung, die Durchführung von Kapitalmaßnahmen oder die Abberufung von Organwaltern.[1017] Andererseits soll ein effizientes Krisenmanagement auch den Gläubigern regelmäßig zugutekommen.[1018] Die Frist der Einberufung und die Höhe des als schwer zu erachtenden Verlustes wird nach Art. 58 Abs. 2 (Art. 19 Abs. 2 KapRL) durch das einzelstaatliche Recht bestimmt.[1019]

IV. Weitere Vorschriften zum Kapitalschutz im Unionsrecht

Auch andere Richtlinien enthalten wesentliche Vorschriften bezüglich des Kapitalschutzes, insbesondere beim Erwerb eigener Aktien.

Der Rückkauf eigener Aktien kann aus der Sicht der Gesellschaft dem Aktienkurs durch Verknappung des Angebots bzw. Erhöhung der Nachfrage und die Signalwirkung einer Unterbewertung der Gesellschaft positiv

---

1012 *Drygala,* Konzern 2007, S. 396 f.; Hüffer/Koch/*Koch*, AktG, § 71a Rn. 2.

1013 *Grundmann,* EuGesR, § 10 Rn. 352; *Schmolke,* WM 2005, S. 1828, 1836.

1014 *Bayer/Schmidt* in: Bayer/Habersack, Bd. I, Kap. 18 Rn. 55.

1015 *Lutter/Bayer/Schmidt,* EuropUR, § 19 Rn. 19.165 ff.

1016 *Lutter/Bayer/Schmidt,* EuropUR, § 19 Rn. 19.112; *Drinkuth,* Kapitalrichtlinie, S. 192; *Habersack,* MüKoAktG/2019, Einl. Rn. 130; Dauses/*Kalss/Klampfl* E. III. Rn. 340.

1017 *Habersack,* MüKoAktG/2019, Einl. Rn. 130.

1018 *Lutter/Bayer/Schmidt,* EuropUR, § 19 Rn. 19.112; *Drinkuth,* Kapitalrichtlinie, S. 192; *Habersack/Verse,* EuGesR, § 6 Rn. 52; Dauses/*Kalss/Klampfl* E. III. Rn. 340.

1019 *Habersack,* MüKoAktG/2019, Einl. Rn. 130; zu Sanktionen bei der Verletzung der Einberufungspflicht des Vorstands *Habersack/Verse,* EuGesR, § 6 Rn. 55 f.

dienen.[1020] Danach kann der Erwerb grundsätzlich mit dem Verbot von Insidergeschäften nach Art. 14 MAR und dem Marktmanipulationsverbot nach Art. 15 MAR kollidieren.[1021]

Des Weiteren ist zu klären, ob der Erwerb eigener Aktien i.S.d Insiderverbots veröffentlicht werden muss. Nach der h.M. muss ein vom Vorstand gefasster Beschluss zum Rückkauf eigener Aktien im Wege einer Ad-hoc-Mitteilung nach Art. 17 MAR veröffentlicht werden, sofern der Rückkauf dazu geeignet ist, den Kurs der Aktien oder den Kurs damit verbundener derivativer Finanzinstrumente erheblich zu beeinflussen.[1022]

Um die legitimen Zwecke des Rückkaufs eigener Aktien nicht zu gefährden, regelt Art. 5 MAR (sog. „Safe-Harbour-Regelungen"),[1023] dass Aktienrückkäufe, die in den Anwendungsbereich des Art. 5 MAR fallen und das in dessen Abs. 1 bis 3 vorgegebene Verfahren beachten, keine Marktmanipulation darstellen.[1024]

B. Die Spannung zwischen dem Kapitalerhaltungsgrundsatz und dem Vorrang der Informationshaftung

I. Problembeschreibung

Ob und inwieweit ein Vorrang der kapitalmarktrechtlichen Informationshaftung einer Gesellschaft vor den Vorschriften der Kapitalerhaltung europarechtlich zulässig ist, ist fraglich. Hier ist daran zu denken, dass die herrschende Lösung des Vorranges des Anlegerschutzes für fehlerhafte Informationen den europäischen Kapitalschutzvorschriften entgegenstehen kann. Es ist zunächst aufgrund der Gesellschaftsrechtsrichtlinie herauszuarbeiten, ob die Ausschüttungsregeln des Art. 56 GesRRL (Art. 17 KapRL) die Leistung von Schadensersatz wegen fehlerhaften Kapitalmarktinformationen erfassen.

1020 *Gätsch* in: Marsch-Barner/Schäfer, HdB börsennotierte AG, 2018, § 50 Rn. 50.68; *Hirsch,* Der Erwerb eigener Aktien, S. 48 ff.

1021 *Gätsch* in: Marsch-Barner/Schäfer, HdB börsennotierte AG, 2018, § 50 Rn. 50.68; *Merkt,* GroßKommAktG, § 71 Rn. 42 ff.; *Wieneke* in: Bürgers/Körber, § 71 AktG Rn. 51 ff.

1022 *Merkt,* GroßKommAktG, § 71 Rn. 43; *Wieneke* in: Bürgers/Körber, § 71 AktG Rn. 51; a.A. *Martens,* AG 1996, S. 337, 340 f.; *Peltzer,* WM 1998, S. 322, 329 f.

1023 Ausf. *Augschill,* Safe-harbor-Regelungen, S. 44 ff.; auch *Lutter/Bayer/Schmidt,* EuropUR, § 19 Rn. 19.123; Klöhn/*Klöhn,* Art. 5 Rn. 2 ff.

1024 *Gätsch* in: Marsch-Barner/Schäfer, HdB börsennotierte AG, 2018, § 50 Rn. 50.68; *Wieneke* in: Bürgers/Körber, § 71 AktG Rn. 52; *Merkt,* GroßKommAktG, § 71 Rn. 50.

Weiterhin ist die Frage zu beantworten, ob die Rücknahme von Aktien gegen Erstattung des Erwerbspreises erlaubt ist. Die Beziehung zu anderen Richtlinien wie zur Transparenzrichtlinie oder Prospektrichtlinie muss ebenfalls geprüft werden, da es möglich ist, dass der europäische Gesetzgeber die zivilrechtlichen Sanktionen für die Haftung des Emittenten mit anderen Richtlinien regeln möchte, statt mit den Vorschriften der Gesellschaftsrechtsrichtlinie.

II. Vereinbarkeit des Vorrangs der Informationshaftung mit dem Kapitalerhaltungsgrundsatz

1. Vorrang des Anlegerschutzes und Art 56 GesRRL

a. Begriff der Ausschüttung und seine Auslegung

Wie oben bereits erwähnt, definiert die Richtlinie den Begriff „Ausschüttung“ nicht. Demnach ist der Art. 56 GesRRL (Art. 17 KapRL) zunächst nach dem Wortlaut auszulegen. Gemäß Art. 56 Abs. 4 GesRRL (Art. 17 Abs. 4 KapRL) erfasst der Begriff „Ausschüttung“ insbesondere die Zahlung von Dividenden und von Zinsen für Aktien.

Diese Beispiele des Art 56 Abs. 4 GesRRL (Art. 17 Abs. 4 KapRL) sind Formen der offenen Einlagenrückgewähr.[1025] Sie sind typische Ausschüttungen, die eine regelmäßige Verteilung des Gesellschaftsvermögens an Aktionäre umfassen, die keine besondere Gegenleistung nur aufgrund der Gesellschafterstellung haben.[1026]

Im Ergebnis hilft der Wortlaut für die Bestimmung der Reichweite des Ausschüttungsbegriffs nicht weiter.[1027]

Wegen der Formulierung „insbesondere“ kann Art. 56 GesRRL (Art. 17 KapRL) nach dem Sinn und Zweck ausgelegt werden. Der europäische Gesetzgeber stellte mit Erwägungsgrund Nr. 40[1028] den Zweck der Regelung klar, dass das Kapital als Sicherheit für die Gläubiger zu erhalten ist. Deswegen entspricht

---

1025 *Mülbert*, FS Lutter, 2000, S. 535, 545.

1026 *Drinkuth*, Kapitalrichtlinie, S. 185; *Leinekugel*, Sachdividende, S. 11.

1027 *Mülbert*, FS Lutter, 2000, S. 535, 545; *Langenbucher*, ZIP 2005, S. 239, 241 f.

1028 Erwägungsgrund Nr. 40 GesRRL: *„Es ist notwendig, Unionsvorschriften zu erlassen, um das Kapital als Sicherheit für die Gläubiger zu erhalten, indem insbesondere untersagt wird, dass das Kapital durch nicht geschuldete Ausschüttungen an die Aktionäre verringert wird, und indem die Möglichkeit von Aktiengesellschaften, eigene Aktien zu erwerben, begrenzt wird.“*

der Sinn und Zweck der Vorschrift einer Auslegung, die es den Mitgliedstaaten nicht nur gestattet, sondern sie auch verpflichtet, Art. 56 GesRRL (Art. 17 KapRL) auf verdeckte Vermögensverlagerungen anzuwenden.[1029]

b. Meinungsstand zur möglichen Kapitalausschüttungsnatur der Schadensersatzleistung

In der Literatur wurde problematisiert, ob die Rechtsprechung des Bundesgerichtshofs[1030] im Einklang mit der Gesellschaftsrechtsrichtlinie (früher Kapitalrichtlinie) ist, was von der h.M. bejaht wird.[1031]

Einige Ansichten gehen davon aus, dass die Schadensersatzleistungen in Art. 6 Abs. 1 ProspRL verdeckt platziert seien und vom europäischen Gesetzgeber als eine zulässige Einschränkung des Kapitalerhaltungsgrundsatzes bewertet werden würden.[1032] Es wird vertreten, dass die im Prospekt Verantwortlichen nach Art. 6 Abs. 1, 2 der ProspRL 2003/71/EG sowie nach Art. 7 der TrRL für den Inhalt des Prospekts gegenüber den Anlegern unbeschränkt zivilrechtlich haften müssen.[1033]

Auch aus unionsrechtlicher Perspektive sei die in §§ 21 ff. WpPG, §§ 97, 98 WpPG (§§ 37b, 37c WpHG a.F.), § 823 Abs. 2 BGB i.V.m. §§ 37v ff. WpHG, § 826 BGB vorgesehene Emittentenhaftung unbedenklich, da Art. 6 ProspRL und Art. 7 TrRL bei fehlerhaften Prospekten bzw. fehlerhafter Regelpublizität ausdrücklich und ohne Beschränkung auf das ausschüttungsfähige Vermögen die Emittentenhaftung zuließen und nicht vermuten ließen, dass die Richtlinie vergleichbare Emittentenhaftungsfälle aufgrund des Kapitalerhaltungsgrundsatzes anders beurteilt.[1034]

1029 *Lutter/Bayer/Schmidt,* EuropUR, § 19 Rn. 19.98; *Bayer/Schmidt* in: Bayer/Habersack, Bd. I, Kap. 18 Rn. 37; *Grundmann,* EuGesR, § 10 Rn. 343; Dauses/*Kalss/Klampfl* E. III. Rn. 336; *Habersack/Verse,* EuGesR, § 6 Rn. 43; *Mülbert,* FS Lutter, 2000, S. 535, 545 ff.; *Veil,* WM 2003, S. 2169, 2171.

1030 BGH NZG 2005, 672 (EM.TV); BGH NZG 2007, 345 (ComROAD I); BGH NZG 2007, 269 (ComROAD III); BGH NZG 2007, 708 (ComROAD IV); BGH NZG 2007, 711 (ComROAD V); BGH NZG 2008, 382 (ComROAD VI).

1031 *Bayer,* WM 2013, S. 961, 966; *Grundmann,* EuGesR, § 10 Rn. 343; *Möllers/Leisch,* KölnKommWpHG, 2014, §§ 37b, 37c Rn. 42 ff.; *Mülbert/Steup,* WM 2005, S. 1633, 1653; *Casper,* Der Konzern 2006, S. 32, 37; *Habersack/Verse,* EuGesR, § 6 Rn. 43; *Langenbucher,* ZIP 2005, S. 239, 242; *Fleischer,* ZIP 2005, S. 1805, 1811; a.A. *Schäfer,* ZIP 2012, S. 2421, 2424 ff.

1032 *Langenbucher,* ZIP 2005, S. 239, 242; *Fleischer,* ZIP 2005, S. 1805, 1811; *Möllers,* BB 2005, S. 1637, 1641 f.; *Casper,* Der Konzern 2006, S. 32, 37.

1033 *Mülbert/Steup,* WM 2005, 1633, 1653; *Hellgardt,* AG 2012, S. 154, 155 f.

1034 *Habersack,* MüKoAktG/2019, Einl. Rn. 129.

Der Wortlaut und die Systematik der Haftungsvorschrift des Art. 6 der ProspRL und Art. 7 der TrRL zeigten, dass diese Vorschriften keine *leges speciales* gegenüber Art. 56 GesRRL (Art. 17 KapRL) sind und die Schadensersatzansprüche gegenüber Emittenten für fehlerhafte Kapitalmarktinformationen keine von Art. 56 GesRRL (Art. 17 der KapRL) erfasste Einlagenrückgewähr sind.[1035]

Zudem sei die Begleichung kapitalmarktbezogener Schadensersatzansprüche für den Begriff der Ausschüttung nicht ausreichend.[1036] Den Aktionären dürfe nach Art. 56 Abs. 3 GesRRL (Art. 17 Abs. 3 KapRL) nur der Bilanzgewinn ausgeschüttet werden, allerdings werde die Leistung des Schadensersatzes nicht unter dem Begriff der Ausschüttungen in Art. 56 Abs. 4 GesRRL (Art. 17 Abs. 4 KapRL) „insbesondere die Zahlung von Dividenden und von Zinsen für Aktien" erfasst.[1037]

Zur Bejahung dieses Arguments, könne man auf Art. 6 Abs. 1 ProspRL und Art. 7 TrRL verweisen, der die Mitgliedstaaten anhalte, eine Haftung des Emittenten oder seiner Verwaltungs-, Management- bzw. Aufsichtstellen für Prospektmangel vorzusehen, und somit einen gemeinschaftsrechtlichen Vorrang des Anlegerschutzes anerkenne.[1038] Ferner sei es für die Prospekthaftung mit den Anforderungen des Art. 6 Abs. 2 der ProspRL sogar unvereinbar, wenn der nationale Gesetzgeber der Gesellschaft (als Prospektverantwortlicher) ermöglichen würde, sich der Haftung gegenüber den Aktionären unter Berufung auf die §§ 57 ff., § 71 ff. AktG zumindest in bestimmten Situationen zu entziehen.[1039]

Bei einer Gesamtbetrachtung des Willens des europäischen Gesetzgebers ist die Zulässigkeit der Schadensersatzleistung durch die Gesellschaft anzuerkennen, da der Anlegerschutz in zahlreichen europäischen Rechtsakten die Hauptintention des Gesetzgebers ist. Eine Ausklammerung dieser Leistungen als Ausschüttung nach der Gesellschaftsrechtsrichtlinie aus dem Schutzbereich würde nicht im Einklang mit anderen Rechtsakten stehen.

1035 *Mülbert/Steup,* WM 2005, S. 1633, 1653, Fn. 227.

1036 *Fleischer,* ZIP 2005, S. 1805, 1811.

1037 *Fleischer,* ZIP 2005, S. 1805, 1811; *Mülbert/Steup,* WM 2005, S. 1633, 1653.

1038 *Mülbert/Steup,* WM 2005, S. 1633, 1653, Fn. 227; *Fleischer,* ZIP 2005, S. 1805, 1811; *Langenbucher,* ZIP 2005, S. 239, 242.

1039 *Mülbert/Steup* in: Habersack/Mülbert/Schlitt, HdB Unternehmensfinanzierung, 2019, § 41 Rn. 7.

c. *Vereinbarkeit der kapitalmarktrechtlichen Emittentenhaftung mit der Richtlinie*

Der Europäische Gerichtshof hat mit seiner Entscheidung „Hirmann[1040]" die Haftung der emittierenden Gesellschaft aufgrund eines fehlerhaften Prospekts oder sonstiger falscher Kapitalmarktinformation anerkannt[1041] und entschieden, dass die aufgrund der Emittentenhaftung vorgenommene Zahlung an Aktionäre keine Kapitalausschüttung i.S.d. Art. 56 GesRRL (Art. 17 KapRL) ist.[1042]

Nach der Auffassung des Europäischen Gerichtshofs stehen die vom vorlegenden Handelsgericht Wien angeführten Art. 14, 17, 18, 20, 21, 46 KapRL (Art. 53, 56, 57, 59, 60, 85 GesRRL) der Emittentenhaftung nicht entgegen.[1043] Diese Vorschriften sollen nach dem Wortlaut und Sinn und Zweck nur die rechtlichen Beziehungen zwischen der Gesellschaft und ihren Aktionären regeln, da diese sich ausschließlich aus dem Gesellschaftsvertrag betreffend das Innenverhältnis der Gesellschaft ergeben.[1044] Der Grund für die Emittentenhaftung der Gesellschaft gegenüber den Anlegern, die auch Aktionäre sind, ist nicht das Gesellschaftsverhältnis. Zudem betrifft die Emittentenhaftung nicht allein das Innenverhältnis der Gesellschaft, sondern resultiert vielmehr aus dem Aktienkaufvertrag und den von der Gesellschaft vorher oder beim Erwerb begangenen Unregelmäßigkeiten.[1045]

Nicht einschlägig ist auch der Gleichbehandlungsgrundsatz, da sich die Aktionäre, denen wegen einer von der Gesellschaft vor oder beim Erwerb begangenen Pflichtwidrigkeit ein Schaden entstanden ist, eben gerade nicht in der gleichen Lage befinden wie die restlichen Aktionäre.[1046]

Wichtig zu betonen ist, dass es eigentlich nicht um einen „Vorrang" des Anlegerschutzes aufgrund Art. 6 oder eines anderen Haftungsanspruchsgegenüber Art. 56 GesRRL geht. Mit dieser Entscheidung wird eine „Nichtanwendbarkeit" des Art. 56 GesRRL eingeräumt.[1047] Im Vergleich zum nationalen Recht spricht

---

1040 EuGH EuZW 2014, 223 (Hirmann); dazu *Bayer/Schmidt*, KSzW 2014, S. 69, 72 f.; *dies.*, BB 2014, S. 1219, 1228 f.; *Haar*, GPR 2015, S. 238, 242; *Kalss*, EuZW 2014, S. 227 f.; *Seulen*, EWiR 2014, S. 105 f.

1041 *Kalss*, EuZW 2014, S. 227.

1042 EuGH EuZW 2014, 223, 225 Rn. 32 (Hirmann).

1043 *Lutter/Bayer/Schmidt*, EuropUR, § 19 Rn. 19.102.

1044 EuGH EuZW 2014, 223, 224 Rn. 27 (Hirmann).

1045 EuGH EuZW 2014, 223, 225 Rn. 29 (Hirmann).

1046 EuGH EuZW 2014, 223, 225 Rn. 30 (Hirmann).

1047 Zust. *Kalss*, EuZW 2014, S. 228; abweichend *Haar*, GPR 2015, S. 238, 242.

der Europäische Gerichtshof nicht von einem Vorrang des Anlegerschutzes, sondern geht von einer Anwendungsmöglichkeit des Kapitalerhaltungsgrundsatzes aus. Statt einen generellen Anlegerschutz gegenüber dem Kapitalschutz anzunehmen, bestimmt der Europäische Gerichtshof die Grenzen des Einlagenrückgewährverbots.

Im Übrigen beantwortete der Gerichtshof die Frage nicht, ob die Verpflichtung der Emittentin, dem Erwerber den Betrag der erworbenen Aktien zurückzuzahlen und die Aktien zurückzunehmen, nach der nationalen Regelung auch das gebundene Vermögen der Gesellschaft (gezeichnetes Kapital und Rücklagen) umfasst bzw. deren Insolvenz zur Folge haben kann, worauf die Generalanwältin in Rn. 84 ihrer Schlussanträge[1048] erläuternd Bezug nimmt.

Der Grund dieser Vorlage sind massenhafte Verfahren mit Prospekt- und Kapitalmarkthaftungsansprüchen geschädigter Anleger gegen eine börsennotierte österreichische Immobilienaktiengesellschaft.[1049] Die Beantwortung dieser Frage ist jedoch nicht nur für österreichische Aktiengesellschaften, sondern auch für deutsche- und andere Aktiengesellschaften in anderen Mitgliedstaaten von großer Bedeutung. Eine Feststellung, dass die Schadensersatzverpflichtung der Aktiengesellschaft als Emittentin auf das gebundene Vermögen der Gesellschaft erstreckt werden kann, kann für ähnliche Verfahren vorbildlich sein und damit die finanzielle Lage der Aktiengesellschaft gefährden.

Ebenfalls kann solch eine Entscheidung ein Vorbild für Nicht-Mitgliedstaaten werden, wie für die Türkei, die ihre Gesetze im Rahmen von Entwicklungen im Bereich des Gesellschafts- und Kapitalmarktrechts modernisieren bzw. mit den europäischen Rechtsakten in Einklang bringen will.

Nach der Begründung des Gerichtshofs könne die Beantwortung dieser Frage für die Entscheidung im Ausgangsverfahren sachdienlich sein und nur allgemein die Gefahr einer möglichen Insolvenz der emittierenden Gesellschaft mit sich bringen.[1050]

2. *Das Verhältnis des Anlegerschutzes zum Erwerb eigener Aktien*

Die Rücknahme der Aktien gegen Erstattung des Erwerbspreises ist europarechtlich fraglich. Die Richtlinie sieht keinen über § 71 AktG hinausgehenden Erwerbstatbestand vor.[1051]

1048 BeckRS 2013, 81775 Rn. 85.

1049 Ausf. zu dieser Verfahrenswelle in Österreich *Kalss,* ZBB 2013, S. 126 ff.

1050 EuGH Urt. v. 19.12.2013, EuGH EuZW 2014, 223, 226 Rn. 47 (Hirmann).

1051 *Gebauer,* Börsenprospekthaftung und Kapitalerhaltungsgrundsatz, S. 205.

Eine Gesellschaft darf nach Art. 61 Abs. 1 lit. b GesRRL (Art. 22 Abs. 1 lit. b KapRL) aufgrund einer gesetzlichen Verpflichtung eigene Aktien erwerben. Solch ein Erwerb bedeute nach der Entscheidung des Europäischen Gerichtshofs jedoch nicht, dass er die Herabsetzung des Gesellschaftskapitals oder die künstliche Erhöhung des Aktienkurses zum Ziel hatte. Deshalb stellt eine Zahlung aufgrund des Erwerbs eigener Aktien keine Kapitalausschüttung i.S.v. Art. 56 (Art. 17 KapRL) dar.[1052] Teile der Literatur gehen davon aus, dass der Ersatz des Kursdifferenzschadens zulässig sei, weil der Richtlinie nicht zu entnehmen sei, dass ein Aktionär nicht gleichzeitig Gläubiger seiner Gesellschaft sein könne.[1053]

Der Europäische Gerichtshof beendete ebenfalls die Diskussion über den mit der Emittentenhaftung verbundenen Erwerb eigener Aktien. Er stellte klar, dass der Erwerb eigener Aktien, der mit der vorgenommenen Zahlung aufgrund einer Emittentenhaftung verbunden ist, auch außerhalb der *ratio legis* des Art. 59 GesRRL (Art. 20 KapRL) liegt.[1054]

III. Unionsrechtliche Schutzvorschriften für die Haftung aufgrund einer fehlerhaften Kapitalmarktinformation

Nach Art. 6 der ProspRL (Art. 11 ProspVO) wird in den Mitgliedstaaten sichergestellt, dass zumindest der Emittent für die in einem Prospekt enthaltenen Angaben haftet. Art. 6 Abs. 1 der ProspRL sieht jedenfalls für die Prospekthaftung die Haftung des Emittenten als eine Umsetzungsalternative vor, so dass hierin aus der Perspektive des europäischen Gesetzgebers keine unzulässige Einschränkung des Kapitalerhaltungsgrundsatzes folgt.[1055]

Ferner wird für die Mitgliedstaaten nach Art. 7 der TrRL sichergestellt, dass die Verantwortung für die in dieser Richtlinie vorgeschriebene Zusammenstellung und Veröffentlichung der Informationen zumindest beim Emittenten liegt. Der Gerichtshof, der im Einklang mit der h.M. steht[1056], verweist auf Art. 6 Abs. 1 ProspRL (Art. 11 ProspVO) und Art. 7 TrRL, die gerade eine

---

1052 EuGH EuZW 2014, 223, 225 Rn. 31 f. (Hirmann).

1053 *Gebauer,* Börsenprospekthaftung und Kapitalerhaltungsgrundsatz, S. 205.

1054 EuGH EuZW 2014, 223, 225 Rn. 34 (Hirmann).

1055 *Langenbucher,* ZIP 2005, S. 239, 242; so auch *Grundmann,* EuGesR, § 10 Rn. 343.

1056 *Bayer,* WM 2013, S. 961, 967; Schmidt/Lutter/*Fleischer,* AktG, § 57 Rn. 67; *ders.,* ZIP 2005, S. 1805, 1811; *Langenbucher,* ZIP 2005, S. 239, 242; *Möllers,* BB 2005, S. 1637, 1641 f.; *Mülbert/Steup,* WM 2005, S. 1633, 1653.

Emittentenhaftung aufgrund fehlerhafter Prospekte bzw. nicht ordnungsgemäßer periodischer Publizität vorsehen.[1057]

Ebenfalls stellen die Mitgliedstaaten insbesondere nach Art. 25 Abs. 1 ProspRL, Art. 28 Abs. 1 TrRL und Art. 14 Abs. 1 CRIM-MAD, unbeschadet ihres Rechts, strafrechtliche Sanktionen zu verhängen, im Einklang mit ihrem nationalen Recht sicher, dass bei Verstößen gegen die gemäß diesen Richtlinien erlassenen Vorschriften gegen die Verantwortlichen geeignete Verwaltungsmaßnahmen ergriffen oder Verwaltungssanktionen verhängt werden können. Diese Maßnahmen müssen wirksam, verhältnismäßig und abschreckend sein.[1058]

Nach dem Europäischen Gerichtshof verletzen diese Haftungsvorschriften nicht das Unionsrecht und bewegen sich im Rahmen des den Mitgliedstaaten gemäß Art. 25 Abs. 1 ProspRL, Art. 28 Abs. 1 TrRL und Art. 14 Abs. 1 CRIM-MAD I zustehenden Gestaltungsspielraums.[1059]

In diesem Zusammenhang entschied der Europäische Gerichtshof, dass die Art. 12, 15, 16, 18, 19 und 42 der Zweiten Richtlinie einer nationalen Regelung nicht entgegenstehen, die im Rahmen der Umsetzung der Prospekt-, Transparenz- und Marktmissbrauchsrichtlinie einerseits die Haftung einer Aktiengesellschaft (als Emittentin) gegenüber einem Erwerber von Aktien dieser Gesellschaft wegen einer Informationspflichtverletzung gemäß diesen genannten Richtlinien regelt, und andererseits die Verpflichtung der Aktiengesellschaft umfasst, folgend aus dieser Haftungsregelung dem Erwerber den Betrag der erworbenen Aktien zurückzuzahlen und die Aktien zurückzunehmen.[1060]

1057 EuGH EuZW 2014, 223, 225 Rn. 34 (Hirmann).
1058 EuGH EuZW 2014, 223, 225 Rn. 39 (Hirmann).
1059 EuGH EuZW 2014, 223, 225, 227 Rn. 41, 44 f., 68 (Hirmann).
1060 EuGH EuZW 2014, 223, 225 Rn. 45 (Hirmann).

C. Zusammenfassung

Die kapitalmarktrechtliche Publizität und die Haftung von Aktiengesellschaften sind ein wichtiger Teil des europäischen Anlegerschutzes. Der europäische Gesetzgeber misst dem Anlegerschutz auch mit zahlreichen Rechtsakten große Bedeutung bei. Daher wird intensiv an den Sanktionsregelungen und der zivilrechtlichen Haftung für Pflichtverletzungen (Art. 6 ProspRL, Art. 7 TrRL) gearbeitet.

Der europäische Kapitalerhaltungsgrundsatz ist grundsätzlich in der Ausschüttungsbeschränkung des Art. 56 Abs. 1 GesRRL (Art. 17 Abs. 1 KapRL) und in der Erwerbsbeschränkung eigener Aktien durch die Aktiengesellschaft des Art. 60 GesRRL (Art. 21 KapRL) festgeschrieben.[1061]

Hier muss zunächst beantwortet werden, ob die Leistung von Schadensersatz durch eine Gesellschaft wegen unrichtigen, unvollständigen oder unterlassenen Kapitalmarktinformationen eine Ausschüttung i.S.d. Art. 56 GesRRL (Art. 17 KapRL) darstellt.[1062] Der Wortlaut der Vorschrift ist für die Bejahung einer Schadensersatzleistung der Gesellschaft als Ausschüttung i.S.v. Art. 56 GesRRL (Art. 17 KapRL) nicht ausreichend. Daneben entspricht es vermutlich auch nicht dem Willen des europäischen Gesetzgebers, ähnliche Fälle der Emittentenhaftung wegen dem Kapitalerhaltungsgrundsatz anders als mit der nach Art. 6 ProspRL und Art. 7 TrRL zugelassenen Emittentenhaftung zu regeln.[1063]

Der Europäische Gerichtshof sorgt mit seiner Hirmann-Entscheidung im Spannungsfeld zwischen Gesellschafts- und Kapitalmarktrecht für eine Klärung des Verhältnisses zwischen der Emittentenhaftung und der Kapitalerhaltung, indem er sich für die „Nichtanwendbarkeit" des Art. 56 GesRRL entschied.[1064]

Zudem stellte der Gerichtshof bezüglich der Spannung mit dem Erwerb eigener Aktien fest, dass der Erwerb eigener Aktien eine gesetzliche Verpflichtung ist, die nicht aufgrund der Emittentenhaftung vorgenommen werde und die Herabsetzung des Gesellschaftskapitals oder die künstliche Erhöhung des Aktienkurses erzielt.

Diesbezüglich steht ein Vorrang der kapitalmarktrechtlichen Informationshaftung einer Gesellschaft nicht den europarechtlichen Kapitalschutzvorschriften entgegen. Dagegen wird die Frage zum Vermögensbereich der Gesellschaft, ob die Schadensersatzverpflichtung der Aktiengesellschaft als Emittent auf das gebundene Vermögen der Gesellschaft erstreckt werden kann, nicht endgültig beantwortet.[1065] Diese Bestimmung soll jedoch zu Recht durch die nationalen Gerichte im Einzelfall festgestellt werden.

1061 Siehe oben Kap. 3 A. I., II.

1062 Siehe oben Kap. 3 B. II. 1. a.

1063 Siehe oben Kap. 3 B. II. 1. b. und III.

1064 Siehe oben Kap. 3 B. II. 1. c.

1065 Siehe oben Kap. 3 B. II. 1. c.

Viertes Kapitel: Kapitalschutz versus Anlegerschutz nach türkischem Recht

A. Zur Problematik

Das Verhältnis des Anlegerschutzes zum Kapitalschutz, also zur Kapitalaufbringung und zur Kapitalerhaltung in einer Aktiengesellschaft, ist auch im türkischen Recht problematisch. Die Spannung konzentriert sich vor allem auf die Informationspflichten der Aktiengesellschaften auf dem Primär- und Sekundärmarkt.

Publikumsgesellschaften[1066] und ihre Informationspflichten im Bereich der Prospekt- und Publizitätspflichten werden im türkischen Recht durch das Kapitalmarktgesetz und seine Sekundärquellen, vor allem durch Erlasse geregelt. Demzufolge informiert sich die Öffentlichkeit über die Aktienemission und beim öffentlichen Angebot durch den Prospekt.[1067]

Daneben regelt der Gesetzgeber Publizitätspflichten, die dem Kleinanleger auf dem Sekundärmarkt eine rationale Anlageentscheidungsmöglichkeit bieten.[1068] Hierfür hat der Gesetzgeber die Publizitätsdokumente (Prospekte und Ad-hoc-Mitteilungen) als einen neuen Begriff unter einer separaten Überschrift

1066 Obwohl in der Begründung des Handelsgesetzbuchs der Begriff „die Börsengesellschaft" präferiert wurde, wurden sowohl die Begriffe „Börsengesellschaft" als auch „Publikumsgesellschaft" im Handelsgesetzbuch verwendet. Auch müssen die Publikumsgesellschaften nach dem Kapitalmarktgesetz börsennotiert sein. Trotzdem wurde der Begriff „Publikumsgesellschaft" im Kapitalmarktgesetz weiterverwendet, näher *Aytaç*, HAAO'lara İlişkin Yenilikler, in: SPH Sempozyumu 2013, S. 19, 24 f.; Kırca/Manavgat/*Şehirali Çelik*, Anonim Şirketler Hukuku, S. 230 ff.; a.A. *Turanboy*, 6102 Sayılı Türk Ticaret Kanunu'nun Sermaye Piyasası Hukuku Bakımından Değerlendirilmesi, S. 11, 15 f.; die Publikumsgesellschaften werden gemäß der Gesetzbegründung Nr. IV, 1 als Marktbestandteil qualifiziert. Deswegen kann eine Publikumsgesellschaft neben seiner Eigenschaft als Aktiengesellschaft auch als eine Anlageinstitution bewertet werden, somit besteht eine Gefahr des überschreitenden Eingriffs durch die Kapitalmarktaufsicht, näher *Aytaç*, HAAO'lara İlişkin Yenilikler, in: SPH Sempozyumu 2013, S. 19, 22, 30; *Tekinalp/Çamoğlu*, Sermaye Piyasası Hukukunun Temel İlkeleri, Rn. 9 ff.

1067 *Çetin*, Yatırımcıların Korunması, in: SPH Sempozyumu 2013, S. 437, 441 f.

1068 *Ünal*, Sermaye Piyasası Hukuku ve Mevzuatı, S. 259.

im Kapitalmarktgesetz verankert.[1069] Im Übrigen enthält das Handelsgesetzbuch als allgemeines Gesetz zahlreiche Informationspflichten und Verhaltenspflichten für Aktiengesellschaften und deren Geschäftsleiter, im Vergleich zum Kapitalmarktgesetz sogar in einem umfassenderen Rahmen.

Durch Informationspflichten in Form eines Prospekts oder einer Ad-hoc-Mitteilung und das Handelsverbot von Insiderinformationen werden die Rechte[1070] und Interessen der Kleinaktionäre geschützt. Investierte ein Anleger in eine Publikumsgesellschaft und wurde dabei getäuscht, liegt er im Schutzbereich des Kapitalmarktgesetzes. Hier bietet die Prospekthaftung in Art. 10 tKMG einen speziellen Schutz für getäuschte Anleger. Zudem hat der Gesetzgeber mit der allgemeinen Haftung wegen unrichtigen, irreführenden und fehlerhaften Publizitätsdokumenten gemäß Art. 32 tKMG, der auch den Prospekt umfasst, große Schutzmöglichkeiten normiert. In diesem Zusammenhang ist zu überlegen, wie die Rechte der Kleinanleger gegenüber den Rechten der Gesellschaftsgläubiger und Aktionäre einzuordnen sind. Des Weiteren ist die Frage zu klären, ob der Anleger als Aktionär in den Bereich des Einlagenrückgewährverbots (Art. 480 tHGB) fällt. In einem folgenden Schritt ist herauszuarbeiten, ob der Rückerwerb eigener Anteile dem Verbot des Erwerbs eigener Anteile (Art. 379 tHGB) entgegensteht, wenn der Anleger seinen Schaden in Form der Erstattung des gezahlten Kaufpreises fordert und folglich die erworbenen Anteile zurückgeben muss.

Zweifellos ist neben dem Schutz der Interessengruppen bereits das institutionelle Fortbestehen bzw. Funktionieren der Gesellschaft von großer Bedeutung.[1071] Da die Schadensersatzleistung aus dem Gesellschaftsvermögen genommen wird, kann solch eine Folge für den Schutz des Gesellschaftsvermögens gefährlich werden. Daher muss geprüft werden, ob Schadensersatzleistungen an den Anleger, insbesondere wenn sie massenhaft sind, den Fortbestand der Gesellschaft gefährden. Die Rechtsprechung des Kassationshofs zum Spannungsverhältnis ist hierbei wesentlich.[1072] Der türkische Kassationshof räumt in zahlreichen jüngeren Urteilen den Vorrang des Anlegerschutzes ein, indem er

---

1069 RegBegr. tKMG Nr. 2 (Bezüglich der Finanzinstrumente und Emittenten) Abs. 13.

1070 *Ünal*, Sermaye Piyasası Hukuku ve Mevzuatı, S. 270.

1071 *Şehirali Çelik*, Anonim Şirketlerde Çıkar Çatışmaları, S. 20.

1072 Kassationshof, 11. Zivilkammer, Urt. v. 05.06.2017, E. 2016/9897 K. 2017/3341; Kassationshof, 11. Zivilkammer, Urt. v. 05.06.2017, E. 2016/9896 K. 2017/3343; Kassationshof, 11. Zivilkammer, Urt. v. 29.05.2017, E. 2016/9493 K. 2017/3103; Kassationshof, 11. Zivilkammer, Urt. v. 29.05.2017, E. 2016/9440 K. 2017/3102; Kassationshof, 11. Zivilkammer, Urt. v. 29.05.2017, E. 2016/8288 K. 2017/3101; Kassationshof, 11. Zivilkammer, Urt. v. 15.05.2017, E. 2016/8103 K. 2017/2874;

sich für eine Haftung wegen unerlaubter Handlung des Emittenten und seinen Vorstandsmitgliedern ausspricht.

Diese Urteile verdienen besondere Aufmerksamkeit, da der Kassationshof zum ersten Mal den Anlegerstatus des getäuschten Klägers bejaht und diesen nicht als Aktionär der Gesellschaft definiert. Ebenfalls ist bemerkenswert, dass es die Geldansammlung von im Ausland lebenden Anlegern durch Scheingesellschaften unter der Durchgriffshaftung bewertet und eine Haftung der Muttergesellschaft mit ihren Vorstandsmitgliedern in der Türkei bejaht.

B. Der Kapitalerhaltungsgrundsatz

I. Anpassung an das europäische Recht

1. Notwendigkeit eines neuen Handelsgesetzbuchs

Die Beitrittsverhandlungen der Türkei mit der Europäischen Union wurden offiziell am 03.10.2005 aufgenommen. Der rechtliche Zustand der Türkei verpflichtete sie zum einen zur Anpassung an das europäische Recht, insbesondere an existierende und künftige Richtlinien[1073] und Verordnungen, zum anderen zur Vornahme von rechtlichen Änderungen in den bestehenden Gesetzen.[1074]

Im Hinblick auf diese Entwicklungen wurde die Kapitalrichtlinie in die Kapitalschutzvorschriften im Handelsgesetzbuch grundlegend aufgenommen.[1075] Ein dynamisches sowie harmonisches Handelsgesetzbuch ist für die Entwicklung in

---

Kassationshof, 11. Zivilkammer, Urt. v. 15.05.2017, E. 2016/8037 K. 2017/2873; Kassationshof, 11. Zivilkammer, Urt. v. 15.05.2017, E. 2016/8035 K. 2017/2870; Kassationshof, 11. Zivilkammer, Urt. v. 05.06.2017, E. 2016/9898 K. 2017/3342.

1073 *Çeliktaş*, Anonim Ortaklığın Kendi Paylarını İktisabı, S. 56.

1074 Beschluss über die Durchführung, Koordination und Verfolgung des nationalen Übernahmeprogramms der Türkei bezüglich des Acquis Communautaire, ABl. 25178 v. 24.07.2002 (wiederholte Veröffentlichung); zum Rahmendokument der Beitrittsverhandlungen, abrufbar unter: http://www.ab.gov.tr/files/AB_Iliskileri/AdaylikSureci/MuzakereCercevesi/Muzakere_Cercevesi_2005.pdf (abgerufen am 18.02.2019); auch zum Türkei-Bericht-2016 der EU Kommission, Brüssel v. 09.11.2016, abrufbar unter: http://www.ab.gov.tr/files/5%20Ekim/son__2016_ilerleme_raporu_tr.pdf (abgerufen am 18.02.2019); RegBegr. tHGB, Nr. 3: „zum EU-Kandidat, Beschluss für die Beitrittsverhandlungen und die Türkei als der verhandelnde Staat"; auch zum nationalen Aktionsplan der Türkei für den EU-Beitritt (Januar-Dezember 2016), abrufbar unter: http://www.ab.gov.tr/files/5%20Ekim/ulusal_eylem_plani__yeni.pdf (abgerufen am 18.02.2019).

1075 RegBegr. tHGB a.F., 2. Aktiengesellschaften, a) Sichere Begründung und Kapitalschutz, Abs. 57.

Richtung der Europäischen Union erforderlich, um ein Teil des internationalen Wirtschaftsmarkts und Kapitalmarkts zu sein.[1076]

Aus den Gründen der Globalisierung und den Erfordernissen der Europäischen Union war ein neues Handelsgesetzbuch zwingend. Einhergehend trat das fünfzigjährige Handelsgesetzbuch[1077], dessen Entwurf von Prof. Dr. Ernst Hirsch ausgearbeitet wurde, am 01.07.2012 außer Kraft. Das neue Gesetz enthält nicht nur Vorschriften über das Gesellschaftsrecht, sondern auch über das gesamte Handelsrecht.[1078]

2. Kritik

Allerdings wird stark kritisiert, dass, obwohl bei der Gesetzgebung deutsche sowie schweizerische Rechte und europäische Richtlinien angewendet wurden, der Unterschied zwischen den verschiedenen Rechtssystemen nicht berücksichtigt wurde.[1079] Dabei ergeben sich verschiedene Problemstellungen. Beispielsweise muss die Gesellschaft, wenn sie eigene Anteile[1080] unter Verstoß gegen Art. 385, 379 und 381 tHGB erwirbt[1081], diese Anteile innerhalb von spätestens sechs Monaten nach dem Erwerb oder der Inpfandnahme veräußern. Obwohl die Frage im türkischen Recht streitig ist, ob bei der Übertragung von Aktionärsrechten das Abstraktionsprinzip oder das Kausalitätsprinzip gilt, wird der Erwerb von Aktionärsrechten bei der Veräußerung gesetzwidrig erworbener Anteile unter dem Aspekt des Verpflichtungs- und Verfügungsgeschäfts bewertet und somit in der Literatur kritisiert, weil das Abstraktionsprinzip

1076 Kırca/Manavgat/*Şehirali Çelik*, Anonim Şirketler Hukuku, S. 39 ff.

1077 Näher zu den Reformen des Handelsgesetzbuchs *Hirsch/Tekinalp*, Das türkische Aktien- und GmbH Recht, S. 27 ff.

1078 *Kervankıran*, FS Baums, 2017, S. 653, 655.

1079 *Aydın*, Anonim Ortaklığın Kendi Paylarını Edinmesi, S. 312 f.

1080 Mit den Vorschriften des neuen Kapitalmarktgesetzes wurden auch bei den Publikumsgesellschaften der Begriff „Anteile" statt „Aktien" verwendet, näher *Aytaç*, HAAO'lara İlişkin Yenilikler, in: SPH Sempozyumu 2013, S. 19, 22.

1081 Art. 379 tHGB (Erwerb eigener Anteile) handelt ausdrücklich von Anteilen. Scheine, wie z.B. Genussscheine, aus denen keine Aktionärseigenschaft erworben werden kann, sind keine Anteile i.S.d. Art. 379 tHGB. In der Literatur gehen einige Autoren davon aus, dass die Rückgewähr dieser Scheine einen Umgehungscharakter des Erwerbsverbots zum Nachteil der Aktionäre und Gläubiger haben kann, ähnlich wie beim Einlagenrückgewährverbot. Deswegen soll das Verbot auch bei den Geschäften bezüglich des Erwerbs von Scheinen angewendet werden, näher *Aydın*, Anonim Ortaklığın Kendi Paylarını Edinmesi, S. 204 ff.; *Kendigelen*, İntifa Hakkı, S. 76.

ohne Beachtung der Unterschiede zwischen beiden Rechtssystemen in das türkische Handelsgesetzbuch übertragen wurde.[1082]

Hinzu kommen weitere Bedenken im Hinblick auf den Erwerb eigener Anteile. Ausnahmsweise ist der Erwerb gemäß Art. 381 Abs. 1 tHGB[1083] ohne einen Beschluss der Hauptversammlung zulässig, wenn der Erwerb dazu notwendig ist, einen schweren, unmittelbar bevorstehenden Schaden von der Gesellschaft abzuwenden.[1084] Gem. Art. 19 Abs. 2 der Kapitalrichtlinie können die Mitgliedstaaten von Abs. 1 lit. a S. 1 abweichen, sofern eine Notwendigkeit für den Erwerb eigener Aktien entsteht, um die Gesellschaft vor einem schweren unmittelbar bevorstehenden Schaden zu schützen. In solch einer Situation gelten die Schranken in Art. 19 Abs. 1 lit. b, lit. c und lit. d der Kapitalrichtlinie jedoch fort. Diese Schranken wurden bei der Gesetzgebung in Art. 19 Abs. 1 lit. b, lit. c und lit. d der Kapitalrichtlinie nicht berücksichtigt, so dass die Gefahr besteht, dass Anteile über einen Wert in Höhe von zehn Prozent des Grundkapitals erworben werden können oder ein rechtswidriger Erwerb mit unvollständig eingezahlten Anteilen zustande kommen kann und aufgrund dessen das gebundene Vermögen verletzt werden kann.[1085]

1082 Im türkischen Zivilgesetzbuch (tZGB) ist nicht eindeutig geregelt, ob die Eigentumsübertragung beweglicher Sachen kausal ist. Gemäß Art. 763 Abs. 1 tZGB muss der Besitz bei der Eigentumsübertragung beweglicher Sachen übertragen werden. Fraglich ist somit, ob die Eigentumsübertragung auch gilt, wenn die Übertragung des Besitzes nicht kausal ist, oder wenn ihr Rechtsgrund ungültig ist. Daher ist es in der Literatur streitig, ob die Eigentumsübertragung kausal oder abstrakt erfolgt. Die Diskussion handelt von der Frage, ob für die Eigentumsübertragung beweglicher Sachen der Besitz ausreichend ist oder nicht, näher *Aydın*, Anonim Ortaklığın Kendi Paylarını Edinmesi, S. 312 f.

1083 Art. 381 tHGB (Abwendung eines schweren, unmittelbar bevorstehenden Schadens): *„1) Die Gesellschaft darf eigene Anteile ohne einen Beschluss der Hauptversammlung gemäß Art. 379 tHGB erwerben, wenn der Erwerb notwendig ist, um einen schweren, unmittelbar bevorstehenden Schaden von der Gesellschaft abzuwenden. 2) In diesem Fall hat der Vorstand die nächste Hauptversammlung a) über die Gründe und den Zweck des Erwerbs, b) über die Zahl der erworbenen Anteile und den auf sie entfallenden Betrag des Grundkapitals, über deren Anteil am Grundkapital c) sowie über den Gegenwert der Aktien und Zahlungsvoraussetzungen schriftlich zu unterrichten.“*

1084 Art. 19 Abs. 2 der Richtlinie 77/91/EWG vom 13.12.1976 ist der Grund für Art. 381 tHGB.

1085 *Aydın*, Anonim Ortaklığın Kendi Paylarını Edinmesi, S. 322.

3. *Einklang mit dem Kapitalmarktgesetz*

Ein vollständiger Einklang mit den nationalen Vorschriften ist ebenfalls nicht vorhanden. Insbesondere bei den Vorschriften im Kapitalmarktgesetz bezüglich der Publikumsgesellschaften sind das Handelsgesetzbuch und das Kapitalmarktgesetz nicht harmonisch, da mit dem Kapitalmarktgesetz einige Vorschriften des Handelsgesetzbuchs wiederholt, verändert oder gleiche Themen in beiden Gesetzen unterschiedlich geregelt werden.[1086]

Dieser sogenannte Dualismus führt sogar zur Gefahr, dass das Gesellschaftsvermögen dadurch herabgemindert werden kann.[1087] Hier ist beispielsweise an Art. 12 Abs. 1 tKMG[1088] zu denken. Die Einzahlungspflicht mit Geld für ausgegebene Anteile gem. Art. 12 Abs. 1 S. 1 tKMG dient sowohl zur Vermeidung von Vermögensminderungen als auch zum Schutz der Minderheitsaktionäre gegenüber den Handlungen des Vorstands, und beseitigt die Risiken von subjektiven Wertbestimmungen des Sachkapitals, die für die Anleger nachteilig sind. Daneben bestimmt die Kapitalmarktaufsicht nach Art. 12 Abs. 1 S. 3 tKMG[1089] die Fälle, bei denen eine vollständige Leistung nicht vorgesehen ist. Diese Vorschrift ist nicht harmonisch mit den Vorschriften des Handelsgesetzbuchs, da die Vorschriften über das Sachkapital des Handelsgesetzbuchs, insbesondere bei der Fusion gemäß Art. 142 Abs. 2 tHGB, Spaltung gemäß

1086 *Aytaç*, HAAO'lara İlişkin Yenilikler, in: SPH Sempozyumu 2013, S. 19, 20 f., 26, 32 f., 40; obwohl einige Vorschriften insbesondere lediglich für Börsengesellschaften gelten, um diese zu schützen und zu vermehren, wurde dies nicht durch das Kapitalmarktgesetz berücksichtigt, siehe Poroy/Çamoğlu/*Tekinalp*, Ortaklıklar Hukuku I, 2019, S. 320 Rn. 473c.

1087 Gemäß Art. 347 tHGB dürfen Anteile mit einem geringeren Betrag als der Nennbetrag des Grundkapitals nicht ausgegeben werden. Allerdings dürfen Anteile gemäß Art. 12 Abs. 2 tKMG zu einem Preis ausgegeben werden, der unter dem Nennbetrag liegt, siehe *Aytaç*, HAAO'lara İlişkin Yenilikler, in: SPH Sempozyumu 2013, S. 19, 28 f.; *Çetin/Töremiş/Cantimur*, 6362 Sayılı Sermaye Piyasası Kanunu'nun Sistematik Analizi, S. 35. Gemäß Art. 18 Abs. 2 des Erlasses über Anteile (Nr. VII-128) dürfen nur börsennotierte Publikumsgesellschaften Anteile unter dem Nennbetrag ausgeben, ausf. *Manavgat*, Halka Arz ve Sermaye Artırımı, in: SPH Sempozyumu 2013, S. 117, 133.

1088 Art. 12 Abs. 1 S. 1 tKMG (Verkauf von Finanzinstrumenten): „*Der Betrag ausgegebener Anteile ist vollständig und bar zu bezahlen…*"

1089 Art. 12 Abs. 1 S. 3 tKMG (Verkauf von Finanzinstrumenten): „*Die Kapitalmarktaufsicht ist für die Bestimmung zuständig, ob im Fall einer Fusion, Spaltung, Umwandlung und bei ähnlichen Gesellschaftsstrukturierungen die Anteile für Kapitalerhöhungen usw. bar zu zahlen sind.*"

Art. 163 Abs. 2 tHGB und Umwandlung gemäß Art. 184 Abs. 1 tHGB keine Anwendung finden.[1090]

Von wesentlicher Bedeutung ist die Frage, wie der Erwerb eigener Anteile jeweils in beiden Gesetzen geregelt wird. Eine Aktiengesellschaft darf gemäß Art. 379 Abs. 1 Satz 1 tHGB ihre eigenen Anteile, welche insgesamt zehn Prozent des Eigen- oder gezeichneten Kapitals überschreiten oder nach einem Geschäft überschreiten, nicht entgeltlich erwerben oder als Pfand nehmen.[1091] Zu beachten ist, dass der Gesetzgeber den Erwerb eigener Anteile nicht verboten, sondern durch den Umfang von zehn Prozent des Grundkapitals, welcher gemäß Art. 379 Abs. 3 tHGB der Nennbetrag ist, begrenzt hat.[1092]

Daneben dürfen Publikumsgesellschaften gemäß Art. 22 Abs. 1 S. 1 tKMG eigene Anteile unter bestimmten Voraussetzungen, die durch die Kapitalmarktaufsicht festgelegt werden, erwerben bzw. die Anteile als Pfand nehmen. Die Kapitalmarktaufsicht ist gem. Art. 22 Abs. 1 tKMG dafür zuständig, die Voraussetzungen und Grenzen des Erwerbs zu bestimmen. Obwohl die Anteile durch die Aktiengesellschaft gemäß Art. 379 tHGB in Höhe von zehn Prozent des Grundkapitals erworben werden dürfen, ist keine Obergrenze für den Erwerb eigener Anteile durch die Publikumsgesellschaft bestimmt worden.

Mangels einer Obergrenze für den eigenen Anteilserwerb würde es dem Ziel des Gesetzes zuwiderlaufen, die Rechte und Interessen des Anlegers zu schützen. Die Bestimmung einer gesetzlichen Obergrenze würde insofern eine Sicherheit für Anleger sowie für Aktionäre und Gläubiger schaffen, anstatt diese Bestimmung der Kapitalmarktaufsicht zu überlassen.

Von hoher Relevanz ist hier Art. 101 Abs. 2 tKMG.[1093] Die Kapitalmarktaufsicht kann gemäß Art. 101 Abs. 2 tKMG Geschäfte zwischen

---

1090 Ausf. *Manavgat*, Halka Arz ve Sermaye Artırımı, in: SPH Sempozyumu 2013, S. 117, 132.

1091 Mit Art. 1 des Erlasses über zurückerworbene Anteile (Nr. II-22.1, ABl. 28871 v. 03.01.2014) wird die Regelung des Erwerbs oder der Inpfandnahme eigener Anteile bei den Publikumsgesellschaften erzielt. Gemäß Art. 2 Abs. 1 des Erlasses wird der Erwerb oder die Inpfandnahme eigener Anteile, die Veräußerung- oder Einziehung der Anteile und Publizitätspflichten geregelt, es sei denn, die Fälle liegen im Bereich des Insiderhandels oder der Marktmanipulation.

1092 Obwohl die Mitgliedsstaaten nach der Richtlinie eine Grenze bestimmen können, die über zehn Prozent liegt, hat die Türkei (ähnlich wie Deutschland) keine höhere Grenze im Handelsgesetzbuch geregelt, siehe Poroy/Çamoğlu/*Tekinalp*, Ortaklıklar Hukuku I, 2019, S. 656 Rn. 838a.

1093 Art. 101 Abs. 2 tKMG: *„2) Im Rahmen der Anwendung eines Rückkaufsprogramms gemäß Art. 22 tKMG kann die Kapitalmarktaufsicht den Handel über die Anteile der*

Publikumsgesellschaften und Drittpersonen, die mittelbar oder unmittelbar in Verbindung mit dem Vorstand, dem Aufsichtsrat oder dem Gesellschaftskapital stehen, bezüglich des Erwerbs eigener Anteile begrenzen. Zu Recht wird die Regelung wegen ihrer zu weitgehenden Grenze kritisiert. Der Bedarf nach einer neuen Regelung über den Erwerb eigener Anteile statt den detaillierten Regelungen des Handelsgesetzbuchs ist ebenfalls kaum nachvollziehbar, da mit dem Handelsgesetzbuch die Anpassung an das europäische Recht bezweckt wurde und die Regelung über den Erwerb eigener Anteile des Handelsgesetzbuchs auch für die Publikumsgesellschaften des Kapitalmarktgesetzes angewendet werden könnte.[1094]

Ebenfalls ist Art. 18 Abs. 6 tKMG nicht harmonisch mit Art. 460 Abs. 5 tHGB. Obwohl gemäß Art. 460 Abs. 5 tHGB[1095] Aktionäre Kläger einer Anfechtungsklage sein können, können sie gemäß Art. 18 Abs. 6 tKMG[1096] diese nur dann erheben, wenn ihre Rechte verletzt wurden.[1097]

Ein weiteres Beispiel für die unterschiedliche Regelung des gleichen Gegenstands sind die unterschiedlichen Rechtsfolgen bei einem Verstoß gegen den Gleichbehandlungsgrundsatz. Demzufolge sind Beschlüsse, die den Gleichbehandlungsgrundsatz verletzen, gem. Art. 391 Abs. 1 lit. a tHGB nichtig. Da nach der Begründung des Art. 357 tHGB[1098] Beschlüsse, die den Gleichbehandlungsgrundsatz verletzen, anzufechten sind, ist der Verstoß unter Betrachtung des Schutzzwecks des Artikels auszulegen. Eine vom jeweiligen Fall abhängige

---

Publikumsgesellschaft der natürlichen oder juristischen Personen, mit welchen die Publikumsgesellschaft bezüglich der Führung, Aufsicht oder des Kapitals mittelbar oder unmittelbar in Beziehung steht und der anderen Personen begrenzen."

1094 *Aytaç*, HAAO'lara İlişkin Yenilikler, in: SPH Sempozyumu 2013, S. 19, 32.

1095 Art. 460 Abs. 5 S. 1 tHGB (Beim eingetragenen Kapitalsystem): „*5) Gegen Beschlüsse des Vorstands dürfen Aktionäre und Vorstandsmitglieder innerhalb von einem Monat nach der Veröffentlichung des Beschlusses eine Anfechtungsklage erheben, wenn die Voraussetzungen des Art. 445 tHGB erfüllt sind…*"

1096 Art. 18 Abs. 6 tKMG (Eingetragenes Kapitalsystem): „*6) Gegen Beschlüsse des Vorstands im Rahmen dieses Gesetzes können Vorstandsmitglieder oder Aktionäre, deren Rechte verletzt wurden, innerhalb von 30 Tagen nach der Veröffentlichung des Beschlusses eine Anfechtungsklage bei dem Handelsgericht am Ort des Gesellschaftssitzes erheben.*"

1097 Zur Kritik siehe Kırca/Şehirali Çelik/*Manavgat*, Anonim Şirketler Hukuku, S. 340.

1098 Begründung des Art. 357 tHGB: „*…der Gleichbehandlungsgrundsatz findet in einigen Fällen absolute Anwendung. Rechtsfolge der Verletzung des Gleichbehandlungsgrundsatzes sind je nach vorliegendem Fall die Anfechtung; jedoch ist die Anfechtung nicht die einzige Folge einer Verletzung…*"

Beurteilung soll auch mit dem schweizerischen Obligationenrecht in Einklang gebracht werden.[1099]

Daneben sind die Beschlüsse einer Publikumsgesellschaft, die gegen den Gleichbehandlungsgrundsatz verstoßen, gemäß Art. 18 Abs. 6 tKMG anfechtbar. Hier harmonieren die beiden Gesetze über denselben Fall nicht und die Inkompatibilität zwischen beiden Vorschriften muss ausgeräumt werden.[1100]

II. Der Kapitalerhaltungsgrundsatz

Der Begriff „Kapital" steht im Mittelpunkt des Kapitalerhaltungsgrundsatzes. Unter dem „Kapital" versteht man das „Grundkapital" einer Aktiengesellschaft. Das Grundkapital in einer Aktiengesellschaft, unabhängig von seinem Wert in der Satzung, ist als das durch die Aktionäre versprochene liquide Gesamtvermögen zu formulieren.[1101]

Als Hauptregel gilt, dass das Grundkapital als das Vermögen der Gesellschaft tatsächlich mit seinem eigenen Wert aufgebracht und geschützt werden muss, sowie den Aktionären nicht zurückgewährt werden darf,[1102] solange die Aktiengesellschaft besteht. Die vollständige und reale Kapitalaufbringung bezüglich des Eintragungswerts[1103] ist ein wichtiger Teil des Kapitalschutzes, womit nicht nur die Gläubiger der Aktiengesellschaft, sondern auch die Aktiengesellschaft selbst, die Aktionäre und andere Interessenten geschützt werden.[1104]

Das aufgebrachte Kapital, als gebundenes Vermögen der Aktiengesellschaft, welches nicht durch Hauptversammlungsbeschlüsse ausgeschüttet werden

---

1099 Krit. *Teoman*, BATİDER 2010, S. 13; *Kendigelen*, İlk Tespitler, S. 279; a.A. Şehirali Çelik/Manavgat/*Kırca*, Anonim Şirketler Hukuku, S. 516, 523.

1100 *Pulaşlı*, Şirketler Hukuku Şerhi, Band I, § 30 Nr. 348; Şehirali Çelik/Manavgat/*Kırca*, Anonim Şirketler Hukuku, S. 516; zur Problematik *Eminoğlu*, TFM 2015, S. 79, 85 f.

1101 *Moroğlu*, Anonim Ortaklıklarda Sermaye Artırımı, S. 1.

1102 *Sevi*, Anonim Ortaklıkta Sermayenin Oluşturulması ve Pay Sahiplerine İade Edilmesi Yasağı, S. 44, 48, 108, 409 ff.

1103 Gemäß Art. 127 tHGB könnten Geld, Wertpapiere, bewegliche- und unbewegliche Sachen, dingliche Rechte an beweglichen und unbeweglichen Sachen usw. als Grundkapital mitgebracht werden. Sacheinlagen stellen gemäß Art. 127 Abs. 2 tHGB einen Ausnahmefall dar. Einlagen, die als Sacheinlage mitgebracht werden könnten, werden in Art. 342 Abs. 1 tHGB aufgezählt, näher *Kendigelen*, İlk Tespitler, S. 230.

1104 *Tekinalp*, FS Serozan, 2010, S. 1681, 1693 f.; Kırca/Şehirali Çelik/*Manavgat*, Anonim Şirketler Hukuku, S. 570 f.

darf, hat eine wichtige Funktion zugunsten des Gläubigers bzw. der Drittpersonen, welche in der Literatur als die „Sicherheitsfunktion“ des Grundkapitals bezeichnet wird.[1105]

Ferner beschränken sich die Regelungen über den Kapitalschutz im neuen Handelsgesetzbuch nicht nur auf die vollständige und reale Kapitalaufbringung, sondern wurden fast auf alle Bereiche der Aktiengesellschaft ausgeweitet.[1106] Da sich seit dem neuen Handelsgesetzbuch auch Nicht-Publikumsgesellschaften für ein eingetragenes Kapitalsystem entscheiden dürfen,[1107] lässt sich feststellen, dass der Kapitalschutz nicht nur für ein gezeichnetes Kapitalsystem, sondern auch für ein eingetragenes Kapitalsystem gilt.

Der Kapitalschutz dient auch der Möglichkeit der Begrenzung von Geschäften der Geschäftsleiter oder der Großaktionäre, die zur Vermögensminderung der Gesellschaft führen können.[1108] Die Verhinderung von verdeckten Zuwendungen, die unter dem Deckmantel eines zulässigen Geschäfts in verdeckter Form ohne Entgelt an den Dritten erbracht werden, spielt daher beim Schutz der Aktionäre und Gläubiger eine große Rolle.[1109]

Folglich ist eine der wichtigsten Neuerungen im Handelsgesetzbuch die Möglichkeit der Nichtigkeit, wenn durch Beschlüsse des Vorstandes und der Hauptversammlung der Kapitalerhaltungsgrundsatz verletzt wird. Zustimmungswürdig ist die Überlegung, dass der Kapitalerhaltungsgrundsatz, außer durch die Beschlüsse des Vorstands und der Hauptversammlung, auch durch Begründer, Teilnehmer am Gründungsstadium, oder durch ein Komitee verletzt werden könnte, wofür jedoch keine Gegenmaßnahme im Handelsgesetzbuch existiert.[1110]

1105 *Moroğlu*, Anonim Ortaklıklarda Sermaye Artırımı, S. 2; zur Kritik für die Sicherheitsfunktion siehe Şehirali Çelik/Manavgat/*Kırca*, Anonim Şirketler Hukuku, S. 310 f.

1106 *Tekinalp*, FS Serozan, 2010, S. 1681, 1696.

1107 Kırca/Manavgat/*Şehirali Çelik*, Anonim Şirketler Hukuku, S. 232 f.; *Turanboy*, 6102 Sayılı Türk Ticaret Kanunu'nun Sermaye Piyasası Hukuku Bakımından Değerlendirilmesi, S. 11, 18.

1108 Kırca/Şehirali Çelik/*Manavgat*, Anonim Şirketler Hukuku, S. 571.

1109 Kırca/Şehirali Çelik/*Manavgat*, Anonim Şirketler Hukuku, S. 572; auch *Kaya*, MÜHFD 2016, S. 1531, 1539 ff.

1110 *Tekinalp*, FS Serozan, 2010, S. 1681, 1697.

1. Schutz des „Grundkapitals" oder des „Gesellschaftsvermögens"

Das Handelsgesetzbuch schweigt zur Frage, was genau unter dem Kapitalschutz zu verstehen ist. Da für die Gläubiger das Gesellschaftsvermögen die einzige Möglichkeit ist, ihre Forderung zu erhalten, muss das Handelsgesetzbuch zunächst beantworten, ob der Kapitalschutz nur das Grundkapital oder das Vermögen in Höhe des Grundkapitals der Gesellschaft erfasst.[1111]

Im engeren Sinne erfasst das Prinzip des Kapitalschutzes nur das Grundkapital. Im weiteren Sinne wird darunter der Schutz des Gesellschaftsvermögens verstanden.[1112] Der Kapitalschutz wird sogar als eine Unterkategorie des Vermögensschutzes[1113] bzw. als das Prinzip des Vermögensschutzes anerkannt.[1114]

In der Literatur wird vertreten, dass die Kapitalerhaltung auf das gebundene Vermögen hinweist.[1115] Die Formulierung „gebunden zu sein" stehe einerseits für eine Garantie zugunsten der Gläubiger und diene andererseits dem eigenen Tätigkeitsbereich des Unternehmens.[1116]

Der Vermögensschutz dient jedoch nicht allein dem Gläubigerinteresse, sondern auch dem Aktionärs- und Gesellschaftsinteresse.[1117] Vertreten wird zudem die Auffassung, dass der Gesetzgeber nicht nur das Grundkapital, sondern auch das gesamte Vermögen schützen wollte.[1118]

1111 Für die Anwendung als „Kapitalschutz" *Aydın*, Anonim Ortaklığın Kendi Paylarını Edinmesi, S. 5 ff.; *Tekinalp*, FS Serozan, 2010, S. 1681 ff.; für die Anwendung als „Vermögenschutz" Çamoğlu/Poroy/*Tekinalp*, Ortaklıklar Hukuku I, 2019, S. 316 Rn. 467; *Ansay*, Anonim Şirketler Hukuku, S. 37; *Pulaşlı*, Şirketler Hukuku Şerhi, Band I, § 24 Rn. 9; *Sevi*, Anonim Ortaklıkta Sermayenin Oluşturulması ve Pay Sahiplerine İade Edilmesi Yasağı, S. 74.

1112 Şehirali Çelik/Manavgat/*Kırca*, Anonim Şirketler Hukuku, S. 518; Kırca/Şehirali Çelik/*Manavgat*, Anonim Şirketler Hukuku, S. 572 f.; *Sevi*, Anonim Ortaklıkta Sermayenin Oluşturulması ve Pay Sahiplerine İade Edilmesi Yasağı, S. 49 f.

1113 Kırca/Şehirali Çelik/*Manavgat*, Anonim Şirketler Hukuku, S. 568, 573.

1114 Çamoğlu/Poroy/*Tekinalp*, Ortaklıklar Hukuku I, 2019, S. 316 Rn. 467; *Pulaşlı*, Şirketler Hukuku, S. 212.

1115 *Aydın*, Anonim Ortaklığın Kendi Paylarını Edinmesi, S. 23.

1116 *Tekinalp*, FS Serozan, 2010, S. 1681, 1689.

1117 Kırca/Manavgat/*Şehirali Çelik*, Anonim Şirketler Hukuku, S. 126; *Arslanlı*, Anonim Şirketler, C. I, S. 17; *Tekinalp*, FS Serozan, 2010, S. 1681, 1693.

1118 Kırca/Manavgat/*Şehirali Çelik*, Anonim Şirketler Hukuku, S. 126 ff.; *Gürel*, Finansal Destek Verme Yasağı, S. 102 ff.

Die herrschende Anwendung im Handelsgesetzbuch ist der „Kapitalschutz“. Der Begriff verortet sich in den Art. 391 tHGB[1119] und Art. 447 tHGB[1120] ausdrücklich. Die Regierungsbegründung Nr. 57[1121] und 66 lenken die Aufmerksamkeit auf die Wichtigkeit des Gläubiger- und Kapitalschutzes.[1122] Nach der Begründung des Art. 391 tHGB ist der Kapitalerhaltungsgrundsatz vom Vermögensschutzprinzip zu unterscheiden und mit dieser Vorschrift ist das Grundkapital zu schützen.[1123] So kann nach einer Meinung in der Literatur festgestellt werden, dass das Handelsgesetzbuch zwischen dem Vermögensschutz und dem Kapitalschutz differenziert und mit seinen Vorschriften ausdrücklich das Grundkapital schützt.[1124] Hiergegen erläutert jedoch eine andere Meinung, dass einige Vorschriften des Handelsgesetzbuchs das Grundkapital, andere das Vermögen der Gesellschaft schützen, so dass das Prinzip je nachdem weit oder eng auszulegen ist.[1125]

1119 Art. 391 tHGB (Nichtige Beschlüsse) Abs. 1 lit. b: *„1) Die Feststellung der Ungültigkeit der Beschlüsse des Vorstands kann vom Gericht verlangt werden. Insbesondere sind folgende Beschlüsse nichtig, die: ... b) die Grundstrukturen der Aktiengesellschaft missachten oder das Kapitalschutzprinzip nicht wahren,... “*

1120 Art. 447 Abs. 1 lit. c: *„1) Insbesondere sind folgende Beschlüsse der Hauptversammlung nichtig, die:...c) die Grundstrukturen der Aktiengesellschaft missachten oder das Kapitalschutzprinzip nicht wahren,... “*

1121 RegBegr. 2. Aktiengesellschaften, a) Sichere Begründung und Kapitalschutz, Nr. 57: *„Die Sichere Begründung und der Kapitalschutz sind zwei aufeinander aufbauende tragende Prinzipien oder die Doppelseiten eines tragenden Prinzips aufgrund der beschränkten Haftung der Aktiengesellschaft. Diese Prinzipien oder dieses bezeichnen bzw. bezeichnet, dass das Grundkapital der Gesellschaftstätigkeit dient und durch die Verfügungsbefugnis der Gesellschaft umfasst wird. „Bedient zu sein“ bedeutet, dass sich das Grundkapital grundsätzlich im Besitz der Gesellschaft befindet und mit seinem tatsächlichen Wert real aufgebracht und geschützt werden muss und nicht zurückgewährt werden darf.“*

1122 RegBegr. D) Reformtatbestände in Europa im Bereich des Handelsrechts, II. Gegenstände des Buchs über die Handelsgesellschaften, 2. Aktiengesellschaften, f) Alternativer Systemversuch zum Gläubigerschutz (Nr. 66) erwähnt unmittelbar den Zweck des Kapital- und Gläubigerschutzes.

1123 Begründung des Art. 391 Abs. 1 lit. b: *„b) Kapitalschutz: Dieses Prinzip (Regierungsbegründung Abs. 57 und 66) ist von dem Prinzip des Vermögensschutzes der Gesellschaft zu unterscheiden, und ferner nicht mit den nicht übertragbaren Befugnissen des Vorstands und der Hauptversammlung miteinander zu verwechseln. Das Ziel des Prinzips konzentriert sich auf das „Kapital“, wie in den Art. 379 Abs. 3, 380 Abs. 1, 384 und 399 des Regierungsentwurfs stehen. Die Rücklagen sind aber abdingbar.“*

1124 *Kırca/Manavgat/Şehirali Çelik*, Anonim Şirketler Hukuku, S. 125 f.

1125 *Tekinalp*, FS Serozan, 2010, S. 1681, 1692.

Zu beachten ist, dass der Gesetzgeber gelegentlich die Begriffe „Kapitalschutz“ und „Vermögenschutz“ synonym verwendet, z.B. werden in der Begründung des Art. 395 Abs. 2 tHGB diese Begriffe als „Kapitalschutz (Vermögenschutz)“ zusammen verwendet.[1126] Übrigens verwendet er in der Begründung des Art. 548 tHGB den Begriff „herrschender Vermögenschutz“. Bei einer allgemeinen Betrachtung des Handelsgesetzbuchs ist es problematisch festzustellen, dass eine homogene Begriffsanwendung des Gesetzgebers existiert oder ein Grundwille nur über den Schutz des Grundkapitals statt über den Vermögensschutz vorhanden ist. Überzeugender erscheint deswegen eine andere Meinung, die besagt, dass, obwohl solch eine Differenzierung im Handelsgesetzbuch vorgesehen wird, das Prinzip weit ausgelegt und das gesamte Gesellschaftsvermögen geschützt werden müsse.[1127] Diese Auslegung steht auch im Einklang mit dem deutschen Recht und den europäischen Vorschriften.

2. *Das Verbot der Einlagenrückgewähr*

a. *Reichweite des Verbots*

Das Verbot der Einlagenrückgewähr ist das wichtigste Verbot zum Kapitalerhaltungsgrundsatz. Demzufolge dürfen die Aktionäre gemäß Art. 480 Abs. 3 tHGB[1128] die Einlagen, außer den Auflösungsanteil, nicht zurückfordern. Ferner darf auch die Aktiengesellschaft die Einlagen nicht an die Aktionäre zurückgewähren. Daraus resultiert ein gegenseitiges Verbot.[1129]

Das Einlagenrückgewährverbot gilt für alle Gesellschaften, die in Art. 124 tHGB definiert werden.[1130] Eine Einlagenrückgewähr ist dem Gesetz entsprechend lediglich durch Herabsetzung des Grundkapitals oder durch den zulässigen Erwerb eigener Anteile möglich. Allerdings dürfen die Anteile von der

1126 Begründung des Art. 395 Abs. 2 tHGB: *„der zweite Ansatz ist völlig neu und entstand unter einem Aspekt aufgrund des Kapitalschutzes (Vermögenschutz). D.h, die Regelung vervollständigt Art. 358 tHGB und bezweckt die Verhinderung von Missbräuchen, die in der Praxis oftmals begangen werden.“*

1127 Kırca/Manavgat/*Şehirali Çelik*, Anonim Şirketler Hukuku, S. 129 f.

1128 Art. 480 Abs. 3 tHGB (Prinzip): *„3) Die Aktionäre dürfen die Rückgewähr der Einlagen nicht verlangen; ihre Rechte bezüglich der Auflösungsanteile sind vorbehalten.“*

1129 *Çeliktaş*, Anonim Ortaklığın Kendi Paylarını İktisabı, S. 134; *Sevi*, Anonim Ortaklıkta Sermayenin Oluşturulması ve Pay Sahiplerine İade Edilmesi Yasağı, S. 443; a.A. *Teoman*, Anonim Ortaklıkta İntifa Senetleri, S. 143. Nach *Teoman* sind nur die Rückgewähransprüche des Aktionärs verboten. Dagegen enthält der Wortlaut des Art. 480 Abs. 3 tHGB keine Begrenzung diesbezüglicher Befugnisse der Gesellschaft.

1130 *Tekinalp*, FS Serozan, 2010, S. 1681.

Aktiengesellschaft auch in den eröffneten Grenzen nicht zu überhöhten Preisen erworben werden.[1131]

Nicht abschließend geklärt ist, ob das Grundkapital und die Rücklagen gemeinsam das gebundene Vermögen erstellen und somit im Schutzbereich des Verbots liegen. Einige Meinungen gehen davon aus, dass sich die Einlagenrückgewähr nur auf Einlagen i.S.d. Art. 480 tHGB erstrecke und bei einer unzulässigen Zuwendung aus den freien und gesetzlichen Rücklagen die Vorschriften über die unzulässige Zuwendung von Rücklagen gelten, also nicht das Einlagenrückgewährverbot.[1132] Teilweise wird vertreten, dass die Differenz zwischen dem marktüblichen Preis und dem tatsächlichen Erwerbspreis von dem Verbot erfasst werde, obwohl das gebundene Vermögen nicht verletzt wurde.[1133]

Der Begriff der „Einlagen" sollte nicht mit dem Grundkapital begrenzt werden, vielmehr sollte das Verbot jeweilige Ausschüttungen, die als eine Einlagenrückgewähr bewertet werden, erfassen.[1134]

b. *Formen der verbotenen Rückgewähr*

Das Grundkapital kann offen oder verdeckt wie z.B. durch ein einseitiges Geschäft der Gesellschaft oder durch einen Dienstleistungs- oder Warenvertrag an die Aktionäre zurückgegeben werden.[1135] Beispiele für die offene Einlagenrückgewähr sind die gesetzwidrige Herabsetzung des Grundkapitals, der unzulässige Erwerb eigener Anteile durch die Aktiengesellschaft, gesetzwidrige und satzungswidrige Gewinnausschüttungen[1136] oder Zinsen für das eingebrachte Kapital.[1137]

1131 *Sevi*, Anonim Ortaklıkta Sermayenin Oluşturulması ve Pay Sahiplerine İade Edilmesi Yasağı, S. 456; *Aydın*, Anonim Ortaklığın Kendi Paylarını Edinmesi, S. 323 f.

1132 *Çeliktaş*, Anonim Ortaklığın Kendi Paylarını İktisabı, S. 135 f.; *Sevi*, Anonim Ortaklıkta Sermayenin Oluşturulması ve Pay Sahiplerine İade Edilmesi Yasağı, S. 435, 463, 465.

1133 *Doğan*, TBBD 2005, S. 48, 56; a.A. *Aydın*, Anonim Ortaklığın Kendi Paylarını Edinmesi, S. 100.

1134 Zu regeln wie im deutschen Recht *Westermann* in: Bürgers/Körber, § 57 AktG Rn. 4; *Bayer*, MüKoAktG/2019, § 57 Rn. 10; Hüffer/Koch/*Koch*, AktG, § 57 Rn. 2; *Henze*, GroßKommAktG, § 57 Rn. 8; *Drygala*, KölnKommAktG, § 57 Rn. 17; Schmidt/Lutter/*Fleischer*, AktG, § 57 Rn. 9.

1135 *Sevi*, Anonim Ortaklıkta Sermayenin Oluşturulması ve Pay Sahiplerine İade Edilmesi Yasağı, S. 461 ff.

1136 Nach *Sevi* sind solche Ausschüttungen gem. Art. 512 tHGB (Rechtswidrigkeit oder Bösgläubigkeit bei der Gewinnausschüttung) unter der unzulässigen Gewinnausschüttung zu bewerten, siehe *Sevi*, Anonim Ortaklıkta Sermayenin Oluşturulması ve Pay Sahiplerine İade Edilmesi Yasağı, S. 446.

1137 *Sevi*, Anonim Ortaklıkta Sermayenin Oluşturulması ve Pay Sahiplerine İade Edilmesi Yasağı, S. 445 f.

Der Aktiengesellschaft ist nach dem Handelsgesetzbuch gestattet mit ihren Aktionären marktübliche Geschäfte zu tätigen.[1138] In diesem Sinne darf auch der Vorstand mit der Gesellschaft Geschäfte tätigen, wobei die Zustimmung der Hauptversammlung vorliegen muss und der Vorstand die Geschäfte unter Berücksichtigung der Gesellschaftsinteressen entsprechend der Loyalitätspflicht tätigen muss.[1139] Eine weitere Voraussetzung ist, dass das Geschäft mit den Vorstandsmitgliedern auch mit Dritten unter den gleichen Bedingungen abgeschlossen sein muss.[1140]

Wenn das Geschäft zwischen dem Aktionär und der Aktiengesellschaft nur zugunsten des Aktionärs, und außerdem unzulässig und nicht marktüblich ist, gilt dies sowohl als verdeckte Gewinnausschüttung oder als Rückfluss des Grundkapitals als auch als Verstoß gegen den Gleichbehandlungsgrundsatz.[1141] Ein Geschäft, welches zu den gleichen Bedingungen auch nicht mit einem Nichtaktionär abgeschlossen worden wäre und die Aktionärsstellung des Vertragspartners bei diesem Geschäft eine Rolle spielt, verletzt zwingende Vorschriften.[1142]

Existiert ein Marktpreis für den Gegenstand des Anlagevermögens, so darf die Aktiengesellschaft als Erwerber diesen Preis grundsätzlich nicht überschreiten. Ebenfalls darf die Aktiengesellschaft als Veräußerer dieses Gegenstandes, insbesondere wenn eine hohe Nachfrage auf dem Markt danach besteht, nicht zu einem nachteiligen Preis (auch nicht zum Selbstkostenpreis) verkaufen, es sei denn, die Gesellschaft zieht hieraus andere Vorteile.[1143]

1138 *Sevi*, Anonim Ortaklıkta Sermayenin Oluşturulması ve Pay Sahiplerine İade Edilmesi Yasağı, S. 463, 472. Die Tätigkeit von marktüblichen Geschäften wurde mit Art. 436 tHGB bestätigt. Gemäß Art. 436 tHGB haben die Aktionäre, ihre bis zu einem bestimmten Grad Verwandten oder ihre beitretende Personengesellschaft oder herrschenden Kapitalgesellschaften kein Stimmrecht über die Verhandlungen, die persönlichen Geschäfte oder Handlungen mit der Gesellschaft.

1139 Şehirali Çelik/Manavgat/*Kırca*, Anonim Şirketler Hukuku, S. 667 f.; Poroy/Tekinalp/*Çamoğlu*, Ortaklıklar Hukuku I, 2019, S. 424 Rn. 585.

1140 Şehirali Çelik/Manavgat/*Kırca*, Anonim Şirketler Hukuku, S. 668.

1141 *Sevi*, Anonim Ortaklıkta Sermayenin Oluşturulması ve Pay Sahiplerine İade Edilmesi Yasağı, S. 462.

1142 *Sevi*, Anonim Ortaklıkta Sermayenin Oluşturulması ve Pay Sahiplerine İade Edilmesi Yasağı, S. 463, 469; zu den drittgleichen Konditionen beim Aktionärsdarlehen, siehe Şehirali Çelik/Manavgat/*Kırca*, Anonim Şirketler Hukuku, S. 680 f.

1143 *Sevi*, Anonim Ortaklıkta Sermayenin Oluşturulması ve Pay Sahiplerine İade Edilmesi Yasağı, S. 468; auch *Bayer*, MüKoAktG/2019, § 57 Rn. 58; *Drygala*, KölnKommAktG, § 57 Rn. 61; *Henze*, GroßKommAktG, § 57 Rn. 41; Hüffer/Koch/*Koch*, AktG, § 57 Rn. 10.

Jedoch können nicht-marktübliche-Geschäfte nicht pauschal unter dem Einlagenrückgewährverbot bewertet werden, es sei denn, es handelt sich um ein unzulässiges Geschäft zu nicht marktüblichen Konditionen.[1144]

c. *Zuwendungen im Konzernverhältnis*

Zuwendungen können, insbesondere im Konzernrecht[1145], einen Umgehungscharakter des Einlagenrückgewährverbots zu Lasten der Aktionäre und Gläubiger haben. Obwohl sich in der Türkei an der Spitze von verbundenen Unternehmen meistens eine Aktiengesellschaft als Dachgesellschaft (die Holding-AG) befindet, wurde früher im türkischen Recht keine Regelung über den Beherrschungsvertrag oder eine Bestimmung hinsichtlich der Beherrschungsvermutung getroffen. Diese Lage führte zu vielen Haftungsproblemen bezüglich der Verantwortlichkeit der herrschenden Gesellschaft oder der Verantwortung des Vorstands der abhängigen Gesellschaft.[1146] Obwohl zur Lösung dieser Haftungsprobleme die „Durchgriffshaftung[1147]" und „Loyalitätspflichten" Anwendung fanden, genügte dies allein nicht.[1148]

Diese Regelungslücke wurde mit dem neuen Handelsgesetzbuch berücksichtigt. Diesbezüglich regeln Art. 195–209 tHGB zum ersten Mal Einzelheiten zum Konzern.[1149] Hier wird insbesondere auf die §§ 311 und 317 AktG zum faktischen Konzern mit Unterschieden zurückgegriffen. Im Gegensatz zum Aktiengesetz

---

1144 *Teoman* in: Tüm Makalelerim, S. 240, 242; *Sevi*, Anonim Ortaklıkta Sermayenin Oluşturulması ve Pay Sahiplerine İade Edilmesi Yasağı, S. 468 f.

1145 Das alte Handelsgesetzbuch beinhaltet keine Regelungen zu konzernrechtlichen Problemen. Die Lösung konzernrechtlicher Fragen wurde der Literatur und Rechtsprechung überlassen, was ihnen jedoch nicht gelang, ausf. *Hirsch/Tekinalp*, Das türkische Aktien- und GmbH-Recht, S. 93; *Eminoğlu*, HÜHFD 2012, S. 37 f.

1146 *Hirsch/Tekinalp*, Das türkische Aktien- und GmbH-Recht, S. 94; *Eminoğlu*, HÜHFD 2012, S. 37, 39; *Aytaç*, BATİDER 2013, S. 5, 10.

1147 Ausf. siehe Kap. 4 C. V. 2. g.

1148 *Aytaç*, BATİDER 2013, S. 5, 11.

1149 Begründung tHGB, Allgemeines zu Art. 195–209, Abs. 8: Türkische Konzernvorschriften gelten nicht für Unternehmen (im weiteren Sinne), sondern für Kapitalgesellschaften (im engeren Sinne). Der Gesetzgeber stellte mit der Begründung zu den Art. 195–209 klar, dass eine weite Auslegung für Unternehmen zu weitgehende Grenzen haben würde, da die Konzernvorschriften zum ersten Mal geregelt wurden und diese komplex, intensiv und verschachtelt sind und das Rechtssystem somit Schwierigkeiten haben könnte, ausf. *Çamoğlu*, GÜHFD 2013, S. 19 ff.; *Eminoğlu*, HÜHFD 2012, S. 37 ff.; zur Vertrauenshaftung *Okutan Nilsson*, GÜHFD 2013, S. 35 ff.

zählt das Handelsgesetzbuch ausdrücklich die Umstände auf, die eine rechtswidrige Ausübung der Beherrschung sein können, begrenzt diese aber nicht.[1150]

Die Konzernvorschriften konzentrieren sich insbesondere auf die Haftungsfragen, um einen angemessenen Schutz für Gläubiger, außenstehende Gesellschafter und die abhängige Gesellschaft zu ermöglichen.[1151] In diesem Sinne sieht das Handelsgesetzbuch für Schaden der Gesellschaft ein abgeleitetes Klagerecht für Aktionäre und Gläubiger vor.[1152]

Bei Zuwendungen von Großaktionären oder Muttergesellschaften müssen Verstöße gegen die Kapitalerhaltung geprüft werden, da solche Zuwendungen auch zu verdeckten Zuwendungen und zu einem Schaden der (Tochter-)Gesellschaft und der Minderheitsaktionäre führen können.

Die Verhinderung verdeckter Zuwendungen ist von erheblicher Bedeutung, da diese manipuliert und die Öffentlichkeit über die tatsächliche Gewinnlage der Gesellschaft getäuscht werden kann.[1153] Daher ist die verdeckte Gewinnausschüttung gem. Art. 202 Abs. 1 lit. a tHGB[1154] verboten.

Weiterhin bezweckte der Gesetzgeber mit dem Verbot der verdeckten Gewinnausschüttung des Art. 21 Abs. 1 tKMG[1155] die Verhinderung des Missbrauchs des Gesellschaftsvermögens (Publikumsgesellschaft) und

1150 Begründung des Art. 202 Abs. 1 tHGB; *Eminoğlu*, HÜHFD 2012, S. 37, 45 f.; *Çamoğlu*, GÜHFD 2013, S. 19, 21.

1151 *Eminoğlu*, HÜHFD 2012, S. 37, 38 f.; *Aytaç*, BATİDER 2013, S. 5, 22.

1152 *Eminoğlu*, HÜHFD 2012, S. 37, 46; *ders.*, Türk Ticaret Kanunu'nda Kurumsal Yönetim, S. 284; *Çamoğlu*, GÜHFD 2013, S. 19 f.

1153 Vgl. *Eminoğlu*, HÜHFD 2012, S. 37, 39 f.

1154 Art. 202 Abs. 1 lit. a tHGB: *„Das herrschende Unternehmen darf seinen Einfluss nicht mit dem Ziel nutzen, dass eine abhängige Gesellschaft Nachteile erleidet; …es sei denn, die Nachteile werden in dem Geschäftsjahr tatsächlich ausgeglichen oder der abhängigen Gesellschaft wird ein gleichwertiger Rechtsanspruch durch Bestimmung über Art und Zeitpunkt des Ausgleichs spätestens am Ende des Geschäftsjahrs gewährt.“*

1155 Art. 21 Abs. 1 tKMG (Verbot der verdeckten Gewinnausschüttung): *„1) Gewinnausschüttungen der Publikumsgesellschaften und der kollektiven Investmentinstitutionen gemeinsam mit ihren Beteiligungen und abhängigen Gesellschaften, an natürliche oder juristische Personen, mit welchen sie bezüglich der Führung, Aufsicht oder des Kapitals mittelbar oder unmittelbar in Beziehung stehen, durch Verträge, geschäftliche Durchführungen oder Geschäfte, die das Handelsvolumen produzieren, die der Konformität der Präzedenzfälle, den Marktgewohnheiten widersprechen, vom Grundsatz der Umsichtigkeit oder Treu und Glauben abweichende Preise, Zahlungen, Beträge oder Voraussetzungen enthalten, und durch Herabminderung ihres Vermögens oder Gewinns bzw. durch Verhinderung der Gewinn- oder Vermögenssteigerung, sind verboten.“*

Grundkapitals durch einzelne (Groß-)Aktionäre und den Vorstand. Die Vermögensminderung bzw. die Minderung des Gewinns oder die Verhinderung von Vermögenssteigerungen bzw. des Vermögensschutzes fallen unter die verdeckte Gewinnausschüttung gemäß Art. 21 tKMG.[1156]

Zu Recht wird diese Regelung in der Literatur kritisiert, da somit jede unterlassene Handlung des Geschäftsleiters, der die Sorgfaltspflichten verletzt, bzw. jede umsichtige Handlung oder dem Grundsatz von Treu und Glauben nicht entsprechende Handlung als verbotene verdeckte Gewinnausschüttung bewertet werden könnte,[1157] welche dem Geschäftsleiter von Publikumsgesellschaften kaum Spielraum lässt.[1158]

Jedoch wirft eine verdeckte Gewinnausschüttung die Frage auf, ob das Handelsgesetzbuch oder das Kapitalmarktgesetz anzuwenden ist, wenn es sich bei dem abhängigen Unternehmen um eine Publikumsgesellschaft handelt. In der Literatur wird vertreten, dass das Kapitalmarktgesetz *lex specialis* gegenüber dem Handelsgesetzbuch sei. Auch Art. 330 tHGB[1159] unterstützt die Ansicht, dass Vorschriften in speziellen Gesetzen einen Vorrang gegenüber dem Handelsgesetzbuch haben. Im Ergebnis wird ein Vorrang des Kapitalmarktgesetzes mit unterschiedlichen Argumenten akzeptiert.[1160]

Das überzeugendere Argument ist, dass Art. 202 tHGB die Nachteile des abhängigen Unternehmens regelt. Daneben erfasst die verdeckte Ausschüttung nicht alle gesellschaftsschädigenden Geschäfte, sondern lediglich die Geschäfte, durch die Dritte unrechtmäßige Vorteile erhalten. Die verdeckte Ausschüttung führt zu Nachteilen der Gesellschaft. Allerdings bedeutet dies nicht immer, dass nach jeder verdeckten Gewinnausschüttung unrechtmäßige Vorteile erlangt werden. Deswegen finden die Vorschriften des Kapitalmarktgesetzes vorrangig Anwendung, nicht

---

1156 Şehirali Çelik/Manavgat/*Kırca*, Anonim Şirketler Hukuku, S. 684; *Kaya*, MÜHFD 2016, S. 1531, 1534; *Memiş/Turan*, Sermaye Piyasası Hukuku, S 134.

1157 Allerdings bleibt die zivilrechtliche Haftung der Organmitglieder für solche Handlungen unberührt: *Aytaç*, HAAO'lara İlişkin Yenilikler, in: SPH Sempozyumu 2013, S. 19, 30.

1158 Gemäß Art. 110 Abs. 1 lit. b, c tKMG stellen diese Handlungen einen Vertrauensmissbrauch dar, siehe *Aytaç*, HAAO'lara İlişkin Yenilikler, in: SPH Sempozyumu 2013, S. 19, 30; *Kaya*, MÜHFD 2016, S. 1531, 1534.

1159 Art. 330 tHGB (speziellen Gesetzen unterliegende Aktiengesellschaften): *„Außer spezialgesetzliche Vorschriften finden die Vorschriften dieses Abschnitts für Aktiengesellschaften Anwendung, die speziellen Gesetzen unterliegen."*

1160 *Okutan Nilsson*, Türk Ticaret Kanunu Tasarısına Göre Şirketler Topluluğu Hukuku, S. 250 f.; *Kaya*, MÜHFD 2016, S. 1531, 1545 f.; *Aytaç*, BATİDER 2013, S. 5, 30; für eine gleichzeitige Anwendung beider Regelungen *Manavgat*, BATİDER 2015, S. 87, 89.

da die Gesellschaft eine Publikumsgesellschaft ist, sondern da Art. 202 tHGB eine allgemeine Vorschrift gegenüber dem Kapitalmarktgesetz ist.[1161]

Ferner sind Konzernvorschriften auch für Fragen bezüglich der verdeckten Gewinnausschüttungen in einer Publikumsgesellschaft anzuwenden, wenn das Kapitalmarktgesetz keine Antwort liefert. Eine pauschale Ausklammerung der besonderen Konzernvorschriften im Handelsgesetzbuch, nur weil es sich um eine Publikumsgesellschaft handelt, bietet ebenfalls keine Lösung. Demzufolge sollen z.B. „Nachteile" und der „Ausgleich der Nachteile" i.S.d. Art. 202 tHGB zusammen mit Art. 21 tKMG angewendet werden.[1162]

Die zweiteilige Regelung des Verbots durch den Gesetzgeber, also das Verbot für Aktiengesellschaften und das Verbot für Publikumsgesellschaften, führt zu einem Dualismus. Einer Meinung nach habe der Gesetzgeber eine separate und umfassendere Schutznorm für Publikumsgesellschaften als erforderlich gesehen, da die allgemeinen Kapitalschutzvorschriften für Aktiengesellschaften (Nicht-Publikumsgesellschaften) keine ausreichenden Schutzmöglichkeiten für Publikumsgesellschaften bieten könnten.[1163]

III. Einzelfälle verbotener Rückgewähr

1. Unzulässiger Erwerb eigener Anteile nach Art. 379 Abs. 1 tHGB

Der Erwerb eigener Anteile war im alten türkischen Recht bis zur 2. Richtlinie grundsätzlich verboten -nicht aufgrund des Kapitalschutzgedankens- und nur in Ausnahmefällen zulässig.[1164] Mit der 2. Richtlinie wird die in Art. 19 Abs. 1 vorgeschriebene Regelung in das türkische Recht eingeführt.[1165] Im Gegensatz zu den Artikeln des außer Kraft getretenen Handelsgesetzbuchs, in welchen der Verstoß ausdrücklich geregelt wurde, enthält das neue Handelsgesetzbuch zahlreiche Vorschriften, die die Ausnahmefälle im Rahmen der 2. Richtlinie ausdehnen.[1166]

Besondere Aufmerksamkeit widmet der Kapitalerhaltungsgrundsatz dem Erwerb eigener Anteile. Der Anteilsrückkauf beeinflusst einerseits die

1161 *Kaya*, MÜHFD 2016, S. 1531, 1546.

1162 *Manavgat*, BATİDER 2015, S. 87, 89.

1163 *Memiş/Turan*, Sermaye Piyasası Hukuku, S. 134.

1164 Das Ziel des Gesetzes war die Verhinderung von Risikogeschäften in der Börse, der Schutz von Aktionären gegen Nachteile und die Verhinderung der Beherrschung der Vorstandsmitglieder durch Tochtergesellschaften, siehe Poroy/Çamoğlu/*Tekinalp*, Ortaklıklar Hukuku I, 2019, S. 652 Rn. 833.

1165 *Kervankıran*, FS Baums, 2017, S. 653, 657; *Turanboy*, 6102 Sayılı Türk Ticaret Kanunu'nun Sermaye Piyasası Hukuku Bakımından Değerlendirilmesi, S. 11, 21.

1166 *Tekinalp*, FS Serozan, 2010, S. 1681, 1686 f.

Einflussnahme auf die Eigentümerstruktur, andererseits die Kapitalstruktur und den Börsenkurs der Gesellschaft.

Vor allem können die Aktionäre der Gesellschaft aufgrund des Erwerbs eigener Anteile nachteilig betroffen sein. Durch den Anteilskauf könnten Aktionäre, die ihre Einlage in Gestalt des von der Gesellschaft gezahlten Kaufpreises zurückerhalten, im Vergleich mit den übrigen Aktionären bevorzugt werden. Nur verbleibende Aktionäre werden von den Risiken der Gesellschaft entbunden, indem sie z.B. bei einer bevorstehenden Insolvenz der Gesellschaft im Gegensatz zu den verbleibenden Aktionären die Möglichkeit haben, ihr Kapital zu retten.[1167]

Dennoch birgt der Erwerb eigener Aktien die Gefahr, dass selbst wenn die Aktiengesellschaft innerhalb der gesetzlichen Grenzen ihre eigenen Aktien erwirbt, der Vorstand die Stimmrechtsverhältnisse in der Gesellschaft zu seinem Gunsten beeinflussen und die Kontrolle über die Aktionäre ausüben kann.[1168]

Im Rahmen der Hauptversammlung ist der Gleichbehandlungsgrundsatz unter Aktionären[1169] bei der Ermächtigung der Vorstandsmitglieder bzw. des Vorstands beim Erwerb zu berücksichtigen. Ziel dieser Regelung ist die Vermeidung von Interessenkonflikten und der Minderheitsschutz gegenüber Großaktionären.[1170]

Die Loyalitätspflicht der Vorstandsmitglieder zusammen mit dem Gleichbehandlungsgrundsatz in den Eingriffsfällen von Stimmrechtsquoten kann als

---

1167 *Merkt*, GroßKommAktG, § 71 Rn. 6; *Doğan*, Der Erwerb eigener Aktien, S. 77; *Sevi*, Anonim Ortaklıkta Sermayenin Oluşturulması ve Pay Sahiplerine İade Edilmesi Yasağı, S. 453.

1168 Aus diesem Grund wird in der Literatur die Auffassung vertreten, dass diese stimmrechtlosen Anteile als inaktiv zu verstehen seien, siehe *Çeliktaş*, Anonim Ortaklığın Kendi Paylarını İktisabı, S. 139; *Teoman*, Anonim Ortaklıkta Pay Sahibinin Oy Hakkından Yoksunluğu, S. 59 f.

1169 Erfasst werden die Aktionäre, die unter gleicher Rechtstellung stehen. Demzufolge kann das Gebot absolut oder relativ angewendet werden, welches ausdrücklich mit dem Art. III A des Corporate Governance des OECD betont wurde: „*All shareholders of the same series of a class should be treated equally.*“ Bei der absoluten Anwendung des Gebots wird auf die gleiche Anwendung für alle Aktionäre hingewiesen und bei der relativen Anwendung werden die Unterschiede zwischen den Aktionären berücksichtigt. Der Begriff „unter gleichen Voraussetzungen“ soll auch im türkischen Recht verwendet und wie im OECD ausgelegt werden, ausf. Poroy/Çamoğlu/*Tekinalp*, Ortaklıklar Hukuku I, 2019, S. 658 Rn. 838e, S. 619 f. Rn. 889 ff.; *Yıldız*, Eşit İşlem İlkesi, S. 75; Kırca/Manavgat/*Şehirali Çelik*, Anonim Şirketler Hukuku, S. 139 ff., 143 f.; *Nomer F.*, FS İmregün, 1998, S. 469, 485; *Çeliktaş*, Anonim Ortaklığın Kendi Paylarını İktisabı, S. 22; *Eminoğlu*, TFM 2015, S. 79 ff.

1170 *Eminoğlu*, TFM 2015, S. 79 f.

eine Lösung herangezogen werden, um einer Ungleichbehandlung aufgrund unterschiedlicher Anteilsquoten vorzubeugen.[1171]

Obwohl der Gesetzgeber eine Gleichbehandlung für alle Aktionäre sowohl bei den Ausschüttungen als auch bei dem Erwerb eigener Anteile bezweckt, kann der Erwerb eigener Anteile zum Eingriff in die Gesellschaft durch die Aktionäre bei der Verwendung des Gesellschaftsvermögens, wie z.B. der Erwerb eigener Anteile durch die Tochtergesellschaft ohne Erstattung des Gegenwerts, führen.[1172] Solch ein Abfluss von Kapital kann auch zur Folge haben, dass finanzielle Mittel der Aktiengesellschaft für die erforderlichen Investitionen aufgrund eines Kursverlustes der Anteile fehlen.

Aus Sicht der Gesellschaftsgläubiger kann der Erwerb eigener Anteile durch die Aktionäre nachteilig sein, wenn die Gesellschaft die erworbenen Anteile unter ihrem tatsächlichen Wert veräußern oder nicht über dem Kaufpreis veräußern konnte, da das Gesellschaftsvermögen als einzige Gewährleistung für die Gläubiger durch den Erwerb eigener Anteile herabgesetzt wird.[1173]

Bei genauerer Betrachtung ist der Erwerb eigener Anteile eigentlich ein positives Signal für eine gute Finanzlage, ausreichende Rücklagen der Gesellschaft und eine niedrige Gewinnausschüttungsquote.[1174] Damit kann die Gesellschaft von den Finanzierungsmöglichkeiten Gebrauch machen, die Aktionärswerte („shareholders value") erhöhen und die nicht ausgeschütteten Gewinne liquidieren.[1175] Zudem besagt eine andere Meinung, dass der Erwerb eigener Anteile als Vorteil und als sicherere Investition im Vergleich zu manchen anderen Investitionen für die Aktiengesellschaft zu bewerten sei. Begründet wird dies damit, dass die Gesellschafter den allgemeinen Zustand der Gesellschaft an der Börse besser als den der anderen Gesellschaften kennen und somit eine Herabminderung der Liquidation aufgrund einer grenzüberschreitenden Gewinnausschüttung zustande kommen könne.[1176]

Es ist an dieser Stelle wichtig, die Grenzen für den Anteilserwerb zu bestimmen und die Kontrolle des Erwerbs bzw. der Sanktionen bei einem Verstoß

1171 *Çeliktaş*, Anonim Ortaklığın Kendi Paylarını İktisabı, S. 139.

1172 *Yasaman*, Şirketler Hukuku ve Sermaye Piyasası Hukuku, S. 105 ff.; *Hirsch/Tekinalp*, Das türkische Aktien- und GmbH-Recht, S. 94.

1173 Zu den Maßnahmen für den Gläubigerschutz *Çeliktaş*, Anonim Ortaklığın Kendi Paylarını İktisabı, S. 136 ff.; *Doğan*, Der Erwerb eigener Aktien, S. 68 ff.

1174 Auch *Doğan*, Der Erwerb eigener Aktien, S. 40 ff.

1175 Poroy/Çamoğlu/*Tekinalp*, Ortaklıklar Hukuku I, 2019, S. 656 f. Rn. 838a; *Pulaşlı*, Şirketler Hukuku Şerhi, Band II, S. 1351 Rn. 24.

1176 *Pulaşlı*, Şirketler Hukuku Şerhi, Band II, S. 1348 Rn. 16; *Çeliktaş*, Anonim Ortaklığın Kendi Paylarını İktisabı, S. 123; *Aydın*, Anonim Ortaklığın Kendi Paylarını Edinmesi, S. 110.

zu regulieren. Ansonsten wird sowohl die Kapitalstruktur der Gesellschaft geschwächt als auch das Vertrauen des Anlegers zerstört.

2. *Das Verschuldungsverbot der Aktionäre nach Art. 358 tHGB*

Neben dem Anteilsrückkauf ist auch das Verschuldungsverbot[1177] des Art. 358 tHGB[1178] eng mit dem Kapitalerhaltungsgrundsatz verbunden, da durch eine Verschuldung, z.B. durch ein Darlehen an die Aktionäre, die Einlagen an die Aktionäre versteckt zurückbezahlt werden. Das Verschuldungsverbot wird durch das neue Handelsgesetzbuch in das Aktienrecht eingeführt.[1179] Gemäß Art. 358 tHGB dürfen sich Aktionäre nicht ohne Erfüllung[1180] ihrer fälligen Kapitalaufbringungspflicht an die Gesellschaft verschulden.[1181]

Eine Verschuldung ist auch dann verboten, wenn der Gewinn zusammen mit den frei stehenden Rücklagen nicht den Verlust der vorherigen Jahre ausgleicht.[1182] Das Verschuldungsverbot erfasst auch die Darlehen der Gesellschaft an die Aktionäre. Grundsätzlich sind Darlehen an Aktionäre nicht verboten, sondern für die Gesellschaft ein praktischer und günstiger Weg, um ihren Finanzierungsbedarf auszugleichen.[1183]

Zudem wählt der Gesetzgeber in seiner Begründung[1184] die Formulierungen „die Erstattung der Schuld in einer günstigen Fälligkeit“ und „die

1177 Ausf. zum Begriff der „Verschuldung“ *Hızır*, BATİDER 2013, S. 227, 233 ff.

1178 Art. 358 tHGB (geändert durch Art. 15 des Gesetzes Nr. 6335): *„Aktionäre dürfen sich nicht an die Gesellschaft verschulden, solange sie ihre fällige Kapitalaufbringungspflicht nicht erfüllen und der Gewinn zusammen mit den freistehenden Rücklagen den Verlust der vorherigen Jahre ausgleicht.“*

1179 *Kervankıran*, FS Baums, 2017, S. 653, 656 f.; ausf. *Hızır*, BATİDER 2013, S. 227 ff.

1180 Das kann zum Ergebnis führen, dass sich die Aktionäre bei Erfüllung dieser Pflicht an die Gesellschaft verschulden können, zur Krit. siehe S. 210 Fn. 1192.

1181 Krit. *Sevi*, Anonim Ortaklıkta Sermayenin Oluşturulması ve Pay Sahiplerine İade Edilmesi Yasağı, S. 475 f.; Poroy/Çamoğlu/*Tekinalp*, Ortaklıklar Hukuku I, 2019, S. 355 f. Rn. 512e.

1182 Was unter den Begriffen „Gewinn“ oder „Verlust der vorherigen Jahre“ zu verstehen ist, ist nach dem Wortlaut des Art. 358 tKMG nicht klar, zur Krit. *Hızır*, BATİDER 2013, S. 227, 264 ff.

1183 Näher *Sevi*, Anonim Ortaklıkta Sermayenin Oluşturulması ve Pay Sahiplerine İade Edilmesi Yasağı, S. 472 ff. m.w.N.

1184 Begründung des Art. 15 des Gesetzes Nr. 6335: *„...Zweck der sogenannten Vorschriften bezüglich des Verschuldungsverbots ist die Befriedigung der Bedürfnisse der Aktionäre und Geschäftsleiter in Notfällen innerhalb einer günstigen Frist, ohne einen Nachteil der Gesellschaft herbeizuführen...“*

Aktiengesellschaft nicht zu benachteiligen". Nach der h.M. wird hiermit auf Zinsen verwiesen.[1185] Demzufolge hat die Aktiengesellschaft die Möglichkeit, ihre Verluste mit Zinsen zu entschädigen. Jedoch soll die Bestimmung über die Fristen und Zinsen in Art. 358 tHGB statt in der Artikelbegründung geregelt werden.[1186]

Leitgedanke dieses Verbots ist der Schutz der Anleger, Aktionäre und Gläubiger, um den Missbrauch des Gesellschaftsvermögens durch Aktionäre/Großaktionäre zu verhindern.[1187] Ebenfalls stellt der Gesetzgeber mit der Begründung des Art. 358 tHGB klar[1188], dass die Gründe für das Verschuldungsverbot der Vermögenschutz und die Verhinderung von Marktmissbräuchen sind.[1189] Da die Vorstandsmitglieder wegen ihrer Position in der Gesellschaft erhebliche Vorsprünge haben, will der Gesetzgeber die Interessen der Gesellschaft durch die Verhinderung des Gebrauchs solcher Vorsprünge schützen.[1190]

Allerdings ist es schwierig zu sagen, ob der Artikel mit seiner Neufassung dem Vermögenschutz ausreichend dient bzw. dem Willen des Gesetzgebers entspricht. Eigentlich legt der Gesetzgeber mit dem Verschuldungsverbot die Voraussetzungen für die Verschuldung fest.[1191] Nach der ersten Fassung des Artikels war eine

---

1185 *Kendigelen*, İlk Tespitler, S. 243; Poroy/Çamoğlu/*Tekinalp*, Ortaklıklar Hukuku I, 2019, S. 355 f. Rn. 512e; Poroy/Tekinalp/*Çamoğlu*, Ortaklıklar Hukuku I, 2014, S. 323 Rn. 512e; auch *Kırca/Gürel*, BATİDER 2014, S. 5, 10 ff.

1186 Auch *Özkorkut*, BATİDER 2012, S. 45, 52; *Hızır*, BATİDER 2013, S. 227, 237 f.

1187 *Coşgun* in: Karahan/Şirketler Hukuku, S. 363.

1188 Begründung des Art. 15 des Gesetzes Nr. 6335: *„die Änderungen des betreffenden Artikels dürfen nicht auf die Möglichkeit einer unbegrenzten Verschuldung der Aktionäre und Geschäftsleiter aus dem Gesellschaftsvermögen schließen lassen. Denn dies kollidiert mit dem Kapitalschutzprinzip, der ein grundlegendes Prinzip dieses Gesetzes ist…"*

1189 Poroy/Tekinalp/*Çamoğlu*, Ortaklıklar Hukuku I, 2019, S. 413 f. Rn. 568a.

1190 Beim Verschuldungsverbot finden die Sorgfaltspflichten der Vorstandsmitglieder Anwendung. Das Fehlen eines schriftlichen Vertrags, noch nicht festgelegte Zinsen und Fehler bei der Prüfung der Zahlungsfähigkeit von Aktionären kann zur Verletzung ihrer Sorgfaltspflichten führen, *Sevi*, Anonim Ortaklıkta Sermayenin Oluşturulması ve Pay Sahiplerine İade Edilmesi Yasağı, S. 480; Poroy/Çamoğlu/*Tekinalp*, Ortaklıklar Hukuku I, 2019, S. 356 Rn. 512e.

1191 *Özkorkut*, BATİDER 2012, S. 45, 50; *Hızır*, BATİDER 2013, S. 227, 232 f.; Nach *Sevi* fehlen in Art. 358 tHGB erforderliche Maßnahmen, um das Vermögen der Gesellschaft zu schützen. Vor allem soll die Rückzahlungsfähigkeit der Aktionäre geprüft werden oder ein schriftlicher Vertrag bzw. ein klarer und verbindlicher Rückzahlungsplan dafür vorausgesetzt sein, siehe *Sevi*, Anonim Ortaklıkta Sermayenin Oluşturulması ve Pay Sahiplerine İade Edilmesi Yasağı, S. 476; Poroy/Çamoğlu/*Tekinalp*, Ortaklıklar Hukuku I, 2019, S. 356 Rn. 512e; nach *Bilgili/Demirkapı* soll eine Verschuldungshöhe durch das Gesetz bestimmt werden, *Bilgili/Demirkapı*, Şirketler Hukuku Dersleri, S. 331.

Verschuldung nur dann zulässig, wenn sie auch mit Dritten zu gleichen Konditionen gemacht worden wäre und auf einem Geschäft mit der Gesellschaft basierte. Jedoch sind diese Voraussetzungen mit der aktuellen Fassung des Art. 358 tHGB entfallen. Mit der Ausklammerung der vorherigen Voraussetzungen wird der Gebrauch des Gesellschaftsvermögens durch Aktionäre eröffnet.[1192]

Im Übrigen regelt der Gesetzgeber mit Art. 395 Abs. 2 tHGB[1193] ein Verschuldungsverbot, wonach sich die Vorstandsmitglieder, die nicht Aktionäre der Gesellschaft sind, aufgrund des Vermögenschutzprinzips nicht gegenüber die Gesellschaft verschulden dürfen.[1194] Demzufolge werden Vorstandmitglieder, die Aktionäre der Gesellschaft sind, nicht von dem Verbot des Art. 395 tHGB, sondern von dem Verschuldungsverbot des Art. 358 tHGB erfasst.[1195]

Ein Vorschuss, eine Darlehensgewährung oder Leistung einer Sicherheit liegen auch unter dem Verschuldungsverbot des Art. 395 Abs. 2 tHGB. Da sich laut dem Gesetzgeber beide Vorschriften ergänzen, sei in diesem Zusammenhang der Begriff der „Verschuldung" in Art. 358 tHGB nicht eng auszulegen und somit seien der Begriff auch einen Vorschuss, eine Darlehensgewährung oder Sicherheiten[1196] davon umfasst.[1197]

In einem weiteren Schritt muss geklärt werden, ob eine Verschuldung im Konzern ohne eine Erfüllung der Voraussetzungen in Art. 358 tHGB als ein Nachteil i.S.d. Art. 202 tHGB zu bewerten ist und gegen Art. 358 tHGB verstößt. Ein Darlehen an das herrschende Unternehmen unterliege einer Meinung nach nicht dem Verbot des Art. 358 tHGB, auch wenn die Kapitalaufbringungspflicht durch das herrschende Unternehmen nicht erfüllt ist oder

1192 *Özkorkut*, BATİDER 2012, S. 45, 51; *Hızır*, BATİDER 2013, S. 227, 232 f.; *Sevi*, Anonim Ortaklıkta Sermayenin Oluşturulması ve Pay Sahiplerine İade Edilmesi Yasağı, S. 475.

1193 Art. 395 Abs. 2 S. 1, 2 tHGB: *„2) Vorstandsmitglieder, die nicht Aktionäre der Gesellschaft sind und ihre in Art. 393 genannten Bekannten, die nicht Aktionäre sind, dürfen sich nicht bar an die Gesellschaft verschulden. Die Gesellschaft kann diesen Personen weder Vorschüsse geben noch Darlehen gewähren, Sicherheiten leisten, für sie haften oder deren Schulden übernehmen…"*

1194 Begründung des Art. 395 Abs. 2 tHGB: *„der zweite Ansatz ist völlig neu und entstand unter dem Aspekt des Kapitalschutzes (Vermögenschutzes). D.h., die Regelung vervollständigt Art. 358 tHGB und bezweckt die Verhinderung von Missbräuchen, die in der Praxis oftmals begangen werden."*

1195 Verneinend *Hızır*, BATİDER 2013, S. 227, 234.

1196 Ausf. *Sevi*, Anonim Ortaklıkta Sermayenin Oluşturulması ve Pay Sahiplerine İade Edilmesi Yasağı, S. 482 f.

1197 *Hızır*, BATİDER 2013, S. 227, 235 f.; *Bilgili/Demirkapı*, Şirketler Hukuku Dersleri, S. 331.

der Gewinn des abhängigen Unternehmens zusammen mit den frei stehenden Rücklagen nicht den Verlust der vorherigen Jahre ausgleicht, solange dies zu keinem Nachteil des abhängigen Unternehmens i.S.d. Art. 202 Abs. 1 tHGB führe. Das Verschuldungsverbot sei erst dann anzuwenden, wenn die Nachteile des abhängigen Unternehmens nicht ausgeglichen werden.[1198] Dieser Ansicht ist zu folgen, da eine ausnahmslose Ausklammerung auch die Verhinderung ökonomischer Finanzierungsmöglichkeiten veranlassen kann.

Da die Verschuldung der Aktionäre auch mit Art. 21 tKMG geregelt wurde, ist auch zu beantworten, welche Vorschriften bei einer unzulässigen marktüblichen Verschuldung der Aktionäre bei den Publikumsgesellschaften Anwendung finden. Art. 21 Abs. 4 tKMG[1199] hat als spezielle Vorschrift einen Vorrang gegenüber Art. 358 tHGB.[1200] Dieser Vorrang darf aber nicht als eine Ausklammerung verstanden werden. Die Konzernvorschriften des Handelsgesetzbuchs enthalten diverse Einzelheiten zu Konzernverhältnissen. Für offene Fragen oder unklare Begriffe des Kapitalmarktgesetzes sind die Konzernvorschriften anzuwenden. Diese Anwendung entspricht auch dem Ziel des Kapitalmarktgesetzes.

3. *Das finanzielle Unterstützungsverbot des Erwerbs eigener Anteile nach Art. 380 Abs. 1 tHGB*

Das Verbot der Finanzierung des Erwerbs eigener Anteile wird mit Art. 380 Abs. 1 tHGB[1201] unter dem Titel „Gesetzesumgehung“[1202] geregelt. Parallel ist die

1198 *Kırca/Gürel*, BATİDER 2014, S. 5, 13 ff.

1199 Art. 21 Abs. 4 S. 1 tKMG: *„Bei der Feststellung einer Gewinnausschüttung durch die Kapitalmarktaufsicht fordern Publikumsgesellschaften und kollektive Anlageinstitutionen gemeinsam mit ihren Beteiligungen und abhängigen Gesellschaften von der Gesellschaft, an die ausgeschüttet wurde, den ausgeschütteten Betrag mit den gesetzlichen Zinsen an die Gesellschaft, deren Vermögen oder Gewinn dadurch heabgemindert wurde, in einer seitens der Kapitalmarktaufsicht festgestellten Frist zu übertragen…“*

1200 Şehirali Çelik/Manavgat/*Kırca*, Anonim Şirketler Hukuku, S. 683 ff.

1201 Art. 380 Abs. 1 S. 1 tHGB (Gesetzesumgehung): *„1) Rechtsgeschäfte, die einen Vorschuss, ein Darlehen oder eine Leistung einer Sicherheit an einen anderen zum Zweck des Erwerbs eigener Anteile zum Gegenstand haben, sind nichtig…“*

1202 Laut der Begründung des Handelsgesetzbuchs werden Verstöße des Art. 379 tHGB mit dem Verbot der finanziellen Unterstützung verhindert: *„…Absatz 1 bezweckt… die Verhinderung der Unwirksamkeit des Art. 379.“*; Justizkommission des türkischen Parlaments, Report Nr. 1/324 S. 177 ff., abrufbar unter: https://www.tbmm.gov.tr/sirasayi/donem23/yil01/ss96.pdf (abgerufen am 13.03.2019). Deswegen ist zu erwägen, dass der Gesetzgeber den Kapitalschutz zusammen mit der Verhinderung der Gesetzesumgehung bezwecken sollte, siehe *Gürel*, Finansal Destek Verme Yasağı, S. 109.

Finanzierung zum Zweck des Erwerbs von Aktien im Aktiengesetz nach § 71a AktG unter dem Begriff „Umgehungsgeschäfte“ verboten. Das Verbot handelt von den Anteilen der Aktiengesellschaft sowie der Publikumsgesellschaften.[1203]

Die Finanzierung des Erwerbs ist verboten, da das Erwerbsziel versteckt ist und der Erwerbspreis durch die Finanzierung der Anteilskäufe verdeckt an den Aktionär zurückfließt.[1204] Das Verbot dient nicht nur der Verhinderung solcher Umgehungen, sondern auch dem Schutz des Gesellschaftsvermögens.[1205]

Unabhängig davon, ob ein Schaden entstanden ist, sind Vorschüsse, Darlehen und Sicherheiten der Aktiengesellschaft für den Erwerb eigener Anteile nach Art. 380 Abs. 1 tHGB unter allen Umständen nichtig. Gemäß Art. 23 Abs. 2 der 2. Richtlinie, die als europäisches Vorbild für Art. 380 tHGB gilt, dürfen Vorschüsse, Gewährleistungen, Darlehen und Sicherheiten durch die Gesellschaft nicht vergeben, gewährt und geleistet werden, wodurch das Gesellschaftsvermögen zugunsten der Aktionäre und der Gläubiger geschützt wird.[1206]

Wenn die Anteile statt durch einen Dritten durch die Gesellschaft erworben worden wären, würde dies gegen das Erwerbsverbot verstoßen und der Vertrag zwischen dem Dritten und der Gesellschaft wäre gem. Art. 380 Abs. 2 tHGB[1207] ebenfalls nichtig. In der Literatur wird vertreten, dass bei der Verschmelzung einer Muttergesellschaft in eine Tochtergesellschaft (sog. „Down Stream Merger“) Art. 380 tHGB keine Anwendung finde, da die Vorschriften über die Verschmelzung ausreichende Schutzmöglichkeiten bieten.[1208] Auch bedeute die

---

1203 *Gürel*, Finansal Destek Verme Yasağı, S. 109.

1204 Poroy/Çamoğlu/*Tekinalp*, Ortaklıklar Hukuku I, 2019, S. 663 f. Rn. 840c; *Yanlı*, BATİDER 2012, S. 29, 30f.

1205 *Yanlı*, BATİDER 2012, S. 29, 33 f.

1206 Art. 23 der RL: *„1) Eine Gesellschaft darf im Hinblick auf den Erwerb ihrer Aktien durch einen Dritten weder Vorschüsse geben noch Darlehen gewähren noch Sicherheiten leisten. 2) Absatz 1 gilt nicht für Rechtsgeschäfte, die im Rahmen der laufenden Geschäfte der Banken und anderer Finanzinstitute getätigt werden, und auch nicht für Geschäfte, die im Hinblick auf den Erwerb von Aktien durch oder für Arbeitnehmer der Gesellschaft oder einer mit ihr verbundenen Gesellschaft getätigt werden. Diese Geschäfte dürfen jedoch nicht dazu führen, dass das Nettoaktivvermögen der Gesellschaft den in Artikel 15 Abs. 1 Buchstabe a) genannten Betrag unterschreitet.“*

1207 Art. 380 Abs. 2 tHGB (Gesetzesumgehung): *„2) Ferner ist eine Vorschrift zwischen der Gesellschaft und einem Dritten, nach der dieser berechtigt oder verpflichtet wird, Anteile der Gesellschaft auf Rechnung der Gesellschaft, eines abhängigen oder eines in ihrem Mehrheitsbesitz stehenden Unternehmens zu erwerben, soweit der Erwerb durch die Gesellschaft gegen Art. 379 verstoßen würde, nichtig.“*

1208 *Yanlı*, BATİDER 2012, S. 29, 40.

Fusion mit einer überschuldeten Gesellschaft einer Ansicht nach nicht immer die Verletzung des Vermögenschutzes, vorausgesetzt die Zielgesellschaft hat genug freie Rücklagen zur Überschuldung gem. Art. 139 Abs. 1 tHGB zur Verfügung.[1209]

Um eine Konkurrenz zwischen dem Verbot der finanziellen Unterstützung und Art. 480 Abs. 3 (das Verbot der Einlagenrückgewähr) erwähnen zu können, muss zunächst geklärt werden, ob diese Vorschrift für zukünftige Aktionäre (Anleger) Anwendung findet.

Es könnte eine analoge Anwendung des Verbots in Betracht kommen.[1210] Zu beachten ist, dass Geschäfte mit potenziellen Aktionären zu gleichen Bedingungen auch mit Dritten außerhalb des Anwendungsbereichs des Art. 480 Abs. 3 tHGB liegen. In der Literatur wird vertreten, dass das Verbot in Art. 480 Abs. 3 tHGB analog für Geschäfte außerhalb des Anwendungsbereichs des Art. 380 Abs. 1 tHGB gelte, da eine Regelungslücke im Gesetz für Geschäfte existiere, die den Erwerb eigener Anteile durch die Aktiengesellschaft nicht erzielen und einen Bezug zur Aktionärsstellung haben.[1211] Daher wird zu Recht vertreten, dass die Schutzwirkung des Art. 480 Abs. 1 tHGB ohne Art. 380 Abs. 1 tHGB ungenügend sei.[1212]

1209 *Gürel*, BATİDER 2013, S. 187, 199; nach *Tekinalp* ist die Fusion mit einer überschuldeten Gesellschaft für die überschuldete Gesellschaft immer vorteilhaft, obwohl dies für das übernehmende Unternehmen gem. Art. 202 Abs. 1 tHGB nachteilig sein kann, siehe Poroy/Çamoğlu/*Tekinalp*, Ortaklıklar Hukuku I, 2019, S. 132 Rn. 144b.

1210 Einige Autoren vertreten die Meinung, dass Art. 480 Abs. 3 tHGB unabhängig von den Voraussetzungen der Analogie die zukünftigen Aktionäre erfasse, *Sevi*, Anonim Ortaklıkta Sermayenin Oluşturulması ve Pay Sahiplerine İade Edilmesi Yasağı, S. 440 f.; *Doğan*, TBBD 2005, S. 48, 53.

1211 *Gürel*, Finansal Destek Verme Yasağı, S. 100 f.

1212 In der Literatur wird vertreten, dass die Voraussetzungen des Verbots der finanziellen Unterstützung strenger als die des Einlagenrückgewährverbots seien. Während die Gewährung eines Vorschusses, Darlehens oder Sicherheiten zur finanziellen Unterstützung des Erwerbs eigener Anteile unter allen Umständen nichtig ist, fällt ein potenzieller Aktionär nicht unter das Einlagenrückgewährverbot des Art. 480 Abs. 3 tHGB, wenn das Geschäft unter drittgleichen Bedingungen abgeschlossen wurde, siehe *Gürel*, Finansal Destek Verme Yasağı, S. 106.

IV. Rechtsfolgen von Verstößen gegen Kapitalschutzvorschriften

1. Die Nichtigkeit des Rechtsgeschäfts

Die Rechtsfolge des Verstoßes gegen das Einlagenrückgewährverbot (Art. 480 Abs. 3 tHGB) ist die Kapitaleinbringungspflicht in Höhe des rückgewährten Teils. Da diese Rechtsfolge im Handelsgesetzbuch nicht geregelt ist, wird in der Literatur zu Recht eine ausdrückliche Regelung wie § 62 AktG vorgeschlagen.[1213]

Mit Art. 447 tHGB wurden das erste Mal die nichtigen Hauptversammlungsbeschlüsse und die spezifischen Nichtigkeitsgründe sowohl für Aktiengesellschaften als auch für den Kapitalschutz geregelt. Die Beschlüsse der Hauptversammlung, die gegen die Kapitalschutzvorschriften verstoßen oder die fundamentale Konstruktion der Aktiengesellschaft angreifen, sind nichtig.[1214] Nach dem Wortlaut des Artikels sind die Nichtigkeitsgründe nicht begrenzt, da die Formulierung „insbesondere" auch auf andere Gründe schließen lässt, die den Beschluss nichtig machen, wie z.B. Beschlüsse, die gegen den Gleichbehandlungsgrundsatz verstoßen.[1215]

Der Gleichbehandlungsgrundsatz ist eine Reflektion der *affectio societatis* und dient der gemeinsamen Zweckverfolgung[1216], der als eine Regel an das türkische Recht mit Art. 357 tHGB angefügt wird.[1217] Auch der Kassationshof entschied in seinem Urteil, dass Beschlüsse, die den Gleichbehandlungsgrundsatz verletzen, nichtig sind.[1218]

1213 *Sevi*, Anonim Ortaklıkta Sermayenin Oluşturulması ve Pay Sahiplerine İade Edilmesi Yasağı, S. 436, 516, 531.

1214 Näher *Pulaşlı*, İÜHFM 2013, S. 335, 343 f.; *Sevi*, Anonim Ortaklıkta Sermayenin Oluşturulması ve Pay Sahiplerine İade Edilmesi Yasağı, S. 520.

1215 Poroy/Tekinalp/*Çamoğlu*, Ortaklıklar Hukuku I, 2019, S. 595 Rn. 722c; *Erdem*, BÜHFD 2014, S. 29, 56 f.

1216 *Tekil*, Anonim Şirketlerde Eşit İşlem İlkesi, in: Argumentum 1992, S. 258; *Eminoğlu*, TFM 2015, S. 79 f.

1217 Art. 357 tHGB (Der Gleichbehandlungsgrundsatz): *„Aktionäre sind unter gleichen Voraussetzungen gleich zu behandeln."* In der Literatur geben einige Meinungen über die Rechtsnatur des Grundsatzes vor, dass die Gleichbehandlung ein eigenständiger Grundsatz sei. Dagegen wird vertreten, dass die Gleichbehandlung als eine Reflexion des Grundsatzes von Treu und Glauben zu bewerten sei, zu den Meinungen *Nomer F.*, FS İmregün, 1998, S. 469, 473 ff.; Kırca/Manavgat/*Şehirali Çelik*, Anonim Şirketler Hukuku, S. 134; *Eminoğlu*, TFM 2015, S. 79, 81f.

1218 Kassationshof, 11. Zivilkammer, Urt. v. 28.06.2011, E. 8722 K. 7836; Poroy/Tekinalp/*Çamoğlu*, Ortaklıklar Hukuku I, 2019, S. 595 f. Rn. 722c; Çamoğlu/*Poroy/Tekinalp*, Ortaklıklar Hukuku I, 2019, S. 29 Rn. 60.

Im Übrigen sind nicht nur Beschlüsse der Hauptversammlung, sondern auch Beschlüsse des Vorstands Gegenstand der Nichtigkeit. Falls der Verstoß gegen das Einlagenrückgewährverbot durch den Vorstand begangen wird, ist der Beschluss des Vorstandes nach Art. 391 tHGB[1219] nichtig. Zudem sind die Nichtigkeitsfälle nicht *numerus clausus*, da sich bei näherer Betrachtung des Wortlauts des Art. 391 tHGB ergibt, dass „insbesondere" die genannten Fälle nichtig sind.[1220] Dies lässt auf weitere Nichtigkeitsfälle schließen.

2. *Haftung nach den Vorschriften des Handelsgesetzbuchs*

Das Handelsgesetzbuch enthält besondere Haftungsvorschriften (Art. 549–552 tHGB), nach welchen die Haftung nicht nach dem Verantwortlichen, sondern nach der Handlung zu bestimmen ist.[1221]

a. Haftung für gesetzwidrige Urkunden und Erklärungen

Art. 549 tHGB[1222] regelt die Haftung für gesetzwidrige Urkunden und Erklärungen. Falls Urkunden, Emissionsprospekte, Zusicherungen, Erklärungen bei

---

1219 Art. 391 tHGB (Nichtige Beschlüsse): „*1) Die Feststellung der Ungültigkeit der Beschlüsse des Vorstands kann vom Gericht verlangt werden. Insbesondere sind folgende Beschlüsse nichtig, die: a) gegen den Gleichbehandlungsgrundsatz verstoßen, b) die Grundstrukturen der Aktiengesellschaft missachten oder die Bestimmungen zum Kapitalschutz verletzen, c) insbesondere unverzichtbare Rechte der Aktionäre verletzen oder deren Ausübung beschränken oder erschweren, d) die unverzichtbaren und unübertragbaren Aufgaben der Organe verletzen und die Übertragung dieser Aufgaben zulassen.*"

1220 Gemäß Art. 27 tOR sind Verträge, die gegen zwingende Vorschriften des Gesetzes, den *Ordre Public* und Persönlichkeitsrechte verstoßen, oder sittenwidrig sind oder einen unmöglichen Inhalt haben, nichtig, siehe Poroy/Tekinalp/*Çamoğlu*, Ortaklıklar Hukuku I, 2019, S. 379 Rn. 534, S. 595 Rn. 722c ff.; Şehirali Çelik/Manavgat/*Kırca*, Anonim Şirketler Hukuku, S. 515; *Tekinalp*, GÜHFD 2013, S. 13, 16.

1221 Ausf. *Çamurcu*, Anonim Ortaklıklarda Farklılaştırılmış Teselsül İlkesi Uyarınca Yönetim Kurulu Üyelerinin Sorumluluklarının Belirlenmesi, S. 82 ff.

1222 Art. 549 tHGB (Rechtswidrigkeit der Urkunden und Erklärungen): „*Sind bei der Gründung der Gesellschaft, Kapitalerhöhung, Kapitalherabsetzung, Fusion, Spaltung, Umwandlung und bei der Aktienemission die erstellten Urkunden, Emissionsprospekte, Erklärungen, ähnliche Mitteilungen und Zusicherungen unrichtig, irreführend, falsch, wahrheitswidrig, heimlich oder liegen andere Rechtswidrigkeiten vor, so haften diejenigen, die diese Dokumente erstellt oder verkündet haben, und beteiligte Personen, die schuldhaft mitgewirkt haben.*" Art. 752 OR: „*Sind bei der*

der Gründung einer Gesellschaft, Kapitalherabsetzung und -Erhöhung, Fusion, Spaltung, Umwandlung der Gesellschaft und bei der Aktienemission, unrichtig, falsch, irreführend, unwahr, täuschend sind oder andere Gesetzwidrigkeiten vorliegen, haften diejenigen, die diese Urkunden erstellen, verkünden oder an dem verursachten Schaden schuldhaft beteiligt[1223] waren.[1224]

Nach der Begründung des Art. 549 tHGB sind nicht nur Prospekte, sondern auch andere relevante Unterlagen bei dem öffentlichen Angebot zu berücksichtigen.[1225]

Je nach Einzelfall kann die geschädigte Person die Gesellschaft, der Aktionär, der Altaktionär, der seine Aktionärsstellung deswegen verloren hat, der Erwerber der Wertpapiere, der Bezieher nach dem Erwerb der Wertpapiere oder der Annehmer beim öffentlichen Angebot[1226] bzw. beim Börsengang sein.[1227]

Gründung einer Gesellschaft oder bei der Ausgabe von Aktien, Obligationen oder anderen Titeln in Emissionsprospekten oder ähnlichen Mitteilungen unrichtige, irreführende oder den gesetzlichen Anforderungen nicht entsprechende Angaben gemacht oder verbreitet worden, so haftet jeder, der absichtlich oder fahrlässig dabei mitgewirkt hat, den Erwerbern der Titel für den dadurch verursachten Schaden."

1223 Z.B. Personen, die lediglich erforderliche Informationen für die Erstellung dieser Urkunden beschaffen, aber nicht primär für die Erstellung zuständig sind, siehe *Sevi*, Anonim Ortaklıkta Sermayenin Oluşturulması ve Pay Sahiplerine İade Edilmesi Yasağı, S. 399.

1224 *Tekinalp*, Sermaye Ortaklıkları, S. 366 f.; *Pulaşlı*, Şirketler Hukuku Genel Esaslar, S. 624; *Yasaman*, GÜHFD 2013, S. 97, 101 f.; *Çamurcu*, Anonim Ortaklıklarda Farklılaştırılmış Teselsül İlkesi Uyarınca Yönetim Kurulu Üyelerinin Sorumluluklarının Belirlenmesi, S. 83 f.; *Sevi*, Anonim Ortaklıkta Sermayenin Oluşturulması ve Pay Sahiplerine İade Edilmesi Yasağı, S. 394 ff.

1225 Begründung des Art. 549 tHGB.

1226 Das öffentliche Angebot wird neben der Regelung in Art. 3 tKMG auch mit Art. 16 tKMG hypothetisch geregelt. Gemäß Art. 16 tKMG werden die Vorschriften über die Publikumsgesellschaften für die Börsengesellschaften, bzw. für die Gesellschaften, die ihre Anteile nach der Erstellung des Prospekts an der Börse handeln, und für die Aktiengesellschaften, deren Anzahl der Aktionäre nach dem öffentlichen Angebot fünfhundert übersteigt, angewendet, näher *Manavgat*, Halka Arz ve Sermaye Artırımı, in: SPH Sempozyumu 2013, S. 117, 131 ff.; Kırca/Manavgat/*Şehirali Çelik*, Anonim Şirketler Hukuku, S. 229 f.; Poroy/Çamoğlu/*Tekinalp*, Ortaklıklar Hukuku I, 2019, S. 320 Rn. 473a; *Yanlı*, BATİDER 2016, S. 5, 9.

1227 *Pulaşlı*, Şirketler Hukuku Genel Esaslar, S. 624; *Koşut* in: Karahan/Şirketler Hukuku, S. 741; *Çamurcu*, Anonim Ortaklıklarda Farklılaştırılmış Teselsül İlkesi Uyarınca Yönetim Kurulu Üyelerinin Sorumluluklarının Belirlenmesi, S. 85.

b. Unrichtige Angaben über das Grundkapital und die Zahlungsunfähigkeit

Am wichtigsten für Gesellschaften sind die Einbringung und der Schutz des für die Gläubiger der Gesellschaft eine Sicherheit darstellenden Grundkapitals. In diesem Sinne schützt Art. 550 tHGB[1228] sowohl das Gesellschaftskapital als auch die Gläubiger.[1229] Deswegen sind unrichtige Angaben, Zusicherungen und Zahlungen über das Grundkapital gemäß Art. 550 Abs. 1 tHGB verboten.[1230] Diejenigen, die den Anschein erwecken, dass das Grundkapital gezeichnet oder aufgebracht worden ist, obwohl es unvollständig ist oder der Gegenwert nicht nach den gesetzlichen und satzungsmäßigen Bestimmungen geleistet wurde, verpflichten sich mit den schuldhaft beteiligten Zuständigen der Gesellschaft dazu, die Aktien auf eigene Rechnung zu übernehmen und den Gegenwert mit Zinsen gesamtschuldnerisch zu bezahlen. Hier sind vor allem an die Vorstands- und Aufsichtsratsmitglieder zu denken, die die Richtigkeit dieser Angaben und Dokumente beachten bzw. prüfen müssen.[1231] Weiterhin sind gemäß Art. 550 Abs. 2 tHGB[1232] für Schäden aufgrund unbezahlter Schulden mit Zinsen unabhängig vom Verschulden diejenigen verantwortlich, die Kenntnis über die Zahlungsunfähigkeit der Person hatten, die die Kapitalaufbringung zeichnete oder dem zustimmte. Beispielsweise ist an die Begründer zu denken, da sie die Zahlungsfähigkeit überprüfen bzw. herausfinden können.[1233] Nach der Begründung

---

1228 Art. 550 tHGB (Unrichtige Angaben über das Grundkapital und die Kenntnis von der Zahlungsunfähigkeit): *„1) Bei Personen, die den Anschein erwecken, dass das Grundkapital gezeichnet oder aufgebracht worden ist, obwohl es nicht vollgezeichnet oder sein Gegenwert nicht entsprechend den gesetzlichen und satzungsmäßigen Bestimmungen geleistet worden ist, wird angenommen, dass sie sich mit den Zuständigen der Gesellschaft, wenn sie Verschulden haben, dazu verpflichten, diese Anteile auf ihre eigene Rechnung zu übernehmen und den Gegenwert der Anteile mit Zinsen gesamtschuldnerisch zu zahlen.“*

1229 *Koşut* in: Karahan/Şirketler Hukuku, S. 784; *Çamurcu*, Anonim Ortaklıklarda Farklılaştırılmış Teselsül İlkesi Uyarınca Yönetim Kurulu Üyelerinin Sorumluluklarının Belirlenmesi, S. 86; *Sevi*, Anonim Ortaklıkta Sermayenin Oluşturulması ve Pay Sahiplerine İade Edilmesi Yasağı, S. 400.

1230 *Pulaşlı*, Şirketler Hukuku Genel Esaslar, S. 625; *Yasaman*, GÜHFD 2013, S. 97, 102 f.

1231 *Karaman Coşgun*, MÜHFD 2012, S. 333, 347.

1232 Art. 550 Abs. 2 tHGB: *„2) Diejenigen, die über das Wissen verfügen, dass die verpflichtete Person zur Erbringung des Kapitals unfähig ist und dem zustimmen, sind für den Schaden verantwortlich, der aus der Nichtzahlung der Schulden zustande kommt.“*

1233 *Koşut* in: Karahan/Şirketler Hukuku, S. 785; *Tekinalp*, Sermaye Ortaklıkları, S. 371 f.; *Çamurcu*, Anonim Ortaklıklarda Farklılaştırılmış Teselsül İlkesi Uyarınca Yönetim Kurulu Üyelerinin Sorumluluklarının Belirlenmesi, S. 88 f.; *Sevi*, Anonim Ortaklıkta Sermayenin Oluşturulması ve Pay Sahiplerine İade Edilmesi Yasağı, S. 405.

des Art. 550 tHGB ist der Begriff „Berechtigter der Gesellschaft“ weit zu verstehen.[1234]

Als Zwischenergebnis kann festgestellt werden, dass das Handelsgesetzbuch mit diesen Regelungen (Art. 549 und 550 tHGB) eine umfassende Haftung regelt, die auch Publizitätsdokumente wie den Prospekt und Mitteilungspflichten erfasst. Demzufolge finden für Publikumsgesellschaften vorrangig das Kapitalmarktgesetz und für die anderen Aktiengesellschaften diese Haftungsnorm Anwendung.[1235] Eine Anwendung der allgemeinen Vorschriften ist aber weiterhin für Publikumsgesellschaften nicht ausgeschlossen, sondern nachrangig zur Füllung von Lücken der Vorschriften des Kapitalmarktgesetzes geboten.

c. Betrug bei der Wertbestimmung

Eine weitere Haftungsnorm für den Betrug bei der Wertbestimmung von Sacheinlagen, Unternehmen oder Sachen, die das Grundkapital der Gesellschaft schützen, ist Art. 551[1236] tHGB.[1237] Beispiele für eine Haftung nach Art. 551 tHGB sind die unrichtige oder irreführende Berichterstellung im Gründungsstadium bzw. bei einer Kapitalerhöhung sowie das Unterlassen bzw. Verstecken einiger Informationen in diesem Bericht.[1238]

1234 Beispielsweise sind an Vorstandsmitglieder, Begründer, Vertreter zu denken, siehe *Sevi*, Anonim Ortaklıkta Sermayenin Oluşturulması ve Pay Sahiplerine İade Edilmesi Yasağı, S. 402; auch *Doğrusöz Koşut*, S. 683, 686.

1235 Auch *Kara*, SÜHFD 2015, S. 131, 139, 142.

1236 Art. 551 tHGB (Betrug bei der Wertbestimmung): *„Die Personen, die einen höheren Preis als den entsprechenden Wert bei der Wertbestimmung von Sacheinlagen, oder Unternehmen und Sachen, die zur Übernahme bestimmt sind, ansetzen, die Eigenschaften oder Statuten des Unternehmens und Sachen unterschiedlich zeigen oder irgendeiner Form betrügen, sind für den hierdurch entstandenen Schadensersatz verantwortlich.“*

1237 *Koşut* in: Karahan/Şirketler Hukuku, S. 787; *Yasaman*, GÜHFD 2013, S. 97, 103; *Çamurcu*, Anonim Ortaklıklarda Farklılaştırılmış Teselsül İlkesi Uyarınca Yönetim Kurulu Üyelerinin Sorumluluklarının Belirlenmesi, S. 89. Angemerkt wird ferner, dass der Wert von eingebrachten Sacheinlagen eingeschätzt werden muss, siehe *Pulaşlı*, Şirketler Hukuku Genel Esaslar, S. 625.

1238 Die Angabe eines Grundstücks als Gebäude, oder eines Grundstücks ohne Baugenehmigung als ein Grundstück mit einer Baugenehmigung, kann auch als weiteres Beispiel für Art. 551 tHGB genannt werden, siehe *Sevi*, Anonim Ortaklıkta Sermayenin Oluşturulması ve Pay Sahiplerine İade Edilmesi Yasağı, S. 406 f.; *Doğrusöz Koşut*, S. 683, 687.

d. *Geldansammlung aus dem Publikum*

Von wesentlicher Bedeutung ist die Geldansammlung aus dem Publikum gemäß Art. 552 tHGB. Diese neue Haftungsvorschrift in Art. 552 tHGB ist die Folge von zahlreichen Fällen, in denen Tausende im Ausland lebende Türkeistämmige durch Geldansammlung mittels Scheingesellschaften getäuscht wurden.[1239]

Erstinstanzliche Gerichte und der Kassationshof beschäftigen sich mit dieser gesetzwidrigen Geldansammlungsaktion schon seit über 10 Jahren. Diese wurden vor allem von in Deutschland gegründeten Tochtergesellschaften durchgeführt, die die gesammelten Beträge folglich an die in der Türkei ansässigen Gesellschaften übertrugen.[1240]

Der wichtigste Anhaltspunkt dieser Aktion ist, dass sie eine versprochene Rückerwerbsgarantie des eingebrachten Kapitals und hohe Gewinnanteile (20–30 %) als Mittel für neue potenzielle Anleger nutzten, um sie in das System (Ponzi-Schema)[1241] einzubringen. Dabei erfolgten Rückzahlungen anfangs unproblematisch, da durch die einbezahlten Summen von Neuanlegern die Gewinnerwartungen der bereits vorhandenen Anleger ausgeglichen wurden. Jedoch brach dieses System zusammen, als die Gewinnauszahlungen stoppten. Infolgedessen klagten getäuschte Anleger vor türkischen und deutschen Gerichten auf Schadensersatz, um ihre Gelder von diesen Gesellschaften und ihren Vorstandsmitgliedern zurückerhalten zu können. Demzufolge wurde die Aktionärstellung dieser Anleger und das damit verbundene Einlagenrückgewährverbot zusammen mit dem Verbot des Erwerbs eigener Aktien als Argument gegen Schadensersatzansprüche der geschädigten Anleger angeführt.

Nach jahrelang andauernden Diskussionen wurden diese Gesellschaften mit ihren Vorstandsmitgliedern unter der Berücksichtigung der Durchgriffshaftung[1242] der in der Türkei ansässigen Muttergesellschaften nach den Vorschriften der unerlaubten Handlung durch die Gerichte für verantwortlich erklärt. Der Gesetzgeber konnte diese Haftungslücke nicht weiterhin bestehen lassen und regelte diese Fälle mit dem neuen Handelsgesetzbuch in Art. 552 tHGB. Das Ziel des Art. 552 tHGB[1243] ist die Verhinderung der unerlaubten

---

1239 Die Anzahl dieser Gesellschaften liegt bei ca. 80, darunter auch *Kombassan*.

1240 Näher Kap. 4 C. V. 2.

1241 Näher Kap. 4 C. V. 4. c. cb.

1242 Näher Kap. 4 C. V. 2. g.

1243 Art. 552 tHGB (Geldansammlung aus dem Publikum): „*Unter Vorbehalt der Vorschriften des Kapitalmarktgesetzes ist die Geldansammlung mit jeglichem Aufruf aus dem Publikum zwecks Kapitalerhöhung oder Gründung einer Aktiengesellschaft verboten.*“

und aufsichtslosen Geldansammlung aus dem Publikum -insbesondere von Türkeistämmigen im Ausland- mittels Kapitalerhöhung und Gründung einer Aktiengesellschaft.[1244] Die Vorschriften im Kapitalmarktgesetz sind vorbehalten.[1245] Die sogenannten Gründe der Geldansammlung, die Gründung einer Gesellschaft oder die Kapitalerhöhung der Gesellschaft, sind nach der Artikelbegründung nicht abschließend geregelt. Allerdings existiert nach dem Wortlaut des Art. 552 tHGB kein Indiz dafür, dass auch in anderen Fällen eine Geldansammlung verboten ist – zumindest tauchen keine Begriffe wie „z.B.“, „wie“ oder „insbesondere“ im Gesetzestext auf.

Im Folgenden ist zu klären, was unter dem Begriff „Publikum“ zu verstehen ist. Publikum i.S.d. Art 552 tHGB bedeutet die Gesamtheit der Personen, die mittels Anzeigen, Flyern usw., oder durch einen Aufruf an einem Ort, erreicht werden. Da viele türkischstämmige Anleger im Ausland durch Versammlungen in Räumen islamischer Organisationen oder Moscheen als Kunden der sog. „islamischen Holdings“ gewonnen und getäuscht wurden, können diejenigen Personen, die diese Tätigkeiten geführt haben, in Anspruch genommen werden.[1246] Daher handelt es sich um eine Schutznorm für Personen bzw. Kleinanleger, die keine umfangreiche Kenntnis über Kapitalgesellschaften, deren Arbeitsweise und die Folgen einer Beteiligung an solchen Gesellschaften verfügen.[1247]

Das Handelsgesetzbuch beschränkt zudem die Verantwortlichen nicht auf juristische oder natürliche Personen. Damit bestehen keine Zweifel über die Verantwortlichkeit der Gesellschaften und ihrer Vorstandsmitglieder gem. Art. 552 tHGB.[1248] In all diesen Fällen haften die Vorstandsmitglieder gesamtschuldnerisch.[1249] In der Begründung des Art. 552 tHGB wird ebenfalls klargestellt, dass ein Verschulden der Verantwortlichen nicht erforderlich ist, bzw. eine Gutgläubigkeit nicht zur Nicht-Anwendung der Vorschrift führt.

1244 Begründung des Art. 552 tHGB.

1245 Die Geldansammlung aus dem Publikum wird durch die Gründung einer Publikumsgesellschaft verwirklicht, siehe *Tekinalp*, Sermaye Ortaklıkları, S. 375 f.

1246 Ausf. Kap. 4 C. V. 2. a.

1247 *Çamurcu*, Anonim Ortaklıklarda Farklılaştırılmış Teselsül İlkesi Uyarınca Yönetim Kurulu Üyelerinin Sorumluluklarının Belirlenmesi, S. 91.

1248 Der Beklagte wird im jeweiligen Fall bestimmt, siehe *Koşut* in: Karahan/Şirketler Hukuku, S. 789 f.; auch *Çamurcu*, Anonim Ortaklıklarda Farklılaştırılmış Teselsül İlkesi Uyarınca Yönetim Kurulu Üyelerinin Sorumluluklarının Belirlenmesi, S. 91.

1249 Poroy/Tekinalp/*Çamoğlu*, Ortaklıklar Hukuku I, 2019, S. 435 f. Rn. 593 ff.

Bemerkenswert ist ein anderes Urteil des Kassationshofs bezüglich der gleichen Geldansammlungsaktion, mit dem Unterschied, dass der Anleger in diesem Verfahren die Gesellschaft für seinen unmittelbaren Schaden nicht als geschädigten Anleger, sondern als Aktionär in Anspruch nimmt.[1250] Der Kassationshof entschied in seinem Urteil, dass, wenn die Aktionärseigenschaft durch die Kläger akzeptiert wird und keinen umstrittenen Punkt mehr im Verfahren darstellt, die Haftungsgründe der beklagten Gesellschaft und ihrer verantwortlichen Vorstandsmitglieder zuerst nach Art. 549 tHGB geprüft werden müssen, da diese Begründer sind.[1251]

1250 Kassationshof, 11. Zivilkammer, Urt. v. 07.04.2016, E. 2016/1057 K. 2016/3877: „*Obwohl durch die Rechtsprechung unserer Kammer in den letzten Jahren entschieden wurde, dass die Richtigkeit der Aktionärseigenschaft der Kläger in solchen Konflikten festgestellt und die Übereinstimmung der Angaben im Anteilbuch mit den anderen Angaben geprüft werden muss,... und akzeptiert wurde, dass die rechtswidrigen Handlungen der Vorstandsmitglieder im Konflikt durch das erstinstanzliche Gericht festgestellt wurden und sich eine Haftung aus Art. 49 tOR (Gesetz Nr. 6098) ergibt, werden in den Klageschriften gleichgelagerter Fälle, die unserer Kammer vorgelegt werden, in welchen bei einer jederzeitigen Rückerstattung der investierten Gelder garantiert wurde und die schädigenden Gesellschaften als Beklagte angezeigt, und beantragt, dass zunächst die Nicht-Aktionärseigenschaft der Kläger festgestellt und sodann die investierten Gelder ersetzt werden soll. Es ist daher offensichtlich, dass die etablierten Urteile unserer Kammer in diesem Verfahren, in dem die Aktionärseigenschaft deutlich akzeptiert und der unmittelbare Schaden aufgrund von Art. 336 tHGB (Gesetz Nr. 6762) gefordert wird, nicht in Betracht kommen.*“

1251 Kassationshof, 11. Zivilkammer, Urt. v. 07.04.2016, E. 2016/1057 K. 2016/3877: „*Zur Haftung der Begründer; durch das erstinstanzliche Gericht wurden die schädigenden Handlungen der Begründer nicht vollständig klargestellt. Mit dem Schreiben der Kapitalmarktaufsicht vom 10.03.2003 wurde mitgeteilt, dass der Nennbetrag durch die Begründer in die Holdingbücher eingetragen wurde, obwohl die Verbindlichkeit des Holdings auf dem Kontoauszug, der den Anlegern ausgegeben wurde, als Devise angezeigt wurde,... die Differenz zwischen Beiden als Gewinn geltend gemacht wurde, in diesem Sinne erklärt wurde, dass der Restbetrag mit der Kursdifferenz...der Gesellschaft zurück zu erstatten und an diejenigen, von denen Gelder eingesammelt wurden, auszugeben sei... Das erstinstanzliche Gericht hat diesbezüglich weder eine Prüfung noch eine Bewertung gemacht. Allerdings wurde in Art. 305 tHGB (Gesetz Nr. 6762) die Haftung für gesetzwidrige Urkunden und Erklärungen und in Art. 306 tHGB die Haftung wegen der Anscheinserweckung, dass das Grundkapital gezeichnet oder aufgebracht worden ist, obwohl es unvollständig ist oder der Gegenwert nicht geleistet wurde, geregelt. Daher ist nach einer Feststellung der schadensbegründenden Handlungen durch das Gericht darüber zu entscheiden, ob die beklagten Begründer nach den jeweiligen Haftungsnormen haften müssen.*“

3. *Reichweite der Haftung*

a. Die Gesellschaft

Die Aktiengesellschaft haftet für Verbindlichkeiten nur mit dem Gesellschaftsvermögen.[1252] Für Verbindlichkeiten haftet gemäß Art. 237 tHGB[1253] in erster Linie die Gesellschaft. Für den Vorstand besteht keine persönliche Haftung gegenüber Dritten. Vielmehr haftet die Gesellschaft gemäß Art. 371 Abs. 5 tHGB[1254] für unerlaubte Handlungen des Vorstands.

b. Persönliche Haftung der Vorstandsmitglieder

Die Vorstandsmitglieder sind nach Art. 553 tHGB[1255] gegenüber der Gesellschaft, den Aktionären und Gläubigern für den Schaden verantwortlich, der infolge einer Verletzung der Pflichten, die vom Gesetz oder von Satzungen auferlegt wurden, entstand.

Die Grundnorm für Art. 553 tHGB ist Art. 754 OR.[1256] Jedoch präferierte der türkische Gesetzgeber statt „die Mitglieder des Verwaltungsrates und alle mit

---

1252 Çamoğlu/*Poroy/Tekinalp*, Ortaklıklar Hukuku I, 2014, S. 278 Rn. 432; Çamoğlu/Poroy/*Tekinalp*, Ortaklıklar Hukuku I, 2019, S. 306 Rn. 432.

1253 Art. 237 Abs. 1 tHGB: *„1) Verantwortlich ist die Gesellschaft in erster Linie für Verbindlichkeiten. Jedoch kann eine Klage nur gegen einen Aktionär oder gegen die Gesellschaft zusammen mit dem Aktionär erhoben oder die Zwangsvollstreckung eingeleitet werden, wenn die Zwangsvollstreckungsverfahren erfolgslos blieben oder die Gesellschaft aus irgendeinem Grund aufgelöst wurde.“*

1254 Art. 371 Abs. 5 tHGB: *„5) Die Gesellschaft haftet für die unerlaubten Handlungen der für die Vertretung oder Leitung zuständigen Personen, die während der Ausführung ihrer Aufgaben getätigt werden. Der Regressanspruch der Gesellschaft ist vorbehalten.“*

1255 Art. 553 tHGB (Haftung der Gründer, Vorstandsmitglieder, Geschäftsleiter und Liquidatoren): *„1) Gründer, Vorstandsmitglieder, Geschäftsleiter und Liquidatoren sind sowohl der Gesellschaft als auch den Aktionären und Gesellschaftsgläubigern für den Schaden verantwortlich, den sie durch die schuldhafte Verletzung der ihnen durch Gesetz und Satzungen auferlegten Pflichten verursachen. 2) Personen der Organe, die die Erfüllung der ihnen durch Gesetz und Satzung auferlegten Pflichten und Befugnisse auf Grund des Gesetzes einem anderen übertragen, sind nicht für die von diesem verursachten Schaden verantwortlich, sofern nachgewiesen wurde, dass sie bei der Auswahl der Personen die gebotene Sorgfalt angewendet haben. 3) Niemand darf wegen eines außerhalb seiner Kontrolle liegenden Verstoßes oder Dienstvergehens, die das Gesetz oder die Satzung verletzen, zur Haftung herangezogen werden; diese Haftungsbefreiung kann die Aufsichts- und Sorgfaltspflicht nicht entgegengehalten werden.“*

1256 Art. 754 OR: *„Die Mitglieder des Verwaltungsrates und alle mit der Geschäftsführung oder mit der Liquidation befassten Personen sind sowohl der Gesellschaft als auch den einzelnen Aktionären und Gesellschaftsgläubigern für den Schaden verantwortlich, den sie durch absichtliche oder fahrlässige Verletzung ihrer Pflichten verursachen.“*

der Geschäftsführung oder mit der Liquidation befassten Personen" des Art. 754 OR als einen allgemeineren und umfassenderen Begriff „die Geschäftsleiter".

Die größte Änderung durch das neue Handelsgesetzbuch ist die Haftung der einzelnen Mitglieder Geschäftsleitung und des Aufsichtsrats statt einer Organhaftung.[1257] Nach dieser differenzierten gesamtschuldnerischen Haftung kann jede einzelne Person von mehreren ersatzpflichtigen Personen gemäß Art. 557 Abs. 1 tHGB[1258] nur insoweit haftbar gemacht werden, als ihr der Schaden aufgrund eines Verschuldens persönlich zurechenbar ist.[1259]

ba. Sorgfalts- und Organisationspflichten

i. Risikomanagement durch die Vorstandsmitglieder unter Berücksichtigung der Corporate-Governance-Prinzipien

Die Geschäftsleiter können bei der Leitung der Gesellschaft Missbräuche oder verschiedene Interessenkonflikte verursachen.[1260] Insbesondere besteht die Gefahr, dass die Geschäftsleiter aufgrund ihres Informationsvorsprungs eigene Interessen zu Lasten der Aktionäre verfolgen könnten. Um diese Gefahr in einer Gesellschaft zu mindern, werden schützende Maßnahmen benötigt, wie z.B. die Einschränkung des Informationsvorsprungs der Geschäftsleiter durch Offenlegungspflichten. Corporate Governance konzentriert sich auf Maßnahmen für die Leitung und Überwachung eines Unternehmens.[1261]

Im Mittelpunkt der Corporate Governance steht der Vorstand.[1262] Zum einen wird hier die Verhinderung von Problemen bezweckt, die von der Gesellschaftsleitung verursacht werden, und zum anderen die Suche nach einer Lösung für entstehende Probleme erzielt.[1263] Zur Verwirklichung dieses

---

1257 *Pulaşlı*, Şirketler Hukuku Genel Esaslar, S. 629; *Helvacı*, GÜHFD 2013, S. 77 ff.; Poroy/Tekinalp/*Çamoğlu*, Ortaklıklar Hukuku I, 2019, S. 433 f. Rn. 591a.

1258 Art. 557 Abs. 1 tHGB: *„1) Sind für einen Schaden mehrere Personen ersatzpflichtig, so ist jede von ihnen insoweit mit den anderen gesamtschuldnerisch haftbar, als ihr der Schaden aufgrund ihres eigenen Verschuldens und der Umstände persönlich zurechenbar ist."*

1259 RegBegr. Erklärungen zu Art. 557 tHGB, S. 209; *Kervankıran*, FS Baums, 2017, S. 653, 659; *Helvacı*, GÜHFD 2013, S. 77, 85.

1260 Kırca/Manavgat/*Şehirali Çelik*, Anonim Şirketler Hukuku, S. 131 ff.

1261 Çamoğlu/*Poroy/Tekinalp*, Ortaklıklar Hukuku I, 2014, S. 289 Rn. 471a; *Yanlı*, FS Ülgen, 2007, S. 1581.

1262 RegBegr. tHGB, Nr. 72.

1263 *Yanlı*, Kurumsal Yönetim İlkeleri Açısından Türk Ticaret Kanunu Tasarısı'nın Değerlendirilmesi, in: İTO 2007, S. 45 ff.

Zwecks regelt Nr. 4.1.1[1264] der Corporate-Governance-Prinzipien die Führung der Gesellschaft durch ein rationales und gewissenhaftes Risikomanagement im Rahmen der langfristigen Wahrnehmung der Gesellschaftsinteressen. Demzufolge muss gem. Nr. 4.2.3[1265] der Corporate-Governance-Prinzipien ein inneres Kontrollsystem gegründet werden, das potenzielle Risiken der Interessenten auf ein Minimum bringen kann.[1266] Obwohl im türkischen Recht für Compliance keine ausdrücklichen Regelungen wie z.B. DCGD 4.1.3 existieren, kann eine Compliance-Organisation im Rahmen des inneren Kontrollsystems eingerichtet werden. Bei Betrachtung der zahlreichen und weitreichenden Aufgaben des Vorstands und der unklaren gesetzlichen Formulierungen in Publikumsgesellschaften, die zur Haftung von Vorstandsmitgliedern führen können, wird deutlich, dass der Aufbau einer Compliance-Organisation heutzutage fast schon verpflichtend ist. Demzufolge können Vorstandsmitglieder einerseits die bestmöglichen Gesellschaftsinteressen wahrnehmen und andererseits sich vor Haftungsproblemen schützen.

Das Handelsgesetzbuch regelt das sogenannte Risikofrühwarnkomitee unter dem Namen „Risikofrühdiagnosenkomitee". Der Vorstand muss daher gem. Art. 378 tHGB[1267] ein Risikofrühwarnkomitee gründen, um Gründe, die die

---

1264 4. Vorstand, 4.1. Funktion des Vorstands, Nr. 4.1.1: *„Der Vorstand vertritt die Gesellschaft durch strategische Beschlüsse, durch die bestgünstige Balance von Risiken, der Fortentwicklung und des Gewinns mit einem rationalen und gewissenhaften Risikomanagement-Verständnis unter langfristiger Wahrnehmung der Interessen der Gesellschaft."*

1265 4. Vorstand, 4.2. Grundsätze für Vorstandstätigkeiten, Nr. 4.2.3: *„Der Vorstand gründet ein Risikomanagements- und Informationssystem, das vor allem potenzielle Risiken der Aktionäre und Interessenten auf ein Minimum bringen kann und innere Kontrollsysteme, die auch Prozesse enthalten und dabei unter Berücksichtigung der Stellungnahme des betroffenen Vorstandskomitees entstehen."*

1266 Ausf. *Kaya*, FS Pekcanıtez, 2015, S. 3261, 3264; zu den Risiken („Elementarrisiken", „politische oder ökonomische Risiken", „Unternehmensrisiken") *Yaşar*, TFM 2016, S. 69, 75 f.

1267 Art. 378 Abs. 1 tHGB: *„Der Vorstand einer Gesellschaft, deren Anteile an der Börse gehandelt werden, ist dazu verpflichtet, ein professionelles Komitee zu gründen, das gegründete System zum Funktionieren zu bringen und dieses zu entwickeln, um Gründe, die die Existenz, Fortentwicklung und das Fortbestehen der Gesellschaft gefährden, früh festzustellen, erforderliche Maßnahmen zu treffen, Lösungen durchzuführen und Risiken zu managen."*; unter dem Begriff „System" versteht man das Risikofrühwarnsystem, siehe *Yaşar*, TFM 2016, S. 69, 85.

Existenz, das Fortbestehen oder die Entwicklung einer Börsengesellschaft[1268] gefährden, feststellen und erforderliche Maßnahmen rechtzeitig treffen zu können.[1269] Der Gesetzgeber konzipierte diese neue Regelung im Handelsgesetzbuch, um das türkische Recht an das Europäische Recht anzupassen.[1270] Laut der Begründung des Art. 378 ist der Zweck der Regelung, den Vorstand und die Hauptversammlung gegenüber den Risiken wachzuhalten und folglich geeignete Maßnahmen einrichten zu können.[1271]

Der Inhalt des Risikomanagements ist an dieser Stelle näher zu betrachten. Der Vorstand muss gem. Art. 516 Abs. 1 tHGB[1272] in seinem Jahresbericht die potenziellen Risiken der Gesellschaft nennen (Risikoidentifikation) und eine Risikobewertung machen.

Die sogenannten Risiken, die die Existenz und den Fortbestand der Gesellschaft gefährden, sind von der Größe der Gesellschaft abhängig. Insbesondere beim Unternehmensverbund ist nicht nur ein Risikobewusstsein zusammen mit einem Risikofrühwarnsystem erforderlich, sondern auch die Überwachung der Durchführung dieser Maßnahmen. Im Rahmen der Überwachung

---

1268 Innerhalb anderer Aktiengesellschaften (Nicht-Börsengesellschaften bzw. Nicht-Publikumsgesellschaften) wird ein Frühwarnkomitee nur mit Zustimmung des Aufsichtsrats gegründet. In der Literatur wird vertreten, dass der Vorstand aufgrund einer Sorgfaltspflichtverletzung verantwortlich sei, da der Vorstand für die potenziellen Risiken der Gesellschaft erforderliche Maßnahmen, wie ein Frühwarnsystem, treffen muss. Deswegen sei dieses Frühwarnsystem nicht nur für Börsengesellschaften, sondern für alle Aktiengesellschaften zu gründen, siehe *Yaşar*, TFM 2016, S. 69, 88.

1269 Begründung des Art. 378 tHGB; vgl. RegBegr. tHGB Nr. 136; *Yaşar*, TFM 2016, S. 69, 73 f.; *Kaya*, FS Pekcanıtez, 2015, S. 3261, 3267; *Demir*, Kurumsal Yönetim Ilkeleri, S. 135 ff.

1270 *Yaşar*, TFM 2016, S. 69, 74.

1271 Die Begründung des Art. 378 Abs. 1 tHGB: „*Diese Regelung ist ein Anwendungsfall der Corporate-Governance-Prinzipien für Gesellschaften, deren Aktien an der Börse gehandelt werden…. Ziel ist es, die Geschäftsleitung, den Vorstand und die Hauptversammlung ständig wachzuhalten, bei Bedarf geeignete Maßnahmen durch die Organe unverzüglich zu treffen.*“

1272 Art. 516 Abs. 1 tHGB: „*1) Der Jahresbericht des Vorstands spiegelt den Ablauf der Tätigkeiten der Gesellschaft des jeweiligen Jahres und ihre Finanzlage aus allen Richtungen richtig, vollständig, unmittelbar, wahrheitsgemäß und redlich wider. In diesem Bericht wird die Finanzlage der Gesellschaft nach den Finanzberichten bewertet. Ferner weist der Bericht deutlich auf potenzielle Risiken hin, die der Gesellschaft im Rahmen ihrer Entwicklung bevorstehen. Ferner enthält er auch die Bewertung des Vorstands über diese Themen.*“

spielt die Aufbewahrungspflicht von Mitteilungen sowie Dokumenten eine große Rolle.[1273] Für die Verletzung der Sorgfaltspflichten der Organe können Pflichten, die mit dieser Maßnahme und ihrer Überwachung verbunden sind, in Betracht kommen. Entwicklungen, die die Existenz der Gesellschaft nicht gefährden, aber ein Risiko für die Gesellschaft darstellen, fallen unter die Vorstandshaftung i.R.d. Sorgfaltspflichten gem. Art. 369 tHGB.[1274]

Ein weiterer Haftungstatbestand des Vorstands ist die Wertbestimmung der Ware bzw. Dienstleistung in einem potenziellen Vertrag der Gesellschaft. Durch eine Wertbestimmung können finanzielle Auswirkungen des Vertrags auf das Gesellschaftsvermögen beobachtet und der angemessene Vertragspreis (Kauf- oder Verkaufspreis) festgestellt werden. Daneben können Vorstandsmitglieder mögliche Ansprüche wegen der Verletzung von Sorgfaltspflichten abwenden.[1275] Diese Wertbestimmung ist gem. Art. 9 Abs. 2[1276] des Corporate-Governance-Erlasses vor dem Vertragsschluss auszuführen, wenn der Kauf- oder Verkaufspreis ungefähr mehr als fünf Prozent des Unternehmenswerts beträgt.[1277] Entscheiden sich die Parteien für einen Vertragsschluss, entsprechen die Geschäfte jedoch nicht dem Wertbestimmungsbericht, muss diese Abweichung sofort mit einer Ad-hoc-Mitteilung veröffentlicht werden. So können Anleger und Aktionäre gem. Art. 9 Abs. 6[1278] des Corporate-Governance-Erlasses über diese Änderungen in Kenntnis gesetzt werden.

1273 *Yaşar*, TFM 2016, S. 69, 82, 85 m.w.N.

1274 *Yaşar*, TFM 2016, S. 69, 78.

1275 *Manavgat*, TFM 2016, S. 43, 46.

1276 Gem. Art. 9 Abs. 2 beträgt der Kauf- oder Verkaufspreis des Geschäfts wie der Waren oder des Dienstleistungsgeschäfts zwischen den Unternehmen sowie deren abhängigen Unternehmen und der in Beziehung stehenden Gegenseite voraussichtlich mehr als fünf Prozent des Unternehmenswerts entsprechend den zuletzt veröffentlichten Finanztabellen, muss vor dem Vertragsschluss eine Wertbestimmung durchgeführt werden.

1277 Eine Wertbestimmung ist gem. Art. 9 Abs. 2 des Erlasses nicht erforderlich, wenn der Vertragsgegenstand die Aktien sind und diese über die Börse übertragen werden.

1278 Art. 9 Abs. 6: „*6) Wird über die Abschließung der Geschäfte mit der in Beziehung stehenden Gegenseite entschieden; sind die mittelbaren und unmittelbaren Beziehungen zwischen den Parteien, die Eigenschaft des Geschäfts, eine Zusammenfassung des Berichts, der die Vermutungen und die Ergebnisse der Wertbestimmung enthält, und Gründe für Geschäfte, die nicht entsprechend den Ergebnissen der Wertbestimmung ausgeführt wurden, im Rahmen der Publizitätsvorschriften der Kapitalmarktaufsicht auf der Publikationsplattform zu veröffentlichen.*“

Im Übrigen muss gem. Art. 10 Abs. 2 des Erlasses durch den Vorstand unter bestimmten Voraussetzungen für mehrmals durchgeführte Geschäfte ein Bericht, in dem Präzedenzfälle verglichen werden, bestellt und auf der Publikationsplattform veröffentlicht werden. Anleger sowie Aktionäre können somit kontinuierliche und gewöhnliche Geschäfte der Gesellschaft und ihre Auswirkungen auf das Gesellschaftsvermögen bewerten.[1279]

ii. Bei den Publikumsgesellschaften

Die Haftung des Vorstands i.S.d. Sorgfaltspflichten gem. Art. 369 tHGB verdient bei Publikumsgesellschaften besondere Aufmerksamkeit, da die Gesellschaftsstruktur und die Anzahl der Aktionäre einer Publikumsgesellschaft unterschiedlich sind.

Bei der Beurteilung, ob das Vorstandsmitglied bei der Erfüllung seiner Sorgfaltspflichten gewissenhaft war, wird daher der Gesellschaftstyp (Aktiengesellschaft oder Publikumsgesellschaft) berücksichtigt.[1280]

In diesem Zusammenhang ist zu beachten, dass die Kontrollmöglichkeiten des Vorstands in Publikumsgesellschaften beeinträchtigt und die unkontrollierbaren Bereiche im Vergleich zu Aktiengesellschaften erweitert werden.

Nach den Corporate-Governance-Prinzipien (II-17.1) sind für den Vorstand von Publikumsgesellschaften detaillierte Besonderheiten vorgeschrieben, die viele kontrollpflichtige Tatbestände für den Vorstand erfordern. Zum Beispiel ist der Schutz des Gesellschaftsvermögens die wichtigste Aufgabe des Vorstands in einer Aktiengesellschaft. Demzufolge ist das Verbot der verdeckten Gewinnausschüttung ein Erscheinungsbild dieses Grundsatzes. Vorstandsmitglieder müssen gem. Art. 21 tKMG die verdeckten Gewinnausschüttungen beachten. Zur Verwirklichung dieser Pflichten muss der Vorstand die bevorstehenden Geschäfte überprüfen. Die Publikumsgesellschaften müssen im Rahmen des Verbots der verdeckten Gewinnausschüttung gem. Art. 21 Abs. 3 tKMG dokumentieren, dass die Geschäfte mit Parteien, mit denen sie in Beziehung stehen, den Präzedenzfällen entsprechen. Zudem müssen sie Informationen und dazugehörige Unterlagen aufbewahren. Der Vorstand kann bei Bedarf von der Handelskammer die Erstattung eines Berichts oder vergleichbarer Dateien, wie z.B. Dateien für ähnliche Fälle, fordern.[1281]

Außerdem ist der Vorstand neben der Kontrolle dieser Geschäfte auch zur Verhinderung verdeckter Ausschüttungen aufgrund von „Unterlassung"

1279 *Manavgat*, TFM 2016, S. 43, 47 f.

1280 *Manavgat*, TFM 2016, S. 43 f.

1281 *Manavgat*, TFM 2016, S. 43, 47.

verpflichtet. Als Beispiel für solch eine Unterlassung kann das Verpassen einer sehr vorteilhaften Gesellschaftschance wegen der Unterlassung einer Antwort bewertet werden.[1282] Der Prüfungsmaßstab ist nach Art. 369 tHGB (Business-Judgement-Rule) und im Einzelfall zu bewerten.[1283]

iii. Auskunftspflichten im Konzernverhältnis

Die Vorstandsmitglieder haben im türkischen Konzernrecht ein Auskunftsrecht über konzerninterne Verhältnisse, da nach dem Gesetzgeber das Informieren der Vorstandsmitglieder der herrschenden Gesellschaft über die Entwicklungen bzw. die Finanzlage der abhängigen Gesellschaft wichtig ist.[1284] Demnach hat jedes Vorstandsmitglied der herrschenden Gesellschaft die Möglichkeit, von den Vorstandsvorsitzenden gem. Art. 199 Abs. 4 tHGB zu verlangen, über die finanzielle Lage, Vermögenslage und die dreimonatigen Rechnungsergebnisse der abhängigen Gesellschaften sowie über Rechtsgeschäfte, deren Ergebnisse und Auswirkungen, die zwischen den herrschenden Gesellschaften, der abhängigen Gesellschaft untereinander, zwischen den herrschenden Gesellschaften und deren Verwandten vorgenommen wurden und über deren Beziehungen einen sorgfältigen, wahrheitsgemäßen und entsprechend der Rechnungslegungsvorschriften vorbereiteten Bericht zu erstellen, ihn dem Vorstand vorzulegen und den Ergebnisabschnitt dieses Berichts dem Geschäftsbericht sowie dem Bericht des Abschlussprüfers beizufügen.[1285] Bei Erstellung dieses Berichts müssen sämtliche erforderlichen Informationen und Dokumente durch die abhängige Gesellschaft den Experten der herrschenden Gesellschaft zur Verfügung gestellt werden.[1286] Dieser Bericht ist insbesondere für Vorstandsmitglieder der herrschenden Gesellschaft von großer Bedeutung, da er eine wichtige Informationsquelle und Auskunftsmöglichkeit darstellt, falls für sie eine Haftung gem. Art. 202 tHGB für die durch die herrschende Gesellschaft verursachten Schäden[1287] der abhängigen Gesellschaft in Betracht kommt.[1288]

1282 *Memiş/Turan*, Sermaye Piyasası Hukuku, S. 135.

1283 *Manavgat*, TFM 2016, S. 43, 45 f.; *Kaya*, MÜHFD 2016, S. 1531, 1536 f.

1284 *Okutan Nilsson*, Türk Ticaret Kanunu Tasarısı'na Göre Şirketler Topluluğu Hukuku, S. 533.

1285 *Eminoğlu*, HÜHFD 2012, S. 37, 43.

1286 Zur Freistellung dieser Pflicht *Okutan Nilsson*, Türk Ticaret Kanunu Tasarısı'na Göre Şirketler Topluluğu Hukuku, S. 534 f.

1287 Bei allgemeiner Betrachtung ist festzustellen, dass hier der Anlegerschutz nicht zentral ist.

1288 *Eminoğlu*, HÜHFD 2012, S. 37, 43.

bb. Grenzen der Sorgfaltspflichten

Die Grenze der Sorgfaltspflichten ist in Art. 553 Abs. 3 tHGB[1289] geregelt, wonach niemand wegen Handlungen außerhalb seines Handlungsspielraums haftbar gemacht werden darf.[1290]

Demzufolge haben Vorstandsmitglieder gem. Art. 553 Abs. 3 tHGB für Verstöße, die außerhalb ihres Kontrollbereichs liegen, keine Verantwortung aufgrund einer Sorgfaltspflichtverletzung. Nach dem Wortlaut kann für unbekannte Tatbestände „niemand" verantwortlich gemacht werden. Dies kann bei der Erfüllung der Publizitätspflichten relevant werden.

Aufgrund der komplexen und großen Gesellschaftsstruktur können insbesondere im Konzern Insiderinformationen jederzeit und an jeder Stelle auftreten. Daher stellt sich die Frage, ob auch Emittenten von dieser Regelung Gebrauch machen können oder das Unterlassen einer Ad-hoc-Publizität zur Haftung der Emittenten führt. Hat der Emittent über die haftungsbegründenden Tatbestände keine Kenntnis, kann er weder sorgfältig handeln und die dafür erforderlichen Maßnahmen treffen noch seine Veröffentlichungspflicht erfüllen. Jedoch gilt die Haftungsfreistellung für unbekannte Tatbestände gem. Art. 553 Abs. 3 tHGB nicht für Emittenten, da die Überschrift des Art. 553 tHGB ausdrücklich die „Gründer", „den Vorstand" und „die Vorstandsmitglieder" erwähnt.

Das Ziel des Gesetzgebers könnte die Begrenzung der Haftung des Vorstands gegenüber kumulativen Schadensersatzansprüchen und die Schaffung einer drucklosen Möglichkeit zur Leitung der Gesellschaft sein. Bedenklich ist jedoch die unklare Formulierung „außerhalb ihres Kontrollbereichs", da diese Formulierung – vor allem im Konzern – missbräuchlich verwendet werden kann. Deswegen muss der Begriff „Kontrollbereich" vorsichtig ausgelegt werden. Nach dem Gesetzeswortlaut kann die Sorgfaltspflicht dieser Haftungsbefreiung nicht entgegengehalten werden. Während die Sorgfaltspflicht der Vorstandsmitglieder gem. Art. 553 Abs. 2 tHGB bei der Übertragung ihrer Aufgaben und Befugnisse an andere Geschäftsleiter bei einem Schaden, der durch diese Personen verursacht wird, nur auf eine sorgfältige Auswahl dieser Personen begrenzt wird, wird die gleiche Haftungsbegründung im schweizerischen

---

1289 Art. 553 Abs. 3 tHGB (Haftung für Gründer, Vorstandsmitglieder, Geschäftsleiter und Liquidatoren): *„3) Niemand darf wegen eines außerhalb seiner Kontrolle liegenden Verstoßes oder Dienstvergehens, die das Gesetz oder eine Satzung verletzen, zur Haftung herangezogen werden; dieser Haftungsbefreiung kann nicht die Aufsichts- und Sorgfaltspflicht entgegengehalten werden."*

1290 Poroy/Tekinalp/*Çamoğlu*, Ortaklıklar Hukuku I, 2019, S. 422 Rn. 583.

Recht durch Art. 754 Abs. 2 OR[1291] in einer umfassenderen Weise vorgeschrieben, indem nicht nur eine sorgfältige Auswahl, sondern auch eine sorgfältige Unterrichtung und Überwachung verlangt wird.

Bezüglich unübertragbarer und unverzichtbarer Oberaufsichtsaufgaben des Vorstands i.S.d. Art. 375 Abs. 1 lit. e tHGB[1292], der die Überwachung der betrauten Geschäftsleiter, ob sie bei der Durchführung ihrer Pflichten dem Gesetz, der Satzung, den gesellschaftsinternen Richtlinien und schriftlichen Weisungen des Vorstands entsprechen, vorschreibt, wird in der Literatur vertreten, dass die Überwachungsaufgabe des Vorstands bei Tatbeständen, die außerhalb ihres Kontrollbereichs liegen, auch nach einer der Sorgfaltspflicht entsprechenden Auswahl eines geeigneten Geschäftsleiters nicht ausgeschlossen ist.[1293]

Die Sorgfaltspflicht der Vorstandsmitglieder sollte nach der Übertragung einer Aufgabe bzw. Befugnis auch als eine Überwachungspflicht fortbestehen müssen. Dies würde bedeuten, dass die Oberaufsichtsaufgabe beim Vorstandsmitglied verbleibt und dieser die Beauftragten bei der Durchführung dieser übernommenen Aufgaben sorgfältig überwachen muss. Ansonsten könnte die Leitungsfunktion des Vorstands verloren gehen[1294] und die Gesellschaft könnte insbesondere bei weitgehenden Schadensersatzleistungen allein an der Grenze des wirtschaftlichen Scheiterns stehen, während Vorstandsmitglieder vom Haftungsausschluss Gebrauch machen könnten.

4. *Schadensersatzansprüche*

a. *Aufgrund unmittelbarer Schäden der Aktionäre und Gläubiger*

Ein unmittelbarer Schaden bezeichnet den Schaden, der unabhängig von dem Schaden der Gesellschaft entstanden ist.[1295] Ein unmittelbarer

1291 Art. 754 Abs. 2 OR: „*2) Wer die Erfüllung einer Aufgabe befugterweise einem anderen Organ überträgt, haftet für den von diesem verursachten Schaden, sofern er nicht nachweist, dass er bei der Auswahl, Unterrichtung und Überwachung die nach den Umständen gebotene Sorgfalt angewendet hat.*“

1292 Art. 375 tHGB (Unübertragbare Aufgaben und Befugnisse): „*1) Der Vorstand hat folgende unübertragbare und unentziehbare Aufgaben:…e) die Oberaufsicht über die mit der Geschäftsführung betrauten Personen, namentlich im Hinblick auf die Befolgung der Gesetze, Satzung, gesellschaftsinterne Richtlinien und der schriftlichen Weisungen des Vorstands…*“

1293 *Pulaşlı*, BATİDER 2009, S. 27, 41 f. m.w.N.

1294 Auch *Göktürk*, TBBD 2014, S. 179, 197; *Pulaşlı*, BATİDER 2009, S. 27, 42.

1295 Poroy/Tekinalp/*Çamoğlu*, Ortaklıklar Hukuku I, 2019, S. 445 Rn. 609; *Pulaşlı*, Şirketler Hukuku Genel Esaslar, S. 629; *ders.*, Şirketler Hukuku, S. 490; *Yasaman*, GÜHFD 2013, S. 97, 104; Kassationshof, 11. Zivilkammer, Urt. v. 06.04.2016 E. 2015/9507 K. 2016/3371.

Schaden[1296] der Aktionäre bzw. Gesellschaftsgläubiger liegt vor, wenn der Vorstand, Vorstandsmitglieder, und Personen, die die Unterlagen im Gründungsstadium erstellt oder dabei mitgewirkt haben, die ihnen durch Gesetz und Satzung auferlegten Pflichten schuldhaft verletzen. Ist dies der Fall, können die durch schuldhafte Organe verursachten Schäden nach den allgemeinen Vorschriften des türkischen Obligationenrechts oder nach den *lex specialis* Art. 553–555 tHGB eingeklagt werden.

Zudem räumt Art. 555 tHGB[1297] die Möglichkeit einer Klageerhebung auf Ersatz des Schadens der Gesellschaft nur den Aktionären und der Gesellschaft ein. Die Aktionäre haben gemäß Art. 555 tHGB die Möglichkeit, sowohl einen unmittelbaren Schaden als auch einen durch die Schädigung des Gesellschaftsvermögens entstandenen mittelbaren Schaden einzuklagen.[1298] Sie können als Kläger allerdings den durch die Schädigung des Gesellschaftsvermögens entstandenen mittelbaren Schaden gemäß Art. 555 Abs. 1 tHGB nur durch die Zahlung in das Gesellschaftsvermögen einfordern,[1299] womit die Finanzlage der Gesellschaft verbessert wird.

Die 11. Zivilkammer des Kassationshofs führt in einem Urteil aus, dass Vorstandsmitglieder aufgrund der bewussten Herabminderung des Gesellschaftsvermögens zwecks Schädigung der Gläubiger verantwortlich sind, wodurch den Gläubigern ein unmittelbarer Schaden entsteht.[1300]

1296 Kassationshof, 11. Zivilkammer, Urt. v. 06.04.2016 E. 2015/9507 K. 2016/3371: „…, *dass der unmittelbare Schaden, ein Schaden für Aktionäre und Gläubiger ist, den sie unabhängig vom Gesellschaftschaden, welcher aus den Handlungen der Vorstandsmitglieder resultiert, erleiden…*"

1297 Art. 555 tHGB: „*1) Die Gesellschaft und die Aktionäre sind berechtigt, den der Gesellschaft verursachten Schaden einzuklagen. Der Anspruch des Aktionärs richtet sich auf Schadensersatz an die Gesellschaft.*"

1298 RegBegr. Erklärungen zu Art. 505, S. 208.

1299 RegBegr. des Art. 555 Abs. 1 tHGB; Kassationshof, 11. Zivilkammer, Urt. v. 06.04.2016 E. 2015/9507 K. 2016/3371; Kassationshof, 11. Zivilkammer, Urt. v. 11.01.2010, E. 2008/8811 K. 2010/89; İstanbuler Berufungsgericht, 13. Zivilkammer, Urt. v. 10.10.2018 E. 2018/171 K. 2018/903; İstanbuler Berufungsgericht, 14. Zivilkammer, Urt. v. 13.07.2018 E. 2018/161 K. 2018/758; Poroy/Tekinalp/*Çamoğlu*, Ortaklıklar Hukuku I, 2019, S. 434 Rn. 592, S. 443 Rn. 605; *Pulaşlı*, Şirketler Hukuku Genel Esaslar, S. 631 f.; *Yasaman*, GÜHFD 2013, S. 97, 104.

1300 Kassationshof, 11. Zivilkammer, Urt. v. 14.02.2006, E. 14844 K. 1396: „*Das Gericht entschied die Klage abzuweisen, aus den Gründen, dass die Beklagten Vorstandsmitglieder der verschuldeten, nicht am Verfahren beteiligten … AG sind, die Kläger Gläubiger der verschuldeten, nicht am Verfahren beteiligten … AG sind, und nicht festgestellt werden konnte, ob die Zahlung, die an einen Dritten geleistet wurde, einen tatsächlichen Bestellungsvorschuss darstellt oder zur Herabminderung des Vermögens der verschuldeten*

Dagegen hat die gleiche Kammer in einer weiteren Klage, die von Aktionären erhoben wurde, entschieden, dass die Herabminderung der Gewinnanteile mittels einer schuldhaften Verschlechterung der finanziellen Lage der Gesellschaft durch die Vorstandsmitglieder keinen Grund für eine unmittelbare Haftung der Vorstandsmitglieder darstellt.[1301]

b. Möglichkeit der Ersetzung von mittelbaren Schäden

Die Vorstandsmitglieder sind auch für den mittelbaren Schaden der Aktionäre und Gläubiger verantwortlich.[1302] Jedes Geschäft des Vorstandes, nach der

---

Gesellschaft getätigt wurde… Der Rechtsanwalt der klagenden Gesellschaft legte der Klage alle Beweismittel bei, die belegen sollen, dass die Beklagten mit dem Ziel handelten, Gelder vom Gläubiger zu unterschlagen. Da die Identität, die Anschrift, die geschäftliche Tätigkeit der Person namens …, an welche die Beklagten die Zahlung getätigt haben sollen, durch die Beklagten nicht geklärt werden konnte und obwohl laut dem Protokoll, das für diese Person geführt wurde, die Frist fällig war, keine Schritte zur Einziehung der Forderung von dieser Person eingeleitet wurden. Somit ist das Urteil…aus den genannten Gründen zugunsten der Kläger abzuweisen."; Poroy/Tekinalp/*Çamoğlu*, Ortaklıklar Hukuku I, 2019, S. 446 Rn. 609; *Yasaman*, GÜHFD 2013, S. 97, 107 f.

1301 Kassationshof, 11. Zivilkammer, Urt. v. 06.04.2016 E. 2015/9507 K. 2016/3371: „…, *dass der Gewinnentzug nicht als unmittelbarer Schaden der Aktionäre angenommen wird, die gesetzwidrigen und satzungswidrigen Handlungen der Vorstandsmitglieder, die das Gesellschaftsvermögen herabmindern oder verschlechtern, zum mittelbaren Schaden der Aktionäre und Gläubiger führen, und solche Verfügungen die Anteile der Aktionäre in Höhe ihrer Anteilsquote beeinflussen werden…*"; Kassationshof, 11. Zivilkammer, Urt. v. 28.04.2006, E. 2006/3292 K. 2006/4814; Kassationshof, 11. Zivilkammer, Urt. v. 11.03.2003, E. 2002/10570 K. 2003/2191: „…*Das Verfahren handelt von Schadensersatzansprüchen der Aktionäre aus den Gründen, dass ihnen jahrelang kein Gewinn ausgeschüttet wurde und dass die Geschäftsleiter, die auch Aktionäre sind, zu niedrige Gewinnquoten angezeigt haben. Der Konflikt konzentriert sich auf die Frage, ob der nicht ausgeschüttete Gewinn im Rahmen einer Klage auf Schadensersatz eingefordert werden kann. Bei Auslegung des Art. 469 tHGB und nach der etablierten Rechtsprechung unserer Kammer kann, soweit die Hauptversammlung der Aktiengesellschaft keine Gewinnausschüttung beschließt, die Gewinnausschüttung nicht im Rahmen einer Forderungsklage beansprucht werden. (11. Zivilkammer, Urt. v. 13.11.1989, E. 8731/6181 K.). Außerdem können die geschädigten Aktionäre eine Klage gegen die Geschäftsleiter erheben, wenn der Schaden der Gesellschaft aufgrund von niedrigen und der Wahrheit nicht entsprechenden Gewinnquoten auf unterschiedlichen Wegen und als Folge unerlaubter Handlungen der Geschäftsleiter vorliegt, es sei denn, die Klage muss im Namen der Gesellschaft erhoben und die Schadensersatzleistung in die Gesellschaftskasse eingezahlt werden.*"

1302 Poroy/Tekinalp/*Çamoğlu*, Ortaklıklar Hukuku I, 2019, S. 434 Rn. 592; Kassationshof, 11. Zivilkammer, Urt. v. 06.04.2016, E. 2015/9507 K. 2016/3371;

Verschlechterung der Gesellschaftslage, ist für die Aktionäre und Gläubiger nachteilig, da die Anteile der Aktionäre geschmälert werden und damit dem Gläubiger Nachteile entstehen.[1303] So ist festzustellen, dass der unmittelbare Schaden der Gesellschaft zum mittelbaren Schaden der Aktionäre und Gläubiger führt.[1304]

Für die Sorgfaltspflicht des Vorstands und Geschäftsleiters ist gemäß Art. 369 Abs. 1 tHGB[1305] eine gewissenhafte Beurteilung eines Geschäftsleiters maßgeblich. So muss ein Vorstandsmitglied bei der Erfüllung der ihm obliegenden Verpflichtungen wie ein vorsichtiger und gewissenhafter Geschäftsleiter handeln[1306] und die Interessen der Gesellschaft entsprechend dem Grundsatz von

---

für Geschäftsleiter einer GmbH gelten die Haftungsvorschriften, die auch für Geschäftsleiter einer Aktiengesellschaft gelten, siehe İstanbuler Berufungsgericht, 13. Zivilkammer, Urt. v. 10.10.2018, E. 2018/171 K. 2018/903; Kassationshof, 11. Zivilkammer, Urt. v. 11.01.2010, E. 2008/8811 K. 2010/89; Kassationshof, 11. Zivilkammer, Urt. v. 02.03.2016, E. 2015/12148 K. 2016/2273: *„...die Haftung der Geschäftsleiter einer GmbH unterliegt den Haftungsvorschriften, die für Geschäftsleiter einer Aktiengesellschaft gelten. Führt die Handlung der Geschäftsleiter zum unmittelbaren Schaden der Aktionäre oder Gläubiger, dh. wenn das Vermögen der Aktionäre oder Gläubiger nach der schädigenden Handlung der Geschäftsleiter unmittelbar herabgemindert wird, kann Klage gem. 336 tHGB auf Schadensersatz durch die Geschädigten erhoben werden. Liegt ein mittelbarer Schaden vor,... ist dieser einzufordern, so dass der zu ersetzende Schaden in die Gesellschaftskasse einbezahlt wird...“*

1303 Kassationshof, 11. Zivilkammer, Urt. v. 04.11.1994, E. 6005/K. 7871: Im vorliegenden Fall bezogen die Vorstandsmitglieder mit einer gefälschten Bilanz einen Kredit, darauffolgend stand die Gesellschaft vor der Insolvenz, dazu noch *Pulaşlı*, Şirketler Hukuku Genel Esaslar, S. 631 f.; Poroy/Tekinalp/*Çamoğlu*, Ortaklıklar Hukuku I, 2019, S. 443 Rn. 604.

1304 Poroy/Tekinalp/*Çamoğlu*, Ortaklıklar Hukuku I, 2019, S. 443 Rn. 604; Kassationshof, 11. Zivilkammer, Urt. v. 06.04.2016, E. 2015/9507 K. 2016/3371; Istanbuler Berufungsgericht, 13. Zivilkammer, Urt. v. 10.10.2018, E. 2018/171 K. 2018/903.

1305 Art. 369 Abs. 1 tHGB: *„1) Die Vorstandsmitglieder und andere mit der Geschäftsführung und Vertretung befugten Personen haben bei Erfüllung ihrer Aufgabe, die Sorgfalt eines gewissenhaften Geschäftsleiters anzuwenden und das Wohl der Gesellschaft unter Einhaltung des Grundsatzes von Treu und Glauben wahrzunehmen.“*

1306 Nach der Begründung des Art. 369 Abs. 1 war die Anwendung des Prinzips vom umsichtigen Geschäftsmann für die Vorstandsmitglieder, die nicht Geschäftsmänner sind, aufgrund der strengen Kriterien (insbesondere in den Urteilen des Kassationshofs) ungerechtfertigt. Deswegen wird dieser Maßstab im neuen Handelsgesetzbuch absichtlich nicht verwendet.

Treu und Glauben wahrnehmen.[1307] Dabei vorausgesetzt ist ein Handeln in gutem Glauben zum Wohle der Gesellschaft.

Erwähnenswert ist ein durch den Kassationshof bestätigtes Urteil eines Handelsgerichts, in dem entschieden wurde, dass ein rechtskräftiges oder anhängiges Strafverfahren, eine Verurteilung, die Anschuldigungen in einem Strafverfahren bzw. ein Gutachten ein Hinweis dafür sind, dass das Vorstandsmitglied die Gesellschaft nicht erfolgreich geführt hat und dafür haften muss.[1308]

Problematisch ist, dass Vorstandsmitglieder keine Klagemöglichkeit für den Schaden der abhängigen Gesellschaft haben, da im Konzern gem. Art. 202 Abs. 1 tHGB[1309] nur Gesellschafter und Gläubiger eine Klage erheben können. Diese Regelung wird in der Literatur zu Recht kritisiert, da Vorstandsmitglieder der abhängigen Gesellschaft einerseits die Interessen der Gesellschaft schützen müssen und diesbezüglich haftbar gemacht werden können, andererseits keine Möglichkeit haben, den aufgrund von rechtswidriger Beherrschung entstandenen Schaden geltend zu machen.[1310]

Zu beachten ist, dass im Konzernverhältnis Aktionäre der abhängigen Gesellschaft gem. Art. 202 Abs. 1 lit. b tHGB den Schaden der Gesellschaft durch die Zahlung an die Gesellschaft verlangen können. Die Liquidation der Gesellschaft ist keine Voraussetzung für Schadensersatzansprüche der Gläubiger im Konzernverhältnis.

Dagegen sind Gläubiger gemäß Art. 556 tHGB[1311] nur im Fall der Liquidation der Gesellschaft berechtigt, gegenüber dem Vorstand eine Haftungsklage

---

1307 *Kendigelen*, İlk Tespitler, S. 260; *Arslan* in: Karahan/Şirketler Hukuku, S. 428; *Manavgat*, TFM 2016, S. 43 f.; *Şener*, Teorik ve Uygulamalı Ortaklıklar Hukuku, S. 422; *Hacımahmutoğlu*, BATİDER 2014, S. 99 ff.

1308 Konya 4. Handelsgericht, Urt. v. 5.11.2013, E. 2013/253 K. 2013/291; Kassationshof, 11. Zivilkammer, Urt. v. 25.06.2014, E. 2014/1021 K. 2014/12093.

1309 Art. 202 Abs. 1 lit. b S. 1 und lit. c tHGB: „*…b) Wird der Ausgleich nicht während des Geschäftsjahrs tatsächlich erfüllt bzw. kein gleichwertiger Rechtsanspruch in der vorgesehenen Frist gewährt, so kann jeder Aktionär der abhängigen Gesellschaft von der herrschenden Gesellschaft und ihren Vorstandsmitgliedern, die die Nachteile verursacht haben, den Schadensersatz der Gesellschaft verlangen. c) Gläubiger können auch gem. lit. b den Ersatz des Schadens der Gesellschaft an die Gesellschaft verlangen, auch wenn die Gesellschaft sich nicht in der Insolvenz befindet.*“

1310 *Eminoğlu*, HÜHFD 2012, S. 37, 53.

1311 Art. 556 tHGB: „*Im Insolvenzfall der geschädigten Gesellschaft sind auch die Gesellschaftsgläubiger dazu berechtigt, den Ersatz des Schadens an die Gesellschaft zu verlangen. Zunächst steht es jedoch der Insolvenzverwaltung zu, die Ansprüche von Aktionären und Gesellschaftsgläubigern geltend zu machen.*“

zu erheben,[1312] die Geltendmachung dieses Klagerechts steht aber vor allem dem Insolvenzverwalter zu. Hierzu sind die Gesellschaftsgläubiger berechtigt, wenn die Vorstandsmitglieder einer Bank irreführende Informationen über die Finanzlage der Gesellschaft mitgeteilt oder einen Kredit aufgrund der Richtigkeit der Bilanz gewährt haben.[1313] Dies verletzt „das True and Fair View Prinzip" (d.h. „ein den tatsächlichen Verhältnissen entsprechendes Bild") gem. Art. 515 tKMG bezüglich der Finanztabellen der Aktiengesellschaft seitens der Vorstandsmitglieder.[1314]

C. Die Spannung zwischen dem Anlegerschutz und dem Kapitalerhaltungsgrundsatz

I. Prospekthaftung

1. Erstellung des Prospekts

a. „Prospekt" als Publizitätsdokument

Der Prospekt ist gemäß Art. 3 Abs. 1 lit. j tKMG ein alle Informationen enthaltendes Publizitätsdokument[1315], das den Anlegern eine bewusste Bewertung der Finanzlage, Gewinne und Verluste, Zukunftsaussichten und Tätigkeiten des Emittenten und der Garantiegeber sowie über die öffentlich angebotenen oder zum Handel an einem organisierten Markt zugelassenen Finanzinstrumente und

---

1312 In der Literatur wird vertreten, dass die Gläubiger für unmittelbare Schäden Klage erheben können, unabhängig davon, ob das Vermögen der Gesellschaft geschmälert wird. Beispiele dafür: Kreditgewährung durch das Vertrauen an die Richtigkeit der Bilanz oder unrichtigen Informationen des Vorstands über den Finanzstatus der Gesellschaft, näher Poroy/Tekinalp/*Çamoğlu*, Ortaklıklar Hukuku I, 2019, S. 445 f. Rn. 609; Kassationshof, 11. Zivilkammer, Urt. v. 11.03.2002, E. 2001/9198 K. 2002/2097; *Yasaman*, GÜHFD 2013, S. 97, 104; kritisiert wird, dass die Gläubiger nur in der Liquidation Klage erheben können, siehe *Helvacı*, GÜHFD 2013, S. 77, 79.

1313 *Pulaşlı*, Şirketler Hukuku Genel Esaslar, S. 630; *ders.*, Şirketler Hukuku, S. 490; Poroy/Tekinalp/*Çamoğlu*, Ortaklıklar Hukuku I, 2019, S. 446 Rn. 609.

1314 Näher *Falcıoğlu*, BÜHFD 2016, S. 69, 94 ff.

1315 Das „Publizitätsdokument" wird als ein neuer Begriff mit dem Kapitalmarktgesetz akzeptiert und der Prospekt wird als ein Publizitätsdokument mit dem Art. 3 Abs. 1 lit. j ausdrücklich definiert, siehe Kırca/Manavgat/*Şehirali Çelik*, Anonim Şirketler Hukuku, S. 212 ff.; dazu noch *Ayoğlu*, Halka Arz Kavramı ve Halka Arza Aracılık Sözleşmeleri, S. 118 ff.; *Ihtiyar*, Sermaye Piyasası Hukukunda Kamuyu Aydınlatma İlkesi, S. 121.

die mit diesen Finanzinstrumenten verbundenen Rechte ermöglicht.[1316] Ebenfalls definiert Art. 4 Abs. 1 lit. i des Prospekterlasses[1317] den Prospekt in gleicher Weise.

Um die Vorschriften des öffentlichen Angebots mit den europäischen Vorschriften in Übereinstimmung zu bringen, wurde mit dem neuen Kapitalmarktgesetz das Billigungssystem des Prospekts ins türkische Recht eingefügt.[1318] Die wichtigste Neuigkeit des Billigungssystems ist, dass der Prospekt als eine kontinuierliche und aktuelle Informationsquelle verstanden und aufgrund des Prinzips der „Kontinuität" erstellt wird. Die Publizität ist die Hauptfunktion des Prospekts.[1319] Gemäß Art. 6 Abs. 1 S. 1 tKMG[1320] und Art. 22 des Prospekterlasses entscheidet die Kapitalmarktaufsicht über die Billigung eines Prospekts, wenn dieser geprüft und schließlich festgestellt wird, dass der Prospekt kohärent, verständlich und gemäß der durch die Kapitalmarktaufsicht bestimmten Standards vorgelegten Informationen vollständig ist.

b. Umfang des Prospekts

Der Prospekt muss alle wesentlichen Informationen enthalten, um dem Anleger eine bewusste Anlageentscheidung bezüglich seiner Anlage und dem Emittenten zu ermöglichen.[1321] Art. 4 Abs. 2, Art. 6 Abs. 1 tKMG und Art. 7 des Prospekterlasses bestimmen den Umfang des Prospekts. Dieser muss gemäß

1316 Zu den Pflichtangaben im Prospekt *Kabaalioğlu*, Sermaye Piyasasında Kamuyu Aydınlatma İlkesi, S. 161 ff.

1317 Erlass Nr. II-5.1 bezüglich des Prospekts und Emissionsdokuments, ABl. 28685 vom 22.06.2013. Der Prospekterlass regelt gemäß Art. 1 die Grundsätze der Erstellung, Billigung und Veröffentlichung des Prospekts und die Werbung sowie die Anzeige bezüglich des Prospekts.

1318 Poroy/Çamoğlu/*Tekinalp*, Ortaklıklar Hukuku I, 2019, S. 323 f. Rn. 473j; *Çetin/Töremiş/Cantimur*, 6362 Sayılı Sermaye Piyasası Kanunu'nun Sistematik Analizi, S. 25.

1319 *Manavgat*, Halka Arz ve Sermaye Artırımı, in: SPH Sempozyumu 2013, S. 117, 119; *Ayoğlu*, Halka Arz Kavramı ve Halka Arza Aracılık Sözleşmeleri, S. 119; *Memiş/Turan*, Sermaye Piyasası Hukuku, S. 69.

1320 Art. 6 Abs. 1 S. 1 tKMG (Billigung des Prospekts): *„1) Die Kapitalmarktaufsicht entscheidet über die Billigung nach der Feststellung einer Vollständigkeitsprüfung des Prospekts einschließlich einer Prüfung der Kohärenz, Verständlichkeit und durch die Kapitalmarktaufsicht bestimmten Standards vorgelegten Informationen."*

1321 *Çetin*, Yatırımcıların Korunması, in: SPH Sempozyumu 2013, S. 437, 442; *Ayoğlu*, Halka Arz Kavramı ve Halka Arza Aracılık Sözleşmeleri, S. 124; *Çetin/Töremiş/Cantimur*, 6362 Sayılı Sermaye Piyasası Kanunu'nun Sistematik Analizi, S. 29; *İhtiyar*, Sermaye Piyasası Hukukunda Kamuyu Aydınlatma, S. 124 f., 127 f.

Art. 4 Abs. 2 tKMG und Art. 7 des Prospekterlasses für die Anleger sämtliche Angaben in leicht analysierbarer und verständlicher Form erhalten. Obwohl die Richtigkeit der Angaben nicht als Voraussetzung erwähnt wird, müssen diese in dem Prospekt dennoch richtig sein, da der Prospektverantwortliche gemäß Art. 10 und 32 tKMG für die Unrichtigkeit und Unvollständigkeit des Prospekts haften muss.[1322]

Der Prospekt kann gemäß Art. 4 Abs. 4 tKMG[1323] und Art. 13 des Prospekterlasses in mehreren Einzeldokumenten erstellt werden. Die Grundnorm des Art. 4 Abs. 4 tKMG ist Art. 5 Abs. 3 der Richtlinie 2003/71/EG vom 04.11.2003[1324] und die Richtlinie 2010/73/EU vom 24.11.2010.[1325]

Besteht der Prospekt aus mehreren Einzeldokumenten, so sind die Angaben in dem Prospekt in ein Registrierungsformular, eine Wertpapierbeschreibung und eine Zusammenfassung aufzuteilen. Besteht der Prospekt aus vielen langen

---

1322 Die Richtigkeit des Prospekts wurde im Artikel nicht als Voraussetzung erwähnt, da Art. 6 tKMG inhaltlich die Billigung des Prospekts durch die Kapitalmarktaufsicht regelt und die Kapitalmarktaufsicht nicht verantwortlich für eine Unrichtigkeit der Angaben im Prospekt ist. Gemäß Art. 22 Abs. 3 des Prospekterlasses bedeutet die Billigung des Prospekts nicht, dass die Kapitalmarktaufsicht die Richtigkeit der Informationen im Prospekt bestätigt, siehe *Manavgat*, Halka Arz ve Sermaye Artırımı, in: SPH Sempozyumu 2013, S. 117, 122; auch *Kara*, SÜHFD 2015, S. 131, 139, 143; die Kapitalmarktaufsicht ist jedoch dann verantwortlich, wenn sie bei der Billigung des Prospekts nicht sorgfältig war oder ihre Billigungsaufgabe nicht richtig durchgeführt hat. Dies kann zu einer Haftung aufgrund einer Dienstpflichtverletzung führen, siehe *Memiş/Turan*, Sermaye Piyasası Hukuku, S. 76.

1323 Art. 4 Abs. 4 tKMG: *„Der Prospekt kann als ein einziges Dokument oder in mehreren Einzeldokumenten erstellt werden, welches die Angaben zum Emittenten und zum Finanzinstrument und eine Zusammenfassung enthält. Die Zusammenfassung soll eine kurze, klare und verständlich formulierte Beschreibung der wesentlichen Merkmale, Rechte und Risiken, die auf den Emittenten, – wenn vorhanden – auf den Garantiegeber, und auf die Finanzinstrumente, die ausgegeben werden, zutreffen.“*

1324 Richtlinie 2003/71/EG des Europäischen Parlaments und des Rates vom 04.11.2003 betreffend den Prospekt, der beim öffentlichen Angebot von Wertpapieren oder bei deren Zulassung zum Handel zu veröffentlichen ist, und zur Änderung der Richtlinie 2001/34/EG, ABl. L 345/64 vom 31.12.2003.

1325 Richtlinie 2010/73/EU des Europäischen Parlaments und des Rates vom 24.11.2010 zur Änderung der Richtlinie 2003/71/EG betreffend den Prospekt, der beim öffentlichen Angebot von Wertpapieren oder bei deren Zulassung zum Handel zu veröffentlichen ist, und der Richtlinie 2004/109/EG zur Harmonisierung der Transparenzanforderungen in Bezug auf Informationen über Emittenten, deren Wertpapiere zum Handel auf einem geregelten Markt zugelassen sind, ABl. L 327/1 vom 11.12.2010.

und detaillierten Einzeldokumenten, ist davon auszugehen, dass die Anleger die Zusammenfassung berücksichtigen.[1326]

Die Zusammenfassung bietet den Anlegern die Möglichkeit, zwischen vielen Informationen nur die Wichtigsten zu berücksichtigen. Die Zusammenfassung muss gemäß Art. 4 Abs. 4 tKMG und Art. 13 des Prospekterlasses die Schlüsselinformationen über den Emittenten, den Prospekt und zum ausgegebenen Finanzinstrument enthalten. Die erforderlichen Schlüsselinformationen umfassen eine kurze, deutliche und verständliche Beschreibung der Risiken, Rechte und wesentlichen Merkmale, die auf den Emittenten, Garantiegeber (wenn vorhanden), die Merkmale der Garantie und das jeweilige Finanzinstrument zutreffen.

Allerdings kann ein Prospekt aus mehreren Einzeldokumenten auch nachteilig für die Anleger sein. Um solche Risiken zu verhindern, erklärt die Richtlinie in Art. 5, dass der Anleger bei seiner Anlageentscheidung den gesamten Prospekt berücksichtigen muss. In der Literatur wird diesbezüglich vertreten, dass trotz Fehlen einer Regelung im türkischen Recht der Anleger den Prospekt in seiner Gesamtheit beachten müsse.[1327] Im Gegensatz zu dieser Annahme fehlt solch eine Regelung im türkischen Recht nicht. Gemäß Art. 13 Abs. 11 lit. b des Prospekterlasses muss der Anleger durch die Zusammenfassung zusätzlich davor gewarnt werden, dass die Anlageentscheidung nicht nur nach der Zusammenfassung, sondern nach der Prüfung des gesamten Prospekts getroffen werden muss. Ebenfalls stellt der Prospekt gemäß Art. 22 Abs. 2 des Prospekterlasses mit seinen Anhängen eine Gesamtheit dar.

c. *Unrichtige, irreführende und unvollständige Informationen im Prospekt*

Der Anleger braucht für seine Entscheidung nur wesentliche Informationen über die Anlagen, die finanzielle Lage und Tätigkeiten des Emittenten und Rechte aus dem angebotenen Finanzinstrument, also keine „Informationsüberlastung".

Da der Anleger bei seiner Anlageentscheidung die ihm angebotenen Informationen verwendet, müssen diese Informationen sowohl korrekt, nicht irreführend und unvollständig, als auch nicht betrügerisch oder verfälscht sein.[1328]

1326 *Çetin*, Yatırımcıların Korunması, in: SPH Sempozyumu 2013, S. 437, S. 441; *Çetin/Töremiş/Cantimur*, 6362 Sayılı Sermaye Piyasası Kanunu'nun Sistematik Analizi, S. 29.

1327 *Manavgat*, Halka Arz ve Sermaye Artırımı, in: SPH Sempozyumu 2013, S. 117, 123.

1328 Kassationshof, 19. Strafkammer, Urt. v. 09.01.2017, E. 2016/108 K. 2017/37: „*…, dass die Aktiengesellschaft einen großen Teil der betriebswirtschaftlichen Gewinne, die in den internationalen Finanzberichtsregisterstandards erschienen sind, in Wahrheit nicht erzielt,… durch die Angabe höherer Gewinne als in Wirklichkeit irreführend informiert,… Erklärungspflichten über beispielsweise Bebauungsschwierigkeiten, den Verkaufsprozess und betriebswirtschaftliche Schwierigkeiten im Börsenprospekt nicht erfüllt…*"

Um eine sachgerechte Anlageentscheidung treffen zu können, müssen die Anleger auch über Änderungen oder Neuigkeiten im Prospekt rechtzeitig mit weniger Kosten informiert werden.[1329] Sonst kommt eine irreführende oder falsche Entscheidung des Anlegers zustande.

Gemäß Art. 8 tKMG[1330] und Art. 24 des Prospekterlasses müssen die Änderungen oder Neuigkeiten bezüglich der im Prospekt enthaltenen Angaben, die die Beurteilung der Anlageentscheidung beeinflussen könnten und die vor/bei der Einführung in den Handel auftreten, in einem Nachtrag durch den Emittenten oder Anbieter unverzüglich mit dem günstigsten Kommunikationsmittel an die Kapitalmarktaufsicht übermittelt werden.

Die Beurteilung, ob ein Prospekt unrichtige oder unvollständige Angaben enthält, hängt von der Kenntnis und dem Verständnis der Adressaten ab. Für die Beurteilung der Richtigkeit bzw. Vollständigkeit des Prospekts ist auf einen durchschnittlichen Anleger abzustellen. Damit wird einerseits ein allgemeiner Maßstab für die Prospektverantwortlichen geschaffen und andererseits die Gefahr für die Erweiterung bzw. Beschränkung des Haftungsadressaten verhindert.[1331]

Schließlich kann die Kapitalmarktaufsicht in Fällen, in welchen die Anzeige, Werbung oder Erklärungen, die Art. 7 Abs. 3 tKMG widersprechen, z.B. da sie nicht mit dem Prospekt übereinstimmen, wahrheitswidrig und übertrieben oder irreführend sind, gem. Art. 100 Abs. 2 tKMG[1332] verlangen, dass diese Anzeige, Werbung und Erklärungen aufgehoben bzw. eingestellt werden.

1329 *İhtiyar*, Sermaye Piyasası Hukukunda Kamuyu Aydınlatma, S. 123; *Ayoğlu*, Halka Arz Kavramı ve Halka Arza Aracılık Sözleşmeleri, S. 121; *Memiş/Turan*, Sermaye Piyasası Hukuku, S. 79.

1330 Art. 8 Abs. 1 tKMG (Änderungen im Prospekt und Nachträge zum Prospekt): *„1) Die Änderungen oder Neuigkeiten bezüglich der im Prospekt enthaltenen Angaben, die die Beurteilung der Anlageentscheidung der Anleger beeinflussen könnten und die vor der Einführung bzw. bei der Einführung in den Handel aufgetreten sind, sind in einem Nachtrag durch den Emittenten oder Anbieter durch das günstigste Kommunikationsmittel der Kapitalmarktaufsicht unverzüglich zu übermitteln.“*

1331 *Manavgat*, Halka Arz ve Sermaye Artırımı, in: SPH Sempozyumu 2013, S. 117, 124.

1332 Art. 100 Abs. 2 tKMG: *„Die Kapitalmarktaufsicht kann bei einer Feststellung eines Widerspruchs zu Art. 7 Abs. 3 die Aufhebung und Einstellung dieser Anzeige, Werbungen und Erklärungen verlangen.“*

2. *Haftung für den Prospekt*

a. Emittentenhaftung

Der Anleger, der in seinem Vertrauen in die Korrektheit des Prospekts enttäuscht wird, kann von dem schuldhaft handelnden prospektverantwortlichen Emittenten unter bestimmten Voraussetzungen den durch die fehlerhafte Information entstandenen Schaden ersetzt verlangen.

Die Haftung des Emittenten setzt gemäß Art. 10 Abs. 1 S. 1 tKMG[1333] unrichtige, irreführende und unvollständige Angaben im Prospekt voraus.[1334]

Bei der Bestimmung der Haftung des Emittenten sind die Vorschriften des Handelsgesetzbuchs auch zu berücksichtigen, da nach der Gesetzesbegründung eine Harmonisierung mit dem Handelsgesetzbuch bezweckt ist. Gemäß der Gesetzesbegründung bezüglich des Art. 549 tHGB erfasst Art. 549 tHGB die Geschäfte und Dokumente im Rahmen des öffentlichen Angebots.

Art. 10 tKMG sieht eine zweistufige Haftung vor.[1335] Erstens geht es bei der Prospekthaftung grundsätzlich um die Emittenten. Folglich sieht der Gesetzgeber eine Haftung der sekundären Haftungsverpflichteten vor. Dagegen stuft die Richtlinie 2003/71 die Prospekthaftung nicht wie in Art. 10 tKMG ab. Nach Art. 6 Abs. 1 der Richtlinie sind diejenigen (also der Emittent oder seine Organmitglieder) für den Prospekt verantwortlich, die einen Antrag auf Zulassung an einer Börse gestellt haben.

Unstreitig ist, dass der Emittent der primäre Informationsschuldner ist. Wenn der Schaden des Anlegers von den Emittenten nicht ersetzt werden kann oder die Unmöglichkeit der Entschädigung deutlich ist, sind auch die Zuständigen beim öffentlichen Angebot, der Konsortialführer, der Garant und die Vorstandsmitglieder des Emittenten, je nach Fall und bei schuldhaftem Handeln, gemäß Art. 10 Abs. 1 S. 2 tKMG verantwortlich. Daher

---

1333 Art. 10 Abs. 1 tKMG (Die Prospektverantwortlichen): *„1) Emittenten sind für die Schäden aufgrund unrichtiger, irreführender und unvollständiger Informationen verantwortlich. Kann der Schaden durch diese nicht entschädigt werden oder ist die Unmöglichkeit der Entschädigung deutlich, sind diejenigen, die das öffentliche Angebot durchführen, die Konsortialführer bei dem öffentlichen Angebot, der Garant, falls einer vorhanden ist, und die Vorstandsmitglieder der Emittenten für das ihnen zugewiesene Ressort des Schadens schuldhaft verantwortlich.“*

1334 *Çatakoğlu*, KÜİİBFD 2016, S. 118, 122; *Memiş/Turan*, Sermaye Piyasası Hukuku, S. 80; krit. *Kara*, SÜHFD 2015, S. 131, 139, 144.

1335 *Üçışık/Çelik*, Anonim Ortaklıklar Hukuku, S. 204; *Memiş/Turan*, Sermaye Piyasası Hukuku, S. 80; Krit. zur zweistufigen Haftung *Kara*, SÜHFD 2015, S. 131, 161.

muss der Anspruchsberechtigte eine Klage erheben und ein Vollstreckungsverfahren einleiten. Ferner kann der Anspruchsberechtigte auch ohne Klageerhebung direkt das Vollstreckungsverfahren einleiten. Erst wenn der Schaden durch das direkt eingeleitete Vollstreckungsverfahren nicht oder nicht vollständig ersetzt werden kann, gilt die Zahlungsunfähigkeit des Emittenten.[1336]

In der Literatur werden die hohen Kosten und die Zeitaufwendigkeit des Verfahrens kritisiert, da dies für die Anleger ein Hindernis ihrer Schadensersatzleistung ist und somit eine Konkretisierung des Begriffs der „Zahlungsunfähigkeit" sinnvoll wäre.[1337] Übrigens ist der Prospekt auch ein Publizitätsdokument i.S.d. Art. 32 tKMG[1338], der die Verantwortung der Personen, die die Publizitätsdokumente unterzeichnen oder der juristischen Personen, in deren Namen ein Publizitätsdokument unterzeichnet wurde, regelt. Daher ist zu klären, welche Regelung bei der Prospekthaftung vorrangig anzuwenden ist. Nach der h.M. ist Art. 10 tKMG *lex specialis* und Art. 32 tKMG eine allgemeine Haftungsnorm für die Prospekthaftung, da Art. 10 tKMG Einzelheiten über die Erstellung und Veröffentlichung des Prospekts enthält und ein besonderes Publizitätsdokument darstellt.[1339]

1336 Ausf. *Manavgat*, Halka Arz ve Sermaye Artırımı, in: SPH Sempozyumu 2013, S. 117, 127; vgl. *Kara*, SÜHFD 2015, S. 131, 159.

1337 *Manavgat*, Halka Arz ve Sermaye Artırımı, in: SPH Sempozyumu 2013, S. 117, 128; *Üçışık/Çelik*, Anonim Ortaklıklar Hukuku, S. 205; *Çatakoğlu*, KÜİİBFD 2016, S. 118, 123.

1338 Art. 32 tKMG (Haftung für Publizitätsdokumente): *„1) Im Rahmen des Art. 10 tKMG haften diejenigen, die die Publizitätsdokumente -wie nach gesetzlichen Vorschriften der Prospekt, das Infoblatt bei dem Angebot zur Zeichnung der Anteile, die Ad-hoc-Mitteilung, die bereitzustellenden Mitteilungstexte einer Fusion und Spaltung, die Mitteilung zum Handeln an der Börse und Finanzberichte- unterschreiben, deren Erstellung durch die Kapitalmarktaufsicht zum Zweck der Publizität vorgesehen ist, oder diejenige juristische Personen, unter deren Namen diese Dokumente unterschrieben wurden, zusammen mit den verantwortlichen Personen in Art. 10 tKMG gesamtschuldnerisch für den Schaden, der wegen unrichtigen, irreführenden und unvollständigen Informationen in diesen Dokumenten entstanden ist."*

1339 *Manavgat*, Halka Arz ve Sermaye Artırımı, in: SPH Sempozyumu 2013, S. 117, 123; *Kara*, SÜHFD 2015, S. 131, 156 ff.; *Memiş/Turan*, Sermaye Piyasası Hukuku, S. 83; *Çetin/Töremiş/Cantimur*, 6362 Sayılı Sermaye Piyasası Kanunu'nun Sistematik Analizi, S. 43.

b. Vorstandsmitglieder als sekundäre Haftungsverpflichtete

Der hauptverpflichtete Emittent haftet für den fehlenden, unrichtigen oder irreführenden Prospekt wegen schuldhafter Handlungen seiner Vorstandsmitglieder. Die Vorstandsmitglieder handeln mit ihrer Unterschrift nur als gesetzliche Vertreter des Emittenten. Der Emittent kann für seine Schäden aufgrund der Schadensersatzleistung einen Regressanspruch gemäß Art. 553 Abs. 1 tHGB[1340] gegenüber den Vorstandsmitgliedern geltend machen.

Die Vorstandsmitglieder haften als die sekundären Haftungsverpflichteten, wenn der Ersatzanspruch des Geschädigten von der Gesellschaft keine Befriedigung erlangt. Jedes Vorstandsmitglied trägt nach Art. 10 Abs. 1 tKMG, soweit Ersatzansprüche der Gesellschaft erfolglos bleiben, für das ihm zugewiesene Ressort die volle Verantwortung für den Schaden.

Die Haftung der Vorstandsmitglieder ist eine Verschuldenshaftung. Im Rahmen dieser Verschuldenshaftung haften die Vorstandsmitglieder nur für eigenes Verschulden und je nach vorliegendem Fall auch persönlich, solange sie schuldhaft gehandelt haben. Verantwortlich sind zudem Wirtschaftsprüfer gem. Art. 10 Abs. 2 tKMG, die bei dem Prospekt mit ihren Finanzberichten mitgewirkt haben. Wirtschaftsprüfer können jedoch nur für die Richtigkeit und Unvollständigkeit der Informationen ihrer Berichte verantwortlich sein.

Allerdings erwähnt Art. 10 Abs. 2 tKMG keine Haftung für die Mitglieder des Aufsichtsrates. Hier kann aus Art. 32 tKMG, der die allgemeine Haftung für Publizitätsdokumente regelt, eine Haftung der Mitglieder des Aufsichtsrates begründet werden, wenn diese den Prospekt bzw. mit dem Prospekt verbundene Dokumente gebilligt und somit an deren Unrichtigkeit oder Unvollständigkeit mitgewirkt haben.

Schließlich ist aus dem Wortlaut des Art. 10 tKMG nicht klar zu entnehmen, ob die sekundären Haftungsverpflichteten als Gesamtschuldner haften. Aufgrund der Verweisung des Art. 32 tKMG auf Art. 10 tKMG muss eine Haftung als Gesamtschuldner gelten.[1341] Folglich haften die sekundären

---

1340 Art. 553 Abs. 1 tHGB (Haftung für Gründer, Vorstandsmitglieder, Geschäftsleiter und Liquidatoren): *„1) Die Gründer, Vorstandsmitglieder, Geschäftsleiter und Liquidatoren sind sowohl gegenüber der Gesellschaft als auch gegenüber den Aktionären und Gesellschaftsgläubigern für den Schaden verantwortlich, den sie schuldhaft durch die Verletzung der ihnen durch Gesetz und Satzungen auferlegten Pflichten verursacht haben."*

1341 *Manavgat*, Halka Arz ve Sermaye Artırımı, in: SPH Sempozyumu 2013, S. 117, 126; *Kara*, SÜHFD 2015, S. 131, 158.

Haftungsverpflichteten gem. Art. 10 tKMG je nach Fall und bei schuldhaftem Handeln gesamtschuldnerisch.

c. *Kausalität und Unkenntnis der Verantwortlichen*

Es gilt gemäß Art. 10 tKMG ein Kausalitätserfordernis für die Prospekthaftung. Nur wenn die Wertpapiere aufgrund des Prospekts erworben wurden, greift die Prospekthaftung ein. Zum einen muss der Prospekt die Anlageentscheidung beeinflussen, zum anderen muss der Schaden wegen des Prospekts entstehen. Entscheidend ist, dass der Prospekt in seiner Gesamtheit den Anlegern ein richtiges Bild vermittelt und der Anleger nach der Bewertung des gesamten Prospekts eine vollständige und korrekte Anlageentscheidung trifft.

Weiterhin ist gemäß Art. 32 Abs. 3 tKMG[1342] eine Prospekthaftung ausgeschlossen, wenn die Haftungsverpflichteten des Art. 32 Abs. 1 tKMG beweisen, dass sie keine Kenntnis über die unrichtigen, irreführenden oder unvollständigen Publizitätsdokumente hatten und die Unkenntnis nicht auf grober Fahrlässigkeit oder Vorsatz beruht.

Beachtlich ist dabei, dass in Art. 32 Abs. 1 tKMG auf Art. 10 tKMG verwiesen wurde, so dass auch der Emittent von diesem Haftungsausschluss profitieren kann. Folglich trägt der Emittent die Haftung, wenn er keine Kenntnis über die unrichtigen, irreführenden oder unvollständigen Publizitätsdokumente hatte, diese aber kennen musste.[1343] Das bedeutet, dass die Unkenntnis nicht auf Vorsatz oder grober Fahrlässigkeit beruhen darf. Es ist jedoch schwierig, dass ein solcher Beweis gelingt, insbesondere da auch Wissen, das unterhalb der Organebene existiert, zu den Informationen aus dem Tätigkeitsbereich des Emittenten zugerechnet werden kann.[1344]

Vielmehr ist die Regelung als eine Beweiserleichterung für Anleger zu bewerten. Bezweckt wurde hiermit zum einen die Befreiung der Anleger von der Beweislast und zum anderen die schnelle Beendigung der gerichtlichen Streitigkeiten.[1345]

1342 Art. 32 Abs. 3 tKMG: *„3) Personen, die nachweisen, dass sie die Unrichtigkeit, Irreführung oder Unvollständigkeit der Publizitätsdokumente nicht gekannt haben und ihre Unkenntnis nicht auf grober Fahrlässigkeit oder auf Vorsatz beruht, sind nicht verantwortlich.“*

1343 *Kara*, SÜHFD 2015, S. 131, 144 f., 152.

1344 *Mülbert/Steup* in: Habersack/Mülbert/Schlitt, HdB Unternehmensfinanzierung, 2019, § 41 Rn. 210.

1345 *Çetin/Töremiş/Cantimur*, 6362 Sayılı Sermaye Piyasası Kanunu'nun Sistematik Analizi, S. 41 f.; *Üçışık/Çelik*, Anonim Ortaklıklar Hukuku, S. 205.

Während nach Art. 10 tKMG die Verantwortlichen für unvollständige, unrichtige oder irreführende Angaben im Prospekt bei einem Verschulden (Verschuldungshaftung) haften, werden sie von dieser Haftung bei einer Unkenntnis (Haftungsbefreiung aufgrund leichter Fahrlässigkeit) befreit.[1346] Nach einer Meinung sei die Unkenntnis hier so zu verstehen, dass ein sekundärer Verantwortlicher nach Art. 10 tKMG für leichte Fahrlässigkeit bezüglich seiner Unkenntnis über eine wichtige Information, die sich nicht in seinem eigenen Aufgabenbereich, sondern im Bereich eines anderen Verantwortlichen aus Art. 10 tKMG befand, nicht haftbar gemacht werden kann.[1347] Folglich kann der sekundäre Verantwortliche beweisen, dass er die Information nicht kannte, da diese nicht seinen Aufgabenbereich betraf und somit seine Unkenntnis nicht auf Vorsatz oder grober Fahrlässigkeit beruhen kann.

Jedoch kann der Haftungsausschluss in Art. 32 Abs. 3 tKMG zur Umgehung des Art. 10 Abs. 1 tKMG führen, da der Gesetzgeber mit Art. 10 Abs. 1 tKMG ein schuldhaftes Handeln deutlich nur für sekundär Verantwortliche, jedoch nicht für die Emittentenhaftung voraussetzt. In diesem Zusammenhang kann ein Haftungsausschluss für Emittenten nicht dem Willen des Gesetzgebers entsprechen. Für dies spricht auch Art. 553 Abs. 3 tHGB, da gem. Art. 553 Abs. 3 tHGB nur Vorstandsmitglieder, Geschäftsleiter oder Gründer wegen Handlungen außerhalb ihres Handlungsspielraums haften, nicht aber der Emittent. Übrigens ist Art. 10 tKMG gegenüber Art. 32 tKMG vorranging anzuwenden.

II. Kapitalmarktrechtliche Publizitätshaftung

1. *Allgemeines zu den Publizitätspflichten*

Durch die steigende Zahl der Dienstleistungen und Investitionsinstrumente auf dem Markt ist es für die Anleger kaum möglich, diese Neuigkeiten sofort gleichmäßig zu erhalten und ihnen zu folgen oder eine richtige Entscheidung zu treffen.[1348] Die Publizität als ein kapitalmarktrechtliches Regelungsinstrument und als ein Mittel des Anlegerschutzes hat im türkischen Recht daher eine große Bedeutung. Sie wird als die Gesamtheit der Informationen über die Finanzlage und Tätigkeiten der Aktiengesellschaft definiert.[1349]

Bei der Anlageentscheidung und Wertbestimmung der Finanzinstrumente kommen vor allem die Finanzlage der Emittenten, Ausschüttungen und

---

1346 *Manavgat*, Halka Arz ve Sermaye Artırımı, in: SPH Sempozyumu 2013, S. 117, 125.

1347 *Manavgat*, Halka Arz ve Sermaye Artırımı, in: SPH Sempozyumu 2013, S. 117, 125 f.

1348 *Tanör*, Türk Sermaye Piyasası, Cilt I, Taraflar, 1999, S. 179.

1349 Kırca/Manavgat/*Şehirali Çelik*, Anonim Şirketler Hukuku, S. 199.

Zukunftsaussichten in Betracht. Je mehr Informationen der Anleger erhält, desto besser kann er diese beurteilen.[1350] Inzwischen ist aber festzustellen, dass eine hohe Anzahl an Informationen nicht zwingend zu einer rationalen Beurteilung des Anlegers führen muss. Im Übrigen ermöglicht die Publizität unter den Anlegern bei ihrer Anlageentscheidung eine Äquivalenz, da die Anleger durch die Offenlegung der Informationen gleiche Chancen erhalten.[1351]

Es wird also deutlich, dass die Publizität den Informationsfluss zwischen dem Anleger und dem Emittenten sichert. In diesem Zusammenhang definiert der Erlass der Publikationsplattform,[1352] die bei Publizitätsdokumenten von großer Bedeutung ist, die Publikationsplattform als das elektronische System, in dem gemäß den Vorschriften des Kapitalmarkt- und Börsengesetzes die Veröffentlichungspflicht von Informationen mit elektronischer Signatur übertragen und veröffentlicht wird.[1353]

Die Publizität wurde hauptsächlich an den Handel von Wertpapieren auf dem Kapitalmarkt und an die Publikumsgesellschaften geknüpft. Demzufolge ist das Informieren des Publikums über die eigene finanzielle Lage unter bestimmten Bedingungen neben einer Aufgabe auch eine Pflicht für Publikumsgesellschaften.[1354]

1350 *Hacımahmutoğlu*, FS Kalpsüz, 2003, S. 147, 152.

1351 *Hacımahmutoğlu*, FS Kalpsüz, 2003, S. 147, 153.

1352 Der Erlass der Publikationsplattform (VII-128.6, ABl. 28864 v. 27.12.2013). Art. 128 Abs. 1 li. ğ (Aufgaben und Befugnisse der Kapitalmarktaufsicht) tKMG ist gemäß Art. 2 des Erlasses die gesetzliche Grundlage dieses Erlasses ist: „*ğ) Die Bestimmung des Betriebs und der Arbeitsweise der Publikationsplattform und der Art und Weise der Mitteilungen und Anträge an die Kapitalmarktaufsicht im Rahmen dieses Gesetzes*"

1353 Ziel des Erlasses ist die Veröffentlichung von Informationen, Dokumenten und Aufklärungen durch die Gesellschaften, Investitionsunternehmen und weiteren Institutionen sowie Unternehmen durch Übertragung an die Publikationsplattform, und Übertragung von unabhängigen Prüfungsberichten an die Gesellschaft, die mit der Veröffentlichung verpflichtet ist. Art. 1: „*Ziel dieses Erlasses ist, a) die Veröffentlichung von Informationen, Dokumenten und die Aufklärung durch Gesellschaft, Fondbegründer oder durch die Kapitalmarktaufsicht bestimmter Investitionsunternehmen und weitere Institutionen sowie Unternehmen durch Übertragung im elektronischen Verkehr an die Publikationsplattform, b) und die Übertragung von unabhängigen Prüfungsberichten durch den unabhängigen Wirtschaftsprüfer im elektronischen Verkehr an die Publikationsplattform.*" Ferner wird die Art und Weise der Publizität auf der Publikationsplattform und der Mitgliedschaft durch Direktive v. 27.07.2016 des Zentralverwahrers der Türkei bestimmt.

1354 *Pulaşlı*, Şirketler Hukuku Genel Esaslar, S. 265.

Der Anleger kann den Emittenten auch als negativ einstufen, folglich nicht investieren und somit durch den Informationsfluss vor ungewollten Anlageentscheidungen geschützt. Zudem erhöht sie das Vertrauen in die Kapitalmärkte und beeinflusst die zukünftigen Anlageentscheidungen positiv.[1355]

2. *Publizitätspflichten im Handelsgesetzbuch*

Die Publizität nimmt einen großen Platz im türkischen Handelsgesetzbuch ein. In der Literatur wird die Publizität als die richtige, deutliche und ausreichende Informierung über die Gesellschaftstätigkeiten beschrieben. Hinzugefügt wird, dass die Aktiengesellschaft mit Ausnahme von Gesellschaftsgeheimnissen in einem Haus aus Glas zu sitzen habe.[1356]

Transparenz ist ein neuer und umfassenderer Anschein der Publizität, die im Gesetz manchmal als Synonym und manchmal zusammen mit dem Publizitätsbegriff verwendet wird.[1357] Im Gegensatz zum alten Handelsgesetzbuch sind die Begriffe Transparenz und Publizität nicht verdeckt, sondern werden eindeutig im Gesetz erwähnt und nach Berücksichtigung der unterschiedlichen Interessengruppen nicht auf die Publikumsgesellschaften begrenzt, sondern gelten auch innerhalb Aktiengesellschaften.[1358]

Insbesondere hat Art. 1524 tHGB als ein Erscheinungsbild der Publizität den Kapitalgesellschaften die Pflicht auferlegt, ihre Website dementsprechend einzurichten. So müssen die Gesellschaften einen bestimmten Teil ihrer Webseite für die Veröffentlichung gesetzlicher Bekanntmachungen nutzen und diese stets aktualisieren.[1359]

Diese Publizitätspflicht spielt auch eine große Rolle innerhalb des Konzerns, da Aktionäre und Gesellschaftsgläubiger durch die Webseite Informationen über

---

1355 *Kaya*, Das Auskunftsrecht des Aktionärs, S. 20 f.; Kırca/Manavgat/*Şehirali Çelik*, Anonim Şirketler Hukuku, S. 200.

1356 Çamoğlu/*Poroy/Tekinalp*, Ortaklıklar Hukuku I, 2014, S. 288 Rn. 471; Poroy/Çamoğlu/*Tekinalp*, Ortaklıklar Hukuku I, 2019, S. 317 Rn. 471.

1357 RegBegr. tHGB Abs. 68; Kırca/Manavgat/*Şehirali Çelik*, Anonim Şirketler Hukuku, S. 201; *Özkorkut*, Finansal Raporlama, Bağımsız Denetim-Kamuyu Aydınlatma İlişkisi ve Sorumluluk, in: SPH Sempozyumu 2013, S. 153, 156 ff.

1358 Kırca/Manavgat/*Şehirali Çelik*, Anonim Şirketler Hukuku, S. 200, 203.

1359 Çamoğlu/*Poroy/Tekinalp*, Ortaklıklar Hukuku I, 2014, S. 289 Rn. 471b; Poroy/Çamoğlu/*Tekinalp*, Ortaklıklar Hukuku I, 2019, S. 318 Rn. 471b; *Kervankıran*, FS Baums, 2017, S. 653, 656; *Eminoğlu*, HÜHFD 2012, S. 37, 40; Krit. zur Anfechtbarkeit eines Bescheids i.S.d. Art. 1524 Abs. 2 tHGB, welches die Veröffentlichungspflicht aus Art. 1524 Abs. 1 verletzte, siehe *Teoman*, BATİDER 2011, S. 5, 7 ff.

die Konzernverhältnisse erhalten können.[1360] Allerdings verpflichtet der Gesetzgeber statt alle Gesellschaften nur die Aktiengesellschaften und begrenzte den Umfang der Pflichtinformationen auf der Internetseite ausdrücklich.[1361]

3. *Publizitätspflichten im Kapitalmarktgesetz*

a. *Veröffentlichung von Insiderinformationen*

Es ist wichtig, dass dem Anleger alle wesentlichen kursrelevanten Informationen zur Verfügung gestellt werden, bevor er eine Anlageentscheidung trifft. Der Anleger erhält alle für seine Anlageentscheidung erforderlichen Informationen durch die Veröffentlichung von Insiderinformationen.[1362]

Insiderinformationen werden in Art. 15[1363] tKMG unter dem Begriff „Sonderfälle" geregelt. Das Publikum muss über die Kenntnisnahme, Tatbestände und Entwicklungen, welche der Entscheidung des Anlegers oder den Preis und den Wert des Finanzinstruments beeinflussen können, durch die Emittenten informiert werden.

An dieser Stelle sind auch die sekundären Quellen des Kapitalmarktrechts zu berücksichtigen. Der Insidererlass Nr. II-15.1[1364] schreibt die Einzelheiten bezüglich der Insiderinformationen und der Art und Weise ihrer Veröffentlichung

---

1360 *Eminoğlu*, HÜHFD 2012, S. 37, 40.

1361 *Özkorkut*, Finansal Raporlama, Bağımsız Denetim-Kamuyu Aydınlatma İlişkisi ve Sorumluluk, in: SPH Sempozyumu 2013, S. 153, 158 f.; *ders.*, BATİDER 2012, S. 45, 49; Kırca/Manavgat/*Şehirali Çelik*, Anonim Şirketler Hukuku, S. 204, 209 f. *Eminoğlu*, Türk Ticaret Kanunu'nda Kurumsal Yönetim, S. 269.

1362 Nach dem Insiderverzeichnis, II. Insiderinformationen, 7.1. (Wichtige Elemente zu beachten) muss die Veröffentlichung kurz, prägnant, in verständlicher Form und verifizierbar sein. Empfehlungen, inkorrekte Warnungen sowie inkorrekte Gerüchte sind nicht Gegenstand einer Veröffentlichung. Der Emittent hat sicherzustellen, dass die Insiderinformationen richtig sind und zu keinem falschen Eindruck führen. Ansonsten wird davon ausgegangen, dass die Informationen unrichtig sind.

1363 Art. 15 tKMG (Sonderfälle bei der Publizität): *„1) Das Publikum muss die Kenntnisnahme, Tatbestände und Entwicklungen, welche den Preis und den Wert des Finanzinstruments oder die Entscheidung des Anlegers beeinflussen können, durch die Emittenten oder durch die betreffenden Parteien zur Verfügung stellen. 2) Die Kapitalmarktaufsicht bestimmt die Publizität der Informationen, Tatbestände und Entwicklungen des Abs. 1, deren Mitteilung an die betreffenden Emittenten, deren Aufschub in Ausnahmefällen oder die Art und Weise des Unterlassens."*

1364 Insidererlass (II-15.1, ABl. 28891 v. 23.01.2014). Einige Vorschriften dieses Erlasses wurden durch den Erlass Nr. II-15.1a zur Änderung des Insidererlasses geändert (ABl. 29975 v. 10.02.2017). Art. 15 tKMG ist die gesetzliche Grundlage des Insidererlasses.

vor. Damit wird bezweckt, dass die Anleger zeitnah, vollständig und korrekt informiert werden und außerdem, dass wichtige Informationen bezüglich der Anlageentscheidung und dem Wert der Finanzinstrumente veröffentlicht werden, um das Kapitalmarktrecht vertrauensvoll, transparent, effektiv, stabil, fair und konkurrenzfähig zu organisieren.

Der Begriff „Insiderinformation" wird in Art. 4 Abs. 1 lit. e des Insidererlasses definiert. Demzufolge sind Insiderinformationen nicht öffentlich bekannte Informationen, Ereignisse oder Entwicklungen, die den Kurs oder Wert der Finanzinstrumente oder die Anlageentscheidung des Anlegers erheblich beeinflussen können.[1365] In ähnlicher Weise erfassen Insiderinformationen gemäß dem Insiderverzeichnis[1366] Informationen, die bei ihrer Veröffentlichung dazu geeignet wären, den Kurs, den Wert der Finanzinstrumente oder die Anlageentscheidung des Anlegers möglicherweise zu beeinflussen.[1367]

Bei Entstehung neuer Insiderinformationen, bei einer Änderung veröffentlichter Insiderinformationen oder deren Kenntnisnahme muss der Emittent gem. Art. 5 Abs. 1[1368] des Insidererlasses eine Erklärung darüber abgeben. Der Gesetzgeber wählte hier zwar den Begriff „Erklärung", dieser ist allerdings

---

1365 Art. 4 Abs. 1 lit. e: *„Insiderinformationen: nicht öffentlich bekannte Informationen, Ereignisse oder Entwicklungen, die den Kurs oder Wert der Finanzinstrumente oder die Anlageentscheidung des Anlegers beeinflussen können…"*

1366 Gemäß „Nr. I Gesetzliche Grundlage des Insiderverzeichnisses" ist Art. 15 tKMG und Art. 27 des Insidererlasses Nr. II-15.1 die gesetzliche Grundlage für das Insiderverzeichnis. Die Vorschriften im Insiderverzeichnis sind wie ein Beschluss der Kapitalmarktaufsicht zu bewerten. Ziel des Insiderverzeichnisses sind die Schaffung eines gleichen Informationsniveaus von Marktteilnehmern und die Verhinderung einer Markt- und Preisbildung aufgrund des unvollständigen oder falschen Informationsabflusses.

1367 Ein Verzeichnis wird gem. Art. 27 des Insidererlasses Nr. II-15.1 durch die Kapitalmarktaufsicht erstellt, veröffentlicht bzw. aktualisiert, um den Emittenten bei ihren Veröffentlichungen zu helfen. Das Verzeichnis enthält Aufklärungen über die Regelungen des Kapitalmarktgesetzes und Insidererlasses, welches die Einzelheiten der Veröffentlichung bzw. Aufschiebung von Insiderinformationen enthält. Das vielgeteilte System des Kapitalmarktgesetzes ist generell bedenklich. Nur für die Veröffentlichung von Insiderinformationen müssen neben dem Kapitalmarktgesetz, der Insidererlass und das Insiderverzeichnis berücksichtigt werden. Ob solch eine dreiteilige Rechtssetzung, in der die wichtigsten Anhaltspunkte zum Teil nicht durch das Kapitalmarktgesetz, sondern durch sekundäre Quellen geregelt werden, erforderlich ist, ist kaum nachvollziehbar.

1368 Art. 5 Abs. 1 des Insidererlasses: *„1) Tritt eine Insiderinformation oder eine Änderung bezüglich bereits veröffentlichter Informationen auf oder wird über diese Kenntnis erlangt, geben Emittenten diesbezüglich eine Erklärung ab."*

vielmehr als eine Veröffentlichung zu verstehen, so dass Änderungen mit einer Ad-hoc-Mitteilung auf der Publikationsplattform zu veröffentlichen sind, anstatt lediglich erklärt zu werden.

Die Veröffentlichung von Insiderinformationen muss gemäß Art. 23 Abs. 5 des Insidererlasses in einer geschehen, die dem Anleger schnellen Zugang zu diesen ermöglicht und dabei ohne Verletzung des Gleichbehandlungsgrundsatzes durchgeführt wird.[1369]

Übrigens muss der Emittent die Insiderinformationen gemäß Art. 24 Abs. 1 S. 1[1370] des Insidererlasses den Anlegern sicherstellen, so dass diese sie korrekt, vollständig, unmittelbar, ausreichend, verständlich und rechtzeitig bewerten können. Ebenfalls dürfen die Informationen gem. Art. 24 Abs. 3 S. 1[1371] des Insidererlasses nicht unrichtig, irreführend, substanzlos, übertrieben oder unvollständig sein oder nicht zu einem falschen Eindruck über den Anleger führen.

Bemerkenswert ist, dass in Art. 32 tKMG eine unterlassene unverzügliche Veröffentlichung von Insiderinformation nicht erwähnt wird. Ebenfalls spricht Art. 15 tKMG nur von der Veröffentlichung von Insiderinformationen, jedoch nicht von einer unterlassenen unverzüglichen Veröffentlichung. Obwohl eine ausdrückliche Regelung im Kapitalmarktgesetz fehlt, haben Veröffentlichungen gem. Art. 23 Abs. 2 des Insidererlasses unverzüglich zu erfolgen, soweit der Erlass keine andere Regelung vorschreibt.

Zusammenfassend kann festgestellt werden, dass die „Kursrelevanz" das zentrale Stichwort bei der Veröffentlichung von Insiderinformationen ist. Wie bereits angedeutet, stellt die Veröffentlichung von Insiderinformationen bei den Publikumsgesellschaften den wichtigsten Mechanismus der Transparenz dar. Als Maßstab wird gemäß Nr. 2.3. Abs. 3 lit. a[1372] des Insiderverzeichnisses darauf abgestellt, wie ein rationaler Anleger die Information zum Zeitpunkt der Anlageentscheidung bewerten würde.

1369 Auch, Insiderverzeichnis, IV. Sprache und Art und Weise der Veröffentlichung.

1370 Art. 24 Abs. 1 S. 1: *„1) Veröffentlichungen im Rahmen dieses Erlasses müssen den Anlegern bei der Anlageentscheidung behilflich sein und somit zeitnah, richtig, vollständig, unmittelbar, in verständlicher Form und ausreichend sein."*

1371 Art. 24 Abs. 3 S. 1: *„3) Veröffentlichungen dürfen nicht unrichtig, irreführend, substanzlos, übertrieben oder unvollständig sein und darüber hinaus dürfen sie bezüglich der aktuellen Umstände des Emittenten beim Anleger keinen falschen Eindruck erwecken..."*

1372 Insidererlass Nr. 2.3. Abs. 3 lit. a (Die Information, die den Wert des Finanzinstruments, Preis des Finanzinstruments oder die Anlageentscheidung potenziell beeinflussen kann): *„a) Es wird bewertet, ob allein diese Information den Wert, Preis des Finanzinstruments oder die Anlageentscheidung beeinflussen kann. Es ist darauf abzustellen, wie ein rationaler Anleger die Information zum Zeitpunkt der Anlageentscheidung bewerten würde..."*

b. Finanzberichte und unabhängige Prüfung

Durch die Publizität von Finanzberichten und Finanztabellen wird dem Anleger ein periodischer Informationsfluss geboten.[1373]

Nicht nur das Informieren der Anleger, sondern auch das Informieren der Aktionäre, also der Anleger nach dem Erwerb der Aktien, ist von großer Bedeutung, um ihre Rechte und Interessen bezüglich ihrer Beteiligung in der Gesellschaft zu schützen. In diesem Sinne muss den Aktionären die Finanzlage der Gesellschaft, also Verbindlichkeiten und Verpflichtungen, Einzahlungen, die Ertragslage und Ergebnisse von Gesellschaftstätigkeiten durch Beschlüsse der Hauptversammlung bzw. des Vorstands, durch die Jahresbilanz, Zwischenbilanz und durch Berichte des Vorstands bzw. durch die Prüfung des Aufsichtsrates richtig, vollständig, deutlich und rechtzeitig zur Verfügung gestellt werden. Somit erhält der Aktionär die Möglichkeit, über wichtige Zukunftsfragen der Gesellschaft mitzubestimmen. In diesem Sinne bestimmt ein Aktionär bei der Billigung des Hauptversammlungsbeschlusses über die Bilanz gem. Art. 424 tHGB[1374], auch gleichzeitig über die Entlastung der Organmitglieder.

Neben der Publizität von Finanzberichten und Finanztabellen[1375] werden mit Art. 14 tKMG[1376] die Publizitätspflichten geregelt. Hauptvorschriften der Publizitätspflichten betreffen Finanzberichte und die unabhängige Prüfung.

1373 *Manavgat*, TFM 2016, S. 43, 49 f.

1374 Art. 424 tHGB: *„Der Beschluss der Hauptversammlung über die Billigung der Bilanz führt zur Entlastung der Vorstands- und Aufsichtsratsmitglieder, soweit in diesem nicht deutlich etwas anderes beschlossen wurde.“*

1375 Die Finanztabellen müssen gem. Art. 437 Abs. 1 tHGB mindestens 15 Tage vor der Hauptversammlung an dem Hauptsitz und der Filialen der Aktiengesellschaft den Aktionären zur Verfügung stehen.

1376 Art. 14 tKMG (Finanzielle Berichterstattung und unabhängige Prüfung): *„1) Der Emittent verpflichtet sich dazu die Finanztabellen und -Berichte, die veröffentlicht werden, oder auf Verlangen der Kapitalmarktaufsicht inhaltlich und förmlich entsprechend den durch die Kapitalmarktaufsicht bestimmten Buchführungsstandards, zeitnah, unvollständig und richtig vorzubereiten und vorzulegen. 2) Für die Vorbereitung, Vorlegung, Wahrheit und Richtigkeit der Finanztabellen und -Berichte, die gem. Abs. 1 nach den Buchführungsstandards der Kapitalmarktaufsicht zu bestimmen sind, sind der Emittent und abhängig vom Vorfall und Verschulden auch die Vorstandsmitglieder des Emittenten verantwortlich…3) Emittenten müssen die Finanztabellen und- Berichte im Rahmen von den Bestimmungen der Kapitalmarktaufsicht innerhalb von Buchführungsstandards und im Hinblick auf türkische Prüfungsstandards hinsichtlich des True and Fair View Prinzips durch unabhängige Wirtschaftsprüfer, die nach diesem Gesetz gelistet sind, prüfen lassen.“*

Finanzberichte und Finanztabellen sind entsprechend den Buchführungsstandards, die durch die Kapitalmarktaufsicht im Rahmen von Prüfungsstandards bestimmt sind, zu erstellen.

Da Finanzberichte und Finanztabellen maßgeblich für den Anleger bei seiner Anlageentscheidung sind, müssen diese Dokumente der Wahrheit entsprechen. In diesem Sinne sieht der Gesetzgeber vor, dass die Richtigkeit der Angaben in den Finanzberichten und Finanztabellen gemäß Art. 14 Abs. 3 durch einen unabhängigen Wirtschaftsprüfer geprüft werden muss. Hier ist das True and Fair View Prinzip, welches in Art. 515 tHGB[1377] normiert wird, zu beachten.[1378] Dadurch sollen die Finanzberichte sowie die unabhängige Prüfung bei den Aktiengesellschaften den internationalen Standards entsprechen.[1379]

Detaillierte Regelungen über die Finanzberichte und die Art und Weise ihrer Veröffentlichung enthält der Erlass Nr. II-14.1 über die finanzielle Berichterstattung.[1380] In diesem Sinne ist es wichtig, dass Anleger die Finanzberichte gemäß Art. 12 Abs. 4 und dem provisorischen Art. 3 des Erlasses unter den gleichen Umständen erhalten sollen. Übrigens regelt der Erlass Serie: X Nr.: 22[1381] Einzelheiten über die unabhängigen Prüfungsstandards.[1382]

1377 Art. 515 tHGB (Das True und Fair View Prinzip): „*Die Finanztabellen der Aktiengesellschaft müssen das Gesellschaftsvermögen, die Verbindlichkeiten und Verpflichtungen, die Ertragslage und die Ergebnisse von Gesellschaftstätigkeiten, nach den Buchführungsstandards, vollständig, in verständlicher und vergleichbarer Form, entsprechend den Bedürfnissen und Eigenschaften der Gesellschaft, transparent und vertrauensvoll erstellen; und die Wahrheit nach Treu und Glauben, genau und wirklichkeitsgetreu reflektieren.*“

1378 Kırca/Manavgat/*Şehirali Çelik*, Anonim Şirketler Hukuku, S. 206; näher *Falcıoğlu*, BÜHFD 2016, S. 69, 71, 90 ff.

1379 Çamoğlu/*Poroy/Tekinalp*, Ortaklıklar Hukuku I, 2014, S. 288 Rn. 469; ausf. zu Finanzberichten, unabhängiger Prüfung, türkischer Buchführungsstandards und türkischer Prüfungsstandards, siehe *Özkorkut*, Finansal Raporlama, Bağımsız Denetim-Kamuyu Aydınlatma İlişkisi ve Sorumluluk, in: SPH Sempozyumu 2013, S. 153, 159 ff.; Kırca/Manavgat/*Şehirali Çelik*, Anonim Şirketler Hukuku, S. 15 ff.

1380 Erlass über die finanzielle Berichtserstattung (II-14.1, ABl. 28676 v. 13.06.2013). Dieser Erlass wurde durch den Erlass (II-14.1.a) über die Änderung des Erlasses über die finanzielle Berichterstattung (II-14.1, ABl. 29968 v. 03.02.2017) geändert.

1381 Erlass über die unabhängigen Prüfungsstandards (Serie: X Nr. 22, ABl. 26196 v. 12.06.2006), im Anhang die internationalen Prüfungsstandards.

1382 Die Kapitalmarktaufsicht hat die internationalen Prüfungsstandards übersetzt und die unabhängigen Prüfungsstandards in dem Erlass über die unabhängigen Prüfungsstandards im Kapitalmarkt (Serie: X Nr. 22), die bei den unabhängigen Prüfungstätigkeiten angewendet werden, erstellt.

Ferner sind gemäß Art. 14 tKMG lediglich die Emittenten dazu verpflichtet, Finanzberichte und Finanztabellen zu erstatten. Daneben haften gemäß Art. 14 Abs. 2 tKMG der Emittent und abhängig vom Fall und vom Verschulden seine Vorstandsmitglieder zusammen wegen der Finanzberichte, sowie Finanztabellen.

Allerdings ist nach dem Wortlaut des Art. 14 tKMG nicht eindeutig zu entnehmen, ob die Haftungsverpflichteten als Gesamtschuldner haften. In diesem Fall wird aufgrund der Verweisung der Artikelbegründung nach den allgemeinen Vorschriften des Handelsgesetzbuchs entschieden.[1383]

Außerdem werden Vorstandsmitglieder für die Buchführung oder für die Führung der Gesellschaftsbücher oder der Finanztabellen und Finanzberichte gemäß Art. 112 tKMG nach den Vorschriften des Strafgesetzbuchs für vorsätzliche Verstöße bestraft.[1384] Nach Art. 164 Abs. 1 tSGB[1385] werden Vorstandsmitglieder, die in Aufklärungen, Berichten oder Empfehlungen wahrheitswidrige Angaben machen oder machen lassen und somit zu einem

1383 Begründung des Art. 14 tKMG: *„Diese Vorschrift ist parallel zum Haftungsansatz des Gesetzes Nr. 6102.“* Aus diesem Grund wird vertreten, dass der Wille des Gesetzgebers die Anwendung des Art. 557 tHGB ist, siehe *Özkorkut*, Finansal Raporlama, Bağımsız Denetim-Kamuyu Aydınlatma İlişkisi ve Sorumluluk, in: SPH Sempozyumu 2013, S. 153, 162 f.

1384 Kassationshof, 19. Strafkammer, Urt. v. 28.12.2018, E. 2017/6538 K. 2018/2202: *„Die Angeklagten sind die Vorstandsmitglieder der börsennotierten…Takım Endüstrisi AG.,…Nach einer Untersuchung des Prüfungsberichts der Kapitalmarktaufsicht und der gesamten Akten wurde festgestellt, dass sich die Gruppengesellschaften an die AG verschuldeten,… die Begleichung der Forderung der AG von diesen Gesellschaften unmöglich ist,…als Folge dieser Kontobewegungen die Kontobestände wahrheitswidrig verändert wurden, und sich die AG darauffolgend an die Transtürk Holding AG durch wahrheitswidrige Eintragungen in Höhe von 18.174.368,40 YTL verschuldete und zudem die geschuldete Summe der AG an die Transtürk Holding AG durch die rechtswidrige Buchführung um 4.941.356 YTL stieg. Nach Art. 112 Abs. 2 tKMG (Gesetz Nr. 6362) haben …. bei Betrachtung der genannten Tatsachen und Beweismittel, die Angeklagten, die Geschäftsleiter der AG sind, die Finanztabellen der AG durch die oben detailliert genannten Handlungen zwischen dem 31.12.2002 und dem 30.09.2007 wahrheitswidrig erstellt, die Voraussetzungen des Betrugs in den gesetzlichen Gesellschaftsbüchern, Buchhaltungsunterlagen, Finanzberichten und Finanztabellen erfüllt, so dass anstatt der Verurteilung aufgrund von rechtswidrigen und mangelnden Gründen eine Freisprechung, ….als gesetzwidrig anzusehen ist…“*

1385 Türkisches Strafgesetzbuch, Gesetz Nr. 5237 v. 26.09.2004, ABl. 25611 v. 12.10.2004.

Schaden des Interessenten führen, mit einer Freiheitsstrafe von sechs Monaten bis zu drei Jahren und einer Geldstrafe bedroht.

Die nicht rechtzeitig erfolgte Veröffentlichung der Finanzberichte wird durch die Kapitalmarktaufsicht mit einem Bußgeld verhängt[1386], zudem werden gegen wahrheitswidrig erstellte Finanzberichte und Finanztabellen durch die Kapitalmarktaufsicht Strafanzeige erstattet[1387] und diese werden durch die Wochenmitteilungen der Kapitalmarktaufsicht bekannt gemacht. Weiterhin weist die Kapitalmarktaufsicht in diesen Mitteilungen darauf hin, dass die verantwortlichen Vorstandsmitglieder für den Schaden der Anleger, der aufgrund der nicht rechtzeitig erfolgten oder wahrheitswidrigen Veröffentlichung dieser Finanzberichte entstanden ist, nach den allgemeinen Vorschriften haften könnten.

III. Allgemeine Haftung bei Publizitätsdokumenten

1. „Publizitätsdokumente" als Gegenstand der Haftung

Neben der Haftungsregelung in Art. 10 tKMG regelte der Gesetzgeber mit Art. 32 tHGB eine allgemeine Haftung für alle Publizitätsdokumente.[1388] Im Rahmen des Art. 10 tKMG haften diejenigen, die Publizitätsdokumente wie den Prospekt, die Insiderinformation, die Mitteilungen zum Handeln an der Börse oder Finanzberichte, unterschreiben oder die juristische Personen, in deren Namen die Dokumente unterschrieben wurden, zusammen mit den verantwortlichen Personen aus Art. 10 tKMG gesamtschuldnerisch für den Schaden, der aufgrund von unrichtigen, irreführenden und fehlerhaften Informationen in diesen Dokumenten entstanden ist.

1386 Zusätzlich zum Bußgeld gem. Art. 11, 12 und 12/A (Erlass Nr. II-14.1 über die finanzielle Berichterstattung) gegen eine Aktiengesellschaft, die ihre Finanzberichte auf der Publikationsplattform nicht rechtzeitig veröffentlicht, informiert die Kapitalmarktaufsicht die Anleger durch die Wochenmitteilung (Nr. 2019/9) v. 11.04.2019 darüber, dass die Anleger wegen der Verletzung dieser Veröffentlichungspflicht einen Schadensersatzanspruch gegen die verantwortlichen Vorstandsmitglieder haben, abrufbar unter: http://www.spk.gov.tr/Bulten/Goster?year=2019&no=19 (abgerufen am 29.04.2019).

1387 Wochenmitteilung (Nr. 2018/5) v. 01.02.2018, abrufbar unter: http://www.spk.gov.tr/Bulten/Goster?year=2018&no=5 (abgerufen am 22.05.2019); Wochenmitteilung (Nr. 2018/47) v. 25.10.2018, abrufbar unter: http://www.spk.gov.tr/Bulten/Goster?year=2018&no=47 (abgerufen am 22.05.2019).

1388 *Çetin*, Yatırımcıların Korunması, in: SPH Sempozyumu 2013, S. 437, S. 444 ff.

Die Publizitätsdokumente sind nicht *numerus clausus,* so dass weitere erstellte Dokumente im Rahmen der Publizität Gegenstand der Haftung sein können, da aus dem Wort „wie“ auch andere in Betracht kommende Dokumente gefolgert werden können. Problematisch ist zudem, dass das Vorliegen einer Unterschrift gem. Art. 32 Abs. 1 tKMG zwingend erforderlich ist, da diejenigen Verantwortlichen, die die Erstellung des Prospekts ohne ihre Unterschrift beeinflusst haben, somit außerhalb des Haftungsbereichs bleiben. Hier könnten jedoch die allgemeinen Haftungsvorschriften des Handelsgesetzbuchs gelten.

2. *Kausalität und Schaden für die Publizitätsdokumente*

a. *Beweiserleichterung für die Anleger bei der haftungsbegründenden Kausalität*

Zu beachten ist, dass Art. 32 Abs. 4 tKMG[1389] einen speziellen Kausalitätszusammenhang erfordert.

Wenn eine nachgeholte Ad-hoc-Mitteilung nach einer unrichtigen, irreführenden oder fehlerhaften Veröffentlichung zum Schaden der Anleger führt, ist ein Kausalitätszusammenhang zwischen dem Publizitätsdokument und Schaden gegeben. Der Gesetzgeber regelte hier die sogenannte „Anlagestimmung“. Die Voraussetzung für Schadensersatzansprüche des Anlegers ist, dass der Anleger das Finanzinstrument wegen der richtigen Ad-hoc-Publizität zu billig verkaufen oder zu teuer kaufen muss. Mit anderen Worten: Der Anleger muss eine Transaktion durchführen und nach der Veröffentlichung der Ad-hoc-Mitteilung geschädigt werden, um von dieser Beweiserleichterung Gebrauch machen zu können. Im Gegenteil zum deutschen Recht hat der türkische Gesetzgeber diesen Kausalitätszusammenhang nicht nur für Prospekte[1390], sondern auch für andere Publizitätsdokumente und Mitteilungen vorgesehen.

1389 Art. 32 Abs. 4 tKMG: *„4) Ein Kausalitätszusammenhang zwischen dem Publizitätsdokument und dem Schaden wird bei den Schadensersatzansprüchen im Sinne dieses Artikels dadurch begründet, dass wenn der Schaden beim Anlegervermögen während des Gültigkeitszeitraums des unrichtigen, irreführenden oder unvollständigen Prospekts; anschließend nach der Veröffentlichung der anderen Publizitätsdokumente; oder nach dem Kauf oder Verkauf der Finanzinstrumente, die nach dem ersten öffentlichen Angebot oder in der Börse ge- oder verkauft wurden und anschließend nach der Veröffentlichung der wahren Information in der Börse wieder ge- oder verkauft wurden, entsteht.“*

1390 Ausnahmsweise auch für Ad-hoc-Mitteilungen, siehe Kap. 2 C. II. 1. c. cb.

Fraglich ist, ob Anleger, deren Finanzinstrumente nicht ge- oder verkauft wurden, von dieser Norm profitieren können. Anleger, die keine Transaktion durchgeführt haben, werden nicht vom Anwendungsbereich des Art. 32 tKMG erfasst. Jedoch sollten auch Altanleger, die zu einem bestimmten Zeitpunkt auf einen beabsichtigten Aktienkauf verzichtet haben und dies nachweisen können, geschützt werden und somit den hypothetischen Verkaufspreis zum Kurs des ursprünglich geplanten Verkaufstermins verlangen können, wie im EM.TV-Urteil des Bundesgerichtshofs entschieden wurde.[1391] Zudem sollten auch Neuanleger, die wegen einer unrichtigen, irreführenden oder unvollständigen Ad-hoc-Mitteilung von einem Aktienerwerb Abstand genommen haben und dies beweisen können, von diesem Schutz Gebrauch machen können.[1392]

b. Kursdifferenzschaden oder Naturalrestitution?

Der Anlegerschaden wird auch in Art. 32 tKMG definiert. Demnach wird der Schaden als der Unterschiedsbetrag zwischen dem tatsächlichen Transaktionspreis, der aufgrund unrechtmäßiger Veröffentlichung geleistet wurde, und dem Preis, der nach der nachgeholten Ad-hoc-Mitteilung entsteht, definiert.[1393]

Der Gesetzgeber ermöglicht ausdrücklich nur den Ersatz des Kursdifferenzschadens, so dass die Naturalrestitution gem. Art. 32 tKMG ausgeschlossen ist. Allerdings kann ein Anleger die Naturalrestitution nach den allgemeinen Vorschriften des Handelsgesetzbuchs Zug um Zug gegen Übertragung der erworbenen Anteile verlangen. In diesem Fall gilt jedoch keine Beweiserleichterung nach Art. 32 Abs. 4 tKMG.

Übrigens enthält Art. 32 Abs. 6 tKMG auch die Zeiträume, in denen der Schaden geltend gemacht werden kann. Jedoch könnte es sein, dass die Anlagen aufgrund eines Kursrückgangs nicht angeboten werden können und der Anleger somit Nachteile erleidet, oder der Anleger möglicherweise nicht in der Lage ist, die Gegenleistung zu erbringen oder auch, dass er seine Anlagen wegen rechtswidriger Publizität nicht anbieten möchte.[1394] Der Anleger könnte seine Aktien für eine längere Zeit (länger als die Verjährungsfrist aus Art. 32 Abs. 6 tKMG) nicht verkaufen, wenn der Kurs der Aktien wegen rechtswidriger

---

1391 BGH NZG 2005, 672, 675 (EM.TV).

1392 *Fleischer* in: Assmann/Schütze, HdB KapitalanlageR, § 6 Rn. 31; auch *Hopt/Voigt* in: Hopt/Voigt, S. 9, 111.

1393 *Manavgat*, Halka Arz ve Sermaye Artırımı, in: SPH Sempozyumu 2013, S. 117, 129; *Kara*, SÜHFD 2015, S. 131, 150.

1394 *Manavgat*, Halka Arz ve Sermaye Artırımı, in: SPH Sempozyumu 2013, S. 117, 130; vgl. *Kara*, SÜHFD 2015, S. 131, 150.

Publizität negativ beeinflusst wird und er daher erhebliche Bedenken darüber haben könnte, dass er keine befriedigende Rendite von solch einem Verkauf erhalten könnte. Aus diesen Gründen ist es möglich, Schadensersatzansprüche außerhalb dieses Zeitraums geltend zu machen. In diesem Fall liegt die Beweislast bezüglich des Kausalitätszusammenhangs und somit zu Beginn und Ablauf der Verjährungsfrist beim Anleger.[1395]

Weiterhin kann eine Haftungsfreistellungsklausel für Publizitätsdokumente nicht vereinbart werden. Eine Vereinbarung, eine Vorschrift oder eine Erklärung, durch welche die Haftung im Voraus ermäßigt oder erlassen wird, ist gemäß Art. 32 Abs. 7 tKMG unwirksam.

3. *Unkenntnis der Emittenten und Vorstandsmitglieder*

Ausgeschlossen ist eine Haftung gemäß Art. 32 Abs. 3 tKMG[1396], wenn die Haftungsverpflichteten des Art. 32 Abs. 1 tKMG beweisen, dass sie keine Kenntnis über die unrichtigen, irreführenden oder unvollständigen Publizitätsdokumente hatten und die Unkenntnis nicht auf grober Fahrlässigkeit oder Vorsatz beruht.

Demzufolge ist der Emittent auch verantwortlich, wenn er die unrichtigen, irreführenden oder unvollständigen Publizitätsdokumente kennt oder kennen musste.[1397]

Der Haftungsausschluss für die Vorstandsmitglieder ist verständlich, da sie gem. Art. 553 Abs. 3 tHGB auch wegen Handlungen außerhalb ihres Handlungsspielraums nicht haftbar gemacht werden dürfen. Das Gleiche soll jedoch für Emittenten bei der Veröffentlichung von Insiderinformationen als eine Folge der Wissensorganisationspflicht verstanden werden. In diesem Sinne soll der Emittent ein wissensbezogenes Organisationssystem, wie im deutschen Recht, gründen, welches die Insiderinformationen den mit der Veröffentlichung Verpflichteten (vor allem die Vorstandsmitglieder) zur Verfügung stellt, womit diese von den potenziellen kursrelevanten Informationen Kenntnis nehmen und über die Insiderinformationseigenschaft sowie über ihre Veröffentlichungspflicht entscheiden können.

1395 *Manavgat*, Halka Arz ve Sermaye Artırımı, in: SPH Sempozyumu 2013, S. 117, 131; *Kara*, SÜHFD 2015, S. 131, 153 f.

1396 Art. 32 Abs. 3 tKMG: „*3) Personen, die nachweisen, dass sie die Unrichtigkeit, Irreführung oder Unvollständigkeit der Publizitätsdokumente nicht gekannt haben und ihre Unkenntnis nicht auf grober Fahrlässigkeit oder auf Vorsatz beruht, sind nicht verantwortlich.*"

1397 *Kara*, SÜHFD 2015, S. 131, 144 f., 152.

Der Prüffrist ist daher entscheidend für die Beurteilung, ob eine Insiderinformation vorliegt bzw. der Emittent diese Insiderinformation unverzüglich veröffentlichte, also seine Entscheidung ohne fahrlässige oder vorsätzliche Verzögerung traf.

Obwohl der Emittent ein Wissensorganisationssystem einrichtet, kann eine Verletzung der Veröffentlichungspflicht wegen des Fehlverhaltens der für die Veröffentlichung zuständigen Vorstandsmitglieder in Betracht kommen, da deren Kenntnis auch dem Emittenten zuzurechnen ist. In diesem Fall soll der Emittent nicht wegen Art. 32 tKMG, sondern wegen Art. 371 Abs. 5 tHGB für die unerlaubten Handlungen der Organmitglieder bei der Erfüllung ihrer Angaben haften.[1398]

Im Ergebnis besteht auch für diesen Haftungsausschluss der Emittenten *de lege ferenda* unbedingt Handlungsbedarf. Ansonsten besteht die Gefahr, dass der Schutzzweck dieser Norm (Anlegerschutz) wegen einer missbräuchlichen Anwendung dieser Argumentation ins Leere gehen könnte.

4. *Rolle der Kapitalmarktaufsicht beim Schadensersatz*

Die Kapitalmarktaufsicht kann gemäß Art. 91 Abs. 1 tKMG[1399] bei gesetzwidrigen Emissionen von Finanzinstrumenten jegliche Maßnahmen treffen und somit eine einstweilige Verfügung oder einen dinglichen Arrest für

---

1398 Hier kommt eine Entlastung der Vorstandsmitglieder in Betracht, näher Kap. 2 C. II. 1. b. bc.

1399 Art. 91 Abs. 1 tKMG: „*1) Die Kapitalmarktaufsicht ist bei Feststellung einer gegen dieses Gesetz verstoßenden Emission oder des Versuches einer Emission unter Vorbehalt jeglicher zivil- und strafrechtlichen Haftung dafür zuständig, über die Verantwortlichen gebühr- und kostenfrei jegliche Maßnahmen zu treffen und gebühr- und kostenfrei eine einstweilige Verfügung oder einen dinglichen Arrest für das Finanzinstrument, das verkauft wird, und für den Verkaufswert des Finanzinstruments, wenn es schon verkauft wurde, zu beantragen. 2) Die Kapitalmarktaufsicht zeigt innerhalb von dreißig Tagen nach ihrer Feststellung die betreffenden Emittenten an, um die Folgen der gesetzwidrigen Emission zu beseitigen und Barmittel und weitere Werte an Berechtigte zurückzuerstatten. Die Gegenseite veröffentlicht spätestens innerhalb von dreißig Tagen nach der Anzeige detaillierte Informationen bezüglich der natürlichen und juristischen Personen, von denen Geld gesammelt wurde, und der gesammelten Beträge durch von der Kapitalmarktaufsicht bestimmte Mittel und leitet alles an die Kapitalmarktaufsicht weiter. Innerhalb von 3 Monaten nach dieser Veröffentlichung können die natürlichen und juristischen Personen, von denen Geld gesammelt wurde, am Handelsgericht des Gesellschaftssitzes widersprechen. Nach der Fertigstellung dieser Liste findet die Rückerstattung durch den betreffenden Emittenten an die Berechtigten statt…*“

das Finanzinstrument oder für den Verkaufswert des Finanzinstruments beantragen[1400], falls dieses schon verkauft wurde. Zudem gelten diese Maßnahmen gem. Art. 91 Abs. 2 S. 5 tKMG bis zur Rückgewähr an die Anleger. Um Neuanleger vor einer gesetzwidrigen Aktienemission zu schützen, wird der Verkaufs dieser Finanzinstrumente durch die oben genannten Maßnahmen verhindert. Daneben wird durch die Anordnung einer einstweiligen Verfügung und eines dinglichen Arrests des Verkaufswerts des Finanzinstruments die Entschädigung der Anleger gewährleistet, da somit die Übertragung dieses Verkaufswerts infolge von offenen oder verdeckten Ausschüttungen bzw. Zuwendungen verhindert wird.[1401]

Demzufolge teilt die Kapitalmarktaufsicht den Emittenten mit, eine Liste mit den Namen der Anleger und den Beträgen vorzubereiten und mit Mitteln zu veröffentlichen, die von der Kapitalmarktaufsicht bestimmt wurden. Die Erstellung und Veröffentlichung solch einer Liste ist jedoch bedenklich. Eine Entschädigung der Anleger bedeutet nicht, dass die Anleger ihre privaten Investitionen und die Höhe dieser Investitionen mit der Öffentlichkeit teilen möchten oder müssen. Für die Kapitalmarktaufsicht wäre es ausreichend, den getäuschten Anleger gezielt über die gesetzwidrige Emission in Kenntnis zu setzen. Auch für diese Regelung besteht daher ein dringender Handlungsbedarf.

Nach Fertigstellung dieser Liste ersetzt der Emittent den Schaden der Anleger und erstattet den Wert zurück. Wenn eine Rückgewähr nicht innerhalb eines Jahres vollständig stattfindet, kann gem. Art. 91 Abs. 3 tKMG[1402] eine Klage mit dem Ziel der Liquidation oder für die Entschädigung der Anleger durch die Kapitalmarktaufsicht gegen den Emittenten erhoben werden. Der Anleger kann gemäß Art. 91 Abs. 4 tKMG innerhalb der Verjährungsfristen nach dem Kapitalmarktgesetz oder nach den allgemeinen Vorschriften des Handelsgesetzbuchs Klage für seinen Schaden erheben. Allerdings sind solche Prozesse generell aufwendig und kostenpflichtig. Um die Anleger besser

---

1400 Siehe S. 64 Fn. 324, İstanbuler Berufungsgericht, 13. Zivilkammer, Urt. v. 10.01.2018, E. 2017/1078 K. 2018/14.

1401 Auch Istanbuler Berufungsgericht, 13. Zivilkammer, Urt. v. 10.01.2018, E. 2017/1078 K. 2018/14.

1402 Art. 91 Abs. 3 tKMG: „…*3) Sind die Folgen aufgrund gesetzwidriger Emissionen innerhalb eines Jahres nach der Anzeige durch die Kapitalmarktaufsicht nicht vollständig beseitigt worden, kann die Kapitalmarktaufsicht Klage für die Rückerstattung des Geldes oder der anderen Werte an die Berechtigten oder für die Liquidation des Unternehmens erheben.*“

schützen und solche Nachteile verhindern zu können, berechtigt der Gesetzgeber die Kapitalmarktaufsicht im Namen der Anleger.[1403]

Demzufolge ist die Kapitalmarktaufsicht dafür zuständig, den Anleger zu schützen, wenn dieser selbst nicht dazu in der Lage ist. Ob die Kapitalmarktaufsicht im Namen aller Anleger Klage erheben kann, ist nach dem Wortlaut nicht ganz klar. Eine Sammelklage im Namen der berechtigten Anleger gegenüber der gleichen, schädigenden Gesellschaft käme hier als eine Möglichkeit in Betracht. Jedoch kann eine Regelung zu solch einer Klageerhebung in den Vorschriften des Kapitalmarktgesetzes nicht festgestellt werden. Erst wenn eine Vielzahl von Anlegern geschädigt und die Schäden nicht ersetzt wurden, soll die Kapitalmarktaufsicht Klage für die Liquidation der Gesellschaft erheben.

Warum der Gesetzgeber eine Klage der Kapitalmarktaufsicht im Namen der geschädigten Anleger für nötig hält, ist nicht nachvollziehbar. Eine Antwort auf diese Frage kann weder der Regierungsbegründung noch der Artikelbegründung entnommen werden. Auch ist keine bestimmte Grenze ersichtlich, die unterscheidet, wann auf Schadensersatz geklagt und wann die Liquidation der Gesellschaft beantragt werden kann. Die unverständlichen und zu weitgehenden Befugnisse der Kapitalmarktaufsicht sorgen weder für Anlegerschutz noch für Rechtsicherheit für die Gesellschaften, sondern lediglich für zahlreiche unbeantwortete Fragen und für staatliche Eingriffe in Anlagegeschäfte zwischen Anlegern und Gesellschaften. Statt an einer Klagemöglichkeit der Kapitalmarktaufsicht könnte vielleicht daran gearbeitet werden, die Kosten bzw. Prozesse solcher Verfahren für die Kleinanleger zu senken bzw. vereinfachen, damit diese ihre Rechte und Interessen vor den Gerichten selbst geltend machen können. Somit besteht ein dringender Handlungsbedarf bezüglich dieser Regelung. Beispielhafte Regelungen wären z.B. die Gebührenfreiheit bei Verbraucherklagen gem. Art. 73 Abs. 2 tVerbG oder die Hilfe bei Gutachterkosten und Zustellungskosten gem. Art. 73 Abs. 3 tVerbG.

Nach der Auffassung des türkischen Verfassungsgerichts dienen die Befugnisse über die Klageerhebung, einstweilige Verfügung und den dinglichen Arrest zur Verhinderung bzw. Beseitigung von Nachteilen aufgrund gesetzwidriger Emissionen.[1404] Ferner führte das türkische Oberverwaltungsgericht in einem Urteil aus, dass die Sanktionseigenschaft der Maßnahmen nur durch

1403 *Çetin*, Investor Protection, S. 31 ff.

1404 Türkisches Verfassungsgericht, Urt. v. 26.12.2003, E. 2000/8 K. 2003/104 (ABl. 26735 v. 19.12.2007).

Gesetz geregelt wird und die Voraussetzungen des Gesetzes erfüllt sein müssen.[1405] Maßnahmen, wie die Ausschließung des Geschäfts oder die Ungültigkeitserklärung der Konzession, seien nach der Ansicht des türkischen Oberverwaltungsgerichts verwaltungsrechtliche Maßnahmen mit einer Strafeigenschaft. Im Fall Önen vs. die Türkei[1406] wird das Bußgeld unter Betrachtung der Einzelheiten des Einzelfalls als eine Sanktion im strafrechtlichen Sinne kategorisiert, obwohl diese Verwaltungsgeschäfte keine Strafeigenschaft haben.[1407]

1405 Türkisches Oberverwaltungsgericht, 13. Kammer, Urt. v. 04.07.2011, E. 2009/2719 K. 2011/3306; Krit. zur Sanktionseigenschaft verwaltungsrechtlicher Maßnahmen, siehe *Kağıtçıoğlu*, MÜHFD 2016, S. 3323, 3324 ff.

1406 Türkisches Oberverwaltungsgericht, 15. Kammer, Urt. v. 13.05.2014, E. 2013/2164 K. 2014/3688 mit Verweis auf Evrenos Önen/Türkiye, Der Europäisches Gerichtshof für Menschenrechte, Urt. v. 15.02.2007, Nr. 29782/02: „*…22. The Court recalls at the outset that in order to determinate whether an offence qualifies as "criminal" for the purpose of the Convention, the first matter to be ascertained is whether or not the text defining the offence belongs, in the legal system of the respondent State, to the criminal law; next, the nature of the offence and, finally, the nature and degree of severity of the penalty that the person concerned risked incurring must be examined,…23.…for Article 6 to apply by virtue of the words "criminal charge", it suffices that the offence in question should by its nature be "criminal" from the point of view of the Convention, or should have made the person concerned liable to a sanction which, by its nature and degree of severity, belongs in general to the "criminal" sphere…*"

1407 Türkisches Oberverwaltungsgericht, 15. Kammer, Urt. v. 13.05.2014, E. 2013/2164 K. 2014/3688: „*Die Klage handelt von der Anfechtung des Verwaltungsgeschäfts (Nr. 23451 v. 04.11.2011) gegen das Gesundheitsamt der Stadt Muğla wegen einem Patientenannahmestopp des Privatkrankenhauses Bodrum (außer der Notaufnahme) für den Zeitraum von zehn (10) Tagen, und von der Anfechtung des dies begründenden Verwaltungsgeschäfts der Generaldirektion der Abteilung für Gesundheitsversorgung des Gesundheitsministeriums (Nr. 23738 v. 27.05.2011)… Es bestehen jedoch keine Zweifel daran, dass bei einem Verfahren, bei welchem verwaltungsrechtliche Sanktionen dieser Art mit einem schwerwiegenden strafrechtlichen Charakter Gegenstand der Klage sind, die Personen, gegen die eine Maßnahme durchgeführt wurde, vom Meistbegünstigungsprinzip als grundlegendes Strafrechtsprinzips Gebrauch machen müssen, um somit Rechtssicherheit zu schaffen. So entschied der Europäische Gerichtshof für Menschenrechte im Fall Evrenos Önen vs. die Türkei (Nr. 29782/02), in welchem dem Antragssteller aufgrund eines Verstoßes gegen verwaltungsrechtliche Vorschriften ein Bußgeld verhängt wurde und dass unter Berücksichtigung der Eigenschaften der Straftat, Strafe bzw. des Schweregrades der Strafe, dem der Antragssteller ausgesetzt wurde, das Bußgeld des Antragsstellers eine Strafeigenschaft hat, obwohl diese Verwaltungsgeschäfte im nationalen Recht keine Strafeigenschaft haben, der Fall im Rahmen des Art. 6 der Allgemeinen Erklärung der Menschenrechte zu bewerten ist, und daher ein Verstoß gegen Art. 6 vorliegt.…*"

Folglich muss die Kapitalmarktaufsicht verhältnismäßige Maßnahmen bei der Durchführung ihrer Befugnisse treffen.[1408] Ansonsten kann eine Person gem. Art. 134 tKMG gegen die Beschlüsse der Kapitalmarktaufsicht Klage erheben.[1409] Diese Klagemöglichkeit findet nach der h.M. auch für Maßnahmen mit Sanktionseigenschaft Anwendung.[1410]

IV. Das Verhältnis der Kapitalmarktinformationshaftung zum Kapitalerhaltungsgrundsatz

1. Vorrang des Kapitalschutzes

Nach der Regierungsbegründung des türkischen Handelsgesetzbuchs wird die hohe Stellung des Kapitalschutzes im europäischen Aktiengesellschaftsrecht in letzter Zeit fraglich. Da das beschränkte Haftungssystem ohne das Kapitalschutzprinzip nicht bestehen kann, und dieses Prinzip unverzichtbar für das Aktiengesellschaftsrecht ist, ist das Gesetz für die Vorrangigkeit des Kapitalschutzes.[1411] So riskiert jeder Aktionär einer Aktiengesellschaft nur die Höhe seines Anteilswerts und die Aktiengesellschaft haftet für Verbindlichkeiten nur mit dem Gesellschaftsvermögen, weshalb das Grundkapital der Aktiengesellschaft mit seinem Wert vollständig eingebracht und geschützt werden muss. Der Gesetzgeber betont hiermit die Wichtigkeit der sicheren Begründung der Aktiengesellschaft und den Schutz ihres Grundkapitals.

Allerdings ist das Handelsgesetzbuch nicht das einzige Gesetz zum Kapitalschutz. Auch das Kapitalmarktgesetz enthält Regelungen zum Schutz des Gesellschaftskapitals. Vor allem hat der Gesetzgeber mit Art. 21 Abs. 1 tKMG verdeckte

---

1408 Siehe dazu die Fälle auf S. 79 Fn. 409 und S. 85 Fn. 436.

1409 Die gesetzliche Grundlage für das Klagerecht für verwaltungsrechtliche Geschäfte und Täter bietet Art. 125 tGG.

1410 *Kağıtçıoğlu*, MÜHFD 2016, S. 3323, 3349 f.; *Coştan/Çetin*, BATİDER 2014, S. 79, 93, 115.

1411 RegBegr. tHGB, D) Reformgegenstände im europäischen Handelsrecht, II. Gegenstände im Buch der Kapitalgesellschaften, 2. Aktiengesellschaften, a) Sichere Begründung und Kapitalschutz, Nr. 58: „*In den letzten Jahren wird häufig Meinungen begegnet, die die hohe Stellung des Kapitalschutzes im europäischen Aktiengesellschaftsrecht hinterfragen. Diese Tendenz ist deutlich. Vertreter dieser Meinungen vermehren sich von Tag zu Tag. Dementgegen wird die Meinung geäußert, dass das beschränkte Haftungssystem ohne das sogenannte Prinzip nicht bestehen könne. Die herrschende Lehre geht davon aus, dass das Prinzip für das Aktiengesellschaftsrecht immer noch unverzichtbar sei. Eine andere Auslegung, die besagt, dass die International Financial Reporting Standards (IFRS) dem sogenannten Prinzip gleichgültig seien, ist eine oberflächliche und vor allem ungerechtfertigte Beurteilung.*“

Gewinnausschüttungen durch die Vermögensminderung bzw. die Minderung des Gewinns oder die Verhinderung der Gewinn- oder Vermögenssteigerungen verboten. Stellt die Kapitalmarktaufsicht ferner fest, dass eine Aktienemission i.S.d. Kapitalmarktgesetzes die Schmälerung des Kapitals oder des Vermögens der Gesellschaft verursacht, ist die Kapitalmarktaufsicht gemäß Art. 92 Abs. 1 tKMG dafür zuständig, notwendige Maßnahmen zu treffen, unter bestimmten Voraussetzungen durch ein Gerichtsurteil die Zeichnungsbefugnis der Verantwortlichen aufzuheben, falls eine Strafanzeige erstattet wurde, bis zu ihrer Rechtskraft diese Personen abzuberufen oder eine Nichtigkeitsklage gegen diese zu erheben.[1412] Daraus folgt, dass der Schutz des Kapitals nicht nur für das Handelsgesetzbuch, sondern auch für das Kapitalmarktgesetz maßgeblich ist. Zumindest kann festgehalten werden, dass der Kapitalschutz auch am Anlegerschutz mitwirkt und der Anleger vom Schutz des Kapitals profitiert. Der Umstand, dass das Kapitalmarktgesetz dem Schutz des Kapitals besondere Aufmerksamkeit widmet, hat jedoch nicht zur Folge, dass der Gesetzgeber dem Kapitalschutz einen Vorrang einräumen und eine Ausklammerung von Schadensersatzleistungen getäuschter Anleger bezwecken wollte. Entgegen dieser Annahme muss die Regelung im Kapitalmarktgesetz so ausgelegt werden, dass der Kapitalschutz nicht als Hindernis oder konkurrierender Grundsatz für die Entschädigung der Schadensersatzleistung des Anlegers vorgesehen wurde. Diese Überlegung wird ebenfalls durch jüngere Urteile des Kassationshofs[1413] bestätigt, indem geschädigte Personen nicht als Aktionäre, sondern als Anleger bewertet wurden und die Schadensersatzleistungspflicht der Gesellschaft ohne Kapitalschutzschranken eröffnet wurde.[1414] Es wird also deutlich, dass die Rechtsprechung Schadensersatzansprüche geschädigter Anleger gegenüber den Kapitalschutzvorschriften bevorzugt.

1412 Inzwischen ist festzustellen, dass die Maßnahmen bezüglich verdeckter Gewinnausschüttungen zum Schutz des Gesellschaftskapitals tatsächlich nicht dem Schutz des Kapitals dienen. Vielmehr stellen diese Maßnahmen große staatliche Angriffe in die Gesellschaftsführung dar. Diese Angriffe werden unter dem Namen „Maßnahmen“ versteckt und sind für die Fortentwicklung der Aktiengesellschaften ein großes Hindernis im türkischen Rechtssystem.

1413 Näher Kap. 4 C. V. 2.

1414 Kassationshof, 11. Zivilkammer, Urt. v. 05.06.2017, E. 2016/9896 K. 2017/3343; Kassationshof, 11. Zivilkammer, Urt. v. 29.05.2017, E. 2016/9493 K. 2017/3103; Kassationshof, 11. Zivilkammer, Urt. v. 29.05.2017, E. 2016/9440 K. 2017/3102; Kassationshof, 11. Zivilkammer, Urt. v. 29.05.2017, E. 2016/8288 K. 2017/3101; Kassationshof, 11. Zivilkammer, Urt. v. 15.05.2017, E. 2016/8037 K. 2017/2873; Kassationshof, 11. Zivilkammer, Urt. v. 15.05.2017, E. 2016/8035 K. 2017/2870; Kassationshof, 11. Zivilkammer, Urt. v. 05.06.2017, E. 2016/9898 K. 2017/3342.

2. *Vorrang der Interessengruppen*

a. Unterscheidung der Interessengruppen

In einer Aktiengesellschaft existieren unterschiedliche Interessengruppen. Eine Bewertung hinsichtlich der Interessengruppen ist direkt mit der „Fiktionstheorie", der „Vertragstheorie" und der „Governancetheorie" bezüglich der Bezeichnung der Aktiengesellschaft verbunden.[1415]

Mit der Regierungsbegründung des Handelsgesetzbuchs in Bezug auf die Corporate-Governance-Prinzipien wird erwähnt, dass der Schutz der Interessenten der Aktiengesellschaft berücksichtigt wird.[1416] In diesem Sinne bezweckt „die Transparenz" nach Nr. 89 der Corporate-Governance-Prinzipien das Informieren der Aktionäre und Akteure des Kapitalmarktes. Ebenfalls erfasst „die Fairness" nicht nur Aktionäre, sondern auch andere Interessenten, wie die Angestellten der Gesellschaft, Gesellschaftsgläubiger, Kunden und sogar die Öffentlichkeit.[1417]

Folglich wird aufgeführt, dass gemäß Nr. 3.1.1 der Corporate-Governance-Prinzipien[1418] die Gesellschaft bei der Durchführung ihrer Tätigkeiten oder Geschäfte gesetzliche und vertragliche Rechte der Interessenten schützt. Wenn Gesetze oder gegenseitige Verträge keine ausreichenden Schutzmöglichkeiten bieten, werden deren Interessen durch die Gesellschaft möglichst unter Berücksichtigung des Gutgläubigkeitsprinzips wahrgenommen.[1419] Z.B. wenn eine Biosupermarktkette, die ausschließlich rein biologische Produkte verkauft,

1415 Nach der Fiktionstheorie wird die Aktiengesellschaft durch den Staat begründet. Die Aktiengesellschaft hat einen öffentlichen Charakter und neben den Aktionärsinteressen ist auch ein öffentliches Interesse vorhanden. Nach der Vertragstheorie lehnt die Aktiengesellschaft ein dauerhaftes Vertragsnetz ab, ist vom Aktionärswillen abhängig, und habe einen privatrechtlichen Charakter. Daher müsse das Aktionärsinteresse geschützt werden. Schließlich sind alle Interessenten nach der Governancetheorie gleichermaßen wichtig, siehe *Hacımahmutoğlu*, Yönetim Kurulunun Yapısı ve Çalışanların Katılımı, S. 25 ff.; Kırca/Manavgat/*Şehirali Çelik*, Anonim Şirketler Hukuku, S. 246 ff.

1416 RegBegr. tHGB, E) Welt- und europaweite Doktrin und Berichte, I. Corporate Governance Nr. 88.

1417 RegBegr. tHGB, E) Welt- und europaweite Doktrin und Berichte, I. Corporate Governance Nr. 89.

1418 Corporate Governance Erlass (II-17.1, ABl. 28871 v. 03.01.2014), Corporate Governance Prinzipien im Anhang.

1419 Corporate Governance Prinzipien, 3. Interessenten, 3.1. Gesellschaftspolitik bezüglich der Interessenten.

ihren Strom von einer Gesellschaft beziehen sollte, die Energie mit Braunkohle produziert, könnten die Interessen der Aktionäre oder Gläubiger verletzt werden, die bei ihrer Beteiligung an der Gesellschaft den ökologischen Gesichtspunkten der Gesellschaft große Wichtigkeit beimessen.

Allerdings können Interessenkonflikte zwischen diesen Interessengruppen nicht vermieden werden. Zur Klärung der Frage, welche Interessenten bei solchen Konflikten vorrangig zu schützen sind, braucht es eine nähere Betrachtung. Geht es um die unzulässige oder verdeckte Gewinnausschüttung oder die Herabminderung des Gesellschaftsvermögens, werden sowohl Interessen der Aktionäre als auch Interessen der Gesellschaftsgläubiger negativ beeinflusst. Gelegentlich haben auch Aktionäre untereinander divergierende Interessen, wie z.B. Groß- und Minderheitsaktionäre.[1420]

Außerdem kann auch ein Konfliktverhältnis zwischen Aktionären und Vorstandsmitgliedern bestehen, da Aktionäre beim Betrieb des Kapitals nicht dieselbe Menge an professionellem Wissen aufweisen können wie der Vorstand und es somit zu einem Kapitalverlust kommen kann.[1421]

Darüber hinaus kommen Interessenkonflikte auf Anlegerseite in Betracht. Einerseits wird der Anleger nicht ausreichend entschädigt, wenn die Gesellschaft für eine Schadensersatzleistung nicht zahlungsfähig ist. Deswegen erfolgt der Schutz des Gesellschaftsvermögens ebenso zugunsten der Anleger wie zugunsten der Gläubiger und der Gesellschaft. Andererseits wird der Schadensersatzanspruch der getäuschten Anleger mit dem Gesellschaftsvermögen entschädigt, was zu einem Konflikt zwischen den Interessen der Gläubiger und jenen der Gesellschaft führt.

Es muss festgestellt werden, ob der Anleger als Drittperson, wie ein Gesellschaftsgläubiger oder als Aktionär, der unter dem Verbot der Einlagenrückgewähr steht, zu behandeln ist. Das Corporate-Governance-Prinzip Nr. 3.1.5 erzielt in diesem Sinne einen unabhängigen Schutz für jedes Recht und äußert außerdem, dass bei den Interessenkonflikten zwischen unterschiedlichen Interessengruppen eine gleichgewichtige Politik geführt wird.[1422]

1420 Das Handelsgesetzbuch enthält Vorschriften, die Minderheitsaktionäre gegenüber den Großaktionären schützen. Ausnahmsweise kommt auch der Schutz der Großaktionäre gegenüber den Minderheitsaktionären gem. Art. 208 tHGB in Betracht, wenn die Minderheitsaktionäre die Gesellschaftstätigkeiten verhindern oder gegen den Grundsatz von Treu und Glauben verstoßen, näher Kırca/Manavgat/*Şehirali Çelik*, Anonim Şirketler Hukuku, S. 258 f.

1421 *Şehirali Çelik*, Anonim Şirketlerde Çıkar Çatışmaları, S. 38 ff.

1422 Corporate Governance Prinzipien, 3. Interessenten, 3.1. Gesellschaftspolitik bezüglich der Interessenten, 3.1.5.

b. *Vorrang des Aktionärsinteresses*

Da den Aktionären die Einlagen nicht zurückgewährt werden dürfen, haben diese lediglich die Möglichkeit auf Gewinnausschüttung und gegebenenfalls bei der Insolvenz nach der Befriedigung der Gesellschaftsgläubiger auf den Erhalt des Restbetrags. Demzufolge ist das Risiko für die Aktionäre groß, da nicht klar ist, ob ihnen Gewinn ausgeschüttet werden kann oder sie bei der Insolvenz befriedigt werden können.[1423]

Alle Aktionäre haben dieses gemeinsame Ziel, solange sie die gleichen Beteiligungsgründe an der Gesellschaft haben. Abhängig von der Beteiligung wird in der Literatur von zwei Aktionärstypen gesprochen. Interessiert den Anleger nur eine sich rentierende Investition, bzw. eine gute Finanzlage der Gesellschaft und somit hohe Renditen, wird dieser als „Aktionäranleger" bezeichnet. Ein anderer Anleger, der sich dagegen für die effektive Beteiligung und langfristige Führung der Gesellschaft interessiert, wird als „Verbandsmitglied" eingestuft.[1424]

Bezüglich der Anlegertypen ist die Frage zu klären, ob nun der Aktionäranleger oder das Verbandsmitglied bei einem Interessenkonflikt vorrangig zu schützen ist. Einige Stimmen in der Literatur berücksichtigen den langfristigen Wertzuwachs der Gesellschaft, d.h. sie gewähren demjenigen den Vorrang, dessen Interessen zugunsten der Gesellschaft sind.[1425]

c. *Vorrang des Gläubigerinteresses*

Die Vorschriften zum Kapitalschutz der Gesellschaft sind insbesondere beim Gläubigerschutz von großer Bedeutung. Zustimmungswürdig ist, dass Gläubiger der Gesellschaft keine Stimmrechte oder Kontrolle über die Gesellschaft haben und zudem mit einer Gefahr konfrontiert werden können. Zu denken ist beispielsweise an ein Insolvenzverfahren der Gesellschaft oder an den Fall, dass die Aktiengesellschaft gem. Art. 377 tHGB ein Zwangsvergleichsverfahren angemeldet hat bzw. die Überschuldung der Aktiengesellschaft gem. Art. 376 vorliegt, bei der das Risiko der Zahlungsunfähigkeit der Gesellschaft besteht, so dass Gläubiger ihre Leistung nicht ersetzt bekämen. Demzufolge vertreten einige Meinungen in der Literatur, dass gegenüber den Aktionären dem Gläubigerschutz ein Vorrang

1423 Kırca/Manavgat/*Şehirali Çelik*, Anonim Şirketler Hukuku, S. 255 f.

1424 Kırca/Manavgat/*Şehirali Çelik*, Anonim Şirketler Hukuku, S. 256 f.; vgl. Poroy/Çamoğlu/*Tekinalp*, Ortaklıklar Hukuku I, 2019, S. 649 Rn. 814 ff.

1425 *Tekinalp*, FS Kalpsüz, 2003, S. 230; *Şehirali Çelik*, Anonim Şirketlerde Çıkar Çatışmaları, S. 30.

eingeräumt werden müsse, da dem Gläubiger nicht ausgeschüttet wird und Gläubiger keinen Nachteil aufgrund eines Kapitalverlustes erleiden sollen.[1426]

Beim Vorrang der Gläubigerinteressen ist Art. 543 tHGB zu berücksichtigen, worin geregelt wird, dass bei der Liquidation solange nicht an die Aktionäre bezahlt wird, bis die Leistung der Gesellschaftsgläubiger ersetzt wurde. Demzufolge kann für das Gläubigerinteresse gegenüber dem Aktionärsinteresse ein Vorrangswille des Gesetzgebers angenommen werden.

V. Vorrang des Anlegerschutzes gegenüber dem Kapitalschutz

1. Allgemeine Urteile zum Anlegerschutz

In einem weiteren Schritt ist herauszuarbeiten, wo genau die Anleger in dieser Gläubiger-Aktionär-Beziehung einzustufen sind. Für die Bejahung des Aktionärsstatus müssen vor allem die Anlageentscheidung des Anlegers und der Entscheidungsprozess, wie z.B. die Aktien, die Richtigkeit der angebotenen Informationen und ihre Auswirkungen auf die Anlageentscheidung, geprüft werden. Die Urteile des Kassationshofs sind für den Anlegerschutz im türkischen Handels- und Kapitalmarktrecht von großer Bedeutung.[1427]

Dabei ist zu beachten, dass sich der Kassationshof aus verschiedenen Gründen wenig mit dem Anlegerschutz befasst hat. Der wichtigste Grund hierfür ist, dass für den Anlegerschutz die Kapitalmarktrechtaufsicht und der Fond (Savings Deposit Insurance Fund of Turkey)[1428] als zuständig angesehen und daher fast keine Schadensersatzklagen erhoben werden. Ebenfalls sind sich die Anleger der ihnen zustehenden Möglichkeiten nicht bewusst. Ein weiteres Hindernis sind die Kosten einer Haftungsklage (Gutachterkosten, Gebühren, andere Kosten), insbesondere wenn es sich beim Schaden nicht um eine hohe Summe handelt.

1426 Kırca/Manavgat/*Şehirali Çelik*, Anonim Şirketler Hukuku, S. 261.

1427 Kassationshof, 11. Zivilkammer, Urt. v. 05.06.2017, E. 2016/9897 K. 2017/3341; Kassationshof, 11. Zivilkammer, Urt. v. 05.06.2017, E. 2016/9896 K. 2017/3343; Kassationshof, 11. Zivilkammer, Urt. v. 29.05.2017, E. 2016/9493 K. 2017/3103; Kassationshof, 11. Zivilkammer, Urt. v. 29.05.2017, E. 2016/9440 K. 2017/3102; Kassationshof, 11. Zivilkammer, Urt. v. 29.05.2017, E. 2016/8288 K. 2017/3101; Kassationshof, 11. Zivilkammer, Urt. v. 15.05.2017, E. 2016/8103 K. 2017/2874; Kassationshof, 11. Zivilkammer, Urt. v. 15.05.2017, E. 2016/8037 K. 2017/2873; Kassationshof, 11. Zivilkammer, Urt. v. 15.05.2017, E. 2016/8035 K. 2017/2870; Kassationshof, 11. Zivilkammer, Urt. v. 05.06.2017, E. 2016/9898 K. 2017/3342; Kassationshof, 11. Zivilkammer, Urt. v. 12.11.2015, E. 2014/16702 K. 2015/11936; Kassationshof, 11. Zivilkammer, Urt. v. 28.01.2016, E. 2015/2630 K. 2016/904.

1428 Dieser ist auch für den Anlegerschutz zuständig.

2. *Urteile in sogenannten Islamische Holdings-Fällen*

Der Kassationshof musste seit dem Jahr 2001 aufgrund von hunderten Verfahren in das Thema Anlegerschutz einsteigen. Er musste wegen dieser Verfahren über die Aktionärstellung der Anleger, den Grundsatz von Treu und Glauben bei Anlagen, die Durchgriffshaftung und Scheingesellschaften, Schadensersatzansprüche, Fristen usw. entscheiden. Diese Urteile werden zurzeit in der Türkei als grundlegend für den Anlegerschutz angesehen.

In diesem 20-jährigen Verfahrens-Marathon wurden viele Gutachten von Universitäten und Rechtswissenschaftlern eingeholt, so dass der Anlegerschutz und die dazugehörigen Themen umfassend diskutiert wurden. Dabei ist zu beachten, dass sich nicht nur türkische Gerichte, sondern auch deutsche Gerichte mit diesem Thema befasst haben, da Werbungen und Geldsammelaktionen durch die türkischen Gesellschaften auch in Deutschland durchgeführt wurden. So waren auch in Deutschland mehrere hunderte Verfahren anhängig, mit welchen sich die deutschen Oberlandesgerichte und auch der Bundesgerichtshof befasst haben.

a. Sachverhalt

In der Nachkriegswirtschaft stieg die Nachfrage nach Arbeitskräften immens,[1429] so dass dies zu höheren Löhnen und zu besseren Arbeitsbedingungen auf dem Arbeitsmarkt führte.[1430]

Durch eine Migration von Arbeitnehmern aus strukturschwächeren Ländern konnte ein Kostenanstieg vermieden werden.[1431] Mit dem Anwerbeabkommen von 1961[1432] plante die deutsche Bundesregierung die staatliche Regulierung der Arbeitsmigration zu gewährleisten. So sollten Unternehmen daran gehindert werden, in größerem Umfang ausländische Arbeitskräfte anzuwerben, die nicht den geltenden Tarifverträgen unterlagen.[1433]

Die Türkei hatte ein erhebliches Interesse daran, einen Teil der Bevölkerung als „Gastarbeiter" ins Ausland zu schicken, da die Umbrüche in der Wirtschaft,

---

1429 *Erker*, Dış Ülkelere İşgücü Akımı ve İş ve İşçi Bulma Kurumu, S. 85, 87; *Şahin*, İşçi Hareketine Tarihsel Bir Bakış, S. 161 ff., 171; *Luft*, Staat und Migration, S. 37.

1430 *Dinç*, From „Gastarbeiter" to „People With Migration Background", S. 253, 255; *Özyakışır*, Ekonomik Kalkınmada Göçmen Transferlerinin Rolü: Mit mi Gerçek mi?, S. 1172, 1176; *Luft*, Staat und Migration, S. 37.

1431 *Erker*, Dış Ülkelere İşgücü Akımı ve İş ve İşçi Bulma Kurumu, S. 85, 88.

1432 Näher *Erker*, Dış Ülkelere İşgücü Akımı ve İş ve İşçi Bulma Kurumu, S. 85, 88 f.; *Dinç*, From „Gastarbeiter" to „People With Migration Background", S. 253, 256.

1433 *Luft*, Staat und Migration, S. 37.

das hohe Bevölkerungswachstum und die starke Unterbeschäftigung ein großes Problem darstellten. Die türkische Regierung sah die Auswanderung als eine Möglichkeit, um den eigenen Arbeitsmarkt zu entlasten, dringend benötigte Deviseneinnahmen zu ermöglichen und den gewünschten Modernisierungsschub durch zurückkehrende „Gastarbeiter" zu verwirklichen. Die Erwartungen bezüglich der Deviseneinnahmen wurden tatsächlich erfüllt, so dass bis 1984 die türkischen Arbeitnehmer 2 Milliarden Dollar in ihr Heimatland überwiesen, womit die Außenhandelsdefizite der Türkei im Jahr 1984 überkompensiert wurden.[1434]

Die türkische und die deutsche Regierung sind, ähnlich wie die Arbeitskräfte selbst, davon ausgegangen, dass sie nach einigen Jahren wieder in die Türkei zurückkehren würden, so dass man sie Gastarbeiter nannte. Mit dem Gedanken an die Rückkehr arbeiteten sie hart und sparten ihre Löhne.[1435]

Sowohl der Militärputsch als auch die Hyperinflation in den 80er Jahren führte zu einer hohen Arbeitslosigkeit. Dies verstärkte die Zweifel an den Chancen, die sich bei einer möglichen Rückkehr in die Heimat bieten würden. Auch eine Reintegration in den türkischen Arbeitsmarkt wurde zusätzlich durch das hohe Bevölkerungswachstum erschwert.[1436]

Die gewohnte, bessere Lebensqualität, nachgezogene Familienangehörige, Bedürfnisse dieser Familienangehörigen (Kinder) und die mit der Zeit zunehmende Fremdheitserfahrung in der Türkei änderte den Lebensschwerpunkt der Gastarbeiter[1437], so dass diese sich mit der Zeit immer mehr in Deutschland statt in der Türkei zu Hause fühlten.

Die 90er Jahre brachten für die in Deutschland lebenden Türken zahlreiche Probleme mit sich.[1438] Infolge von fremdenfeindlichen und rassistischen Anschlägen gegen Türken fühlten diese sich unsicher. In der Türkei nutzte die islamisch nationalistische Regierung diese Unsicherheit aus, um die Türkischstämmigen im Ausland emotional an sich zu binden. So wurden sie durch neue Gesetze unter Schutz genommen und es wurden neue Beziehungen zu ihnen

---

1434 *Ekin*, İşçi Dövizleri ve Sanayileşme, S. 43, 44 f.; *Özyakışır*, Ekonomik Kalkınmada Göçmen Transferlerinin Rolü: Mit mi Gerçek mi?, S. 1172 f., 1180.

1435 *Dinç*, From „Gastarbeiter" to „People With Migration Background", S. 253, 260.

1436 *Ekin*, İşçi Dövizleri ve Sanayileşme, S. 43, 47.

1437 *Ekin*, İşçi Dövizleri ve Sanayileşme, S. 43, 47.

1438 Vgl. *Dinç*, From „Gastarbeiter" to „People With Migration Background", S. 253, 261 ff.

aufgebaut. Türkischstämmige Ausländer wurden mit einer Gesetzesänderung[1439] den türkischen Staatsangehörigen gleichgestellt.

Während türkische Gastarbeiter in Deutschland Sehnsucht nach einem Leben in der Türkei verspürten, hatten die türkische Wirtschaft und Politik ebenfalls Sehnsucht nach den Milliarden DM, die die Gastarbeiter gespart hatten. Vor diesem Hintergrund sahen die türkische Wirtschaft und Politik bei den Gastarbeitern ein großes Finanzierungspotenzial für ihre Geschäftspläne unter der Garantie, dass ihre Investitionen in der Türkei verwendet werden. Mit nationalistischer und islamischer Propaganda der Politiker, die jede Woche in einer anderen Stadt in Deutschland die türkische Bevölkerung traf, wurden die Türken davon überzeugt, ihre Ersparnisse in türkische Gesellschaften anzulegen.

Argumente, die am meisten überzeugten, waren solche wie z.B. dass die Gastarbeiter in Deutschland Arbeiter von nichtmuslimischen Arbeitgebern waren und durch diese Möglichkeit Arbeitgeber und Aktionäre in der Türkei werden konnten, ihre Verwandten in der Türkei somit neue Arbeitsplätze bekämen und vor allem aber, dass Zinsen im Islam verboten seien, jedoch Aktionär zu werden gestattet sei. So wurden sogar aus kleinen anatolischen Städten vermehrt Arbeitgeber ins Ausland geschickt, um Hunderte von Gesellschaften zu gründen.

Diese Gesellschaften versuchten die in Deutschland und in anderen europäischen Ländern lebenden türkischen Gastarbeiter als Anleger zu gewinnen. Das islamische Zinsverbot stellt dabei den Grundgedanken dieser Holdings dar. Gegen Investitionen wurden den neu gewonnenen Anlegern als Quittungen einfache Papiere ausgegeben, die weder als Aktien noch als andere Wertpapiere Gültigkeit besaßen.

Da das Ziel der Gewinn vieler neuer Anleger war, wurden den Anlegern Gewinnbeteiligungen in Höhe von 25 % bis 30 % und die jederzeitige Rückzahlung garantiert. Die gesammelten Anlagen, die zum Teil auch aus Gold bestanden, wurden illegal in die in der Türkei ansässigen Gesellschaften transferiert.[1440] Mit der Finanzkrise im Jahr 2001 stoppten die Gesellschaften

---

1439 Türkisches Staatsangehörigkeitsgesetz, Gesetz Nr. 5901 v. 29.05.2009 (ABl. 27256 v. 12.06.2009). Durch die Gesetzesänderung Nr. 6304 v. 09.05.2012 wurde Art. 28 (Rechte der Personen, die durch eine Entlastungsgenehmigung ihre türkische Staatsangehörigkeit verloren haben) in das Staatsangehörigkeitsgesetz hinzugefügt.

1440 Konya Staatsanwaltschaft, Anklageschrift Nr. 1997/4448 v. 09.10.1997: *„Es ist bezüglich des Presseberichts v. 10.05.1997 über das aus dem Ausland gesendete und am Esenboga Flughafen eingeführte Geld in Höhe von 1.7 Milliarden DM und den Goldtransfer sowie bezüglich der Aussagen von… und … in der Polizeibehörde Ankara festzustellen, dass die Verdächtigen, die Vorstandsmitglieder der Kombassan Holding AG sind, die Aktien*

die Rückzahlungen. Den Stopp begründeten sie mit den Urteilen der Kapitalmarktaufsicht und der Finanzkrise, und versprachen Rückzahlungen in kürzester Zeit. Da diese Rückzahlungen nie erfolgten, erhoben die Anleger in Deutschland und in der Türkei Klagen gegen diese Gesellschaften.

b. Verstoß gegen das Bankgesetz

Der Kassationshof bestätigte[1441] die Urteile der erstinstanzlichen Gerichte, in welchen solch eine Geldansammlung und eine jederzeitige Rückzahlungsgarantie einen Verstoß gegen Art. 10 tBankG darstellen. Verboten ist danach die gewerbsmäßige Geldannahme durch natürliche oder juristische Personen abgesehen von Banken und Institutionen, die eine Befugnis für Annahmen haben. Banken als Aktiengesellschaften, die gem. Art. 3 Abs. 1 lit. v tKMG Anlageinstitutionen sind, dürfen nach dem Kapitalmarktgesetz auch Dienstleistungen und Tätigkeiten im Kapitalmarkt durchführen und gem. Art. 39 Abs. 9 tKMG Finanzinstrumente als Anlagevermittler kaufen bzw. verkaufen. Da diese Gesellschaften weder Banken noch Anlageinstitutionen nach dem Kapitalmarktgesetz sind, dürfen sie keine gewerbsmäßige Geldannahme durchführen. Die ausgeübte Tätigkeit verstößt daher gegen das Bankengesetz, so dass offensichtlich eine unerlaubte Handlung vorliegt.[1442]

c. Verstoß gegen das Kapitalmarktgesetz

Der Kassationshof stellte außerdem auch einen Verstoß gegen das Kapitalmarktgesetz fest. Nach Art. 31 tKMG (a.F.) müssen die Anlagevermittler von der Kapitalmarktaufsicht eine Genehmigung einholen, um Dienstleistungen und

---

der Kombassan Holding AG ohne bei der Kapitalmarktaufsicht beantragt zu haben, ohne diese Aktien eintragen zu lassen und ohne die Genehmigung der Kapitalmarktaufsicht eingeholt zu haben, ausgegeben haben, und zwischen dem 01.01.1997-21.05.1997 gegenüber Übertragung rechtlich wertloser Papiere Gelder in Höhe von 14.894.785.901.300,-TL gesammelt haben, um das Grundkapital ohne Erfüllung ihrer Beantragungspflicht zu erhöhen, und somit gegen Art. 4 tKMG verstoßen haben.“

1441 Kassationshof, 11. Zivilkammer, Urt. v. 12.11.2015, E. 2014/16702 K. 2015/11936; Kassationshof, 11. Zivilkammer, Urt. v. 28.01.2016, E. 2015/2630 K. 2016/904; Der Kassationshof wies im Jahr 2014 das Urteil eines erstinstanzlichen Gerichts zurück und entschied somit, dass solch eine Geldansammlungstätigkeit ein Verstoß gegen Art. 10 BankG darstellt, siehe Kassationshof, 11. Zivilkammer, Urt. v. 14.03.2014, E. 2012/10947 K. 2014/5006.

1442 Der Unternehmensgegenstand dieser Gesellschaften ist vor allem die Herstellung von Textilprodukten, das Bauwesen und die Herstellung von Baumaterialen, das Gastgewerbe/die Hotellerie usw.

Tätigkeiten im Kapitalmarkt durchführen zu dürfen. Diese Genehmigungen fehlen jedoch den sog. islamischen Holdings. Daher verstößt die Tätigkeit auch gegen Art. 31 tKMG (a.F.) und somit liegt eine unerlaubte Handlung vor.[1443]

d. Aktionärstellung der Anleger

Der Kassationshof musste sich mit der Frage befassen, ob die Anleger Aktionäre wurden oder nicht, da sich die beklagten Gesellschaften mit dem Argument verteidigten, dass die Anleger Aktionäre geworden seien und daher die Einlagen gemäß Art. 329 tHGB a.F. (Art. 379 tHGB Erwerb eigener Anteile) und Art. 405 tHGB a.F. (Art. 480 tHGB Einlagenrückgewährverbot) nicht zurückverlangen dürfen.[1444]

Der Kassationshof entschied, dass in diesem Fall dem Anleger der Beteiligungswille als Aktionär fehle.[1445] Die Anleger investierten ihre Gelder aufgrund der jederzeitigen Rückzahlungsversprechen der Gesellschaften. So hatten sie in Wirklichkeit nicht den Willen, richtige Aktionäre zu werden. Ob sie von den Gesellschaften als Aktionäre bezeichnet werden oder nicht, ändere nichts daran. Mit dieser Begründung verneinte der Kassationshof in seinen neueren Urteilen die Aktionärsstellung des Anlegers, die er zuvor bejaht hatte.[1446]

1443 Kassationshof, 11. Zivilkammer, Urt. v. 05.06.2017, E. 2016/9897 K. 2017/3341.

1444 Kassationshof, 11. Zivilkammer, Urt. v. 05.06.2017, E. 2016/9897 K. 2017/3341; Kassationshof, 11. Zivilkammer, Urt. v. 05.06.2017, E. 2016/9896 K. 2017/3343; Kassationshof, 11. Zivilkammer, Urt. v. 29.05.2017, E. 2016/9493 K. 2017/3103; Kassationshof, 11. Zivilkammer, Urt. v. 29.05.2017, E. 2016/9440 K. 2017/3102; Kassationshof, 11. Zivilkammer, Urt. v. 29.05.2017, E. 2016/8288 K. 2017/3101; Kassationshof, 11. Zivilkammer, Urt. v. 15.05.2017, E. 2016/8103 K. 2017/2874; Kassationshof, 11. Zivilkammer, Urt. v. 15.05.2017, E. 2016/8037 K. 2017/2873; Kassationshof, 11. Zivilkammer, Urt. v. 15.05.2017, E. 2016/8035 K. 2017/2870; Kassationshof, 11. Zivilkammer, Urt. v. 05.06.2017, E. 2016/9898 K. 2017/3342; Kassationshof, 11. Zivilkammer, Urt. v. 12.11.2015, E. 2014/16702 K. 2015/11936; Kassationshof, 11. Zivilkammer, Urt. v. 28.01.2016, E. 2015/2630 K. 2016/904.

1445 Kassationshof, 11. Zivilkammer, Urt. v. 05.06.2017, E. 2016/9897 K. 2017/3341; Kassationshof, 11. Zivilkammer, Urt. v. 05.06.2017, E. 2016/9896 K. 2017/3343; Kassationshof, 11. Zivilkammer, Urt. v. 29.05.2017, E. 2016/9493 K. 2017/3103; Kassationshof, 11. Zivilkammer, Urt. v. 29.05.2017, E. 2016/9440 K. 2017/3102; Kassationshof, 11. Zivilkammer, Urt. v. 29.05.2017, E. 2016/8288 K. 2017/3101; Kassationshof, 11. Zivilkammer, Urt. v. 15.05.2017, E. 2016/8035 K. 2017/2870; Kassationshof, 11. Zivilkammer, Urt. v. 05.06.2017, E. 2016/9898 K. 2017/3342.

1446 Kassationshof, 11. Zivilkammer, Urt. v. 24.01.2005, E. 2004/3806 K. 2005/191; Kassationshof, 11. Zivilkammer, Urt. v. 27.03.2006, E. 2005/3448 K. 2006/3183.

Im Wesentlichen führte der Kassationshof aus, dass die Bestimmung des Aktionärsstatus der Anleger nicht auf Gesellschaftsbüchern basieren und folglich Anleger nicht als Aktionäre der Aktiengesellschaft erklärt werden können.[1447] Der Kassationshof legte seinem Urteil Art. 336 tHGB (a.F.) zu Grunde. Somit war die unzulässige Führung der Gesellschaftsbücher ein Haftungsgrund für eine persönliche Haftung der Vorstandsmitglieder.

Von großer Bedeutung sind zudem die Urteile des Kassationshofs, in welchen eine Freiheitsstrafe gegen die Vorstandsmitglieder einer Aktiengesellschaft verhängt wurde, da die Buchführungsangaben der Aktiengesellschaft bezüglich der Gewinn- und Verlustzahlen nicht der Wahrheit entsprachen und einige Anleger, deren Namen auf den Anteilsscheinen standen, in den Gesellschaftsbüchern nicht als Aktionäre angezeigt wurden.[1448]

Nach dem neuen Handelsgesetzbuch führt die unzulässige Führung der Gesellschaftsbücher nicht nur zur besonderen persönlichen Haftung der Vorstandsmitglieder, vielmehr müssen gem. Art. 562 Abs. 1 lit. d tHGB alle Personen haften, die ihre Führungspflichten für diese Bücher nach Art. 65 tHGB verletzen.

e. *Deliktsrechtliche Schadensersatzansprüche der Anleger*

Der Kassationshof bejahte die Schadensersatzansprüche der Anleger nicht im Rahmen der Vorschriften des Kapitalmarktgesetzes, sondern nach den allgemeinen deliktsrechtlichen Vorschriften des Handelsgesetzbuchs unter der unerlaubten Handlung.[1449] Die beklagten Gesellschaften sind zwar keine Publikumsgesellschaften, jedoch kann trotzdem ein Aufklärungsbedarf nach der Aktionärstruktur dieser Gesellschaften in Betracht kommen.

Unter der Berücksichtigung, dass sie den Anleger als ihren Aktionär bewerten und sogar in die Gesellschaftsbücher als Aktionär eintragen, sowie unter

1447 Kassationshof, 11. Zivilkammer, Urt. v. 05.06.2017, E. 2016/9897 K. 2017/3341; Kassationshof, 11. Zivilkammer, Urt. v. 05.06.2017, E. 2016/9896 K. 2017/3343; Kassationshof, 11. Zivilkammer, Urt. v. 29.05.2017, E. 2016/9493 K. 2017/3103; Kassationshof, 11. Zivilkammer, Urt. v. 29.05.2017, E. 2016/9440 K. 2017/3102; Kassationshof, 11. Zivilkammer, Urt. v. 29.05.2017, E. 2016/8288 K. 2017/3101; Kassationshof, 11. Zivilkammer, Urt. v. 15.05.2017, E. 2016/8037 K. 2017/2873; Kassationshof, 11. Zivilkammer, Urt. v. 15.05.2017, E. 2016/8035 K. 2017/2870; Kassationshof, 11. Zivilkammer, Urt. v. 05.06.2017, E. 2016/9898 K. 2017/3342.

1448 Kassationshof, 7. Strafkammer, Urt. v. 13.06.2007, E. 2007/3795 K. 2007/4668.

1449 Kassationshof, 11. Zivilkammer, Urt. v. 25.05.2016, E. 2016/5014 K. 2016/5670; Kassationshof, 11. Zivilkammer, Urt. v. 21.03.2016, E. 2015/12115 K. 2016/3117; Kassationshof, 11. Zivilkammer, Urt. v. 11.10.2017, E. 2016/1517 K. 2017/5258.

Berücksichtigung der Zahl der Anleger, ist klarzustellen, dass mehr als tausende Anleger in diese Gesellschaften investiert haben. In diesem Fall können diese Gesellschaften den Vorschriften des Kapitalmarktgesetzes unterliegen, da sie mehr als 250 (nach dem neuen Kapitalmarktgesetz 500) Aktionäranleger haben. Allerdings ist dies hier nicht der Fall.

Da diese Tätigkeiten unter dem Namen „Aktienverkauf" eine unerlaubte Geldansammlung darstellen bzw. die Gesetzwidrigkeit bei der Führung der Gesellschaftsbücher durch Gerichtsurteile, Berichte und Gutachten mehrmals festgestellt wurde, sind diese Anleger keine Aktionäre. Daher besteht für eine Untersuchung der Aktionärsstruktur dieser Gesellschaften kein Handlungsbedarf. Für den Kassationshof waren offensichtliche Verstöße gegen das Gesetz für die Feststellung einer unerlaubten Handlung ausreichend, so dass eine weitgehende Prüfung von Haftungsvorschriften des Kapitalmarktgesetzes über Emittenten und ihre Vorstandsmitglieder nicht erforderlich war.

Für die Bejahung einer unerlaubten Handlung der Gesellschaft bewertete der Kassationshof anhand seiner Grundsatzentscheidungen eine Kausalität zwischen der Anlageentscheidung und der Täuschungshandlung als erforderlich. Hierfür entscheidende Kriterien sind neben dem Vorliegen eines Bewusstseins auch das Vorhaben der Aktiengesellschaft, denn der Kläger hätte, ohne dessen Verhalten oder Zutun, keinen Vertrag abgeschlossen.[1450] Zudem führte der Kassationshof aus, dass die Informationen über die jederzeitige Rückzahlungsmöglichkeit eine Gesetzesumgehung darstellen. So sprach der Kassationshof zwar nicht unmittelbar von einer Emittentenhaftung, qualifizierte jedoch die Erteilung der falschen Informationen als eine betrügerische Handlung. Bemerkenswert an diesen Urteilen ist, dass die veröffentlichten oder unterlassenen Informationen als Mittel zur Bildung oder Befestigung des Beteiligungswillens eingesetzt wurden.

1450 Kassationshof, 11. Zivilkammer, Urt. v. 25.05.2016, E. 2016/5014 K. 2016/5670; Kassationshof, 11. Zivilkammer, Urt. v. 05.06.2017, E. 2016/9897 K. 2017/3341; Kassationshof, 11. Zivilkammer, Urt. v. 05.06.2017, E. 2016/9896 K. 2017/3343; Kassationshof, 11. Zivilkammer, Urt. v. 29.05.2017, E. 2016/9493 K. 2017/3103; Kassationshof, 11. Zivilkammer, Urt. v. 29.05.2017, E. 2016/9440 K. 2017/3102; Kassationshof, 11. Zivilkammer, Urt. v. 29.05.2017, E. 2016/8288 K. 2017/3101; Kassationshof, 11. Zivilkammer, Urt. v. 15.05.2017, E. 2016/8037 K. 2017/2873; Kassationshof, 11. Zivilkammer, Urt. v. 15.05.2017, E. 2016/8035 K. 2017/2870; Kassationshof, 11. Zivilkammer, Urt. v. 05.06.2017, E. 2016/9898 K. 2017/3342.

f. Keine Fristen wegen dem Verstoß gegen den Grundsatz von Treu und Glauben

Der Kassationshof entschied weiterhin, dass das Vorgehen der beklagten Gesellschaften gegen den Grundsatz von Treu und Glauben verstoße, der im türkischen Recht in Art. 2 tZGB verankert ist. Da die Gesellschaften nicht von einem Recht Gebrauch machen können, das gegen den Grundsatz von Treu und Glauben nach Art 2 tZGB verstößt, wies der Kassationshof die Verjährungseinrede ab. Die Mitteilungen der beklagten Gesellschaften an die Anleger, dass die Anlagen zurückbezahlt werden würden, während sie vor den Gerichten etwas Anderes vortrugen, stelle offensichtlich einen Verstoß gegen den Grundsatz von Treu und Glauben dar. Sie lenkten außerdem die Anleger ab und versuchten, dass diese die Fristen versäumten. Das Gesetz schütze solch ein Vorgehen nicht.[1451]

Demzufolge löste der Kassationshof das Verjährungsproblem zugunsten der getäuschten Anleger und räumte die Möglichkeit der jederzeitigen Klageerhebung ein. Hier könnte überlegt werden, ob Aktiengesellschaften wegen der Aufhebung der Verjährungsfrist gegenüber Schadensersatzklagen schutzlos bleiben und das Kapitalschutzprinzip bzw. das Fortbestehen der Aktiengesellschaft gefährdet wird. Jedoch kann ein vorsätzlicher Verstoß gegen den Grundsatz von Treu und Glauben nicht durch den Kapitalschutzgedanken gerechtfertigt werden.

g. Durchgriffshaftung

ga. Ausländische Tochtergesellschaften

Diese Geldsammelaktionen wurden in verschiedenen Ländern, in welchen türkischen Gastarbeiter lebten, ausgeübt. So wurden durch türkische sog. islamische Holdings in Deutschland Tochtergesellschaften gegründet, die für die Geldsammelaktion benutzt wurden.[1452] Auch in der Schweiz und in Luxemburg,

---

1451 Ausf. Kassationshof, 11. Zivilkammer, Urt. v. 05.06.2017, E. 2016/9897 K. 2017/3341; Kassationshof, 11. Zivilkammer, Urt. v. 05.06.2017, E. 2016/9896 K. 2017/3343; Kassationshof, 11. Zivilkammer, Urt. v. 29.05.2017, E. 2016/9493 K. 2017/3103; Kassationshof, 11. Zivilkammer, Urt. v. 29.05.2017, E. 2016/9440 K. 2017/3102; Kassationshof, 11. Zivilkammer, Urt. v. 29.05.2017, E. 2016/8288 K. 2017/3101; Kassationshof, 11. Zivilkammer, Urt. v. 15.05.2017, E. 2016/8103 K. 2017/2874; Kassationshof, 11. Zivilkammer, Urt. v. 15.05.2017, E. 2016/8037 K. 2017/2873; Kassationshof, 11. Zivilkammer, Urt. v. 15.05.2017, E. 2016/8035 K. 2017/2870; Kassationshof, 11. Zivilkammer, Urt. v. 05.06.2017, E. 2016/9898 K. 2017/3342.

1452 Unter dem Namen *„Marketing and Trading GmbH"*, oder *„... Verwaltungs GmbH"* usw.

welche als Steueroasen bekannt sind, wurden Tochtergesellschaften gegründet, um Gelder über diese in die Türkei zu transferieren.[1453]

Diese Gesellschaften übten keine wirtschaftlichen Tätigkeiten aus, d.h. sie waren lediglich Scheingesellschaften, um Gelder einzukassieren und in die Türkei zu transferieren. All diese Gesellschaften meldeten nach der Beendigung ihrer Geldsammelaktionen Insolvenz an. Den Anlegern wurden als Quittung teilweise Zertifikate dieser Gesellschaften ausgegeben. Anleger, die in die insolventen Gesellschaften investiert hatten, klagten gegen die Muttergesellschaften und machten sowohl die Muttergesellschaften als auch die Vorstandsmitglieder der Muttergesellschaften verantwortlich. So mussten sich die türkischen Gerichte mit der Durchgriffshaftung befassen.

gb. Durchgriffshaftung der türkischen Muttergesellschaften und ihrer Vorstandsmitglieder

Die Durchgriffshaftung war in der Türkei seit den 60er Jahren umstritten.[1454] In der türkischen Literatur wurde unter anderem vertreten, dass die Durchgriffshaftung in diesen Fällen anwendbar sei. Jedoch verneinten türkische Gerichte bis zu diesen Verfahren die Durchgriffshaftung in Fällen, in welchen die Anleger durch diese Gesellschaften getäuscht und geschädigt wurden. Die Klagen wurden von erstinstanzlichen Gerichten stets mit der Begründung abgewiesen, dass es sich um andere Gesellschaften handele und weder die türkischen Gesellschaften noch ihre Vorstandsmitglieder verantwortlich gemacht werden könnten.

Jedoch hob der Kassationshof diese Urteile auf und führte diesbezüglich aus, dass eine gutachterliche Prüfung notwendig sei, da die Kläger behaupteten, dass eine organisatorische Abhängigkeit der ausländischen Gesellschaften zu den Muttergesellschaften bestünde. Folglich holten erstinstanzliche Gerichte für jedes einzelne Verfahren Rechtsgutachten ein, so dass sich eine Vielzahl von Rechtswissenschaftlern mit der Durchgriffshaftung befasste. Ausnahmslos stellten die Gutachter eine organisatorische Abhängigkeit (Weisungsabhängigkeit) der Tochtergesellschaften fest und bejahten die Durchgriffshaftung der Muttergesellschaften.

Der Kassationshof bestätigte zum ersten Mal in seinen Urteilen[1455], dass die ausländischen Tochtergesellschaften von Anlegern, unter Erwähnung einer

---

1453 *„… International Marketing and Trading AG“, „… Group AG“, „…Holding S.A.“* usw.

1454 *Papakçı*, Die europäische Niederlassungsfreiheit, S. 150.

1455 Diese Urteile des Kassationshofs basieren auf Vorschriften des außer Kraft getretenen Handelsgesetzbuchs.

jederzeitigen Rückerwerbsgarantie des Anlagebetrags, Gelder sammelten und den Betrag an die in der Türkei ansässigen Gesellschaften übertrugen.[1456]

Hier ist die „Durchgriffshaftung" als Ausgangspunkt dieser Urteile zu beachten. Da eine juristische Person mit ihrem Vermögen ein von ihren Aktionären unabhängiges Rechtssubjekt ist (sog. „Trennungsprinzip"), ist sie mit ihrem Vermögen nur ihren Gläubigern gegenüber verantwortlich.[1457]

Ebenfalls haften Personen, die hinter einer juristischen Gesellschaft stehen, nicht für die Schulden der juristischen Person. Eine Haftung der Aktionäre für Verbindlichkeiten der Gesellschaft kommt dann in Betracht, wenn sie neben der Gesellschaft eine besondere gesetzliche Verpflichtung, wie z.B. Art. 552, 549, 550, 551 tHGB,[1458] verletzen (sog. „unechte Durchgriffshaftung").[1459]

Denn Gläubiger und andere Interessenten haben lediglich Zugriff auf das Gesellschaftsvermögen und keinen Zugriff auf das Vermögen der Gesellschafter. Wenn kein besonderer Verpflichtungsgrund für Verbindlichkeiten der Gesellschaft besteht, führt die Ausnutzung der Selbstständigkeit der juristischen Person manchmal zu ungerechtfertigten Folgen (sog. „echte Durchgriffshaftung").[1460] Die Hauptfrage der echten Durchgriffshaftung ist, ob und inwieweit Aktionäre gegenüber den Gläubigern persönlich haften müssen, trotz des Trennungsprinzips der juristischen Person und der gesetzlichen Haftungsbeschränkung von Gläubigern für Gesellschaftsverbindlichkeiten.[1461]

1456 Kassationshof, 11. Zivilkammer, Urt. v. 15.05.2017, E. 2016/8103 K. 2017/2874; Kassationshof, 11. Zivilkammer, Urt. v. 16.03.2016, E. 2015/15335 K. 2016/2884; Kassationshof, 11. Zivilkammer, Urt. v. 29.05.2014, E. 2014/5733 K. 2014/9993; Kassationshof, 11. Zivilkammer, Urt. v. 19.11.2014, E. 2014/10833 K. 2014/17886.

1457 *Serozan*, Medeni Hukuk, Genel Bölüm/Kişiler Hukuku, S. 446; *Cengiz*, MÜHFD 2017, S. 371, 373 f.; *Çamoğlu*, BATİDER 2016, S. 5 f.; *Kaplan*, BATİDER 2009, S. 37 ff.; *Esen*, Milletlerarası Özel Hukukta Tüzel Kişilik Perdesinin Kaldırılması, S. 7 ff.; Poroy/Çamoğlu/*Tekinalp*, Ortaklıklar Hukuku I, 2019, S. 108 Rn. 121f.

1458 Auch *Papakçı*, Die europäische Niederlassungsfreiheit, S. 144.

1459 *Ulusoy*, Şirketler ve Bankacılık Hukukunda Kapsama Alma ve Sorumlu Kılma Amacıyla Tüzel Kişilik Perdesinin Aralanması, in: MÜHF Tüzel Kişilik Perdesinin Aralanması Sempozyumu, 2008, S. 351, 357; *Papakçı*, Die europäische Niederlassungsfreiheit, S. 145.

1460 *Papakçı*, Die europäische Niederlassungsfreiheit, S. 146.

1461 *Yanlı*, Anonim Ortaklıklarda Tüzel Kişilik Perdesinin Kaldırılması ve Pay Sahiplerinin Ortaklık Alacaklarına Karşı Sorumlu Kılınması, S. 17; *Papakçı*, Die europäische Niederlassungsfreiheit, S. 145; *Hirsch/Tekinalp*, Das türkische Aktien- und GmbH-Recht, S. 99; *Cengiz*, MÜHFD 2017, S. 371, 374.

Die Durchgriffshaftung eröffnet nicht nur die Möglichkeit einer Haftung der Gesellschaft und die Inanspruchnahme des Gesellschaftsvermögens, sondern auch die Haftung der verantwortlichen Personen und die Inanspruchnahme ihres Vermögens.[1462] Mit anderen Worten bedeutet die Durchgriffshaftung die Gleichsetzung der juristischen Person mit ihren Aktionären bzw. den anderen Verantwortlichen.[1463]

Jedoch kann statt der Aktionäre auch eine andere juristische Person der echte Verantwortliche sein. Es muss im Einzelfall festgestellt werden, ob die juristische Person gemeinsam mit der echten verantwortlichen juristischen Person, oder anstatt der juristischen Person nur die echte verantwortliche juristische Person haften muss.[1464]

Da es sich um ein Bündel von Haftungstatbeständen handelt, und allein eine einzelne Bestimmung eines Haftungstatbestands dem Ziel zuwiderlaufen kann, wird dies durch das Gericht im konkreten Einzelfall geprüft.[1465]

Im Rahmen der Durchgriffshaftung wird in der Literatur vertreten, dass Haftungsprobleme nach dem Verbot des Rechtsmissbrauchs gem. Art. 2 Abs. 2 tZGB, den Regelungen des Scheingeschäfts gem. Art. 19 tOG und dem Grundsatz von Treu und Glauben gem. Art. 2 Abs. 1 tZGB gelöst werden.[1466] Die Durchgriffshaftung wird allerdings durch die Gerichte stets nach dem Grundsatz von Treu und Glauben gem. Art. 2 Abs. 1 tZGB geprüft. Einerseits wird somit eine Abhängigkeit

---

1462 Zu den unterschiedlichen Arten der Durchgriffshaftung *Cengiz*, MÜHFD 2017, S. 371, 385; Krit. *Çamoğlu*, BATİDER 2016, S. 5, 11 f.; *Kaplan*, BATİDER 2009, S. 37, 40 f.; *Esen*, Milletlerarası Özel Hukukta Tüzel Kişilik Perdesinin Kaldırılması, S. 17 ff.; zur echten und unechten Durchgriffshaftung *Papakçı*, Die europäische Niederlassungsfreiheit, S. 144 ff.

1463 *Yanlı*, Anonim Ortaklıklarda Tüzel Kişilik Perdesinin Kaldırılması ve Pay Sahiplerinin Ortaklık Alacaklılarına Karşı Sorumlu Kılınması, S. 21; *Cengiz*, MÜHFD 2017, S. 371, 374 f.

1464 *Sağlam*, Tüzel Kişilik Perdesinin Aralanması Kavramına Genel Bir Bakış, in: MÜHF Tüzel Kişilik Perdesinin Aralanması Sempozyumu, 2008, S. 153 f.

1465 *Papakçı*, Die europäische Niederlassungsfreiheit, S. 146; *Cengiz*, MÜHFD 2017, S. 371, 377; *Sağlam*, Tüzel Kişilik Perdesinin Aralanması Kavramına Genel Bir Bakış, in: MÜHF Tüzel Kişilik Perdesinin Aralanması Sempozyumu, 2008, S. 153, 157; *Kaplan*, BATİDER 2009, S. 37, 41.

1466 *Sağlam*, Tüzel Kişilik Perdesinin Aralanması Kavramına Genel Bir Bakış, in: MÜHF Tüzel Kişilik Perdesinin Aralanması Sempozyumu, 2008, S. 153, 155 f.; *Antalya*, Tüzel Kişilik Perdesinin Aralanması Teorisi, in: MÜHF Tüzel Kişilik Perdesinin Aralanması Sempozyumu, 2008, S. 143, 148; für eine begrenzte Anwendung der Durchgriffshaftung *Çamoğlu*, BATİDER 2016, S. 5, 12 f.; *Papakçı*, Die europäische Niederlassungsfreiheit, S. 146.

zwischen dem Aktionär und der Gesellschaft vorausgesetzt, andererseits soll der Anspruch basierend auf dem Trennungsprinzip ein Verstoß gegen den Grundsatz von Treu und Glauben darstellen.[1467]

Der Kassationshof akzeptierte mit diesen Urteilen zum ersten Mal die Anwendung der Durchgriffshaftung und machte die in der Türkei ansässige Gesellschaft und ihre Vorstandsmitglieder verantwortlich. Das Gericht führte dazu aus, dass eine organisatorische Abhängigkeit zwischen der beklagten Gesellschaft und der Scheingesellschaft bestehe und die durch diese Scheingesellschaft gesammelten Gelder in die Muttergesellschaft in der Türkei flossen. Demzufolge seien beide Gesellschaften als gleich zu bewerten. Der Beklagte sei der Vorstandsvorsitzender und Begründer beider Gesellschaften, womit ausreichende Indizien für eine organisatorische Abhängigkeit gegeben seien.[1468]

Bis zum Inkrafttreten des neuen Handelsgesetzbuchs gab es keine gesetzliche Regelung zu abhängigen Gesellschaften. Erst mit Art. 195 Abs. 1 lit. a tHGB wurden Einzelheiten über die abhängige Gesellschaft normiert. Gem. Art. 195 Abs. 1 lit. a tHGB liegt eine abhängige Gesellschaft vor, wenn eine Gesellschaft mittelbar oder unmittelbar die Stimmenmehrheit einer anderen Gesellschaft besitzt (Art. 195 Abs. 1 lit. a Nr. 1 tHGB) oder nach der Satzung Rechte besitzt, durch die sie die Beschlussmehrheit durch die Wahl der Vorstandsmitglieder erhalten kann (Art. 195 Abs. 1 lit. a Nr. 2 tHGB) oder neben ihren Stimmrechten aufgrund eines Vertrages alleine oder gemeinsam mit den anderen Aktionären oder Gesellschafter die Stimmenmehrheit bildet (Art. 195 Abs. 1 lit. a Nr. 3 tHGB).

Ebenfalls liegt ein abhängiges Unternehmen vor, wenn eine Gesellschaft eine andere Gesellschaft gemäß eines Beherrschungsvertrags oder auf andere Weise beherrscht. Ferner wird gem. Art. 195 Abs. 2 tHGB von der Gesellschaft, die die Mehrheit an einer anderen Gesellschaft besitzt, vermutet, dass sie die herrschende Gesellschaft ist. Zudem ist gem. Art. 195 Abs. 3 tHGB von einer mittelbaren Beherrschung der Gesellschaft die Rede, wenn die Kontrolle der anderen Gesellschaft über mehrere abhängigen Gesellschaften ausgeübt wird. Schließlich finden nach Art. 195 Abs. 5 tHGB Konzernvorschriften des Handelsgesetzbuchs über verbundene Gesellschaften Anwendung, wenn sich der Sitz einer beherrschenden oder abhängigen Gesellschaft in der Türkei befindet.[1469]

1467 *Kaplan*, BATİDER 2009, S. 37, 42 f.; Poroy/Çamoğlu/*Tekinalp*, Ortaklıklar Hukuku I, 2019, S. 109 Rn. 121h.

1468 Istanbul 19. Handelsgericht, Urt. v. 20.06.2012 E. 2011/253 K. 2012/150, das Urteil wurde durch den Kassationshof (11. Zivilkammer, Urt. v. 14.03.2014, E. 2012/13897 K. 2014/4986) bestätigt.

1469 *Papakçı*, Die europäische Niederlassungsfreiheit, S. 149 f.

Unter Betrachtung der oben genannten Vorschriften kann festgestellt werden, dass das Abhängigkeitsverhältnis zwischen den Gesellschaften und ihren Vorstandsmitgliedern bzw. Aktionären nach den Konzernvorschriften zu prüfen ist. Jedoch kann bei einer abschließenden Beobachtung nicht angenommen werden, dass der Haftungsdurchgriff auf die Muttergesellschaft nicht mehr unter der Durchgriffshaftung gem. Art. 2 tZGB bewertet wird, da mit dem Handelsgesetzbuch Konzernvorschriften geregelt werden.

Der Haftungsdurchgriff stellt gerade für die deutsche Rechtsordnung, die ein ausgearbeitetes und systematisch kodifiziertes Konzernrecht hat, ein Problem dar.[1470] Im Vergleich zum deutschen Konzernrecht sind die türkischen Konzernvorschriften jung und noch immer offen für viele weitere Haftungsfragen. Daher wird Art. 2 tZGB seine Gültigkeit als Rettungsnorm für die Behandlung konzernrechtlicher Haftungsfragen wahrscheinlich noch viele Jahre behalten.

3. *Die Beziehung zwischen dem Erwerb eigener Aktien und den Schadensersatzansprüchen der Anleger*

Zu klären ist, ob die Vorschriften zum Erwerbsverbot eigener Anteile verletzt werden, wenn die Schadensersatzleistung mit der Übertragung der erworbenen Anteile erstattet wird.

In den oben genannten Verfahren der geschädigten Anleger wiesen die Beklagten auf dieses Verbot hin, da der Kläger (Anleger) so gestellt zu werden verlangt, als hätte er die Kapitalanlagen nicht getätigt. Allerdings lehnte das Gericht diese Argumentation der Gesellschaft ab und entschied sich folglich für die Naturalrestitution des Schadens des Anlegers mit Zinsen. Diese Urteile wurden durch den Kassationshof bestätigt.[1471]

Zu beachten ist, dass die erstinstanzlichen Gerichte lediglich über die Schadensersatzleistung entschieden. Demzufolge müssen Anleger die streitigen Aktien, die sie für ihre Investition von der Gesellschaft erhalten haben, nicht rückübertragen. Obwohl die erstinstanzlichen Gerichte diese Argumentation der Beklagten ablehnten, bleibt die Frage immer noch offen.

Im Übrigen entschied der Kassationshof in einem anderen Verfahren, dass die dem Anleger verkauften Aktien nicht wirksam bzw. wertlos sind. Diesbezüglich kann nicht von einer ungerechtfertigten Bereicherung des Anlegers,

---

1470 *Westermann*, AG 1985, S. 201.

1471 Kassationshof, 11. Zivilkammer, Urt. v. 12.11.2015, E. 2014/16702 K. 2015/11936; Kassationshof, 11. Zivilkammer, Urt. v. 28.01.2016, E. 2015/2630 K. 2016/904.

der die Aktien dieser Gesellschaft behält, ausgegangen werden.[1472] Obwohl die Wirksamkeit oder Werthaltigkeit dieser streitigen Aktien durch die erstinstanzlichen Gerichte nicht diskutiert wurde, schließt der Kassationshof diese Diskussion mit seinem Urteil aus dem Jahr 2016 von vornherein aus. In dem Fall, dass keine Aktien existieren, kommt ein Verbot bezüglich ihres eigenen Erwerbes nicht in Betracht.

Infolgedessen kann festgestellt werden, dass die Schadensersatzleistung der Gesellschaft nicht als Hindernis für den Erwerb eigener Anteile bewertet wird, auch wenn die Aktien wirksam sind. Die Auslegung, dass eine Schadensersatzleistung in keinem Konfliktverhältnis mit dem Erwerb eigener Anteile steht, ist auch richtlinienkonform und stellt einen wichtigen Schritt für das türkische Recht dar, um über internationale Konfliktthemen auf gleichem Niveau diskutieren zu können.

Es ist jedoch zu beachten, dass weder die Gerichte noch der Kassationshof das Problem unter dem Verhältnis vom Anlegerschutz zum Erwerb eigener Anteile geprüft haben. Wenn die Gerichte die Lösungen dieser Konflikte ausdrücklich darlegen, wird dies die Fortentwicklung des türkischen Rechts bedeuten.

4. Urteile der deutschen Gerichte in Parallelfällen

Über diese Verfahren haben nicht nur türkische Gerichte und der türkische Kassationshof, sondern auch deutsche Gerichte in allen Instanzen entschieden. Auch hat der Bundesgerichtshof in mehreren Fällen diese Gesellschaften betreffend über den Anlegerschutz entschieden.[1473]

a. Tatbestände

Der Bundesgerichtshof erkannte in dem Sachverhalt dieselben Tatbestände wie der türkische Kassationshof. Insbesondere stellte er fest, dass es sich um eine nicht börsennotierte Gesellschaft mit Sitz in Konya/Türkei handele, die der türkisch-stämmigen Bevölkerung durch Mundpropaganda, dass es sich um eine mit islamischen Glaubensgrundsätzen konforme Alternative zu herkömmlichen, verzinslichen Geldanlagen handle, Firmenanteile verkaufte. Die Teilhaberschaft könne mit einer Frist von drei Monaten gekündigt werden, die Anteile würden sodann zurückgenommen und der Anlagebetrag

---

1472 Kassationshof, 11. Zivilkammer, Urt. v. 02.05.2016, E. 2015/15419 K. 2016/4822.

1473 BGH Urt. v. 04.06.2013, VI ZR 292/12 = BeckRS 2013, 11216; BGH Urt. v. 04.06.2013, VI ZR 288/12, WM 2013, 1310, WuB IV A. § 826 BGB 4.13, 596 (m. Anm. *Buck-Heeb*); BGH Urt. v. 14.10.2014, VI ZR 465/13 = BeckRS 2014, 20287; BGH Urt. v. 02.12.2014, VI ZR 520/13 = BeckRS 2015, 555; BGH Urt. v. 10.12.2013, VI ZR 534/12 = BeckRS 2014, 1562.

erstattet werden. In dringenden Fällen erfolge die Rückabwicklung sofort. Bis zum Jahr 2001 wurden Anteilsverkäufe rückabgewickelt. Dann stellte die Beklagte die Zahlung von Ausschüttungen und die Rückzahlung angelegter Gelder ein.

b. Entscheidungsgründe

Jedoch entschied der Bundesgerichtshof anders als der türkische Kassationshof.

Der Bundesgerichtshof wendete sich zunächst nicht gegen die Auffassung des Berufungsgerichts, dass es sich bei dem Geschäftsmodell der Beklagten nicht um ein sogenanntes „Schneeballsystem" handele.[1474]

Allerdings habe das Berufungsgericht den dem Streitfall zugrunde liegenden Tatsachenstoff (§§ 826, 31 BGB) nicht umfassend in den Blick genommen und der vorgenommenen Würdigung eine „generalisierende" Betrachtungsweise ohne konkreten Bezug auf den Streitfall zugrunde gelegt.[1475]

Ferner habe sich das Berufungsgericht nicht umfassend und widerspruchsfrei damit auseinander gesetzt, so dass die Würdigung vollständig und rechtlich nicht möglich sei und gegen Denkgesetze oder Erfahrungssätze verstoße.[1476] Obwohl das Berufungsgericht die Geschäfte der Beklagten einseitig aus heutiger Sicht wertete, sei das Verhalten der Beklagten zum Anlagezeitpunkt maßgeblich. Danach sei das Verhalten des Vorstands der Beklagten unter den Umständen des Streitfalls nicht sittenwidrig.[1477] Die Nichterfüllung einer allgemeinen Rechtspflicht sowie einer vertraglichen Pflicht reiche nicht aus, um das Verhalten des Beklagten als sittenwidrig zu beurteilen.[1478]

Zudem könne nicht davon ausgegangen werden, dass die Organe der Beklagten von vornherein in dem Bewusstsein eines möglichen Anlegerschutzes systematisch Gelder einsammeln wollten und deshalb eine an den Bedürfnissen der Anleger ausgerichtete und anlagegerechte Information unterlassen haben, um möglichst unter Ausnutzung der Unkenntnis der Anleger viele Geschäftsanteile an bestimmte Bevölkerungskreise abzusetzen. Bei einer unternehmerischen Beteiligung müsse allerdings mit Verlusten bis zum Totalverlust des Kapitals gerechnet werden, wenn mangels wirtschaftlichen Erfolgs Gewinnausschüttungen nicht in

1474 BGH Urt. v. 04.06.2013, VI ZR 292/12 Rn. 9 = BeckRS 2013, 11216.
1475 BGH Urt. v. 04.06.2013, VI ZR 292/12, Rn. 10 = BeckRS 2013, 11216.
1476 BGH Urt. v. 04.06.2013, VI ZR 292/12, Rn. 11 = BeckRS 2013, 11216.
1477 BGH Urt. v. 04.06.2013, VI ZR 292/12 Rn. 13 = BeckRS 2013, 11216.
1478 BGH Urt. v. 04.06.2013, VI ZR 292/12 Rn. 14 = BeckRS 2013, 11216.

Frage kommen und Interessenten für die Übernahme der Beteiligung wegen der wirtschaftlichen Misserfolge des Unternehmers fehlen.[1479]

Nach der Auffassung des Bundesgerichtshofs hafte die Beklagte nicht allein dafür, dass sich der Kläger falsche Vorstellungen über die Werthaltigkeit und Rückgabemöglichkeit der von ihm gekauften Anteile gemacht hat.[1480] Auch komme eine Haftung der Beklagten nach den für die Anlageberatung geltenden Maßstäben nicht in Betracht, weil der Kläger eine Anlageberatung nicht in Anspruch genommen hat. Die Beklagte hat keine vertragliche Beratungspflicht gegenüber dem Kläger, so dass die für den Anlageberater geltenden rechtlichen Anforderungen nicht auf die Beklagte ausgedehnt werden.[1481]

Übrigens habe die Beklagte ein Informationsdefizit des Klägers nicht vorsätzlich ausgenutzt, um diesen zu schädigen. Entgegen der Auffassung des Berufungsgerichts sprechen der im Anlagezeitraum des Klägers tatsächlich erfolgte Rückerwerb von Beteiligungen durch Schwester- und Tochterunternehmen sowie die Vermittlung des Weiterkaufs an andere Anleger dagegen, dass frühere Zusagen durch den Vorstand der Beklagten die Gutgläubigkeit der Anleger bewirken sollten mit dem Ziel, deren Gelder trotz des sich abzeichnenden Verlustes zu erlangen.[1482]

Der Bundesgerichtshof führt weiter aus, dass die Zusage des Vorstands der Beklagten, die Anteile zurückzunehmen, keine rechtlich verbindliche Garantie sei. Der Wille der Beklagten gegenüber den Anlegern rechtlich unbedingt für die Rücknahme der Anteile und die Rückgabe des Kapitals einzustehen, und die Verpflichtung als Garant könne nicht aufgrund der nach ihrem Inhalt nicht präzise feststellbaren und jahrelang zurückliegenden Äußerungen des früheren Vorstandsvorsitzenden in den Schulungen der Vermittler angenommen werden.[1483]

Ferner weise die Verlängerung der Kündigungsfrist von einem Monat auf drei Monate in einem an die damaligen Anleger gerichteten Rundschreiben darauf hin, dass die Rücknahme der Beklagten nicht unveränderlich gehandhabt wurde, sondern durch die Versammlung der Teilhaber die Kündigungsfrist verlängert werden könnte. Eine selbstständige Garantiezusage lasse sich

1479 BGH Urt. v. 04.06.2013, VI ZR 292/12 Rn. 15 = BeckRS 2013, 11216; auch BGH Urt. v. 04.06.2013, VI ZR 288/12, WM 2013, 1310, WuB IV A. § 826 BGB 4.13, 596 (m. Anm. *Buck-Heeb*).

1480 BGH Urt. v. 04.06.2013, VI ZR 292/12 Rn. 16 = BeckRS 2013, 11216.

1481 BGH Urt. v. 04.06.2013, VI ZR 292/12 Rn. 17 = BeckRS 2013, 11216.

1482 BGH Urt. v. 04.06.2013, VI ZR 292/12 Rn. 18 = BeckRS 2013, 11216.

1483 BGH Urt. v. 04.06.2013, VI ZR 292/12 Rn. 19 = BeckRS 2013, 11216.

aber nicht im Nachhinein einseitig zu Lasten des Begünstigten verändern. Es könne auch nicht zu der Folge führen, dass gegenüber allen künftigen Anlegern eine Haftung in Betracht kommen sollte.[1484]

Zudem könne der Beklagten auch ein Schädigungsvorsatz gegenüber dem Kläger nicht angelastet werden.[1485] Die Voraussetzung für die Annahme der Form des bedingten Vorsatzes sei, dass der Handelnde die relevanten Umstände jedenfalls für möglich gehalten und billigend in Kauf genommen hat. Damit sei es nicht ausreichend, wenn die relevanten Tatumstände lediglich objektiv erkennbar waren und der Handelnde sie hätte kennen können oder kennen müssen.[1486]

Erforderlich sowie ausreichend sei im Streitfall für den bedingten Vorsatz, dass der Vorstand der Beklagten zum Zeitpunkt des Erwerbs der Anteile durch den Kläger mit der Möglichkeit rechnete, dass dieser durch sein Verhalten geschädigt werden würde und er dieses Ergebnis billigend in Kauf nahm. Es komme mithin darauf an, was der Vorstand der Beklagten zu den für die Haftung maßgeblichen Zeitpunkten wusste und wollte. Nach dem Bundesgerichtshof sei indiziell erheblich, ob die Rücknahme und Weitergabe von Beteiligungen an andere Interessenten möglich gewesen und durchgeführt worden sind. Dies wäre bis ins Jahr 2001 unstreitig der Fall. Ebenfalls stelle der Kläger nicht in Frage, dass die Wirtschaftskrise ab dem Jahr 2001 und eine negative Presseberichterstattung über Maßnahmen der türkischen Kapitalaufsicht mitursächlich für die Einstellung der Rückabwicklungen waren. Dafür, dass der Vorstand der Beklagten mit solchen Ereignissen rechnen musste, sei nichts festgestellt und auch nichts vorgetragen.[1487]

Schließlich könne im Rahmen des Anspruchsbestandes des § 826 BGB auf den Nachweis der konkreten Kausalität für den Willensentschluss des jeweiligen Anlegers selbst bei extrem unseriöser Kapitalmarktinformation nicht verzichtet werden, und folglich genüge das enttäuschte allgemeine Anlegervertrauen auf die Erfüllung der in die Anlage gesetzten Erwartungen nicht.[1488]

Nach dem Urteil des Bundesgerichtshofs vermöge die vom Berufungsgericht angenommene allgemeine Erwartung des Klägers den Kausalzusammenhang zwischen dem Verhalten des Vorstands der Beklagten und der Schädigung

1484 BGH Urt. v. 04.06.2013, VI ZR 292/12 Rn. 20 f. = BeckRS 2013, 11216.
1485 BGH Urt. v. 04.06.2013, VI ZR 292/12 Rn. 22 = BeckRS 2013, 11216.
1486 BGH Urt. v. 04.06.2013, VI ZR 292/12 Rn. 23 = BeckRS 2013, 11216.
1487 BGH Urt. v. 04.06.2013, VI ZR 292/12 Rn. 24 = BeckRS 2013, 11216.
1488 BGH Urt. v. 04.06.2013, VI ZR 292/12 Rn. 26 = BeckRS 2013, 11216.

nicht zu begründen. Der Kausalzusammenhang sei auch nicht deshalb gegeben, weil die Anlagen nahezu das gesamte Vermögen des Klägers ausgemacht haben dürften und nichts dafür ersichtlich sei, dass der Kläger ohne gesicherte Aussicht auf Rückzahlungen und allein motiviert von gemeinnützigen Überlegungen bereit gewesen wäre, eine solche Summe in den Konzern der Beklagten zu stecken und gegebenenfalls auf Dauer dort zu belassen. Für die vom Berufungsgericht gehegte Vermutung eines vernünftigen Anlegerverhaltens fehle jedweder gesicherte tatsächliche Hintergrund.[1489]

Bei näherer Betrachtung der Urteile des türkischen Kassationshofs kommen Fehler des Bundesgerichtshofs ans Licht.

c. Kritik an den Entscheidungsgründen

ca. Erforderliche Prüfung des türkischen Rechts wurde nicht durchgeführt

Wie der Bundesgerichtshof auch feststellte, handelt es sich vorliegend um einen Aktienverkauf durch eine Gesellschaft mit Sitz in der Türkei.[1490] Der Bundesgerichtshof hatte zunächst zu prüfen, ob die durch die Beklagte ausgeübte Geldansammeltätigkeit und der Aktienverkauf erlaubt sind. Dabei ist zu prüfen, ob wirksame Aktien vorhanden sind und falls ja, ob diese wirksam an die Anleger verkauft wurden.

Für die Beantwortung beider Fragen ist das türkische Recht maßgeblich, da die Aktienemission, das öffentliche Angebot und der spätere Verkauf der Aktien einer türkischen Gesellschaft offensichtlich dem türkischen Recht unterliegen. Jedoch kam weder das Berufungsgericht noch der Bundesgerichtshof auf die Idee zu prüfen, ob überhaupt Aktien vorhanden sind, die verkauft werden können. Es gab weder einen Beschluss der Hauptversammlung für eine Emission noch die zwingende Zustimmung[1491] der Kapitalmarktsaufsicht.

Im Übrigen fehlte außerdem ein Prospekt bzw. Emissionsdokument für die Aktienemission, und auch weitere Formalien wurden nicht eingehalten. Folglich kann von keiner rechtmäßigen Emission die Rede sein, so dass keine Aktien existieren, die veräußert und verkauft werden können.

Der Kassationshof führt in seinem Urteil aus, dass aufgrund einer Kopie des Zertifikats, die weder den Stempel noch den Titel der Gesellschaft enthält, ohne

---

1489 BGH Urt. v. 04.06.2013, VI ZR 292/12 Rn. 27 = BeckRS 2013, 11216.

1490 BGH Urt. v. 04.06.2013, VI ZR 292/12 Rn. 2 = BeckRS 2013, 11216.

1491 Seit dem neuen Kapitalmarktgesetz gilt das Billigungssystem.

Untersuchung der Beweisstücke und Strafverfahren bzw. ohne Berücksichtigung der Auswirkungen auf das Verfahren, ohne Beurteilung, ob deren Ergebnisse zu erwarten sind oder nicht, eine negative Entscheidung für die Anleger zu treffen, nicht richtig sei.[1492]

Der Kassationshof stellt zudem in mehreren Urteilen fest, dass die Anleger nicht Aktionäre der Gesellschaft sein können.[1493] Diesbezüglich entschied der Kassationshof, dass die den Anlegern verkauften Aktien keine wirksamen Aktien seien, so dass sie auch keinen Wert haben und daher nicht von einer ungerechtfertigten Bereicherung der Anleger gesprochen werden kann. Die Gesellschaft kann weder die Aktien noch ihre angeblichen (Börsen)werte als Schadensersatz fordern.[1494]

Weiterhin betrifft die in dem Urteil vom Bundesgerichtshof[1495] als mitursächlich für die Einstellung der Rückabwicklungen erwähnte negative Presseberichterstattung über Maßnahmen der Kapitalmarktaufsicht eigentlich die Strafanzeigen gegen die Vorstandsmitglieder der Beklagten wegen der unerlaubten Aktienemission sowie dem Verkauf und die Feststellungen in den genannten Urteilen des Kassationshofs.[1496]

1492 Kassationshof, 11. Zivilkammer, Urt. v. 20.11.2009, E. 2009/10757 K. 2009/12153; auch Kassationshof, 11. Zivilkammer, Urt. v. 26.02.2018, E. 2016/8122 K. 2018/1395.

1493 Kassationshof, 11. Zivilkammer, Urt. v. 25.05.2016, E. 2016/5014 K. 2016/5670; Kassationshof, 11. Zivilkammer, Urt. v. 17.06.2016, E. 2016/4593 K. 2016/6787; Kassationshof, 11. Zivilkammer, Urt. v. 11.10.2017, E. 2016/1517 K. 2017/5258.

1494 Kassationshof, 11. Zivilkammer, Urt. v. 02.05.2016, E. 2015/15419 K. 2016/4822.

1495 BGH Urt. v. 04.06.2013, VI ZR 292/12 Rn. 24 = BeckRS 2013, 11216.

1496 Konya Staatsanwaltschaft, Anklageschrift Nr. 1997/4448 v. 09.10.1997: *„Es ist bezüglich des Presseberichts über das aus dem Ausland gesendete und am Esenboga Flughafen eingeführte Geld in Höhe von 1.7 Milliarden DM und den Goldtransfer sowie bezüglich der Aussagen von… und … in der Polizeibehörde Ankara festzustellen, dass die Verdächtigen, die Vorstandsmitglieder der Kombassan Holding AG sind, die Aktien der Kombassan Holding AG ohne bei der Kapitalmarktaufsicht beantragt zu haben, ohne diese Aktien eintragen zu lassen und ohne die Genehmigung der Kapitalmarktaufsicht eingeholt zu haben, ausgegeben haben, und zwischen dem 01.01.1997-21.05.1997 gegenüber Übertragung rechtlich wertloser Papiere Gelder in Höhe von 14.894.785.901.300,-TL gesammelt haben, um das Grundkapital ohne Erfüllung ihrer Beantragungspflicht zu erhöhen, und somit gegen Art. 4 tKMG verstoßen haben.“*; diese Feststellungen wurden auch in den Urteilen des Kassationshofs grundlegend angenommen, siehe Kassationshof, 11. Zivilkammer, Urt. v. 17.06.2016, E. 2016/4828 K. 2016/6748; Kassationshof, 11. Zivilkammer, Urt. v. 04.10.2016, E. 2016/5245 K. 2016/7737.

Der Bundesgerichtshof nahm die Maßnahmen (Strafanzeigen) der türkischen Kapitalmarktaufsicht wegen der rechtswidrigen und sogar strafrechtlich verfolgten Aktienausgabe und den Verkauf durch die Beklagten als Rechtfertigungsgrund für die Einstellung der Rückabwicklung an.

Das Urteil des Bundesgerichtshofs ist offensichtlich fehlerhaft und steht nicht im Einklang mit den Urteilen des Kassationshofs, der die Nichtexistenz der Aktien feststellte und die Aktienemission sowie den späteren Verkauf als rechtswidrig qualifizierte.

cb. Das offensichtliche Ponzi-Schema wurde nicht erkannt

Der Bundesgerichtshof erkannte nicht, dass es sich bei der Geldsammelaktion der Gesellschaft um ein reines Ponzi Schema[1497] handelte. Warum der Bundesgerichtshof das Schneeballsystem nicht annimmt, ist fraglich und bedarf einer Begründung, die der Bundesgerichtshof schuldig bleibt.

Das Ponzi Schema unterscheidet sich vom Schneeballsystem insoweit, dass die Anleger nicht wissen, dass mit ihren Anlagen die hohen Renditen der vorherigen Anleger bezahlt werden. Die Anleger glauben, dass der Organisator die Struktur des Systems durchschaut und vertrauen auf eine sonst am Markt eher unübliche Rendite. Daher ist die ausgeübte Tätigkeit kein reines Schneeballsystem, sondern ein dem Schnellballsystem ähnelndes Ponzi Schema.[1498]

Eine Garantie zu geben, ist die schnellste und sicherste Motivation in diesem Modell.[1499] Zudem werden den Anlegern Einlagenzertifikate ausgehändigt, bei denen es sich um rein fiktive „Phantasieprodukte" handelt[1500], um sie zu täuschen.[1501] Es handelt sich um ein pyramidenförmig aufgebautes Verkaufssystem mit fiktiven Gewinnerwartungen, indem der Kapitalzufluss neuer Anleger die Hauptfinanzquelle ist.[1502] Diesbezüglich ist das Erhalten der Vorteile von der Teilnahme neuer Kunden abhängig.[1503] Eine Rückzahlung ist in diesem Modell anfangs nicht problematisch. Die Gewinnerwartungen der bereits vorhandenen Anleger werden durch die einbezahlten Summen von Neuanlegern

1497 *Kilian*, HRRS 2009, S. 285 ff.

1498 Näher *Kilian*, HRRS 2009, S. 285.

1499 *Hamilton*, Ponzi Schemes and Investment Fraud, S. 21.

1500 Ausf. zu den „fiktiven Finanzpapieren" *Goldgierd*, Morgenthau-Bonds Betrug mit fiktiven Finanzpapieren, S. 1 ff.; *Hamilton*, Ponzi Schemes and Investment Fraud, S. 21 ff.

1501 *Hamilton*, Ponzi Schemes and Investment Fraud, S. 21.

1502 *Weitmann*, Madoff-Der Jahrhundertbetrüger, S. 29 f.

1503 *Kilian*, HRRS 2009, S. 285; *Otto*, Jura 1999, S. 97 f.

befriedigt. Daher werden immer neue Anleger gebraucht, um dieses System erhalten zu können. Wenn die Gewinnzahlungen nicht mehr ausgezahlt werden, folgt zwangsläufig der Zusammenbruch des Systems.[1504]

Alle Tatbestände eines Ponzi Schemas sind in diesen Fällen gegeben. Vor allem waren die den Anlegern erteilten Informationen absichtlich nicht korrekt, um sie zu täuschen. Die hauptsächlich in den Moscheen erteilten Informationen, die mit islamischen und nationalistischen Motiven geschmückt wurden, können nicht nur nach dem türkischen, sondern auch nach dem deutschen Recht nicht als rechtmäßige Informationen qualifiziert werden. Ebenfalls ist ein Verkauf von Aktien mit einer jederzeitigen Rückzahlungsmöglichkeit nicht nur nach dem türkischen, sondern auch nach dem deutschen Recht nicht möglich. Auch das Versprechen von hohen Renditen (30 %) ist offensichtlich eine unrichtige Information, da solch ein Versprechen nicht eingehalten werden kann.

Die Gesellschaft verkaufte den Anlegern keine Aktien, sondern einen Traum, der nicht erfüllt werden kann. Sie nutzte dafür nationale und religiöse Motive, sowie berühmte Persönlichkeiten für Werbezwecke. Die durch die Gesellschaft ausgeübte Geldsammelaktion ist ein reines Ponzi Schema und stellt offensichtlich einen Betrug dar.

Der Bundesgerichtshof erkannte das Ponzi Schema leider nicht. Die Ausführungen des Bundesgerichtshofs, dass die Gesellschaft anfangs das Versprechen eingehalten und die Gelder mit hohen Renditen zurückbezahlt habe und dass die Gesellschaft ihr Versprechen später wegen der ökonomischen Krise und dem Druck der Kapitalmarktaufsicht nicht einhalten konnte, ist daher unzutreffend. Die Beklagten machten von dieser Argumentation Gebrauch, um sich von den Schadensersatzleistungen zu entlasten und die Anleger zurückzuhalten. Leider machte auch der Kläger diese Argumentation zu eigen, nur mit dem Grund, dass die Anleger nicht vorgewarnt seien oder ihnen eine der Situation angepasste Ausstiegsmöglichkeit gegeben worden sei.[1505]

Beide Gründe stimmen mit der Wirklichkeit nicht überein. Entgegen der Auffassung der Beklagten traf die Kapitalmarktaufsicht erforderliche Maßnahmen für

---

1504 *Kilian*, HRRS 2009, S. 285 f.

1505 *„…Dieses Risiko habe sich im Jahr 2001 dadurch realisiert, dass die Beklagte auf den Druck der türkischen Kapitalaufsicht, auf verschlechterte Wirtschaftsfaktoren und negative Presseberichte mit einem vollständigen oder sehr weitgehenden Rücknahmestopp reagiert habe, ohne die Anleger vorzuwarnen oder eine der Situation angepasste Ausstiegsmöglichkeit zu geben…“*, BGH Urt. v. 04.06.2013, VI ZR 292/12 = BeckRS 2013, 11216.

diese Gesetzwidrigkeiten. Es wurde eine Anklageschrift bezüglich der Strafanzeige der Kapitalmarktaufsicht aufgrund des öffentlichen Angebots ohne Vorliegen einer Genehmigung der Kapitalmarktaufsicht gem. Art. 4 tKMG a.F.[1506] im Jahr 2008 und aufgrund irreführender Informationen bei der Gewinnausschüttung in den Jahren 1997[1507] und 2000[1508] erstellt.[1509] Außerdem wurde in einem großen Teil der Strafverfahren (in 42 von 132)[1510], in welchen es um die Haftung von den Gesellschaften ging, die durch ein gesetzwidriges öffentliches Angebot und irreführende Informationen bei der Gewinnausschüttung die höchsten Geldsummen sammelten, nach Art. 1 Abs. 4 Gesetz Nr. 4616[1511] Strafaufschub angeordnet.[1512] Durch dieses Amnestiegesetz verloren fast alle Verfahren, gesetzwidrigen Handlungen und Bemühungen bezüglich dieser betrügerischen Geldansammlungsaktion ihre Bedeutung, obwohl diese Gesellschaften mit ihren Vorstandsmitgliedern zum Schluss der Verfahren als Verantwortliche verurteilt wurden. Ebenfalls blieb eine hohe Anzahl von Strafverfahren wegen der Verjährung erfolgslos.

1506 Konya Staatsanwaltschaft, Anklageschrift Nr. 2008/6042 v. 21.07.2008.

1507 Konya Staatsanwaltschaft, Anklageschrift Nr. 1997/4448 v. 09.10.1997.

1508 Konya Staatsanwaltschaft, Anklageschrift Nr. 2000/457 v. 24.02.2000.

1509 Ob der Bundesgerichtshof von diesen Strafanzeigen wusste oder die Details der Geldsammeltätigkeiten kannte, ist nicht bekannt. Jedoch begründete der Bundesgerichtshof die Revision (§ 286 ZPO, Art. 103 Abs. 1 GG) damit, dass das Berufungsgericht den dem Streitfall zugrunde liegenden Tatsachenstoff nicht umfassend in den Blick genommen habe und der vorgenommenen Würdigung eine „generalisierende“ Betrachtungsweise ohne konkreten Bezug auf den Streitfall zugrunde liege. Somit musste der Bundesgerichtshof prüfen, ob sich der Tatrichter mit dem Prozessstoff und den Beweisergebnissen umfassend und widerspruchsfrei auseinandergesetzt hat. In diesem Sinne ist zu prüfen, ob das Berufungsgericht das dem Streitfall zugrunde liegende Versprechen für eine Rückerwerbsgarantie in den Blick nahm. Obwohl es akzeptiert, dass bis zum Jahr 2001 eine Rücknahme unstreitig war, wurde weder durch den Tatrichter recherchiert, ob eine Rückgewähr und ein Rückerwerbsversprechen mit dem Einlagenrückgewährverbot kollidieren, noch dieses Urteil durch den Bundesgerichtshof geprüft. Anscheinend kann eine Rückerwerbsgarantie des eingebrachten Kapitals auf keinem Fall in Einklang mit der wichtigsten Kapitalschutznorm für Aktiengesellschaften stehen.

1510 Zum Zeitpunkt der Berichterstellung betrafen davon zehn Strafverfahren Kombassan.

1511 ABl. 24268 v. 22.12.2000.

1512 Untersuchungskommission des Parlaments, Bericht Nr. 10/16, 262, S. 240, abrufbar unter: https://www.tbmm.gov.tr/sirasayi/donem22/yil01/ss1061.pdf (abgerufen am 01.05.2019).

Über gesetzwidrige Tätigkeiten der Beklagten und anderen Gesellschaften wurden Berichte sowohl durch die Kapitalmarktaufsicht als auch durch die Untersuchungskommission des türkischen Parlaments erstellt.[1513] Die Presseberichte waren zudem auch eine wichtige Informationsquelle für Anleger, da sie sich ansonsten nicht über diese Gesetzwidrigkeiten informieren könnten. Die Kapitalmarktaufsicht legt zudem auch einen großen Wert auf die Beobachtung gesetzwidriger Tätigkeiten dieser Gesellschaften, die im Ausland stattfinden. Bemerkenswert ist insbesondere, dass die Kapitalmarktaufsicht seit dem Jahr 2000 bezüglich gesetzwidriger Geldansammlungsaktionen mit dem BAWe[1514] eine Zusammenarbeit gestaltet.[1515] Die Kapitalmarktaufsicht und die BaFin legten auf ihrer Website offen, dass die Aufsichtsbehörden durch Memoranda of Understanding (MoU)[1516] Informationen bei Untersuchungen von Insiderfällen, Marktmanipulationen und anderen Verstößen austauschen.[1517]

1513 Kapitalmarktaufsicht, Aufsichtskammer, Bericht Nr. XI-6/34-3 v. 07.09.1999 und Bericht Nr. XI-6/48-1, XII-3/140-1, XV-10/15-1 v. 05.02.2001; Untersuchungskommission des Parlaments, Bericht Nr. 10/16, 262, abrufbar unter; https://www.tbmm.gov.tr/sirasayi/donem22/yil01/ss1061.pdf (abgerufen am 01.05.2019).

1514 Bundesaufsichtsamt für den Wertpapierhandel.

1515 Näher zu dieser Zusammenarbeit, abrufbar unter: http://www.spk.gov.tr/Sayfa/AltSayfa/773 und https://www.bafin.de/DE/Internationales/BilateraleZusammenarbeit/AuslaendischeAufsicht/auslaendischeaufsicht_node.html (abgerufen am 30.04.2019).

1516 BAWe, Jahresbericht 2000, S. 39: „*Memoranda of Understanding (MoU) zwischen Aufsichtsbehörden enthalten bilaterale Absichtserklärungen über den Austausch vertraulicher Informationen, um die grenzüberschreitende Zusammenarbeit zu erleichtern. Darin vereinbaren die Aufsichtsbehörden, Auskunftsersuchen bei Untersuchungen in Insiderfällen, bei Marktmanipulationen oder anderen Verstößen im Rahmen ihrer nationalen Gesetze nachzukommen. Die erhaltenen Informationen dürfen nur für den jeweils festgelegten Zweck verwendet werden, wobei die Vertraulichkeit sichergestellt wird.*"

1517 Zweiseitige Absichtserklärungen: „*Da unsere Aufsicht keine Eingriffsmöglichkeiten für das öffentliche Angebot und Geldansammlungstätigkeiten im Ausland hat, gibt es auch keine Möglichkeit, diese durch strafrechtliche und öffentlich-rechtliche Maßnahmen zu verfolgen. Jedoch beobachtet unsere Aufsicht diese im Ausland durchgeführten Tätigkeiten und trifft erforderliche Maßnahmen. In diesem Rahmen wurde nach dem Kapitalmarktgesetz eine Vereinbarung (MoU) zwischen der Kapitalmarktaufsicht und dem Bundesaufsichtsamt für den Wertpapierhandel (BAWe) unterschrieben, durch welche ein Rahmen für eine Zusammenarbeit geschaffen werden soll, die Kommunikationskanäle, gegenseitige Vereinbarungen, den gesetzmäßigen und technischen Informationsaustausch und die Amtshilfe für Ermittlungen enthält,*

Daher ist eine Qualifizierung des „Drucks der Kapitalmarktaufsicht" oder die „negative Presseberichterstattung" als Gründe für den Rücknahmestopp fehlerhaft. Der Grund für den Rücknahmestopp ist offensichtlich der Zusammenbruch des gegründeten Systems aufgrund der übersteigenden Summe der Auszahlungen an bereits teilgenommene Anleger und die geringere Hinzugewinnung von Neuanlegern.

Schließlich spricht der Bundesgerichtshof einerseits aus, dass diese Rückzahlungsgarantien „extrem unseriöse Kapitalmarktinformationen" sind, andererseits jedoch die Einhaltung dieser Versprechen aufgrund der oben genannten Gründe unmöglich sei.[1518] Das Urteil des Bundesgerichtshofs ist auch in sich widersprüchlich.

cc. Kritik zum Urteil des Bundesgerichtshofs in der deutschen Literatur

Ein anderes Urteil des Bundesgerichtshofs, in welchem bezüglich der Kausalität gleiche Feststellungen gemacht wurden, verdient auch in der deutschen Literatur Kritik.

Nach der Auffassung des Bundesgerichtshofs kann im Rahmen des Anspruchstatbestandes des § 826 BGB auf den konkreten Kausalitätsnachweis für den Willensentschluss des Anlegers bei extrem unseriöser Kapitalmarktinformation nicht verzichtet werden. Demnach sei ein allgemeines Anlegervertrauen auf die Erfüllung der in die Anlage gesetzten Erwartungen bzw. eine generelle Kausalität einer falschen Werbeaussage nicht zu schützen.[1519]

Die Rückerwerbsgarantie des Vorstands der Beklagten sei weder für die Klägerin noch für die zukünftigen Anleger als rechtlich verbindliche Garantie zu bewerten.[1520] Jedoch werden die Rückzahlungen sowohl durch die

---

so dass ein Informationsaustausch stattfindet, um Anleger zu schützen und das Funktionieren von organisierten Märkten vertrauensvoller zu gestalten. Außerdem wird das Schreiben unserer Aufsicht gelegentlich in Tageszeitungen veröffentlicht, die auch im Ausland erscheinen, mit dem Ziel, dass unsere Staatsbürger, die in Gesellschaften investieren, die im Ausland ohne Erlaubnis Geldansammlungstätigkeiten durchführen, informiert und vor diesen gewarnt werden.", abrufbar unter: http://www.spk.gov.tr/Sayfa/Index/3/4 (abgerufen am 30.04.2019).

1518 BGH Urt. v. 04.06.2013, VI ZR 292/12 Rn. 26 = BeckRS 2013, 11216; auch BGH WuB 2013, 595, 597 (m. Anm. *Buck-Heeb*).

1519 BGH WuB 2013, 595, 597 (m. Anm. *Buck-Heeb*); auch BGH Urt. v. 04.06.2013, VI ZR 292/12 Rn. 27 = BeckRS 2013, 11216.

1520 BGH WuB 2013, 595 f. (m. Anm. *Buck-Heeb*); BGH Urt. v. 04.06.2013, VI ZR 292/12 Rn. 19 = BeckRS 2013, 11216.

Gesellschaften bestätigt, als auch durch den Bundesgerichtshof in seinen Urteilen als eine Argumentation zugunsten der Beklagten begründet.[1521] Da es sich nach dem Bundesgerichtshof um „extrem unseriöse Kapitalmarktinformation" handelte, konnten die Anleger von dieser Beweiserleichterung keinen Gebrauch machen.

Die sog. Anlagestimmung hält der Bundesgerichtshof im Einzelfall jedoch für möglich, so dass sich aus den positiven Signalen einer Ad-hoc-Mitteilung eine regelrechte Anlagestimmung für den Erwerb von Aktien begründen könnte.[1522]

Allerdings besteht in diesem Fall kein Anlass dafür, den Kausalitätsnachweis für die Anleger nicht zu erleichtern. Nach einer Ansicht in der Literatur sei eine gezielte Mundpropaganda typischerweise die Ursache für den Kaufentschluss des Anlegers gewesen, so dass eine Erleichterung des Kausalitätsnachweises gerechtfertigt sei.[1523]

Die Garantie des jederzeitigen Rückerwerbs von Anteilen wird nicht nur den Klägern versprochen, sondern noch vielen weiteren Anlegern. Entgegen der Auffassung des Bundesgerichtshofs handelt es sich dabei nicht um extrem unseriöse Informationen. Wenn dies richtig wäre, würde dem Anleger ein Teil seines Eigenkapitals nicht zurückgezahlt werden können. Allein diese Teilzahlungen sind ein Indiz für eine potenzielle Existenz solch einer Garantie.

Obwohl Vorstandsmitglieder für diese Tätigkeiten in der Türkei mit einer Freiheitsstrafe bestraft wurden und für Schadensersatzansprüche der geschädigten Anleger haften mussten, wurden diese rechtskräftigen Verfahren weder durch das erstinstanzliche Gericht geprüft noch durch den Bundesgerichtshof berücksichtigt.[1524]

D. Zusammenfassung

Um Teil des internationalen Wirtschaftsmarkts sowie Kapitalmarkts zu werden, war die Anpassung an das europäische Recht zwingend erforderlich. Im Hinblick auf die ständigen Entwicklungen des europäischen Rechts wurden das Handelsgesetzbuch und Kapitalmarktgesetz, insbesondere bei der Verbesserung des Anlegerschutzes, grundlegend modernisiert bzw. geändert.

1521 BGH Urt. v. 04.06.2013, VI ZR 292/12 Rn. 24 = BeckRS 2013, 11216.

1522 BGHZ 160, 134, 146 = ZIP 2004, 1599, 1603; *Fleischer*, ZIP 2005, S. 1805, 1807; *Möllers*, BB 2005, S. 1637 f.

1523 BGH WuB 2013, 595, 598 (m. Anm. *Buck-Heeb*).

1524 Kassationshof, 11. Zivilkammer, Urt. v. 12.11.2015, E. 2014/16702 K. 2015/11936.

Jedoch ergeben sich teilweise Probleme bezüglich der Harmonisierung sowohl mit diesen beiden Gesetzen als auch mit den Rechtssystemen, die als Vorbild dienten. Neben Harmonisierungsproblemen führt dieser Dualismus auch zur Frage, ob die Vorschriften des Kapitalmarktgesetzes und Handelsgesetzbuchs (z.B. verdeckte Gewinnausschüttungen gem. Art. 202 tHGB oder Art. 21 tKMG, oder das Verschuldungsverbot gem. Art. 358 tHGB oder Art. 21 Abs. 4 tKMG) vorrangig anzuwenden sind.[1525]

Zur Verwirklichung des Anlegerschutzes müssen zunächst die Publizitätspflichten näher betrachtet werden. Die Haftung der Verantwortlichen wegen der Verletzung von Informations- und Verhaltenspflichten wird im Kapitalmarktgesetz getrennt, also als Prospekthaftung und allgemeine Haftung für Publizitätsdokumente, geregelt. Veröffentlichungspflichten der Aktiengesellschaften sind ebenfalls zum einen im Handelsgesetzbuch und zum anderen im Kapitalmarktgesetz mit seinen sekundären Quellen -vor allem in Erlassen- vorgeschrieben. Folglich herrscht ein mehrteiliges und gelegentlich konkurrierendes Informationssystem zwischen beiden Gesetzen.

Einerseits wird die Haftung für gesetzwidrige Prospekte als spezielle Norm in Art. 10 tKMG geregelt. Jedoch besteht ein wichtiger Korrekturbedarf des Art. 10 tKMG bezüglich der Haftung der Verantwortlichen, da mit Art. 10 tKMG eine zweistufige Haftung vorgeschrieben wird.[1526]

Im türkischen Recht ist die Aktiengesellschaft vorrangig zur Haftung verpflichtet, auch für unerlaubte Handlungen des Vorstands gemäß Art. 371 Abs. 5 tHGB. Die Haftung der Vorstandsmitglieder und anderer Verantwortlichen kommt gem. Art. 10 tKMG bei der Verletzung von Prospektpflichten nur in Betracht, wenn der Schaden des Anlegers von der Publikumsgesellschaft als Emittent nicht ersetzt werden kann oder die Zahlungsunfähigkeit deutlich ist. Diese nebelhafte Einstufung sorgt allerdings nur für einen hohen Zeitaufwand durch Schadensersatzklagen oder Vollstreckungsverfahren mit verbundenen hohen Kosten.

Im Übrigen führt das zweiteilige Haftungssystem im Kapitalmarktgesetz (Art. 10 und Art. 32 tKMG) zu weiteren Fragen, wenn die Haftungsverpflichteten des Art. 32 Abs. 1 tKMG als Einwand eine fehlende haftungsausfüllende Kausalität beweisen, dass sie die unrichtigen, irreführenden oder unvollständigen Publizitätsdokumente nicht kennen und die Unkenntnis nicht auf grober

1525 Siehe oben Kap. 4 B. I. 2.
1526 Siehe oben Kap. 4 C. I. 2.

Fahrlässigkeit oder Vorsatz beruht, da in diesem Fall auch der Emittent von diesem Haftungsausschluss Gebrauch machen kann. Diese Folge steht höchstwahrscheinlich dem Willen des Gesetzgebers aus Art. 10 Abs. 1 tKMG, der in Einklang mit Art. 553 Abs. 3 tHGB steht, entgegen und führt zu einer Umgehung des Art. 10 Abs. 1 tKMG, indem ein schuldhaftes Handeln deutlich nur für die sekundär Verantwortlichen, jedoch nicht für den Emittenten vorausgesetzt wurde.[1527] Dagegen soll dieser Haftungsausschluss für Emittenten bei der Veröffentlichung von Insiderinformationen nur unter Erfüllung bestimmter Voraussetzung bejaht werden. Mithin soll eine zwingende Wissensorganisation in der Aktiengesellschaft gegründet werden, um die mit der Veröffentlichung verpflichteten Verantwortlichen über potenzielle kursrelevante Informationen zu informieren, so dass diese zum Zeitpunkt ihrer frühestmöglichen Veröffentlichung entscheiden können.[1528]

Andererseits bietet Art. 15 tKMG mit der Veröffentlichung von Insiderinformationen Schutzmöglichkeiten auf dem Sekundärmarkt, so dass der Kapitalmarkt mit richtigen und ausreichenden Informationen versorgt wird. Nach einer Veröffentlichung kursrelevanter Insiderinformationen über Finanzinstrumente oder Finanzlagen der Gesellschaft entscheidet der Anleger, der ein Finanzinstrument gekauft hat, ob er das Finanzinstrument verkaufen oder behalten möchte. Daneben benötigen potenzielle Neuanleger oder Altaktionäre diese Informationen, um eine richtige Anlageentscheidung treffen zu können.[1529]

Zur Sicherung eines richtigen und vollständigen Informationsflusses regelte der Gesetzgeber eine allgemeine Haftung wegen unrichtigen, irreführenden und fehlerhaften Publizitätsdokumenten gemäß Art. 32 tKMG. Ein wichtiger Unterschied zum deutschen Recht ist, dass der durch Art. 32 Abs. 4 tKMG eingeführte spezielle Kausalitätszusammenhang (sog. Anlagestimmung) zwischen dem Publizitätsdokument und Schaden als eine wesentliche Beweiserleichterung für Anleger nicht nur mit dem Prospekt begrenzt wird, sondern auch andere Publizitätsdokumente und Mitteilungen erfasst.[1530] Zudem hat jedoch der türkische Gesetzgeber bezüglich der Gesetzgebung des Art. 32 tKMG eine Regelung zum Unterlassen einer unverzüglichen Veröffentlichung von Insiderinformationen ausgelassen.

1527 Siehe oben Kap. 4 C. I. 2. c.

1528 Siehe oben Kap. 4 C. III. 3.

1529 *Yanlı*, Sermaye Piyasası Hukuku Çerçevesinde Halka Açık Anonim Şirketler ve Kamunun Aydınlatılması, S. 103.

1530 Siehe oben Kap. 4 C. III. 2. a.

Bei einer allgemeinen Betrachtung des existierenden Haftungsregimes wird deutlich, dass die unordentlich strukturierte Informationshaftung des türkischen Rechts dem gemeinsamen Konfliktverhältnis entgegengekommen ist. Dazu gehört auch die Frage, ob ein Schutzvorrang der Anleger auch den Kapitalschutzschranken, also dem Kapitalerhaltungsgrundsatz nach Art. 480 Abs. 3 tHGB und dem Verbot des Erwerbs eigener Anteile nach Art. 379 Abs. 1 tHGB, entgegensteht. Insbesondere in Krisenzeiten ist die Leistungsfähigkeit bzw. das Fortbestehen der Gesellschaft von großer Bedeutung. Demzufolge kann die Kompensation des geschädigten Anlegers zur Gefährdung der aktienrechtlichen Kapitalerhaltung führen, die auch in Bezug zum Gläubigerschutz unerwünschte Folgen haben kann.[1531]

Bezüglich dieser Spannung zwischen dem Anlegerschutz und Kapitalschutz räumt der türkische Kassationshof in zahlreichen Urteilen (sog. Islamische-Holdings-Fälle)[1532] den Vorrang des Anlegerschutzes durch Ablehnung der Ansprüche über die Aktionärseigenschaft der Anleger und unter Betrachtung der Durchgriffshaftung der Muttergesellschaft für gesetzwidrige Tätigkeiten in Deutschland ansässiger Gesellschaften ein, indem er den Konflikt durch eine Deliktshaftung in Form der unerlaubten Handlung des Emittenten (Muttergesellschaft in der Türkei) und seinen Vorstandsmitgliedern löst.[1533]

Inzwischen regelte auch der türkische Gesetzgeber höchstwahrscheinlich unter Berücksichtigung dieser Verfahren die Tätigkeiten zur Geldansammlung aus dem Publikum als eine Haftungsvorschrift im neuen Handelsgesetzbuch.[1534]

Konzernvorschriften sind ebenfalls zur Verhinderung von Umgehungen des Einlagenrückgewährverbots durch verdeckte Zuwendungen in das türkische Recht transportiert worden. Bis zum Inkrafttreten des neuen Handelsgesetzbuchs war im türkischen Recht keine Regelung über den Beherrschungsvertrag oder eine Bestimmung hinsichtlich der Beherrschungsvermutung vorhanden, womit die Durchgriffshaftung als Rettungsgrundsatz zur Lösung der Haftungsprobleme bezüglich der Verantwortlichkeit der herrschenden Gesellschaft oder der Verantwortung des Vorstands der abhängigen Gesellschaft behilflich war. Trotzdem behält die Durchgriffshaftung ihre Wichtigkeit zur Verhinderung von Missbräuchen, da die neu konzipierten Konzernvorschriften

1531 Siehe oben Kap. 4 A. und B.
1532 Siehe oben Kap. 4 C. V. 2. a.
1533 Siehe oben Kap. 4 C. V. 2. e.
1534 Siehe oben Kap. 4 C. V. 2.

im türkischen Recht jung sind und die Durchgriffshaftung zur Schließung von Lücken anhand des Grundsatzes von Treu und Glauben stets Schutzmöglichkeiten bieten wird.[1535]

In einem weiteren Schritt soll auch das Verbot des Erwerbs eigener Anteile durch die Gesellschaft aufgrund einer Schadensersatzleistung in keinem Konflikt mit dem Kapitalerhaltungsgrundsatz gesehen werden. Die zutreffende Auslegung wäre, dass solch ein Anteilserwerb als ein anerkannter Ausnahmefall des Einlagenrückgewährverbots aufgrund einer gesetzlichen Verpflichtung zu bewerten ist.[1536]

Hinzuzufügen ist, dass der Konflikt zwischen den beiden Grundsätzen durch den Bundesgerichtshof im Vergleich zum türkischen Kassationshof nicht tiefgründig behandelt wird. In mehreren Verfahren zwischen den Islamischen-Gesellschaften und geschädigten Anlegern entschied der Bundesgerichtshof ohne die Durchführung erforderlicher Prüfungen des türkischen Rechts über die Aktien bzw. ihrer Wirksamkeit oder Werthaltigkeit und ohne Anerkennung des Ponzi-Schemas zugunsten der Gesellschaft.[1537] Für diese fehlerhafte Ansicht des Bundesgerichtshofs besteht daher *de lege ferenda* unbedingt Handlungsbedarf.

1535 Siehe oben Kap. 4 C. V. 2. g.

1536 Siehe oben Kap. 4 C. V. 3.

1537 Siehe oben Kap. 4 C. V. 4. c.

Schlussbetrachtung

A. Gesetzlicher Handlungsbedarf bezüglich des Konflikts zwischen dem Anlegerschutz und Kapitalschutz

Wie ungefähr vor 30 Jahren bezüglich Zukunftsfragen des Aktienrechts richtig vermutet wurde, ergibt sich eine dieser Fragen aus der Spannung zwischen der Aktiengesellschaft und ihren Anlegern.[1538]

Zweifellos sind der Anleger und sein Schutz unverzichtbar für einen lebendigen und effektiven Kapitalmarkt. Bisher wird stets ein deutlicher Wandel in Bezug auf den Anlegerschutz sowohl auf der europäischen als auch auf der deutschen Ebene beobachtet. In der Türkei erfolgten ebenfalls auf ihrem langen Weg zur Europäischen Gemeinschaft wichtige Gesetzesänderungen, für welche sowohl die europäischen Richtlinien als auch die Vorschriften der schweizerischen und deutschen Gesetze als Vorbild dienten.

Unter Berücksichtigung all dieser Rechtssysteme ist allgemein erkennbar, dass die Anleger nicht immer bewusst und oft nicht auf der Suche nach Informationen sind, die ihre Anlageentscheidung beeinflussen können. Mit ihrer Teilnahme an einer Aktiengesellschaft wird hauptsächlich nicht die aktive Gesellschaftsbeteiligung bezweckt, vielmehr sind die Absichten schwerwiegend gewinnorientiert. Die Aktionärseigenschaft zum Zweck der langfristigen Wahrnehmung der Aktiengesellschaft steht im Gegensatz zur renditeorientierten Anlegereigenschaft im Hintergrund.[1539] Dies zeigt, dass der steigende Schutzbedarf der Anleger auch steigende Anforderungen an die Aktiengesellschaften bei der Erfüllung ihrer Informationspflichten mitbringen werden, um den vermögensschädigenden Wertpapierhandel zu verhindern.

Das Spannungsverhältnis entsteht zwischen der anlegerschützenden Kapitalmarktinformationshaftung und dem gläubigerorientierten Kapitalerhaltungsgrundsatz i.V.m. dem Verbot des Erwerbs eigener Aktien. Bezüglich dieser Spannung ist einerseits der Schutzvorrang der Anleger gegenüber Kapitalschutzschranken vorzugswürdig.

Andererseits ist aber auch der Gläubigerschutz, der Hauptschutzadressat des Kapitalschutzes ist, zweifellos von großer Bedeutung. Noch wichtiger als der Gläubigerschutz ist jedoch die Verhinderung der Existenzgefährdung der Gesellschaft.

1538 *Westermann* in: 25 Jahre Aktiengesetz, S. 79, 94.

1539 Näher Kap. 1 B. III. 3. und Kap. 4 C. IV. 2. b.

Wie weit dieser Schutzbedarf des Anlegers gehen kann, ist daher problematisch. Weder Wortlaut noch Sinn und Zweck des Rückgewährverbots haben zur Folge, dass der Kapitalerhaltung zum Gläubigerschutz der Gesellschaft bei kapitalmarktbezogenen sittenwidrigen oder sonstigen betrügerischen Beeinträchtigungen der Anlegerentscheidung vor daraus resultierenden Schadensersatzansprüchen Vorrang einzuräumen ist.[1540]

Allein der Umstand, dass die Verantwortlichen gegenüber den Anlegern gesamtschuldnerisch haften, könnte allerdings zu Problemen führen, jedoch nicht aufgrund der Kapitalaufbringung und somit aufgrund des Gläubigerschutzes, da der Anleger seinen Schadensersatzanspruch wegen der fehlerhaften Kapitalmarktinformationen bei einem Wertpapierhandel nicht wie ein Aktionär, sondern wie ein Drittgläubiger geltend macht. Vielmehr könnte sich ein Grundsatzproblem aus dem Fehlen einer Grenze dieses Vorrangs ergeben.[1541]

Bei Betrachtung aus einem weiteren Blickwinkel sind Kapitalschutzschranken nicht nur gläubigerorientiert, sondern steuern durch das Fortbestehen der Aktiengesellschaft zum effizienten Funktionieren des Kapitalmarktes bei. Die Gesellschaften sind nicht „Opfer" des Anlegerschutzes, sondern auch wie Anleger wichtige und schutzwürdige Marktakteure.

Deswegen soll der Bedarf nach dem Schutz der Anleger nicht zum Ergebnis kommen, dass die anderen Marktakteure nicht schutzwürdig sind. Der Vermutung, dass der Schutz von Grundkapital (im weiteren Sinne „Gesellschaftsvermögen") seine Bedeutung und Funktion im Kapitalmarktrecht langsam verliert, steht nichts entgegen. Ein Indiz hierfür sind auch immer neue und umfassendere Informations- und Verhaltenspflichten zum Anlegerschutz und schwerwiegende Anforderungen insbesondere bei der Anlageberatung zur Verhinderung von Interessenkonflikten und Informationsasymmetrien.

Werden den Emittenten extreme Härten auferlegt, entstehen Unsicherheiten. Diese Unsicherheit belegen die mit der Zeit auf dem Kapitalmarkt herrschende „Kapitalfeindliche-Ansicht". Dem Emittenten sollen aber auch Freiräume für seine Tätigkeiten gelassen werden, damit er seine Wettbewerbschancen auf dem Markt nicht wegen der übermäßigen Veröffentlichungspflichten zum Anlegerschutz verliert.

1540 *Laubert* in: Hölters/AktG, § 57 Rn. 3.

1541 Zur Lösung für die Prospekthaftung *Henze* in: Grundmann/Schwintowski/Singer/Weber, Kap. 5 S. 66.

Bei genauerer Betrachtung muss der Gesetzgeber *de lege ferenda* ausdrücklich eine Bestimmung für das Verhältnis der Kapitalmarktinformationshaftung gegenüber dem Kapitalerhaltungsgrundsatz und dem Erwerb eigener Aktien treffen.[1542] Eine Modifizierung des Konflikts beispielsweise im Rahmen eines Ausschüttungslimits oder einer Mithaftung anderer Verantwortlichen, ist aus Gründen der Rechtssicherheit für die Aktiengesellschaften erforderlich, damit ihre Existenz auf dem Markt nicht bedroht werden kann.

B. Der Handlungsbedarf für die Haftung der Vorstandsmitglieder

Im Mittelpunkt der Kapitalmarktinformationshaftung in allen drei Rechtsordnungen steht der Emittent als primär Verantwortlicher aufgrund von fehlerhaften kapitalmarktrechtlichen Mitteilungspflichten oder Prospekten.

Diesbezüglich besteht für die Haftung der Vorstandsmitglieder ein Korrekturbedarf, da die Vorstandsmitglieder für die Verletzung von Ad-hoc-Publizitätspflichten nur nach den allgemeinen Vorschriften haftbar gemacht werden können. In diesem Sinne stellt das Deliktsrecht *de lege lata* eine tragende Säule für die Kapitalmarktinformationshaftung aufgrund der fehlerhaften Prospekte bzw. Ad-hoc-Publizität dar. Dagegen soll eine parallele Außenhaftung der Organmitglieder zusammen mit der Emittentenhaftung flankiert werden, um auch bestehende Haftungsfragen zu verringern. Der Gesetzgeber soll aber *de lege ferenda* die Kapitalmarktinformationshaftung nicht nur mit dem Prospekt oder der Ad-hoc-Publizität begrenzen, sondern von einer einheitlichen deliktischen Kapitalmarkthaftung ausgehen.[1543]

Ähnlich können im türkischen Recht die Vorstandsmitglieder erst dann wegen fehlerhaften Prospektangaben haftbar gemacht werden, wenn die Schadensersatzleistung von dem Emittenten nicht ersetzt wurde oder wenn eine Zahlungsunfähigkeit des Emittenten deutlich ist. Das Haftungssystem des Kapitalmarktgesetzes ist ebenfalls lückenhaft. Solch eine Einstufung bringt nur höhere Verfahrenskosten und jahrelange Wartezeiten zum Erhalten der

---

1542 Zum Vorschlag für den Konflikt zwischen der Prospekthaftung und §§ 57, 71 AktG *Fleischer*, Gutachten F 64. DJT, 2002, F 74; *Bayer*, MüKoAktG/2019, § 57 Rn. 35; *Henze*, NZG 2005, S. 115 ff.; *Henze* in: Grundmann/Schwintowski/Singer/Weber, Kap. 5 S. 66.

1543 *Hellgardt* in: Assmann/Schneider/Mülbert, Wertpapierhandelsrecht, §§ 97, 98 WpHG Rn. 58.

Schadensersatzleistung mit sich. Für dieses eingestufte Haftungssystem, zumindest für das Merkmal „der Zahlungsunfähigkeit", besteht daher Handlungsbedarf.

C. Die Erfüllung eines grenzübergreifenden Entscheidungseinklangs

Zunächst ist zu betonen, dass der beste Anlegerschutz derjenige ist, der den Anleger schützt, bevor ein Schaden eintritt.

Gerichte können bezüglich des Schadensersatzes für Anleger nachhelfen. Wenn der Anleger Klage erhebt, heißt das, dass der Anleger nicht angemessen geschützt wird. Daher können Schäden mit dem Gerichtsurteil – oftmals sehr spät- nur repariert werden.[1544]

Gesetzliche Regelungen, die den vermutlichen Schaden zu verhindern erzielen, sind daher von großer Bedeutung. Um die Problematik aufgrund kollidierender Interessen zwischen dem Anleger und Gläubiger und die Schwächung des Vermögenszustands der Aktiengesellschaft zu verhindern, sollen anlegerschützende Vorschriften vor dem Schadenseintritt bereitgestellt werden. Das Auftreten wahrscheinlicher Risiken auf ein Minimum zu verringern und dafür notwendige Maßnahmen zu treffen, soll das vorrangige Ziel des nationalen- und europäischen Gesetzgebers sein.

Da die Rechtsprechung ein Notbehelf ist, darf nicht übersehen werden, dass Lücken und unklar regulierte Bereiche der gesetzlichen Regelungen durch die Rechtsprechung gefüllt werden. Daher können auch Gerichtsurteile zu einer Rechtsfortbildung führen. Ein Beispiel dafür sind die sog. Islamische-Holdings-Urteile des türkischen Kassationshofs.

Eigentlich bedeuten diese Urteile, dass die von den Gastarbeitern eingesammelten Gelder, die ab den 60er Jahren an die in der Türkei ansässigen Gesellschaften abgeflossen sind, wieder zurück ins Ausland fließen werden. Nach den Entscheidungen des Kassationshofs und nunmehr auch nach den türkischen Gerichten kommt keine Aktionärseigenschaft des Anlegers bei einer Geldansammlung aus dem Publikum in Betracht, während die deutschen Gerichte keinen Rechtsverstoß für diese Tätigkeiten annahmen.

Zuzugeben ist, dass die Entscheidungen des Kassationshofs progressiver im Vergleich zu den fehlerhaften Entscheidungen des Bundesgerichtshofs[1545] sind.

1544 *Müller-Christmann*, Anlegerschutz im Wertpapiergeschäft, S. 3.

1545 Näher siehe oben Kap. 4 C. V. 4.

Die deutschen Gerichte kollidieren ebenfalls oft mit diesen Verfahren. Demzufolge kann es für solche Verfahren, die zum Gegenstand einen Aktienkauf einer türkischen Gesellschaft haben, erforderlich sein, ausländische Rechte und ihre Regelungen zu erfassen.

Insbesondere „Aktien", und „die Erstellung von Wertpapieren" sind mit den nationalen Rechtssystemen eng verbundene Tatbestände. Im Vergleich zu den Auffassungen des Bundesgerichtshofs haben die deutschen Oberlandesgerichte diese Konflikte zwar lückenhaft, aber im Ergebnis richtig zugunsten der Anleger gelöst. Die fest verankerte Abneigung des Bundesgerichtshofs gegenüber der Anwendung von Vorschriften ausländischer Rechtssysteme sollte sich in nächster Zeit ändern.

Als ein das deutsche Recht förderndes Gericht ist vom Bundesgerichtshof zu erwarten, zumindest im Hinblick auf seine anlegerschützende Haltung wie in den EM.TV,- ComROAD,- IKB-Urteilen, auch in diesen Islamische-Holdings-Fällen unter dem gleichen Schutzaspekt bezüglich der Anleger zu prüfen.

Schließlich kann man die Entscheidungen des Kassationshofs „Meilensteine" des Kapitalmarktrechts im Bereich des Anlegerschutzes nennen, obwohl sie aber auch Mängel enthalten, die unverzüglich einer Korrektur bedürfen. Wenn man die aktuelle Lage, den politischen Druck auf die Gerichte und die sympathische sowie unterstützende Sichtweise für diese Gesellschaften durch die nationalen Gerichte, die in den gleichen anatolischen Städten ansässig sind, beachtet, sind diese Entscheidungen ziemlich radikal.

Bedauerlicherweise machte der Kassationshof seine Stellung auf Seiten des Anlegers deutlich, ohne seine Meinung unter dem Konzept „Anlegerschutz vs. Kapitalschutz" zu bewerten. Ob der Kassationshof keine Spannung zwischen den beiden Grundsätzen feststellte oder für solch eine ausdrückliche Feststellung zu schüchtern war, ist heute eine offen gelassene Frage.

Den Konflikt deutlich und detailliert in den zukünftigen Entscheidungen zu diskutieren, wird das türkische Recht noch einen Schritt vorwärtsbringen. So sehr die Türkei die Modernisierung ihrer Gesetze hinsichtlich der EU-Richtlinien zu entwickeln erzielt, ist es trotzdem erforderlich, die Diskussionsthemen auf europäischer Ebene zu verfolgen.

Literaturverzeichnis

Abram, Nils: Ansprüche von Anlegern wegen Verstoßes gegen Publizitätspflichten oder den Deutschen Corporate Governance Kodex?, in: NZG 2003, S. 307–322.

Adıgüzel, Burak: 6362 Sayılı Sermaye Piyasası Kanunu'nda Sermaye Piyasası Aracı Kavramı (Capital Market Instrument in the Capital Market Law Numbered 6362), in: Ticaret ve Fikri Mülkiyet Hukuku Dergisi (Journal of Commercial and Intellectual Property Law), 2017, S. 1–8. (Zitiert: *Adıgüzel*, TFM 2017, S.)

Akerlof, George A.: The Market For „Lemons": Quality Uncertainty and The Market Mechanism, in: Quarterly Journal of Economics, August 1970, S. 488–500.

Antalya, Gökhan: Tüzel Kişilik Perdesinin Aralanması Teorisi, in: Marmara Üniversitesi Hukuk Fakültesi Tüzel Kişilik Perdesinin Aralanması Sempozyumu, İstanbul 2008, S. 143–152.

Arbeitskreis zum „Deutsche Telekom III-Urteil" des BGH: Thesen zum Umgang mit dem „Deutsche Telekom III-Urteil" des BGH vom 31.05.2011, NJW 2011 S. 2719 bei künftigen Börsengängen, in: Corporate Finance Law vom 19.12.2011, S. 377–380. (Zitiert: *Arbeitskreis zum „Deutsche Telekom III-Urteil" des BGH,* CFL 2011, S.)

Arnold, Michael/Aubel, Stephan: Einlagenrückgewähr, Prospekthaftung und Konzernrecht bei öffentlichen Angeboten von Aktien, Rezension des „Telekom III"-Urteils des BGH vom 31. Mai 2011, in: ZGR 2012, S. 113–155.

Assmann, Heinz-Dieter/Kübler, Friedrich: Gesellschaftsrecht, Die privatrechtlichen Ordnungsstrukturen und Regelungsprobleme von Verbänden und Unternehmen, 6. Aufl., Heidelberg 2006.

Assmann, Heinz-Dieter/Schütze, Rolf A. (Hrsg.): Handbuch des Kapitalanlagerechts, 4. Aufl., München 2015.

(Zitiert: *Bearbeiter* in: Assmann/Schütze, HdB KapitalanlageR, § Rn.)

Assmann, Heinz-Dieter/Schneider, Uwe H. (Hrsg.): Wertpapierhandelsgesetz, 6. Aufl., Köln 2012. (Zitiert: *Bearbeiter* in: Assmann/Schneider, WpHG, § Rn.)

Assmann, Heinz-Dieter/Schneider, Uwe H./ Mülbert, Peter O. (Hrsg.): Wertpapierhandelsrecht, 7. Aufl., Köln 2019. (Zitiert: *Bearbeiter* in: Assmann/Schneider/Mülbert, § Rn.)

Assmann, Heinz-Dieter /Schlitt, Michael/von Kopp-Colomb, Wolf (Hrsg.): Wertpapierprospektgesetz, Vermögensanlagengesetz, 3. Aufl., Köln 2017. (Zitiert: *Bearbeiter* in: Assmann/Schlitt/von Kopp-Colomb, § Rn.)

Assmann, Heinz-Dieter/Schneider, Uwe H./Mülbert, Peter O (Hrsg.): Wertpapierhandelsrecht, Kommentar WpHG, MAR, PRIIP, MiFIR, Leerverkaufs-VO, EMIR, 7. Aufl., Köln 2018. (Zitiert: *Bearbeiter* in: Assmann/Schneider/Mülbert, Wertpapierhandelsrecht, § Rn.)

Assmann, Heinz-Dieter/ Wallach, Edgar/Zetzsche, Dirk A. (Hrsg.): Kapitalanlagegesetzbuch, Kommentar KAGB (ELTIF-VO, EuSEF-VO, EuVECA-VO, MMF-VO, PRIIP-VO, DerivateVO), Köln 2019. (Zitiert: *Bearbeiter* in: Assmann/Wallach/Zetzsche, KAGB, 2019, § Rn.)

Augschill, Steffen: „Safe harbor"-Regelungen – Methodische Grundzüge eines neuartigen Regelungsmusters im deutschen und europäischen Wirtschafts- und Unternehmensrecht, Berlin 2016.

Aydın, Alihan: Anonim Ortaklığın Kendi Paylarını Edinmesi, 1. Aufl., Istanbul 2008.

Aydoğan, Gökhan: Anonim Şirketlerin Menkul Kıymet İhraç Kararları, in: Banka ve Ticaret Hukuku Dergisi, Cilt: 33, Sayı: 4, Aralık 2017, S. 231–268. (Zitiert: *Aydoğan*, BATİDER 2017, S.)

Ayoğlu, Tolga: Sermaye Piyasası Hukukunda Halka Arz Kavramı ve Halka Arza Aracılık Sözleşmeleri, İstanbul 2008. (Zitiert: *Ayoğlu*, Halka Arz Kavramı ve Halka Arza Aracılık Sözleşmeleri, S.)

Aytaç, Zühtü: Halka Açık Anonim Ortaklıklara İlişkin Yenilikler, in: 6362 Sayılı Yeni Sermaye Piyasası Kanunu Işığında Sermaye Piyasası Hukuku Sempozyumu, 6–7 Haziran 2013, İstanbul 2017, S. 19–40. (Zitiert: *Aytaç*, HAAO'lara İlişkin Yenilikler, in: SPH Sempozyumu 2013, S.)

Aytaç, Zühtü: Yönetim Kurulu Üyelerinin Hakimiyetin Hukuka Aykırı Kullanılmasından Doğan Sorumluluğu, in: Banka ve Ticaret Hukuku Dergisi, Cilt: 29, Sayı: 4, Aralık 2013, S. 5–56. (Zitiert: *Aytaç*, BATİDER 2013, S.)

Bachmann, Gregor: Kapitalmarktrechtliche Probleme bei der Zusammenführung von Unternehmen, in: ZHR 2008, S. 597–634.

Bachmann, Gregor: Anm. zu BGH Urt. v. 13.12.2011-XI ZR 51/10 (OLG Düsseldorf), in: JZ 2012, S. 578–582.

Bahar Sayın, Hediye: Pay Sahibi Haklarının Korunması Kapsamında Anonim Şirket Yönetim Kurulu Kararlarının Butlanı, 1. Aufl., İstanbul 2015.

Balzer, Peter/Lang, Volker: Anm. zu BGH, Urt. v. 03.06.2014-XI ZR 147/12, in: BKR 2014, S. 377–381.

Bator, Jakob: Die Marktmanipulation im Entwurf zum Finanzmarktnovellierungsgesetz-unionrechtskonform?, in: BKR 2016, S. 1–7.

Baums, Theodor: Anlegerschutz und Neuer Markt, in: ZHR 2002, S. 375–382.

Baums, Theodor: Haftung wegen Falschinformation des Sekundärmarkts, in: ZHR 2003, S. 139–192.

Baums, Theodor (Hrsg.): Bericht der Regierungskommission Corporate Governance – Unternehmensführung, Unternehmenskontrolle, Modernisierung des Aktienrechts-, Köln 2001.

Bausch, Stephan: Anm. zu BGH Urt. v. 23.04.2010–13 U 117/09 und 13 U 118/09, in: BKR 2010, S. 257–259.

Bayer, Walter: Emittentenhaftung versus Kapitalerhaltung, in: WM 2013, S. 961–970.

Bayer, Walter/Habersack, Mathias (Hrsg.): Aktienrecht im Wandel, Band I, Entwicklung des Aktienrechts, Tübingen 2007. (Zitiert: *Bearbeiter* in: Bayer/Habersack, Bd. I, Kap. Rn.)

Bayer, Walter/Habersack, Mathias (Hrsg.): Aktienrecht im Wandel, Band II, Grundsatzfragen des Aktienrechts, Tübingen 2007. (Zitiert: *Bearbeiter* in: Bayer/Habersack, Bd. II, Kap. Rn.)

Bayer, Walter/Schmidt Jessica: Aktuelle Rechtsprechung des EuGH zum Europäischen Unternehmensrecht -2012 bis Anfang 2014-, in: KSzW 2014, S. 69–76.

Bayer, Walter/Schmidt Jessica: BB-Gesetzgebungs- und Rechtsprechungsreport Europäisches Unternehmensrecht 2013/14, in: BB 2014, S. 1219–1232.

Berding, Benjamin: Gesellschafts- und kapitalmarktrechtliche Grundsätze im Übernahmerecht, in: WM 2002, S. 1149–1204.

Berrar, Carsten/Meyer, Andreas/Müller, Cordula/Schnorbus, York/Singhof, Bernd/Wolf, Christoph (Hrsg.): Frankfurter Kommentar, WpPG und EU-ProspektVO, 2. Aufl., Frankfurt am Main 2017. (Zitiert: *Bearbeiter* in: Frankfurter Kommentar, WpPG/EU-ProspektVO, § Rn.)

Bezzenberger, Tilman: Eigene Aktien und ihr Preis – auch beim Erwerb mit Hilfe von Kaufoptionen, in: ZHR 2016, S. 8–44.

Bezzenberger, Tilman: Das Kapital der Aktiengesellschaft, Köln 2005.

Bilgili, Fatih/Demirkapı, Ertan: Şirketler Hukuku Dersleri, 5. Aufl., Bursa 2017.

Binder, Jens-Hinrich: Vom offenen zum regulierten Markt: Finanzintermediation, EU-Wirtschaftsverfassung und der Individualschutz der Kapitalanbieter, in: ZEuP 2017, S. 569–599.

Bingel, Adrian: Die „Insiderinformation" in zeitlich gestreckten Sachverhalten und die Folgen der jüngsten EuGH-Rechtsprechung für M&A-Transaktionen, in: AG 2012, S. 685–700.

Bitter, Georg: Rechtsperson und Kapitalerhaltung – Gesellschafterschutz vor „verdeckten Gewinnausschüttungen" bei Kapital- und Personengesellschaften-, in: ZHR 2004, S. 302–351.

Bitter, Georg/Heim, Sebastian: Gesellschaftsrecht, 4. Aufl., München 2018. (Zitiert: *Bitter/Heim*, Gesellschaftsrecht, 2018, § Rn.)

Bode, Christoph: Anlegerschutz und Neuer Markt – Eine empirische Untersuchung des Publizitätsverhaltens ausgewählter Unternehmen des neuen Markts-, Diss., Jena 2005.

Bott, Kristofer: Wissenzurechnung bei Organisationen, Diss., Frankfurt am Main 2000.

Bott, Claudia/Schleef, Michael: Transparenz von Beteiligungsverhältnissen nach dem Wertpapierhandelsgesetz-Nutzen für den Anleger?, in: ZBB 1998, S. 330–334.

Brellochs, Michael: Publizität und Haftung von Aktiengesellschaften im System des Europäischen Kapitalmarktrechts, München 2005. (Zitiert: *Brellochs*, Publizität und Haftung, S.)

Brüggemeier, Alexander F.P.: Harmonisierungskonzepte im europäischen Kapitalmarktrecht, Tübingen 2018. (Zitiert: *Brüggemeier*, Harmonisierungskonzepte im europäischen KapitalmarktR, Kap. S.)

Buck-Heeb, Petra: Kapitalmarktrecht, 9. Aufl., Heidelberg 2017. (Zitiert: *Buck-Heeb*, Kapitalmarktrecht, § Rn.)

Buck-Heeb, Petra: Wissenzurechnung und Verschwiegenheitspflicht von Aufsichtsratsmitgliedern – Zugleich Besprechung der Urteile des XI. Zivilsenats vom 26.04.2016, in: WM 2016, S. 1469–1474.

Buck-Heeb, Petra: Wissenzurechnung, Informationsorganisation und Ad-hoc-Mitteilungspflicht bei Kenntnis eines Aufsichtsratsmitglieds, in: AG 2015, S. 801–812.

Buck-Heeb, Petra: Vom Kapitalanleger- zum Verbraucherschutz, Befund und Auswirkungen auf das Recht der Anlageberatung, in: ZHR 2012, S. 66–95.

Buck-Heeb, Petra: Aufklärungspflichten beim Vertrieb von Zertifikaten – Zugleich Besprechung der Lehman-Urteile des BGH vom 27.09.2011, in: DB 2011, S. 2825–2832.

Buck-Heeb, Petra: Verhaltenspflichten beim Vertrieb – Zwischen Paternalismus und Schutzlosigkeit der Anleger, in: ZHR 2013, S. 310–343.

Bultmann, Friedrich/Hoepner, Olaf/Lischke, Peter: Anlegerschutzrecht, 1. Aufl., München 2009. (Zitiert: Bultmann/Hoepner/*Lischke*, § Rn.)

Bürgers, Tobias /Körber, Torsten (Hrsg.): Aktiengesetz, 4. Aufl., Heidelberg 2017. (Zitiert: *Bearbeiter* in: Bürgers/Körber, § AktG Rn.)

Bürgers, Tobias /Körber, Torsten (Hrsg.): Aktiengesetz, 3. Aufl., Heidelberg 2014. (Zitiert: *Bearbeiter* in: Bürgers/Körber, 3. Aufl., § AktG Rn.)

Cahn, Andreas/Müchler, Henny: Produktintervention nach MiFID II Eingriffsvoraussetzungen und Auswirkungen auf die Pflichten des Vorstands von Wertpapierdienstleistungsunternehmen, in: BKR 2013, S. 45–55.

Canaris, Claus-Wilhelm: Die Rückgewähr von Gesellschaftereinlagen durch Zuwendungen an Dritte, in: Festschrift für Robert Fischer, Berlin 1979, S. 31–64. (Zitiert: *Canaris*, FS Fischer, 1979, S.)

Caspari, Karl-Burkhard: Die geplante Insiderregelung in der Praxis, in: ZGR 1994, S. 530–546.

Casper, Matthias: Haftung für fehlerhafte Informationen des Kapitalmarktes, in: Der Konzern 2006, S. 32–39.

Casper, Matthias: Persönliche Außenhaftung der Organe bei fehlerhafter Information des Kapitalmarkts?, in: BKR 2005, S. 83–90.

Cengiz, Dilek: Banka İşletmesi Hukukunda Tüzel Kişilik Perdesinin Aralanması Kuramının Uygulanmasına ve Bu Kuramın 5411 Sayılı Bankacılık Kanunu Çerçevesindeki Normatif Görünümlerine İlişkin Tespitler ve Değerlendirmeler, in: Marmara Üniversitesi Hukuk Fakültesi Hukuk Araştırmaları Dergisi, 2017, S. 371–440. (Zitiert: *Cengiz*, MÜHFD 2017, S.)

Clasen, Gerrit: Die Pflichten des Bieters zur Sicherstellung der Aktualität der Angebotsunterlage nach dem WpÜG, Diss., Düsseldorf 2006. (Zitiert: *Clasen*, Die Pflichten des Bieters, S.)

Coştan, Hülya/Çetin, Nusret: Sermaye Piyasası Kurulu ile Bankacılık Düzenleme ve Denetleme Kurumu'nun Hukuki Sorumluluğunun Sınırlandırılması Üzerine Bir İnceleme, in: Banka ve Ticaret Hukuku Dergisi, Cilt: 33, Sayı: 1, Mart 2014, S. 79–119. (Zitiert: *Coştan/Çetin*, BATİDER 2014, S.)

Çamoğlu, Ersin: Şirketler Topluluğunda Hakimiyetin Kötüye Kullanılmasından Doğan Sorumluluk Davaları, in: Galatasaray Üniversitesi Hukuk Fakültesi Dergisi, 2013/2, S. 19–33. (Zitiert: *Çamoğlu*, GÜHFD 2013, S.)

Çamoğlu, Ersin: Ticaret Ortaklıkları Bağlamında Perdenin Kaldırılması Kuramı ve Yargıtay Uygulaması, in: Banka ve Ticaret Hukuku Dergisi, Cilt: 32, Sayı: 4, Haziran 2016, S. 5–17. (Zitiert: *Çamoğlu*, BATİDER 2016, S.)

Çamurcu, Emin: Anonim Ortaklıklarda Farklılaştırılmış Teselsül İlkesi Uyarınca Yönetim Kurulu Üyelerinin Sorumluluklarının Belirlenmesi, 1. Aufl., İstanbul 2015.

Çatakoğlu, Buket: Halka Arzda İzahnamenin Hukuki Niteliği ve İzahnameden Doğan Hukuki Sorumluluk (Legal Nature of the Prospectus and Civil Liability Arising From Prospectus in Public Offering), in: Kastamonu

Üniversitesi İktisadi ve İdari Bilimler Fakültesi Dergisi, Ocak 2016, Sayı: 11, S. 118–132. (Zitiert: *Çatakoğlu*, KÜİİBFD 2016, S.)

Çekin, Mesut Serdar: Offenlegungs- und Mitteilungspflichten nach § 67 AktG, Diss., Frankfurt am Main 2012.

Çeliktaş, İlyas: Anonim Ortaklığın Kendi Paylarını İktisabı, 1. Aufl., İstanbul 2006.

Çetin, Nusret: Sermaye Piyasası Hukukunda Yatırımcının Korunması İlkesinin Teorik Analizi, in: Gazi Üniversitesi Hukuk Fakültesi Dergisi, C. XV, Sayı: 1, 2011, S. 1–23. (Zitiert: *Çetin*, GaziÜHFD 2011, S.)

Çetin, Nusret: Sermaye Piyasalarında Yatırımcı Uyuşmazlıklarının Çözümüne Yönelik Türk ve İngiliz Modellerinin Karşılaştırılması, in: Gazi Üniversitesi Hukuk Fakültesi Dergisi, C. XIII, 2009, S. 21–41. (Zitiert: *Çetin*, GaziÜHFD 2009, S.)

Çetin, Nusret: Investor Protection as the Objective of Securities Regulation: Goal v. Instruments; abrufbar unter: https://papers.ssrn.com/sol3/papers.cfm?abstract_id=2226778 (abgerufen am 07.08.2018).

Çetin, Nusret: 6362 Sayılı Sermaye Piyasası Kanunu'nda Yatırımcıların Korunması, in: 6362 Sayılı Yeni Sermaye Piyasası Kanunu Işığında Sermaye Piyasası Hukuku Sempozyumu, 6–7 Haziran 2013, İstanbul 2017, S. 437–475. (Zitiert: *Çetin*, Yatırımcıların Korunması, in: SPH Sempozyumu 2013, S.)

Çetin, Nusret/Töremiş, H. Ebru: AB Finansal Araç Piyasaları Yönergesi ve Yönergenin Yatırımcı-Yatırım Şirketi Arasındaki İlişkiye Etkileri, in: Gazi Üniversitesi Hukuk Fakültesi Dergisi, C. XIV, Sayı: 2, 2010, S. 45–70. (Zitiert: *Çetin/Töremiş*, GaziÜHFD 2010, S.)

Çetin, Nusret/Töremiş, H. Ebru/Cantimur, Zeynep: 6362 Sayılı Sermaye Piyasası Kanunu'nun Sistematik Analizi, 1. Aufl., Ankara 2014.

Demir, H. Erdal: Sermaye Piyasası Kurulu'nun Anonim Şirketlerdeki Yönetim Kuruluna İlişkin Kurumsal Yönetim İlkeleri, 1. Aufl., İstanbul 2013. (Zitiert: *Demir*, Kurumsal Yönetim İlkeleri, S.)

Derleder, Peter /Knops, Kai-Oliver/Bamberger, Heinz Georg (Hrsg.): Deutsches und europäisches Bank- und Kapitalmarktrecht, Band 2, 3. Aufl., Berlin 2017. (Zitiert: *Bearbeiter* in: Derleder/Knops/Bamberger, § Rn.)

Dimke, Andreas W./Heiser, Kristian J.: Neutralitätspflicht, Übernahmegesetz und Richtlinienvorschlag 2000, in: NZG 2001, S. 241–259.

Dinç, Cüneyd: From „Gastarbeiter“ to „People With Migration Background“: A Critical Overview of German Migration Sociolog, in: Sosyoloji Dergisi, 3. Dizi, 22. Sayı, 2011, S. 253–280. (Zitiert: *Dinç*, From „Gastarbeiter“ to „People With Migration Background“, S.)

Doğan, Beşir Fatih: Der Erwerb eigener Aktien im deutschen und türkischen Recht im Hinblick auf europäisches Recht, Diss., Hamburg 2004. (Zitiert: *Doğan*, Der Erwerb eigener Aktien, S.)

Doğan, Beşir Fatih: Anonim Şirketlerde Sermaye Payını Geri Ödeme Yasağı, in: Türkiye Barolar Birliği Dergisi, Sayı: 56, 2005, S. 48–60. (Zitiert: *Doğan*, TBBD 2005, S.)

Doğrusöz Koşut, Hanife: Anonim Ortaklık Yöneticilerinin ve Denetçilerinin Hukuki ve Cezai Sorumluluğu, in: Marmara Üniversitesi Hukuk Fakültesi Hukuk Araştırmaları Dergisi Özel Sayı – 6102 Sayılı Yeni Türk Ticaret Kanunu'nu Beklerken 10-11-12 Mayıs 2012 Sempozyum-, Cilt: 18, Sayı: 2, 2012, S. 683–696. (Zitiert: *Doğrusöz Koşut*, MÜHFD 2012, S.)

Dörfler, Roman: Kurzkommentar zu BGH, Beschl. v. 20.01.2009-XI ZR 510/07 (OLG Naumburg), in: EWiR 2009, S. 193–194.

Drinkuth, Henrik: Die Kapitalrichtlinie – Mindest- oder Höchstnorm?, Köln 1998. (Zitiert: *Drinkuth*, Kapitalrichtlinie, S.)

Drygala, Tim: Finanzielle Unterstützung des Aktienerwerbs nach der Reform der Kapitalrichtlinie, in: Der Konzern 2007, S. 396–406.

Duve, Christian/Basak, Denis: Welche Zukunft hat die Organaußenhaftung für Kapitalmarktinformationen? Bestandsaufnahme und Ausblick nach der Rücknahme des Gesetzesentwurfs eines Kapitalmarktinformationshaftungsgesetzes und dem EM.TV-Urteil des BGH, in: BB 2005, S. 2645–2651.

Edelmann, Herve: Haftung von Vorstandsmitgliedern für fehlerhafte Ad-hoc-Mitteilungen – Besprechung der Informatec-Urteile des BGH, in: BB 2004, S. 2031–2033.

Ekin, Nusret: İşçi Dövizleri ve Sanayileşme, in: İstanbul Üniversitesi İktisat Fakültesi Mecmuası, Volume: 42, İssue: 1–4, 1986, S. 43–50.

Ekkenga, Jens: Anlegerschutz, Rechnungslegung und Kapitalmarkt, Tübingen 1998.

Ekkenga, Jens: Individuelle Entscheidungsprozesse im Recht der Ad-hoc-Publizität, in: NZG 2013, S. 1081–1087.

Ellenberger, Jürgen: Prospekthaftung im Wertpapierhandel, Berlin 2001.

Eminoğlu, Cafer: Türk Ticaret Kanunu'nda Kurumsal Yönetim, 1. Aufl., İstanbul 2014.

Eminoğlu, Cafer: Anonim Şirket Pay Sahipleri Açısından „Eşit Şartlarda Eşit İşlem" İlkesi (The Principle of Equal Treatment Under Equal Terms Regarding Shareholders of Joint Stock Companies), in: Ticaret ve Fikri Mülkiyet Hukuku Dergisi (Journal of Commercial and Intellectual Property Law), 2015, S. 79–88. (Zitiert: *Eminoğlu*, TFM 2015, S.)

Eminoğlu, Cafer: Schutzmechanismen des neuen türkischen Konzernrechts, in: Hacettepe Üniversitesi Hukuk Fakültesi Dergisi, 2012, S. 37–54. (Zitiert: *Eminoğlu*, HÜHFD 2012, S.)

Emmerich, Volker/Habersack, Mathias/Schürnbrand, Jan: Aktien- und GmbH-Konzernrecht, 8. Aufl., München 2016. (Zitiert: *Bearbeiter* in: Emmerich/Habersack/Schürnbrand, § Rn.)

Engelhardt, Florian: Vertragsabschlussschaden oder Differenzschaden bei der Haftung des Emittenten für fehlerhafte Kapitalmarktinformationen, in: BKR 2006, S. 443–448.

Enneking, Felix/Heckschen, Heribert: Gesellschafterhaftung beim down-stream-merger, in: DB 2006, S. 1099–1101.

Erdem, H. Ercüment: Türk Ticaret Kanunu'nun Anonim Şirketler Genel Kurulları İçin Getirdiği Yenilikler, in: Bahçeşehir Üniversitesi Hukuk Fakültesi Dergisi, Cilt: 9, Sayı: 117–118, 2014, S. 29–61. (Zitiert: *Erdem*, BÜHFD 2014, S.)

Erker, Turhan: Dış Ülkelere İşgücü Akımı ve İş ve İşçi Bulma Kurumu, in: Journal of Social Policy Conferences, 1967, S. 85–104.

Erne, Roland/ Bröcker, Norbert/Ekkenga, Jens/Kirchhartz, Marcel/van Look, Frank (Hrsg.): Claussen, Bank- und Börsenrecht, 5. Aufl., München 2014. (Zitiert: *Bearbeiter* in: Claussen, Bank- und Börsenrecht, § Rn.)

Esen, Emre: Milletlerarası Özel Hukukta Tüzel Kişilik Perdesinin Kaldırılması, 1. Aufl., İstanbul 2011.

Falcıoğlu, M. Özgür: Anonim Şirket Finansal Tablolarında TTK 515 Kapsamında Dürüst Resim İlkesine Uygunluk ve İlkeye Aykırılığın Sonuçları (Compliance with True and Fair View Principle in Statement of Accounts Under the Article 515 of the TCC and Results of Non-Compliance with the Principle), in: Bahçeşehir Üniversitesi Hukuk Fakültesi Dergisi, Cilt: 11, Sayı: 137–138, 2016, S. 69–102. (Zitiert: *Falcıoğlu*, BÜHFD 2016, S.)

Fleischer, Holger: Umplatzierung von Aktien durch öffentliches Angebot (Secondary Public Offering) und verdeckte Einlagenrückgewähr nach § 57 Abs. 1 AktG, in: ZIP 2007, S. 1969–1977.

Fleischer, Holger: Der Inhalt des Schadenersatzanspruchs wegen unwahrer oder unterlassener unverzüglicher Ad-hoc-Mitteilungen, in: BB 2002, S. 1869–1874.

Fleischer, Holger: Empfiehlt es sich, im Interesse des Anlegerschutzes und zur Förderung des Finanzplatzes Deutschland das Kapitalmarkt- und Börsenrecht neu zu regeln?, Kapitalarktrechtliches Teilgutachten, Gutachten F für den 64. Deutschen Juristentag, München 2002. (Zitiert: *Fleischer*, Gutachten 64. DJT, 2002, F)

Fleischer, Holger: Das Vierte Finanzmarktförderungsgesetz, in: NJW 2002, S. 2977–3048.

Fleischer, Holger: Konturen der kapitalmarktrechtlichen Informationsdeliktshaftung, in: ZIP 2005, S. 1805–1812.

Fleischer, Holger: Zweifelsfragen der verdeckten Gewinnausschüttung im Aktienrecht, in: WM 2007, S. 909- 917.

Fleischer, Holger: Das Aktiengesetz von 1965 und das neue Kapitalmarktrecht, in: ZIP 2006, S. 451–459.

Fleischer, Holger: Grundfragen der ökonomischen Theorie im Gesellschafts- und Kapitalmarktrecht, in: ZGR 2001, S. 1–32.

Fleischer, Holger: Die persönliche Haftung der Organmitglieder für kapitalmarktbezogene Falschinformationen – Bestandsaufnahme und Perspektiven, in: BKR 2003, S. 608–616.

Fleischer, Holger: Ad-hoc-Publizität beim einvernehmlichen vorzeitigen Ausscheiden des Vorstandsvorsitzenden, in: NZG 2007, S. 401–407.

Fleischer, Holger: Ad-hoc-Publizität beim einvernehmlichen vorzeitigen Ausscheiden des Vorstandsvorsitzenden, Der DaimlerChrysler-Musterentscheidung des OLG Stuttgart, in: NZG 2007, S. 401–407.

Fleischer, Holger: Zur deliktsrechtlichen Haftung der Vorstandsmitglieder für falsche Ad-hoc-Mitteilungen – zugleich eine Besprechung der Informatec-Entscheidungen des BGH vom 19.07.2004, DB 2004, S. 1928 ff.-, in: DB 2004, S. 2031–2036.

Fleischer, Holger: Zur zivilrechtlichen Teilnehmerhaftung für fehlerhafte Kapitalmarktinformation nach deutschem und US-amerikanischem Recht, in: AG 2008, S. 265–273.

Fleischer, Holger/Kalss, Susanne: Kapitalmarktrechtliche Schadenersatzhaftung und Kurseinbrüche an der Börse, in: AG 2002, S. 329–336.

Fleischer, Holger/Schneider, Stephan/Thaten, Marlen: Kapitalmarktrechtlicher Anlegerschutz versus aktienrechtliche Kapitalerhaltung – wie entscheidet der EuGH?, in: NZG 2012, S. 801–809.

Fleischer, Holger/Thaten, Marlen: Einlagenrückgewähr und Übernahme des Prospekthaftungsrisikos durch die Gesellschaft bei der Platzierung von Altaktien, in: NZG 2011, S. 1081–1085.

Florstedt, Tim: Fehlerhafte Ad-hoc-Publizität und Anspruchsberechtigung -Zur Struktur der Haftungstatbestände in §§ 37b, c WpHG, in: AG 2017, S. 557–568.

Frisch, Stefan: Zur Haftung einer juristischen Person wegen vorsätzlicher sittenwidriger Schädigung durch mangelhaften Anlageprospekt, Anm.

zu BGH Urt. v. 28.06.2016-VI ZR 536/15 (KG), ZIP 2016, 2023 = BB 2016, 2632 = DB 2016, 2405 = MDR 2016, 1264 = NZG 2016, 1346 = WM 2016, 1975, in: EWiR 2016, S. 761 f.

Frodermann, Jürgen /Jannott, Dirk (Hrsg.): Handbuch des Aktienrechts, 9. Aufl., Heidelberg 2017. (Zitiert: *Bearbeiter* in: Frodermann/Jannott, Kap. Rn.)

Fuchs, Andreas: Wertpapierhandelsgesetz (WpHG) Kommentar, 2. Aufl., 2016. (Zitiert: Fuchs/*Bearbeiter*, § Rn.)

Fuchs, Andreas/Dühn, Matthias: Deliktische Schadenersatzhaftung für falsche Ad-hoc-Mitteilungen, Zugleich Besprechung des Urteils des OLG München, BKR 2002, 1096, in: BKR 2002, S. 1063–1071.

Fuchs, Ingo/Ossendot, Jens: Zur Wissenszurechnung bei Haftung aufgrund fehlerhaftem Emissionsprospekt eines geschlossenen Immobilienfonds, Anm. zu KG Urt. v. 27.08.2015-2 U 57/09 (nicht rechtskräftig, Az. des BGH VI ZR 541/15; LG Berlin), WM 2015, 2365 = ZfIR 2015, 732; in: EwiR 2016, S. 77 f.

Gebauer, Stefan: Börsenprospekthaftug und Kapitalerhaltungsgrundsatz in der Aktiengesellschaft, Diss., Frankfurt am Main 1999. (Zitiert: *Gebauer*, Börsenprospekthaftung und Kapitalerhaltungsgrundsatz, S.)

Gebauer, Martin/Teichmann, Christoph (Hrsg.): Europäisches Privat- und Unternehmensrecht, 1. Aufl., Baden-Baden 2016. (Zitiert: *Bearbeiter* in:Gebauer/Teichmann, EuropäischesPrivat-undUnternehmensrecht, § Rn.)

Gebauer, Martin/Wiedmann, Thomas (Hrsg.): Zivilrecht unter europäischem Einfluss, Die richtlinienkonforme Auslegung des BGB und anderer Gesetze – Kommentierung der wichtigsten EU-Verordnungen, 2. Aufl., Stuttgart 2010. (Zitiert: *Bearbeiter* in: Gebauer/Wiedmann, Zivilrecht unter europäischem Einfluss, Kap. Rn.)

Gesellschaftsrechtliche Vereinigung (Hrsg.): Gesellschaftsrecht in der Diskussion, 2012, Jahrestagung der Gesellschaftsrechtlichen Vereinigung (VGR), Köln 2012, S. 113–133. (Zitiert: *Bearbeiter* in: VGR, Gesellschaftsrecht in der Diskussion, 2012, S.)

Gessler, Ernst: Zur handelsrechtlichen verdeckten Gewinnausschüttung, in: Festschrift für Robert Fischer, Berlin 1979, S. 131–148. (Zitiert: *Gessler*, FS Fischer, 1979, S.)

Goette, Wulf /Habersack, Mathias (Hrsg.): Münchener Kommentar zum Aktiengesetz, Band 1, §§ 1–75, 5. Aufl., München 2019. (Zitiert: *Bearbeiter*, MüKoAktG/2019, § Rn.)

Goldgierd, Henry: Morgenthau-Bonds Betrug mit fiktiven Finanzpapieren, 2. Aufl., Norderstedt 2012.

Göktürk, Kürşat: Anonim Şirket Yönetim Kurulunun Özellikle Yetki Devri Halinde Gözetim Sorumluluğu ve Hukuki Belirlilik Sorunu (The Supervision Liability of Stock Corporation Board Directors Especially in Case of Delegation and The Problem of Legal Certainty), in: Türkiye Barolar Birliği Dergisi, Sayı: 114, 2014, S. 179–200. (Zitiert: *Göktürk*, TBBD 2014, S.)

Graewe, Daniel/ Freiherr von Harder, Stephan: Enthaftung der Leitungsorgane durch Einholung von Rechtsrat bei unklarer Rechtslage, in: BB 2017, S. 707–712.

Grigoleit, Hans Christoph (Hrsg.): Aktiengesetz, Kommentar, München 2013. (Zitiert: Grigoleit/*Bearbeiter*, AktG, § Rn.)

Grigoleit, Hans-Peter: Anlegerschutz, Produktinformationen und Produktverbote, in: ZHR 2013, S. 264–309.

Groß, Wolfgang: Kapitalmarktrecht, 2. Aufl., München 2002. (Zitiert: *Groß*, Kapitalmarktrecht, 2002, § BörsG Rn.)

Groß, Wolfgang: Kapitalmarktrecht, Kommentar zum Börsengesetz, zur Börsenzulassungs-Verordnung und zum Wertpapierprospektgesetz, 6. Aufl., München 2016. (Zitiert: *Groß*, Kapitalmarktrecht, § WpPG Rn.)

Grundmann, Stefan: Europäisches Gesellschaftsrecht – Eine systematische Darstellung unter Einbeziehung des Europäischen Kapitalmarktrechts, 2. Aufl., Heidelberg 2011. (Zitiert: *Grundmann*, EuGesR, § Rn.)

Grundmann, Stefan/Atamer, Yeşim (Hrsg.): Financial Services, Financial Crisis and General European Contract Law – Failure and Challenges of Contracting, 2011 Netherlands. (Zitiert: *Bearbeiter* in: Financial Services, Financial Crisis and General European Contract Law, S.)

Grundmann, Stefan/Schwintowski, Hans-Peter/Singer, Reinhard/Weber, Martin (Hrsg.): Anleger- und Funktionsschutz durch Kapitalmarktrecht, Symposium und Seminar zum 65. Geburtstag von Eberhard Schwark, Schriften zum Europischen und Internationalen Privat-, Bank- und Wirtschaftsrecht, Band 7, Berlin 2006. (Zitiert: *Bearbeiter* in: *Grundmann/Schwintowski/Singer/Weber*, Kap. S.)

Grundmann, Stefan (Hrsg.): Systembildung und Systemlücken in Kerngebieten des Europäischen Privatrechts, Tübingen 2000. (Zitiert: *Bearbeiter* in: Systembildung, S.)

Grunewald, Barbara: Gesellschaftsrecht, 10. Aufl., Tübingen 2017.

Grunewald, Barbara/Schlitt, Michael: Einführung in das Kapitalmarktrecht, 3. Aufl., München 2014. (Zitiert: *Grunewald/Schlitt*, Einführung in das KapitalmarktR, § S.)

Gsell, Beate: Verbraucherrealitäten und Verbraucherrecht im Wandel, in: JZ 2012, S. 809–818.

Gürel, Murat: Anonim Şirketin Kendi Paylarının İktisabı Amacıyla Finansal Destek Verme Yasağı (6102 Sayılı Türk Ticaret Kanunu Madde 380/1), Ankara 2014. (Zitiert: *Gürel*, Finansal Destek Verme Yasağı, S.)

Gürel, Murat: Şirket Birleşmelerinde Finansal Destek Verme Yasağına İlişkin TTK m. 380.1 Uygulanabilir mi? in: Banka ve Ticaret Hukuku Dergisi, Cilt: 29, Sayı: 4, Aralık 2013, S. 187–211. (Zitiert: *Gürel*, BATİDER 2013, S.)

Haar, Brigitte: Binnenmarkt und europäisches Gesellschaftsrecht in der aktuellen Rechtsprechung des EuGH, in: GPR 2015, S. 238–245.

Habersack, Mathias: Verschwiegenheitspflicht und Wissenszurechnung – insbesondere im Konzern und mit Blick auf die Pflicht zur Ad-hoc-Publizität, – Zugleich Besprechung des BGH-Urteils vom 26.04.2016-XI ZR 108/15, DB 2016, S. 1307, in: DB 2016, S. 1551–1558.

Habersack, Mathias: Die Umplatzierung von Aktien und das Verbot der Einlagenrückgewähr, Folgerungen aus der „DTAG"-Entscheidung des BGH, insbesondere hinsichtlich des Regresses des Aktionärs, in: Festschrift für Peter Hommelhoff zum 70. Geburtstag, Köln 2012, S. 303–321.

Habersack, Mathias: Anlegerschutz im Wertpapiergeschäft, Grundsatz und Praxisfragen, in: Anlegerschutz im Wertpapiergeschäft, AGB in der Kreditwirtschaft, Bankrechtstag 2010, S. 3–36. (Zitiert: *Habersack*, Anlegerschutz im Wertpapiergeschäft, S.)

Habersack, Mathias: Verschwiegenheitspflicht und Wissenszurechnung – insbesondere im Konzern und mit Blick auf die Pflicht zur Ad-hoc-Publizität – Zugleich Besprechung des BGH-Urteils vom 26.04.2016-XI ZR 108/15, DB 2016, S. 1307-, in: DB 2016, S. 1551–1558.

Habersack, Mathias/Mülbert, Peter O./Schlitt, Michael (Hrsg.): Unternehmensfinanzierung am Kapitalmarkt, 4. Aufl., Köln 2019. (Zitiert: *Bearbeiter* in: Habersack/Mülbert/Schlitt, HdB Unternehmensfinanzierung, § Rn.)

Habersack, Mathias/Mülbert, Peter O./Schlitt, Michael (Hrsg.): Handbuch der Kapitalmarktinformation, 2. Aufl., München 2013. (Zitiert: *Barbeiter* in: Habersack/Mülbert/Schlitt, HdB Kapitalmarktinformation, § Rn.)

Habersack, Mathias/Verse, Dirk A.: Europäisches Gesellschaftsrecht, 5. Aufl., München 2019. (Zitiert: *Habersack/Verse*, EuGesR, § Rn.)

Habersack, Mathias/Zickgraf, Peter: Deliktsrechtliche Verkehrs- und Organisationspflichten im Konzern, in: ZHR 2018, S. 252–295.

Hacımahmutoğlu, Sibel: AT Düzenlemeleri Işığında „İçerden Öğrenilen Bilgi" Kavramının Değerlendirilmesi, in: Prof. Dr. Turgut Kalpsüz'e Armağan, Ankara 2003, S. 147–179. (Zitiert: *Hacımahmutoğlu*, FS Kalpsüz, 2003, S.)

Hacımahmutoğlu, Sibel: The Business Judgement Rule: İşadamı Kararı mı Yoksa Ticari Muhakeme Kuralı mı?, in: Banka ve Ticaret Hukuku Dergisi,

Cilt: 30, Sayı: 4, Aralık 2014, S. 99–145. (Zitiert: *Hacımahmutoğlu*, BATİDER 2014, S.)

Hacımahmutoğlu, Sibel: AT ve Türk Hukukunda Anonim Ortaklığın Karar Alma Sürecinde Yönetim Kurulunun Yapısı ve Çalışanların Katılımı, Ankara 2008. (Zitiert: *Hacımahmutoğlu*, Yönetim Kurulunun Yapısı ve Çalışanların Katılımı, S.)

Hamilton, Paul R.: Ponzi Schemes and Investment Fraud-How to Beat Ponzi and the Crooks 98% of the Time, North Charleston 2012.

Hannich, Fabian: Quo vadis, Kapitalmarktinformationshaftung? Folgt aufgrund des IKB-Urteils nun doch die Implementierung des KapInHaG?, in: WM 2013, S. 449–456.

Hanten, Mathias/Hartig, Helge: Kurzkommentar zu BGH, Urt. v. 19.12.2006-XI ZR 56/05, in: EWiR 2007, S. 217–218.

Harbarth, Stephan: Ad-hoc-Publizität beim Unternehmenskauf, in: ZIP 2005, S. 1898–1909.

Heider, Karsten: Börsengang, Prospekthaftung und Einlagenrückgewähr nach § 57 AktG, in: Familiengesellschaften, Festschrift für Walter Sigle zum 70. Geburtstag, Köln 2000, S. 251–272. (Zitiert: *Heider*, FS Sigle, 2000, S.)

Heineke, Matthias: Anlegerschutz in der Kommanditgesellschaft auf Aktien: Zur Erforderlichkeit von Restriktionen in der Satzungsgestaltung börsennotierter KGaA, Diss., Münster 2002. (Zitiert: *Heineke*, Anlegerschutz in der KGaA, S.)

Hellgardt, Alexander: Praxis- und Grundsatzprobleme der BGH-Rechtsprechung zur Kapitalmarktinformationshaftung, in: DB 2012, S. 673–678.

Hellgardt, Alexander: Europarechtliche Vorgaben für die Kapitalmarktinformationshaftung de lege lata und nach Inkrafttreten der Marktmissbrauchsverordnung, in: AG 2012, S. 154–168.

Hellgardt, Alexander: Kapitalmarktdeliktsrecht, Haftung von Emittenten, Bietern, Organwaltern und Marktintermediären – Grundlagen, Systematik, Einzelfragen-, Diss., Tübingen 2008.

Helvacı, Mehmet: Yönetim Kurulu Üyelerinin Hukuki Sorumluluğunda Farklılaştırılmış Teselsül, in: Galatasaray Üniversitesi Hukuk Fakültesi Dergisi, 2013/2, S. 77–96. (Zitiert: *Helvacı*, GÜHFD 2013, S.)

Henze, Hartwig: Vermögensbindungsprinzip und Anlegerschutz, in: NZG 2005, S. 115–121.

Herkenroth, Klaus E.: Konzernierungsprozesse im Schnittfeld von Konzernrecht und Übernahmerecht – Rechtsvergleichende Untersuchungen der Allokationseffizienz unterschiedlicher Spielregeln von

Unternehmensübernahmen, 1. Aufl., Berlin 1994. (Zitiert: *Herkenroth*, Konzernierungsprozesse, S.)

Hızır, Serdar: Anonim Şirkette Pay Sahibinin Şirkete Borçlanma Yasağını Düzenleyen TTK m. 358 Üzerine Bazı Değerlendirmeler, in: Banka ve Ticaret Hukuku Dergisi, Cilt: 29, Sayı: 2, Haziran 2013, S. 227–289. (Zitiert: *Hızır*, BATİDER 2013, S.)

Hirsch, Hendrik: Der Erwerb eigener Aktien nach dem KonTraG, Unter besonderer Berücksichtigung der Bilanzierung eigener Aktien, Köln 2004. (Zitiert: *Hirsch*, Der Erwerb eigener Aktien, S.)

Hirsch, Ernst E./Tekinalp, Ünal: Das türkische Aktien- und GmbH-Recht, 2. Aufl., Baden-Baden 1993.

Hirte, Heribert: Kapitalgesellschaftsrecht, 8. Aufl., Köln 2016.

Hirte, Heribert/Möllers, Thomas M.J. (Hrsg.): Kölner Kommentar zum WpHG, 1. Aufl, Köln 2007. (Zitiert: *Bearbeiter*, KölnKommWpHG, 2007, § Rn.)

Hirte, Heribert/Möllers, Thomas M.J. (Hrsg.): Kölner Kommentar zum WpHG, 2. Aufl., Köln 2014. (Zitiert: *Bearbeiter*, KölnKommWpHG, 2014, § Rn.)

Hirte, Heribert/Mülbert, Peter O./Roth, Markus (Hrsg.): Aktiengesetz, Großkommentar, 5. Aufl., 3. Band, Teilband 2, §§ 67–75, Bearbeiter: §§ 67–75: Hanno Merkt, Berlin 2018. (Zitiert: *Merkt*, GroßKommAktG, § Rn.)

Hitzer, Martin: Zum Begriff der Insiderinformation, in: NZG 2012, S. 860–863.

Hoffmann-Becking, Michael: Neue Formen der Aktienemission, in: Festschrift für Otfried Lieberknecht zum 70. Geburtstag, München 1997, S. 25–43. (Zitiert: *Hoffmann-Becking*, FS Lieberknecht, 1997, S.)

Hoffmann-Theinert, Roland/Dembski, Jan: AG, Einlagenrückgewähr, Börsengang, Prospekthaftung, Freistellungsanspruch/„Deutsche Telekom", in: EWiR 2011, S. 517–518.

Holzborn, Timo (Hrsg.): Berliner Kommentare, Werpapierprospektgesetz mit EU-Prospektverordnung und weiterführenden Vorschriften, 2. Aufl., Berlin 2014. (Zitiert: *Bearbeiter* in: Holzborn/WpPG, § Rn.)

Hommelhoff, Peter/van Aerssen, Rick: Prospekthaftung, Als-ob-Abschlüsse, Sorgfaltspflichten des Vorstands und Due Diligence, Einlagenrückgewähr/ „MHM Mode", LG Frankfurt/M- EWiR § 57 AktG 1/98, 579, in: EWiR 1998, S. 579–580.

Hopt, Klaus J.: Der Kapitalanlegerschutz im Recht der Banken, München 1975.

Hopt, Klaus J.: Grundsatz- und Praxisprobleme nach dem Wertpapierhandelsgesetz – insbesondere Insidergeschäfte und Ad-hoc-Publizität-, in: ZHR 1995, S. 135–163.

Hopt, Klaus J.: Vom Aktien- und Börsenrecht zum Kapitalmarktrecht?, in: ZHR 1977, S. 389–441.

Hopt, Klaus J.: Die Haftung für Kapitalmarktinformationen – Rechtsvergleichende, rechtsdogmatische und rechtspolitische Überlegungen-, in: WM 2013, S. 101–112.

Hopt, Klaus J./Kumpan, Christoph: Insidergeschäfte und Ad-hoc-Publizität bei M&A, Unternehmenskäufe und Übernahmeangebote und Marktmissbrauchsverordnung (MAR), in: ZGR 2017, S. 765–828.

Hopt, Klaus J./Voigt, Hans-Christoph (Hrsg.): Prospekt- und Kapitalmarktinformationshaftung, Tübingen 2005. (Zitiert: *Bearbeiter* in: Hopt/Voigt, S.)

Hopt, Klaus J./Wiedemann, Herbert (Hrsg.): Aktiengesetz Großkommentar, 4. Aufl., 2. Band, §§ 53a-75, Berlin 2008. (Zitiert: *Bearbeiter*, GroßKomm-AktG, § Rn.)

Horn, Norbert: Zur Haftung der AG und ihrer Organmitglieder für unrichtige oder unterlassene Ad-hoc-Informationen, in: Festschrift für Peter Ulmer zum 70. Geburtstag am 2. Januar 2003, Berlin 2003, S. 817–828. (Zitiert: *Horn*, FS Ulmer, 2003, S.)

Hölters, Wolfgang (Hrsg.): Aktiengesetz, Kommentar, 3. Aufl., München 2017. (Zitiert: *Bearbeiter* in: Hölters/AktG, § Rn.)

Hutter, Stephan/Leppert, Michael: Das 4. Finanzmarktförderungsgesetz aus Unternehmenssicht, in: NZG 2002, S. 649–696.

Hüffer, Uwe/Koch, Jens: Aktiengesetz, 13. Aufl., München 2018. (Zitiert: Hüffer/Koch/*Bearbeiter*, AktG, § Rn.)

Ihrig, Hans-Christoph: Wissenzurechnung im Kapitalmarktrecht- untersucht anhand der Pflicht zur Ad-hoc-Publizität gemäß Art. 17 MAR, in: ZHR 2017, S. 381–415.

İhtiyar, Mustafa: Sermaye Piyasası Hukukunda Kamuyu Aydınlatma İlkesi, 1. Aufl., İstanbul 2006.

Isfen, Osman: Sermaye Piyasalarının Suiistimale Karşı Korunmasında Avrupa Hukuku Standartları, in: Prof. Dr. Ergun Özsunay'a Armağan, İstanbul 2004, S. 499–507. (Zitiert: *İsfen*, FS Özsunay, 2004, S.)

Jung, Peter: Der Beitrag des Europäischen Gesellschaftsrechts zum System des Gemeinschaftsprivatrechts, in: GPR 2004, S. 233–244.

Just, Clemens/Voß, Thorsten: Aktien, Umplatzierung, Einlagenrückgewähr, Prospekthaftung/„Deutsche Telekom", OLG Köln, in: EWiR 2009, S. 559–560.

Just, Clemens/Voß, Thorsten/Ritz, Corina/Becker, Ralf (Hrsg.): Wertpapierhandelsgesetz (WpHG), 1. Aufl., Frankfurt am Main 2015. (Zitiert: *Bearbeiter* in: JVRB WpHG, § Rn.)

Kabaalioğlu, Haluk A.: Sermaye Piyasasında Kamuyu Aydınlatma İlkesi, İstanbul 1985.

Kağıtçıoğlu, Mutlu: İdarenin Ekonomik Kolluk Faaliyetinin Bir Görünümü: Sermaye Piyasası Kanununda İdari Tedbirler (A view of the Economic Police Activity of the Administration: Administrative Measures in the Capital Market Law), in: Marmara Üniversitesi Hukuk Fakültesi Hukuk Araştırmaları Dergisi, 2016, S. 3323–3351. (Zitiert: *Kağıtçıoğlu*, MÜHFD 2016, S.)

Kahnert, Tobias: Rechtsetzung im Europäischen Gesellschaftsrecht, Harmonisierung, Wettbewerb, Modellgesetze, Tübingen 2012. (Zitiert: *Kahnert*, Rechtsetzung im EuGesR, Kap. S.)

Kalss, Susanne: Anmerkung zum EuGH Urt. v. 19.12.2013-C-174/12 (Alfred Hirmann/Immofinanz AG), in: EuZW 2014, S. 227–228.

Kalss, Susanne: Der zivilrechtliche Schutz der Anleger in Österreich – ein Überblick über die große Verfahrenswelle, in: ZBB 2013, S. 126–137.

Kalss, Susanne: Anlegerinteressen-Der Anleger im Handlungsdreieck von Vertrag, Verband und Markt, 2001. (Zitiert: Kalss, Anlegerinteressen, Wien 2001, S.)

Kalss, Susanne/Klampfl, Christoph: Europäisches Gesellschaftsrecht, Sonderausgabe aus Dauses Handbuch des EU-Wirtschaftsrechts, München 2015. (Zitiert: Dauses/*Kalss/Klampfl*, E. III Rn.)

Kaplan, İbrahim: Tüzel Kişiliğe Sahip Ticaret Ortaklıklarında Perdenin Kaldırılması Talepli Hukuki Sorumluluk Davaları, in: Banka ve Ticaret Hukuku Dergisi, Cilt: 25, Sayı: 4, Aralık 2009, S. 37–46. (Zitiert: *Kaplan*, BATİDER 2009, S.)

Kara, Mustafa Sencer: Kamuyu Aydınlatma Belgelerinden Doğan Hukuki Sorumluluk (Legal Responsibility Arising From Public Disclosure Documents), in: Selçuk Üniversitesi Hukuk Fakültesi Dergisi, Cilt: 23, Sayı: 2, 2015, S. 131–172. (Zitiert: *Kara*, SÜHFD 2015, S.)

Karahan, Sami: Şirketler Hukuku, 2. Aufl., Konya 2013. (Zitiert: *Bearbeiter* in: Karahan/Şirketler Hukuku, S.)

Karaman Coşgun, Özlem: Anonim Şirketlerde Sermaye Kavramı ve Ayni Sermaye Değerinin Belirlenmesi, in: Marmara Üniversitesi Hukuk Fakültesi Hukuk Araştırmaları Dergisi Özel Sayı – 6102 Sayılı Yeni Türk Ticaret Kanunu'nu Beklerken 10-11-12 Mayıs 2012 Sempozyum-, Cilt: 18, Sayı: 2, 2012, S. 333–348. (Zitiert: *Karaman Coşgun*, MÜHFD 2012, S.)

Kasten, Roman A.: Das neue Kundenbild des § 31a WpHG- Umsetzungsprobleme nach MiFID&FRUG, in: BKR 2007, S. 261–267.

Kaya, Arslan: Anonim Ortaklıkta Pay Sahibinin Bilgi Alma Hakkı (Das Auskunftsrecht des Aktionärs), Ankara 2001.

Kaya, Arslan: Örtülü Kazanç Aktarımı Yasağının TK'ya Tabi Şirketler/Şirketler Topluluğu ve SerPK İle İlişkisi Bakımından Değerlendirilmesi-Vakıa Üzerinden Bir Deneme (The Examination Of The Concealed Gain Transfer Ban For The Companies Subject To The Commercial Code And Its Relation With The Capital Market Law – An Event Study), in: Marmara Üniversitesi Hukuk Fakültesi Hukuk Araştırmaları Dergisi, 2016, S. 1531–1547. (Zitiert: *Kaya*, MÜHFD 2016, S.)

Kaya, Mustafa İsmail: Anonim Şirket Yönetim Kurulunun Denetim ve Gözetim Görevi, in: Dokuz Eylül Üniversitesi Hukuk Fakültesi Dergisi, Band: 16, Sonderausgabe 2014, Festschrift für Prof. Dr. Hakan Pekcanıtez, İzmir 2015, S. 3261–3286. (Zitiert: *Kaya*, FS Pekcanıtez, 2015, S.)

Kaytaz, Ali İhsan: 6362 Sayılı Yeni Sermaye Piyasası Kanununa Göre Yatırımcı Tazmin Sistemi (Investor Compensation System According to the New Capital Market Law Numbered 6362), in: Marmara Üniversitesi Hukuk Fakültesi Hukuk Araştırmaları Dergisi, 2016, S. 1625–1648. (Zitiert: *Kaytaz*, MÜHFD 2016, S.)

Kendigelen, Abuzer: Türk Ticaret Kanunu, Değişiklikler, Yenilikler ve İlk Tespitler, 3. Aufl., Istanbul 2016. (Zitiert: *Kendigelen*, İlk Tespitler, S.)

Kendigelen, Abuzer: Anonim Ortaklık Payı Üzerinde İntifa Hakkı, 1. Aufl., Istanbul 1994. (Zitiert: *Kendigelen*, İntifa Hakkı, S.)

Kervankıran, Emrullah: Was bringt das neue türkische Handelsgesetzbuch? Ein kurzer Überblick hinsichtlich des Gesellschaftsrechts, in: Festschrift für Theodor Baums zum siebzigsten Geburtstag, Band I, S. 653–663, Tübingen 2017. (Zitiert: *Kervankıran*, FS Baums, 2017, S.)

Keusch, Sven/Wankerl, Kerstin: Die Haftung der Aktiengesellschaft für fehlerhafte Kapitalmarktinformationen im Spannungsfeld zum Gebot der Kapitalerhaltung, in: BKR 2003, S. 744–747.

Kırca, İsmail/Şehirali Çelik, Feyzan Hayal/Manavgat, Çağlar: Anonim Şirketler Hukuku, Temel Kavram ve İlkeler, Kuruluş, Yönetim Kurulu, Cilt I, Ankara 2013. (Zitiert: Bearbeiter/Bearbeiter/*Bearbeiter*, Anonim Şirketler Hukuku, S.)

Kırca, Ismail/Gürel, Murat: Bağlı ve Bağımsız Anonim Şirketlerde Pay Sahibinin Şirkete Borçlanması ve Şirketler Topluluğuna İlişkin Hükümlerin Özgül Ağırlığı, in: Banka ve Ticaret Hukuku Dergisi, Cilt: 30, Sayı: 2, Haziran 2014, S. 5–19. (Zitiert: *Kırca/Gürel*, BATİDER 2014, S.)

Kilian, Robert: Zur Strafbarkeit von Ponzi-schemes – der Fall Madoff nach deutschem Wettbewerbs- und Kapitalmarktstrafrecht, in: Onlinezeitschrift für Höchstrichterliche Rechtsprechung zum Strafrecht (http://www.hrr-strafrecht.de), Ausgabe 7/2009, S. 285–290. (Zitiert: *Kilian*, HRRS 2009, S.)

Klöhn, Lars: Ad-hoc-Publizität und Insiderverbot im neuen Marktmissbrauchsrecht, in: AG 2016, S. 423–434.

Klöhn, Lars: Die (Ir-)Relevanz der Wissenzurechnung im neuen Recht der Ad-hoc-Publizität und des Insiderhandelsverbots, in: NZG 2017, S. 1285–1292.

Klöhn, Lars: Kollateralschaden und Haftung wegen fehlerhafter Ad-hoc-Publizität, in: ZIP 2015, S. 53–60.

Klöhn, Lars: Wettbewerbswidrigkeit von Kapitalmarktinformation?, in: ZHR 2008, S. 388–418.

Klöhn, Lars: Die Haftung wegen fehlerhafter Ad-hoc-Publizität gem. §§ 37b, 37c WpHG nach dem IKB-Urteil des BGH, in: AG 2012, S. 345–358.

Klöhn, Lars: Der „gestreckte Geschehensablauf" vor dem EuGH – Zum DaimlerChrysler-Vorlagebeschluss des BGH, in: NZG 2011, S. 166–171.

Klöhn, Lars: Anmerkung zu BGH Urt. v. 27.09.2011-XI ZR 182/10 (OLG Hamburg), in: ZIP 2011, S. 2244–2246.

Klöhn, Lars: Eine neue Insiderfalle für Finanzanalysten? – Zweck, Bedeutung und Auslegung von Erwägungsgrund Nr. 28 MAR-, in WM 2016, S. 1665–1673.

Klöhn, Lars: Wertpapierhandelsrecht diesseits und jenseits des Informationsparadigmas – Am Beispiel des „verständigen Anlegers" im Sinne des deutschen und europäischen Insiderrechts-, in: ZHR 2013, S. 349–387.

Klöhn, Lars: Wann ist eine Information öffentlich bekannt i.S.v. Art. 7 MAR?, in: ZHR 2016, S. 707–732.

Klöhn, Lars: Prospekthaftung bei (scheinbarer) Ausnahme von der Prospektpflicht gem. §§ 3 Abs. 1 WpPG, 6 VermAnlG, in: Festschrift für Michael Hoffmann-Becking zum 70. Geburtstag, München 2013, S. 679–696. (Zitiert: *Klöhn*, FS Hoffmann-Becking, 2013, S.)

Klöhn, Lars: Das deutsche und europäische Insiderrecht nach dem Geltl-Urteil des EuGH, in: ZIP 2012, S. 1885–1895.

Klöhn, Lars (Hrsg.): Marktmissbrauchsverordnung, Verordnung (EU) Nr. 596/2014 über Marktmissbrauch, 1. Aufl., München 2018. (Zitiert: Klöhn/*Bearbeiter*, Art. Rn.)

Kocher, Dirk/Schneider, Sebastian: Zuständigkeitsfragen im Rahmen der Ad-hoc-Publizität, in: ZIP 2013, S. 1607–1612.

Kocher, Dirk/Widder, Stefan: Die Bedeutung von Zwischenschritten bei der Definition von Insiderinformationen, in: BB 2012, S. 2837–2841.

Koller, Ingo: Zu den Grenzen des Anlegerschutzes bei Interessenkonflikten – Zugleich eine Besprechung von BGH, Urt. v. 19.12.2006-XI ZR 56/05, ZBB 2007, 193, in: ZBB 2007, S. 193–201.

Köndgen, Johannes: Grenzen des informationsbasierten Anlegerschutzes – zugleich Anmerkung zu BGH, Urt. v. 22.3.2011-XI ZR 33/10-, in: BKR 2011, S. 283–286.

Köndgen, Johannes: Die Ad-hoc-Publizität als Prüfstein informationsrechtlicher Prinzipien, in: Festschrift für Jean Nocolas Druey zum 65. Geburtstag, Zürich 2002, S. 791–815. (Zitiert: *Köndgen*, FS Druey, 2002, S.)

Kort, Michael: Die Haftung der AG nach §§ 826, 31 BGB bei fehlerhaften Ad-hoc-Mitteilungen, in: NZG 2005, S. 496–498.

Kort, Michael: Entlastung der Organmitglieder einer Holding und „Dieselthematik“ – Auskunftsrecht, Risikofrüherkennung und Compliance -, in: NZG 2018, S. 641–648.

Kort, Michael: Das Informationsrecht des Gesellschafters der Konzernobergesellschaft, in: ZGR 1987, S. 46–75.

Kort, Michael: Die Haftung von Vorstandsmitgliedern für falsche Ad-hoc-Mitteilungen, in: AG 2005, S. 21–26.

Koschyk, Hartmut/Leible, Stefan/Schäfer, Klaus (Hrsg.): Anlegerschutz und Stabilität der Finanzmärkte, Bayreuth 2012. (Zitiert: *Bearbeiter* in: Koschyk/Leible/Schäfer, S.)

Kraack, Jörg-Peter: Directors' Dealings bei Erwerbs- und Übernahmeangeboten, in: AG 2016, S. 57–70.

Krause, Rüdiger: Ad-hoc-Publizität und haftungsrechtlicher Anlegerschutz, in: ZGR 2002, S. 799–841.

Krause, Hartmut/Brellochs, Michael: Insiderrecht und Ad-hoc-Publizität bei M&A- und Kapitalmarkttransaktionen im europäischen Rechtsvergleich – Ein Beitrag zum Begriff der Insiderinformation im kommenden EU-Marktmissbrauchsrecht, in: AG 2013, S. 309–339.

Krämer, Lutz/Baudisch, Matthias: Neues zur Börsenprospekthaftung und zu den Sorgfaltsanforderungen beim Unternehmenskauf – Zugleich eine Anmerkung zum Urteil des LG Frankfurt a.M. vom 7. Oktober 1997 (WM 1998, 1181) -, in: WM 1998, S. 1161–1174.

Krämer, Lutz/Kiefner, Alexander: Ad-hoc-Publizität nach dem Final Report der ESMA, Praxisfragen und weiterer Korrekturbedarf, in: AG 2016, S. 621–627.

Krämer, Lutz/Gillessen, Benedikt/Kiefner, Alexander: Das „Telekom III“-Urteil des BGH – Risikozuweisungen an der Schnittstelle von Aktien- und Kapitalmarktrecht, in: Corporate Finance Law vom 21.11.2011, S. 328–345. (Zitiert: *Krämer/Gillessen/Kiefner*, CFL 2011, S.)

Krämer, Thomas/Bachmann, Gregor/Lutter, Marcus/v. Werder, Axel (Hrsg.): Deutscher Corporate Governance Kodex, Kodex-Kommentar, 7. Aufl., München 2018. (Zitiert: *Bearbeiter* in: Kremer/Bachmann/Lutter/v. Werder, DCGK, Nr. Rn.)

Köndgen, Johannes: Anmerkung zu BGH, Urt. v. 27.09.2011-XI ZR 182/10 (OLG Hamburg), in: JZ 2012, S. 260–263.

Kuntz, Thilo: Sicherheiten für Gesellschafterverbindlichkeiten und die Kapitalerhaltung in GmbH und AG – Zugleich eine Besprechung von BGH ZIP 2017, 971 und Teilbesprechung von BGH ZIP 2017, 472, in: ZGR 2017, S. 917–954.

Kümpel, Siegfried: Kapitalmarktrecht – Eine Einführung-, 3. Aufl., Berlin 2004. (Zitiert: *Kümpel*, Kapitalmarktrecht, Rn.)

Kümpel, Siegfried/Wittig, Arne (Hrsg.): Bank- und Kapitalmarktrecht, 4. Aufl., Köln 2011. (Zitiert: *Bearbeiter* in: Kümpel/Witting, Teil Rn.)

Langenbucher, Katja: In Brüssel nichts Neues? – Der „verständige Anleger" in der Marktmissbrauchsverordnung, in: AG 2016, S. 417–422.

Langenbucher, Katja: Zum Begriff der Insiderinformation nach dem Entwurf für eine Marktmissbrauchsverordnung, in: NZG 2013, S. 1401–1406.

Langenbucher, Katja: Anlegerschutz ein Bericht zu theoretischen Prämissen und legislativen Instrumenten, in: ZHR 2013, S. 679–701.

Langenbucher, Katja: Kapitalerhaltung und Kapitalmarkthaftung, in: ZIP 2005, S. 239–245.

Langenbucher, Katja: Aktien- und Kapitalmarktrecht, 4. Aufl., München 2018. (Zitiert: *Langenbucher*, Aktien- und Kapitalmarktrecht, § Rn.)

Langenbucher, Katja/Bliesener, Dirk H./Spindler, Gerald (Hrsg.): Bankrechts- Kommentar, 2. Aufl., München 2016. (Zitiert: *Bearbeiter* in: Langenbucher/Bliesener/Spindler, Kap. Rn.)

Lehmann, Matthias: Grundriss des Bank- und Kapitalmarktrechts, Heidelberg 2016. (Zitiert: *Lehmann*, § Rn.)

Leinekugel, Magdalena: Die Sachdividende im deutschen und europäischen Aktienrecht, Diss., Köln 2001. (Zitiert: *Leinekugel*, Sachdividende, S.)

Leisch, Franz Clemens: Vorstandshaftung für falsche Ad-hoc-Mitteilungen – ein höchstrichterlicher Beitrag zur Stärkung des Finanzplatzes Deutschland, in: ZIP 2004, S. 1573–1580.

Leuering, Dieter: Die Neuordnung der gesetzlichen Prospekthaftung, in: NJW 2012, S. 1905–1984.

Leuschner, Lars: Öffentliche Umplatzierung, Prospekthaftung und Innenregress, in: NJW 2011, S. 3275–3277.

Leyendecker-Langner, Benjamin E./Kleinhenz, Holger M.: Emittentenhaftung für Insiderwissen im Aufsichtsrat bei fehlender Selbstbefreiung nach § 15 Abs. 3 WpHG, in: AG 2015, S. 72–77.

Luft, Stefan: Staat und Migration- Zur Steuerbarkeit von Zuwanderung und Integration, Frankfurt am Main 2009.

Lutter, Marcus: ECLR, Das Europäische Unternehmensrecht im 21. Jahrhundert, in: ZGR 2000, S. 1–18.

Lutter, Marcus: Die Entwicklung der GmbH in Europa und in der Welt, in: Festschrift 100 Jahre GmbH-Gesetz, Köln 1992, S. 49–83.

Lutter, Marcus/Bayer, Walter/Schmidt, Jessica: Europäisches Unternehmens- und Kapitalmarktrecht, 6. Aufl., Göttingen 2017. (Zitiert: *Lutter/Bayer/Schmidt*, EuropUR, § Rn.)

Maier-Reimer, Georg/Webering, Anabel: Ad-hoc-Publizität und Schadenersatzhaftung – Die neuen Haftungsvorschriften des Wertpapierhandelsgesetzes-, in: WM 2002, S. 1857–1864.

Manavgat, Çağlar: Kayda Alma Sisteminden İzahnamenin Onayına Halka Arz ve Sermaye Artırımı, in: 6362 Sayılı Yeni Sermaye Piyasası Kanunu Işığında Sermaye Piyasası Hukuku Sempozyumu, 6–7 Haziran 2013, İstanbul 2017, S. 117–139. (Zitiert: *Manavgat*, Halka Arz ve Sermaye Artırımı, in: SPH Sempozyumu 2013, S.)

Manavgat, Çağlar: Bilgiye Dayalı Manipülasyonda Menfaat Elde Etme Şartının Yerindeliği, in: Banka ve Ticaret Hukuku Dergisi, Cilt: 33, Sayı: 2, Haziran 2017, S. 29–41. (Zitiert: *Manavgat*, BATİDER 2017, S.)

Manavgat, Çağlar: Örtülü Kazanç Aktarımının Ortaklıklar Topluluğu Düzenlemelerindeki Sınırları, in: Banka ve Ticaret Hukuku Dergisi, Cilt: 31, Sayı. 1, Mart 2015, S. 87–105. (Zitiert: *Manavgat*, BATİDER 2015, S.)

Manavgat, Çağlar: Türk Ticaret Kanunu Hükümlerinin Halka Açık Anonim Ortaklıklara Uygulanması ve Sınırları, in: İstanbul Üniversitesi Hukuk Fakültesi Mecmuası, C. LXXI, Sayı: 2, 2013, S. 287–298. (Zitiert: *Manavgat*, İÜHFM 2013, S.)

Manavgat, Çağlar: Halka Açık Anonim Ortaklık Yöneticilerine Özgü Yükümlülükler (The Specific Obligations of Publicly Held Company Directors), in: Ticaret ve Fikri Mülkiyet Hukuku Dergisi, 2016, S. 43–52. (Zitiert: *Manavgat*, TFM 2016, S.)

Manavgat, Çağlar: Sermaye Piyasası Kanunu'nun 46.1.C Hükmü Çerçevesinde Sermaye Piyasası Kurulu'nun Hukuka Aykırılığın Tespiti veya İptal Davası Açma Yetkisinin Kapsamı, in: Banka ve Ticaret Hukuku Dergisi, Cilt: 27, Sayı: 3, Eylül 2011, S. 43–61. (Zitiert: *Manavgat*, BATİDER 2011, S.)

Marsch-Barner, Reinhard/Schäfer, Frank A. (Hrsg.): Handbuch börsennotierte AG, Aktien- und Kapitalmarktrecht, 4. Aufl., Köln 2018. (Zitiert: *Bearbeiter* in: Marsch-Barner/Schäfer, HdB börsennotierte AG, 2018, § Rn.)

Martens, Klaus-Peter: Erwerb- und Veräußerung eigener Aktien im Börsenhandel, in: AG 1996, S. 337–349.

Martens, Klaus-Peter: Die Vergleichs- und Abfindungsbefugnis des Vorstands gegenüber opponierenden Aktionären, in: AG 1988, S. 118–126.

Mayer, Bernd R./Richter, Vicky: Konzerndimensionale Auskunfts- und Überwachungspflichten der Obergesellschaft bei Rechtsverstößen der Tochtergesellschaft (Kommentar zu LG Stuttgart v. 19.12.2017- 31 O 33/16 KfH, AG 2018, 240), in: AG 2018. S. 220–227.

Mellert, Christofer Rudolf: Venture Capital Beteiligungsverträge auf dem Prüfstand, in: NZG 2003, S. 1096–1100.

Merkner, Andreas/Sustmann, Marco: Reform des Marktmissbrauchsrechts: Die Vorschläge der Europäischen Kommission zur Verschärfung des Insiderrechts, in: AG 2012, S. 315–324.

Merkt, Hanno: Rechtliche Grundlagen der Business Judgement Rule im internationalen Vergleich zwischen Divergenz und Konvergenz, in: ZGR 2017, S. 129–148.

Memiş, Tekin/Turan, Gökçen: Sermaye Piyasası Hukuku – İhraç, Halka Arz/ Halka Açık Ortaklıklar, Sermaye Piyasası Araçları, Sermaye Piyasası Kurumları, Sermaye Piyasası Kurulu, Yatırımcının Korunması-, 4. Aufl., Ankara 2019.

Michalski, Lutz: Ungeklärte Fragen bei der Einlagenrückgewährung im Aktienrecht, in: AG 1980, S. 261–269.

Mitsch, Wolfgang (Hrsg.): Karlsruher Kommentar zum Gesetz über Ordnungswidrigkeiten, 5. Aufl., München 2018. (Zitiert: *Bearbeiter*, KK/OWiG, § Rn.)

Moloney, Niamh: The Investor Model Underlying the EU's Investor Protection Regime: Consumers or Investors?, in EBOR 2012, S. 169–193.

Moos, Felix: Die Schadenersatzansprüche des betrogenen Aktienerwerbs gegen die betrügende Aktiengesellschaft, in: ZHR 1911, S. 184–218.

Moroğlu, Erdoğan: Anonim Ortaklıklarda Sermaye Artırımı, 4. Aufl., İstanbul 2018. (Zitiert: *Moroğlu*, Anonim Ortaklıklarda Sermaye Artırımı, S.)

Möllers, Thomas M. J.: Das europäische Kapitalmarktrecht im Umbruch – Ein Zwischenbericht zu den kapitalmarktrechtlichen Informationspflichten unter rechtsvergleichender Perspektive, in: ZBB 2003, S. 390–409.

Möllers, Thomas M. J.: Anlegerschutz durch Aktien- und Kapitalmarktrecht – Harmonisierungsmöglichkeiten nach geltendem und künftigem Recht, in: ZGR 1997, S. 334–367.

Möllers, Thomas M.J.: Das Verhältnis der Haftung wegen sittenwidriger Schädigung zum gesellschaftsrechtlichen Kapitalerhaltungsgrundsatz-EM.TV und Comroad, in: BB 2005, S. 1637–1642.

Möllers, Thomas M. J.: Der Weg zu einer Haftung für Kapitalmarktinformationen, in: JZ 2005, S. 75–83.

Möllers, Thomas M.J./Kernchen, Eva: Information Overload am Kapitalmarkt – Plädoyer zur Einführung eines Kurzfinanzberichts auf empirischer, psychologischer und rechtsvergleichender Basis, in: ZGR 2011, S. 1–26.

Möllers, Thomas M. J./Leisch, Franz Clemens: Schaden und Kausalität im Rahmen der neu geschaffenen §§ 37b und 37c WpHG, in: BKR 2002, S. 1071–1079.

Möllers, Thomas M. J./Leisch, Franz Clemens: Haftung von Vorständen gegenüber Anlegern wegen fehlerhafter Ad-hoc-Meldungen nach § 826 BGB, in: WM 2001, S. 1648–1662.

Möllers, Thomas M. J./Steinberger, Elisabeth: Die BGH-Entscheidung zum Telekom-Prozess und das europäische Anlegerleitbild, in: NZG 2015, S. 329–335.

Mühle, Sabine: Das Wertpapiererwerbs- und Übernahmegesetz, im Schnittfeld zwischen Gesellschafts- und Kapitalmarktrecht unter besonderer Berücksichtigung des ökonomischen Rahmenbezugs, 1. Aufl., Baden-Baden 2002. (Zitiert: *Mühle*, Das WpÜG, S.)

Mülbert, Peter O.: Kapitalschutz und Gesellschaftszweck bei der Aktiengesellschaft, in: Festschrift für Marcus Lutter zum 70. Geburtstag, Köln 2000, S. 535–555. (Zitiert: *Mülbert*, FS Lutter, 2000, S.)

Mülbert, Peter O.: Aktiengesellschaften, Unternehmensgruppe und Kapitalmarkt, die Aktionärsrechte bei Bildung und Umbildung einer Unternehmensgruppe zwischen Verbands- und Anlegerschutzrecht, München 1995. (Zitiert: *Mülbert*, Aktiengesellschaften, Unternehmensgruppe und Kapitalmarkt, S.)

Mülbert, Peter O./Sajnovits, Alexander: Verschwiegenheitspflichten von Aufsichtsratsmitgliedern als Schranken der Wissenzurechnung, in: NJW 2016, S. 2540–2542.

Mülbert, Peter O./Steup, Steffen: Emittentenhaftung für fehlerhafte Kapitalmarktinformation am Beispiel der fehlerhaften Regelpublizität – das System der Kapitalmarktinformationshaftung nach AvSVG und WpPG mit Ausblick auf die Transparenzrichtlinie-, in: WM 2005, S. 1633–1680.

Mülbert, Peter O./Steup, Steffen: Das zweispurige Regime der Regelpublizität nach Inkrafttreten des TUG – Nachbesserungsbedarf aus Sicht von EU- und nationalem Recht, in: NZG 2007, S. 761–770.

Müller-Christmann, Bernd: Anlegerschutz im Wertpapiergeschäft: Die Sicht der Rechtsprechung, in: Anlegerschutz im Wertpapiergeschäft,

Verantwortlichkeit der Organmitglieder von Kreditinstituten, Bankrechtstag 2012, S. 1–23. (Zitiert: *Müller-Christmann*, Anlegerschutz im Wertpapiergeschäft, S.)

Müller-Graff, Peter-Christian/Teichmann, Christoph (Hrsg.): Europäisches Gesellschaftsrecht auf neuen Wegen, 1. Aufl., Baden-Baden 2010. (Zitiert: *Bearbeiter* in: Müller-Graf/Teichmann, S.)

Nodoushani, Manuel: Verbotene Einlagenrückgewähr und bilanzielle Betrachtungsweise, in: ZIP 2012, S. 97–106.

Nomer, Füsun: Anonim Ortaklıkta Eşit Davranma (Eşit İşlem) İlkesi, in: Prof. Dr. Oğuz İmregün' e Armağan, Istanbul 1998, S. 469–490. (Zitiert: *Nomer F.*, FS İmregün, 1998, S.)

Nomer Ertan, Füsun: Die Entwicklung des türkischen Kapitalmarktrechts und dessen Stellung in unserem Rechtssystem, in: Annales de la Faculte de Droit d'Istanbul, Vol. 48 No: 65, 2016, S. 171–191. (Zitiert: Nomer Ertan, Annales 2016, S.)

Nietsch, Michael: Emittentenwissen, Wissenzurechnung und Ad-hoc-Publizitätspflicht, in: ZIP 2018, S. 1421- 1429.

Obst, Jean-Stephan: Der Schutz des Kleinaktionärs im börsennotierten Aktienkonzern – Eine Grundsatzkritik der Holzmüller-Doktrin, Diss., Saarbrücken 2004. (Zitiert: *Obst*, Der Schutz des Kleinaktionärs, S.)

Oechsler, Jürgen: Die Änderung der Kapitalrichtlinie und der Rückerwerb eigener Aktien, in: ZHR 2006, S. 72–89.

Okutan Nilsson, Gül: Türk Ticaret Kanunu Tasarısı'na Göre Şirketler Topluluğu Hukuku, 1. Aufl., İstanbul 2009.

Okutan Nilsson, Gül: Şirketler Topluluğunda Güvenden Doğan Sorumluluk, in: Galatasaray Üniversitesi Hukuk Fakültesi Dergisi, 2013/2, S. 35–54. (Zitiert: *Okutan Nilsson*, GÜHFD 2013, S.)

Ott, Nicolas: Anwendungsbereich der Business Judgement Rule aus Sicht der Praxis – Unternehmerische Entscheidungen und Organisationsermessen des Vorstands, in: ZGR 2017, S. 149–173.

Otto, Harro: Wirtschaftliche Gestaltung am Strafrecht vorbei – Dargestellt am Beispiel des § 6 c UWG-, in: Jura 1999, S. 97–104.

Özer, Işık: Sermaye Piyasasında İşlem Yapan Yatırımcıların Tüketicinin Korunması Hakkında Kanun Kapsamında Korunup Korunamayacakları Sorunu Üzerine Bir İnceleme, in: Banka ve Ticaret Hukuku Dergisi, Cilt: 34, Sayı: 1, Mart 2018, S. 37–92. (Zitiert: *Özer*, BATİDER 2018, S.)

Özkorkut, Korkut: Finansal Raporlama, Bağımsız Denetim-Kamuyu Aydınlatma İlişkisi ve Sorumluluk, in: 6362 Sayılı Yeni Sermaye Piyasası Kanunu Işığında Sermaye Piyasası Hukuku Sempozyumu, 6–7 Haziran 2013, İstanbul 2017,

S. 153–184. (Zitiert: *Özkorkut*, Finansal Raporlama, Bağımsız Denetim-Kamuyu Aydınlatma İlişkisi ve Sorumluluk, S.)

Özkorkut, Korkut: 6102 Sayılı Türk Ticaret Kanunu'nda Şirkete Borçlanma Yasağı, Finansal Raporlama ve Bağımsız Denetime İlişkin Değişiklikler, in: Banka ve Ticaret Hukuku Dergisi, Cilt: 28, Sayı 3, Eylül 2012, S. 45–71. (Zitiert: *Özkorkut*, BATİDER 2012, S.)

Özyakışır, Deniz: Ekonomik Kalkınmada Göçmen Transferlerinin Rolü: Mit mi Gerçek mi?, in: İnsan ve Toplum Bilimleri Araştırmaları Dergisi, Cilt: 6, Sayı: 2, 2017, S. 1172–1188.

Papakçı, Acun: Die europäische Niederlassungsfreiheit von Gesellschaften und ihre Anwendung in der Türkei, Diss., 2. Aufl., Istanbul 2013. (Zitiert: *Papakçı*, Die europäische Niederlassungsfreiheit, S.)

Parmentier, Miriam: Die Revision der EU-Transparenzrichtlinie für börsennotierte Unternehmen, in: AG 2014, S. 15–25.

Peltzer, Oliver: Die Neuregelung des Erwerbs eigener Aktien im Lichte der historischen Erfahrungen, in: WM 1998, S. 322–331.

Peters, Marc: Aktuelle Fragen der Ad-hoc-Publizität nach Art. 17 MAR, in: Festschrift für Eberhard Vetter zum 70. Geburtstag, Köln 2019, S. 563–586. (Zitiert: *Peters*, FS Vetter, 2019, S.)

Poelzig, Dörte: Kapitalmarktrecht, 1. Aufl., München 2018.

Poelzig, Dörte: Die Neuregelung der Offenlegungsvorschriften durch die Marktmissbrauchsverordnung, in: NZG 2016, S. 761–800.

Poelzig, Dörte: Insider- und Marktmanipulationsverbot im neuen Marktmissbrauchsrecht, in: NZG 2016, S. 528–538.

Poroy, Reha/Tekinalp, Ünal/Çamoğlu, Ersin: Ortaklıklar Hukuku I – Giriş, Adi Ortaklık, Ticaret Ortaklıklarına İlişkin Genel Hükümler (Perdenin Kaldırılması, Birleşme, Bölünme, Tür Değiştirme), Kollektif, Komandit, Anonim, Halka Açık Anonim Ortaklıklar, Sermaye Piyasası Hukukunun Esasları-, 14. Aufl., İstanbul 2014. (Zitiert: Bearbeiter/Bearbeiter/*Bearbeiter*, Ortaklıklar Hukuku I, 2014, S. Rn.)

Poroy, Reha/Tekinalp, Ünal/Çamoğlu, Ersin: Ortaklıklar Hukuku I – Giriş, Adi Ortaklık, Ticaret Ortaklıklarına İlişkin Genel Hükümler (Perdenin Kaldırılması, Birleşme, Bölünme, Tür Değiştirme), Kollektif, Komandit, Anonim, Halka Açık Anonim Ortaklıklar, Sermaye Piyasası Hukukunun Esasları-, 14. Aufl. (aktualisiert), İstanbul 2019. (Zitiert: Bearbeiter/Bearbeiter/*Bearbeiter*, Ortaklıklar Hukuku I, 2019, S. Rn.)

Poroy, Reha/Tekinalp, Ünal/Çamoğlu, Ersin: Ortaklıklar Hukuku II – Anonim Ortaklık (Malvarlığı, Katılma, Aydınlanma Hakları, Menkul Kıymetler, Esas Sözleşme Değişiklikleri, Finansal Raporlama, Yedek Akçeler, Sona

Erme ve Tasfiye), Sermayesi Paylara Bölünmüş Komandit Ortaklık, Limited Ortaklık, Kooperatif Ortaklık, Ortaklık Topluluğu, 13. Aufl. (aktualisiert), İstanbul 2017. (Zitiert: Bearbeiter/Bearbeiter/*Bearbeiter*, Ortaklıklar Hukuku II, 2017, S. Rn.)

Pulaşlı, Hasan: Şirketler Hukuku, 4. Aufl. (aktualisiert), Adana 2003.

Pulaşlı, Hasan: Şirketler Hukuku Genel Esaslar, 2. Aufl., Ankara 2013.

Pulaşlı, Hasan: Corporate Governance, Anonim Şirket Yönetiminde Yeni Model, 1. Aufl., Ankara 2003.

Pulaşlı, Hasan: Anonim Şirket Genel Kurul Kararlarının Sakatlığı ve Müeyyidesi, in: İstanbul Üniversitesi Hukuk Fakültesi Mecmuası, C. LXXI, S. 2, 2013, S. 335–346. (Zitiert: *Pulaşlı*, İÜHFM 2013, S.)

Pulaşlı, Hasan: Türk Ticaret Kanunu Tasarısı'na Göre Anonim Şirket Yönetim Kurulu Üyelerinin Özen Yükümlülüğü ve Müteselsil Sorumluluğu, in: Banka ve Ticaret Hukuku Dergisi, Cilt: 25, Sayı: 1, Mart 2009, S. 27–63. (Zitiert: *Pulaşlı*, BATİDER 2009, S.)

Reichert, Jochem/Weller, Marc-Philippe: Haftung von Kontrollorganen – Die Reform der aktienrechtlichen und kapitalmarktrechtlichen Haftung, in: ZRP 2002, S. 49–56.

Reiter, Julius F./Methner, Olaf: Die Interessenkollision beim Anlageberater – Unterschiede zwischen Honorar- und Provisionsberatung-, in: WM 2013, S. 2053–2059.

Renzenbrink, Ulf/Holzner, Nelson: Das Verhältnis von Kapitalerhaltung und Ad-hoc-Haftung, in: BKR 2002, S. 434–439.

Rieckers, Oliver: Haftung des Vorstands für fehlerhafte Ad-hoc-Meldungen de lege lata und de lege ferenda in: BB 2002, S. 1213–1221.

Riegger, Bodo: Kapitalgesellschaftsrechtliche Grenzen der Finanzierung von Unternehmensübernahmen durch Finanzinvestoren, in: ZGR 2008, S. 233–249.

Riesenhuber, Karl (Hrsg.): Europäische Methodenlehre, 3. Aufl., Berlin 2015. (Zitiert: *Bearbeiter* in: Riesenhuber, Europäische Methodenlehre, § Rn.)

Riesenhuber, Karl: Anleger und Verbraucher, in: ZBB 2014, S. 134–149.

Roth, Wulf Henning: Die „Lehmann-Zertifikate" Entscheidungen des BGH im Lichte des Unionsrecht, in: ZBB 2012, S. 429–439.

Rössner, Michael-Christian/Bolkart, Johannes: Schadenersatz bei Verstoß gegen Ad-hoc-Publizitätspflichten nach dem 4. Finanzmarktförderungsgesetz, in: ZIP 2002, S. 1471–1477.

Rudolph, Bernd: Viertes Finanzmarktförderungsgesetz – ist der Name Programm?, in: BB 2002, S. 1036–1041.

Rust, Walter L./Hennig, Charlotte: Vergütung einer Equity-Line-Finanzierung (SEDA) im Lichte der aktienrechtlichen Kapitalaufbringungs- und -erhaltungsvorschriften, in: AG 2011, S. 485–492.

Rützel, Stefan: Der aktuelle Stand der Rechtsprechung zur Haftung bei Ad-hoc-Mitteilungen, in: AG 2003, S. 69–79.

Sağlam, İpek: Tüzel Kişilik Perdesinin Aralanması Kavramına Genel Bir Bakış, in: Marmara Üniversitesi Hukuk Fakültesi Tüzel Kişilik Perdesinin Aralanması Sempozyumu, İstanbul 2008, S. 153–161.

Sajnovits, Alexander: Ad-hoc-Publizität und Wissenzurechnung, in: WM 2016, S. 765–774.

Sajnovits, Alexander/Wagner, Sebastian: Marktmanipulation durch Unterlassen? – Untersuchung der Rechtslage unter MAR und FiMaNoG sowie deren Konsequenz für Alt-Taten-, in: WM 2017, S. 1189–1199.

Schall, Alexander: Anmerkung zu EuGH, Urt. v. 28.06.2012-Rs. C-19/11 (BGH ZIP 2011, 72; EuGH GA ZIP 2012, 615), in: ZIP 2012, S. 1286–1288.

Schäfer, Carsten: Effektivere Vorstandshaftung für Fehlinformation des Kapitalmarkts?, in: NZG 2005, S. 985–992.

Schäfer, Carsten: Prospekthaftung bei öffentlicher Umplatzierung von Aktien - Zur richtigen Verteilung der Risiken-, in: ZIP 2010, S. 1877–1884.

Schäfer, Carsten: Kapitalmarktinformationshaftung und die Lehre vom fehlerhaften Verband, in: ZIP 2012, S. 2421–2427.

Schäfer, Carsten/Weber, Martin/Wolf, Peter: Berechnung und Pauschalierung des Kursdifferenzschadens bei fehlerhafter Kapitalmarktinformation, in: ZIP 2008, S. 197–204.

Schäfer, Frank A.: Zivilrechtliche Konsequenzen der Urteile des BGH zu Gewinnmargen bei Festpreisgeschäften – Besprechung der Urteile des BGH vom 27. September 2011, XI ZR 178/10 = WM 2011, 2261 und XI ZR 182/10 = WM 2011, 2268, in: WM 2012, S. 197–201.

Schäfer, Hans-Bernd/Ott, Claus: Lehrbuch der ökonomischen Analyse des Zivilrechts, 4. Aufl., Hamburg 2005. (Zitiert: *Schäfer/Ott*, Ökonomische Analyse, S.)

Schlaus, Wilhelm: Auskauf opponierender Aktionäre, in: AG 1988, S. 113–117.

Schmidt, Karsten/Hadding, Walther (Hrsg.): Münchener Kommentar zum Handelsgesetzbuch, Band 6, Bankvertragsrecht, 3. Aufl., München 2014. (Zitiert: *Bearbeiter*, MüKoHGB, Bd. 6, Thema, Rn.)

Schmidt, Karsten/Lutter, Marcus (Hrsg.): Aktiengesetz Kommentar, I. Band, §§ 1–149, 3. Aufl., Köln 2015. (Zitiert: Schmidt/Lutter/*Bearbeiter*, AktG, § Rn.)

Schmolke, Klaus Ulrich: Das Verbot der Marktmanipulation nach dem neuen Marktmissbrauchsregime – Ziele, Kennzeichen und Problemlagen der Neuregelung in Art. 12 f., 15 MAR, in: AG 2016, S. 434–445.

Schmolke, Klaus Ulrich: Die Haftung für fehlerhafte Sekundärmarktinformation nach dem „IKB"-Urteil des BGH, in: ZBB 2012, S. 165–178.

Schön, Wolfgang: Zwingendes Recht oder informierte Entscheidung – Zu einer (neuen) Grundlage unserer Zivilrechtsordnung, in: Festschrift für Claus-Wilhelm Canaris zum 70. Geburtstag, Band I, München 2007, S. 1191–1211. (Zitiert: *Schön*, FS Canaris, 2007, S.)

Schön, Wolfgang: Die Niederlassungsfreiheit von Kapitalgesellschaften im System der Grundfreiheiten, in: Festschrift für Marcus Lutter zum 70. Geburtstag, Köln 2000, S. 685–706. (Zitiert: *Schön*, FS Lutter, 2000, S.)

Schröder, Christian: Neues vom EuGH zur Insiderinformation – Anmerkung zum Urteil des EuGH Rs. C-628/13, in: GPR 2015, S. 246–248.

Schubert, Leif/Schuhmann, Alexander: Die Kategorie des semiprofessionellen Anlegers nach dem Kapitalanlagegesetzbuch, in: BKR 2015, S. 45–52.

Schwark, Eberhard: Zur Haftung der Emissionsbank bei Aktienemissionen – börsen-, bilanz- und gesellschaftsrechtliche Aspekte-, in: ZGR 1983, S. 162–188.

Schwark, Eberhard: Prospekthaftung und Kapitalerhaltung in der AG, in: Festschrift für Peter Raisch zum 70. Geburtstag, Köln 1995, S. 269–290. (Zitiert: *Schwark*, FS Raisch, 1995, S.)

Schwark, Eberhard: Gesellschaftsrecht und Kapitalmarktrecht, in: Festschrift für Walter Stimpel zum 68. Geburtstag am 29. November 1985, Berlin 1985, S. 1087–1111. (Zitiert: *Schwark*, FS Stimpel, 1985, S.)

Schwark, Eberhard: Anlegerschutz in der Publikums-AG – ein Paradigmenwechsel?, in: Festschrift für Marcus Lutter zum 70. Geburtstag, Köln 2000, S. 1529–1550. (Zitiert: *Schwark*, FS Lutter, 2000, S.)

Schwark, Eberhard: Anlegerschutz durch Wirtschaftsrecht, Entwicklungsrichtlinien, Prinzipien und Fortbildung des Anlegerschutzes – Zugleich ein Beitrag zur Überlagerung bürgerlich-rechtlicher Regelung und gewerbepolizeilicher Überwachung durch Wirtschaftsrecht, München 1979. (Zitiert: *Schwark*, Anlegerschutz durch Wirtschaftsrecht, S.)

Schwark, Eberhard/Zimmer, Daniel (Hrsg.): Kapitalmarktrechtskommentar, 4. Aufl., München 2010. (Zitiert: *Bearbeiter* in: Schwark/Zimmer, KMRK, § Rn.)

Schwarz, Günter Christian: Europäisches Gesellschaftsrecht, Ein Handbuch für Wissenschaft und Praxis, 1. Aufl., Baden-Baden 2000. (Zitiert: *Schwarz*, EuropGesR Handbuch, Rn.)

Schwintowski, Hans-Peter (Hrsg.): Bankrecht, 5. Aufl., Köln 2018. (Zitiert: *Bearbeiter*, Schwintowski/Bankrecht, Kap. Rn.)

Seibt, Christoph H.: Europäische Finanzmarktregulierung zu Insiderrecht und Ad-hoc-Publizität, in: ZHR 2013, S. 388–426.

Seibt, Christoph H./Cziupka, Johannes: Rechtspflichten und Best Practices für Vorstands- und Aufsichtsratshandeln bei der Kapitalmarktrecht-Compliance, in: AG 2015, S. 93–109.

Seibt, Christoph H./Wollenschläger, Bernward: Revision des Europäischen Transparenzregimes: Regelungsinhalte der TRL 2013 und Umsetzungsbedarf, in: ZIP 2014, S. 545–554.

Seibt, Christoph H./Wollenschläger, Bernward: Revision des Marktmissbrauchsrechts durch Marktmissbrauchsverordnung und Richtlinie über strafrechtliche Sanktionen für Marktmanipulation, in: AG 2014, S. 593–608.

Serozan, Rona: Medeni Hukuk, Genel Bölüm/Kişiler Hukuku, İstanbul 2011.

Seulen, Günter: Haftung des Emittenten gegenüber Aktienerwerber bei Informationspflichtverletzung („Hirmann“), Anmerkung zu EuGH Urt. v. 19.12.2013-Rs C-174/12 (Handelsgericht Wien (Österreich)), ZIP 2014, 121, in: EWiR 2014, S. 105 f.

Sevi, Ali Murat: Anonim Ortaklıkta Sermayenin Oluşturulması ve Pay Sahiplerine İade Edilmesi Yasağı, 1. Aufl., Ankara 2013.

Singhof, Bernd: Die Beauftragung eines „Treuhänders“ durch eine AG zwecks kostenloser Stimmrechtsvertretung für einzelne Aktionäre – zugleich Besprechung von LG Baden-Baden, NZG 1998, 685, in: NZG 1998, S. 670–674.

Sittmann, Jörg W.: Die Prospekthaftung nach dem Dritten Finanzmarktförderungsgesetz, in: NZG 1998, S. 490–496.

Söhner, Matthias: Praxis-Update Marktmissbrauchsverordnung: Neue Leitlinien und alte Probleme, in: BB 2017, S. 259–266.

Söhner, Matthias: Leveraged-Buy-outs und Kapitalschutz, in: ZIP 2011, S. 2085–2091.

Spindler, Gerald: Aufklärungspflichten eines Finanzdienstleisters über eigene Gewinnmargen? – Ein „Kick-Back“ zu viel, in: WM 2009, S. 1821–1828.

Spindler, Gerald: Wissenszurechnung in der GmbH, der AG und im Konzern, in: ZHR 2017, S. 311–356.

Spindler, Gerald: Anlegerschutz im Kapitalmarkt- und Bankrecht – Neujustierung durch Behavioural Finance?, in: Festschrift für Franz Jürgen Säcker zum 70. Geburtstag, München 2011, S. 469–485. (Zitiert: *Spindler*, FS Säcker, 2011, S.)

Spindler, Gerald: Wissenzurechnung in der GmbH, der AG und im Konzern, in: ZHR 2017, S. 311–356.

Spindler, Gerald: Persönliche Haftung der Organmitglieder für Falschinformationen des Kapitalmarktes – de lege lata und de lege ferenda-, in: WM 2004, S. 2089–2098.

Spindler, Gerald/Speier, Torben: Die neue Ad-hoc-Publizität im Konzern, in: BB 2005, S. 2031, 2035.

Spindler, Gerald/Stilz, Eberhard (Hrsg.): Kommentar zum Aktiengesetz, Band 1, §§ 1–149, 4. Aufl., München 2019. (Zitiert: Spindler/Stilz/*Bearbeiter*, AktG, § Rn.)

Spremann, Klaus/Gantenbein, Pascal: Finanzmärkte, Grundlagen, Instrumente, Zusammenhänge, 4. Aufl., Konstanz und München 2017.

Steindorff, Ernst: EG-Vertrag und Privatrecht, Baden-Baden 1996.

Szesny, Andre-M.: Doch keine Strafbarkeitslücke im Marktmissbrauchsrecht? -Anmerkung zum BGH-Beschluss vom 10.1.2017-5 StR 532/16, in: BB 2017, S. 515–518.

Szesny, Andre-M.: Das Sanktionsregime im neuen Marktmissbrauchsrecht, in: DB 2016, S. 1420–1425.

Şahin, Hande: İşçi Hareketine Tarihsel Bir Bakış: Dünden Bugüne Yaşanan Dönüşümlerin Yapısal Bir Analizi, in: İş, Güç, Endüstri İlişkileri ve İnsan Kaynakları Dergisi, Cilt: 17, Sayı: 1, 2015, S. 161–184. (Zitiert: İşçi Hareketine Tarihsel Bir Bakış, S.)

Şehirali Çelik, Feyzan Hayal: Anonim Şirketlerde Çıkar Çatışmaları Ekseninde Şirket Ele Geçirmelerine Karşı Önlemler, Ankara 2008. (Zitiert: *Şehirali Çelik*, Anonim Şirketlerde Çıkar Çatışmaları, S.)

Şener, Oruç Hami: Teorik ve Uygulamalı Ortaklıklar Hukuku, 2. Aufl., İstanbul 2015.

Tanör, Reha: Türk Sermaye Piyasası, Cilt I, Taraflar, İstanbul 1999.

Tanör, Reha: Türk Sermaye Piyasası, Cilt II, Halka Arz, İstanbul 2000.

Teichmann, Christoph: Binnenmarktkonformes Gesellschaftsrecht, Berlin 2006.

Teigelack, Lars/Dolff, Christian: Kapitalmarktrechtliche Sanktionen nach dem Regierungsentwurf eines Ersten Finanzmarktnovellierungsgesetzes-1. FimanoG, in: BB 2016, S. 387–393.

Tekil, Fahiman: Anonim Şirketlerde Eşit İşlem İlkesi, in: Argumentum, Aralık 1991, Yıl: 2, Sayı: 17, S. 258; abrufbar unter: http://dosya.marmara.edu.tr/huk/Argumentum/ARGUMENTUM-1991.pdf (abgerufen am 25.03.2019). (Zitiert: *Tekil*, Anonim Şirketlerde Eşit İşlem İlkesi, in: Argumentum, S.)

Tekinalp, Ünal: Anonim Ortaklıkta Sermayenin Korunması İlkesi, in: Prof. Dr. Rona Serozan' a Armağan, Cilt II, Istanbul 2010, S. 1681-1699. (Zitiert: *Tekinalp*, FS Serozan, 2010, S.)

Tekinalp, Ünal: Sermaye Ortaklıklarının Yeni Hukuku, Anonim ve Limited Ortaklıklar, Tek Kişi Ortaklığı, Ortaklıklar Topluluğu, Birleşme, Bölünme ve Tür Değiştirme, 3. Aufl., İstanbul 2013. (Zitiert: *Tekinalp*, Sermaye Ortaklıkları, S.)

Tekinalp, Ünal: Anonim Ortaklıklara İlişkin Yeni Hukuk Politikalarının Dinamikleri ve Bunlar Arasındaki İlişki, in: Prof. Dr. Turgut Kalpsüz'e Armağan, Ankara 2003, S. 227–251. (Zitiert: *Tekinalp*, FS Kalpsüz, 2003, S.)

Tekinalp, Ünal: Emredici Hükümler Açısından Genel Kurul Kararlarının İptali ve Butlanı Sorunu, in: Galatasaray Üniversitesi Hukuk Fakültesi Dergisi, 2013/2, S. 13–18. (Zitiert: *Tekinalp*, GÜHFD 2013, S.)

Tekinalp, Ünal/Çamoğlu, Ersin: Sermaye Piyasası Hukukunun Temel İlkeleri ve Gerekçeli Sermaye Piyasası Kanunu, 2. Aufl., İstanbul 2018. (Zitiert: *Tekinalp/Çamoğlu*, Sermaye Piyasası Hukukunun Temel İlkeleri, Rn.)

Teoman, Ömer: Anonim Ortaklıkta İntifa Senetleri, İstanbul 1978.

Teoman, Ömer: Tüm Makalelerim, Cilt III: 2002–2010, Istanbul 2010. (Zitiert: *Teoman* in: Tüm Makalelerim, S.)

Teoman, Ömer: Sermaye Ortaklıklarının İnternet Sitesi Açma ve Burada Yasada Öngörülen İçerikleri Yayımlama Yükümlülüğüne Aykırı Davranmanın Yaptırımı Nedir?, in: Banka ve Ticaret Hukuku Dergisi, Cilt: 26, Sayı: 3, Eylül 2010, S. 5–16. (Zitiert: *Teoman*, BATİDER 2010, S.)

Teoman, Ömer: Türk Ticaret Kanunu Tasarısı'nın Anonim Ortaklık Yönetim Kuruluna İlişkin Bazı Hükümlerinin Değerlendirilmesi, in: Banka ve Ticaret Hukuku Dergisi, Cilt: 27, Sayı: 4, Aralık 2011, S. 5–12. (Zitiert: *Teoman*, BATİDER 2010, S.)

Teoman, Ömer: Anonim Ortaklıkta Pay Sahibinin Oy Hakkından Yoksunluğu (Der Stimmrechtsausschluss des Aktionärs), Ankara 1983.

Thelen, Martin: Schlechte Post in eigener Sache: Die Pflicht des Emittenten zur Ad-hoc-Mitteilung potentieller Gesetzesverstöße, in: ZHR 2018, S. 62–95.

Thomale, Chris: Kapitalmarktinformationshaftung ohne Vorstandswissen, in: NZG 2018, S. 1007–1013.

Thomale, Chris: Wissenzurechnung im Gesellschaftsstrafrecht-deutsche Unternehmen vor französischen Strafgerichten, in: AG 2015, S. 641–652.

Thümmel, Roderich C./Burkhardt, Anastasia: Neue Haftungsrisiken für Vorstände und Aufsichtsräte aus § 57 Abs. 1 AktG und § 92 Abs. 2 Satz 3 AktG in der Neufassung des MoMiG (§ 57 Abs. 1 AktG, § 92 Abs. 2 Satz 3 AktG), in: AG 2009, S. 885–894.

Tiedemann, Lutz: Anmerkung zu BGH Urt. v. 26.06.2012-XI ZR 316/11, in: BKR 2012, S. 426–429.

Tilp, Andreas W.: Anmerkung zu BGH Urt. v. 8.5.2001-XI ZR 192/00 (OLG München ZIP 2001, 1492, dazu EWiR § 31 WpHG 2/01, 839 (Balzer)), ZIP 2001, 1580, in: EWiR 2001, S. 837–838.

Tröger, Tobias: Kapitalschutz fünf Jahre nach „Telekom III", Gedanken zu einem verhaltensbezogenen Gläubigerschutz durch den aktienrechtlichen Grundsatz der Kapitalerhaltung, in: Festschrift für Theodor Baums zum siebzigsten Geburtstag, Band II, Tübingen 2017, S. 1249–1266. (Zitiert: *Tröger*, FS Baums, 2017, S.)

Turanboy, Asuman: Halka Açık Banka ve Hissedarının Korunması, 1. Aufl., Ankara 2002.

Turanboy, Asuman: 6102 Sayılı Türk Ticaret Kanunu'nun Sermaye Piyasası Hukuku Bakımından Değerlendirilmesi, in: 6102 Sayılı Yeni Türk Ticaret Kanunu Sempozyumu, Ankara 2011, S. 11–28. (Zitiert: *Turanboy*, 6102 Sayılı Türk Ticaret Kanunu'nun Sermaye Piyasası Hukuku Bakımından Değerlendirilmesi, S.)

Ulusoy, Erol: Şirketler ve Bankacılık Hukukunda Kapsama Alma ve Sorumlu Kılma Amacıyla Tüzel Kişilik Perdesinin Aralanması, in: Marmara Üniversitesi Hukuk Fakültesi (MÜHF) Tüzel Kişilik Perdesinin Aralanması Sempozyumu, İstanbul 2008, S. 351–406.

Üçışık, Güzin/Çelik, Aydın: Anonim Ortaklıklar Hukuku, 1. Aufl., Ankara 2013.

Ünal, Oğuz Kürşat: Sermaye Piyasası Hukuku ve Mevzuatı, 1. Aufl., Ankara 2005.

Veil, Rüdiger: Der Schutz des verständigen Anlegers durch Publizität und Haftung im europäischen und nationalen Kapitalmarktrecht, in: ZBB 2006, S. 162–171.

Veil, Rüdiger: Das Konzernrecht der Europäischen Aktiengesellschaft, in: WM 2003, S. 2169–2175.

Veil, Rüdiger: Die Ad-hoc-Publizitätshaftung im System kapitalmarktrechtlicher Informationshaftung, in: ZHR 2003, S. 365–402.

Veil, Rüdiger: Europäisches Insiderrecht 2.0 – Konzeption und Grundsatzfragen der Reform durch MAR und CRIM-MAD, in: ZBB 2014, S. 85–96.

Veil, Rüdiger: Sanktionsrisiken für Emittenten und Geschäftsleiter im Kapitalmarktrecht, in: ZGR 2016, S. 305–328.

Veil, Rüdiger: European Capital Markets Law, 2. Aufl., Portland 2017. (Zitiert: *Veil*, ECML, § Rn.)

Veil, Rüdiger: Europäische Kapitalmarktunion, Verordnungsgesetzgebung, Instrumente der europäischen Marktaufsicht und die Idee eines „Single Rulebook“, in: ZGR 2014, S. 544–607.

Veil, Rüdiger: Die Haftung des Emittenten für fehlerhafte Information des Kapitalmarkts nach dem geplannten KapInHaG, in: BKR 2005, S. 91–98.

Veil, Rüdiger: Rechtsprinzipien und Regelungskonzepte im europäischen Gesellschaftsrecht, in: Festschrift für Hans-Joachim Priester zum 70. Geburtstag, Köln 2007, S. 799–818. (Zitiert: *Veil*, FS Priester, 2007, S.)

Veil, Rüdiger: KMU-Wachstumsmärkte nach MiFID II, Alter Wein in neuen Schläuchen?, in: Festschrift für Theodor Baums zum siebzigsten Geburtstag, Band II, Tübingen 2017, S. 1267–1279. (Zitiert: *Veil*, FS Baums, 2017, S.)

Veil, Rüdiger: Kodifikation der Wertpapierregulierung – Prolegomena zu einem Europäischen Kapitalmarktgesetzbuch -, in: Festschrift für Karsten Schmidt zum 80. Geburtstag, Band II, München 2019, S. 571–582. (Zitiert: *Veil*, FS Schmidt, 2019, S.)

Verse, Dirk A.: Doppelmandate und Wissenzurechnung im Konzern, in: AG 2015, S. 413–420.

Verse, Dirk A.: Organhaftung bei unklarer Rechtslage – Raum für eine Legal Judgement Rule?, in: ZGR 2017, S. 174–195.

Verse, Dirk A./Wiersch Rachid Rene: Die Entwicklung des europäischen Gesellschaftsrechts im Jahr 2013, in: EuZW 2014, S. 375–382.

von der Linden, Klaus: Das neue Marktmissbrauchsrecht im Überblick, in: DStR 2016, S. 1036–1041.

Wachter, Thomas (Hrsg.): AktG Kommentar zum Aktiengesetz, 3. Aufl., Köln 2018. (Zitiert: *Bearbeiter* in: Wachter/AktG, § Rn.)

Wackerbarth, Hagen: Prospektveranlassung durch Altaktionäre und Einlagenrückgewähr, in: WM 2011, S. 193–204.

Wagner, Klaus-R.: Sind Kapitalanleger Verbraucher? – Zum Verhältnis von Kapitalanlagerecht zum Verbraucherschutzrecht-, in: BKR 2003, S. 649–656.

Wagner, Gerhard: Wissenzurechnung: Rechtsvergleichende und rechtsökonomische Grundlagen, in: ZHR 2017, S. 203- 272.

Wagner, Gerhard: Schadensberechnung im Kapitalmarktrecht, in: ZGR 2008, S. 495–532.

Wand, Peter/Tillmann, Tobias/Heckenthaler, Stephan: Aufsteigende Darlehen und Sicherheiten bei Aktiengesellschaften nach dem MoMiG und der MPS-Entscheidung des BGH, in: AG 2009, S. 148–161.

Weber, Martin: Die Entwicklung des Kapitalmarktrechts in 2017/2018, in: NJW 2018, S. 995–1000.

Weber, Martin: Die Entwicklung des Kapitalmarktrechts im Jahre 2004, in: NJW 2004, S. 3674–3681.

Weber, Stefan: Kapitalmarktrecht, Wien 1999.

Weck, Jochen: Anm. zu BGH, Urt. v. 03.06.2014-XI ZR 147/12, in: BKR 2014, S. 374–377.

Weitmann, Amir: Madoff – Der Jahrhundertbetrüger, Chronologie einer Affäre, Zürich 2010.

Westermann, Harm Peter: Haftungsdurchgriff auf deliktsrechtlicher Grundlage – Zu den Entscheidungen der niederländischen Gerichte im Fall Osby-Nederland NV- in: AG 1985, S. 201–209.

Westermann, Harm Peter: Zukunftsfragen des Aktienrechts, in: 25 Jahre Aktiengesetz – Ein Symposion der Deutschen Schutzvereinigung für Wertpapierbesitz e.V. (DSW) am 30. Oktober 1990 in Bonn-, Düsseldorf 1991, S. 79–121.

Westermann, Harm Peter: Anm. zu BGH EWiR § 31 GmbHG 1/08, 495, in: EWiR 2008, S. 495 f.

Westermann, Harm Peter: Kapitalschutz als Gestaltungsmöglichkeit, in: ZHR 2008, S. 144–169.

Westermann, Harm Peter/Grunewald, Barbara/Maier-Raimer, Georg (Hrsg.): Erman Kommentar, Bürgerliches Gesetzbuch, Handkommentar mit AGG, EGBGB (Auszug), ErbbauRG, LPartG, ProdHaftG, VBVG, VersAusglG und WEG, 15. Aufl., Band I, Köln 2017. (Zitiert: *Bearbeiter*, Erman-KommBGB, § Rn.)

Westermann, Harm Peter/Paefgen, Walter G.: Kritische Überlegungen zum Telekom III-Urteil des BHG und seinen Folgen, in: Festschrift für Michael Hoffmann-Becking zum 70. Geburtstag, München 2013, S. 1363–1386. (Zitiert: *Westermann/Paefgen*, FS Hoffmann-Becking, 2013, S.)

Westermann, Harm Peter/Wilhelmi, Rüdiger: Anm. zum OLG Frankfurt a.M., Urt. v. 30.11.1995-6 U 192/91, in: DZWiR 1996, S. 244–250.

Werner, Rüdiger: Die Zurechnung von im Aufsichtsrat vorhandenem Wissen an die Gesellschaft und ihre Folgen, in: WM 2016, S. 1474–1479.

Wieneke, Laurenz: Haftung der Konzernspitze für die (unrichtige) Darstellung des Unternehmensvertrags im Wertpapierprospekt der Konzerntochter, in: NZG 2012, S. 1420–1422.

Wichmann, Richard: Haftung am Sekundärmarkt für fehlinformationsbedingte Anlegerschäden – Ein Beitrag de lege lata zur Stärkung des Kapitalmarktstandortes Deutschland – Rechtsvergleichende und ökonomische Analyse, Diss., Tübingen 2017. (Zitiert: *Wichmann*, Haftung am Sekundärmarkt, S.)

Wiechers, Ulrich: Aktuelle Rechtsprechung des XI. Zivilsenats des Bundesgerichtshofs, in: WM 2012, S. 477–486.

Wiechers, Ulrich: Aktuelle Rechtsprechung des XI. Zivilsenats des Bundesgerichtshofs, in: WM 2013, S. 341–351.

Wiechers, Ulrich: Aktuelle Rechtsprechung des XI. Zivilsenats des Bundesgerichtshofs, in: WM 2014, S. 145–154.

Wiedemann, Herbert: Der Kapitalanlegerschutz im deutschen Gesellschaftsrecht, in: BB 1975, S. 1591–1598.

Wink, Tilman: Übernahme des Prospekthaftungsrisikos durch die Gesellschaft bei der Umplatzierung von Aktien und Verbot der Einlagenrückgewähr nach § 57 AktG, Das Telekom/KfW-Urteil des BGH vom 31.5.2011 und seine Folgen für die Emissionspraxis, in: AG 2011, S. 569–580.

Würdinger, Hans: Aktien- und Konzernrecht, 3. Aufl., Karlsruhe 1973.

Yanlı, Veliye: Sermaye Piyasası Hukuku Çerçevesinde Halka Açık Anonim Şirketler ve Kamunun Aydınlatılması, 1. Aufl., Istanbul 2005.

Yanlı, Veliye: Kamuyu Aydınlatma Açısından Sermaye Piyasası Kurulu Kurumsal Yönetim İlkelerinin Değerlendirilmesi, in: Prof. Dr. Hüseyin Ülgen'e Armağan, Cilt; 2, İstanbul 2007, S. 1581–1595. (Zitiert: *Yanlı*, FS Ülgen, 2007, S.)

Yanlı, Veliye: Şirketin Kendi Paylarını Edinmesinde Finansal Destek Yasağı, in: Banka ve Ticaret Hukuku Dergisi, Cilt: 28, Sayı: 4, Aralık 2012, S. 29–44. (Zitiert: *Yanlı*, BATİDER 2012, S.)

Yanlı, Veliye: Sermaye Piyasası Aracı ve Yatırım Sözleşmesi Kavramları, in: Banka ve Ticaret Hukuku Dergisi, Cilt: 32, Sayı: 3, Eylül 2016, S. 5–35. (Zitiert: *Yanlı*, BATİDER 2016, S.)

Yanlı, Veliye: Kurumsal Yönetim İlkeleri Açısından Türk Ticaret Kanunu Tasarısı'nın Değerlendirilmesi, in: Türkiye ve Avrupa Birliği'nde Sermaye Şirketleri Reformu, İstanbul Ticaret Odası Yayın No: 2007-55, S. 45–66. (Zitiert: *Yanlı*, Kurumsal Yönetim İlkeleri Açısından Türk Ticaret Kanunu Tasarısı'nın Değerlendirilmesi, in: İTO 2007, S.)

Yanlı, Veliye: Anonim Ortaklıklarda Tüzel Kişilik Perdesinin Kaldırılması ve Pay Sahiplerinin Ortaklık Alacaklılarına Karşı Sorumlu Kılınması, 1. Aufl., İstanbul 2000.

Yasaman, Hamdi: Yönetim Kurulu Üyelerine Karşı Açılabilecek Sorumluluk Davaları, in: Galatasaray Üniversitesi Hukuk Fakültesi Dergisi, 2013/2, S. 97–112. (Zitiert: *Yasaman*, GÜHFD 2013, S.)

Yasaman, Hamdi: Şirketler Hukuku ve Sermaye Piyasası Hukuku ile İlgili Makaleler, Mütalaalar, Bilirkişi Raporları, Cilt: 2, İstanbul 2013. (Zitiert: *Yasaman*, Şirketler Hukuku ve Sermaye Piyasası Hukuku, S.)

Yaşar, Tuğçe Nimet: Anonim Şirketlerde Riskin Erken Saptanması ve Yönetimi (Early Risk Detection and Risk Management in Joint Stock Corporations), in: Ticaret ve Fikri Mülkiyet Hukuku Dergisi (Journal of Commercial and Intellectual Property Law), 2016, S. 69–91. (Zitiert: *Yaşar*, TFM 2016, S.)

Yıldız, Şükrü: Anonim Ortaklıkta Pay Sahipleri Açısından Eşit İşlem İlkesi, 1. Aufl., Ankara 2004. (Zitiert: *Yıldız*, Eşit İşlem İlkesi, S.)

Zech, Alexandra/Hanowski, Bernd: Haftung für fehlerhaften Prospekt aus § 13 VerkProspG a.F.- Maßgeblicher Empfängerhorizont bei der Beurteilung der Unrichtigkeit eines Prospekts, in: NJW 2013, S. 510–513.

Zöllner, Wolfgang/Winter, Martin: Folgen der Nichtigerklärung durchgeführter Kapitalerhöhungsbeschlüsse, in: ZHR 1994, S. 59–100.

Zimmer, Daniel: Verschärfung der Haftung für fehlerhafte Kapitalmarktinformation - Ein Alternativkonzept-, in: WM 2004, S. 9–20.

Zöllner, Wolfgang: Kölner Kommentar zum Aktiengesetz, Band 1, §§ 1–75 AktG, 2. Aufl., Köln 1988. (Zitiert: *Bearbeiter*, KölnKommAktG, 2. Aufl., 1988, § Rn.)

Zöllner, Wolfgang/Noack, Ulrich (Hrsg.): Kölner Kommentar zum Aktiengesetz, Band 1, §§ 1–75 AktG, 3. Aufl., Köln 2011. (Zitiert: *Bearbeiter*, Köln-KommAktG, § Rn.)

www.ingramcontent.com/pod-product-compliance
Ingram Content Group UK Ltd.
Pitfield, Milton Keynes, MK11 3LW, UK
UKHW020714041026
15590UKWH00002B/668

9 783631 833452